中国农业机械化年鉴

THE YEARBOOK OF AGRICULTURAL MECHANIZATION IN CHINA

主管 中华人民共和国农业部
主办 农业部南京农业机械化研究所

2015

中国农业科学技术出版社

图书在版编目 (CIP) 数据

中国农业机械化年鉴．2015 / 陈巧敏主编． —北京：中国农业科学技术出版社，2015. 12

ISBN 978-7-5116-2266-2

Ⅰ. ①中… Ⅱ. ① 陈… Ⅲ. ①农业机械化 – 中国 – 2015 – 年鉴 Ⅳ. ①F323.3-54

中国版本图书馆CIP数据核字(2015)第220656号

责任编辑 姚 欢
责任校对 贾海霞

出 版 者 中国农业科学技术出版社
北京市中关村南大街 12 号 邮编：100081
电　　话 （010）82106636（编辑室） （010）82109704（发行部）
（010）82109709（读者服务部）
传　　真 （010）82106631
网　　址 http://www.castp.cn
经 销 者 各地新华书店
印 刷 者 南京四彩印刷有限公司
开　　本 889mm × 1194mm 1/16
印　　张 20.75
字　　数 900 千字
版　　次 2015 年 12 月第 1 版 2015 年 12 月第 1 次印刷
定　　价 320.00 元

中国农业机械化年鉴编辑委员会

编辑说明

一、《中国农业机械化年鉴》是我国农业机械化综合性行业年鉴，旨在逐年记载我国农业机械化发展的历史进程，提供农业机械化经济技术资料与统计数据，服务现代农业，促进行业发展，为政府决策提供发展借鉴与依据。

二、《中国农业机械化年鉴》2015年版设领导报告与论述、农业机械化论坛、农业机械化政策法规及规章、农业机械化工作、农机工业与流通、农业机械化统计资料、农机社团组织、机构与负责人、大事记、附录、索引等栏目。

三、《中国农业机械化年鉴》由中华人民共和国农业部主管，农业部南京农业机械化研究所主办。中国农业机械化年鉴编辑委员会由农业部农业机械化管理司、各省（自治区、直辖市）农业机械化主管部门、有关农业机械化企事业单位和高等院校领导与专家组成。《中国农业机械化年鉴》编辑部设在农业部南京农业机械化研究所。

四、《中国农业机械化年鉴》采用分类编辑法编辑，类目下设分目，年鉴以条目为记载资料的基本单元。

五、《中国农业机械化年鉴》的类目、分目、条目标题使用不同字体、字号，类目标明于页眉，以便于检索，条目标题均为黑体字加【 】号。

六、《中国农业机械化年鉴》所采用的稿件来自农业部、各省（自治区、直辖市）农业机械化主管部门、有关农业机械化企事业单位和高等院校，条目、数据、事实等经过有关部门反复核对。

七、《中国农业机械化年鉴》的各项全国统计数字均不含香港特别行政区、澳门特别行政区和台湾地区。

八、为便于读者查阅，《中国农业机械化年鉴》卷首有目录，卷末有大事记和索引，全书的信息资料可通过目录、大事记、索引3个检索渠道查阅。

九、由于编排格式的需求，年鉴农业机械化发展报告、领导报告与论述、农业机械化论坛等栏目文章略去了“参考文献”内容，在此深表歉意。

十、《中国农业机械化年鉴》的编辑工作得到中国农业科学院、各级农业机械化主管部门、农业机械化企事业单位和有关高等院校的大力支持，在此深表谢意。

东风井关
T954
DFISEKI

全面 高质 高效

山东润源实业有限公司
SHANDONG RUNYUAN INDUSTRY CO., LTD
热烈祝贺“润源”入围第五届“精耕杯”
用户最心仪的 玉米收获机械 谷物收获机械 售后服务 十佳品牌

润源收获
让农业生产更专业、更高效、更轻松！
润源
Runyuan
润源实业

LOVOL
TECHNOLOGY CREATING THE FUTURE 科技创造未来
为现代农业提供智能科技整体解决方案
Providing intelligent technology complete solutions for modern agribusiness
雷沃以欧洲科技驱动产业创新进步，为中国及全球从事现代农业生产经营的专业用户，提供高价值的全程机械化成套装备，以及产品全周期的增值服务和农业技术支持方案。
早在2008年，雷沃就以为中国农业装备提供整体解决方案为使命，现在更是以臻于完美的整体解决方案，成就行业优质客户发挥更佳的农业生产力。
雷沃期待与您一起耕耘土地、收获未来。
雷沃重工股份有限公司雷沃农业装备事业部
地址：山东潍坊北海南路192号　服务热线：4006589888　网址：www.lovol.com

常林农装

沭河服务 全心为您

沭河

4YZP-2Q型玉米收获机是根据用户和市场需求，开发研制的新一代产品。本机配套动力为32-40马力，能一次完成摘穗、剥皮、秸秆粉碎还田等全过程。该机具有结构合理、机型短小、 动力消耗少、省油、操作简便、灵活、作业效率高等特点，各项技术指标达到国家标准，是广大用户朋友的理想选择。

一、结构特点：

（1）产品结构紧凑、机动性好，无需人工开道；可一次完成玉米作物的摘穗、输送、果穗剥除苞叶、果穗收集装箱、秸秆切碎还田的全过程作业。

（2）采用拨禾链式强制喂入技术，解决多种行距适应性问题；

（3）拉茎辊、摘穗板式摘穗装置结构简单、体积小、重量轻、籽粒损失少、生产效率高；

（4）高效率自动剥皮装置、秸秆切碎还田装置；

（5）国内首创：剥皮机前置，分行剥皮，防堵塞。

（6）国内首创：最矮、最轻、功能全的自走式双行机。

（7）四轮驱动,通过性能优越。

（8）液压转向，操作灵活舒适。

（9）国内首创:粮箱中置，液压先升高后侧翻卸粮。

二、整机技术规格：

型号		4YZP-2Q	摘穗辊样式	摘穗板、拉茎辊
名称		玉米收获机	拉茎辊型式	六棱式拉茎辊
外形尺寸	长(mm)	4270	整机重量(kg)	1900
	宽(mm)	1440	适用行距(mm)	400-700
	高(mm)	2200	茎秆切段长度(mm)	≤100
配套动力(kW)		24(QC2105)； 25.2(SL2108ABK-2)	最小离地间隙(mm)	235
工作速度(km/h)		2-4	割茬高度(mm)	≤150
生产效率(hm^2/h)		0.15-0.26	卸粮方式	液压侧翻
收获行数		2	割刀型式	滚刀式
苞叶剥净率		≥85		

目前国内市场上开发研制的大都是大中型玉米收获机，小型双行玉米收获机一般也是与四轮拖拉机配套的背负式玉米收获机械，整机体积庞大，重量高，动力消耗大，主要适用于在广阔平坦的平原地区进行大面积作业，不适合在半山区、丘陵地带进行作业，使用受到限制。在我国大多数地区，由于地形复杂，地块小，田间道路窄，通过性能不好，小型机动灵活的玉米收获机在市场上很少，且尚无成熟机型，因此市场潜力巨大。公司通过市场调查发现，根据目前农村的实际情况，开发价格适中、性能优越的小型玉米收获机械是理想的产品定位。市场急需一种消耗动力小，机动灵活易操作，一次可完成摘穗、剥皮、秸秆粉碎还田等全过程的，性能可与大型玉米收获机媲美的小型玉米收获机械。

4YZP-2Q型玉米联合收获机是我公司结合国内农业环境，全新设计的卧辊式玉米收获机械，现已获得1项国家发明专利，8项实用新型专利。本产品结构紧凑、四轮驱动，通过性能优越，机动性好，无需人工开道，可一次完成玉米作物的摘穗、输送、果穗剥除苞叶、果穗收集装箱、秸秆粉碎还田的作业，与国内其他机型相比有如下特点：

1、产品结构紧凑、机动性好，无需人工开道；可一次完成玉米作物的摘穗、输送、果穗剥除苞叶、果穗收集装箱、秸秆粉碎还田的作业；

2、采用新型摘穗板式摘穗装置，具有籽粒损失小，适应性强的优点；

3、中置液压先升高后侧翻卸粮机构,实现了快速卸粮；

4、采用拨禾链式强制喂入技术，喂入性能好，解决了多种行距适应性问题；

5、配备高效剥皮装置与割台连接在一起，使摘下的果穗在向果穗箱输送的过程中，进行分行剥皮，防堵塞，剥净率高；

6、四轮驱动，通过性能优越；

7、是国内最轻、最矮、功能全的自走式玉米收获机，解决了以往丘陵、半山区玉米难以收获的难题。

综上所述，4YZP-2Q型玉米联合收获机与国内现有的各种玉米收获机相比，具有机动灵活易操作，动力消耗小的特点，是国内最轻、最矮、功能全的自走式玉米收获机，解决了以往丘陵、半山区玉米难以收获的难题，是目前市场上小型玉米收获机的方向性产品

山东常林农业装备股份有限公司

地址：山东省临沂市临沭县常林西大街112号

电话：0539-7192087　传真：0539-7192668

网址：www.changlingroup.com

AGCO
AGCO
AGCO
25
YEARS
1990-2015
爱科（中国）投资有限公司
地址：北京市朝阳区工体北路甲2号盈科中心A座810室
电话：010-57062999 传真：010-57062990 邮编：100027
客户关怀热线：400 8812 396
代理商服务热线：400 9902 396
微信服务号：爱科在线
网址：www.agcocorp.cn

水田驱动耙

驱动圆盘犁

旋耕机

整机装配生产线

中国 双力

QUANCHAI 全柴

www.quanchai.com.cn 0550-5012699

安徽全柴动力股份有限公司

公司·简介

Company Profile

安徽全柴动力股份有限公司是专业柴油机研发与生产企业，公司于1998年上市（股票代码：600218）。是国家级高新技术企业、中国机械工业500强企业、安徽省技术创新示范企业、安徽省创新型企业，拥有国家级企业技术中心、安徽省中小功率柴油机工程实验室和安徽省车用柴油机工程技术研究中心，设有安徽省博士后科研工作站，与国内外多家内燃机科研机构及院所建立了良好的合作关系，确保公司的产品技术始终紧跟全球先进水平。依靠前瞻性的产品研发与创新能力，公司相继承担和参与了多项国家"863项目"、国家级重点新产品项目和国际合作项目，研发4A、4B、4C、4F系列发动机在经济性、可靠性、环保性等方面均达到国内同类先进水平。

经过不断的产品结构升级，公司柴油发动机产品功率覆盖15至380马力，凭借其良好的产品质量和完善的售后服务，成为汽车、叉车、农业装备、工程机械、发电机组等的首选动力，产品销售和服务网络覆盖全国、东南亚、欧洲等多个国家和地区。

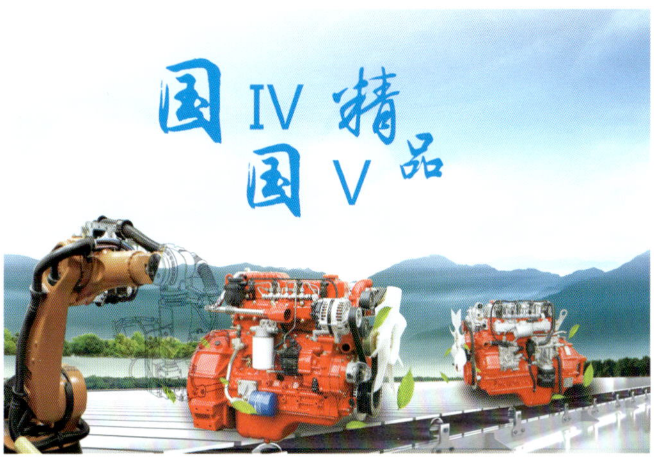

销售热线/0550-5012699 邮政编码/239500

服务电话/0550-2301666 传真/0550-5015988 5015888

地址：安徽省全椒县吴敬梓路788号 网址：http://www.quanchai.com.cn

上海STAR

上海世达尔现代农机有限公司

NEW Product

TMS10700型厩肥抛撒机主要特点：	TMS10700型厩肥抛撒机的结构特征：
具有破碎功能，抛撒均匀	加高的安全防护网
厢底采用耐腐蚀的材质	最大容量为10.7m³的装载厢
装载量大，可提高堆肥拉运效率	宽幅大直径的装载轮胎
便于大规模统一作业	速度可调的输送链
减少劳动力，降低劳动强度	大直径的横2段破碎装置
五档调速功能，按需施肥	

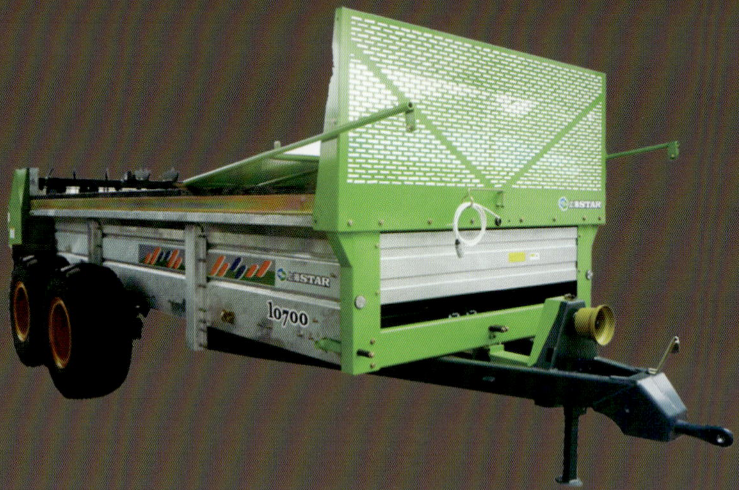

TMS10700型厩肥抛撒机是一种载重量大的、能把肥料抛撒还田的新型农机具，该机利用拖拉机后动力输出，带动车厢内的输送链自动把肥料向后输送，然后通过高速旋转的破碎轮和抛撒轮均匀的将肥料破碎后撒布还田，达到了大规模统一的作业，降低劳动强度，提高施肥效率，改善土壤结构的目的。该机具有5档调速功能，可根据肥料的干湿程度和施肥量控制抛撒，保障按需施肥，均匀可靠。该机采用宽幅大直径轮胎适应地面凹凸不平，干湿地两用，作业平稳。

厩肥抛撒机标准参数

型号：TMS10700

安装方式：牵引

破碎形式：横2段破碎

最大装载重量：8600kg

最大装载容量：10.7m³

机体尺寸 长x宽x高：725x290x240

重量:2800kg

厢体尺寸 长x宽x高：530x185x75

驱动方式：PTO/540rpm

输送链速度（变速档数）：5

抛撒宽度：3m 工作速度：3～7km/时

抛撒量： 18～100t/h ㎡

轮胎：轮距：248cm

尺寸（代号）：60/70—20—12PR

（直径x宽度）： 1080x420

适应拖拉机 HP(kw):80—125（58.8—92）

输送链:#10000（10ton）

五档调速，按需施肥！

宽幅大直径轮胎适应地面凹凸不平，使作业平稳！

Manure Spreader

上海世达尔现代农机有限公司
地址：上海市华宁路1300号 邮编：200245
销售电话：021-6430 0143 6430 8916
传真：021-6430 0146
电子邮件：starng@126.com
网址：www.shanghai-star.com

Shanghai Star Modern Agriculture Equiment Co.,Ltd
No.1300 Hua Ning Road,Shanghai 200245 China
Tel:021-6430 0143 6430 8916
Fax:021-6430 0146
E-mail:starnj@126.com
Http:www.shanghai-star.com

目　录

领导报告与论述

全国农业工作会议农机专业会

在全国农业机械化工作会议上的讲话(摘要)

(2015年1月13日·广西*南宁)

中华人民共和国农业部副部长　张桃林

这次会议的主要任务是,深入贯彻中央农村工作会议和全国农业工作会议精神,总结交流2014年工作,分析当前农业机械化发展形势,研究加快农业机械化转型升级,推进全程、全面、高质、高效发展,部署2015年重点工作。

一、关于2014年工作

2014年,全国农业机械化系统广大干部职工和科技人员认真贯彻落实中央决策部署,履职敬业不松懈,探索创新不畏难,突出重点抓落实,业务作风两促进,圆满完成了各项重点工作任务,巩固了农业机械化全面快速健康发展的好势头。2014年,全国农业机械总动力预计达10.76亿千瓦,同比增长3.57%;装备结构持续优化,粮食生产急需的大型拖拉机、水稻插秧机、玉米联合收获机、谷物烘干机保持高速增长;农作物耕种收综合机械化水平突破60%,预计达到61%以上,提前实现"十二五"规划目标,为粮食产量"十一连增"提供了支撑,为农业综合生产能力持续提升增添了底气。

——农机购置补贴制度创新力度加大,政策实施更加高效规范。2014年中央财政农机购置补贴资金达到237.5亿元,同比增加20亿元。农业部、财政部大力推进补贴制度改革创新,强化落实监管。着力减少寻租可能,进一步推行"全价购机、定额补贴、县级结算、直补到卡",提高补贴分类分档和最高限额测定的科学性合理性;着力缓解供求矛盾,进一步推进政策普惠,21个省(自治区)选择部分急需机具实行敞开补贴,其中江苏、吉林、青岛等地大幅度缩小补贴品目范围,重点机具的补贴购置量显著提升;着力便民利民,进一步简政放权、在部分省份开展农民先购机后申请补贴试点和补贴产品市场化改革试点,减少不必要管理流程;着力正风肃纪,狠抓依法行政、廉洁行政,推进省市县政策信息公开,专项督导、重拳打击弄虚作假、严重失信、虚报套取补贴等违规行为。着力完善顶层设计,通过深入调查研究、广泛征求意见,基本理清了今后一个时期补贴制度改革完善的思路和措施,为补贴制度稳定化、补贴工作常态化打下了较好基础。总的看,2014年补贴工作实施顺利,改革措施效应显著,赢得了各方面的肯定。

——农业机械化扶持政策措施丰富发展,强机惠农效应更加凸显。全国人大农委与农业部联合举办了《中华人民共和国农业机械化促进法》实施10周年座谈会,张宝文副委员长、韩长赋部长出席会议并作重要讲话,各省区市也相继组织了高规格的纪念活动和专题宣传,为法律的深入实施和法定政策措施的进一步落实营造了良好环境。国土资源部、农业部出台《关于进一步支持设施农业健康发展的通知》,将大型农机具停放场所纳入设施农用地范围,为各地解决农机合作社场库棚建设用地难题提供了政策支持。农财两部在山东等11个省组织实施农机报废更新补贴试点,共完成报废更新农机2.1万台。农业部分别在广西、新疆开展大型甘蔗收获机、棉花收获机金融租赁财政贴息试点,浙江、福建、宁夏等10多个省份农机管理部门协调当地金融机构出台了农机具抵押贷款、小额信贷、低息贴息贷款等便民利民服务措施,缓解农民购机的筹资压力。北京、上海、陕西、青海、宁波、大连、青岛等省市共585个县实现了免费监理全覆盖,北京、上海、江苏、陕西实施了保险保费

* 广西壮族自治区,全书简称广西

补贴政策。江西省财政安排2 000万元“以奖代补”扶持骨干农机维修网点建设。这些多样化的扶持措施，进一步调动了各类农业经营主体发展农业机械化的积极性。

——粮食生产机械化水平不断提高，玉米机收等重点薄弱环节机械化加快推进。大力培育壮大农机合作社等新型社会化服务组织，合作社数量已经达到4.7万个，比2013年增加5 100多个，服务农户数超过4 500万余户。精心组织、有序调度重要农时农业机械化生产，大力推行订单作业、耕种收一条龙作业服务模式，促进春耕、“三夏”“三秋”农机作业机具供需对接，有力保障了农业生产的进度及质量。“三夏”全国麦收基本结束时间较2013年同期提前4～5天，为秋粮生产争抢了农时。全国机插秧增加800千公顷，水稻机械化种植超过38%；水稻机收水平持续提高，特别是早稻机收水平达到74.8%，同比提高近5个百分点，有效克服了持续阴雨天气给南方省份“双抢”生产造成的不利影响。大力推进玉米收获机械化，全国玉米机收面积达到21 333.33千公顷，较2013年新增3 000千公顷，机收水平超过56%，已连续6年增幅超过5个百分点，成为当前农业机械化发展的突出亮点。

——农业机械化新技术推广面积持续增加，机械深松作业成效显著。精心组织农机领域重大科研项目研究，在大功率、高性能、智能化农机装备及优势经济作物生产机具研发方面取得一批重要成果。发挥全国农业机械化科技创新战略咨询专家组作用，研究提出了中长期攻关方向及相关政策建议。开展农业机械化教育培训大行动，举办多期“政企联动”农机维修高技能人才培训班和重要农时主推技术培训班，培训各类农业机械化人才500多万人次。扎实推进农机农艺融合，在全国布局机械化生产关键技术推广示范片，推动实施主要农作物的机械化生产技术指导意见，新增精量播种、保护性耕作、高效植保等农业机械化新技术应用面积17 333.33千公顷，其中新增保护性耕作实施面积1 100千公顷。内陆棉区全程机械化生产技术模式探索取得重大突破，山东机采棉模式种植面积达6.67千公顷以上。新疆地方机采棉模式种植面积达333.33千公顷，机收水平达12%，较2013年提高4个百分点。抓住春播前和秋收后两个重点时段，强化政策引导、技术指导、任务督导，积极组织农机深松整地作业，全年累计完成作业面积10 000千公顷，超额完成《政府工作报告》提出的6 666.67千公顷目标任务，进一步夯实了粮食增产基础，得到李克强总理等中央领导的充分肯定。

——农机安全生产形势进一步稳定好转，依法管机水平持续提升。结合第二批群众路线教育实践活动，在全国深入开展农机安全监理“为农民服务”活动，普遍推行法律依据、服务事项、收费标准“三公开”和服务承诺、限时办结“两制度”。推动落实安全监理惠农政策，开展安全生产防护性能提升试点，为88万台农机免费粘贴夜间反光装置；免除小微企业农机牌证收费，预计全国拖拉机上牌率、检验率、持证率超过70%，提前实现“十二五”规划目标。强化宣传教育和安全检查，组织举办农机安全应急管理培训和演练，开展农机安全生产“打非治违”专项行动和农机安全生产月活动，得到国务院安委会的通报表扬。创新“平安农机”创建机制，推出一批示范县、示范岗，提高了创建效果。组织开展全国农机推广鉴定工作监督检查，督促整改，推进依法鉴定、规范鉴定，全年共完成部级推广鉴定产品2 200多个。以微耕机等在用机具为重点，组织开展质量专项调查及安全检查，加强质量监管，协调有关部门妥善解决投诉质量问题，有效维护购机用机农民的合法权益和生命财产安全。农机安全生产形势持续稳定向好，1—11月全国农机事故死亡人数、受伤人数和直接经济损失同比分别下降了27.7%、2.2%和15.9%。

二、关于当前农业机械化发展形势和任务

《中华人民共和国农业机械化促进法》和农机购置补贴政策深入实施，开辟了我国农业机械化发展的黄金十年，农机装备总量及农机工业都实现了持续的高速增长，农机总动力先后迈上7亿、8亿、9亿、10亿千瓦4个大台阶，大中型拖拉机、联合收获机保有量分别增加了4倍、2.7倍，农作物耕种收综合机械化水平提高了27个百分点，我国农业生产方式已经实现由人畜力为主向机械作业为主的历史性跨越，农业机械化在农业农村经济中的地位作用显著增强。

但也要清醒看到，在当前经济进入新常态、农业发展面临前所未有新挑战的背景下，我国农业机械化发展的内外环境正在发生深刻变化，农业机械化面临着更迫切的要求、更严峻的挑战。

从机遇看：随着农民老龄化状况日益突出、土地流转规模经营步伐不断加快、生态环境约束日趋紧张、农业投入品利用率仍然偏低，在解决“谁来种地”及实现绿色增产、促进农业可持续发展方面，农业机械化大有作为。随着农业发展方式的转变和新一轮农业产业结构的加快调整，农民合作社、农机服务组织、家庭农场等逐渐成为农业机械化应用新型主体，对配套化、高端化、多样化、个性化的农机装备和服务需求日趋旺盛，必将对农业机械化发展产生新的推动。

从挑战看：农业机械化虽然经过前10年政策支持、需求拉动，在农机总动力、主要机具数量、耕种收综合机械化率等方面实现了迸发式的“量”的增长，但装备结构不合理、发展不平衡和效益不高等问题逐步显现，“质”方面的问题日益突出，部分地区部分环节发展后劲乏力。主要表现在：单位面积农机动力、燃油消耗明显高于发达国家；先进适用农机装备和技术有效供给严重不足，低技术含量、低效率的农业机械还在大量应用；有些农业生产环节机具正趋于饱和或已经饱和，局部存在保有量过剩，出现利用率显著下降的趋势。跨区作业半径缩短，机手雇工工资及机具购置折旧成本持续上涨，单机经营利润空间缩小。农机从业人员素质亟待提升，一些地区驾驶人员50岁以上的超过70%，熟练机手及高素质的合作社领头人紧缺。多数作业服务组织还属于松散型合作，经营管理能力不强，交易成本、服务成本比较高。围绕农机作业的社会化服务配套不足，农机“看病难、行路难、住房难”问题突出。一些机械化率低的薄弱环节、落后地区发展缓慢，不仅受制于适用机具研发，更源于品种、农艺、加工工艺、地块条件等综合因素缺乏有机衔接，系统性解决难度大。这些问题都是前进道路上的坡坎、成长中的烦恼，要靠科技进步、深化改革、创新驱动来解决。

综合判断，今后一个时期，我国农业机械化仍处于大有作为的战略机遇期，可期待又一个“黄金十年”。提高农机装备数量是加快机械替代劳力步伐、全面提升农业综合生产能力的迫切之需；提高农机装备的使用效率，农机作业领域向全程、全面发展提速，农业机械化向高质、高效转型升级，将是我国农业机械化发展的新常态。

认识新常态，适应新常态，把握新常态，要着力在以下5个方面下工夫。

一要更加注重规划引导。这是推动农业机械化"全面、全程、高质、高效"发展的基础性工作。要结合区域农业和农村经济发展的总体规划，在充分摸清现有情况的基础上，科学预测供需状况，精心制定"十三五"发展规划。同时，要加强规划实施过程中的动态监测，及时进行相关的预警分析和信息发布。通过科学规划的制定和实施，引导区域农业机械化持续健康发展。

二要更加注重政策创设。政策设计要适应财政体制改革的新趋势，准确把握中央事权、地方事权的划分，找准切入点，提高成功率。要提高政策实施的精准性，聚焦目标，聚焦主体，通过合理确定农机购置补贴范围和补贴额、完善农机报废更新制度、实施重点环节作业补贴、强化基础设施建设和金融支持等多种政策措施，推动农业机械化持续健康发展。要统筹兼顾，采取差别化的措施，突破关键和薄弱环节机械化，引导平原地区机械化上水平、丘陵山区机械化上路子。要扩大政策的效用，善于运用市场机制，将有限的财政资金发挥最大的撬动作用。要注意将政策引导和农民的需求有机结合起来，引导理性购置农机具，做好加减法，促进急需农机具的推广应用和现有农机装备结构的调整优化。

三要更加注重创新驱动。加强农机装备制造技术的研发创新，突破主要经济作物生产和养殖业机械化薄弱环节，加快油菜、棉花、甘蔗、花生、马铃薯等经济作物种、收和种养业废弃物资源化利用等薄弱环节机械化技术的突破与集成；加快丘陵山区等薄弱地区农业机械化进程，大力发展轻型、便捷、高效农业机械化技术。促进农机产品技术和结构升级，全面提升农机工业研发水平和产品质量，逐步使农业生产各个领域、各个环节都"有机可用""有好机用"。加强农机与农艺的融合，树立发展"机械化农业"的理念，改变各干各的、单打独斗等传统工作方式，加强部门合作，从农田基础建设、育种、栽培、加工、消费等全过程统筹研究农业机械化技术的集成配套。大力开展主要作物全程机械化推进行动，通过多层次、多形式的试点示范，优选熟化机型，强化适用技术组合集成，完善重点环节、重点区域的农业机械化技术路线和模式，促进农业机械化成熟技术的推广应用，切实解决"有机适用""把机用好"的问题。

四要更加注重后续服务。适应农业规模经营加快发展的需要，升级农机社会化服务体系。以提高机械利用率和经济效益为动力，培育发展农机合作社、农机作业公司等新型农机服务主体和农机大户，引导建立紧密联结利益机制，实现规范化、品牌化运作，增强服务组织发展后劲。大力推行机械全程代耕代种、土地托管和农机跨区作业等服务形式，形成"作业区域清晰、服务半径适度、服务对象比较固定、作业收益比较稳定"的新型农机作业服务模式。分层次、多渠道开展农机教育培训工作，建设一支实践技能高、致富能力强的职业型农机实用人才队伍。推进农机政务管理、作业市场和技术服务信息化，支持开展便捷高效的农机维修、销售、租赁、金融服务，不断降低农机作业、维护和交易成本。推动建设诚实守信的农机市场环境，引导履行服务承诺，保证服务质量。

五要更加注重法治保障。引导农业机械化系统干部自觉运用法治思维、法治方式来推动发展、化解矛盾、解决问题。准确把握农业机械化法规要求，增强权责一致意识，坚持法无授权不可为，坚持法定职责必须为，落实好农机安全生产、驾驶培训、维修网点、在用农机产品质量调查等监管责任。加强调查研究，根据实际情况和发展趋势，按照程序推动修订完善农机安全法规、农机试验鉴定、支持推广目录管理规章及配套规范性文件，增强制度规定的协调性、实效性。积极推行重大决策合法性审查制度，坚持简政放权，减少前置审批，强化事中、事后监管。以农机补贴、重大项目、行政审批等为重点，实行权力清单制度，强化权力制约和监督。广泛宣传与农业机械化密切相关的法律法规，引导农民群众采用合法手段解决纠纷和维护自身权益。

总之，我们要准确把握新常态下的新特性新要求，充分认识农业机械化提质增效转型升级的紧迫性、艰巨性、长期性，以"舍我其谁"的担当精神和"功成不必在我"的胸襟，主动作为、远近结合、统筹施策、改革创新，持之以恒推动农业机械化实现更有质量、更有效益、更加均衡、更可持续的健康发展，加快打造农业机械化发展的升级版，不断开辟农业机械化事业新篇章。

三、关于2015年重点工作

2015年是实施"十二五"规划收官之年，实现农业机械化又好又快发展，对于促进农业农村经济发展具有特殊重要意义。要按照中央农村工作会议提出的"稳粮增收、提质增效、创新驱动"的总要求，围绕转变农业机械化发展方式、提升发展质量效益这条主线，以调整优化装备结构布局、主攻薄弱环节机械化、推广先进适用技术为重点，着力落实完善政策、培育发展主体、建设人才队伍、强化公共服务，加快提高农机装备水平、作业水平、管理水平。力争全国耕种收综合机械化水平达到62%以上，水稻栽植、玉米收获机械化水平分别超过39%、60%，棉油糖等经济作物机械化水平有新的突破，深松整地面积达到13 333.33千公顷，安全生产形势保持平稳。

要重点抓好以下7个方面工作。

（一）毫不松懈实施好农机购置补贴政策。《2015—2017年农机购置补贴政策实施指导意见》（简称《意见》）即将下发，总体看，这个《意见》总结了近年来的成熟经验，是大家实践和智慧的成果，务必要不折不扣执行好、落实好。要统筹做好补贴启动各项工作，确保早实施、早见效。加强宣传培训和业务指导，营造有利于政策实施的良好氛围。积极稳妥推进改革创新，制定必要的应急防控预案，妥善解决出现的问题。围绕新办法新措施，有针对性地开展调研和跟踪问效，及时完善管理，提出意见建议。建立健全监管制度，强化依法监管。重视举报投诉，以问题为导向，开展专项监督检查，严厉查处违规违纪行为。继续深入开展绩效管理，大力推进信息公开，强化社会监督，确保补贴政策安全高效实施。抓好农机报废更新补贴工作等试点工作，认真总结成效和经验，研究完善相关办法，为扩大试点打好基础。

（二）集中力量开展主要农作物生产全程机械化推进行动。围绕粮棉油糖等主要作物、主要生产区域，制定"主要农作物生产全程机械化推进行动方案"，明确目标任务和工作重点，建立部门合力推进、系统上下联动的工作机制。以连片示范、提升水平为目标，加快普及应用成熟的主要粮食作物全程机械化生产技术；以突破瓶颈、模式探索为目标，示范推广棉油糖等经济作物全程机械化生产技术。2015年，农业部在全国主产区建设48个主要作物生产全程机械化示范项目县，主要进行品种、栽培、机具和加工等技术集成探索、试验示范，以总结形成适合不同区域特点的主要作物全程机械化生产经营模式，以点带面，示范推进。各地要切实加强对示范项目的指导，要充分调动市县的积极性，上下形成投入、指导的合力，力求抓出成效。要突出重点，探索建立主要农作物机械化生产技术体系，重点推进水稻机插，今年要召开全国水稻生产全程机械化现场会，力争全国水稻机械化种植水平达到 39%；加快推进东北、黄淮海、西北地区的玉米机收，力争全国玉米机收水平达到 60%；下大力抓好三大棉区棉花机收、广西甘蔗机收技术集成与示范；继续推进油菜、马铃薯等农作物生产机械化，力争取得突破性进展；围绕促进可持续农业发展，改进保护性耕作技术推广工作，着力在适宜地区整县市推进。切实打造出一批具有不同区域特点的全程机械化生产示范亮点，总结出一套可复制推广的模式，形成有规模的示范带，扩大影响，方便推广。

（三）保质保量完成农机深松整地作业任务。国务院将深松整地作为挖掘增产潜力的重要措施，要求 2015 年力争完成 13 333.33 千公顷的任务，我们深感使命光荣，任务艰巨。各级农业机械化主管部门必须抓紧抓好，不得有半点的松懈。各地要积极争取财政支持，统筹使用好农机购置补贴资金，切实保证农机深松作业需要，适宜地区要将深松机列为敞开补贴的重点机型，力争扩大农机深松整地作业补助试点区域，充分调动农民开展深松整地作业的积极性。制定完善工作方案，分解落实 2015 年农机深松整地作业任务，适时组织开展工作督导和作业质量检查，确保完成全年目标任务。认真总结和大力宣传农机深松整地补助试点的新成效和新经验，谋划制定农机深松整地实施规划（2016—2020 年）。

（四）有力有序组织好重要农时的机械化生产活动。及早部署春耕、“三夏”“双抢”“三秋”等重要农时机械化生产工作，协调做好农用柴油供应和售后维修服务，推动重要农时机械化生产有序进行。做好农机作业供需信息发布，强化农机跨区作业管理，精心组织“三夏”小麦跨区机收大会战。细化“小麦、水稻机械化收获技术指导意见”，开展机收作业质量标准的宣贯活动，减少粮食收获过程的损失。积极组织农机参与防汛抗旱，立足抗灾夺丰收。继续建设“农机作业信息动态监测与服务平台系统”项目，在湖北、安徽开展整省推进试点，努力提高农业机械化生产管理工作的信息化水平。

（五）多措并举培育新型农机社会化服务市场主体。继续深入开展农业机械化教育培训大行动。充分发挥农业机械化科技战略咨询专家组技术支撑作用，借力农业技术推广骨干培训计划、新型职业农民培训工程等项目，开展“百千万”农业机械化人才建设，重点培养“百名”高素质农业机械化科技领军人才、“千名”基层农机推广骨干人才、“数十万”农机职业能手。贯彻落实中办、国办《关于引导农村土地经营权有序流转发展农业适度规模经营的意见》，鼓励种粮大户、农机大户和农机合作社开展土地全程托管或主要生产环节托管，实现统一耕作，规模化生产。深入开展全国农机合作社示范社创建活动，推动出台扶持农机合作社库棚建设、金融信贷、人才培养等方面的措施。继续探索开展大型农机具融资租赁试点。继续开展农机合作社经理人培训，积极推动“企社共建”“银社共建”，不断增强农机合作社的服务能力和服务水平。召开全国农机合作社建设经验座谈会，总结各类农机合作社的组织机制及其运行模式，促进规范化发展。

（六）与时俱进改进农业机械化质量监督管理。研究修订完善农机试验鉴定有关制度，增强制度规定的协调性、实效性。强化部级农业机械推广鉴定管理，组织开展部级农业机械推广鉴定、选型大纲的制修订工作，推进部级鉴定能力认定工作。继续开展推广鉴定工作监督检查，促进鉴定规范化建设，提升鉴定工作质量。研究完善改进推广目录制定工作的措施，优化工作程序和评审方法。以农机作业质量、安全操作为重点，强化农业机械化标准制修订和宣传贯彻，研究提出“十三五”农业机械化标准体系建设重点。继续推进农机质量投诉监督体系建设，认真受理和处理重大农机质量投诉，维护农民合法权益。以玉米收获机、大中型拖拉机等补贴机具为重点，组织开展农机质量调查，督促农机生产企业、经销商落实“三包”责任。依法加强农机维修行业监管，公布全国二级以上农机维修点名录，推动农机维修网点布局优化。

（七）持之以恒抓好农机安全生产。推进实行农机定期免费安全检验制度，鼓励对农机牌证发放、安全检验、培训考试、报废回收、安全保险等费用给予财政补贴。财政部、发展和改革委员会已经明确对小微企业和个体工商户免征农机监理行政事业性收费，各地要以此为契机，努力争取把免征范围扩大到所有农民和合作社。继续推进农机报废回收制度建设；修订完善《拖拉机登记规定》等规章制度。加强源头管理，努力提高“三率”水平。组织好“平安农机”建设活动，引导地方健全安全生产责任制。加强安全标准宣贯，创新宣传形式，广泛宣传农机安全法律法规、规章标准和安全知识，提高驾驶操作安全水平。开展农机安全生产执法检查，规范农机安全监理执法行为，严厉打击无牌行驶、无证驾驶、未检验作业、违规发放牌证、瞒报谎报事故等违法违规行为。开展农机安全应急管理演练，做好事故勘查、认定以及赔偿调解，提高应急处置能力。做好事故预防工作，确保安全生产形势平稳好转。

在全国农业机械化工作会议上的讲话（摘要）

（2015 年 1 月 14 日 · 广西南宁）

农业部农业机械化管理司司长　李伟国

在这次会上，吉林、黑龙江、山东、湖北、江西、湖南、广西、青海 8 个省（自治区）介绍了本地区推进农业机械化发展典型经验和做法。张桃林副部长作重要讲话，全面总结 2014 年以来全国农业机械化发展的新成绩、新经验，深刻分析了农业机械化发展面临的新形势、新问题，明确提出做好当前农业机械化工作的新思路、新举措。张桃林副部长的讲话立意高远，内涵丰富，要求明确，既有长远工作思路，又有当前工作部署，还有工作方法指导，具有很强的针对性和可操作性。下面就农机购置补贴政策和主要农作物生产全程机械化推进行动谈点意见。

一、关于落实好农机购置补贴政策

(一)2014年农机购置补贴政策实施情况

2014年,全国农业机械化系统认真贯彻落实党中央、国务院的决策部署和农财两部要求,将实施农机购置补贴政策作为落实党的强农惠农富农政策、加快农业机械化发展方式转变、促进农业综合生产能力提高的重大任务,及早启动政策实施,大力推进改革创新,认真开展督导检查,严厉惩处违法违规,全程全面公开信息,农机购置补贴政策实施成效显著。

一是大力推进改革创新,狠抓关键举措落实。全面推行"全价购机、定额补贴、县级结算、直补到卡"。除北京、西藏和黑龙江垦区部分管局外,其他省(自治区)全部实行"全价购机、定额补贴、县级结算、直补到卡"。缩小范围、突出重点,推进政策的普惠制。全国有21个省(自治区)围绕农业生产急需的农业机械确定补贴范围,实行敞开补贴,其中江苏省对补贴范围内的50个品目全部敞开补贴,补贴资金由省财政兜底。吉林省以省人民政府名义印发农机购置补贴实施方案,将补贴范围压缩到35个品目,重点补贴粮食生产全程机械化所需机具。以市场化改革为导向,充分尊重企业和农民自主权。实行由农机生产企业自主设定经销商资质条件并自主确定补贴产品经销商;农民自主选择销售商、自主议价、自主购机,并允许跨县购机。选择福建省开展补贴产品市场化改革试点。

二是着力强化信息公开,推进便民服务。全国38个省级农业机械化主管部门和80%左右的县(市)均已在官方网站上开通了信息公开专栏,推进政策内容公开化、实施过程公开化、补贴结果公开化,接受社会各界监督。部分省份开展农民先购机后申请补贴试点;一些县选择在政务大厅、农机大市场等进行购机申请、补贴申领等一站式服务。与财务司共同在广西、新疆开展大型农机金融租赁试点,许多地方协调出台农机具抵押贷款、小额信贷、低息贴息贷款等便民利民服务措施,缓解农民全价购机的筹资压力。

三是加强监管,严厉惩处违法违规。在继续开展农机购置补贴专项督导检查的基础上,加大违规行为查处力度。对实名举报的问题,做到凡报必查、一查到底。农业部会同财政部有关司局直接组织查处了一批违反农机购置补贴政策的行为,共在全国范围内暂停或取消了27家违规农机生产企业的产品补贴资格。省级农业机械化主管部门对123家违规产销企业进行查处,并向社会公开,有力地维护了政策的严肃性。

截至2014年12月底,大多数省(自治区)农机购置补贴实施工作基本结束,全国共补贴购置各类农业机械448万台(套),受益农户达到321.8万户,引导农民和农业生产经营组织投入资金454.6亿元。在农机购置补贴政策的推动下,农机装备水平和农机作业水平快速提高,农业机械化新技术加快推广使用,农民购机用机积极性高涨,为实现粮食生产"十一连增"、农民增收"十一连快"提供了有力的装备技术支撑。

(二)对2015年实施指导意见有关内容的说明

2014年,在抓好组织实施、强化监管的同时,我们还围绕政策实施中的突出问题,围绕修订资金管理办法和实施指导意见,在全国范围内开展了专题调研,向部常务会作了专题汇报并获得原则通过,广泛征求各地和各部门的意见建议,加强了与有关部门的沟通协商,进一步加强顶层制度设计,细化末端治理,力求最大程度地统一思想、形成共识。

《2015—2017年农机购置补贴实施指导意见》(简称《意见》)总体上体现了尊重农民的自主权、顺应市场化需求的原则,体现了公共财政政策的普惠与产业发展政策的重点导向,在政策实施格局上坚持简政放权,在政策操作层面上的坚持删繁就简,着力推进政策实施的针对性、稳定性、普惠性、安全性,切实保障资金安全和干部安全,确保补贴政策高效安全实施。

我就指导意见中的几个主要问题作以下说明。

1.关于补贴对象。各省对这个问题都很关心,提出了很多意见建议。我们对此进行了适当修改。以前表述是"补贴对象为纳入实施范围并符合补贴条件的农牧渔民、农场(林场)职工、农民合作社和从事农机作业的农业生产经营组织。"现在改为"直接从事农业生产的个人和农业生产经营组织。"个人既包括农牧渔民、农场(林场)职工,也包括直接从事农业生产的其他居民;农业生产经营组织的界定可与农业法衔接,既包括农民合作社、家庭农场,也包括从事农业生产经营的农业企业等。补贴对象范围作适当调整,主要是考虑到随着城镇化快速推进、农村劳动力转移步伐加快,目前从事农业生产的主体不仅仅是农牧渔民,越来越多的农业生产任务为合作社、农业企业等新型农业经营主体承担;另外,户籍制度改革后,农民只是一种职业划分,很难再从居住地和户籍上区分。更主要的是,由于农业机械的专用性,无论谁购买农机,都只能用于农业生产。当然,是否扩大到农业生产企业等其他补贴对象,各省可以根据实际,作进一步细化界定。在具体的实施过程中,还要兼顾效率与公平,注意优先重点考虑农民、家庭农场和农机合作社等,避免大量补贴资金被农业企业占用。

2.关于补贴机具种类范围。中央财政资金补贴方向应优先考虑满足公共需求和能体现国家战略目标的一些机具品目,在确定种类范围时主要依据三条原则:一是为便于监管,补贴种类范围尽量限制在只能用于农业、不能用于其他产业的机械;二是为突出重点,按照"口粮绝对安全、谷物基本供给"的目标要求,重点补贴粮棉油糖等主要农作物生产关键环节所需机具,兼顾畜牧业、渔业、设施农业、林果业及农产品初加工发展所需机具;三是着力于解决农民购机难的、补贴价值较高的农业机械。据此,2015年中央财政资金补贴机具范围由2014年175个品目压缩到137个品目。

取消各省自选品目,一是体现中央与地方事权的划分,目前中央确定的范围已基本涵盖了主要农业机械(包括往年各省需求量大的自选品目),一些地方特色农业发展所需和小区域适用性强的机械设备,可由地方各级财政安排资金补贴;二是防范风险,往年自选品目中有部分是否属农业机械还值得商榷,有部分也存在监管困难。

《意见》要求,各省根据资金规模,选择深松机、免耕播种机、水稻插秧机等粮棉油糖主要作物生产关键环节急需的部分机具品目,实行优先、敞开补贴。主要考虑:一是希望各地进一步聚焦粮棉油糖等主导产业,集中力量,通过提升主要作物生产全程机械化,提升我国主要农产品的生产能力,确保供给安全。二是从实践看,实行重点品目敞开补贴、普惠制,能减少确定补贴对象等审批环节,简化手续,防范权力寻租。因此,各省都应围绕当地主导产业、从中选择部分品目实行敞开补贴;也可根据当地产业特点,在大的补贴范围内再选择部分品目进行敞开补贴。

粮食主产省要优先选择粮食生产关键环节急需机具品目敞开补贴；棉花、油料、糖料作物主产省要优先选择棉花、甘蔗、油菜、花生等大宗经济作物生产关键环节急需机具品目敞开补贴。同时，鼓励有条件的省份，借鉴江苏、吉林省的做法，根据资金规模，缩小机具补贴范围，实行全部敞开补贴。

3.关于补贴产品资质。2015年开始，将补贴产品资质与支持推广目录脱钩。补贴范围内，已获得部级或省级有效推广鉴定证书的产品都可以申请享受补贴。主要考虑是，从近几年部级推广目录制定来看，通过省部级鉴定的产品，只要企业提出申请，基本上都能进入目录，失去了选优推优的意义。同时，企业和社会对目前的目录制度已有许多不同的看法。脱钩后，今后的支持推广目录，在企业自愿申请的基础上，真正选择一批技术含量高、质量优、售后服务好的产品向社会推荐。为便于各省掌握产品鉴定的情况，我们将要求各级鉴定机构及时将相关鉴定信息在网上公布，部级鉴定信息由农业部农业机械试验鉴定总站在中国农业机械化信息网上专栏公布。

为进一步推进市场化改革，今后，继续选择个别有积极性、有相对成熟思路和较强组织能力的省份，开展补贴产品市场化改革试点，即在补贴机具种类范围内，除被明确取消补贴资格的或不符合生产许可证管理、强制性认证管理的农机产品外，符合条件的购机者购置的农机产品，均可申请补贴。

为鼓励农机生产企业加强研发创新，2015年农财两部拟选择若干省份开展农机新产品中央财政资金购置补贴试点。对试点省份的选择，按照自愿的原则，由各省提出。新产品补贴是一项新的工作，没有成熟的经验。对于什么是农机新产品，目前国家还没有严格的界定，需要试点省来探索；如何开展新产品的补贴，也需要在实践中摸索。我们认为，在新产品种类选择上，还是要突出粮棉油糖等主要产业发展和农业机械化新技术推广的需要；在具体产品的确定上，要深入调研、广泛论证、集体研究、审慎决策，确保技术先进和风险可控；在具体操作方式上，能否借鉴试验项目管理等方式，先小范围试验，再适当扩大范围试验。当然，具体实施办法，由试点省农业机械化主管部门、财政部门共同研究制定。在总结试点的基础上，农、财两部再根据需要，研究制定相关的管理办法。

试点省份要认真研究，认真组织，积极探索，大胆创新，并做好相应预案，确保试点工作取得成效。

4.关于简化程序和便民阳光操作。为稳定预期，保持政策连续性，2015年农财两部实施指导意见执行期为2015—2017年，补贴范围、补贴标准、操作方式等3年保持不变。如有个别规定确需调整的，及早公布。上年结转资金可结转下年使用。连续两年未用完的结转资金，按有关规定处理。需要强调的是，各省应加强组织，切实提高资金使用效率，当年资金尽量当年执行完毕、发挥效应。

继续在全国范围内推行“自主购机、定额补贴、县级结算、直补到卡”的实施方式。将“全价购机”改为“自主购机”，突出农民自主购机。补贴对象可以在省域内自主选机购机，也可通过企业直销等方式购机。为避免造成行政部门审核认可的错觉，今后农机部门不再汇总公布补贴经销商名单，补贴产品经销企业由农机生产企业自主确定并向社会公布。

提倡补贴政策实施过程与经销企业脱钩，经销企业不参与补贴政策操作流程，补贴对象直接到农机、财政等部门或乡镇站办理所有补贴手续。考虑到各地情况不同，设定3年过渡期。

另外，各地要尽量简化手续，减少农民申领奔波的次数，提倡补贴对象先购机再申请补贴，鼓励县乡在购机集中地或当地政务大厅等开展受理申请、核实登记“一站式”服务。对于资金结算进度，目前，还难于从全国范围内做出统一的时限要求，因此，希望各地结合实际，由地方财政部门做出规定。

全价购机后，各地要加大与金融部门的协调力度，积极探索农机金融租赁、农机抵押贷款等农村金融服务，切实缓解农民购机筹资难的问题。

推进信息公开，实行阳光操作，加强社会监督，是防止骗补、套补和滋生腐败的最有效手段。各地要在建立完善农机购置补贴信息公开专栏的基础上，积极探索信息公开的手段和方式，有条件的地方要推进补贴结果公开到村。

5.关于补贴额。为切实解决一些重点环节的机械化，2015年适当提高了部分机具的补贴限额。但客观上说，补贴定额也不是越高越好，一方面在资金总量有限的前提下，标准提高，受众面就会减少，影响政策的普惠性；另一方面，补贴标准过高，也容易造成农民盲目购机，使机械闲置，影响使用效率。继续提出按不超过上年平均销售价30%的原则进行测算，主要考虑：一是从确定定额标准来看，客观上需要有个掌握的标准；二是相关部门也有这样的要求。

6.关于农机深松整地作业补助和报废更新补贴试点。为落实国务院提出的2015年深松整地2亿亩的任务，经商财政部同意，纳入《全国农机深松整地作业实施规划》的省份可结合实际，在农机购置补贴资金中安排补助资金（不超过补贴资金总量的15%）用于在适宜地区实行农机深松整地作业补助。具体实施办法，参照农业部、财政部有关文件执行。2015年的深松整地任务很重，各地要高度重视，采取有效措施，在作业面积上有所突破。首次将开展深松整地作业补助的省份，要提前谋划，借鉴有关省份的经验和做法，扎实推进补助试点工作。农机报废更新补贴试点工作开展两年多来，在优化农机装备结构，促进节能减排，推动安全生产等方面发挥了重要作用。经商财政部同意，2015年调整和补充了部分农机报废更新补贴试点省份。今后，将继续试点开展情况，按照有进有出的原则，进行适当调整。希望各试点省份农机部门加强与财政、商务等相关部门的沟通协调，认真总结农机报废更新补贴试点工作经验，为进一步推行此项政策打好基础。

7.关于加强监管和违规惩处。一是进一步细化了工作要求。要求各级农业机械化主管部门对投诉集中、“三包”服务不到位、采取不正当竞争、出厂编号及铭牌不规范、未按规定使用管理软件系统、虚假宣传、降低配置、以次充好、骗补套补等线索具体的投诉进行调查核实。二是进一步强化了违规惩处。要求对于违反农机购置补贴政策相关规定的生产和经销企业，各省应视情节轻重采取约谈告诫、限期整改、暂停补贴、取消补贴资格及列入黑名单等措施，要将处理情况及时向社会公布，并视情况抄送工商、质量监督、公安等部门。另外，为适应依法监管新要求，规范惩处，农业部、财政部正在考虑研究制定相关办法，也请各地加强研究，提出建议。三是进一步明确了企业违规责任。农机生产和经销企业产品补贴资格或经销补贴产品的资格因违规被暂停、取消，所引起的纠纷和经济损失由相关农机生产或经销企业自行承担。

（三）对2015年工作的几点要求

一是认真组织学习贯彻农机购置补贴政策有关新规定、新要求。针对2015年补贴实施指导意见调整变化内容较大的情况，各省要有计划地组织开展学习培训，全面准确把握内容实质，确保规范实施。近期，农业部将组织对各省分管补贴工作的局长和主管处长进行专题培训；结合新版管理系统软件上线，开展系统管理操作人员培训。各省也要逐级开展培训，充分解读政策，多渠道开展宣传，使相关人员切实掌握政策要求，确保执行政策不走样。

二是抓紧制定方案，尽快启动实施。目前已是1月中旬，一些地方已经开始谋划春耕备耕，农民将陆续开始购机。各省要根据农财两部指导意见，结合本地实际，抓紧制定本省实施方案，并尽快公布。同时，要统筹兼顾，协调推进补贴额一览表制定、软件安装启用以及补贴产品归档等基础性工作，确保补贴政策早实施、早见效。

三是加强跟踪调研，确保改革创新取得成效。2015年是新办法、新指导意见实施的第一年，一些改革创新措施，特别是试点工作效果如何，需要加强关注。我们将在2015年组织开展专题调研和实施效果评估。各地要发挥就近跟踪问效的优势，主动关注和调研新措施的实施情况，及时反馈情况，并提出完善管理的意见建议，上下形成合力，共同推进改革创新取得新成效。

四是加强监督管理，严惩违规行为。随着补贴管理制度的不断健全完善，今后我们将投入更多的时间和精力加强监管。根据现行管理制度，农机购置补贴政策实施主体在地方，大多数省实施主体在县级或乡镇政府。部、省两级主要职责是协调指导和监督检查。农业部农业机械化管理司将把日常监管和专项检查相结合，根据举报投诉线索和日常监管发现的问题，有针对性地开展专项检查。同时，将继续开展农机购置补贴延伸绩效管理。各省也要以问题为导向，适时开展专项督导检查，全面加强监管，严惩违规，并及时予以曝光，切实增强政策的执行力和威慑力。

各省要加强对鉴定工作特别是推广鉴定的指导和监管，确保依法依规开展鉴定，绝不允许乱发证。今后，如出现问题，要严肃处理，按照谁鉴定、谁负责的原则，不仅要追究相关鉴定机构责任，而且还要追究具体鉴定人员的责任。

二、关于主要农作物生产全程机械化推进行动

在全国农业工作会议上，韩长赋部长要求在粮食和大宗农产品主产区全面开展主要农作物生产全程机械化推进行动。张桃林副部长已提出了明确要求。下面，就这项工作再谈3点意见。

（一）充分认识开展主要农作物生产全程机械化推进行动的重要意义

为什么要开展主要农作物生产全程机械化推进行动，主要基于三方面的考虑。

首先，这是提高农业综合生产能力和市场竞争能力的客观需要。在中央和全党的高度重视下，在政策、投入、科技包括农机等综合要素的支撑下，我国农业综合生产能力有了迅速提高，粮食生产实现了“十一连增”，农业、农村经济发展进入了一个新阶段，但同时也面临着新的困难。当前，随着城镇化和农村劳动力转移步伐的加快，农民老龄化加剧，资源瓶颈和生态环境约束趋紧，农业生产成本日趋上升，主要农产品国际国内价格倒挂，解决“谁来种地”问题、降低我国农产品生产成本、提高农业生产科技含量等都迫切需要加快农业机械替代人工劳动的过程，迫切需要全面发展农业机械化。

其次，这是提升农业机械化发展水平的内在要求。《中华人民共和国农业机械化促进法》实施以来，我国农业机械化迎来了“黄金十年”发展期，无论是从农机装备总动力，还是农作物耕种收综合机械化水平上看，均取得了长足的进步，保持了较快的发展态势，实现了从初级阶段到中级阶段的跨越。但我们还要清醒地看到，从作物上看，虽然我国小麦基本实现了耕种收机械化，但水稻、油菜、甘蔗、棉花等作物综合机械化水平仍然偏低；从环节上看，虽然耕作环节机械化水平较高，但一些主要农作物的播种、植保、收获、烘干等环节机械化仍存在“短板”，农民劳动强度依然较高；从地区上看，虽然有些地区的综合机械化水平较高，但还存在机械化生产技术模式不够完善、机具配备不够合理等问题。如何突破薄弱环节，集成配套农机化技术，推进主要农作物生产全过程机械化，是提升我国农业机械化发展水平的当务之急。

第三，这是新常态下推进农业机械化发展的重要抓手。当前，我国经济进入新常态、改革进入深水区、经济社会发展进入新阶段，农业机械化发展也面临新常态。2014年中央1号文件要求“加快推进大田作物生产全程机械化”以来，各地在推进水稻等农作物生产全程机械化中，探索和积累了许多宝贵的经验。这次会议上，4个省分别就推动水稻、油菜、甘蔗、棉花生产全程机械化作了典型介绍。在新常态下，如何进一步贯彻中央的部署，满足农民的期盼，再创一个“黄金十年”，还需要我们在创新思路、创新机制、创新方法、创新制度上下工夫，找准工作的新动力，创设工作的新平台，树立工作的新标杆。要以组织开展“主要农作物生产全程机械化推进行动”为契机，明确目标，开拓创新，共同打造我国农业机械化发展的升级版。

（二）进一步明确主要农作物生产全程机械化推进行动的思路和重点

总的思路是：以科学发展观为指导，以提高劳动生产率、土地产出率和资源利用率为目标，以主产区为重点，以粮棉油糖等主要农作物为对象，以关键环节为着力点，优化农机装备结构，促进农机与农艺融合、农业机械化与信息化融合，创新工作机制和评价体系，激发市场主体活力，大力提升主要农作物生产全程机械化水平，为提高我国农业生产综合能力，加快推进农业现代化做出贡献。

主要内容是：从农作物品种和环节上，应突出以下两个主攻方向：一是大力推广先进适用的农业机械化技术，提升粮食作物生产全程机械化水平，重点是深松整地、小麦精量播种、水稻机械化育（插）秧、玉米机收，以及植保、烘干机械化技术等；二是试验推广关键环节的农业机械化技术，突破经济作物生产全程机械化的“瓶颈”，重点是油菜机播和机收、甘蔗机收、棉花机采、马铃薯机收、花生机收技术等。

总的目标是：“十三五”期间，在主要农作物的优势生产区域内，以提高耕整地、种植、收获、植保、烘干等主要环节机械化水平为重点，推动小麦、水稻、玉米等主要粮食作物基本实现生产全程机械化，油菜、甘蔗、棉花、花生、马铃薯等大宗经济作物生产全程机械化水平得到明显提高。到2020年，力争全国农作物耕种收综合机械化水平达到70%以上，建设一批主要农作物生产全程机械化示范县或示范区。

（三）创新机制，合力开展主要农作物全程机械化推进行动

开展主要农作物生产全程机械化推进行动，是一项系统工

程，既需要上下联动，部省市县各级农机部门齐抓共管；也需要左右协调，强化农机农艺融合，积极争取相关部门的鼎立支持，合力推动。

一是要高度重视，切实加强领导。要把推进主要农作物全程机械化生产作为今后一个时期农业机械化工作的主要工作任务，作为中心工作来抓。不仅如此，还要积极争取把它列入各级政府加快农业发展方式转变、强化农业基础地位的一项重要工作内容，摆上重要议事日程。各级人民政府的重视，是我们抓好推进行政的基础和前提。同时，要主动协调财政、发展改革、国土资源、科技、水利、工业等部门特别是农业系统内部的相关单位，建立相应的领导和推进机制，形成多部门协调联动、合力推进。

二是要统筹规划，突出重点。要根据各省农业产业的特点，制定推进方案，明确目标任务，突出主攻作物和主攻环节，确定技术路线和推进模式，强化政策引导，落实工作责任，加以推进。

三是抓点与抓面相结合，典型引路，率先推进。抓点，主要是选择一些先进点、关键点(关键环节)，进行重点示范推进。在示范点的选择上，要综合考虑地方政府的积极性和基层农机管理部门的技术力量、推动能力。2015 年，农业部农业机械化管理司通过整合相关的财政资金，在有关省选择确立了一批重点试验示范项目。希望各省也把这些点作为省里的重点示范项目，整合资源，加大支持，加强指导，通过持续抓上几年，切实抓出成效。同时，围绕主要作物生产全程机械化推进行动，我们准备继续在全国范围内开展全程机械化示范县创建活动。通过分层次、多形式，抓好一批示范区，探索和总结主要农作物优势产区的机械化生产模式和技术路线，树立一批可看、可学、可示范的典型，以点带面，推动周边地区全程机械化水平不断提高。

四是要加快培育推进全程机械生产的市场主体。全程机械化生产的主体是农民、家庭农场和农机合作社等农业生产经营者。在加强行政推动的同时，要积极创新农业经营体系，推进适度规模经营，大力培育农机专业合作社、农机大户、家庭大户等新型经营主体，积极推进跨区作业、订单作业、代耕代收、承包经营等农机社会化服务，提高主要农作物生产的组织化程度。引导工商社会资本投向农机作业服务，促进现代信息技术与机械化生产的融合。

五是要加强培训和宣传。要成立由农业、农机等部门技术骨干组成的全程机械化技术指导专家组，围绕良种良法配套、农机农艺融合，强化主导技术和关键技术的培训。加强农机职业技能开发和新型职业农民、农业实用人才培训，通过多层次、多形式的培训，着力提高农民使用农业机械的技能和水平。要加强推进全程农业机械化生产先进典型的宣传，推动农业机械化技术的推广应用，同时，也为加快推进全程农业机械化生产营造更好的氛围。

其他会议

在全国“三夏”小麦跨区机收工作视频会议上的讲话（摘要）

（2014 年 5 月 16 日 · 北京）

中华人民共和国农业部副部长 **张桃林**

召开“三夏”小麦跨区机收工作视频会议的主要任务是认真分析 2014 年小麦跨区机收面临形势，明确目标任务，推进落实各项工作措施，坚决打赢“三夏”小麦机收大会战，为夺取 2014 年夏粮丰产丰收和全年农业生产有个好收成贡献力量。

一、进一步增强做好“三夏”农业机械化生产的责任感和紧迫感

2014 年是落实十八届三中全会精神、全面深化改革的第一年，需要农业有一个好的形势来奠定基础、提振信心。2013 年底召开的中央农村工作会议，中央政治局七名常委全部出席，表达了中央对粮食生产极为重视。习近平总书记、李克强总理就确保国家粮食安全作了重要论述，要求中国人的饭碗要牢牢端在自己手上、饭碗里主要装中国粮。夏粮占全年粮食产量的近四分之一，夏粮是全年粮食生产的第一仗，在全年粮食生产中有着至关重要的地位。俗话说：“以秋补夏、担惊受怕”。只有夺取夏粮丰收，才能掌握全年粮食生产的主动权。特别是在连续十年增产之后，各方面对 2014 年粮食和农业生产格外关注，对能否实现“十一连丰”也充满期待。

“三夏”生产时间紧、天气变化快，俗话说“麦收时节停一停，风吹雨打一场空”，“龙口夺粮”的任务十分艰巨。成熟的粮食能否颗粒归仓？能否实现农业部提出的“千方百计保持粮食总产在一万一千亿斤以上”的目标？这就需要农业机械发挥农业生产的主力军作用。实践证明，组织开展小麦跨区机收，能够抢农时、防灾害、增效率、夺丰收，在保障粮食安全中发挥了不可替代的作用。打好“三夏”小麦跨区机收这一仗，是夺取夏粮丰收的重要措施，就能为秋粮生产赢得宝贵农时，就能掌握全年粮食生产的主动权。各级农业部门一定要坚决贯彻落实中央的部署和要求，深刻认识做好 2014 年农业农村经济工作的极端重要性，始终保持奋发有为的精神状态，圆满完成 2014 年稳粮增收的目标任务。

2013 年以来，党中央决定在全国范围组织开展“群众路线教育实践”活动，各地各部门积极响应，不断掀起争创一流业绩的高潮。跨区机收是农业农机部门的老品牌，是展示系统风采的大舞台，也是各级农业部门把“为民务实清廉”的工作理念转化为实际行动的具体体现。我们绝不可满足过去取得的成绩，绝不可停留在过去取得的经验上，需要在机制完善、工作创新、组织协调、管理服务等方面进一步下工夫，组织引导全系统干部职工立足本职岗位，争创一流业绩，服务广大农民群众。

二、认真分析2014年“三夏”小麦跨区机收的形势

自1996年起，在农业部和各级农机管理部门的组织引导下，农机跨区作业的规模和范围迅速扩大，逐步从成长期走向了成熟期，也呈现出三个新的变化。一是机具投入数量逐渐平稳。2013年全国投入冬小麦收获的联合收割机达到53万台，其中参加跨区作业的达到33万台。二是跨区作业的半径逐渐缩小。长距离跨省作业的机具增长量放缓，短距离跨县作业的机具数量越来越多。三是组织方式发生转变。由行政部门具体组织作为主导，转变为由专业从事跨区作业服务组织和经纪人进行联系的市场行为。

从2014年小麦跨区机收面临形势来看，呈现出五个方面的特点，可以说是“三喜”和“两忧”。

一“喜”是夏粮丰收有基础，农民对机械化生产的需求持续升温。近年来，中央财政把“三农”作为优先支持的重点，大幅度增加了农机具购置补贴资金、提高了粮食最低收购价，农民种粮积极性得到了有效保护。农业部农情调度，2014年我国冬小麦种植面积达到22 600千公顷，比2013年增加72.67千公顷，目前长势总体正常，苗情为近年来最好，奠定了丰收的基础。随着种植面积的不断增加，农户对“三夏”机械化生产的需求将持续增加。

二“喜”是各地准备充分，各项组织和服务工作有序推进。2014年各地高度重视“三夏”小麦跨区机收工作，及早谋划、及早部署，制订了周密的工作方案，认真开展了跨区作业队组建、信息发布、机具检修、人员培训、作业证发放登记等各项准备工作。从刚才座谈的情况来看，各省对2014年的形势也做了充分的分析和预测，制定了积极的应对措施，为做好2014年的小麦跨区机收工作提供组织保障。

三“喜”是补贴政策扶持，收获机具供应充足。在农机购置补贴、报废更新补贴等扶持政策的拉动下，广大农民购买稻麦联合收割机依然十分踊跃。到2013年底，全国稻麦联合收割机拥有量达到113万台，较2012年增长8.5%。大功率、大喂入量机型成为新增机型的主力，充足的机具数量将为“三夏”小麦抢收提供坚实的物质保障。

一“忧”是灾害性天气可能偏重发生，将激化局部地区的机具供需矛盾。受环球气候变化的影响，近年来干旱、暴雨、洪涝等极端天气在我国呈现易发、多发、重发态势。5月底、6月份上述地区的暴雨洪涝等灾害天气可能偏重发生，对小麦的收获和晾晒产生不利影响。气象等不确定因素会造成作物成熟时间的变化，引起局部地区联合收割机供需失衡，容易出现农民争机现象，农机跨区作业的组织难度明显增大。

二“忧”是小麦机收单机效益下降，部分机手跨区作业意愿受到影响。首先是机具数量增加带来部分地区机具相对饱和，作业面积将有所下降。其次是人员工资持续上涨和柴油价格持续高位运行，致使作业成本不断增加。作业成本的变动，将直接影响到跨区作业的经济效益，这将对农机手跨区作业的意愿产生深远的影响。

面对小麦跨区机收市场发展的新趋势，各级农业农机部门一定要站在战略和全局的高度，把组织好小麦跨区机收作为保障粮食安全的大事来抓，及时调整工作思路、工作定位和工作重心，务必把困难和问题分析得更深入一些，把各项工作做得更扎实一些，把各项措施准备得更充分一些，扎实推进跨区机收顺利进行，努力做到夏粮颗粒归仓。

三、明确下一步做好“三夏”农机跨区作业的目标任务

2014年“三夏”农机跨区作业的目标任务是：一是机具投入总量保持平稳。投入“三夏”生产的稻麦联合收割机达到53万台以上，其中参加跨区作业的达到33万台以上。二是作业水平稳中有升。力争冬小麦机收水平达到92%以上，河南、山东、安徽、江苏、河北等主产省的小麦机收水平超过96%，夏玉米机播水平达到83%，作业效率进一步提升。三是作业秩序进一步优化。保持黄淮海冬小麦主产区等重点区域的作业机具供需平衡，保持农机手收益平稳，防止出现柴油供应短缺。

要以小麦跨区机收为重点，着力从5个方面做好工作。

一是检修工作要早。麦收开始前，要组织农机技术人员深入乡村和生产一线，积极开展机械保养维修、操作技能、安全生产等知识培训和巡回指导，确保机具和机手以良好状态投入跨区作业。组织和动员农机经销和维修网点备足零配件，强化产品售后服务，开展巡回服务，及时处理机具故障。

二是信息引导要准。各地要充分利用网络系统、短信平台等多种渠道，及时发布机具供需、麦收进度、作业价格等信息，引导供需双方签订作业合同。农业部组织有关单位开发了农业机械化生产信息管理服务平台和手机客户端，各试点单位要积极探索应用，为广大农户和机手提供更加便捷高效农业机械化生产信息服务，并为大规模推广应用积累经验。

三是技术服务要实。各地要结合“三夏”农业机械化生产，大力推进农机农艺结合，积极推广应用保护性耕作、机械深松、免耕播种、秸秆还田、节水灌溉、高效施药等节本增效新技术、新机具。要大力宣传农机作业质量标准，加强作业质量监督，切实提高夏收、夏种机械化作业质量。

四是部门配合要紧。各地农业农机部门要加强与相关部门协作，共同营造良好的跨区作业环境。要主动协调发展改革部门和石油石化企业，加大用油集中地区的资源调度，保障农用柴油供应。要主动协调公安交通管理部门，加强秩序管理和交通疏导，保障农机顺畅跨区转移。要主动协调公路管理部门，落实减免通行费的优惠政策。要主动协调气象部门，密切关注天气变化，及时安排引导机具抢收抢种。

五是作业进度要快。各地要牢固树立抗灾夺丰收的思想，充分考虑“三夏”期间的极端天气状况等影响因素，提前制定应急预案，科学调度机具，既要满足小麦抢收的需要，又要提高机具的利用率，做到“成熟一亩、收获一亩、播种一亩”，千方百计加快小麦机收和玉米机播作业进度。“三夏”期间，各小麦主产区要公布24小时值班电话，及时为机手和农户提供信息咨询并解决问题。

做好“三夏”农业机械化生产特别是小麦跨区机收，责任重大、任务繁重、使命光荣。我们要以昂扬的精神风貌、扎实的工作作风，坚决打赢“三夏”小麦跨区机收这场硬仗，保障夏粮颗粒归仓和全年粮食增产，以更加优异的成绩，为我国全面深化改革提供有力支撑！

在农机深松整地作业现场会上的讲话（摘要）

（2014年9月4日·河北衡水）

中华人民共和国农业部副部长　**张桃林**

召开农机深松整地现场会，主要目的是深入贯彻国务院关于"大力推进机械化深松整地"的部署，进一步统一思想认识，明确目标任务，扎实做好2014年秋季农机深松整地作业工作。

一、进一步统一思想，提高对农机深松整地工作重要性的认识

长期以来，受传统农业耕作方式影响和农机作业机具的局限，农民习惯于用小型拖拉机旋耕或浅翻作业，致使耕层变浅，土壤板结，保墒抗旱防涝能力越来越差。近年来，黑龙江、吉林、河北等省大力推广农机深松整地，通过大功率拖拉机牵引深松机具，在不翻土的情况下，疏松土壤，打破犁底层，改善耕层结构，有效解决了耕地土壤板结、耕层变浅、保水保肥能力差等问题，促进了农作物增产，提升了农业综合生产能力。其作用主要体现在两方面：一是深松作业，促进土壤蓄水保墒，增强抗旱防洪能力。据黑龙江省对比测试，相对于传统的13～18厘米旋耕，耕层每加深1厘米，每公顷土地可增加30吨左右的蓄水能力。深松达到30厘米的地块，每公顷可多蓄水375立方米左右，相当于建立了一个"土壤水库"。据河北省测试，通过深松作业，可增加土壤贮水容量15%左右，同等条件下可减少浇水1～2次。二是深松作业，促进农作物根系发育下扎，提高抗倒伏能力。据吉林省对比测试，深松地块的玉米根系生长更发达，茎秆更粗壮，果穗长度和粗度均有明显增加。多个省份对比试验都证明，通过深松，可使小麦增产750千克/公顷、玉米增产1 500千克/公顷左右，平均增产10%左右。因此，在我国耕地、水、肥等资源约束日益增强的情况下，大力开展农机深松整地作业，是促进粮食稳产增产、增强农业综合生产能力的有力措施，也是提升资源利用效率、提高耕地质量、改善生态环境、推动农业可持续发展的有效途径。

党中央、国务院高度重视农机深松整地技术对粮食增产的促进作用。2014年以来，李克强总理等国务院领导多次指示，要求加快推广机械深松整地。2014年，中央1号文件又明确提出"大力推广机械深松整地"；并将"启动1亿亩深松整地试点"作为促进农业增产的一项重要措施任务列入了《政府工作报告》。韩长赋部长十分重视农机深松整地技术推广落实情况，在多次会议上谈到深松整地在抗旱排涝、促进粮食增产方面的作用，要求加大农机深松整地作业的试点、推广力度，并亲自协调落实有关农机深松作业补助政策。经过协商，农业部、财政部决定，在2013年试点启动的基础上，2014年继续统筹使用农机购置补贴资金，在东北、华北及黄淮海地区10个省（区）开展农机深松整地作业补助试点。8月，农业部下发《关于做好2014年农机深松整地试点工作的通知》，并分解下达相应的目标任务。各试点省市给予了积极响应，从组织领导、财政支持、技术规范等方面积极推动落实。据统计，仅2013年秋季深松整地，就投入补助资金近2亿元，补助面积达到1 733.33千公顷，为2014年的试点扩大打下了良好的基础。特别是河北、吉林、黑龙江等地将开展深松整地列为省人民政府的重点工作，2013年河北省省长张庆伟专门致函李克强总理，建议加大农机深松整地推进力度，并从省级财政安排2.5亿元专项资金用于农机深松整地作业补助；吉林、黑龙江省多次以省人民政府名义召开农机深松整地现场会，省人民政府主要领导亲自动员部署，明确各级市县政府责任，为农机深松整地工作提供了有力的组织保障。

当然，我们也要清醒地看到，在推广农机深松整地过程中，还面临着一些困难和挑战，主要体现在3个方面：一是农民积极性有待进一步提高。由于农机深松整地的耗油量大，作业费高于浅旋作业1倍多，加上农机深松整地的增产效果需要来年才能显现，有些农民对农机深松整地的认识还不到位，积极性还不够高。二是配套农业机械化技术有待进一步跟进。实施农机深松整地作业之前，必须先将地表的秸秆进行处理，需要机械化收获、秸秆机械化粉碎还田等技术来配套。一些地区由于玉米机收率低，人工收获后的玉米秸秆不能及时清运或粉碎处理，腾地慢，影响了农机深松整地作业的开展。三是政府部门推动力度有待进一步加强。实施深松作业补助，是推动农机深松整地的有效措施。在目前各级财政普遍紧缩的情况下，争取地方财政增加作业补助资金有一定难度，影响了政策的引导力度。另外，少数地方的农业农机管理部门也还存在一定的畏难情绪，认为作业补助的程序环节多、核查难度大、工作经费缺，有"多一事不如少一事"的想法。

保障粮食安全、实现农业可持续发展，始终是各级农业部门的头等大事。在我国粮食"十连增"的基础上，确保粮食生产稳定发展、现代农业水平稳步提升，既需要综合施策，也需要抓住一些关键技术措施重点推进。作为促进粮食增产的一项重要措施，大力推广农机深松整地，国家有号召，发展有需求，社会有共识，农民有期待。我们一定要抓住机遇，把思想和行动统一到国务院决策部署上来，进一步增强做好工作的责任感和使命感，敢于担当，积极主动地面对问题、解决问题，切实抓实抓好，确保圆满完成2014年《政府工作报告》提出的目标任务。

二、明确任务，扎实做好农机深松整地试点工作

我国东北、华北及黄淮海地区是开展深松整地的"主战场"，深松作业面积占全国80%以上。当前，全国大规模的"三秋"机械化生产工作即将拉开帷幕，秋整地是"三秋"机械化生产的"重头戏"。各有关省份要紧紧抓住这一关键时点，扎实做好农机深松整地的各项组织管理和技术服务工作，力争高质量、高效率地完成全年农机深松整地作业任务，交上一份满意的答卷。重点要抓好以下5项工作。

一要落实好已有政策，争取更大支持。2014年农财两部继续在东北、华北等适宜地区开展农机深松整地作业补助试点。这项补助政策，是农业部、财政部多次调研协商的结果，来之不易，体现了国务院领导和农财两部领导对农业机械化工作的重视与关心。各地农业机械化主管部门要主动协调财政部门，确保中央财政资金投入；要整合保护性耕作等有关耕地质量提升项目，统筹使用好中央和地方资金，提高财政资金使用效率；要积极争取地方财政增加投入，加大资金支持力度，发挥好政策的引导作用，特别要防止中央资金增加了，地方支持减少了的倾向。要立足当前、着眼长远，明确农机深松整地作业试点范围和补助项目区，因地制宜制定补助标准和补助办法。同时，各地也要充分发挥农机购置补贴政策的引导作用，优先满足农民购买大功率拖拉机、深松机等作业机具的需求，不断提升农机深松整地的装备能力和作业水平。

二要完善实施方案，分解工作任务。农机深松整地作业具有很强的区域性。各地要立足农机农艺融合，根据土壤类型、气象条件、地表状况、作物种类、耕作制度、机具保有量和农民的认识程度等因素，进一步制定完善符合实际的作业模式和作业标准。要抓紧完善和细化各地农机深松整地试点的实施方案，将试点作业任务分解落实到县乡。要与推进规模经营、培育新型农业经营主体等农业经营体制改革相衔接，鼓励集中连片推进农机深松整地，实现整村整乡推进，发挥好集中连片示范带动作用。在推进实施过程中，要继续积极争取政府的重视和各部门的支持，将推广实施农机深松整地作业工作列入政府工作重要议事日程，务求实效。

三要精心组织实施，做到保质保量。受农时季节影响，深松整地作业的时间性很强，一般只有 10～15 天时间。因此，一定要抢抓农时，精心组织。秋整地开始前，各地要积极组织农户与农机大户、农机合作社签订深松作业合同，统筹安排作业任务；要加强技术模式总结，科学合理配套收获、旋耕、施肥、播种、秸秆还田等综合技术的运用，逐步使之从一个单项技术向集成的生产模式转变。要组织技术人员深入乡村开展技术服务，加强对新机手的技能培训，做好深松机具的检修、保养和调试，协调农用柴油、零配件等物资供应服务。秋整地期间，各地要及时发布农机深松整地作业的供需信息，发挥农机服务组织的作用，做好拖拉机和深松机的指挥调度，组织开展跨区深松整地作业，努力加快作业进度，确保作业质量，保质保量完成深松整地作业试点任务。要加强深松机具的质量监督和安全隐患排查，防范农机安全事故发生。

四要规范补助操作，强化监督管理。总体来看，农机深松整地作业补助这项政策尚属起步阶段，工作经验不多，用好补助资金的责任很大。深松作业补助较农机购置补贴的监管难度更大，各地一定要从严把握政策要求，认真遵守有关财政补助资金的操作程序和原则要求。要根据当地实际，进一步完善操作办法，搞好顶层制度设计，强化末端管理，建立健全各项规章制度。各地要加强补助资金使用情况的监督管理，发挥好项目区的乡镇和村委会的积极性，组织力量对作业面积、作业质量进行核定与抽查，坚决防止发生虚报作业面积、套取补助资金等行为。要加大政策实施的公开力度，将享受深松补助的名单进行公示，主动接受社会和群众的监督。我们将根据各地在年底前上报的补助资金发放情况明细表，对补助资金落实情况进行抽查。对违反规定的，发现一起，查处一起，绝不姑息。

五要加强宣传引导，及时做好总结。各地要充分利用报纸、电视、广播、网络等新闻媒介，采取现场演示会、发放明白纸、设立展板、对比算账等形式，广泛宣传农机深松的重要作用，提高广大农民开展农机深松的自觉性。各地要及时统计农机深松作业进度，认真总结和宣传实施农机深松整地作业补助政策的好经验、好做法，为推进农机深松整地作业营造良好的舆论氛围。

开展农机深松整地是促进粮食增产、农民增收的一项重要举措。我们要统一思想，提高认识，明确任务，扎实工作，精心实施农机深松整地作业试点补助政策，让农民满意、机手满意、政府满意，充分发挥农机在农业生产中的主力军作用，为促进我国农业现代化建设做出新的更大贡献！

在农机安全应急管理培训班上的讲话（摘要）

（2014 年 4 月 23 日 · 北京）

农业部农业机械化管理司司长　李伟国

在“三夏”农机大忙来临之际，我们举办农机安全应急管理培训班，主要任务是深入贯彻中央、国务院关于安全生产的一系列要求以及《农业机械安全监督管理条例》《农业机械事故处理办法》《农业部关于进一步加强农业应急管理工作的意见》和《农业部关于加强农机事故应急管理工作的意见》，强化农机事故应急管理，规范农机事故应急处理，提升农机事故应急救援能力和安全生产水平。

这次培训邀请了国家安监总局、公安部、农业部应急办、中国红十字会、国家行政学院的专家学者为大家专题授课，将结合农机安全管理实际，采取形势分析、专题授课、拓展训练、分组讨论等方式，围绕农机安全生产形势任务、事故责任追究、应急预案管理、突发事件应对、事故处理与救援等相关内容组织开展。希望大家珍惜学习机会，通过此次培训，进一步强化安全生产认识，提高安全知识理论水平，提升实践运用能力。

一、关于当前农业机械化发展的形势

2004 年以来，国家先后公布实施了《中华人民共和国农业机械化促进法》《国务院关于促进农业机械化和农机工业又好又快发展的意见》，为农业机械化发展提供了强有力的政策法规保障。特别是中央财政农机购置补贴政策的出台和补贴资金的连年大幅增加，极大地调动了农民购机和企业生产的积极性，我国农业机械化取得了长足发展。

一是农机装备总量增长之快前所未有。在补贴政策的有力推动下，农机装备水平明显提高，农机总动力连续跃上 7 亿、8 亿、9 亿和 10 亿千瓦四大台阶。2013 年全国农机总动力达到 10.6 亿千瓦，比 2003 年增长了 4.6 亿千瓦。2012 年各类拖拉机保有量、联合收割机保有量达到 2 282 万台和 127 万台，分别是 2003 年的 1.53 倍和 3.5 倍。

二是农机作业水平提高之快前所未有。2013 年全国农作物耕种收综合机械化水平达到59%，比2003年增加26.5个百分点，增幅相当于前35年的总和。小麦生产基本实现全过程机械化；水稻机械种植水平从2003年的6%提高到2013年的35%，水稻机收水平从23%提高到74%；玉米机播水平超过82%，玉米机收水平从1%提高到49%，山东等省实现玉米全程机械化；新疆建设兵团机采棉超过60%，黄河流域棉区机采棉实现零的突破。农业机械化保护性耕作、深松整地、精量播种等先进农业机械化技术迅速推广。

三是农机服务组织发展之快前所未有。农机服务组织超过16万个。农机合作社从无到有，2013年全国农机合作社数量超过4.1万个，连续三年增幅超过20%。农机服务组织的蓬勃发展，促进了大中型农机装备的购置和应用。

四是农机工业发展速度之快前所未有。近7年来规模以上农机企业总产值年均增长20%，我国跃居成为世界第一农机制造大国，2013年全国规模以上农机工业企业主营业务收入3 571亿元，占世界农机工业的一半份额。我国自主生产的农机产品可以满足90%以上的国内市场需求。

农业机械化的跨越式发展，显著提高了农业综合生产能力，有力保障了农业稳定发展，推动了农业技术集成、节本增效和规模经营，加速了农业现代化进程，为实现粮食产量"十连增"、农民收入增长"十连快"做出了重要贡献。

但是，在农机总动力、主要机具等"量"的快速增长的同时，发展不平衡、装备结构不合理、发展效益不高等"质"方面的问题日益突出。

一是农机装备结构仍然很不合理。动力机械多、配套农具少，小型机具多、大中型机具少，低档次机具多、高性能机具少的"三多三少"问题依然突出。世界发达国家和地区的动力主机与配套农机具的比例一般在1：5，我国拖拉机与配套农机具比例不到1：2，既有小型拖拉机比例偏大的结构性问题，也有动力机械效率没有得到充分发挥的问题。虽然我国农机单位面积平均动力水平已经超过欧美，单位面积拖拉机数量也多于欧美，但装备的主要还是中低端农机产品，单一功能机械居多，多功能机械相对较少；相当部分农机装备只达到发达国家20世纪70年代水平；先进适用、技术成熟、安全可靠、节能环保、服务到位的农机装备和技术有效供给严重不足，许多高能耗高排放老旧农机仍在超期服役，低技术含量、低效率的农业机械还在大量应用。据统计，我国大中型拖拉机保有量中，有20%以上已使用10年以上。

二是机械化作业应用极不平衡。从农作物耕种收环节上看，2012年全国机耕水平已达74.1%，但机播水平仅为47.3%、机收水平仅为44.4%。从农业生产领域上看，种植业机械化发展较快，总体水平较高，而养殖业机械化发展相对滞后，尚处于低水平发展阶段；种植业中的粮食作物机械化较高、经济作物较低；三大粮食作物中，小麦已基本实现全程机械化，2012年小麦耕种收综合机械化水平已达93.2%，水稻、玉米机械化水平偏低，特别是水稻机械种植水平仅为31.6%、玉米机收水平仅为42.4%。从区域上看，北方旱作区的农业机械化水平较高，黑龙江、新疆维吾尔自治区（以下简称新疆）、天津三省市（自治区）耕种收综合水平达80%以上，南方水田区农业机械化水平相对较低；平原地区农业机械化水平较高，丘陵山区的水平较低，湖南、广西、海南、福建、重庆、贵州等6个省还在40%以下，最低的省不到20%。

三是部分机具利用率有降低的趋势。有些农业生产环节机具正趋于饱和或已经饱和，局部存在保有量过剩，出现利用率下降的趋势。据农业部南京农业机械化研究所，拖拉机年均作业面积由2001年的4.93公顷/台下降到2012年的3.73公顷/台，稻麦联合收割机年均作业量由2003年的53.33公顷/台下降到目前的33.33公顷/台。有的地区手扶拖拉机、微耕机、插秧机等机具利用时间只有几天，闲置浪费严重。

四是农机服务水平不高。农机作业标准不完善，农机手素质参差不齐，作业质量还有待进一步提高。农机社会化服务水平较低，单家单户农机使用得多，组织化、规模化程度不高；围绕农机作业的社会化服务配套不足，如零配件供应、用油供给、机具维修、信息服务等不到位。虽然目前全国已有4 200万个农机户，但其中农机专业户仅占12%，还存在机具设备少、经营规模小、组织化程度不高、市场竞争力不强等问题。大部分农机合作社拥有的农机总值仅为50万元左右，并且机械种类不全，配套程度不高，服务农业生产的能力还很低；现有多数农机合作社是骨干农机大户的机械和作业联合，属于松散型的合作，吸纳农户入社和组织合作能力还比较弱。

适应农业农村经济发展的新要求，未来我国农业机械化的发展要坚持量质并举，既要进一步提高我国农机装备的数量，又要逐步调整优化农机装备的结构、布局，特别是提高农机装备的使用效率，促进农业机械化水平的整体提升。

提高农机装备数量是加快机械替代劳力步伐、全面提升农业综合生产能力的迫切之需。重点是：加快推进粮食生产的全程机械化，加快玉米机收、水稻机插等技术的推广；突破主要经济作物生产和养殖业机械化薄弱环节，加快油菜、棉花、甘蔗、花生、马铃薯等经济作物种、收和种养业废弃物处理等薄弱环节机械化技术的突破与集成；加快丘陵山区等薄弱地区农业机械化进程，大力发展轻型、便捷、高效农业机械化技术。

提高农机装备的使用效率则是促进农业机械化持续发展的长远之道。重点是：优化农机装备结构和布局，大力推广高性能、多功能、安全节能等先进适用农业机械；创新农机作业的组织方式，大力发展以农机专业合作社为主的新型农机服务组织；建立完善农机作业、维修、培训等服务体系，着力提高农机社会化服务水平。

二、关于当前农机安全生产形势

近年来，各级农业机械化主管部门及其安全监理机构适应农业机械化快速发展的新形势和安全发展的新要求，牢固树立以人为本、安全发展的理念，深入实施《农业机械安全监督管理条例》《安全生产"十二五"规划》和国务院有关工作意见，以提高"三率"为重点，强化源头管理，创新监管方式，严格执法监管、加大宣传教育，农机安全生产形势持续稳定向好。2013年，全国累计报告在国家等级公路以外的农机事故1 733起，死亡432人，受伤631人，直接经济损失1 711.65万元。全国农机事故死亡人数占全年控制考核指标（1 015人）的42.56%，在全年总体控制考核指标以内。据公安部门提供的资料，2013年全国接报拖拉机肇事导致人员伤亡的道路交通事故3 093起，造成1 259人死亡、2 833人受伤，直接财产损失864.9万元。与2013年相比，农机事故起数、死亡人数、受伤人数、直接财产损失均呈下降趋势。

农机安全生产形势的好转，与各级农业机械化主管部门特别是安全监理机构的努力工作是分不开的。在过去的一年里，各地农机管理部门，围绕农机安全监管，积极探索，做了大量工作，取得了显著成效：

一是立足惠农便民，创新安全监管形式。各地积极推进农机安全惠农政策的落实，探索开展了牌证等免费管理服务。全国共有559个县推行免费管理，占总县（区）数的19.6%，北京、上海、陕西、青海、宁夏、大连、青岛和宁波实现了免费管理全覆盖，共免费为25.1万台农机核发牌证，免征收费1 996.5万元；免除小型微型企业牌证收费1 093万元，受益企业1万余个。累计在25个省（区、市）180个县（市、区），组织开展农机安全生产防护性能提升试点，共为近16万台拖拉机联合收割机粘贴了农业机械安全反光标识，引导地方财政投入1 245万元，免费为86万台粘贴夜间反光装置，改善农机夜间行驶安全性能。2013年中央1号文件提出推进农机保险保费补贴试点工作后，许多地方积极争取财政支持，开展农机保险试点工作，共争取地方财政投入5 919万元，对20.6万台农机给予保险补贴，北京补贴保费70%以上，江苏、上海、大连补贴保费50%以上。部分省还出台了其他一些惠农政策，如甘肃按机械功率和作业量给予农机柴油补贴，与牌证管理相结合，通过“一卡通”发放给农户；宁夏回族自治区财政投入1 000万元，用于农机监理装备建设、免费入户挂牌、安全检验和培训考试。这些惠农便民政策的实施，使农民自觉接受管理的意识进一步增强，基层监理人员的积极性大幅提高，政府的安全责任进一步明确，安全监理业务办理更加规范，树立了服务型政府的良好形象。

二是立足落实安全责任，强化安全发展意识。各地牢固树立安全发展理念，层层落实农机安全生产责任制，签订目标考核责任状。全国有28个对农机安全生产事故控制指标进行了分解；其中，21个省份分解落实到各市（地、区、县）人民政府，7个省份分解到农业部门，促进了安全责任制的落实。贵州省采取“横向到边、纵向到底”的方式，一级抓一级，层层抓落实，安全生产责任书签订率达100%。湖南省严格落实“党政同责、一岗双责、齐抓共管”要求，主动争取当地党委人民政府的重视支持。江西按照监理站长包村，监理员与村干部包路段、包人的要求，加强对农机事故危险路段、危险点的监控，实行“人盯路、人盯车、人盯人”的“三盯”办法，落实农机安全协管员责任。青岛市结合社区农机安全监理服务中心建设，推广即墨市网格化管理的经验作法，健全基层农机监管服务体系。江苏建立健全领导班子全员安全生产责任制，积极推行安全生产AB角、一票否决等制度。宁波在全市乡镇做到了安全生产责任制全覆盖，各乡镇把责任书签订落实到行政村、合作社、维修点，与2.4万名驾驶操作人员签订了安全生产承诺书。这些措施使监管任务更加明确，责任更加落实，形成了多级安全监管网络，促进了农机安全生产工作。

三是立足严格依法监理，完善规章制度体系。2013年，根据地方意见，农业部修订完善了相关规章制度，印发了《拖拉机联合收割机牌证业务档案管理规范》《拖拉机号牌座设置技术要求》《联合收割机号牌座设置技术要求》，并开展了相关培训工作。各地也加强了农机安全监理规范化建设，如四川省、江苏省人大分别修订了本省的《农机安全监督管理条例》，河北省人民政府修订了《农业机械安全监督管理办法》，促进了农机安全监理制度化、标准化建设。在完善制度的同时，加强了执法管理。在农业部约谈了6个存在超标准违规发放牌照的省份后，各地加大了违规发放牌照的查处力度。四川省农业厅与公安厅联合下发通知，对变形拖拉机坚持“增量为零，存量递减，加强监管”；江苏省农机、公安和安监部门实行变形拖拉机鉴定、公告、登记、培训、考试的“五个停止”；广西、贵州明确全面停止小型多功能拖拉机（变型拖拉机）注册登记、发牌发证；山东严格牌证制作和发放程序，对各地牌证管理工作实施远程监控，防止出现违规挂牌办证行为；北京、天津等严格规范执法程序，坚持持证上岗、亮证执法，树立了良好的执法形象。

四是立足强化源头管理，切实提高农机“三率”。考试发证、注册上牌、安全检验是抓好农机安全监管的三个源头。为此，各地采取多种措施，推进提高“三率”。山西、湖南、湖北、宁夏开展送检下乡活动，在农机市场设立综合服务窗口，实行机具检验、注册登记、办理保险和申领购机补贴“一站式”“一条龙”服务，解决农机检验路途远、花费大、耗时长等问题。浙江、广东等省将“三率”作为列入年度工作考核；河北省通过开展农机普查登记，排查无牌无证情况；新疆结合年度检验，开展拖拉机和挂车加装灯光信号装置等安全技术新措施改造试点；内蒙古大力推进监理分站建设，延伸了工作触角，方便了更多农户；山西执行“农机注册登记入网审定办法”，从源头上堵截不合格、拼装、贴牌产品上户。据初步统计，2013年全国拖拉机“三率”平均水平达到64%，比2012年提高3.5个百分点，进步明显，成效显著。

五是立足提高安全意识，强化宣传教育培训。按照《中央宣传部 国家安全监管总局等七部门关于开展2013年“安全生产月”活动的通知》要求，农业部和各地都制定了农机安全生产月活动方案，通过开展农机安全生产事故警示教育周、安全生产宣传咨询日、农机安全生产应急预案演练周、“三夏”农机安全大检查和送农机安全知识下乡等活动，宣传普及安全生产知识，增强安全生产意识。据统计，2013年全国共举办农机安全宣传活动7.2万次，参加活动的监管人员5.4万人次，设置标语、横幅、展板、宣传栏34.4万个，发放宣传材料1 597万份，发放农机安全短信息1 167万条，受益人数2 057万人次，营造了良好的农机安全生产社会氛围。

六是立足事故预防控制，开展隐患排查治理。针对安全事故多发频发的情况，按照国务院部署，在全国范围内集中开展了农机安全生产大检查工作，按照全覆盖、零容忍、严执法、重实效的总要求，排查事故隐患，纠正违法违规行为。据统计，全国共出动农机执法人员69.8万人次，检查农业机械628.2万台，纠正无牌无证及未检审等违章行为59.5万起，排查安全隐患47.7万个，整改率96.8%。各地农机部门加强与公安交通等的协调配合，对黑车非驾、违法载人、人货混装、超速超载、酒后驾驶、报废机车行驶、非法改装改型、不参加年检等违法行为进行集中治理，形成“打非治违”的高压态势和长效机制。吉林、安徽、广东、海南、新疆等地通过开展农机事故应急演练，检验应急反应、通信联络、现场处置和组织指挥等方面的协同配合，提高了应急救援能力。

当然，我们也必须看到，我国目前正处于经济社会高速发展阶段，随着农业机械装备数量的快速增长和应用范围的快速扩大，农机安全生产形势也不容乐观，事故仍处于高发期、易发期、多发期。特别是2014年1—3月，农机事故出现上升势头，累计报告在国家等级公路以外的农机事故112起，死亡20人，受伤60人，直接经济损失74.96万元。与2013年同期相比，事故起数、死亡人数、受伤人数和直接经济损失分别上升了28.74%、66.67%、50%和106.68%。对此，应引起大家的高度重视。

总结我国农机安全生产事故，主要呈现以下特点：

一是无牌行驶肇事突出。据2013年事故统计，17.7%的农机道路外事故、38.7%的拖拉机道路交通事故的肇事机械没有号牌。其中安徽、江苏、浙江、广东、山东、福建、四川、海南、黑龙江等10个省无号牌拖拉机肇事最为突出，占全国总数的71.5%。

二是无证驾驶事故突出。26.9%农机道路外事故、26.8%的拖拉机道路交通事故的肇事者没有驾驶证，其中安徽、江苏、广东、福建、浙江、海南、山东、黑龙江、湖南、新疆等10个省份无证驾驶拖拉机事故最为突出，占全国总数的68.7%。

三是未年检机械事故突出。农机道路外事故中，453起肇事机械未参加年检，死亡221人、受伤240人，分别占事故起数、死亡人数和受伤人数的26.1%、51.2%和38%。

四是外省籍拖拉机肇事突出。安徽、湖南、江西、辽宁、四川、广西、山东籍拖拉机在外省肇事交通事故起数较多，辽宁、江西籍拖拉机在外省肇事的事故起数超过本省，湖南、安徽、山东、四川籍拖拉机在外省肇事的事故起数占该省拖拉机肇事事故总数的20%以上。

农机事故高发频发，反映出当前农机安全生产监管中还存在一些亟待解决的突出问题。

一是重视程度不够。一些地方对农机安全监理在全面履行法定职责、促进农业机械化安全发展的重要性及紧迫性认识不足，重视不够，责任意识不够，存在"重事前审批、轻事后监管"，"重收费、轻服务"，"重牌证发放，轻纠正违章"等倾向；强调困难多，寻求突破少，工作中缺乏创新。

二是体制机制不健全。一些地方监理体制尚未完全理顺，行使牌证管理、纠正违章和事故处理等法定职能体制不畅；一些地方习惯唱独角戏，与公安交警等部门配合不够，执法协作和信息共享机制不健全，沟通协调的主动性不强，对农机安全总体情况了解把握不够；一些地方还习惯于上路管理，监管的覆盖面不够，未建立起对农田拖拉机、手扶拖拉机等的长效管理机制，"三率"水平较低。

三是保障能力不强。科技支撑薄弱，机具安全质量不高，安全检验技术和设施装备落后，检验能力和水平与日益繁重的管理任务不相适应。执法经费不足，保障水平低，有的甚至人员工资都无法保证，"收费养人"的现象在一些地方仍然存在。应急装备陈旧、匮乏，缺乏交通工具、事故处理设备等，应对突发事件的能力不强。

四是机手素质不高。当前农机装备科技含量越来越高，制造水平越来越先进，操作使用越来越复杂。很多农机手年龄偏大，文化水平偏低，与农业机械化快速发展不相适应，亟待提高安全意识和操作水平。加之一些农机产品安全性能差，操作不慎容易发生事故。

这些特点和问题，说明农机安全生产基础薄弱，安全生产形势仍然严峻。我们一定要准确把握面临的形势，找准薄弱环节，从保障农业农村经济健康平稳发展、切实维护农民群众生命财产安全的大局出发，切实加大农机安全监理工作力度。

三、关于进一步加强农机安全工作的几点要求

党中央、国务院高度重视安全生产工作，党的"十八大"、十八届三中全会和中央经济工作会议都对安全生产工作做出部署，提出了明确要求。习近平总书记指出："人命关天，发展决不能以牺牲人的生命为代价，这是一条不可逾越的红线"。李克强总理多次主持召开国务院常务会研究安全生产工作，要求深刻汲取教训，扎实开展安全生产大检查，认真整改存在的问题，健全各项制度，切实维护人民生命安全。2014年1月，国务院常务会审议通过了新修订的《安全生产法(草案)》，对安全生产工作的法治化提出了新要求。我们要认真学习和深刻领会党中央、国务院对安全生产工作的重要指示精神和要求，切实提高认识，高度重视，牢固树立"管行业就要管安全、管业务就要管安全"的理念，狠抓各项安全措施落实，促进农机安全生产工作。

(一)突出安全生产的公益性，形成有力的扶持政策。安全生产事关人民生命财产，是人民政府的一项重要职责。各地农机部门要积极争取政府的重视和支持，列入各级人民政府的重要工作议程。要贯彻落实法律法规关于加大农机安全投入、将农机监理各项经费按规定纳入政府预算的要求，加大财政对农机安全监理工作的扶持力度，认真总结农机免费注册登记、免费考试发证、免费安全检验、补贴报废更新、补贴安全保险等农机安全惠农政策试点经验，扩大试点范围。继续实施移动式安全检测装备项目，推进监理装备建设，提升农机安全检测装备水平，提高农机安全监管和为农民机手的服务水平。加强与交通公安、安监等部门的协作配合，形成齐抓共管的良好局面。

(二)突出依法履职，形成完善的规章制度。党的十八届三中全会《中共中央关于全面深化改革若干重大问题的决定》提出建设统一开放、竞争有序的市场体系，使市场在资源配置中起决定性作用。加快转变人民政府职能，进一步简政放权，深化行政审批制度改革。当前，根据农业农村经济和农业机械化发展的新情况，履行好法律法规赋予的农机安全监督管理职责，必须改进完善相关管理规章制度，做到依法监管。农业部农业机械化管理司征求农机安全监管有关规章制度的意见，拟进一步修订完善。加快制定《农业机械报废回收办法》，建立报废淘汰农业机械回收制度，规范农机回收和拆解的程序，促进农机更新换代、节能降耗和安全生产；积极落实《农业机械实地安全检验办法》，加快完善农业机械安全检验规范，提升安全检验覆盖面，强化农业机械的全面安全管理；严格执行机动车、拖拉机、联合收割机运行安全技术条件，加快微耕机等农机安全运行标准建设。完善各类农业机械的安全操作规程，提高驾驶操作安全水平。各地也要逐步完善地方农机安全法规和规范，因地制宜做好地方性法规制定和修订工作，构建统一完整的农机安全监管制度和标准体系。

(三)突出平安建设，形成安全生产长效机制。为深入贯彻中央八项规定精神，切实完成国务院《安全生产"十二五"规划》下达的安全生产任务，促进平安中国建设，农业部与国家安全监管总局在总结前几年平安农机创建工作经验的基础上，对今后"平安农机"创建活动方案进行了调整。日前，调整后"平安农机"创建工作方案已由农业部与国家安监总局联合印发，同时公布了2013年"平安农机"示范县名单。

这次创建"平安农机"活动方案调整：一是合并创建内容。将"平安农机"创建活动和农机安全监理"为民服务创先争优"示范窗口创建活动有机融合起来，由原来的"示范县""示范窗口"和"示范岗位标兵"三个内容合并为"示范县"和"示范岗位"

两个内容。二是调整工作程序。按照县级自愿申报、省级择优推荐、两部局公示公布的程序确定全国"平安农机"示范县和示范岗位。两部局将公示前抽查评审调整为公示公布后监督，实行动态管理。三是转变工作方式。调整之后不再下达硬性指标。各地在"平安农机"创建工作中，要坚持深入基层、服务群众，以提高农机安全监管能力、保障农民生命财产安全、促进农村社会和谐发展为工作的出发点和落脚点，将"平安农机"创建工作作为加强地方农机安全监管工作和提高安全生产水平的有效措施，加强组织领导，转变工作方式，减轻基层负担，注重实效，扎实推进，切实把"平安农机"创建活动组织好、实施好，促进农机安全生产。

（四）突出科技支撑，形成现代条件装备。在农业机械的设计、制造、运输、使用等环节中把安全贯彻始终，设置警示标志、防护装置、夜间反光标识，不断提高农业机械的安全性能，预防事故发生。紧紧围绕农机安全监理机构履行职责任务，突出行政执法、违章处理、安全技术检验、驾驶人考试、农机事故处理和信息系统等建设重点，加强实地检验、事故勘察、信息平台等装备建设，依靠技术进步提高安全管理水平，改善执法管理手段，积极推进农机安全监管手段由传统的手工方式向现代的科技方法转变，提升农机安全监理服务能力。通过配备和运用高科技的安全监管装备设施，提高工作效率；依托现代信息技术，将各项安全监管业务信息纳入计算机网络平台，集行政审批、政务公开、数据采集、宣传教育、信息发布等于一体，实现各项业务互通互联、信息数据共享。要善于开拓创新，采用科学化、信息化的现代安全监管手段，推进农机安全监管工作的科学化、信息化和规范化进程。

（五）突出宣传教育，形成丰富的安全文化。安全文化是社会在生产和生存活动中凝结起来的一种文化氛围，是人们安全观念、安全意识、安全态度的集中体现。安全文化以规范的制度、现实的氛围、具体的形式表现出来。加强安全文化建设，能够使人们在生产、生活中自觉地遵守安全行为规范和准则，从而产生安全的行为效应。要深入贯彻落实《国务院安委会办公室关于大力推进安全生产文化建设的指导意见》和《安全文化建设"十二五"规划》，加强农机安全文化建设，创作与推广农机安全文化作品，提升安全文化素质，强化安全生产思想基础和文化支撑。要加强农机安全宣传工作，拓展安全宣传渠道和形式，深入开展农机"安全生产月""安全生产咨询日"等群众性安全文化活动，提高广大农民的安全生产意识，普及安全生产知识。同时，大力宣传农机安全监理先进典型、成功经验和工作成效，广泛宣传农机安全法律法规、规章标准和安全知识，创新宣传形式，丰富宣传内容，增强宣传效果，形成富有特色和推动力的农机安全文化，为实现我国农机安全生产状况根本好转创造良好的社会舆论氛围。

（六）突出为农民服务，形成优良的工作作风。坚持依法行政、文明执法、服务为民是农机安全监理优良工作作风的主要内容和重要表现。要认真落实好《农业部关于开展"为农民服务"活动的通知》要求，深入开展农机执法机构和窗口单位的为民便民利民活动。按照习近平总书记"三严三实"的要求，引导农机监理人员深入农村基层、深入农业生产一线，深入农民群众，增强服务意识，努力为基层农民办好事、办实事，形成良好的行业风气。要加强学习，加强调研，加强协调，不断改进工作作风和工作方法，增强工作能力、创新能力，着力打造一支政治坚定、业务过硬、作风优良、清正廉洁、具有较高素质的农机安全监理队伍。

安全生产责任重于泰山。我们要以培训班为契机，进一步增加责任意识，加大农机应急管理和安全生产工作力度，改革创新，攻坚克难，不断提高农机应急管理能力和安全监管水平，全面扎实地促进农业机械化持续健康安全发展。

在全国农业机械化生产信息工作培训班上的讲话（摘要）

（2014 年 3 月 12 日 · 湖北武汉）

农业部农业机械化管理司巡视员　**丁翔文**

我们举办全国农业机械化生产信息工作培训班，主要目的是学习《农业机械化生产信息报送制度》和《农业机械化生产信息报送工作考核办法》，交流各地开展信息报送工作的成效与经验，不断提高农业机械化生产管理工作水平。

一、充分认识农业机械化生产信息工作的重要性

党中央国务院高度重视农业机械化的发展，出台了一系列扶持政策措施，我国农业机械化已进入"加快发展、结构改善、质量提升"的重要时期。农业机械化生产信息工作是一项基础性工作，对于推动农业机械化又好又快发展具有十分重要的作用，体现在以下三个方面。

（一）农业机械化生产信息是领导决策的重要依据。当前我国农业生产的耕种收综合机械化水平突破了 50%，达到了 59%，迈进了机械化为主导的新时代，标志着农业机械已成为我国农业生产的主力军，农业机械化生产已成为保障国家粮食安全不可或缺的重要手段。近几年来，各地认真做好重要农时、重点作物、关键环节的农业机械化生产信息的收集、汇总、报送工作，分析存在的问题，提出对策建议，当好领导的参谋和助手，为高效有序地组织好农业机械化生产发挥了重要作用。比如 2013 年"三夏"期间，安徽省密切关注麦收进度和天气变化，果断启动应急预案，从 6 月 1—5 日在全省打响了一场小麦抢收的"闪电战"，紧急调度各类收获机械，抢在 6 月 6 日强降雨到来之前，将全省小麦基本抢收完毕，实现了"龙口夺粮"。可以说，没有农业机械化生产信息和数据支持，农业机械化的宏观调控就会偏离实际，重要的农业生产经营活动就要受到影响。

（二）农业机械化生产信息是服务市场主体的重要内容。随着我国农机社会化服务的不断发展，市场主体对农业机械化生产信息的需求日益迫切。农机户需要及时掌握信息来预判市场需求，对购买农机具的种类、数量等做出判断，有目的开展跨区作业。农户需要了解机具分布资源，及时与农机户完成对接，确保农作物适时播种或收获。农机生产企业也需要对农业机械化生产信息反馈的市场供需情况，相应地做出生产调整，保持生产、销售两头顺畅。《中华人民共和国农业机械化促进法》第29条规定："应当建立农业机械化信息搜集、整理、发布制度，为农民和农业生产经营组织免费提供信息服务"。可以说，农业机械化生产信息工作，是各级农业机械化主管部门的法定职责。帮助农机户、农机合作社等市场主体及时获取农机作业进度信息、供需信息，是保障农机作业市场有序运行的重要条件，也是各级农业机械化主管部门履行公共服务职能的具体体现。

（三）农业机械化生产信息是展示工作成绩的重要手段。农业机械化生产信息，不仅反映了各地农业机械化的进展，还体现了农业机械化工作的成效。近年来，我国农业机械化的快速发展，引起了各方的广泛关注。每逢春耕、"三夏""双抢""三秋"时节，各地认真统计农业机械化生产进度，及时发布信息，展示了农业机械在抗灾夺丰收中的重要作用，展现了农业机械化在促进农业稳定发展和农民持续增收等方面的重要贡献，为全社会关心、支持农业机械化发展营造良好环境。成绩是要用数字来说话的，是要通过信息来作为载体的。可以说，农业机械化能有今天这么好的发展态势，与各地扎实开展的农业机械化生产信息工作是密不可分的。

二、认真总结农业机械化生产信息工作的基本经验

一是建立一套科学合理的工作制度。加强制度建设，是规范工作流程、提高工作质量和行政效能的关键。此次新修订的报送制度和考核办法，是在多次调研和征求意见的基础上形成的，反映了全国农业机械化生产信息工作的基本规律。在报送内容上做了精简，设立了必填项和选填项；在报送频次上，也由原来的一周两报减少到一周一报；在考核评分上，由原来的加分制调整为"扣分与扣分"相结合的办法，更加符合各地的工作实际。虽然报送的项目、频次减少了，但工作质量不能降低，应该更高了。定了制度就要遵守，立了规矩就要执行。各地要做好新老制度的衔接，准确把握好信息报送的范围、内容、频次、时限等要求，实现平稳过渡。要结合本地实际，制定相应的配套制度或办法，进一步推进《农业机械化生产信息报送制度》的落实，努力提高信息质量。

二是打造一支高素质的人员队伍。再严密的制度，没有人来执行也等于零。农业机械化生产信息报送工作是一项日常性和专业性相结合的工作，对于农业机械化生产信息员，既要有较高的理论水平和业务能力，还要有较强的工作责任感和使命感。山西省制定实行了《全省农业机械化生产动态统计信息工作考核办法》，每年都举办农业机械化生产信息工作培训班，所有人员考核通过后持证上岗，为做好全省农业机械化生产信息工作夯实了基础。希望各地借鉴山西省的做法，主动加强相关工作人员的业务培训，定人定岗，一旦人员调整则及时告知上级部门，并做好工作交接，保证工作的连续性。各位农业机械化生产信息员必须要注重学习，加强积累，努力提高业务素质，不辱使命。

三是构建一条便捷高效的报送渠道。过去，我们依靠电话和传真来报送农业机械化生产信息，效率低还容易出错。现在，农业部农业机械化管理司已建立了"农业机械化生产信息网上直报系统"，实现了数据的自动汇总，明显提高了工作效率。此次，农业部农业机械化管理司对"网上直报系统"进行了升级改版，希望每一位农业机械化生产信息员都应熟练掌握，并精心维护运行。下一步，农业部农业机械化管理司正在积极探索采用移动互联网技术，开发农业机械化生产信息报送系统的手机客户端，将选择一些省作为试点，推进农业机械化生产信息报送的渠道更加多样、方便、高效。

三、努力提高农业机械化生产信息工作质量

信息工作是一项长期的基础性工作，必须做细做好做实。各级农业机械化主管部门要进一步明确工作职责，完善工作制度，弘扬求真务实的工作作风，按照"及时、准确、全面"的工作要求，进一步提高农业机械化生产信息工作质量。

一要努力提高信息的时效性。农业机械化生产信息具有较强的时效性。采集、汇总、分析、上报都要求一个"快"字，信息的可利用价值往往与报送时间成正比，失去时效性的信息只能成为"马后炮"和"雨后伞"。我国复种指数较高的地区，农时一般较为紧张，往往就是十天半个月的时间，"三夏"麦收集中时间更是只有3～5天时间，每天全国的机收最高可达到1 333余千公顷，如果做不到"快"，很多信息将"事过境迁"，毫无利用价值。信息报送工作人员要强化时间观念，历练雷厉风行的工作作风，努力做到采集快、采写快、报送快，在规定的时限内上报，让真正有价值的信息充分发挥作用。

二要不断强化数据的准确性。新修订的《农业机械化生产信息报送制度》已经印发，确立了做好信息报送工作的标准。大家一定要深入理解制度规定的报送内容，特别要理解报表制度新调整的内容，自觉维护信息指标的严肃性和科学性。同时，要加强与农情部门的沟通联系，从纵向、横向、平衡、逻辑等方面对上报信息进行校验，对于异动数据必须开展倒查，分析原因，查找问题，及时修改，确保上报信息真实有效。

三要进一步增强内容的全面性。农业机械化生产信息相互之间的系统性、关联性很强，必须保证数据在时间、空间上的完整和连续。只有内容完整、时序齐全的信息数据，才能真实地反映出各地农业机械化生产的状况。生产进度信息如果不能保证时间连续，将看不出发展趋势和速度变化；进度数据只有作业面积，没有机具投入，则不能发现机具投入效益。所以，要努力保证报送信息的连续和完整，从数据中看变化，从变化中看趋势，从趋势中提建议，顺势而为，使生产信息工作更好地为农业机械化发展服务。

农业机械化生产信息工作责任重大。大家一定要上下联动，共同努力，扎实工作，推动全国农业机械化生产信息工作再上新的台阶，为促进我国农业机械化"全程、全面、高质、高效"发展做出新的更大贡献。

在黄河流域棉花机械化生产现场会上的讲话（摘要）

（2014 年 10 月 16 日 · 山东滨州）

农业部农业机械化管理司副司长　胡乐鸣

召开这次黄河流域棉花机械化生产现场会，主要目的是贯彻落实 2014 年中央 1 号文件关于“加快推进大田作物生产全程机械化，主攻机插秧、机采棉、甘蔗机收等薄弱环节，推动棉花机械化生产加快发展”的部署，进一步统一思想认识，明确目标任务，扎实推进棉花生产机械化。

一、增强推进棉花生产机械化的紧迫感和责任感

棉花是关系国计民生的重要战略物资。棉花是仅次于粮食的第二大农作物、纺织工业的主要原料、广大人民群众的生活必需品，是近两亿农民的主要经济来源，关系着纺织行业近两千万人的就业，在国民经济发展中具有重要地位和作用。

我国棉花种植面积连续下降。我国棉花生产主要集中在西北内陆、黄河中下游和长江中下游三大地区。2012 年前的 10 年间，我国棉花面积从 5 926 千公顷下降到 4 733.33 千公顷，年均下降 2.08%，下降趋势明显。近年来，全国棉花种植面积下降速度进一步加快。统计表明，2013 年种植面积4 340千公顷，较 2012 年减少 7.4%；预计 2014 年全国棉花面积3 953.33 千公顷，比 2012 年减少 386.67 千公顷，种植面积下降率达 8.9%。近 10 多年来，黄河流域、长江流域棉花种植面积下降更为明显，特别是黄河流域，棉花面积从 2 576 千公顷减少至 1 945.33 千公顷，年均减少约 60 千公顷，下降率达2.3%。山东省棉花面积最近几年基本上都以每年 33.33 千公顷左右的速度下降。河北省棉花 2014 年预计完成播种面积 410.9 千公顷，比 2013 年减少 72.05 千公顷，减 14.92%。河南由传统种植面积的 1 133.33 千公顷减少到了目前的 200 多千公顷。湖南 2012 年较 2011 年减少 13.33 千公顷。湖北 2012 年较 2011 年减少 10 千公顷。安徽省 2012 年棉花种植面积约为 304.93 千公顷，2013 年种植面积约为 285.13 千公顷，比 2012 年度降低 6.5%。

我国棉花供需矛盾将进一步增加。2014 年 4 月，由中国农业科学院农业信息研究所主办的首届中国农业展望大会发布的《中国农业展望报告》（2014—2023 年）表明：未来 10 年，受比较效益下降、生产成本提高、国家粮食优先战略等因素影响，棉花面积和产量呈下降趋势。至 2023 年，棉花面积减至 4 056.67千公顷，下降 6.7%；产量减至 602 万吨，下降14.0%。棉花消费量缓慢增长，年均增幅为 0.7%，至 2023 年达 852 万吨。受取消棉花临时收储政策和中国纺织产业的低速发展以及亚洲竞争国家纺织产业的发展影响，未来棉花进口将下降，至 2023 年中国棉花进口量为 160 万吨，比 2013 年下降 46.7%。

导致棉花种植面积下降的主要原因：一是劳动力成本上升。随着我国城镇化、工业化步伐加快，大量农村劳动力转入城市，农民工在城市打工收入 100～200 元/天，农民种棉积极下降。二是棉花收获机械化水平低。我国主要农作物综合机械化水平 2013 年已接近 60%，棉花耕、种机械化水平分别达到了 94.8%、65.7%，但棉花机收水平只有 11.46%。从三大棉花主产区机械化水平看，西北内陆棉区机耕、机播水平均超过 90%，植保、中耕追肥、拔棉秆、棉籽脱绒等环节已基本实现机械化，但机收水平较低，除新疆兵团机采棉已达到 66%外，整个新疆的棉花机收水平也只有 8%。黄河中下游棉区田间管理基本实现了机械化，多数省份的机耕水平均达到了 83%以上，部分省份的机播水平达到了 60%以上，高的超过了 90%，但机收水平都不到 1%。长江中下游棉区在三大棉区中机械化水平最低，耕种收综合机械化水平在 20%左右，机播水平不到 1%，主要采用人工穴播和移栽方式，机收水平基本为零。棉花田间管理主要靠人工，植保大都采用背负式喷雾器。三是受产后加工环节影响大。机采棉含杂率和含水率相对较高，传统棉花加工线不能满足清理杂质的要求，需要升级改造或新建适合机采棉的加工生产线。升级改造投入较大，企业积极性不高；新建生产线又受国家控制棉花加工企业数量政策的限制，审批困难。另外，目前棉花的收购政策在某种程度上不利于机械化收获技术推广，如：现行的棉花收购标准主要以含杂率确定棉花等级，按等级确定收购价格，对机采棉的等级和收购价格定得相对较低，影响到棉农的利益，进而影响棉花机收技术的推广应用。

实现棉花收获机械化可大幅降低棉花生产成本。西北内陆棉区大力推广机械化采收棉花集成技术，每公顷棉花可节约生产成本 3 000～4 200 元。山东试验表明，1 台 5 行采棉机可替代 600～800 个劳动力。从全国情况看，目前人工采摘棉成本 2～3 元/千克，按每公顷产 3 750 千克籽棉计算，每公顷人工采棉成本约为 7 500～10 500 元。机采棉成本约 5 550 元/公顷（包括作业费 2 250 元/公顷；机采损失率 2%～3%，每公顷减少收入 750 元左右；机采含杂率高，每千克籽棉售价降低 0.6 元，减少收入 2 250 元/公顷；机采前喷施脱叶催熟剂需成本 300 元/公顷），实现棉花机采比人工采摘每公顷节本增收 1 950 元以上。

稳定棉花生产、保障有效供给的根本出路在于机械化，实现棉花生产机械化的任务历史地落在了我们的肩上。各棉花优势主产区农业机械化主管部门和技术支撑单位，要站在全局的高度认识发展棉花生产机械化的重要性和紧迫性，进一步增强历史责任感。

二、推进棉花生产机械化迎来了良好的机遇

一是中央高度重视棉花生产机械化。2014 年将主攻薄弱环节，推动棉花机械化生产加快发展写入中央 1 号文件。国务院领导多次做出重要批示，要求研究推进棉花生产机械化，2014 年 8 月，汪洋副总理在新疆考察时对棉花生产机械化科研、生产、应用能力并给予了充分肯定。农业部部长韩长赋、副部长张桃林也明确要求，要深入研究水稻机插、玉米机收、油菜播种收获、棉花和甘蔗收获等薄弱环节，争取早日有所突破。

二是支持棉花生产的政策力度不断加大。2014 年国家启动了新疆棉花目标价格补贴试点，保护农民种棉利益，调动农

民种棉积极性。中央财政不断加大农机购置补贴力度，提高棉花生产机械化水平，从2012年开始，大型棉花采摘机单机补贴限额提高至30万元，新疆地区可提高到40万元。农业部连续五年设立技术推广项目，在棉花优势产区投资支持棉花生产机械化技术集成与推广。为提高采棉机关键部件的国产化率及整机的可靠性，国家投资1 500万元，实施了农业行业科技专项"华北棉区棉花全程机械化关键技术及农艺技术研究与示范"，吸收企业参加，开展技术创新攻关。

三是棉花生产机械化技术路线初步形成。通过国家优质棉基地建设和科技攻关，摸索总结了一套适应新疆干旱半干旱棉区生产的高产高效生产模式，为棉花全程机械化生产打下了基础。农业部先后制发了西北内陆棉区、黄河流域棉花机械化生产技术指导意见。山东省把机械化作为振兴棉花产业发展的重要措施，2012年、2013年连续两年召开机采棉现场会，形成了棉花生产全程机械化技术模式，2014年全省按机采棉标准播种近6.67千公顷。河南省农机部门2012年开始探索适合当地的机采棉种植模式、品种、脱叶剂使用等田间管理技术，对麦后移栽和麦后直播机械化技术进行了对比试验。湖北省荆州市、荆门市、天门市等多个棉花主产地均积极开展棉花生产全程机械化的试验，在试验点外农业部门开展了棉花生产与高产创建工作。安徽省农业科学院积极组织创建了"棉花轻简化机械化关键技术创新团队"，选育出了4个生育期短、吐絮集中、适合机采的棉花品种，探索了杂交棉F_2油后/麦后高密度直播的种植模式，进行了短季棉和杂交棉F_2高密度直播小面积示范，取得了较好的效果。河北省初步制定了棉花生产机械化技术体系。

四是装备供应能力不断增强。山东省、河北省组织研发了一批新型多功能棉花耕整—施肥—覆膜—播种联合作业机、棉柴收集处理（还田或粉碎）机具，试制了3WSHZ1000—12型自走式四轮高地隙棉田喷雾机。随着石河子贵航在采棉机方面的研发成功和不断地改进完善，以及国外的凯斯和迪尔采棉机在国内组装生产，大型采棉机装备得到保障，为棉花机械化生产提供了强有力的科技和装备支撑。农业部南京农业机械化研究所研发的适宜农村小规模经营的指杆式采棉机的研发取得初步成效，将填补我国中型采棉机的空白，为发展机采棉提供了更多选择。

三、积极推进棉花生产机械化加快发展

当前，我国农业机械化发展已经进入加快发展、改善结构、提升质量、拓展领域的重要阶段。主要农作物关键环节农业机械化的发展直接关系相应产业的兴衰；顺应产业发展需要，我们将突破关键薄弱环节纳入了农业机械化重点工作，加大了支持力度。棉花机收环节的突破，关系国计民生、棉花供需矛盾的有效解决，需要我们抓住机遇，迎接挑战，开拓创新，攻坚克难，进一步加大工作力度，取得实效。各级农业机械化主管部门要进一步提高对发展棉花生产机械化重要性紧迫性的认识，切实加强组织领导，把棉花生产机械化工作摆上重要位置，周密安排部署，产学研推用各有关单位要切实加强联合协作，共同努力，形成农机农艺相适应的技术体系，实现关键薄弱环节农业机械化尽快突破。

（一）建立棉业联合协作机制。棉花主产区农业机械化主管部门，要进一步加强与财政、发改、质检、供销合作社等有关部门沟通合作，共同研究解决棉花生产、收储、加工在标准、技术和利益等方面不协调的问题，建立完善棉农、棉花收购与加工企业有效联合、共同发展的新机制。

（二）加强农机农艺融合。棉花主产区农业机械化主管部门，要进一步注重农机农艺融合，特别要加强与科研单位、高校院所的沟通、协调和合作，在专家的指导下，加强试验示范，科学制定合理的技术路线和标准，为机采棉创造基础条件。

（三）加大政策支持力度。棉花主产区农业机械化主管部门，要进一步扩大农机购置补贴资金规模，在满足粮食主产区和粮食生产机械化补贴需求的同时，进一步加大对棉花主产区和棉花生产机械化补贴的支持力度，增加农机购置补贴资金补贴棉花生产机械的比例，为加快突破棉花生产机械化的瓶颈提供资金支撑。

（四）进一步加强技术示范推广。农业部将继续设立技术推广项目，支持棉花生产机械化。各棉花主产区农业机械化主管部门，要建立稳定的棉花机械化生产示范基地，加大推广资金投入。按照项目整合，集中投入的原则，积极探索各主产区棉花机械化技术路线和技术模式，实施整村、整乡、整县推进。加强技术的组装配套，把必要的物资、财力向示范区集中，大幅度提高示范区的技术应用水平、物质装配水平、组织管理水平、产量效益水平。

（五）推进棉花规模化生产。利用促进土地流转的好政策，引导规模化生产。发挥好农机会化服务组织的作用，鼓励棉花生产向种植大户、植棉能手转移和集中。积极发展棉花生产合作社，统一种植模式，促进棉花生产规模化、标准化，为棉花生产机械化创造条件。积极发展农机专业合作社和作业服务组织，实施机耕、机播、机采等农机社会化专业服务经营，通过代耕、代种、代管、代收等有效服务方式，开展"跨户、跨村、跨乡（镇）"的跨区作业，扩大机采棉作业市场规模，提高农机社会服务水平。

实现农业机械化是时代的要求，历史的必然。突破关键薄弱环节机械化已成为农业机械化工作的当务之急、棉花等农业生产的迫切所需。希望各地深入贯彻落实2014年中央1号文件精神，结合本地实际，进一步明确目标任务，加强组织领导，创新工作机制，落实扶持政策，增加科技投入，扎实做好推进棉花生产机械化的各项工作，取得更加丰硕的成果，为促进农业机械化又好又快发展，加快推进农业科技进步，持续增强农产品保障供给能力，实现中国特色的农业现代化做出新的更大的贡献！

农业机械化论坛

农业改革发展成就报告

中华人民共和国农业部部长　韩长赋

一、"十二五"以来农业农村发展成就

"十二五"以来，农业农村发展成就巨大。"十二五"以来，特别是党的"十八大"以来，整个宏观经济形势以及农业农村发展面临的条件很复杂。面对错综复杂的国内外经济环境、多发频发的自然灾害，以习近平同志为总书记的党中央高度重视农业，重视"三农"发展，采取了一系列的政策措施，有的是"十一五"政策措施的发展强化，有的是出台了新的政策措施。各级党委政府也高度重视"三农"工作，广大农民群众为农业丰收辛勤劳作，"十二五"我们开创了农业生产连年丰收、农民生活显著改善、农村社会和谐稳定的新局面。归纳起来主要有五大成就。

第一大成就，粮食生产实现历史性的"十一连增"，连续登上两个千亿斤新台阶。粮食问题在中国有特别重要的意义，我们有十几亿人口，十几亿张嘴，悠悠万事吃饭第一，民以食为天。有专家做过一个形象化的比喻，他说，如果把13.6亿多张嘴合在一起有多大呢？超过两个足球场那么大。每天吃多少食物？要40万吨以上。在中国粮食是战略物资，当然，任何国家、任何政府的首要任务都是解决人民的吃饭问题，手中有粮，心中不慌。小汽车可以几天不开，饭一天不吃不行。对于我们这样一个拥有13亿多人口的大国，没有粮食安全就没有一切。

"十二五"以来，我们始终把千方百计保障粮食等重要农产品有效供给作为农业农村工作的首要任务，加大政策支持力度，加大财政和全社会的投入，充分调动各级政府重农抓粮和亿万农民群众务农种粮积极性，使我们的粮食生产在"十一五"较高起点上再上新台阶。2011年粮食达到5 712亿千克，首次突破5 500亿千克大关；2013年达到6 019.5亿千克，突破6 000亿千克大关；2014年达到6 071亿千克。2015年丰收已成定局，据农业部农情调度以及粮食局、气象局的监测和测算，还是稳定在6 000亿千克以上。新中国成立之初，粮食产量是1 000多亿千克。1952年是1 500亿千克，1966年达到了2 000亿千克，用了14年。1978年粮食产量3 000亿千克，农村改革、家庭承包释放了农业生产力，激发了农民积极性，1984年达到4 000亿千克，6年间登上两个千亿斤台阶，粮食增产比较快；1993年突破4 500亿千克，这个千亿斤台阶用了9年，此后14年间曾三次达到5 000亿千克又下来，直到2007年才站稳5 000亿千克台阶。"十二五"期间粮食产量连续5年超过5 500亿千克，连续3年超过6 000亿千克，连跨两个千亿斤台阶，高点爬坡，来之不易，这是新中国成立以来没有过的。

特别值得一提的是，自2004年以来，我国粮食已连续十一年增产。这么长时期的连续增产，不仅历史罕见，也是世界罕见。据了解，世界排名前六位的主要产粮国中只有美国、印度曾经出现过五连增。新中国成立以来，我国只有20世纪50年代曾经出现过九连增，60年代出现过七连增。一般说，我们粮食生产的规律是4～5年一个周期，大体表现为"两丰一平一欠"的周期循环。改革开放以来，我国粮食生产就经历过两次大的波动，一次是在20世纪80年代后期，家庭承包以后连年丰收，出现卖粮难问题，农民积极性受挫，粮食生产出现较大波动；再一次是20世纪90年代后期，1998年，我们判断粮食生产"总量基本平衡、丰年有余"，随后几年又开始出现波动，这个局面一直持续到2004年才得以扭转。我国作为全球人口数量第一、粮食产量第一的大国，粮食连续十一年增产，打破了过去的"怪圈"，创造了世人称叹的中国奇迹，不仅增强了我们把中国人的饭碗牢牢端在自己手中的信心，也彰显了中国特色社会主义制度的独特优势。

目前，我国水稻、小麦、玉米三大谷物自给率保持在98%以上，粮食人均占有量达到450千克，已经高于世界平均水平。我国实现了粮食基本自给，有效满足了消费需求，为应对各种风险挑战、保持经济社会平稳较快发展奠定了坚实的物质基础。习近平总书记讲，农业丰收，粮食保障是"定海神针"。我说明两点。第一，就是经过我们的努力和奋斗，中国人的吃饭

问题得到了较好的解决。第二，经过我们的建设和发展，我们国家粮食生产水平有了长足进步，中国的粮食生产为全世界粮食安全做出了重要贡献，我们用不到世界1/10的耕地生产了世界1/4的粮食，养活了占世界近1/5的人口。自2006年起，我国不再接受联合国世界粮食计划署的粮食援助，不仅如此，还逐步成为重要的粮食援助捐赠国。联合国粮农组织前任总干事迪乌夫说："中国在解决温饱方面所取得的成就至少解决了我20%的问题"。

"十二五"期间，值得一提的还不止粮食，全世界可以说没有哪个国家像我们这样品种丰富。我们不仅粮食连年增产，"菜篮子"产品也丰产丰收、供应充足、价格稳定。2014年，我国生产了616万吨棉花、3 517万吨油料、1 332万吨食糖、7.6亿吨蔬菜、1.5亿吨水果、8 707万吨肉类、2 894万吨禽蛋、3 725万吨牛奶和6 450万吨水产品，肉类、禽蛋、蔬菜、水果和水产品等产量稳居世界第一。形象地说，世界上三条鱼就有两条是中国养的，两个苹果就有一个是中国产的。现在人均占有440千克粮、65千克肉、550千克菜、30千克牛奶、20千克禽蛋和47千克水产品，除牛奶外其他均超过世界平均水平。不仅总量充足，而且品种丰富，可以说全世界没有哪个国家像我们的品种这么丰富。你到新疆市场看一看，全国各地的农产品新鲜蔬菜水果应有尽有。我是黑龙江人，在吉林也工作过，像东北，过去到了冬天基本上就是土豆白菜大萝卜，蔬菜很少，现在东北冬天都可以吃到广东海南的新鲜蔬菜水果，要什么有什么。"地不分南北、时无论冬夏"，只要有需求，就能有供应，老百姓想吃啥就有啥。这些农产品的快速发展，丰富了城乡居民的"菜篮子""果盘子"，成就了"舌尖上的中国"。有人感叹，过去一天到晚忙，大干干到二十九，吃完饺子就动手，地还种不好，饭还不够吃，现在没那么忙，人比过去多了那么多，还吃得饱、吃得好，这反映了我们国家农产品生产的实力和成就。

第二大成就，农民收入持续较快增长，生活水平明显改善。过上好日子、富日子、体面生活，是中国农民千百年来最大的梦想。党的"十八大"提出，到2020年城乡居民收入要比2010年翻一番。习近平总书记多次强调，小康不小康，关键看老乡；检验农村工作成效的一个重要尺度，就是看农民的"钱袋子"鼓起来没有。我们讲，全面建成小康社会，最艰巨最繁重的任务在农村，最困难的群体是农民。农民增收关系"两个一百年"奋斗目标的实现。中央把千方百计促进农民持续较快增收作为农业农村工作的中心任务，采取了多种措施，广辟农民增收渠道，取得了新的成效。有三大标志。

第一个标志，农民收入持续较快增长。2014年我国农民人均纯收入达到9 892元，比2010年增加近4 000元。"十二五"以来年均增长10.1%，上两位数了。我们做个比较："十二五"期间农民收入的增幅连续实现了"两个高于"，高于GDP增长，高于城镇居民的收入增长，连续十一年保持较快增长。城乡居民收入差距连续五年缩小，由2009年的3.33∶1下降到2014年的2.92∶1，如按可支配收入计算是2.75∶1。2015年农民人均纯收入将突破万元大关，增速将继续保持"两个高于"的态势。1万块钱对于农民来讲是了不起的进步。改革开放初期的1978年，全国农民人均纯收入只有134元，从134元到1万元，名义增长70多倍，为什么叫名义增长，因为有个物价问题，这可是历史性的跨越。

第二个标志，农民生活水平明显改善。2014年，我国农民人均生活消费支出将近7 000元，这个数据比2010年增长了近3 000元。农村居民家庭恩格尔系数（所谓恩格尔系数是指吃的支出占全部支出的比重）从2010年的41.1%下降到2013年的37.7%，2014年数字还没有出来，食品消费支出比重明显降低，每年降一个百分点，这是不太容易的。相应的文教娱乐、交通通讯、医疗保健等消费支出不断增长。农业部的同志经常下去调研，我在基层调研时，希望到老乡家里看看，看看家里有什么，了解农民怎么过日子，现在绝大多数农村家庭已经拥有电视、冰箱、洗衣机等家用电器，摩托车、电动车也已经成为农民比较普遍的代步工具，有不少农民开上了小汽车；2012年数据，全国农村居民家庭平均每百户拥有彩电117台、洗衣机67台、摩托车62辆、手机198部，平均每家差不多两个手机。农民住房条件大为改善，许多农民盖起了两三层的小楼，安装了太阳能热水器和空调。农民辛苦一天，日晒雨淋，晚上能洗个热水澡，在生活质量上就是很大一个提升。大型超市已经开到农村，外出旅游、网购成为农民的时尚生活方式之一。

第三个标志，农村扶贫事业加快发展。全国贫困人口由2011年的1.22亿人减少到2014年的7 017万人，5 000多万人在"十二五"期间摘掉了"穷帽子"，实现了"两不愁、三保障"，就是不愁吃、不愁穿，义务教育、基本医疗和住房有保障。在座的不少是大学生，过去贫困地区首先是基础教育差，所以很多孩子虽然很聪慧，但是考不上大学，还有些孩子家庭困难，考上大学也念不起，放弃了，通知书揣到口袋里去打工了；现在应该说没有因为家庭困难上不起学的，这主要是得益于国家对贫困家庭大学生建立了比较完善的资助政策，现在不都绿色通道吗，不管有没有学费，一律先办理入学手续，然后再根据核实的情况，分别予以学费"缓、减、免"的资助。医疗条件也改善了，还有贫困地区小孩搞营养餐，每天一杯牛奶、一个鸡蛋，应该说贫困地区的状况有很大改善。中央动员各方力量，采取定点扶贫、对口扶贫、精准扶贫、产业扶贫这些政策措施，帮助贫困地区农民脱贫致富。现在全国定了11个集中连片的地方定点扶贫攻关，农业部从1986年开始定点帮扶武陵山区的湖北恩施、湖南湘西两个民族自治州，近三十年来，先后派了120余名干部在州县挂职，支持每个县发展1～2个特色产业，比如恩施茶叶、湘西椪柑、猕猴桃都已经成了支柱产业，成了农民增收的"摇钱树"。据统计，2010年以来，恩施农民人均可支配收入年均增长了16%，高于10.1%的全国平均水平。这只是全国扶贫开发的一个缩影。改革开放之初有五亿多人处于贫困线以下，现在只有七千万人，而且水平提高了，基本上与国际接轨。联合国开发计划署认为，中国在全球"千年发展目标"中所作的贡献，给予再高的评价都不过分，中国反贫困成就已成为世界的典范。

第三大成就，农业现代化加快推进，物质技术装备水平大幅提升。农业现代化是农业发展的根本方向，完善的基础设施、先进的科技和农机装备是农业现代化的重要标志。"十二五"以来，我们按照中央"四化同步"的战略部署，以农业现代化为主攻方向，把改善农业设施装备条件和提升农业科技水平作为着力点，推动传统农业加速向现代农业转变，农业的综合生产能力、公共服务能力、可持续发展能力明显增强。粮也多了，钱也多了，现在农业本身发展到了什么水平？我在这里向大家报告5个数字，很有代表性。

第一个数字，农田有效灌溉面积占比超过52%。这表明全国一半以上的农田可以实现旱涝保收，农业靠天吃饭的局面正在逐步改变。主要是中央和地方继续加大农业农村基础设施建设投入，建成了一大批重大水利骨干工程和现代种养基地，到2014年底，全国农田有效灌溉面积65 733.33千公顷。土地是财富之母，“建设高产田，留予子孙耕”，这是利在当代，功在千秋的大事。这几年，国家集中力量建设26 666.7千公顷以上旱涝保收高产稳产农田，基本实现了旱能灌、涝能排、田成方、路成行、渠相连、路相通，可增产750～1 500千克/公顷。2014年河南许昌、平顶山部分地区发生严重旱灾，我去指导抗旱救灾时，发现已建成的高标准农田，由于灌溉设施比较完备，加上光照足，玉米长势比不旱的地方还好。

第二个数字，农业科技进步贡献率已达到56%。农业科技进步贡献率就是科技因素在农业增产中的贡献份额。这标志着我国农业发展已从过去主要依靠增加资源要素投入进入到主要依靠科技进步的新时期，过去增产得靠物质投入，现在靠科技进步了。习近平总书记提出，要给农业插上科技的翅膀。这几年我们加大农业科技研发力度，加快基层农技推广体系建设，推动现代信息技术在农业生产经营领域的广泛运用，集中力量“强科技”。中央财政也增加了投入，我们现在推广深耕深松、保护性耕作、旱作节水等先进实用农业技术，中央补助投资近60亿元，为全国所有乡镇农技推广机构配备仪器设备。同时，这些年来开展测土配方施肥，通过对土壤有机质、氮磷钾含量进行分析检测，为科学施肥和改良土壤提供依据。我前段时间到吉林去看，农民站在田里打开手机，按一个数字就会告诉你，你那块地在什么地方、有多大面积、氮磷钾含量多少，你要种玉米应该施多少氮肥、磷肥、钾肥。

2010年测土配方施肥面积73 333千公顷，2014年达到100 000千公顷，主要粮食作物基本实现全覆盖。创建了一大批高产高效示范区，主产区“万亩方”“10万亩方”非常壮观，实行了农机农艺结合、良种良法配套，我们现在农业技术推广实现了由单一技术突破向多技术、多因素集成创新推广的转变，比如像甘肃。我们国家搞农业的自然条件在世界上农业大国里是比较差的，甚至是最差的国家之一。前不久总书记到美国访问，我也去了，我跟美国农业部的同事谈，我说上帝对你们美国人太照顾了，你这个农业农田要风有风，要雨有雨，还都是大平原。到我们农田里看，沟渠纵横，灌溉纵深；我们都是小规模，他是一个农场上万亩，甚至几万亩地，没有像我们精耕细作，涝排旱灌。我们国家有的地方有土没水，有的地方有水没土，最典型的甘肃是有土无水，贵州是有水无土，不匹配。但是甘肃这些年虽然有土无水，十年九旱，但是推广全膜双垄沟播技术，使用地膜，使旱地玉米单产由不足3 750千克/公顷提高到7 500千克/公顷以上。现在“智慧农业”已成为农业发展新热点，电子商务蓬勃发展。2014年涉农电商企业已经达到3.1万家，在线销售额突破1 000亿元，这在五年前是难以想象的。现在一些搞得好的地方农民说，“鼠标一点”“手机一划”就能买全国、卖全国；城里人只要在网上下订单，全国各地质优价廉、名优特新的农产品都能直接送货上门。

第三个数字，农作物良种覆盖率已稳定在96%以上。这标志着我国农业生产用种已全部实现了更新换代。粮食作物等重要产品基本上都是优良品种。大家都知道超级稻，2014年，袁隆平院士主持的第四期“超级稻”攻关，实现了百亩连片平均亩产1 026.7千克的新纪录，这只是一季，标志着我国杂交水稻研究又攀上新的世界高峰。在养殖业方面，比如说大恒肉鸡，是我国自主培育的一种黄羽肉鸡配套系，目前已推广到18个省，为打破白羽肉鸡独大的局面做出了积极贡献。我们畜牧业的品种国外来的多，但我们也有自己的品种。还有对虾，我们有“黄海1号”“黄海2号”等抗病能力强、成活率高、生长速度快、饵料系数低的对虾新品种。目前，我国对虾精养高产技术已经达到世界先进水平。2014年，我国对虾养殖产量175万吨，比“十一五”末增加37万吨，增长27%；对外出口18万吨，远销美国、欧盟、日本等国家，占国际对虾市场总份额的15%左右。

第四个数字，主要农作物耕种收综合机械化水平超过61%。这标志着我国农业生产方式已由千百年来以人畜力为主转到以机械作业为主的新阶段，农民“面朝黄土背朝天”正在成为历史。2014年，全国农机总动力达到10.8亿千瓦，小麦基本实现全程机械化，玉米、水稻耕种收综合机械化水平均超过75%。种过水稻的人都知道，干农活最累的就是插秧，特别是种晚稻，或者是麦稻两熟，过去基本都是顶着烈日、弯着腰用手插，一个青壮年劳力一天只能插一亩多一点，需要弯几千次腰，一天下来腰酸背疼直不起身。现在，使用高速插秧机一天能插秧3.33公顷左右，相当于二三十个插秧好手。在麦稻两熟区，使用机械化可以在一天之内收了小麦插上秧，做到“早上一片黄，晚上一片绿”。过去每逢“三夏”，机关支农、工厂停工、学校放假、农民工返乡开展抢收抢种的景象已经成为历史；现在是数十万农机手，驾驶收割机纵横千里、长途作业，参与“三夏”“三秋”大会战，收获时间由过去一两个月缩短到十来天，避过了烂场雨等灾害，实现了“龙口夺粮”。

再如大家都说东北大米好吃，我在东北生活，小的时候东北除了辽宁以外，特别是黑龙江，很少有能种水稻的，因为积温不够，当时只能种一点亚麻田看看，6月份光着脚进去插秧，那个水都冰骨头，现在东北接近4 666.67千公顷水稻，靠的就是机械化插秧。所以我们才能吃到米质好、口感佳的大米，这些都得益于农机化的发展，可以说，农业机械化是“十二五”现代农业发展的突出亮点。为什么发展这么快？很重要一个措施，就是中央的农机购置补贴政策。2011—2014年中央财政累计安排补贴资金845亿元，带动农民投入1 900多亿元，你买农机30%～40%是政府给你付的钱，“十二五”期间，购置各类农机具2 000多万台套，不仅促进了农业机械化大发展，还壮大了农机工业，目前我国已成为全球农机制造第一大国，当然很大一块是引进的外资。

第五个数字，主要农产品加工转化率超过60%。这标志着我国已经从卖原字号农产品进入到了卖制成品的新阶段。2014年，农产品加工业总产值超过23万亿元，加工品与农业总产值比值达到2.2∶1（农业发达国家约为4∶1），与“十一五”末的1.7∶1相比有较大提升，提高0.5个百分点，农业当中农产品加工制成品的产值和农业产值的比值是现代农业发展的一个标志性数据，现在黑龙江、吉林、河南这些省的农产品加工业产值位居工业的前三，成为当地经济发展的重要力量。2014年我国方便食品制造业主营业务收入达到3 500亿元，是2010年的2.1倍。这既反映了农产品加工水平的提高，也反映了人们消费水平以及人口流动水平的提高。

第四大成就，新农村建设取得重大进展，农村面貌得到显著改善。习近平总书记多次指出，全面建成小康社会，不能丢了农村这一头。目前按照常住人口算的话,我国仍有6亿多人口常年居住在农村,如果把农民工算上,有2.7亿农民工。把广大农村建设成农民幸福生活的美好家园,是农业农村发展的重要任务。中国人口多,主要是农民多;农民要进城,但不可能都进城,更不可能都进大城市;城镇化要加快推进,但新农村建设也不能忽视。即使到2030年,当然现在要实行新的人口政策,人口峰值会适当推迟几年,到人口峰值的时候,我国城镇化率达到70%,按届时总人口15亿人计算,仍有4.5亿人生活在农村。这就是中国的国情!“十二五”以来,各地各部门按照中央“生产发展、生活宽裕、乡风文明、村容整洁、管理民主”的20字总体要求,加强社会主义新农村建设,村容村貌发生了可喜的变化。我经常到农村调研,给我印象深刻的有五点。

一是农村人居环境整治力度大。国务院召开农村人居环境整治专题会议,部署开展以垃圾、污水治理为重点的整治工作。通过努力,许多村庄清理了乱堆乱放,配上了垃圾桶,修建了排水沟,疏浚了坑塘河道,基本实现了垃圾统一收集、污水有序排放,基本告别了“垃圾靠风刮,污水靠蒸发”的时代。全国30%的村庄开展了规划建设试点,加强农村水电路等基础设施建设,用电更方便了,道路更畅通了,房子更整齐了,全国出现了一批路畅灯明、水清塘净、村容整洁的新农村。“十一五”期间,2.21亿农村居民解决了饮水安全问题,“十二五”这一数字将达到2.98亿。“水电路气房”改造已成为新农村建设的标准模式。

二是农村危房改造力度大。“十二五”期间,累计改造农村危房近1 300万户,定居游牧民38.8万户,绝大多数农牧户住上了结构牢靠的安全房。国家累计投入157亿元、改造农垦职工危房160万户,投资170亿元、改造林业棚户区110万户,并同步改善了供热、排水、排污、小区道路等配套设施,居住条件极大改善。我去调研,东北农场林场职工高兴地讲,“现在吃喝拉撒都可以在屋里了”。在东北可不是个简单的事,冬天寒风呼啸上厕所是一件很痛苦的事情。

三是休闲农业与乡村旅游蓬勃发展。顺应人们“农家乐、吃鲜活”的需求,农业部和国家旅游局大力发展乡村旅游业,创建了一批全国休闲农业与乡村旅游示范县。2014年全国休闲农业营业收入3 000亿元,比2010年增长近1.5倍,各类休闲农业经营主体超过180万家,主要是农家乐,特别是大城市郊区,年接待人数达10亿人次,带动3 000万农民就业增收。现在北京、上海、成都等大中城市周边农民,已经不是单纯的从事农业生产了,而是结合生产发展休闲农业、乡村旅游,很受城市居民欢迎。休闲农业成了农民增收致富的新亮点、城市居民旅游度假的新去处、传承农耕文明的新载体。

四是农村社会事业和社会保险制度基本建立。这个可以说是从无到有、从少到多、史无前例的。实现了真正的农村义务教育,就是学杂费、课本费免了、寄宿给补助,困难给救助。过去农村的义务教育成了农民的教育义务,到现在还没处置完的乡村债务中很大一块是用于集资办学、农民自己办学。新农合、合作医疗实现全覆盖,并且不断提高标准,还建立了大病救治制度。农村养老,过去是养儿防老,现在也实现了养老制度全覆盖,虽然钱不多,但也是破天荒了。我们从“十一五”彻底免除农业税,到对农业生产实行补贴,再到给农民建立社保,用老乡的话说,从种地不交皇粮国税到种地补贴和给农民搞社保,体现了党和国家对农民实行多予少取的方针,现在城乡制度相同,虽然标准不一样,差距很大,但是从无到有,从低到高,这是破天荒的,农民是很高兴的。

五是农村社会管理扎实推进。全国建制村基本建设了村级组织活动场所,很多村修建了体育小广场,农村妇女也都跳起了广场舞。我的基层联系点是贵州省毕节市威宁县小海镇松山村,这几年我每年都去。有一次,在村民家吃完晚饭后,在村里走一走看看贫困户,就听到音乐响起,看见村民都在村委会附近的小广场跳广场舞,整齐的队伍、流行的音乐、优美的舞姿,也不亚于城市居民。后来我们问,是不是因为我们来了你们才跳的,他说,不是,一到晚上就放喇叭,就过来跳舞,现在他们都很安定。

第五大成就,农村改革深入推进,适应现代农业发展的体制机制初步形成。农村改革具有基础性、全局性,向来广受关注。我国改革率先从农村发起,农村是从家庭承包开始的,并以磅礴之势推向全国。一路走来,我们用改革的方法破解了发展中的许多难题,可以说每一次改革都带来质的飞跃。讲“十二五”改革,我想先回顾一下农村改革历程,农村改革从20世纪80年代初期开始到现在大体经历了三个阶段。第一个阶段,实行以家庭承包经营为基础、统分结合的双层经营体制,主要是改革农村经营体制,特别是土地的经营体制,侧重处理好农民与集体的关系。第二个阶段,减免、取消农业税费,实行农业补贴,主要是改革农村税费制度,多予少取放活,建立农村公共服务,侧重处理好农民与国家的关系。第三个阶段,主要是推进农村土地制度改革,构建新型农业经营体系,建立健全城乡发展一体化制度,侧重处理好工农城乡关系。党的十八届三中全会再次吹响了全面深化农村改革的号角,全面部署了新时期农村改革的各项任务。

贯彻落实中央的决策部署,我们坚持市场化改革方向,按照现代农业发展要求,在稳定和完善农村基本经营制度的基础上,以深化农村土地制度改革、培育新型农业经营主体、发展多种形式的适度规模经营为重点,推动农村改革取得积极进展。这些改革有三大亮点:

第一个亮点,农村土地产权关系进一步明晰。农户承包地制度改革主要是解决好权能的分置问题,也就是习近平总书记强调的“三权分置”,即落实集体所有权,稳定农户承包权,放活土地经营权,这是农户承包耕地制度的一项重大改革,我们说农村三块地,即集体建设用地,农村承包地和农户宅基地。习近平总书记指出,改革开放搞家庭联产承包责任制,把土地所有权和承包经营权分开,所有权归集体,承包经营权归农户,这是一次重大创新。现在,顺应农民保留土地承包权、流转土地经营权的意愿,把农民土地承包经营权分为承包权和经营权,实现承包权和经营权分置并行,这是我国农村改革的又一次重大创新。分置以后,农民承包户想自己种就自己种,想打工不自己种了,就留给别人种,为了把“三权分置”落到实处,我们开展了土地承包经营权确权登记颁证试点,目前已有12个省开展整省推进试点,有2 160个县开展了整县推进试点。截至2015年6月底,全国已完成实测承包地面积23 333千公顷,确权面积17 333千公顷。为承包地确实权、颁铁证,让现有土地承包关系保持稳定并长久不变,给农民吃上了一颗长效定心丸,他可以在土地上投入,也可以放心流转。同时,积极引导土地有序流转,按照依法自愿有偿原则,鼓励农民以转包、出租、互换、转让、股份合作等形式流转承包地,让承包地经营权真正活起来，发展多种形式的适度规模经营。截至2014年底，全国农村家庭承包耕地流转总面积超过26 666.7千公顷，比2010年增加了13 333.3千公顷，流转面积占比超过30%，我们并不追求这个数量，有一些不流转，通过合作社托管照样可以实现规模经营。

第二个亮点，新型农业经营体系加快构建。这几年，我们着力培育种养大户、家庭农场、农民合作社、农业产业化龙头企业等新型农业经营主体。截至2015年6月，全国家庭农场超过87万家，农民合作社超过140万家，农业产业化龙头企业超过12万家，新型农业经营主体已逐步成为现代农业建设的生力军。像黑龙江克山县仁发现代农机合作社，以土地入社为核心，以现代农机为载体，以生产合作为纽带，不仅全村带动了，周边村也带动了，目前有社员2 700多户，入社土地3.73千公顷，大型农机具130多台套，辐射作业面积33.33千公顷，搞得有声有色，普遍增产增收。另外，农业社会化服务也快速发展了，既解决了一家一户办不了办不好的事情，又以服务的规模化带动经营规模化，降低了生产成本、增加了经营收益。还有农机代耕，半托全托，全托我保你这一亩地最低产多少粮食，多的部分咱俩分，这是社会化服务。现在"新型经营主体＋社会化服务＋适度规模经营"是发展现代农业的重要路径。

第三个亮点，新型职业农民不断涌现。青壮年进城打工了，谁来种地，地怎么种？这些年我们欣喜地看到一些有文化的青年人开始留在农村了，而且越来越多的农民工、大中专毕业生和退伍军人开始返乡从事农业创业。这些新农民带来了互联网思维，利用微信、微博等社交媒体和淘宝等电商平台，创新性地销售各类特色农产品，并将各种文化创意引入到农业生产中，确实给古老的农业产业注入了崭新的生机和活力。我们在开展新型职业农民培育计划，可以让农民从身份称谓回归职业称谓，再使农业成为体面、有尊严的职业，这是我们的追求。

总之，"十二五"以来我国农产品稳定增产、农民收入较快增长、农村保持和谐稳定，现在农民高兴、农村干群关系好，这表明"十二五"是我国农业农村发展的历史最好时期。习近平总书记指出，农业向好，全局主动。农业农村发展取得的巨大成就，为稳定经济社会发展大局提供了有力支撑，为全面建成小康社会、加快推进社会主义现代化奠定了坚实基础。特别是在经济下行压力加大的背景下，我们工业建设、房地产、进出口都面临着新的困难，农业丰收、农村发展，为保就业兜了底，为稳物价托了底，为促增长保了底，成为经济社会发展的"稳定器"和"压舱石"。农业基础在"十二五"得到了进一步的巩固，为整个国民经济以及社会发展提供了重要的支撑。

二、"十二五"农业农村发展经验弥足珍贵

回顾"十二五"以来的发展历程，"三农"事业之所以取得辉煌成就，有三项本质的原因，我想在这里介绍一下。

一是始终坚持把"三农"作为全党工作"重中之重"不动摇。根本的一条，是以习近平同志为总书记的党中央高瞻远瞩、总揽全局，持之以恒强化农业、建设农村、富裕农民。党中央国务院审时度势，始终坚持把解决好"三农"问题作为全党工作的重中之重，新世纪以来连续出台了12个指导"三农"工作的一号文件，特别是党的"十八大"以来，以习近平同志为总书记的党中央，提出了一系列新理念、新论断、新举措，深刻回答了新的历史条件下"三农"发展的一系列重大理论和现实问题，丰富和发展了党的"三农"政策理论，进一步明确了农业和农村工作在经济社会发展全局中的定位。

2011年中央财政"三农"投入首次突破1万亿元，2013年达1.38万亿元，"十二五"前三年投入就超过了"十一五"的总和。2014年种粮直补、良种补贴、农机购置补贴、农资综合补贴"四补贴"资金已达到1 681亿元，比2010年增加了455亿元。农业保险补贴从无到有，2014年中央保费补贴已达145亿元。这些政策为促进农业增产、农民增收、农村稳定发挥了重要作用。始终把解决好"三农"问题作为全党工作重中之重，是我们党执政兴国的重要经验，必须长期坚持、毫不动摇。

二是始终注重保护和调动农民的积极性。"三农"问题的核心是农民问题，农民问题的核心是利益问题。农民是农业农村发展的主体，长期以来，我们党始终把实现好、维护好、发展好广大农民的根本利益作为农业农村工作的出发点和落脚点。新世纪以来，中央出台了一系列强农惠农富农政策，取消农业税，建立农业补贴制度和价格支持政策，极大调动了农民的积极性主动性。"十二五"期间，坚持实行小麦、水稻最低收购价政策，稳定和完善玉米临时收储政策，2014年水稻、小麦最低收购价分别比2010年提高45%和37%。价格是非常重要的指挥棒，它为稳定粮食播种面积和农民持续增收发挥了重要作用。农民利益问题的集中表现是政策问题，现在农业形势好，农民日子好，最根本的还是党的"三农"政策保护和调动了农民积极性。习近平总书记讲，到村里看看，到农民家里聊聊，感到农民心里高兴，对党的"三农"政策是满意的。习总书记还进一步说，农民同我们党的感情没有疏远，这是共产党执政合法性的依据和基础。习总书记还讲，党中央的政策好不好，要看乡亲们是笑还是哭，如果乡亲们笑就是好政策，就要坚持，如果有人哭，说明政策还要完善和调整。我以为，这是我们新时期做好农业农村工作的重要遵循。

三是始终坚持把改革创新作为根本动力。农业农村发展两大动力：一是改革，二是创新。还是那句老话，一靠政策，二靠科技。"十二五"以来，通过体制改革和制度创新，向改革要红利，向创新要动力。党的十八届三中全会以来，中央先后出台了《关于引导农村土地经营权有序流转发展农业适度规模经营的意见》《农民股份合作和农村集体资产股份权能改革试点方案》《关于农村土地征收、集体经营建设用地入市、宅基地制度改革试点工作的意见》《国有林场改革方案》和《国有林区改革指导意见》，国务院印发了《关于金融服务"三农"发展的若干意见》《关于开展农村承包土地的经营权和农民住房财产权抵押贷款试点的指导意见》，正在研究制定农垦改革和农村集体产权制度改革意见，这一系列文件都是对全面深化农村改革做出的顶层设计和战略部署。通过这些改革，使农业经营方式、农村集体资产有效实现形式、农村公共服务供给方式不断创新，有效激发了农业农村发展活力。

农业科技是农业发展的第一生产力，是实施创新驱动战略的重要内容。实现农业农村持续稳定发展、确保农产品有效供给，确保农业效益提高和农民增收根本出路还得靠科技，2012年中央1号文件以加快推进农业科技创新为主题，实践证明，改革创新始终是推进农业农村发展的利器和制胜法宝，只有进行时没有完成时。今后发展还要依靠这两件法宝。

三、"十三五"农业农村发展前景广阔

"十三五"时期是全面建成小康社会最后冲刺的五年，也是加快推进农业现代化、实现"四化同步"的关键五年。在"十一五”“十二五”农业生产连续丰收、农民收入持续快速增长的高起点上，“十三五”农业农村发展有了很好的基础，但也面临更加复杂的形势，更加严峻的挑战，更加艰巨的任务。

一方面，农业农村发展有了很好的基础。2015 年，我国农业有望再获丰收，农民收入将继续保持较快增长，可以为“十二五”画上一个圆满的句号，也为“十三五”农业农村加快发展奠定更加坚实的基础。从农业自身看，现在农业基础设施能力、科技创新能力、机械装备能力、流通加工能力经过长期积累，取得了长足进步，和过去已经不可同日而语了。从宏观方面看，我国已经成为世界第二大经济体，经济实力大幅提升，财力物力充裕，有能力为加速传统农业向现代农业转型升级提供更多支撑；全面深化改革深入推进，改革红利加速释放，也将为农业农村经济发展注入新的活力；新型城镇化、京津冀协同发展、长江经济带、“一带一路”等发展战略的实施，有利于形成农业农村经济发展新的“增长极”；其他行业方面，比如《中国制造2025》，有一条就是农机装备；“互联网＋”，以及信息技术、生物技术、新材料、新能源等领域科技创新引发新一轮产业革命，将引领农业农村持续发展。

另一方面，农业农村发展面临很大的挑战。我们也要保持清醒头脑，未来五年，农业农村发展的内外部环境都将发生深刻变化，各种新老矛盾相互交织、叠加，困难和挑战不容小视。从外部看，世界经济复苏缓慢曲折，国内经济进入新常态，对农产品需求、价格、生产和农民就业增收的不利影响正在逐步显现。从内部看，农业资源条件和生态环境两道“紧箍咒”的双重约束，农产品成本“地板”和市场价格“天花板”的双重挤压，人民群众对农产品多样化需求和质量安全的要求越来越高，在保供给的同时，又得保安全，还要保生态，压力越来越大；农业小规模，高成本，竞争力弱，国际市场竞争形势越来越严峻，只能知难而进，克难前进。

2020 年实现全面建成小康社会的战略目标，短腿在农业，短板在农村，难点在农民，特别是还没有脱贫的农民，所以农业农村发展任务仍很艰巨。目前，我们正在按照中央的统一部署和要求，紧锣密鼓地研究和谋划“十三五”如何推进农业农村持续健康发展。总的来说，“十三五”发展方向是推进农业现代化，转变农业发展方式，继续保障粮食安全和主要农产品供给，以保供给、保收入、保生态为主要任务，继续深化改革、开拓创新、完善政策，进一步巩固农业基础地位，保持农业农村稳定发展好势头，为经济社会发展提供有力的基础支撑和保障。具体而言，要着力在六个方面下功夫。

一是稳定和提升粮食产能，确保国家粮食安全。民以食为天，粮食安全是永恒主题。“十三五”时期，我国人口还将继续增加、城镇化快速推进、消费结构进一步升级，带动粮食需求继续刚性增长，保障粮食供给安全仍是农业农村发展的首要任务。到 2020 年粮食消费要在 7 000 亿千克以上，现在生产能力在 5 500 千克以上，“十三五”在 6 000 千克左右，还有约 1 000 亿千克缺口，包括大豆要靠进口来弥补。所以“十三五”我们不追求粮食连续增产，但是 2015 年很有可能“十二连增”，增产是好事，粮食多了问题少，粮食少了问题多。粮食多了会增加一点财政收储保管的支出，粮食少了那可能就是物价问题，物价问题可能是社会问题。总的来说，根据现在的供求关系，我们不追求一直连增，但是要保持粮食产量总体稳定，特别是要巩固和提升粮食产能。我们有这个能力，年度产量可以根据需求进行调节，只要有需要我们就有能力产出，确保中国人的饭碗牢牢端在自己手里，并且主要装中国粮。所以我们考虑“十三五”谷物自给率保持在 95%以上，水稻、小麦等口粮自给能力达到 100%。

二是拓宽农民增收渠道，促进农民收入持续较快增长。农民增收是农业农村发展的中心目标。“十三五”要实现农民收入比 2010 年翻一番的目标，使农民特别是老少边穷地区贫困人口同步实现小康，“小康不小康，关键看老乡”，现在我们农民收入有四个组成部分，家庭经营收入、工资性收入、转移性收入，还有财产性收入。家庭经营收入和工资性收入是农民收入中最大的两块，占比都超过 40%。但受成本“地板”抬升和价格“天花板”限制，以及经济增速回落和出口下降的影响，这“两大支柱”的增长动力都不乐观。必须千方百计提高农业经营效益，广开农民就业门路，使农民收入年均增幅继续保持“两个高于”的好势头。同时要大力推进精准扶贫，打好扶贫开发攻坚战。

三是坚持“产出来”和“管出来”两手抓，确保农产品质量安全。农产品质量安全是近年来社会高度关注的热点和焦点。过去，我们粮食短缺、供给不足，大家就一个目标——吃饱肚子，顾不上质量安全问题。但是现在生活水平高了，我们开始进入小康了，不仅要吃得饱，还要吃得好、吃得安全，作为农业生产者、作为农业生产管理者、作为农业部门有责任把这项工作做好。现在供给形势好了，可以说社会对农产品，包括食品加工品质量安全关注度越来越高，容忍度越来越低，我们没有别的选择，只有把工作做好。习近平总书记多次强调，保证人民群众能吃上放心安全的农产品是对我们执政能力的基本考验。“十三五”期间，要坚持“产出来”和“管出来”两手抓、两手硬，一手抓农业标准化生产，健全标准体系，实现生产源头可控制；一手抓农产品质量安全监管，建立从田头到餐桌的全程可追溯体系，开展全过程监管。对于农产品质量安全问题，即使只有 1%的问题，我们也要付出 100%的努力，确保“舌尖上的安全”。这几年我们农产品质量安全水平是上升的，我们抽检蔬菜、水果和肉类合格率都在 96%以上。现在首先从两件事抓起，一个抓农药残留，我们已经禁用了 34 种高毒农药，现在正在大力推广低毒农药，开展生物防治，推广统防统治。第二个重点抓奶源，中国奶业发展市场广阔，人民群众生活水平提高，有很大的需求，中国的奶业有责任、有使命，为国人提供安全的鲜奶和奶粉，恢复国人对中国奶业的信心。现在我们不少人到国外去抢购奶粉，发生这种问题是我们中国奶业人的耻辱，一定要振兴民族奶业，最重要的是保证质量安全。前不久我们搞了个中国奶业 D20 行动，前 20 家最大奶业企业向全世界郑重公开承诺，重要核心问题就是质量安全，汪洋副总理亲自去给他们鼓劲，他们占我们国家牛奶生产量、收购量和加工量 50%以上。

四是加强农业资源环境保护，促进农业可持续发展。我们用十分有限的水土资源养活了十几亿人，支撑了国民经济快速发展，我们城镇化率每年提高一个百分点，就是一千多万人进城，靠什么支撑？解决吃饭靠农业。客观地讲，土地负荷很重，过度地开发，水资源也是过度利用，当然我也说，近十年来，特别“十二五”时期，我们农田灌溉面积大幅增加，而农业用水量没有增加，就是靠节水。“十三五”还要搞 4 亿亩旱涝保收的农田，农业用水已经从占全社会用水量 73%降到了 63%，但我们还是要节水。在吃饭还成问题的年代，是很难顾得上资源环境问题的，欣赏风景的人一定是吃饱了的人。九寨沟、张家界不是当地人发现的，是城里人发现的，人们对广西巴马长寿之乡趋之若鹜，北京人到那里去疗养、养生、治疗，那是个最贫困的地方，我们外边人一去看这个地方这么漂亮，但是当地老乡怎么说呀，他说我们这个地方是“山清水秀人不秀，鸟语花香饭不香”，他能顾得上保护环境吗？他得先解决肚皮问题。所以我们也得历史地看过去农业所谓的过度开发，现在必须把这个问题提到重要议程上来，因为我们有这么大生产能力，保供给能力很强了，要给环境和资源留点空间，要保持他们可持续发展。

我搞了大半辈子农业，最近突然有点困惑，老想一个问题，搞农业主要是搞什么呢，为什么要搞农业啊？以前可能很多人讲，农业主要搞饭，搞吃的，搞粮食。是这样的，搞农业第一位是搞粮食，农业部门第一位任务是保证供给，你得给全国人民开饭，这是你第一个任务，任何时候不能动摇。但是我仔细想一下农业有三大功能，搞农业其实是“三搞”：为全国人民搞饭、为农民搞钱、为城里人搞绿。为全国人民搞饭，就是要解决全国人民吃饭问题；为农民搞钱，核心就是收入问题，种地农民不存在粮食安全问题，粮食安全问题是城里人的问题，是政府的问题，农民的地种一种就够自己吃了，他的问题是收入，农民是什么收入好、什么价值高他种什么。为城里人搞绿，农村是不缺绿的，城里到处是钢筋水泥，为什么大城市郊区要保留农田，它也是一种绿色。现在，我们的经济发展了，人民的生活水平提高了，农产品供给充裕，我们才有条件、有能力考虑和解决生态环境问题。

“十三五”要把农业可持续发展作为农业农村发展的基本要求，更加重视农业生态环境保护和资源合理利用，我们已经制定了全国农业可持续发展规划和农业面源污染环境治理方案，化肥用得过多，农药用得不科学，这些问题要解决，但是也不能回到另外一个极端。如果不用化肥，我们粮食可能从6 000亿千克回到3 000亿千克，搞有机大米，但是你不可能都吃有机大米，不上化肥，能搞到4 500千克/公顷就很了不起，搞到6 000千克/公顷更了不起。我也鼓励有机食品，但是我们还得从国情出发，而且化肥它也是氮磷钾，本身也是植物的粮食，用化肥是重大的科技革命。我当过村干部大队书记，我工作的大队是七个自然村，十个生产队，2 400多人口，800多公顷地，一年能有个五六吨化肥就不错，那个时候3 000千克/公顷就可以得奖状、挂红旗了，现在随便产量就是6 000千克/公顷，一般玉米过千斤。重点就是要解决用得多、用得不科学、效率低的问题。要抓好《全国农业可持续发展规划》的落实，加强农业环境突出问题治理，打好农业面源污染治理攻坚战，大力发展节水农业，开展化肥、农药零增长行动，推进农业废弃物资源化利用，力争到2020年实现“一控两减三基本”的目标，即：农业灌溉用水总量得到有效控制，化肥、农药使用量实现零增长并逐步减少，农作物秸秆、畜禽粪便和农用地膜基本得到回收利用。

五是推进农业转方式、调结构，加快农业现代化步伐。在“四化同步”中，农业现代化还是短腿，明显滞后于工业化、信息化和城镇化，成为现代化建设的瓶颈。没有农业的现代化，就没有国家的现代化。“十三五”时期，必须加快农业现代化步伐，努力走出一条产出高效、产品安全、资源节约、环境友好的中国特色现代农业发展道路。但是中国国家大，发展水平很不一致，中国农业现代化不可能齐步走，所以我们的方略是什么？搞现代农业示范区。我们在东部沿海、大城市郊区、大型垦区、农产品主产区等具备条件的地区创建了283个国家现代农业示范区，力争率先实现农业现代化，通过他们的示范引领，梯度推进全国的农业现代化进程。

六是统筹城乡发展，推进农民工有序市民化。中国发展不平衡不协调，最大的还是城乡发展不平衡不协调。现在到了有能力和条件实行工业反哺农业、城市支持农村、推进城乡一体化发展的历史阶段。过去计划经济时期，很长时期我们通过工农产品的剪刀差，让农民、农业做贡献，改革开放市场经济条件下，工农产品剪刀差逐步缩小了、消除了，但是城乡要素的剪刀差凸显出来了，拿农民的地还是便宜，一开发再一转让就不是那个价了，差额巨大。农民工工资在不断增加，但是跟城市职工在工资水平上、社保水平上还是有差距的，同工不同酬。农村的金融资产本来就少，所有的农业县都是贷差县，融资难、贷款难。通过要素剪刀差在支撑城市化，经营城市主要是经营农民的土地，城市大广场、宽马路、市政建设很多，管网很多，都是靠土地来解决的。“十三五”要在以城带乡、补齐农村“短板”上有更大进展。同时加强新农村建设，统筹推进新型城镇化与新农村建设，使城乡相映成趣、协调发展，像总书记讲的“望得见山、看得见水、记得住乡愁”。富裕农民，就要减少农民，这是看得清楚的，农民工转移是解决这一问题的有效途径，2.7亿农民常年在外打工，要真正地打开城门，以包容的胸怀和积极的态度来接纳农民工，使其能够逐步有序地转为市民，最近一些地方公布了城市户口改革的方案，中央也出台了改革的意见，就是让具备条件的农民工，在他就业的地方逐步安家落户、实现市民化，使他们工作融入企业、子女融入学校、家庭融入社区、心理融入社会。

（韩长赋，农业部部长；本文为作者在辉煌“十二五”系列报告会上的报告摘要；信息来源：2015－10－13 中国网络电视台）

确保我国农业三大安全的建议

万宝瑞

我国农业连续十一年获得丰收，为经济社会持续稳定发展奠定了基础。随着改革开放深入发展，农业深层次问题不断浮出水面，特别是农业产业安全、粮食安全和农产品质量安全问题，已成为制约我国农业发展的根本问题。产业安全是前提，直接关系到粮食等重要农产品供给能力的保障；粮食安全是基础，事关13亿人民的饭碗和社会稳定；农产品质量安全是目标，关系到每个居民的身体与营养健康。目前，农业三大安全问题已引起社会高度关注，"三大安全"紧密关联、互为因果、相辅相成，必须着眼全局、统筹兼顾，构建农业全方位的安全体系，才能确保我国的民生安全和国家长治久安。

一、农业产业安全

习近平总书记提出"让农业经营有效益、让农业成为有奔头的产业、让农民成为体面的职业"，强调了效益和利润对于农业发展的重要性。近年来，随着我国主要农产品生产成本持续攀升，国内粮棉油糖价格开始高于国际价格，内外价差不断扩大，给国内农业产业安全带来新的挑战。

1. 大宗农产品内外价差不断扩大。随着劳动力、土地、环境保护等成本不断提高，特别是人工成本快速上涨，我国农业已进入成本快速上涨期。2006—2012 年，我国水稻、小麦、玉米、棉花、油菜籽、甘蔗生产成本年均增长分别为 11%、11.3%、11.8%、12.8%、15.7%、13.4%，但上述产品 2006—2012 年的价格年均增长分别为 9.4% 、7.1% 、9.8%、7%、13.3% 、10.2%，价格涨幅均低于成本涨幅，大宗农产品内外价差不断扩大。2008 年，除大豆外，我国大宗农产品国内价格都低于国际离岸价格，到 2013 年已全面高于国际价格。2014 年前 5 个月，大米、小麦、玉米、大豆、棉花、食糖内外价差分别为每吨 318 元、451 元、924 元、1 484 元、7 078 元、2 766元。内外价差呈不断扩大的态势。

2. 关税的防火墙作用受到削弱。近年来，日益扩大的内外价差使得关税的防火墙作用受到削弱，价差的扩大造成进口税后价低于国内最低保护价和临时收储价格，导致边收储边进口，不仅政策效果有限，而且因政策成本过高已难以为继。2013/2014 年度我国临时收储玉米6 919万吨，顺价出库困难，库容不足问题突出。棉花临时收储量达到 629 万吨，受进口影响难以顺价出库，每吨棉花库存1年的利息和维护成本在 2 000 元左右。临储菜籽油高达 600 万吨，若按当前市场价格销售，即使能出库，价差损失将超过 150 亿元。大豆年进口量超过 6 000 万吨，而临储库存积压仍有 780 万吨。食糖临储库存累计 500万吨左右，根据收储价与目前市场价格推算，加上其他库存费用，隐亏超过 200 亿元。

3. 进口对国内产业影响不断加深。受价差驱动，除了粮食（仅指谷物）外，我国棉油糖等主要农产品进口激增。"大豆之殇"正是我国农业产业安全问题的典型。我国大豆种植户均面积小，难有规模效益，大豆生产成本比美国高出 30%以上。由于大豆市场高度开放，对国内大豆产业发展、数千万豆农的就业和增收带来了严重影响。黑龙江 2013 年大豆种植面积 2 000 千公顷，仅为高峰期 2006 年 4 000 千公顷的一半。国内大豆加工企业经营困难，已经失去了大豆进口权和定价话语权，我国大豆产业发展已难以为继。

棉花产业面临同样的问题，2006 年我国棉花生产成本比美国低 27%，但到 2012 年生产成本比美国高 22%。2013 年国家棉花临时收储价格为 2.04 万元/吨，拍卖价格为 1.8 万元/吨，而美国棉花价格仅为 9 000 元/吨，即使按 40%配额外滑准税进口，每吨价格也比国内低 6 000 元左右。2013 年棉花以配额外滑准税进口 189 万吨，以配额外 40%税率进口 51 万吨。在巨大的差价和进口压力下，不得不主要依靠临时收储，2012 年和 2013 年临储棉占国内产量的比例高达 95%以上。2013 年末国内库存达 1 148 万吨，库存消费比为 144%，占全球库存的 60%。内外价差不断扩大是造成洋货入市、国货入库的根本原因。

受国内外价差驱动，食糖近 3 年进口超出正常缺口 500 万吨，2012/13 榨季期末库存 800 多万吨，库存消费比高达 58%。食糖进口价格过低，导致国内价格持续下跌。2014 年 1—4 月已跌至 4 500 元/吨，远低于 6 000 元/吨的成本，造成糖企全面亏损，蔗农收入下降。

4. 粮食产业健康持续发展受到威胁。虽然当前我国粮食进口量并不大，但价差导致进口对国内粮食产业的发展也产生了一定的影响。2013 年，因越南籼米价格低廉，国内企业的进口动力强劲，造成南方籼稻库存积压、销售困难。玉米国内供给和库存充裕，但仍然保持一定数量的净进口。目前我国三大谷物进口量有限，保持在关税配额承诺量之内，但按目前生产成本和价格增长趋势推算，今后 5～7 年粮食内外价差幅度将会超过粮食配额外关税 65%的水平，届时三大谷物以配额外关税税率进口将成为现实。我国对于征收配额外关税后的进口是完全放开的，这将给"适度进口"的国家粮食安全战略带来挑战。

二、粮食安全

2014 年的中央 1 号文件确立了"以我为主、立足国内、确保产能、适度进口、科技支撑"的粮食安全战略。强调要坚守"确保谷物基本自给、口粮绝对安全"的底线。尽管我国粮食产量十一连增、产能达 6 亿吨且库存充足，但应看到，随着工业化、城镇化进程不断加快，农业资源将会逐年减少，在农业对外开放影响不断显现的情况下，我国粮食安全面临着新的挑战。

1. 增产潜力减弱，保障产能难度加大。2003—2013 年的粮食增产数据表明，所谓"十连增"实际是"波动型的微增"。十年年均增产幅度为 3.4%，不同年份增产幅度差异较大，最高增幅是 2004 年为 9%，最低是 2009 年仅为 0.4%，且近三年增产幅度有逐年减少趋势。

我国粮食发展纲要要求到 2020 年，粮食产能达 5.5 亿吨以上，尽管 2013 年粮食产量已超过该目标，但受耕地面积逐年减少、自然灾害影响和资源环境制约，在农业科技没有重大突破的情况下，在高基数上继续增产难度越来越大。此外，根据第二次全国土地调查数据显示，截至 2012 年底，尽管全国耕地总面积为 135 133.3 千公顷，但由于部分土地受中重度污染、部分需退耕还林等原因，只有 120 000 千公顷多耕地适宜稳定利用，保障现有粮食产能难度加大。

2. 生产成本快速上升，粮食价格提升空间减小。据专家测算，从 1995—2011 年，我国三种谷物和大豆每亩产出量分别增长了 29.1%和 32.8%，但按照可比价格计算，同期单位面积总成本分别增长了 110.2%和 91.8%。谷物和大豆的生产投入成本的增加都快于产出的增加，收益率都出现了明显下降。在农产品生产投入增量中，直接生产成本上升是推动农业生产总成本上升的主要推动力量，包括化肥、农药、农膜、机械作业、劳动力等。这些投入占了总成本的 80%以上，而且近几年仍在上升。由于粮食价格缺乏高关税保护，难以相应上涨，这就使粮食生产缺乏必要的利益激励。

3. 进口快速增长，适度进口粮食安全战略受到挑战。自 2009 年我国谷物由净出口转为净进口以来，进口量一路激增。2012 年净进口量达 1 317 万吨，2013 年净进口量增至 1 358 万吨。2014 年 1—8 月累计进口谷物和谷物粉 1 208 万吨，同比增加84.5%。在国内粮食连年增产、库容紧张的情况下,谷物及相关产品的大量进口进一步加剧了国内"卖粮难"问题。若谷物进口快速增长的态势延续下去,"以我为主"和"适度进口"的粮食安全战略将受到挑战。

4.种粮比较效益低,新型经营主体"非粮化"较为普遍。发改委发布的《全国农产品成本收益资料汇编》显示,2011年,种植苹果、蔬菜、花生每亩净利润分别为4 612元、2 558元、723元,而种植三种谷物主粮的平均收益只有251元,致使新型经营主体土地流转后"非粮化"现象较为普遍。截至2012年底,全国流转后用于种植粮食作物土地面积为10 400千公顷占总流转面积的56%,低于全国约68%的平均水平。截至2013年底,四川省流转用于种植粮食作物的耕地面积仅占流转总面积的32.6%。河南省土地经营大户的"非粮"比例从2010年的43.7%上升至2013年的60%。山东省土地流转前粮食的种植比例占70%以上,流转后用于种植粮食作物的耕地比例仅为31.9%。

三、农产品质量安全

据2012年中国城市居民生活质量调查报告显示,城市居民感到最不放心、最不安全的社会问题是"食品药品安全"。农产品是食品的"前身",抓好农产品质量安全是保障食品安全的前提,也关系到农业产业健康发展问题。

1.引起农产品质量安全问题的因素多、风险大引发农产品质量安全问题的原因较多,包括农业生产环境、农业生产技术以及经营方式和市场等

(1)农产品质量安全受农业生产环境影响。据有关专家估算,我国每年因重金属污染而减产的粮食达到1 000多万吨,每年受到重金属污染的粮食达1 200万吨,造成的直接经济损失超过200亿元。环境污染严重地区的粮食、饲料作物、经济作物、畜产品和水产品等农产品的质量安全都受到影响。

(2)农产品质量安全受农业生产技术影响。由于我国农业生产者技术比较落后,非科学使用农药、化肥、除草剂等屡见不鲜。目前,我国化肥施用量已达357千克/公顷,超过国际上225千克/公顷的安全上限。农药过量施用的问题也比较突出,在一些高产地区每公顷用量高达300千克以上。我国化肥农药利用率也相对较低,氮肥的利用率仅为30%~35%,磷肥约为10%~20%,农药仅为10%~30%。

(3)农产品质量安全受经营方式及市场影响。我国拥有2.5亿农户和约50万个农产品加工企业,组织化程度较低,分散经营的模式很难统一,也难以执行标准化生产。这些农产品供应者往往在利润最大化的驱动下,为了降低成本而对农产品质量不加以控制。

2.农产品质量安全监管难度大。从农田到餐桌整个食物链条中,种、养、收以及初加工等各环节是决定农产品安全的基础。相对于食品安全,农产品质量安全更加难以控制

(1)农产品生产缺乏准入门槛。从事食品生产加工者较为规范,有关部门监管严格,所生产产品符合标准,能接受市场检验。而农产品的生产涉及亿万农业生产者,相应的生产许可和准入门槛很不严格。面对众多的农业生产经营主体和大量农产品,农产品质量安全监管部门执行的难度较大。

(2)监管部门难以全面监管。农产品生产过程中的化肥、饲料、农药、兽药等各类投入品,使用技术千差万别,又加上生产经营者众多,以及农产品种类繁多,使用情况难以掌控。农产品中微生物、重金属、兽药和农药残留等有害物指标,在目前的检测技术和成本等因素考虑下难以全面检测。

四、确保我国农业三大安全的建议

农业三大安全问题,已经对我国经济社会发展和亿万人民身体健康产生了一定影响,需从战略高度积极应对。

1.推进农业产业安全战略。产业安全是保障国内农业持续健康发展和农民就业增收的基础。在现有国际贸易格局下,建议采取以下措施

(1)要在未来贸易谈判中坚持粮棉油糖现有关税税率不减让、关税配额不扩大、农业"黄箱"支持空间不削减。"黄箱"支持是增加国内产量最直接有效的手段。要发挥关税政策的"门槛"作用,避免对国内趋势价格的过度打压和抑制。

(2)要加强产业损害预警,积极利用"两反一保"措施,使贸易救济常态化。要重点监测粮棉油糖等重要农产品的内外价差,确定粮食等主要品种的生产、流通、消费、进出口、储运等环节的安全警戒指标,在产业受到损害和损害威胁时,及时采取贸易救济措施。

(3)研究建立产业损害补偿机制,加强对国内产业的贸易补偿。建立有效的农业产业损害补偿机制,针对因农产品进口竞争而受到损害的农业产业和农民提供补偿性援助,确保国内农业产业安全。

2.实施差别化的粮食安全战略。要根据"谷物基本自给、口粮绝对安全"的要求,区分口粮、工业用粮和饲料粮不同性质需求特点,明确国内必须保有的基本面积和基本产量,确定农业支持优先重点。要合理确定粮食进口预警阈值,要保证有有效的手段把握进口时机和节奏,确保进口规模适度适当。

3.强化农业国内支持战略

(1)要强化政府责任,完善财政支农的长效机制。我国"三农"投入逐年稳定增长,但部分品种支持量已达WTO要求的8.5%上限。要明确国家对粮食和农业的支持性质,完善财政支农的长效机制。要不断加大农业补贴力度,确保种粮务农有合理的收益。同时,应探索"普惠制"与"特惠制"相结合的政策,使真正从事农业生产的经营主体得到更多补贴。增量农业补贴也应由"黄箱"向"绿箱"政策转变。

(2)通过制度安排,明确金融部门的支农责任。农村金融服务滞后的根本最原因是提供农村金融服务的比较收益低。应借鉴国外的成功经验,通过立法等,明确金融机构在支持农业和服务粮食安全方面的责任。可借鉴储备金制度,规定任何从事放贷业务的金融机构,不论是内资还是外资、国有还是民营,都必须有一定比例的贷款直接或通过小额信贷机构、农村信用合作社等投向农业和粮食生产。国家对涉农贷款亦应予以补贴支持。

(3)明确大型涉农企业粮食安全方面保障责任。粮食安全不仅是政府的责任,也是全社会的责任。要通过制度和法规规定,对经营大宗农产品且达到一定市场份额的大型企业,实行强制性信息报告制度和库存储备制度,规定规模以上粮油经销企业必须建立相应规模的粮食安全储备库存,明确其在粮食安全方面的法定保障责任。

4.推进农业"走出去"和市场多元化战略。要完善"走出去"政策支持体系,加强组织和监管。一是要抓住重点环节,突出重点领域,主攻周边国家,发挥企业主体作用。二要建立多

元稳定可靠的进口渠道，充分利用双边协定和多边协定，建立互利共赢、稳定我国进口来源的稳定的产销关系，尤其是与粮食增产较快、农业生产潜力大的国家和地区。三要把推进农业“走出去”与实现市场多元化战略有机结合，提升“走出去”对象国的生产能力，为建立多元稳定可靠的进口渠道夯实基础。四是扶持打造国际大粮商，积极参与全球粮食市场交易，争取掌握粮食价格国际话语权。

5. 保障农产品质量安全提升战略

(1)要加强政府对农产品质量安全的监管。要加强农产品质量安全法律法规体系建设，加强农业部门执法队伍建设，强化农业部门对违法违规农产品的处罚管理权。明确农业部门在初级农产品质量安全标准、检测、监督、认证以及市场准入等方面的主导地位。

(2)要加快农业标准化步伐。加大农产品标准化生产示范区、无公害农产品示范基地、养殖小区、示范农场、出口产品及原料基地建设力度，发挥示范带动作用。要把农业标准化知识和农产品质量安全控制技术的推广普及与农民教育培训工作结合起来，提高农业管理者和农产品生产者的素质。

(3)要加快农产品质量安全追溯体系建设。加快推进农产品质量安全溯源技术的应用，建立优质农产品标签制，使农产品信息更加透明、可追溯，从而为建立优质优价的市场机制奠定基础。

(万宝瑞，农业部原常务副部长；论文来源：《农业经济问题》2015年第3期)

加快体制机制创新　提升农业科技对现代农业发展的支撑能力

陈萌山

一、我国农业科技体制改革取得重大成效

改革开放以来，为了解决科技与经济的结合，大幅度提升我国农业科研机构的创新能力和活力，我国农业科技体制经历了三次大的改革。

1985年的第一次改革，目标是打破僵化的计划经济管理体制和机制，改革拨款制度，调整科研方向，支持科研机构以多种形式发展科技实体，多渠道创收，改革科研单位人事分配制度，调动科技人员积极性，促进了农业科技成果的有效转化。

1992年的第二次改革，目标是“稳住一头，放开一片”，引导科技人员进入科技主战场，促进科技与经济的结合。支持和鼓励部分科技人员以调离、停薪留职、辞职等方式，到农村搞技术承包或领办乡镇企业，兴办技术开发、技术服务、技术贸易机构，允许他们在为社会创造财富的同时取得合法收入。在研究力量部署上形成了“三三制”的格局，即三分之一进行科学研究，三分之一进行农业科技承包和开发经营，三分之一实行内外结合，在农村结合科研任务进行技术推广。各级政府和有关部门在工资福利、技术职务、产籍管理等方面实行了宽松政策，大大调动了科技人员的积极性。

1999年的第三次改革，目标是对科研机构进行分类改革。对有面向市场能力的科研机构，要转为科技企业、整体或部分进入企业，或转为中介服务机构；对面向社会提供公共服务、无法获得相应经济回报的科研机构，要在调整结构、分流人员的基础上，按非营利机构运行并管理。但到目前为止，除去大幅度增加了科研经费以外，农业科研院所改革没有真正到位。

经过改革，我国农业科技事业快速发展，对农业的支撑作用不断增强。据不完全统计，近30年来培育的主要农作物新品种及新组合已超过1万个，改良并育成具有自主知识产权的优良畜禽品种40余个、水产新品种50余个。一大批盐碱化、涝渍化、酸化等中低产田的改造，使黄淮海地区、松嫩—三江平原以及南方红黄壤地区已成为我国重要的粮食生产基地。小麦生产基本实现全程机械化，水稻机插、机收和玉米收获机械化快速推进，我国耕种收综合机械化率超过59%，推进农业生产方式实现了人畜力为主向机械作业为主的历史性跨越。一大批深加工关键技术难题被攻克并得到大规模应用，主要农产品深加工或二次以上加工的比例达到30%以上，有效提高了农产品附加值，延伸了产业链条。科技对农业增长的贡献率，由“一五”时期的19.9%提高到目前的55.2%，农业科技成为推动农业农村经济发展的主要力量。

二、新形势下推进农业科技创新要解决的问题

党的十八届三中全会明确了科技体制改革的重点，十分重要、十分紧迫，需要细化方案，出台配套政策，加快实施。目前，社会上对科研经费使用问题高度关注，对科研部门的腐败现象反响强烈，究其原因，既有管理问题也有体制机制问题。体制机制问题主要表现在以下几点。

1. 管理尚不健全

(1)管理体制缺乏顶层设计。农业科技管理涉及多个部门，农业产业主管部门缺乏主导性，缺少农业科技管理“最高指挥者”，导致农业科技管理的“国家意志”不清晰，不同部门的管理业务缺少整合，部门为政、单位为政和各自为政十分普遍。

(2)项目课题制管理存在缺陷。项目课题管理覆盖了整个科研过程和全部细节，科研机构的管理积极性难以发挥。在实际科研工作中，存在院长管不了所长、所长管不了课题组长的局面。同时，项目课题制容易形成小团队，不利于大协作、大联合、出大成果，难以满足国家重大需求，难以解决重大科学问题和生产问题。

(3)科研机构分工不明确。科研机构与大学分工不明确，很多大学纷纷仿效国外模式转为研究型大学，与科研机构业务重复。新中国成立初期，中央政府在接管原日本侵华和国民党时所建的中央农业实验所和东北、华北两个农事试验场以及有些省份农业试验场的基础上，分别成立了东北、华北、华东、华南、中南、西北、西南等7个大区级综合性农业科研机构，但后来全部变为以行政主导的省级农科院，国家级、省级和地市级科研机构存在严重的业务分工不明确问题。

(4)缺乏有针对性的农业科技政策。忽视农业科研的基本

规律，科研项目照搬工程领域的“项目化”管理模式，财务预算按照行政机关标准支出，过于强调创新进度、速度和指标。科研单位和科技人员出国交流按照“三公”经费管理。大量的科研经费在使用上由于不合理的财务制度造成了低效率甚至极大浪费。

2.科技促进产业发展的机制尚不健全

(1)农业科技成果转化率仍然偏低。2010年中国农业科学院农业经济与发展研究所，通过对865家涉农科研教学单位和1 220家涉农企业进行问卷调研发现，涉农科研教学单位农业科技成果转化率为41%，正在转化的成果为23%，仍有36%的成果未转化，主要原因是缺乏中间试验与工程化的能力条件和科技成果宣传，与国外相比仍有很大差距。

(2)农科教、产学研没有形成合力。从科技创新环节上看，科研、教育和推广是三个体系，分属于不同的管理部门，执行不同的工作计划；从中央各部委到各省都对科技工作进行管理，缺少分工。缺乏科学的科研立项和考核机制，科研立项与产业需求结合不够紧密，生产、推广等一线用户的参与少；科研考核过于强调论文发表的数量、级别，忽视转化推广应用效果。

(3)农业企业创新主体地位尚未确立。农业科技型企业在农业科技成果转化过程中处于主体地位，相比科研机构和高等院校而言，农业科技型企业跟市场联系更为紧密，更加熟悉市场环境和需求情况，具有更强的抗风险和参与竞争的能力，在农业科技成果转化中效率也更高、效益更显著。但是，我国农业企业无论在资金规模、人才团队、知识储备以及运营机制等方面都还不具备科技成果自主创新和转化的能力和条件。

(4)创新激励政策不到位。虽然国家采取了技术转移免征营业税、减免所得税、企业研发费用加计扣除等一系列鼓励企业自主创新的税收优惠政策，但因为审查程序繁琐、标准不一，再加上政策本身与客观现实相脱节等原因，导致门槛太高，实际兑现率不高。

(5)技术市场不完善，信息渠道不畅。农业科技推广转化仍然由政府主导，对农业科技的宣传缺乏力度，市场化的农业科技成果交易体制没有完全形成，农业科技信息与技术需求相互反馈的良性机制尚未形成。

(6)基层农技推广人力不足，科研成果落地转化慢。基层农业技术人员数量不足，生活待遇还需进一步改善，职业农民培训还不能适应需求，科技成果推广点面不协调，科技成果产业化水平低。

3.创新能力和技术储备不足

(1)自主原始性重大科技成果少。我国农业科研自主创新实力不强，重大技术创新缺乏，高水平学术论文和重大国际专利偏少，一些生产应用的优良品种尤其是饲养动物品种和重大技术装备仍要依赖进口。据有关资料显示，除大宗粮棉油等主要农作物育种外，50%以上的生猪、蛋肉鸡、奶牛良种以及部分蔬菜花卉品种依赖进口。

(2)基础性科研能力不强。具有国际影响力的高水平科学家不多，农业基础研究、前沿高技术和科技基础性工作研究投入占农业R&D经费的比例只有5.5%左右，农业生物种质资源、自然资源、基础数据等积累和开发不足，严重影响了农业科技的发展后劲。

(3)产业发展的一些迫切问题急需解决。目前，我国农产品供需形势发展了巨大变化，我国农产品价格普遍高于国际市场，进口量持续增加。进一步提升农产品国际竞争力，对节本增效、农业机械化、提升农产品质量和生态环境保护等方面的技术提出更高更迫切的要求。

4.投入结构不合理

(1)人员经费财政拨款不足。科研机构“有钱打仗，无钱养兵”，人员费缺口较大。创新编制远远低于实际在职科研人员数量，财政拨款按创新编制核定的人员经费实际被“摊薄”。中国农科院人员经费支出中来源于财政经费的比例只有41%。由于人员经费的严重不足，科研人员在实际工作中首先考虑创收，其次争取发表论文，最后才考虑科技项目的任务完成，对科技成果的质量形成负面影响，这也与国外人员工资占科研投入50%的惯例形成很大反差。

(2)行业和产业科研经费投入结构不合理。农业科研经费大多集中在农作物上，这是必要的，但畜牧业、产前和产后投入很少。近年来，种植业领域研究经费基本占了科研经费总预算的67.72%，畜牧业、服务业领域科研经费只占总经费的11.77%、12.72%，而且比例还在继续下降，与该行业产值占总产值的比重相差甚远。

(3)科研与转化推广投入结构不合理。发达国家的经验表明，科学研究、成果转化、商业化生产三个阶段费用的投入比例大致为1∶10∶100，而我国仅为1∶0.7∶100。近年来，国家农业科研经费投入和中国农科院农业科研经费虽然逐年大幅增加，但主要集中在基础研究和应用研究领域，对科技成果转化的资金投入特别是中试和推广服务阶段的资金投入相对不足，这就导致了科技成果大多数缺乏中试环节，加大了科技成果的技术风险，科研成果转化的不确定因素增多，也就限制了农业科技成果的转化。

(4)稳定支持和竞争性投入失衡。近年来中央财政逐步加大了项目经费投入力度，但主要是竞争性的短期科研计划专项经费。农业科研院所稳定支持经费不足40%，竞争性经费高达60%以上。

科研经费过度竞争，直接导致科研人员大量时间用于经费申报和检查，非研究活动成本居高不下，严重影响到正常的科技创新。

三、加快农业科技体制机制创新的政策建议

根据党的十八届三中全会精神的要求，深化农业科技体制改革，目标和重点应是解决农业科技创新与产业需求脱节的问题，形成农业科技发展的总布局，建立有效的农业科技发展组织体系、全产业链技术创新体系以及农业科技服务体系，加快农业科技成果产业化，实现创新驱动发展现代农业。

1.健全国家农业科技创新体系。瞄准国家战略需求和重大科学技术问题，以国家级科研机构为主体，以农业生态区优势农业科研单位和科研试验站为基础，构建布局科学、分工合理、职能明确、运行高效、研究与转化衔接的国家农业科技创新体系。加强顶层设计，进一步强化大专院校和中央级科研单位的基础研究能力，省级农科院的技术及产品创新能力，以及企业的技术创新与技术推广能力。

加快推进农业科技创新工程建设和实施，重点加强农业领域的原始创新、农业生物自主品种培育、耕作栽培技术创新、农业机械装备制造、农业资源环境技术创新，提升生物防灾减灾、农产品加工与质量安全保障能力，促进农业持续发展。

以具有明显优势的省级农业科研机构和高等院校为主体，

按照生态原则，依据全国农业综合一级区划，通过配套基础设施建设与管理制度创新，尽快建立东北、黄淮海、长江中游、长江下游、华南、西南、黄土高原、内蒙古及长城沿线区、青藏高原以及西北绿洲等国家农业科技创新区域中心。

2.加强农业科技重大命题协同机制。建议国家尽快组织全国范围内，为期到2020年的农业科技重大命题协同攻关行动，并纳入国家重点科技攻关项目加以支持。比如粮食高产高效技术体系、主要畜产品良种繁育、高端蔬菜品种国产化、旱作节水农业、农业生物全基因组变异等协同攻关项目。这些项目都是国家重大需求，带有很强的公共性、基础性、社会性、长周期性，攸关国家利益和安全，需按科技创新驱动发展战略的要求，调动全国农业科研力量，整合相关资源，实施协同攻关，给予持续稳定支持，不断取得重大突破、产生重大科技成果，为我国粮食安全和重要农产品有效供给提供长期有力支撑。

3.建立激发科技人员创新的政策体系。一要建立符合农业科研特点的经费预算与使用制度，提高投入强度，平衡投入结构，调整投入方式，逐步提高稳定投入的经费比重。树立经费使用和财务管理服从并服务于科技创新的理念，遵循农业科技创新规律，加快修改完善相关科研经费预算与使用的管理制度和办法，适度增加农业科研项目的预算管理弹性，确定合理的梯度阈值。提高野外调查、农业调查等一线工作者的生活补助，鼓励科技人员深入农业一线加强调查研究。将国际交流费用从"三公"经费中剥离出来，鼓励科技人员加强国际交流与合作。避免突击花钱，建立经费使用节约激励制度，在保证完成科研任务的前提下，允许科研经费结余用于开展其他项目的研究、探索性项目的研究或作为未来项目的自筹经费。二要建立科学的考核评价与激励机制，充分发挥用人单位的主体作用，根据基础研究、应用研究和开发研究等不同科研创新活动，分别采用不同的指标体系，实施分类考核。如基础研究和前沿技术探索以科学意义和学术价值为评价重点，面向市场的科研创新活动以获得自主知识产权及其对产业的贡献为评价重点，公益性科研活动以满足社会需求和生产的社会效益为评价重点。考核评价与绩效奖励相结合，充分调动科技人员积极性和创造性。

4.建立科技创新促进产业发展的机制。围绕农业农村经济发展中带有全局性、前沿性、方向性的重大科技问题，深入开展综合研究和协同攻关，推动农业科技创新与生产应用紧密结合，鼓励科研院所与企业紧密协作，实现技术创新要素逐步向企业转移，全面提升企业技术开发、产品熟化和产业化能力。鼓励科研单位、企业等利用专利保护知识产权，完善利益分配机制，大力推进专利技术产业化进程。加强技术市场建设，充分发挥行业协会、中介机构等组织的作用，大力推进成熟适用的农业技术成果走向大规模市场开发和应用。

（陈萌山，中国农业科学院党组书记；论文来源：《农业经济问题》2014年第10期）

我国农业机械化结构贡献的测度：方法与数据

刘恒新　李斯华　侯方安

农业机械化发展过程就是一个不断补齐短板、突破瓶颈、综合水平不断提高的过程，而农业机械化水平是由不同作业环节、不同农作物、不同地区多个方面的要素构成的。按照农业机械化水平统计计算的恒等式可知，农业机械化水平正是在对这些不同要素的机械化水平的统计基础上进行加权平均得出的。显然，不同要素对农业机械化水平增长的贡献大小是不一样的，且可能随着时间而变化。研究促进农业机械化发展，就是要明晰农业机械化发展重点和发展目标，而一个主要方法就是确定未来对农业机械化水平增长贡献大小的优先序。因此，测算这些构成要素对农业机械化发展的贡献大小，为提出农业机械化发展的重点环节、重点农作物、重点地区提供依据，可以在时间、方向、水平等多个维度上构成一个完整的农业机械化发展重点的衡量体系，为制定未来我国农业机械化战略与政策提供借鉴。

本文把不同作业环节、不同农作物、不同地区对农业机械化水平增长的贡献称为结构贡献，贡献大小称为贡献度(Contribution Degree,CD)。这里采用贡献度的概念有别于我国国民经济统计中使用的经济贡献率，虽然都是百分数，但贡献度强调的是各要素机械化水平的变化对农业机械化水平的变化的贡献大小，是一个相对值加权平均的测算，而按照国民经济统计中的说明，三次产业贡献率是指第一、第二、第三产业对国民生产总值增长的贡献程度，由某一产业的增量占国民生产总值(GDP)的增量的比值表示，是一个绝对值的直接测算。

一、结构贡献测算方法描述

研究各构成要素对农业机械化水平增长的贡献度，可以从以下两个方面展开：一是建立可靠完整的计量经济模型进行估计，并有充实的数据和理论依据作为基础；二是采用数学方法直接进行计算。由于在农业机械化结构贡献方面的研究文献并不多见，构建经济计量模型的方法对研究的目标来说并不是最优的选择，本文考虑采用数学方法来计算。

在宏观经济学关于经济增长的研究中，索洛(Solow)余值法和新古典经济增长模型在考察各项经济投入对经济增长的贡献大小时提出了一系列的理论与方法，获得社会公认。索洛余值法首先确定了资本积累和劳动力投入的增加对人均GDP增长的贡献，将"剩余的"、无法用资本和劳动力要素解释的经济增长，归结为技术进步的贡献度。而新古典经济增长模型则运用差分近似代替微分对索洛生产函数求全微分，得到总产出的增长速度、技术进步的增长速度以及资本、劳动力的增长速度，技术进步、资本、劳动力的增长速度与总产出的增长速度的比例即为三要素对产出增长的贡献。虽然这并不是农业机械化结构贡献计算的理论基础，但是这种方法是有帮助的。沿用这一分析思路，本文尝试提出农业机械化结构贡献的测算方法。

1.主要作业环节贡献度的测算方法

根据农作物耕种收综合机械化水平的统计计算恒等式

可得：

$$MECH_t \equiv 0.40PLOUGH_t + 0.30SEED_t + 0.30HARVEST_t \quad (1)$$

这里，令农作物耕种收综合机械化水平代表农业机械化水平。式1中，$MECH_t$、$PLOUGH_t$、$SEED_t$、$HARVEST_t$ 分别表示农业机械化水平、耕地机械化水平、播种机械化水平、收获机械化水平。

由于 $MECH_t$、$PLOUGH_t$、$SEED_t$、$HARVEST_t$ 都随着时间增长，可以认为是时间的函数，先对式1两边对时间求导得各指标的增长速度，即：

$$\frac{d(MECH_t)}{dt} \equiv \frac{0.40d(PLOUGH_t)}{dt} + \frac{0.30d(SEED_t)}{dt} + \frac{0.30d(HARVEST_t)}{dt} \quad (2)$$

$$G_{MECH_t} = \frac{d(MECH_t)/dt}{MECH_t} = \frac{d(PLOUGH_t)/dt}{PLOUGH_t} \times \frac{0.40PLOUGH_t}{MECH_t} + \frac{d(SEED_t)/dt}{SEED_t} \times \frac{0.30SEED_t}{MECH_t} + \frac{d(HARVEST_t)/dt}{HARVEST_t} \times \frac{0.30HARVEST_t}{MECH_t} \quad (3)$$

上式中，G_{MECHt} 为农业机械化水平的增长速度，令耕地、播种、收获三个环节对农业机械化水平增长的贡献度为 CD_{PLOUGH_t}、CD_{SEED_t}、$CD_{HARVEST_t}$，则其计算公式为：

$$CD_{PLOUGH_t} = \frac{d(PLOUGH_t)/dt}{PLOUGH_t} \times \frac{0.40PLOUGH_t}{MECH_t} / G_{MECH_t} \quad (4)$$

$$CD_{SEED_t} = \frac{d(SEED_t)/dt}{SEED_t} \times \frac{0.30SEED_t}{MECH_t} / G_{MECH_t} \quad (5)$$

$$CD_{HARVEST_t} = \frac{d(HARVEST_t)/dt}{HARVEST_t} \times \frac{0.30HARVEST_t}{MECH_t} / G_{MECH_t} \quad (6)$$

可见，耕地、播种、收获三个环节的贡献度分别由耕地、播种、收获机械化水平与其权重的乘积在农业机械化水平中所占比重和耕地、播种、收获机械化水平增长速度这两项相乘再除以农业机械化水平增长速度而得。

具体计算过程中可以将微分用差分近似代替，由式2可得：

$$\frac{\Delta MECH_t}{\Delta t} = \frac{0.40\Delta PLOUGH_t}{\Delta t} + \frac{0.30\Delta SEED_t}{\Delta t} + \frac{0.30\Delta HARVEST_t}{\Delta t} \quad (7)$$

对(7)式两边同除以 $MECH_{t-1}$ 并乘以 Δt，整理得：

$$\frac{\Delta MECH_t}{\Delta MECH_{t-1}} = \frac{0.40\Delta PLOUGH_t}{\Delta MECH_{t-1}} + \frac{0.30\Delta SEED_t}{\Delta MECH_{t-1}} + \frac{0.30\Delta HARVEST_t}{\Delta MECH_{t-1}} \quad (8)$$

则 CD_{PLOUGH_t}、CD_{SEED_t}、$CD_{HARVEST_t}$ 的计算公式变换为：

$$CD_{PLOUGH_t} = \frac{0.40\Delta PLOUGH_t}{\Delta MECH_{t-1}} / \frac{\Delta MECH_t}{\Delta MECH_{t-1}} = \frac{0.40\Delta PLOUGH_t}{\Delta MECH_t} \times 100\% \quad (9)$$

$$CD_{SEED_t} = \frac{0.30\Delta SEED_t}{\Delta MECH_{t-1}} / \frac{\Delta MECH_t}{\Delta MECH_{t-1}} = \frac{0.30\Delta SEED_t}{\Delta MECH_t} \times 100\% \quad (10)$$

$$CD_{HARVEST_t} = \frac{0.30\Delta HARVEST_t}{\Delta MECH_{t-1}} / \frac{\Delta MECH_t}{\Delta MECH_{t-1}} = \frac{0.30\Delta HARVEST_t}{\Delta MECH_t} \times 100\% \quad (11)$$

2. 主要农作物贡献度的测算方法

将式(1)变换形式：

$$MECH_t \equiv 0.40\frac{\sum PA'_{it}}{\sum PA_{it}} + 0.30\frac{\sum SA'_{it}}{\sum SA_{it}} + 0.30\frac{\sum HA'_{it}}{\sum HA_{it}} \equiv 0.40\sum\left(PLOUGH_{it}\frac{PA_{it}}{L_t}\right) + 0.30\sum\left(SEED_{it}\frac{SA_{it}}{S_t}\right) + 0.30\sum\left(HARVEST_{it}\frac{HA_{it}}{H_t}\right) \quad (12)$$

上式中，i 是指农业机械化水平统计涵盖的水稻、小麦、玉米、大豆、油菜、马铃薯、花生、棉花等主要农作物品种；t 是指统计时间，年份；PA'_{it}、SA'_{it}、HA'_{it} 分别指在 t 期完成的第 i 种农作物机械化耕地面积、机械化播种面积、机械化收获面积，PA_{it}、SA_{it}、HA_{it} 分别指 t 期第 i 种农作物的耕地面积、播种面积、收获面积；$PLOUGH_{it}$、$SEED_{it}$、$HARVEST_{it}$ 分别指在 t 期第 i 种农作物生产中的耕地、播种、收获机械化水平；P_t、S_t、H_t 分别指 t 期主要农作物的耕地总面积、播种总面积、收获总面积。

同样，由式(6)至式(11)的计算原理可将主要农作物三个作业环节的贡献度计算公式变换为：

$$CD_{PLOUGH_{it}} = 0.40 \times PR_{it} \times \frac{\Delta PLOUGH_{it}}{\Delta MECH_t} \times 100\% \quad (13)$$

$$CD_{SEED_{it}} = 0.30 \times SR_{it} \times \frac{\Delta SEED_{it}}{\Delta MECH_t} \times 100\% \quad (14)$$

$$CD_{HARVEST_{it}} = 0.30 \times HR_{it} \times \frac{0.30\Delta HARVEST_{it}}{\Delta MECH_t} \times 100\% \quad (15)$$

上式中，$CD_{PLOUGH_{it}}$、$CD_{SEED_{it}}$、$CD_{HARVEST_{it}}$ 分别表示 t 期第 i 种农作物的耕地、播种与收获环节的贡献度，三个环节上的贡献度加总就表示该农作物生产机械化发展对全国农业机械化发展的总体贡献；PR_{it}、SR_{it}、HR_{it} 表示 t 期第 i 种农作物的耕地、播种、收获面积在农作物总耕地、总播种、总收获面积中的比重。

3. 地区贡献度的测算方法

参考式(12)的推导过程可得到式(16)：

$$MECH_t \equiv 0.40\sum PLOUGH_{int}\frac{PA_{int}}{P_t} + 0.30\sum SEED_{int}\frac{SA_{int}}{S_t} + 0.30\sum HARVEST_{int}\frac{HA_{int}}{H_t} \quad (16)$$

上式中，PA_{int}、SA_{int}、HA_{int} 分别指 t 期第 n 地区第 i 种农作物的耕地面积、播种面积、收获面积；$PLOUGH_{int}$、$SEED_{int}$、

$HARVEST_{int}$ 分别指 t 期第 n 个地区第 i 种农作物的耕地、播种、收获机械化水平。

同样，参照式(12)至式(15)过程可以得到各地区对全国农业机械化发展的贡献度测算公式(17)：

$$CD_{PLOUGH_{int}} = 0.40 \times PR_{int} \times \frac{\Delta PLOUGH_{int}}{\Delta MECH_t} \times 100\%$$

$$CD_{SEED_{int}} = 0.30 \times SR_{int} \times \frac{\Delta SEED_{int}}{\Delta MECH_t} \times 100\%$$

$$CD_{HARVEST_{int}} = 0.30 \times HR_{int} \times \frac{0.30 \Delta HARVEST_{int}}{\Delta MECH_t} \times 100\% \quad (17)$$

上式中，$CD_{PLOUGH_{int}}$、$CD_{SEED_{int}}$、$CD_{HARVEST_{int}}$ 分别表示 t 期第 n 个地区第 i 种农作物的耕地、播种、收获机械化水平变化对农业机械化水平增长的贡献度；PR_{int}、SR_{int}、HR_{int} 表示 t 期第 n 个地区第 i 种农作物的耕地、播种、收获面积在全国同类总面积中的比重。一个地区所有主要农作物在三个作业环节上的贡献度分别加总就表示该地区对全国农业机械化发展的总体贡献。

二、数据测算与分析

在农业机械化发展贡献度的测算中，由于较早时期的贡献度对研究的目的并无太大参考意义，而且现有的购置补贴等支持政策是 2004 年开始实施的，再考虑到 2000 年对耕地机械化水平的统计口径进行过调整，带来了调整前后相应年份的增量的计算并不具可比性，因此，综合考虑，从 2004 年开始并追溯一年作为基础年份，即从 2003 年开始计算。本文使用 2003—2013 年的农业机械化相关统计数据，来源于历年的《全国农业机械化统计年报》，农作物播种面积数据来源于历年的《中国统计年鉴》。

1. 主要作业环节贡献度的测算与分析

利用式(11)计算耕地、播种、收获机械化的贡献度，结果如表 1 所示，表中还提供了耕地、播种、收获 3 个环节和综合机械化水平增长率的对比。从测算结果看，2004—2013 年 10 年间，即我国开始实施农业机械购置补贴政策以来，耕地、播种、收获 3 个环节的机械化水平分别增加了 29.16、22.07、29.13 个百分点，年均 2.65、2.01、2.65 个百分点，年均增长率 4.96%、6.21%、9.73%，综合机械化水平增加了 27.03 个百分点，年均增加 2.46 个百分点，年均增长率 6.25%。3 个主要作业环节均对农业机械化发展具有正向的贡献，其中，耕地环节的贡献最大，贡献度总计 43.16%，其次是收获环节，贡献度总计 32.34%，最小的是播种环节，贡献度总计24.50%。自 2012 年开始，收获取代耕地成为贡献度最大的作业环节。从农业机械化水平增长率看，增长最快的是收获机械化，其次是播种机械化，耕地机械化已经进入低速发展的阶段。期间，除了 2004 年、2008 年以外的 8 年中，收获机械化的发展速度在均处于 3 个环节中的最高水平。可以推断，耕地机械化水平的增长率在下降，其增长潜力在减弱，对农业机械化的贡献度在下降，而收获机械化的贡献度在上升，播种机械化水平的增长率于 2011 年已超越了耕地机械化水平的增长率，其对农业机械化发展的贡献还有一定潜力。

表 1 主要作业环节对我国农业机械化发展的贡献度(2004—2013 年)

年份	农业机械化水平年度增量/百分点				农业机械化水平增长率/%				主要作业环节贡献度/%		
	耕地	播种	收获	综合	耕地	播种	收获	综合	耕地	播种	收获
2004	2.060	2.130	1.340	1.865	4.398	7.975	7.045	5.746	44.182	34.263	21.555
2005	1.300	1.460	2.270	1.639	2.658	5.062	11.149	4.776	31.727	26.724	41.550
2006	5.200	1.700	2.480	3.334	10.359	5.611	10.959	9.272	62.388	15.297	22.316
2007	3.490	2.430	3.510	3.178	6.300	7.594	13.978	8.088	43.927	22.939	33.134
2008	4.030	3.310	2.570	3.376	6.843	9.614	8.980	7.949	47.749	29.414	22.838
2009	3.070	3.290	3.550	3.280	4.879	8.718	11.382	7.154	37.439	30.091	32.470
2010	3.620	2.010	3.670	3.152	5.486	4.899	10.564	6.416	45.939	19.131	34.930
2011	2.680	1.890	3.000	2.539	3.850	4.391	7.810	4.857	42.221	22.332	35.447
2012	1.820	2.440	2.990	2.352	2.518	5.431	7.220	4.291	30.952	31.122	38.138
2013	1.890	1.410	3.750	2.310	2.550	2.977	8.446	4.041	32.727	18.312	48.701
总计	29.160	22.070	29.130	27.025	62.254	82.628	153.155	83.269	43.160	24.500	32.337
平均	2.651	2.006	2.648	2.457	4.959	6.208	9.733	6.245	—	—	—

2. 主要农作物贡献度的测算与分析

统计上，农业机械化水平包含了所有农作物生产机械化水平的组成。2013 年，我国小麦、水稻、玉米三大粮食作物占农作物播种总面积的 54.12%，大豆、马铃薯、花生、油菜、棉花 5 种农作物占农作物播种总面积的 16.65%。可见，大豆等 5 种农作物播种面积占比仅次于三大粮食作物，因此，除了三大粮食作物外，对农业机械化水平增长的贡献还可能来自这五种农作物生产机械化的发展。

现有的公开统计数据中，只有最近 5 年(2009—2013 年)8 种农作物的耕地、播种、收获机械化数据，而且，各种农作物的

表 2　三大粮食作物对我国农业机械化发展的贡献度(2004—2013 年)

年份	小麦/%				水稻/%				玉米/%				合计/%
	耕地	播种	收获	合计	耕地	播种	收获	合计	耕地	播种	收获	合计	
2004	—	15.29	7.70	—	—	1.01	11.71	—	—	2.35	1.60	—	—
2005	—	−3.51	−0.17	—	—	2.73	20.91	—	—	15.22	1.92	—	—
2006	—	−3.82	0.03	—	—	3.12	9.89	—	—	2.85	2.13	—	—
2007	—	2.13	4.77	—	—	3.72	12.32	—	—	10.17	5.05	—	—
2008	—	4.06	5.92	—	—	4.04	8.25	—	—	7.87	5.84	—	—
2009	—	4.33	3.13	—	—	5.17	9.44	—	—	14.12	11.33	—	—
2010	4.42	1.36	3.42	9.20	10.42	7.68	13.81	31.91	9.14	7.70	17.08	33.93	75.04
2011	2.28	1.11	4.59	7.98	11.87	11.60	10.55	34.02	14.04	8.36	19.07	41.47	83.47
2012	0.28	1.08	2.40	3.76	7.93	12.97	9.49	30.38	0.06	6.56	24.27	30.89	65.03
2013	0.00	0.32	2.85	3.18	6.38	10.38	18.08	34.83	11.51	5.10	26.07	42.68	80.69
后四年平均	1.94	1.00	3.36	6.31	9.31	10.47	13.00	32.78	8.89	7.00	20.91	36.80	75.88

表 3　其他五大农作物对我国农业机械化发展的贡献度(2004—2013 年)　　单位:%

项目		2010 年	2011 年	2012 年	2013 年	平均
大豆	耕地	3.65	−1.16	−5.93	−0.25	−0.93
	播种	0.78	−2.49	−4.06	−0.58	−1.10
	收获	3.42	−2.80	−2.40	0.34	−0.17
	合计	7.84	−6.45	−12.38	−0.49	−2.21
油菜	耕地	2.18	3.43	9.05	4.37	4.64
	播种	0.44	0.48	1.29	1.00	0.77
	收获	0.81	1.41	2.07	2.03	1.51
	合计	3.43	5.31	12.41	7.40	6.93
马铃薯	耕地	2.33	4.33	1.18	2.30	2.57
	播种	0.71	1.74	0.76	1.12	1.06
	收获	0.83	1.87	1.14	1.49	0.95
	合计	3.87	7.94	3.08	4.91	4.57
花生	耕地	1.03	3.29	1.35	3.24	2.19
	播种	0.43	0.57	1.42	0.57	0.72
	收获	0.50	1.15	0.97	1.58	1.01
	合计	1.96	5.02	3.75	5.39	3.92
棉花	耕地	2.60	2.09	4.10	−0.41	2.16
	播种	0.32	0.76	1.96	0.97	0.97
	收获	0.33	0.63	0.94	1.10	0.74
	合计	3.25	3.48	7.00	1.65	3.87
前五种农作物合计		20.36	15.30	13.86	18.87	17.08
八种农作物总计		95.40	98.77	78.90	99.56	92.97

收获面积也并不可得，这里将收获面积以播种面积替代。利用公式 13 至公式 15，对 2010—2013 年 4 年间每一种农作物不同作业环节的贡献度进行了测算，并利用已有数据对 2004—2009 年三大粮食作物播种、收获机械化的贡献度进行了测算，结果如表 2、表 3 所示。

尝试利用这部分有限的数据来对比分析八种主要农作物对于全国农业机械化发展的贡献度。从表 2 测算结果看，三大粮食作物中，2004—2013 年，小麦播种与收获环节的贡献度明显地呈下降趋势，且平均贡献度最小，2010—2013 年仅为 1.00%、3.36%；2004—2013 年，水稻播种与收获环节的贡献度在波动中上升，2010—2013 年，收获环节的平均贡献度略高一些，为 13.00%，播种环节的平均贡献度为10.47%，高于小麦、低于玉米；2004—2013 年，玉米播种的贡献度总体上趋明显下降态势，2010—2013 年的平均贡献度最低，为7.00%，而玉米收获的贡献度则呈相反态势，还处于快速上升的期间，2010—2013 年的平均贡献度最高，为20.91%。三大粮食作物中，玉米的贡献度最高，为36.80%，其次是水稻 32.78%，小麦的贡献度已经很小了，三个环节上的贡献度之和为 6.31%。分作业环节看，贡献度最高的是玉米收获，其次是水稻的收获和播种。合计看，最近四年，三大粮食作物为全国农业机械化水平提升贡献了75.88%的份额，可见，三大粮食作物生产仍是农业机械化水平增长的重点领域，正在做出主要贡献，且还将在未来持续一段时期。

从表 3 测算结果看，2010—2013 年大豆等五种农作物中，贡献度排序依次是油菜、马铃薯、花生、棉花、大豆，4 年间分别是 6.93%、4.57%、3.92%、3.87%、-2.21%，大豆的贡献度为负值，可以解释为大豆近年来的播种面积呈下降趋势，播种面积的下降也可以造成机械化水平的降低，因为减少的面积可能是机械化水平较高的，而且由于比较效益的降低，也可以造成大豆种植户减少对机械化的投入。从具体作物作业环节上看更有意义。五种农作物的耕地环节上贡献度最高，平均达到 10.63%，其次是收获、播种，贡献度分别为 4.03%和2.42%，显然收获和播种机械化还是弱项，对农业机械化总体贡献较低。从总体上看，在近四年间，大豆等五种农作物为农业机械化水平增长的贡献为 17.08%，八大农作物的总计贡献为 92.97%。因此，在通过大力推广玉米收获、水稻插秧、水稻收获等成熟的机械化技术来提升农业机械化水平之外，要重视对油菜、马铃薯、花生、棉花等其他农作物收获、播种机械化技术与机械的研究、开发与示范，加快这些领域的瓶颈环节技术突破和普及应用，实现农业机械化发展重点向农业全领域延伸覆盖，是我国农业机械化发展目标的重要组成部分，也是实现农业机械化全面发展的主要措施之一。

3. 地区贡献度的测算与分析

根据式(11)，可测算地区贡献度。由于从公开的统计资料只能得到 2009—2012 年四年按照省(自治区、直辖市)统计的分农作物品种的各作业环节机械化水平数据和相应的机械作业面积，且此间个别数据也不可得，这里对相应的贡献度均作为零处理。按照省(自治区、直辖市)的区划对此时期内的地区贡献度进行测算，得到各省(自治区、直辖市)区 2010—2012 年 8 种农作物、3 个主要作业环节上贡献度。由于数据较多，表 4 只提供部分地区年度汇总的贡献度数据。这里仅对此进行分析。

表 4 结果显示，在 2010—2012 年间贡献度最大的前 10 个省(自治区、直辖市)区，可见前 10 位的地区均对当年全国农业机械化水平的提升贡献了超过一半的份额，区域间差异较大，意味着一些地区正处于快速发展时期时贡献比较大，而一些发展水平相对低或者相对高的地区的贡献比较小，表中观察到的地区正是对现阶段全国农业机械化发展贡献较大的地区，能够看出我国农业机械化发展的地区梯度特征。从长远看，在农业机械化可持续发展中应实行有区别的推动政策。表中还提供了三年间地区贡献度的合计数据，前 10 位的省区同样贡献了一半的发展份额。

表 4 不同地区对我国农业机械化发展的贡献度(2010—2012 年)

排序	省份	2010 年贡献度/%	省份	2011 年贡献度/%	省份	2012 年贡献度/%	省份	三年贡献度合计/%
1	河南	15.17	湖南	14.80	湖北	9.09	湖北	8.21
2	湖北	6.25	湖北	9.76	四川	8.98	湖南	8.19
3	黑龙江	4.98	安徽	5.84	湖南	8.32	河南	7.07
4	山西	4.46	河南	5.82	吉林	7.77	黑龙江	5.75
5	云南	4.06	四川	5.75	黑龙江	7.70	安徽	4.18
6	陕西	4.03	江苏	4.69	内蒙	5.31	吉林	3.92
7	广西	3.97	黑龙江	4.63	江苏	5.05	广西	3.57
8	吉林	3.77	江西	4.05	辽宁	4.88	云南	3.48
9	安徽	3.65	广西	3.89	河北	4.37	江西	3.24
10	山东	3.57	云南	3.57	山西	3.78	河北	3.22
合计	53.91		62.8		65.25		50.83	

三、结论

本文提出了农业机械化发展结构贡献的测算方法，重点从主要作业环节、主要农作物、不同地区三个维度对我国农业机械化发展的贡献度进行了测算。结果表明，不同时期下的不同作业环节、不同农作物品种和不同地区对我国农业机械化发展的贡献不同。在主要作业环节上，耕地环节的贡献度下降，而收获环节的贡献度上升，且已成为贡献度最大的作业环节；在农作物品种上，小麦的贡献度已经很小，现时贡献度最高的是玉米收获，其次是水稻的收获和播种，但三大粮食作物生产仍是农业机械化水平增长的重点领域。在大豆等五种农作物中，耕地环节贡献度最高，收获和播种机械化还是弱项，贡献度较低，应加强这类农作物收获、播种机械化技术与机械的研究、开发与示范；在不同地区中，地区贡献度的差异可以为确立我国农业机械化发展的地区优先序提供参考。

（刘恒新，李斯华，农业部农业机械化管理司；侯方安，农业部农业机械试验鉴定总站；论文来源：《中国农机化学报》，2015年第3期）

合作社成为粮食生产主体之创新与挑战

——兼议传统习惯与合作社原则的碰撞

胡乐鸣

国外没有直接从事粮食生产的合作社，但在我国，合作社直接从事粮食生产屡见不鲜，这是合作社发展史上的一大创新。既是创新，就没有现成的经验可资借鉴。在勇于创新的同时，如何有效应对挑战，对于避免走弯路是十分必要的。

一、国外从事粮食生产的合作社都没有成功

最著名、对世界合作社发展影响最大的是——1844年在英国罗虚代尔建立的罗虚代尔公平先锋社。

罗虚代尔是英格兰纺织工业中心曼切斯特以北30多千米的一个以毛纺业为主的小镇。1843年，13名纺织工人在总结以前合作社失败教训的基础上，经过一年的筹备，制定了比较符合实际的章程和制度，于1844年8月成立"罗虚代尔公平先锋社"，28名工人入股参加。合作社首先决定开设一家合作商店，同年12月正式开业。此后他们还设想建立住宅合作社、合作工厂和合作农场，最后都不太成功。消费合作社取得了成功，其合作原则被争相效仿，并流传至今，如一人一票（不论股金多少）；年终盈余除提取公积金、公益金外，余者返还社员（按购货比例），等等。

其后，各种各样的合作社风起云涌。就农业合作社而言，也是种类繁多、五花八门，但大多集中在农业信用合作、农业供销合作、农业生产服务合作。农业生产服务合作，主要是指产前、产中、产后方面的服务。而直接从事农业生产的合作社少之又少。"发达资本主义国家的农业生产合作社是不发达的，在有的国家里（如美国和加拿大）甚至不存在这种合作社"。

比罗虚代尔公平先锋社更早的空想社会主义的杰出代表——欧文和傅立叶试验的"合作村"和"协作社"，基本上都是生产领域的合作社，但在实践中，生产领域的合作社并没有充分发展起来。只有到了20世纪20年代苏联实行集体农庄和社会主义国家开始实行农业合作化以后，才大规模地发展了生产合作社。印度在20世纪50年代中期，曾派代表团来我国考察，回国后提出发展农业生产合作社的建议，执政党国大党也通过了相应的决议，但结果办得都不很成功。

目前，西方一些发达国家虽然也有一些名称为农业生产的合作社，但家庭农场仍然是一个独立的生产单位，仍然保持着政治、经济、税收方面独立的法律地位，合作社并不直接从事生产，只为家庭农场提供服务。农业合作社在美国被称之为农场主合作社。在法国，政府为了鼓励家庭农场扩大土地规模，出台了一系列扶持措施鼓励组建合作社，但也只是组成了一些父子或兄弟之间的组合而已，在组合内部也是矛盾重重，极为困难。这种组合的目的只不过是为了领取政府补贴、获得低息贷款。看来农业生产领域的合作社没有前途。

为什么？这是由农业生产的特点所决定的。

一是土地的固定性决定了农业劳动只能在广袤的空间进行，这就使得对劳动的监督变得不可能。我曾经到一个合作社调研，理事长向我抱怨社员太自私，他说，两人一组共同施化肥，化肥出库时有保管员与两人签字，回来凭空化肥袋核对，管理措施够严格了；但发现粮食产量很低，专家说肥料不够，我化肥没少施啊？后来一个偶然的机会从邻村得到消息，施化肥的两个社员把化肥倒在偏僻的地方，拿着空化肥袋来合作社销账，夜里偷偷地把化肥私分了，一个社员把化肥给卖了，一个社员把化肥运到邻村岳父家。

二是每一道工序的质量，当时无法检测；收获时产量的高低，是之前所有工序共同作用的结果，因此，无法对劳动者的工作质量进行检测。

这些特点要求每一个劳动者都对其所在团队无限忠诚，没必要进行劳动监督和质量检测。而这个团队，最适合的就是家庭。

二、我国粮食生产合作社的实践

我国目前出现的合作社成为粮食生产主体的现象，是世界合作社历史上的创新，在现阶段有其必然性和合理性。从各地的实践看，主要有两种模式：一种是合作社直接经营土地，另一种是以服务为主，合作社只经营少量土地。

模式一：合作社直接经营土地——黑龙江克山县仁发现代农机合作社

2009年10月，7户农民以入股的形式筹集资金850万元，加上国家、省级农机购置补贴资金1 234万元，组建了克山县仁发现代农机合作社。至2013年，入社农民2 436户，入社土地3 361.27公顷，合作社直接经营，主要种植玉米、马铃薯等，2013年合作社纯利5 200万元以上，每公顷土地收益达到13 500元以上。分配制度是：不低于60%的可分配盈余，按入股土地进行分配；其余按各户出资额进行分配，国家补贴资金1 234万元和提取的公积金全部量化到户，发起人——7户农民筹集的850万元按实际出资计算。

模式二：以服务为主——浙江省桐乡市龙翔农机粮油合作社

龙翔农机粮油合作社于 2009 年 4 月由龙翔街道办事处牵头组建。2013 年，入社土地面积 546.67 公顷，作业服务面积将近 2 666.7 公顷，基本覆盖整个街道并辐射周边乡镇。除入社土地外，服务模式有两种，一是“粮田托管”服务，流转土地由合作社经营管理，稻谷收割时，转出土地的农户可选择领取新鲜稻谷 350 千克或者直接选择米票或现金 12 000 元/公顷，涉及 3 个村、3 000 多户农户、280 公顷适合种植粮食的耕地；二是“菜单式”服务，即农户在机耕、机械化育插秧、病虫害统防统治以及机械收割等环节，自主选择需要服务的项目，与合作社签订机械作业服务协议，涉及土地 2 000 多公顷。

从调研看，像仁发这样直接从事粮食生产并取得成功的合作社并不多，而以服务为主的合作社则比较容易取得成功。究其原因，后者在对外开展服务时，合作社不需要进行监督，因为服务对象在监督，例如，合作社替农民机收，如果机收质量不符合要求，农民就不会付钱。

三、合作社内部的经营管理

一个合作社能否取得成功，取决于内部和外部两种费用的比较，节省的外部费用（对外的交易成本）如果大于内部费用（管理和决策成本），这个合作社就是有效率的，就有生命力。一般而言，合作社的内部费用，要高于家庭农场；合作社的外部费用，要小于家庭农场。内部费用和外部费用很难计算准确，但每一个社员心中都有一本账，而且每一个社员的账还不一样，即入社之后自己赚钱是否更多了。

我们可以从内部、外部两个方面来分析合作社成功的经验。

从内部看，一般都在坚持合作社基本原则的基础上引入股份制，建立了能兼顾各方利益的决策、管理和分配制度，既不让大户吃亏，能够调动大户的积极性；也不让普通社员吃亏，保护普通社员的合法权益。

从外部看，相对于普通农户，合作社有经济上的好处：

1. 政府资金支持，如仁发农机合作社成立时即获得 1 234 万元的农机购置补贴资金，在发达地区，对从事粮食生产的合作社，县乡政府也有资金支持；

2. 政策扶持，如场库棚建设、用地、用电等；

3. 大批量采购农资比农户零星购买便宜；

4. 规模效益，土地达到适度规模以后会取得规模效益；

5. 节省了农机作业费用，零碎地块集中连片以后，降低了机械作业的成本；

6. 降低了农机维修保养成本，合作社比普通农户能更便捷地享受到农机企业提供的维修保养服务，农机维修保养成本降低，农忙季节机械故障率低；

7. 可以比普通农户更便捷地享受到金融支持；

8. 产后环节的增值，合作社有实力建立烘干、保鲜、仓储设施，有的还有加工设备，延长了产业链，享受到了农产品增值收益；

9. 销售方面的收益，合作社在销售渠道、销售方式等方面有优势；

10. 品牌优势，有的合作社注册了商标，打造了绿色有机品牌，销售价格高于普通农户。

政府的资金、政策、金融等支持，有的是一次性的，有的是年年都有，这些支持对于合作社的启动和运行是十分重要的。但也有一些人为了获得补贴而组建合作社，一旦补贴到手，合作社也就名存实亡了。

以上是纯经济的分析。其实，农民入社除了算经济账，还要算面子账，如果入社仅仅只有经济上的好处，是不够的，“宁为鸡头、不做凤尾”，就是一个面子问题。

成功的合作社，除了引入股份制外，另一个共同的特点是有一个享有较高威望的带头人，而这个带头人还具有以下一些素质：一是办事公道，公平合理地“分金银”，有的甚至能做到先人后己；二是领导艺术，能充分调动社员的积极性，尤其是在核心成员“排座次”方面，既根据每个人的能力特长委以重任，还充分照顾到每个人的面子，使其感觉到说话管用受尊重。

近些年，合作社发展很快，我们喜闻乐见的都是成功的案例，其实，不成功的数量远多于成功的。

探究合作社失败的原因，尽管多种多样，但无非就是分金银、排座次。

目前，对“分金银”研究得比较多，也受重视，有关部门也举办了很多的培训；但对“排座次”重视不够，研究不多，培训就更少了。

总之，合作社的经营管理，就是在经济上保障全体社员的物质利益，在政治上尊重全体社员的民主权利；通俗地讲，就是分金银、排座次。只有在“分金银”时有好处，“排座次”时有面子，合作社才能健康发展。

四、传统习惯与合作社原则的碰撞

在传统习惯上，组建一个团队，“排座次”比“分金银”更重要。刘备、关羽、张飞桃园三结义的时候，三个穷光蛋啥事业还没有，就把座次给排定了。梁山泊一百单八将，团队怎么管理？宋江率众好汉祭拜苍天，忽见天空一团火光直入地下，挖出一看，是一个石碣，上面的文字众人都不认识，只有一位姓何的道士认识，说是天书，翻译出来是 108 位好汉所对应的星宿次序。宋江大喜，说道：“天罡、地煞星辰，都已分定次序。众头领各守其位，各休争执，不可逆了天言。”众人皆道：“天地之意，物理定数，谁敢违拗！”

传统的“排座次”是什么意思？就是定出老大、老二、老三、老四等等，这叫名分已定：首先，老大是核心，不可更改，除非像吴协恩接替其父吴仁宝，否则团队就会散伙；第二，其余核心成员如老二、老三、老四、老五等，也都有次序，不可逾越；第三，座次一旦排定就不能更改，不论以后贡献大小！梁山泊一百单八将排定座次之后，又打了很多关系到梁山泊生死存亡的大仗，有的人功劳很大，有的人根本就没有参与，但座次不能变。赵云功劳再大，但也只能永远排在张飞后面。“排座次”是一种传统习惯，根深蒂固，近年来，一些全国知名品牌、团队，有的分崩离析、昙花一现，问题大多出在“排座次”。

传统团队成员之间不是平等的关系，更不是一人一票。

合作社是平等主体之间的合作，合作社最重要的原则有两条：年终盈余除提取公积金、公益金外，余者返还社员（按交易量）；一人一票（不论股金多少）。

我国《农民专业合作社法》（以下简称《合作社法》）在坚持合作社基本原则的前提下，也采取了一定的灵活性，一是可分配盈余，“按成员与本社的交易量（额）比例返还，返还总额不得低于可分配盈余的百分之六十”；二是在一人一票的基本表决权之外，出资额大的社员可以享有附加表决权，但“本社附加表决权总票数不得超过本社成员基本表决权总票数的百分之二十”，“理事会会议、监事会会议的表决，实行一人一票”。

实际上，有些合作社理事长本人土地面积与普通社员差不多，交易量也差不多，但其个人出资额却高达60%甚至更多，且理事长是能人，有威望、有路子，懂经营、善管理，合作社能赚钱，主要靠他，但可分配盈余60%以上按交易量，理事长会有积极性？

实践中，真正按《合作社法》操作的合作社数量较少（当然表面上都是依法的），绝大多数经营好的合作社普遍有两条经验——"分金银"上引入股份制，"排座次"上有一个能人（不是两个能人）。但这与合作社的原则并不完全吻合，与《合作社法》的规定也不一致。

发达国家成熟的合作社也有170多年的历史，社员出资额基本上差不多，一人一票选举很正常，今年是A当理事长，明年选举B当理事长，合作社照样经营，也许经营得更好。但在当今我国农村，如果一个合作社通过一人一票选举更换了理事长，这个合作社可能就垮了。

我国真正意义上的合作社才实施了8年，农民群众接受合作社、习惯合作社还需要一个很长的过程。

五、建议

党的十八届三中全会《中共中央关于全面深化改革若干重大问题的决定》指出："坚持家庭经营在农业中的基础地位，推进家庭经营、集体经营、合作经营、企业经营等共同发展的农业经营方式的创新。"要在坚持家庭经营基础地位不动摇的前提下，因地制宜，循序渐进，大力发展合作经济。

1. 大力发展农业供销合作和农业生产服务合作 在农业生产服务合作方面，重点是发展产前、产中、产后方面的服务。

2. 稳妥地发展粮食生产合作社 发展合作经营，目的不是为了取代家庭经营，而是为了更好地为家庭经营服务。在农民自愿流转土地的前提下，优先鼓励发展家庭农场；鼓励发展以服务为主、少量直接经营土地的合作社；对于以直接经营土地为主的合作社，不是土地规模越大越好，要在试点取得经验的基础上逐步推广，不下指标、不定任务，防止一哄而起。

3. 保护全体成员利益 公积金、财政补助资金形成的财产、捐赠财产应按照《合作社法》的规定量化到每个成员，防止被少数人垄断。

4. 加强对合作社管理人员的培训 不仅要培训"分金银"方面的经营管理制度，也要培训"排座次"方面的制度和艺术。对"排座次"要去糟粕、存精华，要破除封建等级意识，弘扬社会主义平等意识，让社员真正享受到主人翁的尊严和体面，普及合作社文化和契约意识。

最后，在修改《合作社法》时，建议在坚持合作社基本原则以区别于其他市场主体的同时，充分考虑传统习惯、现实情况，在按交易量（额）返还及比例、附加表决权比例等方面，展现更多的灵活性，引导和促进我国农民合作社持续、规范发展。

（胡乐鸣，农业部农业机械化管理司副司长；论文来源：《农机科技推广》，2015年第8期）

完善农机补贴政策　提高财政投入效率

杨敏丽

4月10日《经济日报》"一线调查"刊发记者刘慧撰写的《农机补贴如何精准到位》一文，介绍了2015年农业机械购置补贴政策的新特点，通过深入江苏、安徽农业生产一线调研，向人们揭示了农机购置补贴政策导向由小农机向大农机转变、由农业人口向非农人口转型、由选择性向普惠性补贴转化、由差价购机向自主购机推进等新变化。文章有助于广大农业生产者充分了解国家补贴政策，享受补贴政策的阳光雨露，调动农业生产者购机用机的积极性，提高农业机械化的发展水平和发展质量。

当前我国农业资源环境制约突出，受成本"地板"和价格"天花板"双重挤压，农业发展的内外部环境正在发生深刻变化，面临着农产品需求刚性增长、资源硬约束趋紧，农业生产成本上升、比较效益下降，农村劳动力结构性短缺、家庭规模经营小，化肥农药过度使用、农业生态环境不断恶化等严峻挑战。"谁来种地""怎么种地"成为亟待解决的现实问题，迫切需要加快发展农业机械化。一方面，要提高薄弱环节机械化生产的农机装备数量，加速机械替代农业劳动力的步伐，全面提升农业综合生产能力，解决"谁来种地"的问题；另一方面，应科学合理配置农机装备，提高农机装备使用效率，改善农业生态环境，实现农业机械化可持续发展，解决"怎么种地"的问题。通过完善农业机械购置补贴政策，实现补贴精准到位，提高财政投入效率，促进农机装备应用与生产向数量质量并重，机械化作业向全程、全面发展，整体上向优质、高效的转型升级，是适应经济运行和农业发展的必然要求。

一是进一步突出重点，强化引导。结合国家农业生产发展实际需要，明确阶段性补贴目标，缩小补贴范围，强化补贴高性能、先进适用的农业机械，集中引导和推广粮棉油糖等大宗农作物关键环节生产机械及产后处理机械，加强适宜不同区域的机械化生产模式和科学合理的农业装备配备的示范，加快推进主要农作物生产全程机械化，提高生产效率，降低生产成本，提高产品附加值。

二是进一步发挥和强化市场在资源配置中的作用。充分发挥财政投入的经济杠杆作用和带动作用，吸引更多社会资金投入，提高财政投入效率和效果。

三是在全国范围内实现重点补贴机具类型下的普惠制。中央财政与地方财政密切配合、在缩小补贴范围、减少补贴品目，适当降低补贴比例的前提下，对补贴范围内的品目分层次有重点地推进普惠性补贴，同时避免权力寻租造成的竞争不公平。

四是补贴对象应该进一步集中到直接从事农业生产且具有一定经营规模的个人和农业生产经营组织。近日，中国共产党中央委员会办公厅、中华人民共和国国务院办公厅下发了

《关于引导农村土地经营权有序流转发展农业适度规模经营的意见》，进一步推动专业大户、家庭农场、农民合作社、农业企业成为现代农业发展的主体和主力军。同时，户籍制度改革后，农民将会成为一种职业划分而不是身份差别。因此，国家财政支持的对象明确为具有一定经营规模的个人和农业生产经营组织，符合现代农业生产要求和现实发展需要。

五是完善农业机械化配套扶持政策。除农业机械购置补贴政策外，还需要研究和推进相关配套政策措施的出台，共同构建完善的政策扶持体系。如作业补贴，目前实施的只有农机深松整地作业补贴，但仅有深松是不够的，建议有关部门进一步考虑延伸实施秸秆还田、高效植保、工厂化育秧和机插秧、油菜种植与收获、甘蔗/棉花机械化收获等作业补贴；进一步加大实施农机报废更新补贴的力度；实施农用燃油补贴和燃油税减免；推动农机金融信贷发展并将其作为农业机械化配套扶持政策的重要组成部分。

六是设立农机购置补贴工作经费。将农机购置补贴工作经费纳入财政预算，是完善补贴制度的重要内容，亦是高效、高质执行政策的重要保障。

(杨敏丽，中国农业大学教授；论文来源：经济日报，2015-04-18)

农业工程与中国农业现代化相互关系分析

齐　飞　朱　明　周新群　魏晓明

工程科技是与经济社会联系最紧密、作用最直接、效果最明显的科学技术，是形成现实生产力的关键，习近平同志在2014年国际工程科技大会上强调"一项工程科技创新，可以催生一个产业，可以影响乃至改变世界"。农业工程是工程科技在农业领域内的应用，1978年全国第一次科学技术大会以后，它作为一个丰富而较为完整的学科在中国诞生，随着中国农业的改革开放和现代化发展而成长，通过对农业生产条件的直接改善，促进了农业生产力的发展和生产关系的调整，与农业现代化进程形成了紧密的良性互动，农业工程的发展已经将农业工程的范围逐步由狭义向广义、由局部向系统扩展，涵盖了从技术、产品到组织、制度，从规划、设计到建设、运行等各个方面。当前国家发展改革进入攻坚期和深水区，特别是"十八大"党中央提出了"四化同步"(工业化、信息化、城镇化、农业现代化同步发展)和"五位一体"(经济建设、政治建设、文化建设、社会建设、生态文明建设)的新要求后，中国农业现代化面临着前所未有的压力和机遇，面对的问题也不再仅限于农业、农民、农村，而是涉及国家政治、经济、社会、生态各个方面，农业现代化发展的系统性、整体性、协同性要求越来越高，其本身也呈现出开放复杂巨系统的动态演化性、共生性、开放性、人的参与性和空间层次性等特征，人们越来越认识到农业工程对农业现代化的巨大推动作用，没有现代农业工程的支撑，农业现代化只是空中楼阁。因此有必要在农业现代化这个大系统下，将农业工程与现代农业建设作为农业现代化的2个子系统，研究其相互作用关系，使二者尽量接近一个有组织整体(即某个子系统的输入正好是其他子系统或子系统自己的输出)，同时使农业工程更好地调整自身发展结构以契合现代农业发展要求，提高现代农业建设的科学性，并在此过程中获得新的动力和机遇。

一、农业现代化建设的路径

中国整体上已进入加快改造传统农业、建设现代农业的关键时期，基于中国农业基础长期相对薄弱的现实，亟需从生产力和生产关系2个层面上研究现代农业建设的路径，特别是从工程的角度强化现代农业基础，适应并推动生产关系的调整。

1. 农业现代化的新形势

2003年以来中国农业农村发展进入又一个"黄金期"和战略机遇期，持续至今。"十八大"提出要确保7年内，即到2020年实现全面建成小康社会的宏伟目标，客观上要求中国尽快弥补农业短板，加快实现农业现代化。然而，中国农业生产依然存在着生产资源与需求、产品总量与结构、经营成本与效益、农业人口与劳力、基础设施与自然灾害等越来越突出的矛盾和挑战，迫使中国必须在强化农业基础的同时，转变发展方式，走内涵式农业现代化发展道路，尤其要强化基础建设和科技应用2项工作。农业工程涵盖建设和技术等各领域，承担的使命比以往任何时候都重大。

2. 农业现代化的新要求

在中国经济发展进入新常态，农业农村发展进入新阶段的背景下，农业现代化也面临着新的要求。宏观层面上，农业现代化是国家现代化的基础，与快速发展的城镇化、工业化和信息化相比，中国农业现代化水平相对滞后，严重影响"四化"的同步发展，因此，加快推进农业现代化、实现"四化"在相互耦合的作用中同步发展的需求，比任何时期更为迫切。微观层面上，农业现代化是中国"四化"建设中的"关键变量"，工业化、城镇化、信息化在对农业现代化提供支撑、优化的同时，也受制于农业现代化的发展。工业化需要农业现代化供给优质的农产品原料、充足的劳动力资源；城镇化需要农业现代化解决土地拓展问题和优美农村环境需求；信息化需要农业现代化提供规范化生产管理流程和标准化基础设施作为实施载体，因此，农业现代化的发展直接关系到工业化、城镇化、信息化的顺利推进。农业工程作为加快中国现代农业建设的直接抓手，对解决新常态下的农业现代化新要求，将发挥重要作用。

3. 农业现代化的建设路径

中国农业现代化经历了新中国成立后的起步摸索、十一届三中全会后的改革建设，"十六大"以来的全面推进3个时期。近年来，农业现代化的理论探索和改革实践速度明显加快，显著特征就是对生产关系和农业基础同步调整和建设。陶鼎来先生在《中国农业工程》一书中提出"建设农业"的概念和思路。在宏观技术路线上，中国以自身的国情国力和农业发展现实为基础，充分借鉴了以美加澳为代表的机械技术型、以法英德为代表的机械—生物技术交错型、日韩台为代表的生物技术型现代化发展中的经验，积极探索中国农业现代化发展路径，特别是以农业工程为主推进农业现代化的建设路径和优化方案，科学、系统、创新地提出了"生产规模化、经营组织化、产品标准化、经管信息化、科技集成化、作业机械化、设施工程化、环境生态化、农民职业化、政策系统化"的中国特色现代农业建设"十化"路径，为中国特色新型农业现代化发展提供了重要的思路和决策支撑，也为研究农业工程在中国现代化中的作用提供了一个较为系统、完整的基础模型。

4. 建设路径的逻辑关系

农业现代化建设路径的设计过程就是一个广义现代农业巨系统的构建过程，要素复杂性高(要素本身就是复杂的下级系统)、结构动态性强、环境开放性显著，目标是使农业现代化建设的全过程尽量形成一个有组织整体，并使该过程能充分体现出与当前中国经济社会发展相适应的先进生产力特征。

以现代农业建设"十化"路径为对象，按照"逻辑起点、逻辑内涵和推进结果"的顺序，通过有组织系统构建的分析和先进生产力实现 2 个层面分析，可以获得如图 1 所示的"十化"路径科学性分析图，从几个方面证明了该路径的科学性与完整性。由图 1 可以看出，农业工程可以直接推动人才、科技、土地、信息、基础设施和生产工具等核心要素的数量、质量、运动量变化，并对现代农业巨系统的结构和环境产生影响。

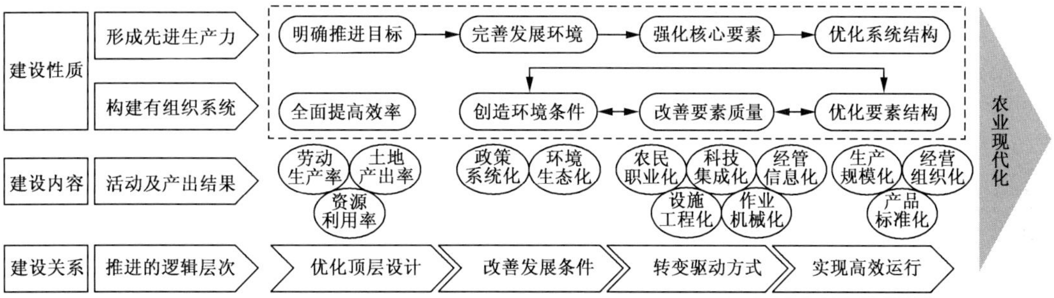

图 1　农业现代化建设路径科学性分析图

二、农业工程的内涵、领域和作用

中国农业工程以较为完整的学科服务于现代农业始于 20 世纪 80 年代中后期，随着中国农业现代化的不断进步获得了自身的大发展。中国许多学者从不同方面就农业工程与农业现代化的关系进行了理论分析和实践总结，但这些总结和分析，大都以技术为重点。而现代农业的发展，需要以系统化的视角重新审视农业工程的作用及其与现代农业发展的关系。因此，有必要更加科学、系统地明确现代农业工程的内涵、领域和作用。

1. 农业工程新内涵

工程是人们综合应用科学的理论和技术的手段去改造客观世界的具体实践活动以及由此取得的实际成果，农业工程是伴随着农耕文明而出现的，具有与人类历史同样久远的历史，其内涵伴随着科技进步和社会的进步不断变化和丰富，因此，陶鼎来先生将农业工程定义为"建设农业和维持农业生产高效运转所需要的一切工程"，这真实反映了农业工程的发展历程和应用特点，也揭示出农业工程内涵"质"的变化。传统农业创造了诸如都江堰水利工程等浩大的农业工程遗产(非科学技术遗产)，并在农业社会和工业社会更替中孕育了现代农业工程，但现代农业工程在内涵上已经发生了根本改变，并突出表现在其科学性、系统性等方面。简而言之，现代农业工程是在工程科学理论的基础上，采用先进技术、装备手段，由现代组织管理系统实施，在科学运行机制下推进农业现代化活动及其成果。农业工程技术是农业工程的重要组成部分，连接科学知识与人类实践，其与农业工程是局部和整体的关系。

2. 农业工程领域

从"现代农业工程"内涵看，它是由科学知识、技术装备、工程设施 3 个要素构成，而决定农业工程发展水平的，是三个要素的结构，特别是农业工程的技术结构，因为科学技术是先进生产力的关键要素和主要指标，农业现代化的关键是促进产业结构向高层次发展，技术结构是导致产业结构向高度化演进的重要因素，直接影响和决定农业产业结构以至经济结构发展的基本方向和水平。同样，农业工程的技术结构决定了其对农业现代化作用的水平，现代农业工程都是在特定的技术支撑下兴起和发展的，因此以技术装备所涉及的领域为主，分析获得农业工程所涉及的领域，具有较高的合理性。通过对中国学科分类农业工程部分、GIGR 技术部门设置、CSAE 专业委员会设置、权威专家的总结以及农业工程发展的现实等综合分析，农业工程技术所涉及的领域以生产力所包含的劳动对象(土地)、劳动工具(工具)、劳动条件、资源和工程管理为基础，主要包括 14 个方面，如图 2。

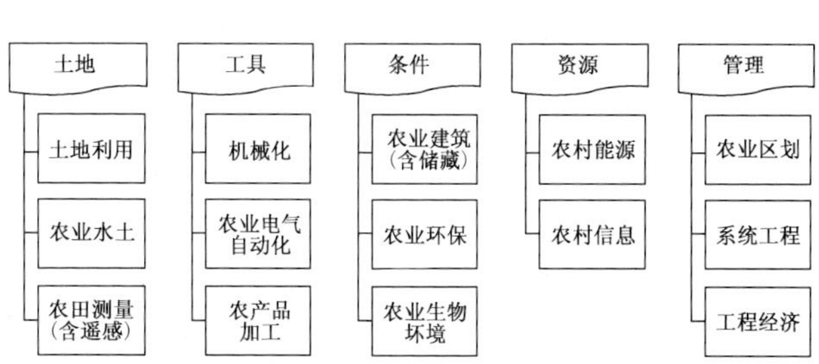

图 2　农业工程技术的主要领域

农业工程技术各领域同样包含众多的技术内容，如设施农业就包含 4 大类、18 中类和众多子类、小类具体技术，农产品产地加工与储藏等技术亦同，涉及现代农业的方方面面。这些技术中存在交叉重叠，但在技术目的和功能上有显著的个性，显示出农业工程作为交叉学科的特点。随着现代工程技术的发展，系统论、信息论、控制论、逻辑学、辩证唯物论等学科对工程知识积累、技术创新和工程实施的指导作用也越来越大，促进了农业工程技术与农业现代化发展能够在越来越复杂的动态过程中保持匹配与协同。

3. 农业工程对农业现代化的贡献

中国的农业工程包含农业历史中留存并依然发挥作用的农业工程遗产、近现代农业工程各学科研究获得的科学技术成果、以农业工程科技为基础所研发并应用的各类设施设备、与农业工程发展相伴而生的新型组织、制度和文化，体现了现代社会生产力和生产关系越来越复杂的作用过程和在广义上的系统特征，改革开放之初人们就认识到没有农业工程技术的发展就谈不上农业现代化，中国农业 30 多年的发展充分印证了这一判断。从大规模节水灌溉、高标准农田建设到农业机械化、设施农业、农产品加工业的迅猛发展，直到当前农村能源环保、农业物联网的快速推进，这些现代农业新业态的迅猛发展，印证着中国农业工程在保障国家粮食安全、菜篮子产品供应、新农村建设、生态文明建设等重大战略中的突出贡献作用，同时也为新的挑战下顺利调整农业生产关系、推进农村改革创新、转变农业发展方式提供了强有力的技术保障和物质支撑。

三、农业工程与农业现代化发展要素的关系

1. 农业工程需要现代农业生产要素的支撑

传统意义上的农业生产要素主要是由以土地和水为代表的自然资源、从事生产的劳动力资源、物质和货币资本以及科学技术四大类组成。现代农业依靠先进技术装备体系和现代管理方法，可以通过诸如工厂化农业、立体栽培等工程手段，突破土地、气候等自然资源对生产的桎梏作用，改变传统农业靠天吃饭的特征。因此，现代农业生产要素中，自然资源的重要性逐渐减弱，但以农业设施、机械装备、经营管理等为代表的现代生产要素的重要性大幅提升。农业工程是综合运用现代装备设施、集成技术手段和先进管理模式来实现农业生产资料的高效利用和农产品的优质生产，具有典型的技术、知识、资本集成性特性，决定了其对现代农业生产要素的需求较高。如高品质的盆花生产，需要建设标准的连栋温室，配备从育苗到移栽、物流等全系列的园艺机械和环境调控装备，雇用类似产业工人的农业生产者以及运行信息化的经营管理模式，才能够实现产品的标准化生产。因此，现代农业工程依赖职业化的劳动力、工程化的设施、机械化的装备、信息化的管理等现代农业生产要素的组合配置，来充分发挥对农业现代化的促进、保障作用。

2. 农业工程提升了现代农业发展的要素质量

(1)有利于提高劳动力素质。农民是农业生产的主体，农民的技能和知识水平影响了农业生产率的高低。近年来，由于传统农业生产的比较效益较低，农村青壮年劳动力大规模向城镇和非农产业转移，农业劳动力数量不断减少、素质结构性下降的问题日益突出，这种状况阻碍了新品种、新技术、新装备的推广和使用，制约了现代农业的发展，影响农业生产收入的提高，直接损害了劳动者的积极性，形成一个恶性的循环。而农业工程技术的应用普及在一定程度上可改变这种状态，以设施农业为例，依靠技术、装备和管理的集成应用，生产效益较传统大田农业提高了 5～10 倍，设施农业已经成为吸引农民属地就业、增加生产性收入的重要渠道，在高收益的吸引下，从业者乐意自发地学习、提高技术水平，加之组织化程度的提高和职业的分化，直接促进了职业农民的形成，实现了劳动力质量的提升。

(2)有利于加强农业科技集成性。农业科技是加快现代农业建设的关键因素。随着国家对“三农”问题的重视，农业科研经费的投入量也得到大幅度提升。“十一五”期间，仅科技部管理的科技计划共投入农村农业领域 187 亿元，比“十五”期间 49 亿元增加了近 3 倍，同时农业科技进步贡献率也从“十一五”末的 48%提升到 2013 年的 55.2%，但仍低于欧美发达国家 70%～80%的水平。中国每年产生的农业科技成果 6 000 多项，但转化率只有 30%～40%，真正形成规模的不到 20%。造成这种现象的主要原因在于，中国农业科技成果多为单项技术，主要是针对产业链上的某个环节，真正的集成技术较少，农机农艺融合不够，从而制约了科技对生产的核心驱动作用的发挥。农业工程涉及产前、产中、产后全产业链的各环节，集成技术、装备、管理等各个方面，随着农业工程的发展，农业工程项目落地，将对产业形成一种技术需求倒逼机制，推动科技进步，加快农业科技的集成化进程。

(3)有利于改善物质装备条件。现代农业需要工程化的基础设施和机械化的作业装备来提供支撑保障。改革开放以来，受农业分散化经营的制约，农业基础设施、机械装备发展缓慢。近年来国家对农业物质装备条件建设进行了大力投入，由于历史欠账较多，总体仍处于一个缓慢提升的阶段。诸如大型机械化耕种、加工设备、温室设施等物质装备的初始投资较高，加之政府投入有限，农户自身无法承担，急需外来资本的介入。农业工程项目生产效益相对较高，在政府的引导下，工商业资本愿意进入农业项目的建设和运作，从而解决了物质装备的初始资金投入问题，促进物质装备水平的提升。同时随着农业设施、农机具信贷、抵押等金融模式的出现，也能够给经营者提供充足的现金流用于物质装备的升级、改造，促进设施工程化和作业机械化水平的提升。

(4)有利于提升信息化经营管理水平。信息化的经营管理是优化农业资源配置、提高经营管理水平、促进农产品流通的重要途径，中国农业经营管理信息化还处在积累阶段。信息化经营管理的前提是要做到农业生产的规模化及各环节的标准化，即要将农业生产置于可控的环境内进行信息化的经营管理。农业工程可以营造良好的物质、装备环境，使生产过程、产品做到精准、可控，能够为经营管理提供规范的生产载体，从而直接提升其信息化水平。

四、农业工程与农业现代化发展结构的关系

农业工程对现代农业结构调整的影响主要体现在土地结构、组织结构和产品结构 3 个方面。

1. 提高了土地规模化水平

土地是农业的基本物质基础，但中国过去、现在和将来都不得不面临土地资源稀缺的巨大挑战，即使乐观估计，到 2020 年中国耕地面积有望保住 8 亿亩红线，但难度也很大，因此中国提高农地利用效率的重点就必须转向优化土地结构，即在空间分布形态、高质量耕地占比等方面寻求突破。从历史、辩证的角度看，在世界农业现代化进程中，各国政府普遍利用土地政策促进土地相对集中，但从发达国家的经验来看，土地经营规模也并非越大越好，规模适度的土地才是农业现代化发展的先决条件，这也是经济规律决定的。农业工程的发展不仅为土地适度规模化提供了条件，也直接促进了土地的集中经营。如遥感技术通过动态监测土地利用状况，预测其变化、演化趋势，有效指导政府对土地利用管理与决策，减少土地碎片化和分割化；土地利用工程通过用地配置、土地整治和土地保护服务于

大规模高标准农田建设，也为土地开发、改良，增加后备耕地提供支撑；农业机械化通过替代手工劳动，大大提高了农业生产者对土地的驾驭能力，使之能够利用农业机械化的杠杆作用，推进农村土地流转，使农业生产用地结构显著改善，以黑龙江省克山县西联乡为例，其通过发展农机合作社扩大农机使用效率，全乡91%的土地实现规模经营，田间综合机械化程度达98%，在中国各地，这种机械化促进生产规模化、规模化促进高效化的趋势越来越明显。

2.提高了经营的组织化程度

组织制度是实现经济增长的关键，是农业经营体制的核心，属于生产关系的范畴。中国农业的改革开放首先是从"包干到户"这种组织创新而发端，并始终是农业农村改革探索的重点，近年来，虽然中国农业经济组织的形式日渐丰富，但创新的速度和质量远远落后于经济发展的要求，为此党的"十八大"报告明确指出构建新型的集约化、专业化、组织化、社会化相结合的新型农业经营体系；2013年中央1号文件指出农业生产经营组织创新是推动现代农业的核心和基础，创新农业经营体制需要培育新的经营主体。现代农业客观上要求经营者有能力集中资金、土地、人才、信息等各类资源以具备科技集成化、设施工程化、作业机械化和管理信息化的条件，因此经营主体必须具有不同程度上的组织化，如农机化催生的各类农机合作社就非常典型地反映出生产力带动生产关系、工程技术推动组织变革的显著效果，在设施农业、农产品加工业的发展中，农业工程都对各类新型组织的产生和进化产生了显著的推动作用，齐飞等在"设施园艺工程集成模式构建方法"一文中，对组织模式与工程集成的作用进行了系统分析。此外，组织效率和效益的提高，促进了农业人口向城镇转移、城镇高素质劳动力向农业转移的良性互动，在宏观层面优化了社会生产组织结构。

3.提高了产品质量水平

当前中国主要农产品供求仍处于"总量基本平衡、结构性紧缺"的状况，中国人吃得饱、吃得好、吃得安全始终是调整产品结构面临的任务。农产品结构主要包括品种、质量2方面，品种结构受制于社会需求和市场，而质量结构则有赖于全产业链的技术规范化水平，质量关乎"舌尖上的安全"也关乎农产品国际竞争力，而标准化生产是治本之策，以菜篮子产品为例，国家支持建设果菜茶标准园、畜禽养殖标准示范场和水产健康养殖示范场7 288个，通过农业生物环境工程（设施农业）、农业环保、机械化、信息化、农产品加工等农业工程技术的综合应用，显著提升了农业标准化水平。在大田作物生产中，全程机械化技术的应用，实现了在土地、投入品、管理标准化基础上的全过程标准化生产，使大田农产品生产的效率、效益、质量大幅度提升。

五、农业工程与农业现代化发展环境的关系

1.改善现代农业的生产环境

农业现代化的发展摆脱不了农业的自然属性，因此受到土壤、水、大气、生物的影响，同时现代农业生产活动也直接影响到自然环境，从总体上看中国农业自然资源短缺且受污染严重，不仅严重影响到农业生产，也对中国的经济社会发展产生了不良影响，一度频发的农产品质量安全事故更是引发了全社会对农业生产环境的关注。除政策性、生物性措施外，工程措施是改善农业生产环境的最直接手段，农业环保工程、农村能源工程直接服务于农业资源环境保护与农村能源建设，其他农业工程的应用也在生产过程中直接减少了对农业资源、能源的消耗，提高了农业生产生态化水平，从而保护了农业生产环境。如土地开发利用和水土保持工程自华北平原综合治理工程实施以来得到重视和发展，使20多年来中国农地空间分布在区域经济社会发展不断变化的过程中，保持了总量稳定、结构的优化和质量改善，许多针对传统非耕地利用工程技术的研究和应用也为进一步优化中国耕地储备打下了基础。农业机械化在中国的发展历史长、发展快，对农业环境的影响也很大，近年来通过深施肥、秸秆还田、精密施药、残膜回收、保护性耕作等都较为有效地保护了土壤；节水灌溉技术的普及对中国农地水资源保护和可持续利用、乃至水土保持都发挥了巨大的作用；一系列农业机械化节能减排技术体系的构建和研究应用也为降低农机化使用过程中对大气等农业环境的影响产生了积极效果。设施农业通过大力发展具有中国特色的工程设施"日光温室"，显著提高了水资源、能源、土地的使用效率。农业工程在农业"生产—生活—生态"循环发展方面的许多先进的技术模式在农业发展中得到应用（包括许多地方开展的"绿色农业工程"行动等）。总之，农业工程在改善农业生产环境上发挥着重要、直接和积极的作用。特别是未来信息化在农业工程应用上的深化，将会使精准农业、智慧农业等在农业生产环境的改善中发挥更加科学有效的作用。

2.优化现代农业的政策环境

农业在所有产业中的基础地位和农业自身的弱质性决定了这个产业需要来自政府的特意保护，因此引导性的政策对促进现代农业的发展就显得尤为重要。当前中国对农业的补贴支持已经进入快速增长阶段，农业支持总量和主要农产品补贴水平大幅提高，价格支持和挂钩补贴等措施逐步成为主要政策工具。在此过程中，农业工程技术装备的快速普及直接催生了相关农业产业政策的出台，这些政策包括法律、行业发展规划、具体政策、规章等。如农业机械化的发展催生了2004年的《农业机械化促进法》，使农业机械化从法律上正式上升为国家意志；随后"农业机械购置补贴资金"开始实施，资金总量由2004年的0.7亿元增加到2013年的217.5亿元，有力地推动了农业机械化实现跨越式发展，补贴种类也逐步向整个农业工程领域扩展，如农产品初加工、排灌、畜牧水产养殖、动力、农田基本建设、设施农业等机械设备均纳入了补贴范围。随着设施农业的迅猛发展，2011年农业部颁布了新中国成立以来第一个《全国设施农业发展"十二五"规划》。2012年为改善中国农产品产地初加工条件，中国启动实施了"农产品产地初加工补助项目"。为积极试验、探索农业物联网实践模式，农业部2013年选择了领导重视、经济条件好、农业水平高的天津、上海、安徽3地启动了"农业物联网区域试验工程"。2013年《全国高标准农田建设总体规划》颁布。这些通过鼓励农业工程发展、进而转变产业发展方式的重大政策出台，明确显示出近年来农业工程积极作用凸显、对政策拉动作用不断加大的事实，为形成系统化、法律化、科学化的农业现代化建设政策支撑体系发挥了积极作用。

3.改善现代农业发展的社会环境

中国农业现代化是一个复杂社会系统的再造工程，是中国农业由低级向高级不断进化的过程。现代化的主体已不单纯是农民，而涉及社会各阶层、各领域，涉及与农业相关的人们在知识、态度和行为等方面的特性以及相互之间的关联，因此农

业现代化发展需要一个理解、支持、鼓励发展的良好社会氛围。现实中，农业工程的发展大大增加了全社会了解、认识乃至利用现代农业的手段和机会，进而拉近了民众与现代农业的距离。事实上，农业的现代化也是其功能不断强化和拓展的过程，现代农业工程直接促进了农业多功能、特别是都市农业的发展，使农业逐步由单一的食物生产转向经济、社会、文化、生态和制度供给在内的多功能贡献。城市居民通过亲身参与设施农业采摘、农产品加工体验、家庭园艺等，增加了农业工程科学普及的范围；农民通过先进农业工程技术装备的使用，提高了科学素质和管理能力；政府部门通过农业工程所带来的巨大变化，强化了农业发展中的工程意识和重视程度。可以说，农业工程通过将现代农业具象化、系统化、直接化，加快改善了农业现代化发展的社会环境。农业是人类社会性的一个集中的表现形式，在农业现代化的进程中，初级阶段是以自然环境为主导的，而进一步的发展则逐步转变为社会环境所主导，这在“四化同步”、构筑新型城乡关系的要求下显得尤其重要。农业工程在提高城乡各阶层现代农业科学文化素质的基础上，对形成相互理解、主动配合、积极支持现代农业发展的社会环境方面已经、并将继续发挥出越来越积极的作用。

六、结论与讨论

农业工程正在以前所未有的深度、广度和强度支撑并推进着中国农业现代化发展，中国农业现代化也在推动着农业工程新的演化和进步，二者相互促进、彼此支撑的关系越来越明显。中国农业现代化面对的是一个变化速度超常的社会巨系统，其复杂性、动态性、开放性和异质性超过历史上任何一个国家。本文将农业现代化发展引申到现代农业建设，将现代农业建设具体化为“十化”路径，通过分析中国农业现代化的多重系统目标、系统构成以及农业工程在系统中的地位、作用和与其他要素、结构、环境的关系，揭示了农业工程发展的数量、质量、运动量、结构对中国农业现代化发展质量和速度的影响。研究表明，中国农业工程发展受国家经济社会宏观发展目标、政策等农业现代化宏观环境直接影响，受技术、人才、金融、管理体制等现代要素的制约；同时，农业工程对农业现代化发展的自然、政策、社会环境和关键要素也有显著的改善作用。特别重要的是，农业工程对劳动者、土地、产品的结构产生显著的积极影响并表现出许多协同优化的发展同向性。

中国农业工程也应转变自身发展方式，不能仅靠本系统的力量孤立发展，而需在农业现代化这一更高层次系统的剧变中，把握规律、抓住机遇，充分利用一切有利条件，更好发挥自身作用、实现与农业现代化在要素、结构、环境方面全方位的互动共赢，特别是要抓住当前可以大有作为的战略机遇期，通过主动发展、积极谋变、全力协同来加快推动中国现代农业发展方式的转变，并在此过程中为农业工程学科建设、科技发展、重大项目实施等方面争取更多发展机会。

（第一作者单位：农业部规划设计研究院；论文来源：《农业工程学报》，2015年第1期）

我国农业机械化与城镇化关系的协整分析

侯方安　李斯华

随着我国经济持续快速增长，非农就业机会的增加使农民的主要收入来源向非农产业转变，农民收入持续增加。一方面，由于非农产业劳动力价格的市场化无阻力传导，农民投入在农业生产中的劳动力机会成本快速增长，富裕起来的农民摆脱繁重的手工农作的意愿愈加强烈，导致农村劳动力流出农业、转移出农村，直接务农劳动力数量快速下降，形成了加快推进的城镇化过程。另一方面，农业产出是由土地、资本与劳动力等要素投入水平决定的，无论从宏观还是从农户微观视角，为了维护农业产出的稳定或提高，农业劳动力的减少所造成的不利影响必需由其他要素的增量投入所消除，重要途径就是引进具有劳动替代作用的农业机械化。我国在2013年已实现连续10年粮食增产的过程就一直与农业机械化快速发展相伴随。尽管耕地经营规模狭小，机械化生产方式已经成为越来越多农民的主要选择。从发达国家和地区的实践看，农业机械化的发展也伴随着城镇化的整个过程。可见，正是由于城镇化的加快发展所带来的影响向农村、农业上的传导构筑了农业机械化发展的重要外生力量。那么，我国农业机械化与城镇化之间是否存在一种长期稳定关系？这种长期稳定关系也称为“协整关系”，如果存在，就可以通过协整分析方法建立时间序列结构模型来反映序列的运行机制，进一步证实城镇化对农业机械化发展的影响机理，并据此探究与认识我国农业机械化发展的基本规律，预测未来发展趋势，为制定相应的农业机械化促进政策提供理论借鉴。

一、理论与方法描述

在传统的经济研究中，经典回归模型已经成为常见的方法和工具，但这类模型都是建立在稳定数据变量基础上的，对于非稳定变量，则不能使用经典回归模型，否则容易出现虚假回归等问题。实际上，社会经济现象中存在的数据变量往往不满足上述的条件，特别是对于时间序列数据。当变量属于非平稳过程时，要由经济变量间的统计关系推断它们之间是否存在因果关系是相当困难的，恩格尔（Engle）和格兰杰（Granger）提出了协整（Co－integration）理论和误差修正模型（Error Correction Mechanism，ECM），将影响变化的因素有效地分解成长期静态关系和短期动态关系之和，并运用格兰杰定理证明了协整关系与误差修正模型之间的关系，指出若干个一阶非平稳经济变量间若存在协整关系，那么这些变量一定存在误差修正模型表达式，反之也成立。

协整理论的提出为在两个或者多个非平稳变量间寻找均衡关系，以及应用存在协整关系的变量建立误差修正模型进行预测奠定了理论基础，其基本思想在于，尽管两个或两个以上的变量序列为非平稳序列，但它们的某种线性组合却可能呈现稳定性，则变量之间便存在长期稳定关系，即协整关系。如果两个变量都是单整变量，只有当它们的单整阶数相同时才可能协整。满足协整的经济变量之间不可能相互分离太远，一次冲击只能使它们短期内偏离均衡位置，在长期中会自动恢复到均衡位置，因此，协整分析的意义在于揭示变量之间是否存在一种长期稳定的均衡关系。

二、变量与数据的选取

本文选取的变量是我国农业机械化水平（Agricultural Mechanization，MECH）和城镇化率（Urbanization，URBAN），使用1978—2013年农作物耕种收综合机械化水平和城镇化率的年度时间序列数据，来源《中国统计年鉴》和《全国农业机械化统计年报》。按照国家统计局的统计口径，城镇化率是指城镇常住人口占全部人口的比重，在城里面居住6个月以上的，包括一次性居住6个月，或者是一年之内居住过6个月以上的人口，均被统计为常住人口。农业机械化水平和城镇化率的时间变化趋势如图1所示。在农业机械化统计数据中，由于统计口径调整的原因，耕地机械化水平在2000年有一个突变，本文在模型构建与估计中将设置虚拟变量予以剔除这种人为因素造成的影响。

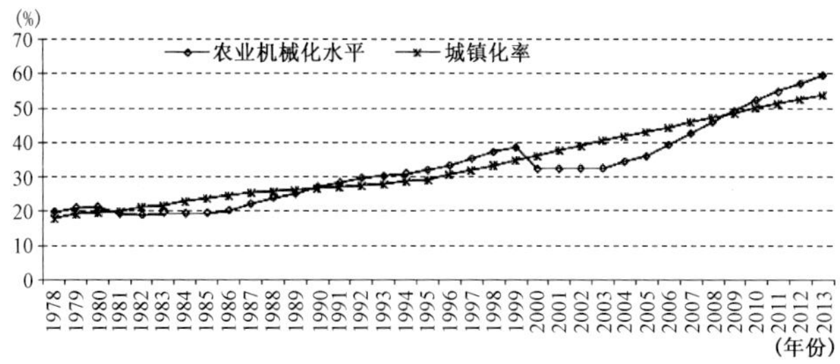

图1 我国农业机械化水平与城镇化率变化趋势图（1978—2013年）

三、实证分析与检验

1. 时间序列的平稳性检验

所有变量d阶单整是变量之间存在协整关系的前提。对时间序列数据进行平稳性检验的最普遍方法为ADF检验（Augmented Dickey-Fuller Test，ADF），根据是否包含常数项和趋势项，其模型有3种。原假设为$H_0:\theta=0$，即：对于给定的显著性水平，若H_0成立，则说明序列存在一个单位根（非平稳）。对于非平稳序列，对其进行差分处理，若变量d阶差分是平稳的，则称此变量为d阶单整，即$I(d)$。

从对图1可以得知，$MECH$和$URBAN$均是非平稳时间序列。运行Eviews7.2软件，对变量$MECH_t$和$URBAN_t$的ADF检验结果见表1。

如表1所示，二者均为非平稳序列，且其一阶差分在1%和10%的显著性水平上拒绝原假设，因此，$MECH_t$和$URBAN_t$均存在单位根，且是一阶单整，即$I(1)$。

2. 协整检验

单位根检验表明，$MECH_t$和$URBAN_t$均为$I(1)$，即一阶单整，因此，可进一步验证二者是否存在长期的均衡关系——协整。这里利用EG（Engle—Granger）检验对两个变量进行协整检验。针对变量建立回归模型如式1。

$$MECH_t=\beta_0+\beta_1 URBAN_t+\mu_t \tag{1}$$

以式(1)估计模型参数，得到残差序列e_t，然后对其做平稳性检验，若残差是平稳的或趋势平稳的，则认为$MECH_t$和$URBAN_t$之间存在(1,1)阶协整关系。利用DOLS方法对模型进行估计得到式2。

$$MECH_t=-0.947+1.089URBAN_t+e_t \tag{2}$$

$$(3.855)\quad(0.141)$$

$R^2=0.893$，$SE=3.873$，$DW=0.244$。

对式2残差e_t作ADF检验如表2。从表2看出，e_t为稳定序列$I(0)$，说明序列$MECH_t$和$URBAN_t$之间具有协整关系，即我国农业机械化水平与城镇化率之间存在长期稳定的均衡关系。

表1 $MECH_t$和$URBAN_t$的ADF检验结果

变量	检验类型(C,T,K)	ADF统计量	ADF临界值			结论
			(1%)	(5%)	(10%)	
$MECH_t$	(C,T,1)	−1.341	−4.253	−3.548	−3.209	不平稳
$\Delta MECH_t$	(0,0,1)	−3.547	−3.639	−2.951*	−2.614	平稳
$URBAN_t$	(C,T,1)	−1.513	−4.263	−3.553	−3.210	不平稳
$\Delta URBAN_t$	(C,T,1)	−3.471	−4.253	−3.548	−3.207*	平稳

注：Δ表示一阶差分。在检验类型中，C、T、K分别代表检验模型中含有常数项、趋势变量、滞后阶数；*为对应变量的ADF统计量在5%和10%的显著水平上显著

表2 $MECH_t$和$URBAN_t$的回归方程残差项的ADF检验结果

变量	检验类型(C,T,K)	ADF统计量	ADF临界值			结论
			(1%)	(5%)	(10%)	
e_t	(0,0,0)	−2.599	−2.639	−1.952*	−1.611	平稳

注：C、T、K分别代表检验模型中含有常数项、趋势变量、滞后阶数；*表示对应变量的ADF统计量在5%的显著水平上显著

3. 格兰杰因果关系检验

协整检验的结果只是反映了农业机械化水平与城镇化率之间存在长期稳定的均衡关系，但是这种均衡关系是否构成因果关系还有待进一步验证。这里采用格兰杰检验对这一关系进行检验，其基本思想是当变量$MECH_t$和$URBAN_t$之间存在因果关系时，它们在时间上应该具有先导和滞后的关系，作为

原因的变量的变化要先于作为结果的变量的变化。如果 $URBAN_t$ 的变化发生在 $MECH_t$ 的变化之前，而且 $URBAN_t$ 的滞后值对于当期的 $MECH_t$ 是有帮助的，则称 $URBAN_t$ 能 Granger 引起 $MECH_t$，或 $URBAN_t$ 是 $MECH_t$ 的 Granger 原因。为此，构造回归模型如式(3)。

$$\begin{aligned} MECH_t &= \gamma_1 + \sum_{j=1}^{p} a_{1j} MECH_{t-j} \\ &\quad + \sum_{j=1}^{p} \beta_{1j} URBAN_{t-j} + \mu_{1t} \\ URBAN_t &= \gamma_2 + \sum_{j=1}^{p} a_{2j} MECH_{t-j} \\ &\quad + \sum_{j=1}^{p} \beta_{2j} URBAN_{t-j} + \mu_{2t} \end{aligned} \tag{3}$$

式中：p ——滞后期长度；

μ_{it} ——白噪声，$i=1,2$，μ_{1t} 与 $URBAN_{t-1}, URBAN_{t-2}, \cdots$，以及 μ_{2t} 与 $MECH_{t-1}, MECH_{t-2}, \cdots$ 均不相关。

利用模型(3)分别检验如下两个原假设：

$H_{0URBAN}: \beta_{1j}=0(j=1,2,\cdots,p)$（即：$URBAN_t$ 不是 $MECH_t$ 的 Granger 原因）；

$H_{0MECH}: \alpha_{2j}=0(j=1,2,\cdots,p)$（即：$MECH_t$ 不是 $URBAN_t$ 的 Granger 原因）。

Granger 因果关系检验对于滞后期长度的选择有时很敏感，不同的滞后期可能会得到完全不同的检验结果，因此，本文采用 LM 检验进行模型中随机干扰项不存在序列关的滞后期的检验，确定当滞后期为 5 时，已不存在一阶序列相关，且记忆性较好。检验结果如表 3。

表 3　$MECH_t$ 和 $URBAN_t$ 的 Granger 因果关系检验结果

滞后期数	原假设	F 统计量	P 值	结论
1	$URBAN_t$ 不是 $MECH_t$ 的 Granger 原因	3.354	0.074	拒绝原假设
	$MECH_t$ 不是 $URBAN_t$ 的 Granger 原因	0.037	0.848	接受原假设
5	$URBAN_t$ 不是 $MECH_t$ 的 Granger 原因	4.752	0.005	拒绝原假设
	$MECH_t$ 不是 $URBAN_t$ 的 Granger 原因	0.498	0.774	接受原假设

Granger 因果关系检验表明，城镇化是农业机械化发展的 Granger 原因，而农业机械化不是城镇化的 Granger 原因，两者之间不存在显著的互馈关系。说明城镇化对于农业机械化水平的提高具有明显的推动作用，这样一个结果也验证了导言中讨论过的理论分析。

4. 误差修正模型的估计

即使两个变量之间有长期均衡关系，在短期内也会出现失衡（例如政策突变等外部冲击的影响），此时，可以用 ECM 模型来对这种短期失衡加以纠正。利用差分序列 $\Delta MECH_t$ 关于 $\Delta URBAN_t$ 和前期误差序列 ECM_{t-1} 进行 OLS 回归，构建 ECM 模型一般形式(4)。采用 OLS 方法直接对 ECM 回归模型(4)进行参数估计，结果见式(5)。

$$\begin{aligned} \Delta MECH_t &= \beta_0 + \beta_1 \Delta URBAN_t + \beta_2 \Delta MECH_{t-1} \\ &\quad + \gamma ECM_{t-1} + v_t \end{aligned} \tag{4}$$

$$\begin{aligned} \Delta MECH_t &= 0.491 \Delta URBAN_t + 0.501 \Delta MECH_{t-1} \\ &\quad - 0.164 ECM_{t-1} + v_t \end{aligned} \tag{5}$$

(0.286)　(0.154)　(0.075)

$R^2=0.285$，$SE=1.569$，$DW=2.352$。

在进行预测之前，对以上计算结果进行简要分析，进一步了解农业机械化与城镇化发展中的协同变化机制。公式 2 可以看作是农业机械化伴随着城镇化发展的长期均衡发展关系，而公式 5 则表示了农业机械化在城镇化中的短期波动调整机制。从估计结果看，在长期内，城镇化对农业机械化的影响系数为 1.09，即城镇化率增加一个单位（百分点）农业机械化水平将提高 1.09 个单位（百分点）。

但是，农业机械化对当期城镇化变化的反应是滞后的，从误差修正模型 5 的估计结果看，$\Delta URBAN_t$ 的系数为 0.49 且影响显著就说明这一点，即在短期内，城镇化对农业机械化的影响是有限的，很可能存在着这样一种机制，即当期农业劳动力转移出农业、农村后对农业机械化的影响有一个调整适应期，另外农业机械化水平受到自身前一期水平的影响也很大，这与农业机械化的技术特性有关，农民一旦购买了农业机械就很少有理由不再使用。误差修正模型 5 中 ECM_{t-1} 系数的结果还显示这两个变量的上一年的差异有收紧趋势，即按照 16.38% 的比例向均衡点拉近。总体上看，当期城镇化率的变化并不会很快反映在当期农业机械化水平的变化上，而是主要反映在长期趋势上，与前面讨论过的农业机械化发展机制比较，这样一个结果符合理论预期。因此，可以认为来自城镇化发展的长期影响传导到农业机械化并赋予了其外生增长的力量。

四、预测

城镇化与农业机械化发展之间存在着长期稳定的关系，意味着可以用一个变量来更好地预测另一个变量，这里从社会经济发展的总需求角度通过城镇化率的变化预测未来的农业机械化水平，这种预测比仅仅考虑农业机械化水平的滞后值所做出的预测更准确。

1. 城镇化发展水平预测

对变量城镇化率进行预测，可以对一些政策变量进行初步判断，通过建模进行预测，但再精确的模型都有误差，这里选取两种方法来获取 2014—2020 年的城镇化率数据：通过经验分析获得政府与社会公开认同的一些预测数据；运用 ARIMA 模型预测 2014—2020 年的城镇化率数据，对二者比较后分别用来预测农业机械化未来发展趋势。对于第一种方法，从公开的政府与部门的信息看，对未来我国城镇化发展的速度均予以积极评估，但估计结果有很多种，考虑到数据的权威性，将我国城镇化率在 2020 年达到 60.00% 作为采用数据，称为社会估计值，并设定 2014—2020 年按均速增长。

下面来分析第二种方法。建立 ARIMA 模型的一般形式(6)。

$$\begin{aligned} URBAN_t &= c + \varphi_0 TREND + \varphi_1 URBAN_{t-1} + \cdots \\ &\quad + \varphi_p URBAN_{t-p} + \theta_1 \varepsilon_{t-1} + \cdots + \theta_q \varepsilon_{t-q} + \varepsilon_t \end{aligned} \tag{6}$$

已知$URBAN_t$为一阶单整时间序列数据，从样本自相关系数和偏相关系数可知，应建立AR(2)模型，分别尝试含有常数项C和趋势项$TREND$的三种模型形式，经检验，得到估计方程(7)。

$$URBAN_t = 1.479TREND + 1.463AR_{(1)} - 0.495AR_{(2)} + \mu_t \quad (7)$$

(0.058)　(0.144)　(0.137)

$R^2=0.999$，$SE=0.286$，$DW=2.204$，$AIC=0.415$，$SC=0.550$。

从估计结果看，滞后多项式的倒数根(Inverted AR Roots)落入了单位圆内，满足过程平稳的基本要求，残差项也满足白噪声要求。因此，这里采用该模型对未来城镇化率进行预测，预测结果见表4。

表4　2014—2020年我国城镇化率预测结果

预测年份	城镇化率/%		预测年份	城镇化率/%	
	ARIMA预测值	社会估计值		ARIMA预测值	社会估计值
2014	54.989	54.626	2018	60.400	58.209
2015	56.303	55.521	2019	61.792	59.104
2016	57.651	56.417	2020	63.191	60.000
2017	59.019	57.313			

2.农业机械化发展水平预测

根据以上的估计，现在利用误差修正模型来预测2014—2020年农业机械化发展水平，已知的2012年和2013年数据作为评估预测误差的基数。

首先，利用协整关系式(2)来计算2013年关于长期均衡点的偏差ECM_{2013}；再者，运算误差修正模型估计方程(5)，预测2014年的短期波动$\Delta MECH_{2014}$，$MECH_{2013}$与$\Delta MECH_{2014}$相加就得出2014年预测值；以此类推，可计计算出其他年份的预测值，结果见表5。另外，以便与前两种方法进行对比，表5列出了农业机械化水平的ARIMA模型的预测值，其估计方程如式(8)。

$$MECH_t = -5.246 + 1.774TREND + 1.541AR_{(1)} - 0.616AR_{(2)} + 7.086ID_{2000} + \mu_t \quad (8)$$

(9.850)　(0.369)　(0.141)　(0.146)　(0.664)

$R^2=0.996$，$SE=0.748$，$F=1940.837$，$DW=2.036$，$AIC=2.393$，$SC=2.617$。

式中：ID_{2000}——2000年统计口径调整的虚拟变量。

表5　2014—2020年我国农业机械化水平预测结果

预测年份	农业机械化水平预测值/%		农业机械化水平的ARIMA预测值/%
	以城镇化率的社会估计值为基础	以城镇化率的ARIMA预测值为基础	
2014	60.762	60.940	61.386
2015	61.478	61.987	63.034
2016	61.954	62.907	64.531
2017	62.390	63.861	65.957
2018	62.895	64.928	67.364
2019	63.512	66.127	68.788
2020	64.243	67.449	70.249

根据已公开的统计可知，2012年和2013年我国农业机械化水平为57.17%和59.48%，据此进行预测误差分析。从农业机械化水平的ARIMA估计结果看，其预测误差-0.39%和-1.14%；按照ARIMA估计的城镇化率计算的结果，预测误差为-1.82%和-1.19%；根据社会估计值得出的城镇化率的预测结果，预测误差是-0.76%和-3.55%，三者差异较小。结合本节开始时的讨论，这里采纳第二个估计结果67.45%作为我国2020年农业机械化水平的预测值。

五、结论

我国农业机械化与城镇化之间存在长期稳定关系，在长期内，城镇化率增加一个单位(百分点)农业机械化水平将提高1.09个单位(百分点)，我国加快推进城镇化进程将有利于农业机械化发展。但是，农业机械化对当期城镇化的推进反应是滞后的，即当期的城镇化率的变化并不会很快反映在当期的农业机械化水平变化上，而是反映在长期趋势上。鉴于城镇化与农业机械化的长期稳定关系，本文从社会经济发展的总需求角度通过城镇化率的变化预测了农业机械化未来发展的水平，即到2020年我国农业机械化水平将达到67.45%。

(侯方安，农业部农业机械试验鉴定总站；李斯华，农业部农业机械化管理司；论文来源：《中国农机化学报》，2015年第2期)

劳动力转移背景下农业机械化对粮食生产贡献研究

张宗毅　刘小伟　张　萌

长期以来，国内学术界持有我国农业劳动力过剩的观点，众多文献讨论或测算我国农业剩余劳动力(陈吉元，1988；Taylor，1988；钟甫宁，1995；吴敬琏，2002)。虽然2003年沿海地区已经出现"民工荒"的报道(张玉玲，2004)，而且近年来"民工荒"和农民工工资上涨相关的报道越来越频繁(新华网，2010，2011；中国经济导报，2012；凤凰网，2013)，但关于农业劳动力过剩的研究似乎并没受到影响(王检贵，丁守海，2005；马晓河，马建蕾，2007；Fung Kwan，2009；Knight J.，DengQuheng，Li

Shi，2011；许和连，赵德昭，2012）。

正是受到这一观点的影响，加上 YujiroHayami 与 Vernon W. Ruttan 的诱致性技术创新理论主要观点（简要地说，就是人多地少地区应优先发展替代土地的生物化肥技术，人少地多地区应优先发展替代劳动力的农业机械化技术）在我国经济学界以及部分政府高层决策者中已深入人心，再结合我国 20 世纪 80 年代前农业机械化的大跃进失败案例，导致我国改革开放以来，我国对农业科研资源的分配上（无论是资金还是人力资源）严重倾向于节约土地型的生物化学技术（如品种培育、栽培技术、土地改良、化肥研发等），而与之相对应的是，对农业机械化的科研投入则几乎可以忽略不计。甚至在 20 世纪 90 年代，全国农业机械化的最高主管机构农业部农业机械化管理司差点在大部制改革中被撤销。这种农业机械化被轻视、漠视的状态，直到 2003 年因为 SARS 危机的出现，导致中原地区众多农民工无法返乡参加小麦抢收和秋粮抢种，才有所改观。最直接的体现是 2004 年出台了《中华人民共和国农业机械化促进法》，并开始实施持续至今已近 10 年的农机购置补贴政策（虽然 SARS 事件并不是唯一的原因）。

与此同时，近年来农业机械化却在快速发展。2004 年以来，我国农业机械化水平迅速提高，耕种收综合机械化水平由 2003 年的 32.47%增加到 2012 年的 57%左右，9 年提高了近 25 个百分点。主要粮食作物中小麦耕地和播种机械化水平均超过 80%，收获机械化水平超过 90%；水稻收获机械化水平超过 70%；玉米播种环节机械化水平超过 80%。

这些现象的重叠，引出以下问题：我国农业劳动力到底是过剩还是短缺？我国农业机械化发展到底有没有超前？我国农业机械化在农业生产特别是粮食生产中到底发挥了多大的作用？本研究试图通过对农业机械化对劳动力替代贡献的测算，回答以上问题。

一、文献综述与分析框架

1. 农业剩余劳动力问题

关于我国农业剩余劳动力的问题，国内外文献大多认为我国存在庞大数量的剩余劳动力。如 Taylor（1988）归纳了根据经验法、基准法及劳动定额法等三种方法的相关研究成果，认为我国农村剩余劳动力比率在 30%左右，绝对数在 1 亿左右；钟甫宁（1995）认为中国农村剩余劳动力被低估，低估数量约在 1 亿左右，亦即是我国农村剩余劳动力在 2 亿以上；农业部课题组（2000）认为我国农村剩余劳动力多达 1.8 亿；Fung Kwan（2009）基于 1987—2007 年全国和省级面板数据，使用随机前沿 CD 函数估计出中国有 1.38 亿农村剩余劳动力；马晓河、马建蕾（2007）根据各类农产品的用工量测算全国 2006 年全国农业劳动力需求和剩余，测算结果认为 2006 年全国农业剩余劳动力为 1.14 亿。

当然，也有学者对我国存在巨大规模农村剩余劳动力存在质疑。如托马斯.罗斯基和罗伯特.米德（1997）认为中国农业剩余劳动力数量被高估和夸大，源于官方数据错误地把流动到其他产业劳动力划分到农业劳动力，夸大的规模有几千万甚至上亿。Ng Ying Chu、Li Sung－ko and Tsang Shu－ki（2000）运用 DEA 方法计算江苏、四川 60 个村庄 1978—1992 年之间的剩余劳动力，结果表明总体剩余比例不到 6%。王检贵、丁守海（2005）通过古典估算法、新古典估算法、标准结构比较法对中国农业剩余劳动力进行了重新估算和比较分析，研究认为古典测算方法的可信度和解释力都是最强的，其测算结果为 2003 年全国有 4600 万农业剩余劳动力。Fang Cai 和 Meiyan Wang（2008）的研究表明，我国的农村剩余劳动力中 50%是 40 岁以上（这部分劳动力由于年龄问题是否能算上剩余还有待深究），9.5%是 20 岁以下（这部分大多为未成年或学生，绝大部分未来不会继续从事农业），剔除这两部分，农村剩余劳动力只有不到 4 300 万。基于此，Fang Cai 和 Meiyan Wang（2008）认为十分有必要重新审视农业劳动力剩余问题，并重新研究中国农业技术变迁方向。John Knight、Deng Quheng and Li Shi（2011）注意到了中国农民工短缺、农民工工资上涨和所谓“农业剩余劳动力”现象并存的矛盾。

以上关于农业剩余劳动力的测算，存在以下几方面的问题：①基于动态的生产前沿面（按照当年的生产力水平），计算得出一个是否过剩的静态研究结果，造成农业要素相对稀缺性是静态的错误认识；②忽略了劳动力年龄结构问题，或者即使考虑到了年龄结构问题却在测算劳动年龄外劳动力数量时将农业劳动力年龄结构与剩余劳动力年龄结构混同，进而得出错误的结果；③忽略了“随着生活水平的提高，劳动力对劳动强度降低的需求导致劳动力质量在年度间的差异”问题。其中，农业要素的相对稀缺性静止不变的观点，Yujiro Hayami 与 Vernon W. Ruttan（1985）早就批驳过，他们指出虽然美国和日本在资源禀赋上存在巨大差异，但是美国和日本的农业增长包含了沿着一个共同长期生产函数的变动①。

2. 农业机械化对农业生产贡献问题

国内有大量文献尝试直接通过投入产出函数或有无项目比较法来计算农业机械化对农业生产的贡献率。如魏宏安、邵世禄、黄彦彪（2002）运用 C－D 函数测算了甘肃省农业机械化对农业生产贡献率，认为 1981—1999 年农业机械化对农业产出的贡献率为 21.22%；洪仁彪、杨邦杰、贾栓祥（2000）运用有无项目比较法测算出当年与没有农业机械化相比，农业机械化对我国种植业的总利润贡献率为 18.33%；弋晓康、黄新平、朱晓玲（2011）应用有无项目比较法对新疆兵团农一师 2007 年农业机械化在农业生产中的贡献份额进行测算，测算结果认为农一师农业机械化对种植业贡献率为 65.1%；杨青、朱瑞祥、张捷、韩文霆（2000）分别运用 C－D 函数和有无项目比较法测算了陕西省 1980 年以来农业机械化对农业生产的贡献率，两种方法测算结果分别为 20.79%和 21.10%；林燕燕、王维新（2005）运用 C－D 函数测算出新疆兵团 1950—1981 年期间农机化对农业产值贡献率为 32.13%，运用有无项目比较法测算出 1982—1994 年期间贡献率为 32.92%，运用 DEA 方法测算出 2001 年贡献率为 45.13%。

但以上研究或者直接采用以上研究方法研究农业机械对

① 事实上，美国和日本农业资源要素的相对稀缺性的确不是一成不变的。美国并非不发展生物技术，根据 FAO 数据显示，2010 年美国的水稻、小麦、玉米等作物单产全面高于日本（其中水稻单产75 375 千克/公顷，比日本高 10 264 千克/公顷）；日本也并非不发展农业机械化，反而其农业机械的投入强度是世界第一，根据 FAO 数据显示，2006 年日本每千公顷耕地上的拖拉机数量为 434.6 台而美国仅为 27.9 台，日本每千公顷耕地上的联合收割机数量为 220.6 台而美国仅为 2.4 台，即使考虑到功率大小的问题，日本农业机械的投资密度也远远高于美国。显然，人地关系是动态变化的，不能用静止的观点与认识去指导农业发展实践。

粮食生产的贡献，存在以下问题：①运用有无项目比较法需要详细了解农业机械作业各环节的作业面积、单位面积节约成本与产出增加量，数据量大而且产出增加量数据需要对比试验才能获得，数据获取难度大，难以较大区域进行应用。②运用C-D函数，将农业产值作为产出变量，而农业产值是各类农产品产值加总，不同农产品的年度间价格指数波动差异较大，简单加总并用单一的物价指数进行数据修正，很难保证数据的可用性。③现有文献运用C-D函数或DEA方法测算农机化贡献率时，一般用农机总动力或农机净值作为代表农机要素的投入变量，但农机总动力构成复杂，有30%以上为农业运输机械、产后加工机械、渔业机械、畜牧机械等非田间动力机械，直接用农机总动力或农机净值数据作为投入变量研究农业机械对种植业甚至对粮食生产的贡献，就会导致很大的误差。④如果直接用投入产出函数研究农业机械化对粮食生产的贡献，没有具体到单一粮食作物上的化肥、劳动力、农业机械投入量数据，现有整体投入量数据也很难分解到具体作物。⑤最后一点，也是最重要的一点，2004年以来农机化发展形势与2004年以前已经有很大的不同，2004年以来全国农机总动力以年均6.05%的速度增长，远高于1993—2003年期间的0.05%，也远高于同期粮食产量3.55%的增速，那就意味着农业机械投入与粮食产出量是非同阶平稳的时间序列，不能直接回归，若进行差分处理成为同阶平稳的时间序列则回归结果又很难解释，若直接回归则会出现农业机械的产出弹性为负进而得出贡献率为负数的荒谬结果。

3.分析思路

基于以上的文献分析，本研究认为：①以往关于剩余劳动力的研究都是基于农业机械化已经快速发展的基础上的，若没有农业机械化的发展，不仅不存在剩余，反而会存在巨大的农业劳动力缺口，进而影响到农业生产；同时，以往关于剩余劳动力的研究都忽略了或者没有认真分析我国农业劳动力年龄结构问题。②以往关于农业机械化对农业生产的贡献率研究，存在方法应用范围局限、变量选择与处理缺陷，难以直接应用到农业机械化对粮食生产的贡献问题研究上。需要回避各类作物价格波动不一的问题、直接的农机投入数据难以确定的问题、农机化发展速度高于粮食增产速度出现的贡献率为负的伪回归问题。

因此，本研究首先根据各类农作物（畜产品）用工量和生产规模（面积或头数）的变化，来细致测算我国历年农业生产对农业劳动力的数量需求，并结合实际供给数量测算剩余农业劳动力数量；然后根据几次人口普查数据，分析我国农业劳动力年龄结构变化，对我国农业劳动力供给规模进行修正进而测算真实剩余劳动力数量；最后假定每亩（畜）用工量从1985年开始不发生变化（也即是农业机械化技术变革停止），测算1985年以后历年农业生产所需要的农业劳动力数量、实际劳动力数量与需要劳动力数量之间的缺口，以测算农业机械化对农业生产特别是对粮食生产的贡献程度。以此来避免以往研究缺陷，间接测算农业机械化对粮食生产的贡献程度。

二、农业机械化对农业劳动力的替代——从用工量角度

根据历年《全国农产品成本收益资料资料汇编》和《建国以来全国主要农产品成本收益资料汇编》数据，可绘制图1至图3。可以看出：

（1）1985年以来，我国种植业中主要粮食作物每亩用工量下降幅度较大，稻谷、小麦、玉米、大豆、马铃薯等作物的用工量在2010年均下降到10个以下，大豆降到5个以下。同时可以看出，1997年之前各类粮食作物用工量下降速度缓慢，而1997年之后以来各类粮食作物用工量下降幅度较快，特别是2007年以后马铃薯的用工量也呈大幅度下降趋势。

（2）油料、棉花和糖料等主要经济中作物中，花生、油菜、甜菜由1985年的每亩20个工左右下降到10个工左右，而棉花、甘蔗则从每亩40个工以上下降到20个左右，但用工量仍然较大。同时，与粮食作物类似，在1997年以后用工量下降幅度较大。

（3）烤烟、蔬菜、苹果等用工量较大，虽然1985年以来用工量有大幅度下降，但是每亩用工量仍然在40个左右。

（4）散养生猪用工量从1985年每头21.04个下降到7.64个。

用工量的下降，除了农艺模式的变化（如免耕）和生物化学除草除虫技术①引起以外，主要是由于农业机械的大量使用所导致（如拖拉机、收获机的大量使用导致种植业用工量下降，饲料粉碎机的大量使用导致养殖业的用工量下降等），我们这里假定这些用工量的下降全部是由于农业机械使用所导致。则可以将历年各类作物或养殖产品的用工量与生产量相乘并加总，计算出历年主要农产品所需用工量。即：

$$L_i = \sum s_{ij} \times l_{ij} \tag{1}$$

其中：L_i 为第 i 年的总用工量，s_{ij} 为第 i 年第 j 类作物（或畜禽产品）播种面积（或畜禽产品产量）。则，用 L_i 除以每个劳动力全年折合劳动天数得到第 i 年实际需要劳动力数量。即：

$$Lab_i = L_i / a \tag{2}$$

Lab_i 为第 i 年需要的劳动力数量，a 为每个劳动力全年折合劳动天数，取270天（王检贵、丁守海，2005）②。

各类农作物播种面积和各类畜禽产品数量数据通过整理，对其用工量缺失数据进行处理③，并根据式（1）、式（2）可以计

① 但这些技术减少的用工量相对较少，如果农业生产所有生产环节都是纯手工的话，除草、除虫本来就是其中劳动强度最小和劳动时间最少的环节。

② 根据课题组调查，由于农业机械化的发展，中国粮食主产区的大多农户平均用于农业生产的时间每人不足2个月，大多时间用于家务或者外出务工，即使不外出务工，也没有人愿意再回到牛耕和镰刀收割的时代，随着生活水平的提高和务农收入占家庭总收入比例的下降，很少家庭愿意投入大量人力和高强度劳动到农业生产。因此，每年270天的劳动时间显然是高估的。

③ 由于数据缺失，（1）将玉米、小麦、水稻以外的其他谷物（如高粱、谷子等）用工量在1997年以前，按照三大粮食作物中用工量居中的玉米替代，1997年以后，按照1997年计算（因为针对高粱、谷子的机械化发展几乎无任何进展，而且播种面积快速下降）；（2）对于马铃薯2000年及以前的数据缺失，考虑到1985—2000年马铃薯生产机械化进展缓慢，而没有机械化发展水平较低情况下根据我们的调查其用工量和水稻相近，因此1997年以前用水稻用工量代替，1998—2000年保持不变，其他薯类的用工量用马铃薯用工量代替；（3）对于其他豆类用工量用大豆用工量替代；（4）对其他油料作物，用工量取花生、油菜的平均数；（5）对于麻类的用工量按棉花用工量计算；（6）蔬菜种植面积1998年前缺失数据按照1998年计算；（7）农作物中其他作物用工量按主要农作物用工量算数平均计算；（8）对茶叶、林果均按苹果用工量计算，对于1991年以前苹果用工量的数据缺失，按照1991年用工量计算；（9）对畜产品单位产出用工量均用生猪散养用工量替代。

算出 1985 年以来历年各类农产品生产所需劳动力数量及农林牧业所需劳动力总量。图 4 展示了根据各类作物(畜禽产品)单位面积(或产量)用工量加总测算出的农林牧业劳动力与当年农林牧业实际劳动力之间的关系,可以看出,除了 1997 年前几年,其他时候变化趋势基本一致的,两列数据之间的相关系数高达 0.773。

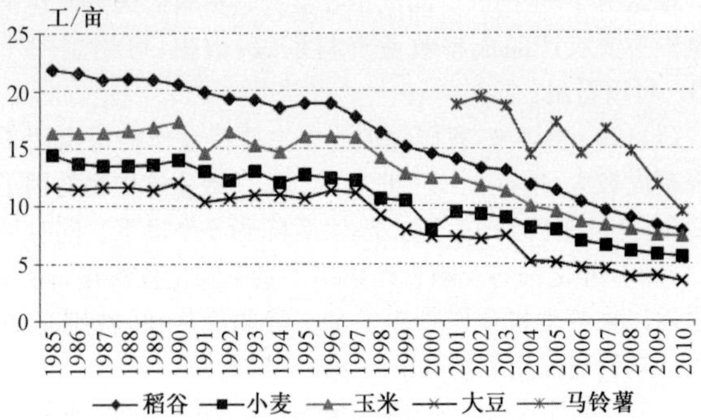

图 1 历年主要粮食作物每亩用工数量

数据来源:2002—2011 年《全国农产品成本收益资料资料汇编》、《建国以来全国主要农产品成本收益资料汇编》,由于数据可获得性,2000 年及以前的马铃薯用工量数据缺失。

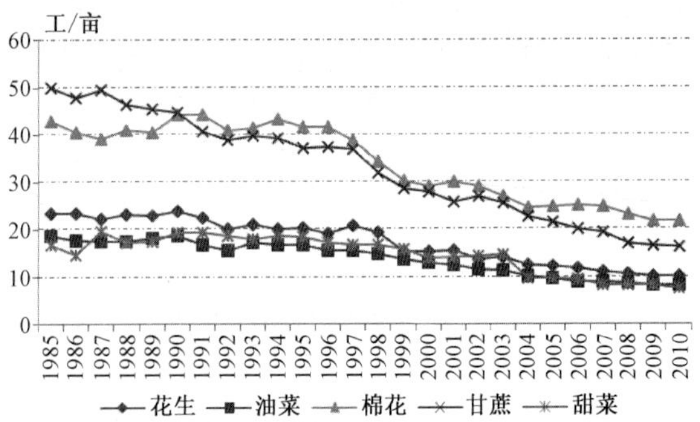

图 2 历年主要棉、油、糖作物每亩用工数量

数据来源:历年《全国农产品成本收益资料资料汇编》《建国以来全国主要农产品成本收益资料汇编》。

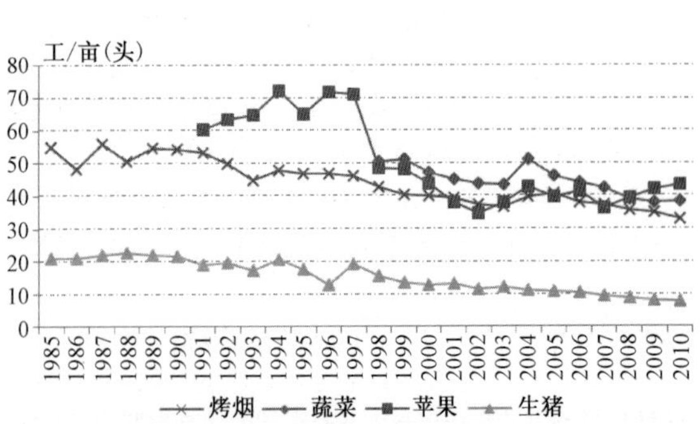

图 3 历年烤烟、蔬菜、苹果、生猪每亩(头)用工数量

数据来源:历年《全国农产品成本收益资料资料汇编》《建国以来全国主要农产品成本收益资料汇编》。

从图 4 可以看出,似乎农林牧业实际劳动力大大超出农林牧业生产所需劳动力,1985 年超出部分为 9 548 万人,2010 年超出部分为 8 240 万人,这一农村劳动力剩余数据比王检贵、丁守海(2005)所测算出的 4 600 万偏大,略低于马晓河、马建蕾(2007)测算出的 1.1 亿,这也似乎印证了多年来学术界的一个观点:那就是中国人多地少,存在为数不少的农村剩余劳动力,因此中国不需要发展农业机械化。那么这个结论经得住推敲吗? 我们进行进一步的分析。

假定 1985 年以后,农业机械化不再发展,劳动生产率停止在 1985 年不变,那么至 2010 年,我们每年需要多少劳动力呢? 同样用式(1)、式(2),并假定每类作物和畜产品单位面积(或产量)用工量不变,可得到按照 1985 年劳动生产率主要农作物及畜产品生产历年所需劳动力,对数据进行整理得到图 5。

从图 5 可以看出:假定 1985 年以后农业劳动生产率不再发生变化,而农业生产面积与产量仍然维持历年水平的话,2003 年以后,我国的农林牧业劳动力即不再有剩余,至 2010 年,我国需要农林牧业劳动力高达 3.58 亿,比当年实际农林牧业劳动力多 9 533 万人(这还要保证现有劳动力每个人都是有效劳动力),比按照 2010 年实际劳动生产率水平生产需要的农林牧业劳动力多 1.78 亿。由于目前劳动力老龄化和兼业化严重,后面的 1.78 亿这一数据更为接近实际情况。也即是如果从 1985 年开始,农业机械化不再发展,我国农业劳动力缺口将高达 1.78 亿。

通过本部分的分析,不难得出如下结论:从劳动力总量上来看,农业劳动力剩余问题实际上在是一个动态的问题,是农业机械化水平的不断提高造成的错觉,若没有农业机械化水平的持续提高,不仅不会存在所谓的"剩余",反而会出现农业劳动力严重短缺。

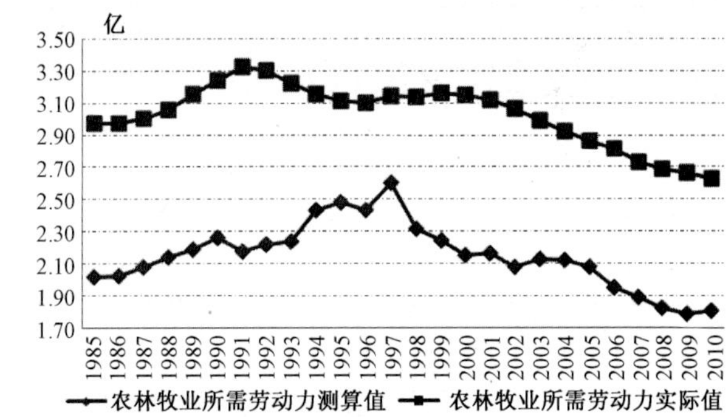

图 4 农林牧业所需劳动力实际值与测算值

数据来源:农林牧业劳动力=农林牧渔业劳动力-渔业从业人员数,1985—2008 年农林牧渔业劳动力、渔业从业人员数据来自《新中国农业 60 年统计资料》,2009—2010 年农林牧渔业劳动力为根据"平均每一农林牧渔业从业人员主要农产品生产量"和"粮食生产量"两个数据求得,2009—2010 年渔业从业人员数据来自《中国农业年鉴(2010 年)》和《中国农业统计资料(2010 年)》。

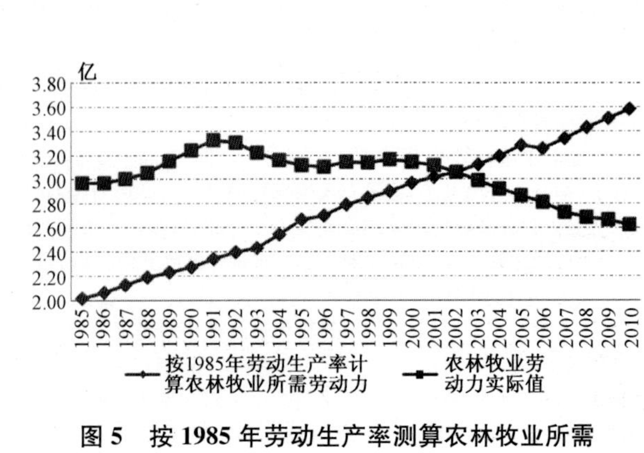

图 5 按 1985 年劳动生产率测算农林牧业所需劳动力与实际劳动力对照

三、农业劳动力年龄结构分析

从前面的分析，我们看到，农林牧业劳动力中，2010 年仍然存在 8 240 万的剩余劳动力，那么这些劳动力是否真的过剩？或者说虽然我国农业机械化发展的确起到了保障农业生产和粮食安全的作用，但是否存在发展超前？下面对我国实际供给的农业劳动力年龄结构进行进一步分析。

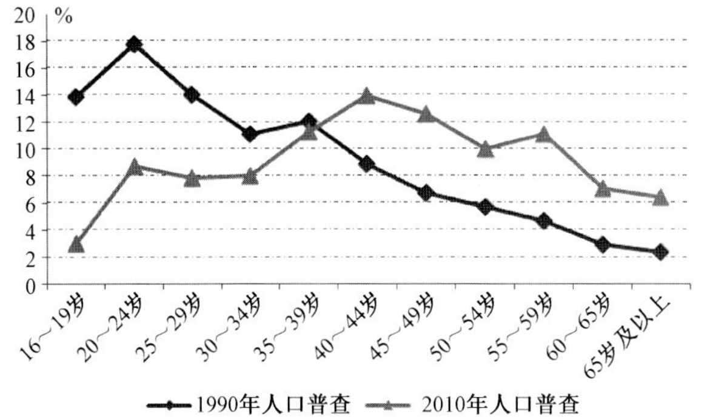

图 6 两次全国人口普查数据农林牧渔业劳动力各年龄段比例

图 6 展示了第四次（1990 年）、第六次（2010 年）全国人口普查关于农林牧渔业劳动力年龄结构的统计情况。

可以看出，20 年间 40 岁以下农业劳动力所占比例从68.08%下降到 38.90%，下降近 30 个百分点，40 岁以上农业劳动力所占比例则从 31.20%上升到 61.10%，上升了近 30 个百分点，而 40 岁以上的农业劳动力中又有 56.52%大于 50 岁。随着农业劳动力的快速转移，这种快速老龄化趋势将在未来进一步加剧，未来一段时间内，我国将面临着农业劳动力持续快速下降的过程，而剩下的农业劳动力中，由于老龄化严重，并不能算成全劳动力。前面虽然计算出 8 240 万人的农业劳动力剩余，但是实际上 2010 年的农业劳动力中 50 岁以上的农业劳动力就有 9 144 万人，这些人是否真正算得上剩余还存疑问。

按照《关于制止和纠正违反国家规定办理企业职工提前退休有关问题的通知》（劳社部发〔1999〕8 号）规定，国家法定的企业职工退休年龄是：男年满 60 周岁，女工人年满 50 周岁。按照这一标准，第 4～6 次人口普查数据中，年龄超过此标准的农业劳动力比例和总量见表 1。

从表 1 中可以看出，前面计算出的 2010 年 8 240 万剩余农林牧业劳动力中，就有 6 217 万人是超过法定退休年龄的，也即是只有 2 023 万人是剩余劳动力，该数值仅占农林牧业总劳动力的 7.70%，剩余程度较为轻微，低于以往文献测算数据。同时，考虑到兼业情况，该数值要更小，甚至基本不存在剩余劳动力情况。这与近年来农业机械化水平快速提高、农业劳动力用工成本和农民工工资水平快速上涨以及“民工荒”成为常态等现象是吻合的。

表 1 三次人口普查农林牧业劳动力年龄结构与总量

年份	总人数/万人	50 岁以上女性		60 岁以上男性		超过法定退休年龄人数/万人
		占总人数比例/%	人数/万人	占总人数比例/%	人数/万人	
1990	32 427.11	5.63	1 826.28	3.81	1 235.29	3 062
2000	31 503.93	10.00	3 151.48	5.49	1 729.97	4 881
2010	26 295.59	15.74	4 138.49	7.90	2 078.07	6 217

另一方面，通过简单分析被替代农林牧业劳动力与农业耕种收综合机械化水平之间的关系也可以看出近年来实际上并不存在严重的农业劳动力剩余。用前面按照 1985 年劳动生产率计算出的农林牧业所需劳动力减去按照历年实际用工计算出的农林牧业劳动力，得到与 1985 年相比历年农业机械替代的劳动力数量，以该数值为解释变量，用耕种收综合机械化水平为因变量，进行限制常数项的线性回归（令常数项等于 1985 年耕种收综合机械化水平，同时由于 chow 检验显示 1998 年发生结构性变化，因此只采用 1998—2010 年数据），可以得出如下回归结果：

$$leve = 16.38 + 18.85 \times L_{替代} \tag{3}$$

调整后 R 方达 0.91，拟合程度较高，也即是农业机械化每替代 1 亿劳动力，耕种收综合机械化水平增加 18.85 个百分点，或者说耕种收综合机械化水平每增加 1 个百分点，就替代了 542.98 万农业劳动力，按照目前耕种收综合机械化水平年均增长 2 个百分点左右的速度，每年替代农业劳动力 1 千万左右，这与 2011 年我国农业劳动力人数下降 1 337 万人基本吻合，这也某种程度表明，我国农业机械化的发展并没有超前发展，反而是农业机械化正在不断弥补由于农业劳动力转移带来的农业综合生产能力下降，也即是不是替代而是弥补。

也即是说，在耕种收综合机械化水平超过 50%的今天，我国并不存在严重的农业劳动力剩余问题，或者目前根本不存在农业劳动力剩余这一问题，近年来劳动力转移数量与农业机械化替代劳动力数量基本吻合也表明并不存在严重的农业劳动力剩余的问题。反而，若没有这些年的农业机械化发展，生产 2010 年同样多的农林牧业产品还需要增加高达 1.78 亿左右的有效劳动力，存在严重的劳动力短缺问题。未来随着老龄化加剧、农业劳动力快速向其他产业转移以及农民子女从事农业意愿急剧下降，可预见未来我国农业劳动力将持续、快速下降，若没有农业机械化的快速发展作为保障，我国农业生产将受到严重冲击。

四、基于劳动力替代农业机械化对粮食生产贡献

图 7 展示了 1985 年以来主要粮食作物的播种面积变化趋势，可以看出：①水稻整体波动幅度不大，与 1985 年相比 2010 年播种面积仅下降了 6.85%；②小麦播种面积下降呈下降趋势，但 2004 年以来略呈上升趋势，与 1985 年相比 2010 年播种面积下降了 16.98%；③玉米播种面积除 2000—2003 年之间存在反复以外，其他年份基本处于持续上升状态，与 1985 年相比 2010 年播种面积上升了 83.68%；④其他谷物播种面积快速下降，与 1985 年相比 2010 年播种面积下降了69.71%；⑤薯类、豆类播种面积基本保持稳定，与 1985 年相比 2010 年播种面积分别上升了 2.07%和 2.27%。整体来说，粮食播种面积

虽然存在一定幅度波动，但在 2004 年以来持续上升至 1985 年水平，与 1985 年相比 2010 年粮食播种面积上升了 0.95%。

1985 年以来，虽然粮食播种面积波动不大，但由于主要粮食作物农业机械化水平的快速提升，粮食生产对农业劳动力的实际需求却持续下降，从 1985 年的 1.057 0 亿人下降到 2010 年的 0.434 4 亿人(图 8)。

其中：水稻生产实际需求劳动力数量从 3 898 万下降到 1 299万人，小麦生产实际需求劳动力数量从 2 354 万人下降到 760 万人，玉米生产实际需求劳动力数量从 1 602 万人下降到 1 322 万人，其他谷物生产实际需求劳动力数量从 963 万人下降到 284 万人，薯类生产实际需求劳动力数量从 1 042 万人下降到 464 万人，豆类生产实际需求劳动力数量从 711 万人下降到 215 万人。

若按照 1985 年的劳动生产率水平，各类粮食作物实际需要的劳动力数量远大于目前的实际需求数量(图 9)。

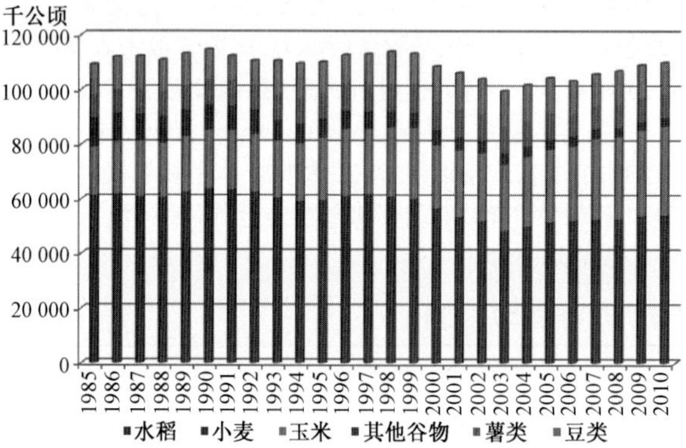

图 7　主要粮食作物历年播种面积

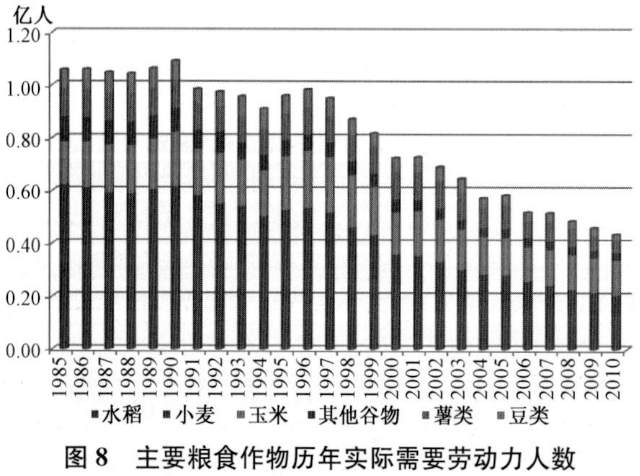

图 8　主要粮食作物历年实际需要劳动力人数

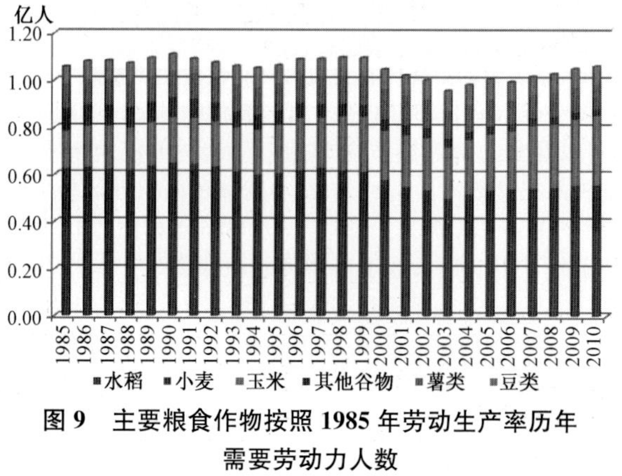

图 9　主要粮食作物按照 1985 年劳动生产率历年需要劳动力人数

可以分别算出，农业机械化对各类粮食作物的劳动力替代贡献率(或者说产出贡献率)分别为：水稻 64.21%、小麦 61.10%、玉米 55.09%、其他谷物 2.45%、薯类 56.40%、豆类 70.43%，也就是说，如果没有农业机械化，2010 年主要粮食作物播种面积由于缺乏足够农业劳动力将分别下降以上比例，粮食作物整体播种面积将下降 59.06%(当然，此处只是静态地假设，没有考虑到由于粮食种植面积下降后，粮食价格上升进而造成的市场应对措施：如更多其他行业劳动力投入到农业中或者粮食进口的问题，可能实际的下降面积要远远低于 59.06%)。这与我国主要粮食作物的农业机械化水平也是一致的，2012 年，我国主要粮食作物中小麦耕种收三个环节机械化水平分别为 98.90%、86.52%和 92.32%，水稻耕种收三个环节机械化水平分别为 93.29%、31.67%和 73.35%，玉米耕种收三个环节机械化水平分别为 93.79%、82.30%和 42.47%。显然，如果没有农业机械化，对我国粮食生产的影响是巨大的。

值得一提的是，农业机械化不仅由于替代劳动力从而对粮食产量起到较大贡献，作为先进农艺的载体，一些农业机械化技术还有增加单产从而增加粮食总产量的作用。

五、研究结论

(1)以往测算农业剩余劳动力的相关研究忽略了农业机械化的动态发展，以及农业劳动力的老龄化和兼业化问题，考虑到这些问题，我国剩余劳动力问题非常轻微甚至已经不存在剩余劳动力问题。2010 年的农林牧业劳动力中，有 9 144万超过 50 岁，有 6 217 万人年龄超过法定退休年龄。而通过每亩(畜)用工量和播种面积(或养殖数量)测算出来的农业劳动力需求数量只比当年实际劳动力数量要少 8 240 万人，这 8 240 万人全部超过 50 岁。所谓剩余劳动力恰恰是年龄偏大、劳动能力较差甚至丧失的对象，根本不能将其当着剩余劳动力，这些劳动力只能从事简单的农业生产，无法也无需转移到其他产业。

(2)通过定量研究表明，目前耕种收综合机械化水平年均增长 2 个百分点左右的速度，每年替代农业劳动力 1 千万左右，这与 2011 年我国农业劳动力人数下降 1 337 万人基本吻合，这说明我国农业机械化的发展并没有超前发展，反而是及时弥补了由于农业劳动力转移留下的生产能力空缺。

(3)假定 1985 年开始，我国不再发展农业机械化，定量研究表明，我国目前的农业劳动力存在巨大的缺口，缺口量约为 1.78 亿。若 1985 年以来，没有农业机械化的发展，忽略价格变动、劳动力的流动和国际贸易等市场应对措施静态地看，2010 年水稻播种面积将下降 64.21%、小麦下降 61.10%、玉米下降 55.09%、其他谷物下降 2.45%、薯类下降 56.40%、豆类下降 70.43%，也就是说，如果没有农业机械化，2010 年主要粮食作物播种由于缺乏足够农业劳动力将分别下降以上比例，粮食作物整体播种面积将下降 59.06%。近年来，农业机械化对于我国农业的发展和保障我国粮食安全起到了巨大的贡献。

综上所述，纠正“我国人多地少，存在大量农业剩余劳动力”的错误观点，在农业机械化的科研、推广上给以投入倾斜，对保障我国粮食安全具有重要意义。

(张宗毅，张萌，农业部南京农业机械化研究所；刘小伟，农业部农业机械化管理司；论文来源：《农林经济管理学报》，2014 年第 6 期)

我国农机化实用人才总量与构成预测

凌小燕　王利民　乔　璐　张进龙

中国是一个农业大国，农业在整个国民经济中占有重要地位。《国家中长期人才发展规划纲要(2010—2020年)》明确提出农村实用人才队伍发展目标：围绕社会主义新农村建设，以提高科技素质、职业技能和经营能力为核心，以农村实用人才带头人和农村生产经营型人才为重点，着力打造服务农村经济社会发展、数量充足的农村实用人才队伍。《农村实用人才和农业科技人才队伍建设中长期规划(2010—2020年)》提出到2020年，农村实用人才素质全面提高，生产型、经营型、技能服务型人才大幅增加，复合型人才大量涌现。

2013年中央农村工作会议指出，要提高种地集约经营、规模经营、社会化服务水平，增加农民务农收入，鼓励发展、大力扶持家庭农场、专业大户、农民合作社、产业化龙头企业等新型主体。要培养造就新型农民队伍，把培养青年农民纳入国家实用人才培养计划，确保农业后继有人。建立适合农业农村特点的金融体系。要把加快培育新型农业经营主体作为一项重大战略，以吸引年轻人务农、培育职业农民为重点，建立专门政策机制，构建职业农民队伍。与此同时，也要继续重视普通农户的生产发展。

农机化实用人才队伍是农村实用人才队伍的重要组成部分，服务于三农，是我国农村先进生产力的代表，是农机化科技应用的实践者、示范者，他们在推广农机技术、提高农产品科技含量等方面，发挥的作用不可替代。依据农业部统计年报口径，本文将每年参加农机化教育培训中的农机技术人员、农机操作人员列为我国农机化实用人才。参照农村实用人才分类，将农机化实用人才分为3类，包括作业服务型、经营型和技能服务型农机化实用人才。依据2004—2013年农机总动力、农机化水平、农机化教育培训量，采用趋势外推法，对“十三五”末我国农机化教育培训总量、农机化实用人才总量和3类实用人才构成进行预测，以期为农机化实用人才总量与构成发展目标提供依据。

一、预测分析依据

1.我国农机实用人才发展壮大的格局

党和国家高度重视农机实用人才队伍建设，投入大量人财物力，培养了大量农机实用人才。新中国成立后，先后经历起步阶段、建设阶段、发展阶段、调整阶段和拓展阶段，农机实用人才队伍建设不断适应农业机械化发展新形势的需要，创新培训形式，拓展培训渠道，形成了多种类、全覆盖的农机教育培训体系。农机实用人才队伍分布在全国各地农村，要建设好农机实用人才队伍，需要地方政府和农机相关部门的积极配合与大力支持。我国各级农业机械化主管部门紧紧围绕建设现代农业、培养新型职业农民的总体要求，坚持育人为本，认真实施“科教兴机”战略，积极争取扶持政策，改善基础条件，健全培训体系，创新培训形式，完善管理制度，为保障农业机械化持续快速发展提供了有力的人才和智力支撑。

农机部门采取“部门组织”“政企联动”“政校联合”，结合“阳光工程”“金蓝领”等农机培训项目，多形式、多渠道加强农机实用人才队伍建设，“十二五”期间，全国“每年培训农机实用人才450万人次以上，其中培训新购机农民100万人次以上，职业技能鉴定15万人以上”，我国农机人才队伍培训基本形成了农机教育机构、拖拉机驾驶培训机构、农业机械化技术推广机构、农机安全监理机构、农机职业技能鉴定机构、农业机械化科研、农机生产销售企业、农机服务组织等广泛参与的教育培训新格局。

2.择取的预测方法

本文预测对象为农机化实用人才总量及其构成，同时预测和验证农机化实用人才的培训总量。趋势外推法(Trend extrapolation)是根据过去和现在的发展趋势推断未来的一类方法的总称，用于科技、经济和社会发展的预测。趋势外推的基本假设是未来系过去和现在连续发展的结果。当预测对象依时间变化呈现某种上升或下降趋势，没有明显波动，且能找到一个合适的函数曲线反映这种变化趋势时，就可以用趋势外推法进行预测。

表1给出了2004—2013年我国农机总动力、主要农作物耕种收机械化水平、农机化培训总量及农机化实用人才总量。以时间序列为横坐标的4种数据发展趋势如图1，可以看出2004—2013年4种数据之间存在一定的关联性，可以采用趋势外推法进行预测，作为分析的依据。

表1　2004—2013年农机总动力、机械化发展水平、农机化培训量与农机化实用人才量

年份	农机总动力/10^6千瓦	主要农作物耕种收水平/%	农机化培训总量/万人次	农机化实用人才/万人次	农机技术人员/万人次	农机操作人员/万人次
2004	641.409 2	34.32	498.253 2	460.836 1	51.216 9	409.619 2
2005	685.493 5	35.93	514.235 1	479.865 5	57.121 8	422.743 7
2006	726.359 6	39.29	510.291 5	475.800 7	53.188 3	422.612 4
2007	768.786 5	42.47	554.090 5	515.725 4	58.340 6	457.384 8

续表

年份	农机总动力/10^6千瓦	主要农作物耕种收水平/%	农机化培训总量/万人次	农机化实用人才/万人次	农机技术人员/万人次	农机操作人员/万人次
2008	821.904 1	45.85	550.069 2	511.943 5	61.245 9	450.697 6
2009	874.961	49.13	576.840 6	535.437 9	66.230 3	469.207 6
2010	927.804 8	52.28	630.639 5	591.628	72.664 6	518.963 4
2011	977.346 6	54.82	674.573 3	629.020 5	79.813 1	549.207 4
2012	1025.589 6	57.17	726.457 6	680.818 6	84.197 8	596.620 8
2013	1039.067 5	59.48	770.027 3	722.721 1	90.419 9	632.301 2

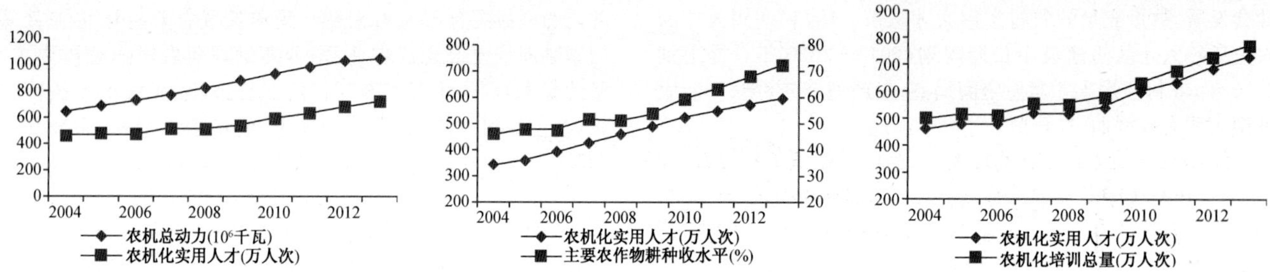

图 1　农机化实用人才总量与农机总动力、农机化发展水平及农机化培训总量趋势

二、农机总动力对农机化实用人才总量影响预测模型

1. 预测模型

表 2 为 2004—2013 年农机化总动力与农机化培训增长率。可以看出，2004—2013 年，农机总动力和农机化教育培训总量以及农机化实用人才保持较稳定增长趋势。其中，2008—2010 年农机总动力增长速度较快，农机化培训总量及农机化实用人才的增长速度则在 2009—2012 年较快，反应了农机总动力的增长对农机化教育培训和农机化实用人才的市场需求。另外，2004—2013 年，我国每 10^6 千瓦农机动力需年均培训 0.71万人次并拥有农机化实用人才量 0.66 万人做支撑。

表 2　农机化总动力与农机化培训量增长率(%)

年份	培训总量/动力/(万人次/10^6千瓦)	实用人才/动力/(万人次/10^6千瓦)	农机总动力增长率	农机化培训总量增长率	农机化实用人才增长率	农机技术人员增长率	农机操作人员增长率
2004	0.78	0.72	—	—	—	—	—
2005	0.75	0.70	6.87	3.21	4.13	11.53	3.20
2006	0.70	0.66	5.96	−0.77	−0.85	−6.89	−0.03
2007	0.72	0.67	5.84	8.58	8.39	9.69	8.23
2008	0.67	0.62	6.91	−0.73	−0.73	4.98	−1.46
2009	0.66	0.61	6.46	4.87	4.59	8.14	4.11
2010	0.68	0.64	6.04	9.33	10.49	9.72	10.60
2011	0.69	0.64	5.34	6.97	6.32	9.84	5.83
2012	0.71	0.66	4.94	7.69	8.23	5.49	8.63
2013	0.74	0.70	1.31	6.00	6.15	7.39	5.98
平均	0.71	0.66	5.52	5.02	5.19	6.65	5.01

由表 1 数据得到农机化培训总量、农机化实用人才量与农机总动力关系曲线如图 2、图 3。以农机总动力为自变量 x，农机化教育培训总量和农机化实用人才总量为因变量 y_1 和 y_2，进行曲线拟合得到我国农机化教育培训总量与农机总动力的函数模型：$y_1=0.001\,7x^2-2.172\,2x+1\,217.4$，$R^2=0.983\,8$，农机化实用人才总量与农机总动力的函数模型

$$y_2=0.001\,6x^2-2.072\,7x+1\,149 \quad R^2=0.982\,1$$

根据《国务院关于促进农业机械化和农机工业又好又快发展的意见》，2015 年和 2020 年（“十三五”末）农机总动力的发展目标分别为 10 亿千瓦和 12 亿千瓦，由函数模型，可得出 2015 年和 2020 年（“十三五”末）的农机化培训总量和农机化实用人才拥有量的预测值见表 3。

表 3 由农机总动力预测培训总量与农机化实用人才

年份	农机总动力/10^6千瓦	农机化培训总量预测值/万人次	农机化实用人才预测值/万人
2015	1 000	745.20	676.30
2020	1 200	1 058.76	965.76

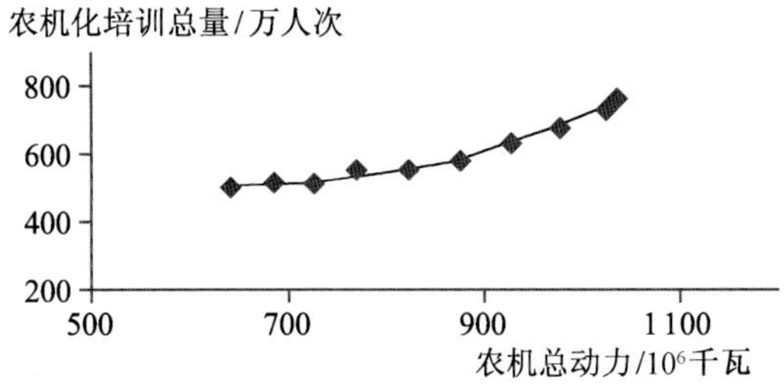

图 2 农机化培训总量与农机总动力关系曲线

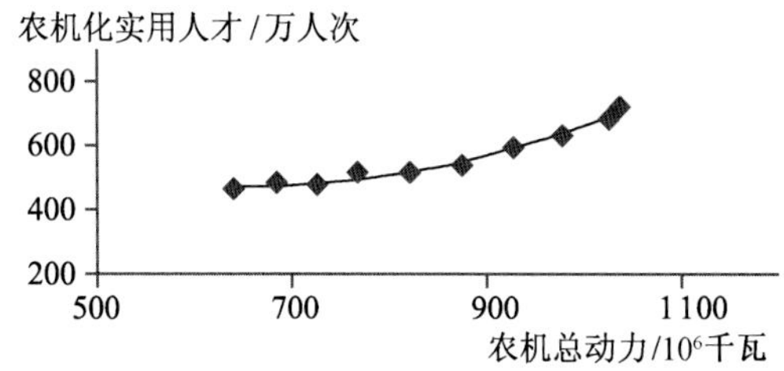

图 3 农机化实用人才总量与农机总动力关系曲线

2. 估算模型精确度验证

根据 2004—2013 年农机总动力对农机化培训总量和农机化实用人才总量估算模型计算预测值与相对误差见表 4。估算模型预测出的农机化实用人才值相对误差在 0.01%~4.65%，平均相对误差为 2.01%；预测出的农机化培训总量值相对误差在−0.34%~7.18%，平均相对误差为 4.75%。利用该模型估算农机化实用人才总量和农机化培训总量是合适的。

表 4 依据农机总动力进行预测的相对误差

年份	农机总动力/10^6千瓦	农机化培训总量真值/万人次	农机化培训总量预测值/万人次	农机化培训总量预测相对误差/%	农机化实用人才真值/万人次	农机化实用人才预测值/万人次	农机化实用人才预测相对误差/%
2004	641.409 2	498.253 2	523.520 7	5.07	460.836 1	477.800 4	3.68
2005	685.493 5	514.235 1	527.203 3	2.52	479.865 5	480.019 8	0.03
2006	726.359 6	510.291 5	536.518 7	5.14	475.800 7	487.631 7	2.49
2007	768.786 5	554.090 5	552.197 5	−0.34	515.725 4	501.188 5	−2.82
2008	821.904 1	550.069 2	580.454 7	5.52	511.943 5	526.281 5	2.80
2009	874.961	576.840 6	618.256 2	7.18	535.437 9	560.359 1	4.65
2010	927.804 8	630.639 5	665.419 4	5.52	591.628	603.253 8	1.97
2011	977.346 6	674.573 3	718.258 6	6.48	629.020 5	651.583 9	3.59
2012	1025.589 6	726.457 6	777.732 1	7.06	680.818 6	706.194 9	3.73
2013	1039.067 5	770.027 3	795.761 7	3.34	722.721 1	722.782 8	0.01
平均相对误差				4.75			2.01

三、农机化发展水平对农机化实用人才总量影响预测模型

1. 预测模型

2004—2013 年我国农机化培训总量、农机化实用人才拥有量与农机化发展水平的比例见表 5，可以看出期间每 1 个百分点的农机化发展水平需要年均 12.86 万人次的农机化教育培训量，需要年均 12 万名农机化实用人才作为支撑。

表 5 农机化教育培训总量、农机化实用人才拥有量与农机化发展水平比值

年份	农机化教育培训量/农化发展水平/(万人次·$\%^{-1}$)	农机化实用人才量/农机化发展水平/(万人次·$\%^{-1}$)
2004	14.52	13.43
2005	14.31	13.36
2006	12.99	12.11
2007	13.05	12.14
2008	12.00	11.17
2009	11.74	10.90
2010	12.06	11.32
2011	12.31	11.47

续表

年份	农机化教育培训量/农化发展水平/(万人次·$\%^{-1}$)	农机化实用人才量/农机化发展水平/(万人次·$\%^{-1}$)
2012	12.71	11.91
2013	12.95	12.15
平均	12.86	12.00

由表1可得到2004—2013年间我国农机化教育培训总量、农机化实用人才总量与主要农作物耕种收水平的关系曲线如图4、图5。

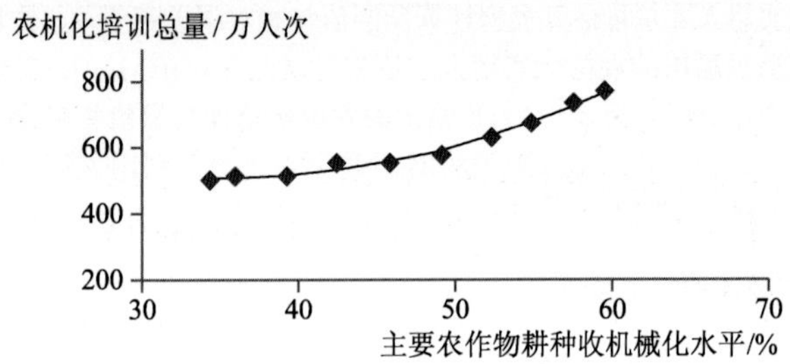

图4 农机化培训总量与农机化发展水平关系曲线

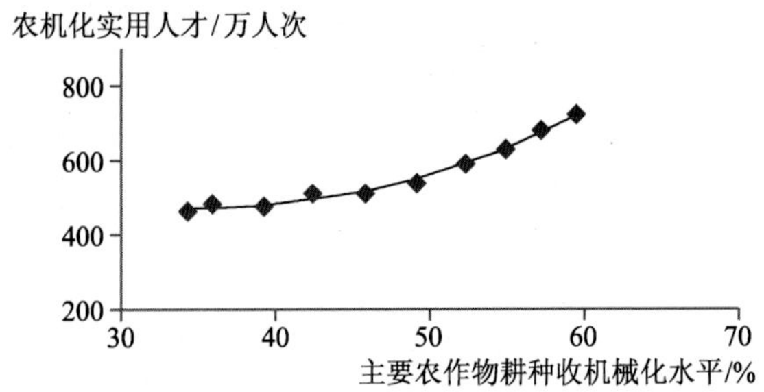

图5 农机化实用人才与农机化发展水平关系曲线

以主要农作物耕种收机械化水平为自变量x，农机化教育培训总量和农机化实用人才总量为因变量y_1和y_2，得到我国农机化教育培训总量与主要农作物耕种收机械化水平的函数模型$y_1=0.460\,4x^2-32.859x+1\,094.2$，$R^2=0.986\,9$，农机化实用人才总量与主要农作物耕种收机械化水平的函数模型$y_2=0.441\,2x^2-31.542x+1\,035.8$，$R^2=0.985\,3$。

根据《国务院关于促进农业机械化和农机工业又好又快发展的意见》，2015年农作物耕种收综合机械化水平达到60%，2020年基本实现农业机械化，农作物耕种收综合机械化水平达到70%左右，由预测模型可得出2015年和2020年（"十三五"末）的目标培训量和农机化实用人才拥有量的预测值见表6。

表6 农机化发展水平预测培训总量与农机化实用人才

年份	主要农作物耕种收水平/%	农机化培训总量/万人次	农机化实用人才/万人
2015	60	780.10	731.60
2020	70	1 050.03	989.74

2.误差计算

预测值与相对误差计算。根据2004—2013年主要农作物耕种收机械化水平与农机化培训总量和农机化实用人才函数模型计算出各自预测值与相对误差见表7。通过数值对比，较实际值而言，估算模型预测出的农机化实用人才值相对误差在-4.60%～-2.92%，平均相对误差为0.02%；预测出的农机化培训总量值相对误差在-4.51%～2.48%，平均相对误差为0.04%。利用该模型估算农机化实用人才总量和农机化培训总量是合适的。

表7 依据主要农作物耕种收机械化水平进行预测的相对误差

年份	主要农作物耕种收水平/%	农机化实用人才真值/万人次	农机化实用人才预测值/万人次	农机化实用人才预测相对误差/%	农机化培训总量真值/万人次	农机化培训总量预测值/万人次	农机化培训总量预测相对误差/%
2004	34.32	460.836 1	472.951 5	2.63	498.253 2	508.767 0	2.11
2005	35.93	479.865 5	472.069 7	−1.62	514.235 1	507.936 4	−1.22
2006	39.29	475.800 7	477.597 1	0.38	510.291 5	513.891 3	0.71
2007	42.47	515.725 4	492.004 1	−4.60	554.090 5	529.102 2	−4.51
2008	45.85	511.943 5	517.099 9	1.01	550.069 2	555.478 1	0.98
2009	49.13	535.437 9	551.091 1	2.92	576.840 6	591.131 0	2.48
2010	52.28	591.628	592.671 4	0.18	630.639 5	634.696 0	0.64
2011	54.82	629.020 5	632.576 1	0.57	674.573 3	676.478 6	0.28
2012	57.17	680.818 6	674.565 9	−0.92	726.457 6	720.426 4	−0.83
2013	59.48	722.721 1	720.590 3	−0.29	770.027 3	768.582 2	−0.19
平均相对误差				0.02			0.04

四、依据农机化教育培训总量预测农机化实用人才总量

1. 预测模型

由表1数据并进行拟合，得到2004—2013年我国农机化教育培训总量与农机化实用人才总量关系曲线如图6。以农机化培训总量为自变量x，农机化实用人才总量为因变量y，进行曲线拟合得到我国农机化实用人才总量与农机化教育培训总量的函数模型$y=0.954\,9x-13.061$，$R^2=0.999\,7$。

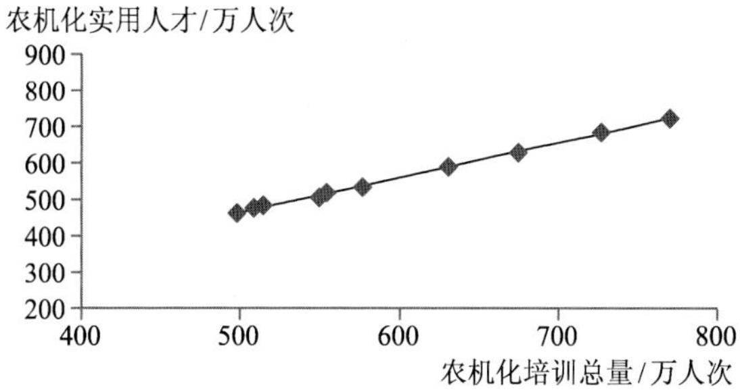

图6 农机化实用人才总量与农机化培训总量关系曲线

依据表3、表5及《全国农机化教育培训"十二五"规划》，取2015年和2020年("十三五"末)我国农机化教育培训总量分别为700万人次和1 000万人次，代入图6函数模型，可得出2015年和2020年("十三五"末)农机化实用人才拥有量的预测值见表8。

表8 农机化培训总量预测农机化实用人才

年份	农机化培训总量目标值/万人次	农机化实用人才/万人
2015	700	655.369 0
2020	1 000	941.839 0

2. 误差计算

预测值与相对误差计算。根据2004—2013年农机培训总量与农机化实用人才真实值关系曲线计算农机化实用人才预测值与相对误差见表9。

表9 依据农机化培训总量进行预测的相对误差

年份	农机化培训总量/万人次	农机化实用人才真值/万人次	农机化实用人才预测值/万人次	农机化实用人才预测相对误差/%
2004	498.253 2	460.836 1	462.721 0	0.41
2005	514.235 1	479.865 5	477.982 1	−0.39
2006	510.291 5	475.800 7	474.216 4	−0.33
2007	554.090 5	515.725 4	516.040 0	0.06
2008	550.069 2	511.943 5	512.200 1	0.05
2009	576.840 6	535.437 9	537.764 1	0.43
2010	630.639 5	591.628	589.136 7	−0.42
2011	674.573 3	629.020 5	631.089 0	0.33
2012	726.457 6	680.818 6	680.633 4	−0.03
2013	770.027 3	722.721 1	722.238 1	−0.07

五、农机化实用人才总量预测均值

取三种预测方法所得结果并结合《全国农业机械化教育培训规划》"十二五"期间培训总量为700万人次以上，预测"十三五"期间农机化实用人才总量平均值见表10。

表10 2015年和2020年农机化实用人才预测均值

年份	由农机总动力预测		由农机化发展水平预测		农机化培训总量目标值/万人次	由农机化教育培训总量预测农机化实用人才/万人	农机化实用人才总量平均值/万人	农机化实用人才预测总量圆整值/万人
	农机化培训总量/万人次	农机化实用人才/万人	农机化培训总量/万人次	农机化实用人才/万人				
2015	745.20	676.30	780.10	731.60	700	655.369 0	687.76	650
2020	1 058.76	965.76	1 050.03	989.74	1 000	941.839 0	965.78	950

六、农机化实用人才队伍构成推算

农机化实用人才的是农村实用人才的重要组成部分。农村实用人才队伍发展目标、构成和发展趋势对农机化实用人才队伍构成和发展目标具有参考意义。2008年农村实用人才总量为820万人，其中生产型、经营型和技能服务型实用人才数量分别为409万人、177万人、120万人，分别占农村实用人才总量为49.88%、21.59%、14.63%；2015年农村实用人才总量达到1 300万人，其中三种实用人才数量分别为510万人、250万人、240万人，分别占农村实用人才总量为39.23%、19.23%、18.46%；2020年农村实用人才总量要达到1 800万人，其中三种实用人才数量分别为630万人、320万人、360万人，分别占农村实用人才总量为35.00%、

17.78%、20.00%。参照农村实用人才3类人才占比，推算出农机化实用人才3类人才构成见表11。表12计算出了农机化实用人才与农村实用人才的比例关系，到"十三五"末，农机化实用人才队伍在基本实现农业机械化、推进农业现代化和农业农村经济发展的过程中占到了非常重要的位置。

表11 农机化实用人才队伍构成推算(万人)

年份	农村实用人才					农机化实用人才				
	总量	3类人才小计	生产型	经营型	技能服务型	总量	3类人才小计	作业服务型	经营型	技能服务型
2008	820	706	409	177	120	512	—	451	—	61.2
2015	1 300	1 000	510	250	240	650	500	255	125	120
2020	1 800	1 310	630	320	360	950	692	333	169	190

表12 农机化实用人才占农村实用人才比例

年份	农村实用人才总量/万人	农机化实用人才总量/万人	农机化实用人才/农村实用人才/%	农村实用人才3类小计/万人	农机化实用人才3类小计/万人	农村实用人才3类小计/农机化实用人才3类小计/%
2008	820	512	62.44	706	451	63.88
2015	1 300	650	50.00	1 000	500	50.00
2020	1 800	950	52.78	1 310	692	52.82

七、结束语

农机化实用人才队伍在转变农机化发展方式，适应农机化加快发展、结构改善、质量提升、领域拓宽新要求和到"十三五"末基本实现农业机械化的过程中将起到基础支撑作用。本文结合农村实用人才定义和农业部统计年报口径，在定义农机化实用人才为每年参加农机化教育培训的农机操作人员和农机技术人员的基础上，预测"十三五"末农机化实用人才总量将达到650万人和950万人，3类人才小计分别为500万人和692万人，与《全国农机化教育培训规划》提出在"十二五"期间年均培训农机化实用人才600万人次以上基本一致，并试推出农机化实用人才队伍的构成，2015年作业服务型、经营型和技能服务型农机化实用人才分别达到255万人、125万人和120万人；2020年，3类农机化实用人才分别达到333万人、169万人和190万人，为充分发挥农机装备效率，在作业服务型人才稳步增长的基础上，应将经营型和技能服务型人才作为今后农机化实用人才教育培训的重点，为农机化实用人才队伍建设发展目标和培训重点与方向提供了依据，充分发挥农机化实用人才的示范与带动作用，推动农机化发展方式转变。

(作者单位：农业部南京农业机械化研究所；论文来源：《中国农机化学报》，2015年第4期)

合作农业推广模式选择的影响因素分析
——基于组织邻近性的视角

高启杰　姚云浩　董　杲

近年来，我国政府主导的一元化多线型农业技术推广体系逐渐向多元化的农技推广体系转变。鉴于各类推广组织间沟通与互动的现状，建立多元化合作型农业推广体系已迫在眉睫，2012年新修订的《中华人民共和国农业技术推广法》也为多元合作农业推广体系的建立提供了法律支撑。在合作农业推广具体实践中，为保障合作目标的实现、降低交易成本，推广组织间形成了不同的合作模式，如农业技术转让、技术入股、联合攻关、共建基地、人才培养与交流等。如何通过建立适宜的合作推广模式以提升合作推广的效率和效果越来越受到推广理论界和实务界的重视。然而当前此方面的研究多局限在多元农业推广组织合作的重要性、必要性等理论探讨上，对合作农业推广模式的类型、特征及其影响因素等方面还缺乏深入研究，特别是缺乏定量的实证分析。本文通过建立有序Lo-gistic模型，以6省60项合作农业推广项目为样本，探讨影响合作农业推广模式选择的因素，并提出了相应建议。同时，在研究视角上引入"邻近性"这一概念，强调组织间的多维邻近性对合作模式选择的重要影响，以期从新视角指导农业推广机构的合作行为。

一、文献回顾与模型构建

1.关于组织邻近性的研究

邻近性"英文为"Proximity"，也称为接近性，简单地说，是指网络中不同主体间具有共性的"类"或"群"特征。马歇尔在研究产业聚集中强调企业邻近的好处，即邻近的关系有利于劳动分工，知识外溢以及规模化生产。法国邻近动力学派首先提出邻近性包含多维度的观点，并基于互动主义和制度主义两个视角进行邻近性研究(李琳等，2013)。以Kirat等(1999)为代表的制度主义方法将邻近性分为地理邻近性、组织邻近性、制度邻近性，而以Torre等(1999)为代表的互动主义方法，只考虑地理邻近性和组织邻近性两种形式，更强调了网络关系的重要性。

本文将组织间的邻近性划分为地理邻近性和组织邻近性。地理邻近性主要是指各推广主体在空间上的接近程度，由于涉及交通运输的成本和信息通讯技术的发展程度，因而处于不断变化之中。在组织合作框架下，组织邻近性是不同组织在合作中所存在的共同的属性逻辑和认知逻辑的多少。所谓属性逻辑是指不同组织内存在的固有的组织资源、组织结构、行为规则、惯例以及运行机制等；而认知逻辑是不同组织内以个体认知为基础，在长期的实践中基于组织自身的资源状况、制度规则、知识技术结构、文化价值和经验背景等所形成的组织层面的心理认知系统。组织邻近性程度越强，组织间的心理认知系统就越相似，共享的认知逻辑就越多，就越可以在组织交互作用中理解对方的各种行为；共同的属性逻辑越多，知识就可以更加容易地实现跨组织边界的转移，推动隐性知识传播。具体说来，组织邻近性反映了潜在的组织网络联系程度以及组织特征的相似性程度，即揭示了如何进行有效合作的问题。本文进一步将组织邻近性这一概念细分为组织资源邻近、组织结构邻近、组织关系邻近和组织认知邻近，前两者属于一种属性逻辑，后两者则属于一种认知逻辑。

2.关于合作农业推广的研究

我国学术界基本形成了构建多元农业推广组织合作体系的普遍认同。高启杰(1995)指出我国多元化的推广组织之间缺乏有效的合作，推广的组织体系要向多元化综合型方向发展；李维生等(2007)认为应在加强现有农业技术推广机构建设的基础上，把农业科研、教育单位同时明确为农业技术推广主体，形成具有中国特色的"三元主体、多方参与"的农业技术推广新模式；高启杰(2009)在论述政府推广组织和非政府推广组织相结合时，明确提出构建多元化合作推广体系；张淑云(2011)基于农户评价的视角，分析了大学科研机构、龙头企业和合作组织技术服务绩效，并依托超循环理论建构了多元农技推广体系；刘光哲(2012)提出了构建"一体两翼蝴蝶"模式的多元化农业推广体系。

目前，关于合作农业推广的模式及其影响因素的研究还比较缺乏，与之相关的产学研合作研究可借鉴，如卢仁山(2010)将产学研合作分为松散型、较紧密型和紧密型合作模式，并指出从社会整体福利最大化的角度，产学研合作各方应采取紧密型合作模式，通过共同组建经济实体可以实现最终产品市场的帕累托均衡；杨梅英等(2009)认为企业内部环境和外部环境都会对高新技术企业研发合作模式的选择产生影响，前者包括企业规模、知识吸收能力等，后者包括市场竞争程度；卢山等(2012)认为技术商业价值、技术复杂性和成熟度等技术特性对校企科技合作模式的选择存在一定的影响。但产学研合作只是合作农业推广的一种合作模式，不同性质的推广机构该选择何种合作推广模式以获得最佳推广效果仍需得到深入探讨。

3.关于合作推广模式的研究

由于农业生产和农业技术具有多样性和复杂性的特点，推广主体间的合作模式多种多样。从合作具体方式分，可以分为技术转让、技术入股、委托开发、共建基地、内部一体化等模式；按合作功能分，可分为人才培养型、研究开发型、生产经营型合作模式；从政府作用的角度，可以分成市场自发、政府引导、政府主导型合作模式；按推广组织合作契约程度，则可分为市场交易型、合作联盟型和纵向一体化型。结合合作农业推广的实际情况，即合作推广的内容具有复杂性，各种类型的合作方式间并非完全割裂，而是相互联系、彼此融合的，如市场交易型这种合作程度较浅的模式往往适合于技术转让、技术咨询、委托开发等具体合作形式；技术咨询模式中往往又伴有人才的培养与交流等具体合作内容等。因此，本文将合作农业推广模式按合作程度划分为低度、中低度、中度、中高度和高度合作 5 类，并进一步为其赋值，相关内容见表 1。

表 1 合作农业推广模式及其赋值

合作模式	具体内容	合作得分
低度合作	技术转让、技术咨询、委托开发、人才培养与交流、品种/技术推广试验示范等具体短期市场合作方式，合作随着市场契约的履行而终结	1
中低度合作	低度合作中任意两项及以上的组合	2
中度合作	技术入股、联合攻关、联合推广（项目）等形式，各方通过签订正式协定建立合作关系，确保长久地互相协作和资源整合	3
高度合作	共建基地、共建实体等较高程度合作形式；或中度合作与任意其他中低项合作的组合	4
高度合作	内部一体化，如企业型推广组织建立自己的研发中心，两个及以上推广单位整合为一个规模更大的一体化组织等，是推广组织合作的高级层次	5

本研究根据实地调研的基本情况，将影响合作农业推广模式选择的因素归纳为 3 个层面：一是组织间层面，包括不同推广组织间的地理邻近性和组织邻近性，后者又细分为组织资源、结构、关系和认知邻近，组织邻近性一方面反映了主体间组织特性的相似性(Torre 等，1999)，另一方面反映了组织内或组织间的一种关系安排或规制结构(Carrin-cazeaux 等，2008)，一般来说，组织邻近性越高，推广机构越倾向于选择合作联盟或纵向一体化等高层次合作模式（李琳等，2009；党兴华等，2013)。二是环境层面，包括多元农业推广组织合作的外部一般环境和特殊任务环境两方面，前者包括一般的政治、经济、社会、文化和技术环境，后者涉及具体推广的用户、其他推广组织、政府管理部门等对合作项目的影响(高启杰，2009)，环境的动态性、复杂性和多元性导致合作模式的选择差异。三是项目层面，即合作项目本身的技术复杂性、管理复杂性将影响合作模式选择。当推广技术本身、推广管理过程越复杂时，推广组织往往倾向于形成高层次紧密的合

作模式，以减少项目实施风险和合作交易成本，保证合作推广的持续绩效。另外，项目合作的年限，不同推广主体的组织性质，以及推广技术的公共属性也可能会影响组织合作模式的选择。

基于上述分析，影响合作农业推广模式的自变量及其含义、预期影响方向等情况见表2。

表2　模型中作为自变量的各影响因素指标设计及预期影响

维度	具体影响因素	含义	变量类型	预期影响
组织间层面	地理邻近性	不同省 =1；同省不同市 =2；同市 =3	定序变量	+
	组织资源邻近性	不邻近 =1；不太邻近 =2；一般 =3；较邻近 =4；非常邻近 =5，包括组织间金融、物质、人力、渠道等6个邻近性测量题项	定序变量	+
	组织结构邻近性	不邻近 =1；不太邻近 =2；一般 =3；较邻近 =4；非常邻近 =5，包括组织间管理幅度、分权程度和正式化程度3个邻近性测量项	定序变量	+
	组织关系邻近性	完全不认同 =1；不太认同 =2；一般 =3；较认同 =4；完全认同 =5，包括组织间关系历史、个体联系和领导支持3个题项	定序变量	+
	组织认知邻近性	完全不认同 =1；不太认同 =2；一般 =3；较认同 =4；完全认同 =5，包括组织间共同目标、行为方式、文化价值和技术4个邻近性测量项	定序变量	+
推广环境层面	一般环境	完全不认同 =1；不太认同 =2；一般 =3；较认同 =4；完全认同 =5，包括对当前农业推广政策法规、农村经济环境等3方面测量	定序变量	+
	任务环境	完全不认同=1；不太认同=2；一般=3；较认同=4；完全认同=5，包括地方政府对项目的支持程度、项目外部融资等3方面测量	定序变量	+
项目层面	推广技术复杂度	不复杂 =1；不太复杂 =2；一般 =3；较复杂 =4；非常复杂 =5	定序变量	+
	合作管理复杂度	不复杂 =1；不太复杂 =2；一般 =3；较复杂 =4；非常复杂 =5	定序变量	+
其他变量	项目合作年限	1～3年=1；4～6年=2；7年及以上=3	定序变量	+
	被访谈组织性质	行政型 =1；教育型 =2；科研型 =3；企业型 =4；自助型 =5	定类变量	?
	技术属性	公共技术 =1；准公共技术 =2；私人技术 =3	定类变量	?

由于被解释变量即合作农业推广模式为有序多分类变量，本文采取有序Logistic回归模型分析影响合作农业推广模式的因素。本研究模型中，被解释变量即合作农业推广的模式为低度($Y_1=1$)、中低度($Y_2=2$)、中度($Y_3=3$)、中高度($Y_4=4$)和高度合作($Y_5=5$)五类，解释变量包括组织间邻近性各维度、推广的一般环境和任务环境、推广技术复杂度与管理复杂度、项目合作年限、被访谈组织性质以及推广的技术属性等，而所得回归系数表示上述解释变量对合作农业推广模式选择的影响方向与程度。

二、数据来源与样本检验

1. 数据来源

本研究数据来源于实地问卷调查，课题组于2012年9月至2014年9月间前往北京、天津、山东、广东、安徽、四川等地，通过重点推广机构走访的形式，对不同类型推广机构及其部分合作单位的主要负责人进行了深度访谈和问卷调查，共获得问卷60份，回收率和有效率为100%。调研问卷主要包括两方面内容：一是被调研推广组织及其合作推广项目的背景资料，如合作对象、具体合作方式、推广物品属性、合作规模及效益等；二是针对具体合作项目进行主观测量，包括合作组织间的邻近性测量、项目的一般和任务环境测量、项目复杂性测量等。

2. 样本特征

调研的合作推广项目中，1～3年的合作项目占样本总数的35.0%，4～6年的合作项目占样本总数的31.7%，7年及以上的合作项目占样本总数的33.3%。合作推广物品具有公共技术、准公共技术 和 私 人 技术属性的分别占样本总数的61.6%、26.7%、16.7%和11.7%。推广组织类型有行政型、教育型、科研型、企业型和自助型(如农业专业合作社)五类，分别占样本总数的30.0%、11.7%、15.0%、26.6%和16.7%。从总体上讲，被调研合作推广项目符合当前合作推广的实际情况，样本具有一定的代表性，调研数据可靠。

3. 样本信度和效度检验

为提高模型分析结果的精确程度，检测问卷是否具有较高的信度和效度。本文首先以Cronbach's α系数检验各变量的信度，可知所有变量的Cronbach's α系数均超过0.6，如组织条件邻近性、结构邻近性、关系邻近性和认知邻近性变量的系数值分别为0.837、0.645、0.680和0.806，这表明本研究量表可信度较高，具有较高的内部一致性。在内容效度方面，参考了大量相关国内外研究，并咨询相关学者和推广实践专家的意见，本研究在预调研的基础上对问卷的内容和结构进行了调整和修正，以确保题项的有效性。在建构效度方面，本文采用探索性因子分析方法，按照因子载荷量大于0.6的原则进行筛选，发现各题项的因子载荷均大于0.6，问卷具有较高的建构效度。通过检验，可知所得数据可以进行下一步回归分析。

三、实证分析与讨论

运用SPSS16.0统计软件对样本数据进行处理，可得出，

模型的 x^2 统计值为78.870，且模型 $P<0.01$，说明解释变量对合作农业推广模式的影响具有显著的解释能力，而模型的伪决定系数(Nagelkerke R^2)值为0.765，也说明了解释变量和被解释变量有一定关系存在，模型整体估计效果较好。

表3 有序Logistic回归模型分析结果

因素种类	变量名称		参数估计值	标准误	Wald值	显著性
组织间层面	地理邻近性		0.750*	0.428	3.076	0.079
	组织资源邻近性		0.056	0.109	0.266	0.606
	组织结构邻近性		0.016	0.193	0.007	0.933
	组织关系邻近性		0.341*	0.190	3.216	0.073
	组织认知邻近性		0.213	0.194	1.198	0.274
推广环境	一般环境		0.255*	0.153	2.757	0.097
	任务环境		0.287	0.185	2.419	0.120
项目复杂度	推广技术复杂度		−0.014	0.086	0.028	0.868
	合作管理复杂度		0.191**	0.096	3.993	0.046
其他变量	项目合作年限		0.804**	0.339	5.643	0.018
	推广组织性质	行政型	0.337	0.895	0.141	0.707
	(参照组为自助型推广组织)	教育型	1.017	1.778	0.327	0.567
		科研型	1.625	1.157	1.974	0.160
		企业型	−0.340	0.943	0.130	0.718
	技术属性	公共技术	0.990	1.214	0.666	0.415
	(参照组为私人技术)	准公共技术	0.562	1.199	0.220	0.639

注：*、**和***分别表示在10%、5%和1%水平上显著

模型估计结果见表3，可知，通过水平为10%的显著性检验的解释变量有5个，地理邻近性、组织关系邻近性、一般环境、合作管理复杂度和项目合作年限对选择高层次的合作模式具有较为显著的正向作用。具体来看：

1.地理邻近性对选择高层次的合作模式具有显著正向影响($P<0.1$)。地理邻近性有利于隐性知识(如具体的推广操作技能、知识背景和组织运转模式等)在不同推广组织之间的交换和协作(Ponds等，2007)，有利于降低推广机构间频繁交流的交易成本，有利于推广物质资源的近距离、低成本运输等，促使不同的推广机构建立更为广泛的联系；而地理距离造成的信息不对称，可能导致推广组织无法全面掌握合作对象的情况，从而选择较为低级的合作模式，如市场交易型的农业技术转让或委托开发。另外，也有国内外学者将地理邻近性分为固定和临时性地理邻近两种类型，后者强调不同推广机构仅在某些合作阶段实现短暂或临时的交流即可，如专业技术人员跨区域流动，通过会议、参观、旅游等方式来实现临时的近距离交流等，而本研究显示合作农业推广是一个持续的过程，需要固定的近距离物理邻近性才能克服距离带来的各种推广实践问题。

2.组织关系邻近性对选择高层次的合作模式具有显著正向影响($P<0.1$)。关系邻近强调属于同一关系空间的行动者形成共同的"实践社群"(Community of Practice)或占据了网络结构中的等效位置(Knoben等，2006)，组织间关系越邻近，如拥有较长时间的关系历史、关键个体成员间联系越紧密，越有益于推广资源的共享，建立起长久信任的组织间联系，形成高层次的合作模式。调查发现推广组织间历史合作时间越长，组织间的"缝隙"就越小，各种推广资源的整合力度就越大，往往越容易形成一体化的合作形式。而组织资源、结构和认知邻近对合作模式选择的影响不显著，这一方面可能是因为关系邻近作为一种"认知逻辑"，是基于组织资源、结构等"属性逻辑"的最终表达，认知邻近越高也会体现在关系的邻近性上，故其对合作模式选择的影响更为显著；另一方面则是由于样本数据主要是通过行政型、科研型推广机构介绍有关的合作项目和协作机构，并对后者进行实地调查获得，关系邻近的组织机构占样本数量偏大所致。

3.一般环境和任务环境对合作推广模式具有正向影响，一般环境表现的更为显著($P<0.1$)。由于本调研中，具有公共技术属性的推广项目比例较高，如病虫害防治、动植物检验检疫和畜牧饲养等软性技术，推广最有效的机制是政府干预，因而当前农业推广政策法规、农村经济环境和社会文化环境等一般环境越有利，推广组织越倾向于选择高层次的合作模式。较好的合作推广环境，意味着对合作推广的环境阻力越小，合作的行为过程和执行效果也会更好。

4.合作管理复杂度对选择高层次的合作模式具有显著正向影响($P<0.05$)。推广管理过程越复杂，推广组织往往倾向选择高层次紧密的合作模式，以减少项目实施的风险和合作交易成本，保证合作推广的持续绩效。例如，推广组织间由于项目所需资源种类越多，资源约束条件越强，资源配置导致的项目管理复杂性越大，或项目的执行过程和结果对推广组织发展

影响的不确定性越大，战略定位导致的合作推广管理复杂性越大，或推广组织间信息沟通障碍越大、组织信息更新速度越慢，从而导致的组织管理复杂性越大等，都将促使推广组织选择高层次的合作模式。

5. 在其他变量中，项目合作年限对选择高层次的合作模式具有显著正向影响（$P<0.05$），合作时间越长越倾向于选择高层次的合作模式，以建立长期有效的合作行为，保障合作推广的可持续开展。而模型结果显示，以自助型推广组织和私人技术分别为参照组，其他类型的推广组织和技术属性在合作农业推广模式的选择上并未有显著差异，即被调研的推广组织性质和推广技术属性本身对合作农业推广模式的选择并没有显著影响。

另外，可以通过参数估计值的绝对值大小来看各自变量对模型的影响程度，绝对值越大表示该因素对会合作模式选择的影响程度越大。从表 3 可以看出，按各自变量对合作模式影响程度由大到小排列，依次为项目合作年限、地理邻近性、组织关系邻近性、一般环境和合作管理复杂度，这表明项目的基本特征和组织间邻近性是影响影响合作农业推广模式选择的最主要因素，在选择具体合作模式时应考虑项目和组织的基本特征，但也不能忽视其他因素对合作模式的影响。

四、结论及启示

1. 结论

本研究利用全国 6 省 60 个合作推广项目的实际调研数据，通过构建多元有序 Logistic 模型对影响合作农业推广模式的因素进行了计量分析。研究结果显示，地理邻近性、组织关系邻近性、合作的一般环境、管理复杂度和项目合作年限对合作农业推广模式的选择均有重要影响，而且存在正向影响关系。具体而言，组织间地理空间上越接近，如位于同一城市的推广机构，比位于不同省份的推广机构间合作更倾向于选择高层次的合作模式，如共建基地、共建实体、内部一体化等；推广组织间关系越邻近，越容易形成具有信任关系的合作联盟，建立资源共享、风险共担的高层次的合作模式；良好的农业推广政策法规、农村经济环境和社会文化环境等将促使推广组织选择更高层次的合作模式；合作推广的管理过程越复杂，推广组织往往倾向选择高层次紧密的合作模式，以减少项目实施的风险和合作交易成本，保证合作推广的持续性和有效性；推广组织间存在的合作项目的时间越长，越倾向于选择高层次的合作模式。

2. 启示

根据上述研究结论可知，合作农业推广主体在选择具体合作模式时应考虑以下问题：第一，根据推广组织间的邻近程度选择合作模式。地理邻近程度越高，越有利于推广机构间高层次合作模式的选择，地理邻近对组织间显性和隐性知识的传播和扩散有重要影响，尤其是对一些小的推广机构，以及合作推广的初级阶段，选择地理邻近程度高的推广机构进行合作更为重要；推广组织间关系越邻近，越容易形成相互信任，彼此承诺的关联状态，一方面，推广组织在合作之初应慎重考虑组织间的关系邻近程度，根据关系邻近的大小来选择合适的合作对象，形成相匹配的合作模式；另一方面，农业推广组织间，特别是关键组织成员间应重视深度沟通与交流，明晰组织及成员在合作中所承担的角色，履行相应承诺并取得对方信任，建立稳定长久的合作关系，从而形成较高层次的合作模式。第二，根据具体合作的一般环境选择合作模式。特别是对于具有公共技术属性的推广物品，应注重合作的宏观环境，如农业经济结构和发展水平、农村市场结构和消费水平、农村人口数量与教育水平等环境要素，从而选择不同程度的合作模式，一般环境越有利，推广组织越倾向于选择高层次的合作模式。第三，根据项目本身的复杂性来选择合作模式。合作农业推广是一项非常复杂的系统工程，涉及不同推广组织间相互协调和融合，及其对合作推广对象的复杂管理过程，当合作项目管理复杂度越高，意味着推广组织将花费更大的人力、物力和财力使推广对象认识、接受和采用农业推广技术，推广组织间可形成高层次紧密的合作模式，建立更有效的合作制度，保证合作推广的顺利进行。另外，推广主体本身也应该提高自身的能力，如组织资源和关系的管理及运作能力，对外部环境变化的动态适应能力，推广技术创新与发展的能力等，通过不断提高自身的软硬条件，以匹配更高层次的合作对象，选择更高层次的合作类型，从而提高合作农业推广的绩效和发展水平。

（作者单位：中国农业大学；论文来源：《农业经济问题》，2015 年第 3 期）

农业机械化政策法规及规章

农业部部门规章及文件

【关于调整"平安农机"创建工作的通知(农机发〔2014〕1号)】 为深入贯彻中央八项规定精神,巩固党的群众路线教育实践活动成果,切实完成国务院《安全生产"十二五"规划》下达的安全生产任务,促进平安中国建设,农业部和国家安全监管总局于2014年4月4日联合发文,要求各地农业机械化和安全监管部门转变创建方式,调整创建内容,简化创建程序,提高创建活动的效果,逐步建立完善农机安全监管长效机制,减少农机事故发生,促进农机安全生产形势稳定好转。

【关于2013年下半年各地农机购置补贴产品经营违规行为查处情况的通报(农办机〔2014〕3号)】 为维护农机购置补贴政策的严肃性,维护公平竞争、诚信经营的补贴机具市场环境,切实保障广大农民群众和诚信经营企业的合法权益,农业部于2014年1月24日发文通报2013年下半年各地情节较重的农机购置补贴产品经营违规行为查处情况。各级农业机械化主管部门要将农机购置补贴政策实施各项工作与防范、查处违法违规行为同步研究、同步部署、同步实施,坚持不懈地维护农机购置补贴政策科学高效规范廉洁实施的良好环境。

【关于做好2014年农业机械化培训工作的通知(农办机〔2014〕5号)】 为深入贯彻2014年中央1号文件精神,落实农业机械化教育培训"十二五"规划,切实做好2014年农业机械化培训工作,进一步加强农业机械化人才队伍建设,推动农业机械化科学发展。农业部于2014年2月10日发文,要求各级农业机械化主管部门及早部署,深入推进培训大行动,加强管理人员培训,加强科技推广人员培训,加强实用人才培训,加强拖拉机驾驶培训管理。要加强与有关部门的密切配合,充分吸引社会力量参与培训,采取事企联合、校企联动等方式,鼓励相关企业、农机社会化服务组织等共同参与培训活动。

【关于加快推进农产品初加工机械化工作的通知(农办机〔2014〕6号)】 为深入贯彻落实中央农村工作会议和全国农业工作会议的部署要求,加快推进农产品初加工机械化,促进农产品加工业持续健康发展,农业部于2014年2月14日发文,要求各级农业机械化主管部门深刻认识推进农产品初加工机械化的重要意义,大力推动农产品初加工机械装备科技创新,继续加大农产品初加工机械设备的补贴力度,加快完善农产品初加工机械化水平评价指标体系,切实加强推进农产品初加工机械化工作的组织领导。

【关于2013年农机事故情况的通报(农办机〔2014〕7号)】 按照《农业机械安全监督管理条例》和《农业机械事故处理办法》规定,农业部2014年2月24日发文,通报2013年全国农机道路外事故情况、农机道路交通事故情况。各级农业机械化主管部门及其安全监理机构要高度重视农机事故处理、统计报告和分析评估工作,要根据本地农机安全事故发生特点和规律,进一步加强事故预防工作力度,提高事故处理工作能力。要继续深入开展"平安农机"创建活动,组织好农机安全生产大检查,切实提高农机上牌率、检验率、持证率"三率"水平,确保农机安全生产形势持续稳定好转。

【关于印发《农业机械化生产信息报送制度》的通知(农办机〔2014〕9号)】 为进一步及时、准确、全面地反映各地农业机械化生产进度和工作进展,提高农业机械化生产的组织管理工作水平,农业部对2009年实施的《农业机械化生产信息报送制度》进行了修订,并于2014年3月3日发文要求各级农业机械化主管部门做好农业机械化生产信息报送工作,按照新修订的《农业机械化生产信息报送制度》有关要求,结合本地实际,认真贯彻执行。

【关于印发《主要农作物生产全程机械化示范项目实施规范(试行)》的通知(农办机〔2014〕11号)】 为加强主要农作物生产全程机械化示范项目管理,提高项目实施的规范化水平,农业部制定《主要农作物生产全程机械化示范项目实施规范(试行)》,并于2014年4月30日印

发，请各级农业机械化主管部门结合实际，认真贯彻执行

【关于加强微耕机安全生产工作的通知（农办机〔2014〕14号）】 为做好微耕机安全生产工作，预防和减少事故发生，保障广大农民群众的生命财产安全，农业部于2014年6月9日发文，要求各级农业机械化主管部门进一步提高认识，开展质量调查，规范推广鉴定，做好操作培训，强化安全监理，优化市场环境。

【关于2014年农机推广鉴定监督检查情况的通报（农办机〔2014〕15号）】 为进一步规范农机推广鉴定工作，提升鉴定管理和业务水平，促进农业机械化发展，农业部农业机械化管理司会同农业部农业机械试验鉴定总站对农机推广鉴定工作进行监督检查。农业部于2014年7月7日发文通报有关情况。各级农业机械化主管部门要将农业机械试验鉴定工作列入重要议事日程，采取措施，强化监管，提升农业机械鉴定规范化水平。

【关于做好2014年农机深松整地试点工作的通知（农办机〔2014〕16号）】 为贯彻落实2014年中央1号文件关于"大力推进机械化深松整地"和《政府工作报告》中"发挥深松整地对增产的促进作用，今年启动1亿亩试点"的要求，农业部于2014年7月28日发文要求相关地区农业机械化主管部门加强组织领导，确保完成任务；争取财政支持，制定实施方案；严格规范操作，提高作业质量。认真做好2014年农机深松整地试点工作。

【关于做好2014年农机购置补贴产品补贴额调整处理有关问题的通知（农办机〔2014〕18号）】 农业部于2014年4月初、5月底分两批向各省提供2014年农机购置补贴统一归档产品参数信息，共涉及1 400多家企业的11 025个补贴产品。部分企业反映，因自身原因导致产品信息填报有误，请求对已下发的产品信息进行调整。为确保农机购置补贴政策公平公正实施，经研究决定，相关19家企业负责将调整前补贴额和调整后补贴额的差额部分退回，农业部于2014年8月12日发文通知有关事项。

【关于2014年上半年各地农机购置补贴产品经营违规行为查处情况的通报（农办机〔2014〕19号）】 为警示不法企业，充分发挥对农机购置补贴产品经营行为的社会监督作用，农业部于2014年8月12日发文，通报2014年上半年各地情节较重的农机购置补贴产品经营违规行为查处情况。各地各级农业机械化主管部门要建立重点跟踪监管机制，一旦发现在所辖区域有违规经营的线索，要一查到底，绝不姑息，涉嫌犯罪的，要及时移交有关部门严肃查处。坚持不懈地维护农机购置补贴政策科学高效规范廉洁实施的良好环境。

【关于拖拉机、联合收割机牌证业务有关工作的函（农办机函〔2014〕1号）】 农业部于2014年1月22日发函，答复江苏省农业机械管理局《关于请求开展拖拉机、联合收割机牌证业务电子档案试点工作的请示》。要求江苏省在建设拖拉机、联合收割机牌证业务电子档案试点过程中，严格执行《拖拉机、联合收割机牌证业务档案管理规范》，确保档案业务的统一完整规范。同时要求江苏省农业机械管理局在牌证管理和安全检验方面，严格执行《农业机械安全监督管理条例》和农业部规章，积极探索有效途径和方法，提高监管效果，促进农机安全生产工作。

【关于新拖拉机注册登记有关问题的函（农机办函〔2014〕3号）】 农业部于2014年8月18日发函，答复辽宁省农村经济委员会《关于对新拖拉机注册登记检验收费工作的请示》。对未经认定的拖拉机机型，在新拖拉机注册登记时实施安全技术检验并按规定收取检验费是符合现行规定的。同时，建议辽宁省参照有关省份的做法，将操作证件考试收费、安全技术检验收费和牌证的工本费等农机监理收费纳入财政预算，实行免费安全监理。

地方性法规、规章及文件

【辽宁省人民政府办公厅关于转发省农委进一步加强农机购置补贴工作意见的通知（辽政办发〔2014〕6号）】 为进一步落实好农机购置补贴政策，改革管理体制，简化办理程序，切实维护农民利益，推进辽宁省农业机械化又好又快发展，辽宁省于2014年2月14日发文，转发辽宁省农委《关于进一步加强农机购置补贴工作的意见》，要求各地区、各部门结合实际，认真贯彻执行。

【江苏省农业机械安全监督管理条例（江苏省人大常委会公告第2号）】 为了加强农业机械安全监督管理，预防和减少农业机械事故，保障人民生命和财产安全，根据《中华人民共和国农业机械化促进法》、国务院《农业机械安全监督管理条例》等法律、行政法规的规定，结合江苏省实际，制定《江苏省农业机械安全监督管理条例》。本条例由江苏省第十二届人民代表大会常务委员会第五次会议于2013年9月27日通过，自2014年3月1日起施行。此条例主要包含总则、生产、销售和维修、使用、操作人员、监督检查、事故处理、法律责任、附则。

【江西省人民政府关于加快推进农业机械化和农机工业发展的实施意见（赣府发〔2014〕22号）】 为加快江西省农业机械化发展，推动农机工业振兴，推进农业现代化，根据《国务院关于促进农业机械化和农机工业又好又快发展的意见》（国发〔2010〕22号）精神，江西省于2014年7月2日发文，就进一步加快推进农业机械化和农机工业发展提出实施意见。此意见主要包含全面提升农业生产装备水平、大力推进农机社会化服务、加强农机公共服务能力建设、振兴农机工业、加大政策扶持力度和加强组织领导。

【湖南省农业厅　湖南省财政厅关于支持现代农机合作社发展的实施意见（湘农业联〔2014〕79号）】 为了加快湖南省农业现代化进程，根据《湖南省人民政府关于实施两个"百千万"工程加快现代

农业建设的意见》(湘政发〔2014〕5号)精神,湖南省于2014年7月23日发文,对2014在全省扶持建设500家小型精干的水稻生产全程机械化现代农机合作社提出实施意见。此意见主要包含扶持原则、建设内容及补助标准、申报条件、申报及资金拨付程序和保证措施。

【四川省人民代表大会常务委员会关于印送《四川省农业机械安全监督管理条例》的通知(川人发〔2013〕54号)】 为了加强农业机械安全监督管理,预防和减少农业机械事故,保障人民生命财产安全,根据《中华人民共和国农业机械化促进法》、国务院《农业机械安全监督管理条例》等法律法规,结合四川省实际,制定《四川省农业机械安全监督管理条例》。此条例主要包含总则、生产、销售和维修、使用与管理、事故处理、监督检查、法律责任、附则。本条例自2014年1月1日起施行。1997年4月7日四川省第八届人民代表大会常务委员会第二十六次会议通过的《四川省农业机械安全监理和事故处理条例》同时废止。

【陕西省农业厅关于加快提升农业机械化水平的意见(陕农业发〔2014〕137号)】 为了全面推进农业现代化,保障粮食安全和重要农产品有效供给,增加农民收入,陕西省于2014年11月14日发文,对加快提升全省农业机械化水平提出意见。此意见主要包含总体要求、主要任务、高度重视,争取各方支持。

【甘肃省农牧厅关于加强农机质量监督管理工作的意见(甘农牧发〔2014〕98号)】 为了深入贯彻落实科学发展观和党的"十八大"精神,切实履行《中华人民共和国农业机械化促进法》《农业机械安全监督管理条例》和《甘肃省农业机械管理条例》等法律法规赋予的职责,维护农机所有者、使用者和生产者的合法权益,推动甘肃省农业机械化"全程、全面、高质、高效"发展,甘肃省于2014年4月15日发文,就加强农机质量监督管理工作提出意见。此意见主要包含充分认识农机质量监督管理工作的重要意义、认真履行农机质量监督管理工作职能、进一步加大农机质量监督管理工作力度、组织领导和保障措施。

【甘肃省农牧厅关于加快推进粮食生产全程机械化的意见(甘农牧发〔2014〕102号)】 为了贯彻落实中央和甘肃省委、省人民政府关于稳定粮食生产的决策部署,充分发挥农业机械在粮食生产中的作用,提高粮食综合生产能力,保障粮食安全,促进农业增效、农民增收,甘肃省于2014年4月14日发文,就加快推进粮食生产全程机械化提出意见。此意见主要包含总体要求、重点任务、保障措施。

【甘肃省人民政府办公厅关于印发《甘肃省现代大型农机发展规划(2014—2020年)》的通知(甘政办发〔2014〕113号)】

为深入贯彻《中共中央关于全面深化改革若干重大问题的决定》和《中共甘肃省委关于贯彻落实〈中共中央关于全面深化改革若干重大问题的决定〉的意见》(甘发〔2013〕19号),全面落实《甘肃省人民政府关于促进农业机械化和农机工业又好又快发展的实施意见》(甘政发〔2011〕31号),加快推进甘肃省现代大型农机装备制造业发展和现代农业建设,制定《甘肃省现代大型农机发展规划(2014—2020年)》。甘肃省于2014年6月13日发文,此规划予以印发,要求各地区、各部门认真组织实施。此规划主要包含指导思想、发展原则和目标、发展布局和重点任务、政策保障措施。

【甘肃省人民政府办公厅关于印发《甘肃省农机专业合作社建设方案(2015—2020年)》的通知(甘政办发〔2014〕114号)】 为了深入贯彻《中共中央关于全面深化改革若干重大问题的决定》和《中共甘肃省委贯彻关于落实〈中共中央关于全面深化改革若干重大问题的决定〉的意见》(甘发〔2013〕19号),扶持发展新型农业经营主体,健全农业社会化服务体系,全面提升甘肃省农机专业合作社建设水平和经营能力,制定《甘肃省农机专业合作社建设方案(2015—2020年)》。甘肃省于2014年6月19日发文,此方案予以印发,要求各地区、各部门认真贯彻执行。此方案主要包含建设目标、建设内容和保障措施。

【关于印发《甘肃省农机专业合作社建设(2015—2020年)实施细则》的通知(甘农机发〔2014〕127号)】 为贯彻落实《甘肃省人民政府办公厅关于印发〈甘肃省农机专业合作社建设方案(2015—2020年)〉的通知》(甘政办发〔2014〕114号),扶持发展、全面提升甘肃省农机专业合作社建设水平和经营能力。甘肃省于2014年11月14日发文,印发《甘肃省农机专业合作社建设(2015—2020年)实施细则》,请各地区、各部门遵照执行。此细则主要包含建设目标、扶持标准、申报条件、申报程序、建设内容及资金结算、保障措施。

【青岛市农业机械管理局关于印发《青岛市"十镇百社千户"农业机械化示范创建活动实施方案》的通知(青农机管字〔2014〕13号)】 为加快培育新型农机经营服务主体,提升农机社会化服务水平,推进农业全程和全面机械化,2014年深入开展"十镇百社千户"农业机械化示范创建活动,制定《青岛市"十镇百社千户"农业机械化示范创建活动实施方案》。青岛市于2014年5月8日发文,印发此方案,望各区、市农机主管部门结合各自实际,扎实推进,确保完成示范创建任务。此方案主要包含指导思想、总体目标、创建标准、保障措施。

农业机械化工作

各地工作要览

北京市

【概况】 2014年,北京市农机部门以党的“十八大”和十八届四中全会精神为指导,贯彻落实中央农村工作会议、全国农业工作会议和北京市农村工作会议精神,进一步解放思想,开拓进取,立足大农业,发展大农机,根据首都都市型现代农业发展的多样化需求,切实转变农业机械化发展思路,着力提升现代农业装备水平,农业机械化发展向着“全程、全面、高质、高效”的新阶段迈进。

【农机装备水平持续提高】 2014年,北京市农机部门落实中央及北京市级补贴资金合计1.833 4亿元(中央1.1亿元,市级0.733 4亿元)。北京市新增农机设备3 406台(套),果蔬保鲜库5.62万平方米,新增农机动力6万千瓦,受益农户新增5 000余户。“菜篮子”生产农机装备数量大幅增加,用于“菜篮子”生产农机装备补贴资金占到补贴资金总额的90%,比2013年提高近17个百分点。通过农机贷款贴息政策新购置大型进口青贮收获机5台,北京市进口大型青贮收获机总量达到35台。

【农业机械化水平持续提高】 2014年,北京市玉米机收水平再创新高,全市玉米机收面积占可机收面积的91.3%,比2013年提高1个百分点。主要农作物耕种收综合机械化水平达到72%以上,农业机械化水平处于高级发展阶段,粮食生产耕种收基本实现机械化。设施农业、畜牧和渔业养殖机械化水平持续快速提升。

【农机科技支撑和服务能力持续增强】 2014年,北京市现代化农业机械装备在服务都市型现代农业各产业发展、支撑农业高科技生产中的作用更加凸显。按照北京市委、市人民政府《关于调结构转方式发展高效节水农业的意见》要求,以节水、生态农业及保障“菜篮子”生产为方向,调整工作重点,制定《北京市农业机械化节水工作方案》,建立机械化节水模式6种,示范推广机械化节水技术30项,建设机械化节水示范点11个,通过集成技术、打造样板、全面推广的具体措施,初步建立北京市农业机械化节水技术体系。同时,大田和设施农业的节水灌溉、渔业养殖的水循环处理、智能化奶牛养殖、智能化肉鸡养殖、畜禽无害化处理、智能化养猪等设备的引进应用,大大推进节水农业的发展和规模化畜牧养殖业的高效、安全和标准化生产。

【农机社会化服务能力持续提升】 2014年,北京市制定《北京市农机专业合作社示范社建设标准》,重点推进市级农机合作社示范社建设。通过农机金融租赁、大型农机具贷款抵押等形式试点农机专业合作社示范社流动资金贷款贴息和担保补贴政策,进一步提升农机专业合作社示范社服务能力。春耕、“三夏”和“三秋”期间,北京市农机社会化服务组织作业面积达到70%以上。创新农机社会化服务模式,试点“农业龙头企业+农机专业合作社”联合互利发展模式,鼓励引导全市农机专业合作社实施“走出去”战略,为首农集团三元外埠奶源饲料生产基地开展全程机械化作业服务,促进现有先进农机装备的高效利用。

【农机安全生产形势持续稳定】 截至2014年11月底,北京市发生一般农机事故15起,死亡0人,受伤3人,事故起数同比下降37.5%。未突破市安全生产委员会下达的农机安全生产控制考核指标,农机安全生产形势继续保持稳定。北京市拖拉机检验率达到89.7%以上。

【服务粮食经济产业发展】 2014年,北京市用于大田粮食生产机械补贴资金1 910.5万元。淘汰更新22.05千瓦以上拖拉机614台,推进农作物秸秆综合利用,推广玉米秸秆捡拾打捆机10台;落实北京市农业局农业机械化管理处负责的局内折子工程,新购置玉米收获机40台,确保玉米机收率完成91%的任务指标;为推进粮食生产全程机械化,上半年购置中耕追肥机100台。在春耕、“三夏”“三秋”等关键农时充分发挥农业机械在农业生产中的主力军作用,确保粮食颗粒归仓,为粮食增产和农民增收发挥重要作用。

【服务畜牧产业发展】 2014年，北京市用于畜牧养殖机械补贴资金4 943.5万元。在推动种业生产机械化工作中，2014年新购置种猪、蛋种鸡等种业生产养殖自动化设备141套；为保障现代化养殖业的安全生产和优质安全奶产品生产，新购置畜禽尸体无害化处理设备4套，组合式挤奶设备85套。

【服务蔬菜产业发展】 2014年，北京市用于设施农业设备补贴资金6 764万元。为解决设施种植园区的果蔬保鲜贮藏问题，新购置果蔬保鲜库5.62万平方米；为解决设施园区有机废弃物处理问题，新购置发酵翻堆设备5台(套)。北京市新增温室用拖拉机400台，微耕机300台，卷帘机500台。有效解决设施园艺园区生产中劳动力短缺和劳动强度大的问题，通过现代农机装备的高效作业和自动化控制，实现蔬菜标准园区的规模化种植、现代化装备、标准化生产、安全化控制。

【服务水产养殖业发展】 2014年，北京市用于水产养殖机械设备补贴资金3 711万元，为推进工厂化养殖和水资源高效利用，新购置水循环过滤、净化处理等节水型水产养殖机械设备6套。

【服务农产品加工行业】 2014年，北京市用于农产品加工机械补贴资金共计3 711万元，落实《农业部办公厅关于加快推进农产品初加工机械化工作的通知》(农办机〔2014〕6号)要求，围绕产后提升农产品附加值，推进房山果蔬脆片加工和门头沟干果加工两个农产品加工重点项目。

【多点推进农机与农艺融合】 2014年，北京市通过部门、人才和技术三个层面联动探索建立农机农艺融合长效工作机制，有力推动融合工作开展。提升粮经产业优质发展机械化水平，在延庆、密云、顺义3个区县分别建立试验示范基地，开展大田作物机械化作业技术模式、机具配套、质量标准、操作规范的示范推广。重点推广旱作农业农机农艺融合节水生产模式和高效机械化节水模式，集成示范推广保护性耕作(土壤深松、秸秆粉碎还田)、机械镇压、覆膜播种、中耕追肥、机施缓释肥、机械植保、化控防倒等8项蓄水保墒机械化节水技术，着力提高土壤蓄水能力和产出水平。针对玉米的机械化生产，开展玉米品种筛选、中耕追肥、精量播种、籽粒直收等关键环节机械化技术试验，提升玉米全程机械化作业水平。提升畜禽产业节水生态发展机械化水平，集成示范的畜禽废弃物综合资源化循环利用技术，使805家规模化养殖场实现粪污综合治理，粪污资源化利用率达到80%。分别在房山、怀柔、通州建立3个畜禽养殖机械化节水技术示范点。开展节水型饮水器、自动精量投喂、开展粪污干湿分离、污水处理、自动清粪技术、有机肥加工、动物尸体无害化处理技术的应用，实现畜禽废弃物资源化循环利用和种养联动提供技术支持。提升蔬菜产业高效生产机械化水平，在设施蔬菜生产的关键环节，实施机械化作业技术、设施省力化技术、物理增产技术、设施农业智能化管理技术等4大类共17种农机技术。依托9个区县，20个示范点，示范推广各种农机设备技术300台(套)，示范作业面积133.33公顷，改造大棚180栋，技术辐射近千公顷。智能化、精量化等先进园艺高效机械化技术的运用，节本增效明显。

【多措并举推进农业机械化与信息化融合】 2014年，北京市加强农机综合信息服务，深度融合中国农机互联网和北京农业机械化信息网，构建新北京农业机械化信息网服务平台。平台服务增加农机业务应用系统，强化网上办事功能，形成集农机管理、农机鉴定、农机推广、农机监理全系统，新闻、办公、交流、数据、监测、展示、培训等全功能24小时全天候服务的“三全”新北京农业机械化信息网，已经成为社会了解北京农业机械化工作的官方窗口。加强农机作业调度信息化服务，在密云、房山、通州3个区县示范推广北斗监控型和导航型2种终端100余台，借助于北斗卫星导航系统以及TD—LTE移动宽带通信技术，实现农机作业精细调度管理，有效提升农机服务组织的管理效率、作业效率，为农机作业调度和管理提供信息化手段；可实时为农机管理部门提供机具作业情况统计，为政策制定提供数据依据。移动执法综合管理系统平台的成功研发实现农机监理对农业机械及驾驶操作人员的自动化、电子化管理。现代化农业机械装备在服务都市型现代农业各产业发展、支撑农业高科技生产中的作用日益凸显。

【着力提升农机社会化服务能力】 一是顶层设计北京市农机专业合作社建设方向。制定《北京市农机专业合作社示范社建设标准》，组织区县召开全市农机合作社规范建设工作研讨会，重点推进15个市级农机合作社示范社建设。二是探索研究农机合作社示范社流动资金贷款贴息和担保补贴政策。实施农业部农业创新项目，与北京农担公司合作，采取以合作社“地产＋车产＋大型农机具”作抵押的方式获得流动资金贷款，通过努力协调，为试点的两家部级农机合作社示范社争取流动资金贷款900万元。大型农机具也可用作贷款抵押，扩大抵押物的种类和范围，取得一定突破。三是积极推进农机社会化服务。通过与首农集团签约合作的牵线搭桥，鼓励引导全市农机专业合作社实施“走出去”战略，为首农集团三元外埠奶源饲料生产基地开展全程机械化作业服务，促进现有先进农机装备的高效利用。“三夏”期间，在北京市农业局农业机械化管理处的协调下，北京市2家农机专业合作社的3台小麦收获机赶赴河北首农奶牛基地(河北定州)进行小麦机收及秸秆打捆作业，迈出农机合作社为农业龙头企业开展农机社会化服务的第一步。

【着力提升农机管理和服务水平】 2014年，北京市农机部门实施“三支队伍培育、培训”行动。一是培养职业型农机实用人才。利用10所区县级农业机械化学校，合理调配培训鉴定资源，有力地促进农业机械化培训工作和职业技能鉴定工作的有效开展。全年完成鉴定培训433人；结合区县产业需要，结合春耕、“三夏”“三秋”等重点农时季节，开展技能培训和农机安全培训，尤其是在农机安全培训中，首次将农机安全培训对象扩展至农民机手的配偶和子女，以“小手拉大手”，长吹安全“耳边风”的形式提醒机手安全作业，累计培训人员2 000人次；全年培训各类农机驾驶操作人员16 174人。二是培养专业型农机科技人才。以农机科技推广人员为重点，围绕粮经、设施、畜牧、水产、林果机械化技术，开展知识更新大培训。通过“北京市农机修理工高技能人才培训班”“北京合作社经理人培训班”“北京市设施农业机械化技术推广与装备运用高级研修班”等方式累计培训技术人员997人次。三是培养复合型农业机械化科技管理人才。以基层农机科技管理人员为重点，围绕农业机械化管理、农机科技推广、农机维修、质量鉴定等专业知识，邀请行业内著名的专家学者实施专题培训，提升农业机械化科技管理人员的综合素质和公共服务能力。2014年累计培训管理人员1 725人次。

【加强农机产品、作业、维修、服务质量管理】 2014年北京市共完成各类检验项目共计44项，其中市级监督抽查2项，新产品鉴定4项，推广鉴定7项，其他委托检验31项，促进农机产品质量稳步提升；完成《农作物收获农机作业规范—小麦》《农作物收获农机作业规范—玉米》2个北京市地方标准的制定和1个北京市地方标准试修订，加强重要农时作业质量监测监管，促进农机作业质量逐步提升。加强对农机企业的检查与服务，对8个企业的13种产品进行推广监督检查，做好支持推广的农业机械产品目录评审工作，对申报的9大类68个产品进行认真审查和分组评审，促进农机服务质量不断提升。受理1起农机质量投诉，为用户挽回直接经济损失1万多元。

【加强农机安全监管】 2014年，北京市市区两级农机监理部门结合重要农时，联合安全监督、公安交通管理、工商、质量技术监督等部门加大对重点地区、重点机型、事故多发时段的隐患排查和执法检查力度。北京市共出动执法人员6 876人次，依法开展检查1 011次，检查各类农机生产场所849个，检查农业机械及驾驶操作人员16 300余人(台)次，排查事故隐患306起，全部整改。开展农机政策性保险投保和理赔，北京市农机投保政策性保险745台(次)，保险金额累计1.74亿元，签单保费95.94万元。开展农机监理“为民服务 创先争优”示范窗口创建活动，2014年完成各类行政审批18 152件，无投诉发生。

天津市

【概况】 2014年，天津农机部门以党的“十八大”、十八届三中、四中全会和市委十届三次、四次全会精神为指导，认真贯彻市委、市人民政府关于提高农业机械化水平的各项部署，根据天津现代都市型农业发展的需求，切实转变发展思路，着力提升现代农业技术装备水平，农业机械化向着“全程、全面、高质、高效”的新阶段迈进。

【“清新空气”秸秆禁烧与综合利用任务完成】 2014年，天津市农作物秸秆综合利用率超过80%，完成年度工作目标。其中，小麦秸秆80%以上实现粉碎还田肥料化利用，玉米秸秆有168.67千公顷实现粉碎还田肥料化利用，51.33千公顷实现青贮、黄贮饲料化利用，综合利用率超过90%。

【基本农田耕地质量持续改善】 2014年，天津市已实施机械化深松作业49.60千公顷、激光平地作业12.03千公顷。5年来，累计实施深松作业177.33千公顷，激光平地作业38千公顷，有效提高耕地蓄水保墒、抗旱防涝能力及对水肥的利用率，为农作物持续高产稳产夯实基础。

【农机装备水平持续提高】 2014年，天津市落实中央和市级农机购置补贴资金1.3亿元(中央1亿元，市级0.3亿元)，同比增长12%。全市新增各类农业机械8 853台(套)，新增农机动力6.26万千瓦，受益农户4 758户。

【农业机械化作业水平持续提高】 2014年，天津市玉米机收再创新高，达到85.3%，同比提高3个百分点。水稻栽插环节机械化快速推进，机插率达到90%，同比提高10个百分点。水稻机收率达到87.4%，同比小幅提高。设施农业机械化稳步发展。

【农机科技支撑能力持续增强】 2014年，天津市实施8项市农业科技成果转化与推广项目，引进技术19项，引进新装备202台(套)。建立试验示范基地58处，建立科技示范户303户，推广面积达到1.71千公顷，新增经济效益676.71万元。

【农机安全生产形势持续稳定】 2014年，天津市完成农机牌证行政审批3 984项。全市拖拉机上牌率达到90.3%；检验率达到67.2%，同比提高7.6个百分点；驾驶员持证率达到86.4%，完成农业部下达的年度“三率”指标任务。发生道路外农机事故3起，受伤2人，死亡1人，无重大事故发生，事故发生率同比下降77%，死亡人数未突破市安全生产委员会下达的农机安全生产控制考核指标。

【农机购置补贴改革创新工作高效落实】

2014年是天津市实行“全价购机、县级结算、直补到卡”操作模式的第一年，通过充实补贴产品目录、优化制度设计、加强信息公开、强化纪检监督、延伸绩效考核等手段，确保农机购置补贴政策有条不紊、安全有序地实施。1年来，补贴新增大中型拖拉机1 511台，耕整地机械1 663台，种植施肥机械97台，田间管理机械9台，收获机械1 171台，收获后处理机械21台，排灌机械29台，农田基本建设机械33台(套)，设施农业设备430台(套)，畜牧水产养殖机械331台。针对2014年实行新的补贴资金兑付方式后，部分区县农机、财政、银行之间的沟通衔接不畅的问题，先后两次与市农商银行沟通协调，推动加快购机补贴资金结算进度，确保农民及时享受到补贴实惠。自2012年农业部组织延伸绩效管理试点工作以来，天津市农村工作委员会农业机械管理办公室连续两年获“强农惠农富农政策落实(农机购置补贴)优秀单位”称号并被通报表扬。

【精心组织农业机械化生产】 2014年，天津市提早部署、统筹安排，制定相应的农业机械化生产工作方案，指导各区县农机部门认真做好相关准备工作，从信息收集发布、机具检修指导、物质保障供应、技术推广培训等方面加大服务保障力度，有效保证春耕、“三夏”和“三秋”农业生产任务的顺利完成。春耕期间，全市投入各类农机具4.14万台(套)，完成机耕作业184.43千公顷、机播作业167.03千公顷。“三夏”期间，全市投入小麦联合收割机3 800台，机收小麦112.33千公顷，投入播种机械1.15万台，完成夏玉米机播113.4千公顷。“三秋”期间，全市投入农业机械4.01万台，机收玉米200.73千公顷，机收水稻19.4千公顷，机播冬小麦95.95千公顷，完成机械化耕整地作业114.47千公顷。

【推进秸秆禁烧与综合利用工作】 2014

年，天津市创新扶持政策，将稻麦秸秆综合利用作业补贴纳入市财政补贴范围。制定农作物秸秆禁烧与综合利用工作方案，按照“堵疏结合、以用促禁”的工作思路，采取召开秸秆能源化利用洽谈会、秸秆综合利用对接会、秸秆综合利用现场会，印发秸秆综合利用相关技术指导意见等多种方式，普及推广秸秆综合利用机械化作业技术路线。制定《2014年秸秆禁烧与综合利用督察方案》，成立6个市级督察组，采取领导带队、分片督查的方式，在重点农时始终保持秸秆禁烧与综合利用高压检查态势。共出动350余人次，深入区县督查108次，对小麦、玉米、水稻、棉花等作物的秸秆禁烧与综合利用工作进行督查，为清新空气行动目标责任的落实发挥应有的作用。秸秆燃料加工中心建设项目稳步推进，争取资金1 250万元。2014年，经实地核查和现场评估，已初步遴选出5个符合项目申报指南要求的单位，拟于近期组织专家评审。

【农机作业补贴项目高效实施】 2014年，天津市为确保49.33千公顷耕地深松及12千公顷激光平地作业补贴任务保质保量实施，制定《2014年天津市耕地深松及激光平地作业补贴项目实施方案》，进一步完善项目操作程序及管理制度。2014年作业区域覆盖到83个乡镇的424个村，由59个作业服务队承担。继续使用GPS车载定位设备对参与深松平地项目作业的所有拖拉机进行实时、动态监测，从政策宣传、信息公示、作业质量等方面加大指导和检查力度，采取随机抽查、实地勘测的方式，在春耕、“三夏”“三秋”期间，分别对区县项目实施进展情况及作业结果进行检查验收，抽查比例达到所有项目实施村镇的10%以上，有力地保证项目的有序开展。

【农机合作社扶持创建工作稳步推进】 2014年，天津市农机部门继续加大扶持力度，争取财政专项资金910万元，支持基础条件较好的农机合作社创建市级合作社和市级示范农机合作社。在摸底调查、组织申报、项目审查、实地评估的基础上，确定扶持对象。有8个合作社获得市级示范农机专业合作社创建补助，7个合作社获得市级农机合作社创建补助。同时，举办全市农机合作社规范化、标准化建设培训班，对农机合作社，尤其是参与创建市级和市级示范合作社的农机合作社的理事长、财会人员等进行业务培训，帮助其进一步增强依法办社、规范管社、创业兴社的能力。

【组织开展科技下乡活动】 2014年，天津市以“科技扶持新型农业经营主体”为主题，组建34支农业机械化科技小分队和166名技术人员，举办农机技术培训班72期、科技赶大集22次、现场会23次、科技入户入社500余次，开展咨询服务8 000余次，培训农民6 000人次，发放技术资料3.7万份。示范推广新技术53项、新机具800余台(套)，服务专业大户、家庭农场、农民合作社、农业企业共计200余家，使1万余农民受益。

【推广农业机械化技术，加快农机农艺融合】 2014年，天津市发挥项目带动和支撑作用，组织实施8个市级农业机械化项目，制定技术规范12项。高秆作物植保机械化技术引进示范、农机精准作业智能化监控技术示范与推广、肉鸡养殖智能化光照及无害化处理技术设备引进示范等3个项目通过市农村工作委员会审核，其中高秆作物植保机械化技术引进示范已立为2014年农业科技成果转化项目。农机作业质量检测与管理系统关键技术研究及装备开发项目被市科委立为科技支撑项目。精准农业控制技术引进与示范、设施农业精细化管理技术与远程监控技术设备引进示范项目通过现场验收。同时，保护性耕作工程建设项目进展顺利，完成对静海县的竣工验收，目前正组织对武清、宝坻和宁河的项目进行验收。

【开展学术交流和组织培训活动】 2014年，天津市分别以设施农业机械化、农业物联网和农机农艺融合为主题，先后举办三期农业机械化报告会，与市农业科学院开展农机农艺融合对接活动，举办中日设施农业发展研讨会、中药材生产机械化技术研讨会和农机企业服务座谈会。精心组织开展多种形式的培训活动。完成实用技术普及性培训9 680人次，8 565人取得国家职业资格证书。召开农业机械化教育培训工作会，举办中高级农业机械化管理人员和科技人员培训班、技术推广骨干培训班、乡镇农机管理人员培训班，通过培训极大地提高从业人员的素质。提升农机试验鉴定能力水平。完成市级农机产品推广鉴定24项，涉及11个企业、17个类型、22个型号的产品。

【推进农机依法行政，强化农机安全生产监督检查】 一是加大执法检查力度。对农机专业合作社、设施农业园区等单位和乡村道路、田间、场院等场所开展农机安全隐患排查和“打非治违”专项整治活动。2014年，天津市出动执法检查人员1 430人次，检查农业机械14 760台，查处未检验作业等违法违章行为828起，排查农机安全隐患127起，全部责令整改并进行跟踪检查，整改率达100%，促进农机安全生产形势持续稳定好转。二是认真落实免费监理政策，广泛开展实地检验。充分利用宣传单、广播、电话、短信等渠道，加大农机总检政策宣传。深入乡(镇)村、农机大户、农机专业合作社以及农机作业场所，开展拖拉机、联合收割机检验和驾驶员安全教育“一站式”服务，累计免收农机监理规费100余万元，拖拉机、联合收割机“三率”水平进一步提高。三是理顺农机执法工作机制。以市农村工作委员会的名义印发《关于进一步加强农机安全监理工作的意见》，明确区县农机监理机构的责任，进一步强化农机监理工作基础。四是狠抓农机安全监理规范化建设。12条农机移动检测线普遍使用，农机驾驶员考试中心运行正常，截至2014年11月15日，已累计完成拖拉机驾驶员考试647名，联合收割机驾驶员考试256名。“平安农机”创建和“为民服务创先争优”示范窗口活动深入开展。举办农机事故处理等各类执法培训活动。五是组织农机“安全生产月”“平安农机”“六个一”和玉米收获机安全使用体验日等安全宣传活动176次，累计出动农机安全监理人员803人次，受益农民1.1万余人，免费发放各类农机安全宣传材料2.35万份。

【农业机械化质量监管工作稳步推进】 2014年，天津市制定印发《关于进一步加强农业机械化质量工作的意见》，对今后一个时期农业机械化质量工作进行部署，提出八项具体举措。首次组织召开全市农业机械化质量工作会议。完成《天津市农业机械推广鉴定工作规程》草案起草。结合“3·15”消费者权益日及春耕、“三夏”“三秋”农业机械化生产，组织区县集中开展农机打假专项治理行动及农机维修网点监督检查活动。期间，天津市共出动执法人员922人次，检查农机经销企业、维修网点453个，整顿农机市场15个，发放相关宣传材料5 350余份，有效规范农机市场秩序，维护购机农民的合法权益。

【扎实有序推进结对帮扶困难村工作】 2014年，天津市党委多次召开专题会议，研究部署帮扶工作，明确帮扶工作重点。党委主要负责同志、分管领导及其他班子成员先后18次深入帮扶村，关心慰问驻村干部，调研规划落实情况，协调推动帮扶工作，有力的保障帮扶工作高效运转。直接投入资金40余万元，用于帮扶困难村改善农村人居环境和农民生产生活条件。针对困难村群众关心的热点、难点问题，天津市农村工作委员会农业机械管理办公室主动协调区农村工作委员会、水务、交通、电力等职能部门力量，相继将困难村的桥梁新(改)建、道路硬化、电力设施改造等一批惠民生利长远的项目列入本区帮扶计划，安排资金300余万元，解决一批困难村长期迫切需要解决而自身无力解决的实际问题。先后完成电力低改，拆除重建2座生产危桥，增设修缮照明设施140个，新修道路3.3千米，有效解决村民用电难、出行难、灌溉难等问题。清理垃圾堆放点20多处，清运垃圾50吨，新建垃圾池15个，极大改善帮扶村的村容村貌。召开农机系统技术帮扶困难村启动会，传达贯彻市农村工作委员会部署，制定技术帮扶困难村实施方案，要求天津市农机部门的5个技术帮扶组按时与困难村对接，并认真了解所帮扶的30个困难村的产业需求，配合村"两委"和驻村帮扶工作组，进行有针对的指导，推动土地流转和产业转型，精心研究壮大集体经济、增加农民收入的有效途径，增强村集体经济"造血"能力。

河北省

【概况】 2014年，河北省农业机械化管理局深入贯彻全国和全省农业工作会议精神，按照工作部署对重点工作认真组织实施，抓好落实，重点工作稳步推进。2014年，农机总动力达到10 893万千瓦，增长1.7%；综合机械化水平达到72.5%，比2013年增长1.8%；大中型拖拉机保有量达到23万台，同比增长5%，联合收获机达11万台，同比增长10%；全省玉米机收率70%，增加10个百分点。

【落实补贴政策，加快推进农机装备发展】 2014年，中央安排河北省第一批农机购置补贴资金7.7亿元，第二批农机购置补贴资金4.4亿元，累计安排12.1亿元，较2013年增加1.4亿元。落实中央补贴资金11.51亿元，落实比例达到95.1%，累计补贴各类农机具109 490台，其中，拖拉机26 094台，耕整地机械28 365台，小麦联合收割机4 134台，玉米收获机9 744台，播种机械14 052台，畜牧水产机械11 471台，设施农业设备8 316台。受益农户达到85 591户。

【重要农时季节农业机械化生产有序进行】 2014年，河北省充分发挥农业机械在春耕生产中的主力军作用，组织省、市、县的农机科技人员，搞好技术服务和开展农机春耕生产工作。2014年全省组织出动机具180.232万台投入春耕生产，完成机械浇(灌)地面积3 975千公顷，机械耕整地面积1 601.2千公顷，机播面积1 034.08千公顷。"三夏"期间，全力以赴开展抢收抢种，共投入小麦联合收割机、玉米免耕播种机、拖拉机等农机具130多万台。小麦机收率保持98%的高水平，实现夏粮丰产丰收，颗粒归仓。在做好抢收小麦的同时，大力推行小麦机收、秸秆还田、玉米机播"一条龙"作业模式，机收、机播同时推进，夏玉米机械播种达到90%，秸秆还田率达到95%。针对2014年夏玉米成熟期推迟、小麦播种茬口紧张的情况，"三秋"期间充分发挥农机数量多的优势，集中时间、集中机具，共有130万台拖拉机和播种机、4.5万台玉米收获机、8万台秸秆还田机投入"三秋"作业，大力开展收获、整地、播种"一条龙"服务。机械化收获玉米2 194千公顷，机收率70%。机播小麦2 320千公顷，机播率达98%，大部分麦田在适播期内播完。

【全面完成农机深松目标】 2014年，河北省农机部门按照农业部和省人民政府有关农机深松工作安排部署，利用2.5亿元资金对农机深松作业给予补助，完成作业量666.67千公顷，按时完成省人民政府提出的三年对适宜深松地普遍深松一遍的工作目标，为助推河北省粮食连续丰收做出贡献。

【组织化程度提升，农机合作社社会化服务主力军作用显现】 2014年，河北省农机合作社服务功能和发展质量提升，从农机销售、培训、维修到农机订单、托管作业蓬勃开展，流转土地规模经营的能力在增强。全省农业机械化合作社共流转、托管土地以及订单作业面积达到616.67千公顷。涌现出深县仁中、定州市信联等一批组织形式规范、服务设施齐全、管理制度完善的"全国农民合作社示范社"。农机合作社组织优势和载体、替代劳力作用开始显现，"三夏"和"三秋"期间，全省1 000多个农机合作社，大力推行订单作业、承包作业、"一条龙"作业等服务模式，落实耕播收作业面积占小麦和玉米面积的1/3，80%农机深松作业由农机合作社完成，保障农业生产的有序、高效进行。

【完善技术模式，保护性耕作技术推广区规模扩大】 2014年，河北省9个保护性耕作级项目县和24个省级地下水超采保护性耕作治理项目县，建成标准化的保护性耕作示范样板田和试验示范区，并以此为依托，通过技术培训、作业补贴等措施，建设具有一定规模的保护性耕作技术推广区233.33千公顷，新增保护性耕作面积47.33千公顷，购置机具962台，实现地下水压采0.25亿立方米。

【加大农机购置补贴改革创新】 2014年，河北省简政放权，进一步加大农机购置补贴改革创新。一是经销商环节上，不设立经销商资质条件，由农机生产企业确定经销商，进一步发挥生产企业确定经销商的自主权。二是资金分配上，赋予市级农机管理部门一定权限。三是补贴范围由县级农机购置补贴工作领导小组研究确定补贴重点，在补贴资金允许的提前下，各实施县可以选择玉米收获机、深松机等粮食生产耕种收环节急需的机具品目敞开补贴，满足县域内所有申购者的需求。四是鼓励各地积极实现申请报名、确定购机者以及发放指标确认书等环节一条龙服务，最大限度减少农民办理次数，提高办事效率。

【协调联动，精心组织搞好服务】 2014年，河北省农机部门协调联动，精心组织搞好服务。春耕生产工作中，充分发挥农业机械在春耕生产中的主力军作用，迅速掀起春季田间管理热潮。河北省农业机械化管理局在组织领导方面，早谋划、早安排、早启动，抓住关键，突出重点，制订工作方案，强化工作措施和任务目标，做到一级抓一级，一级对一级负责。坚持农机农艺融合，加强与相关部门的紧密配合，通力协作，形成合力，及时协调解决春耕生产中的矛盾和问题。

【服务到位，保障有力】 强化信息工作，大力推进“全国农业机械化生产信息管理服务平台”推广力度，在“三夏”期间做到边测试、边建设、边使用，每日及时把免费天气情况、收获进度发布给全省8 000多个农机用户以及合作社、农机维修网点和下级农机部门。全省各级农机部门共计免费发布手机短信375条。组织开展多项服务工作，确保机手和农业机械以良好的状态投入到“三夏”农业生产中。加快办理小麦收割机购机补贴。优先对购买小麦收割机的给予补贴，不耽误参加小麦跨区机收作业。准备工作到位，河北省农业机械化管理局将148个市、县农机部门24小时值班热线电话统一在河北省农业机械化信息网上向社会公开，作业期间保持24小时开通，第一时间处置突发事件。强化与有关部门的工作对接，河北省农业机械化管理局与省气象台达成深度合作框架协议，为1万名机手及时提供实地天气预报，中石化河北公司全力支持夏收农机用油有保障，每升柴油“三夏”期间优惠0.1元，组织100多台加油车送油到田间地头，方便机手加油，交通部门负责减免过路过桥费，公安部门维持社会治安等。加强安全生产监管，把安全生产工作贯穿于“三夏”农机生产服务的全过程，做到工作同部署、同落实。推广新技术，在有条件的市(县)推广深松施肥播种一体机，确保夏玉米“苗全、苗均、苗壮”。积极推进机械化秸秆综合利用，大力推广小麦秸秆机械化粉碎覆盖还田、秸秆打捆等技术，确保全省小麦秸秆机械直接还田率达到90%以上。

【典型引路，开展农机合作社创建活动】 2014年，河北省开展农机合作社建设年活动。在建设年活动中，仅仅抓住强化和提升合作社内部管理机制这个关键，采取树典型、立样板、教方法、指路子的办法，选择一批优秀农机合作社，对其内部管理机制、分红模式以及发展模式进行深入剖析，介绍他们的成功之道，总结提炼农机合作社的实践经验和真切体会，归纳他们的发展模式和治理经验，制作一期在《河北农机化》杂志“农机合作社专刊”，免费发放至180个县级农机部门和省内所有农机合作社，供农机合作社根据自身情况，学习优秀示范社的经验，选择合适的发展模式做大做强。在财政支持农机合作社发展上，进一步加大支持力度。河北省财政下达1 300万元补助资金，用于农机合作社购置耕作、播种、搞销售或一级机械化植保所需机具和库棚建设补贴，提升农机合作社基础实力。

【立足“五抓”，促农机深松任务落实】 2014年，河北省抓好责任落实。将深松工作由部门行为提升为政府行为，层层分解任务目标，制定严格考核制度，把各项工作落到实处。抓好机具准备。按照作业任务详细测算，确定新增机具数量，利用农机补贴政策优先落实，落实深松机具1.8万多台(套)，其中新增深松机具近3 000台，为完成深松作业任务奠定坚实装备基础。抓好作业调度。做到机具、地块、人员和作业面积有效对接，确保不缺不漏。充分发挥农机合作社主力军作用，统一作业、统一质检、统一服务。抓好项目监管。强化人员培训，培训农机手1.5万名，质检员7 000多名，全面推行持证上岗。抓监管制度落实。确保作业质量和作业面积。设立公开投诉举报电话，加强资金监管，严厉打击截留、挪用、套取补贴资金等违法乱纪行为。

【财政支持，扩大保护性耕作推广规模】 2014年，河北省财政投资2 000万元，用于衡水、沧州、邢台、邯郸市24个县的33.33千公顷地下水超采保护性耕作治理项目，每公顷给予农机作业补助450元，对每台免耕播种机具累加补助购置费4 000元。在实施保护性耕作项目中，部项目县和省项目县在作业季节都设立技术服务热线电话接受群众咨询，并成立由技术骨干组成的保护性耕作技术服务队，深入田间地头巡回开展技术和机具维修服务，解决生产中遇到的各种技术难题，做到保护性耕作主体技术不变形、不走样，确保项目实施效果。

山西省

【概况】 2014年，山西省各级农机部门认真贯彻落实全国农业及农机工作会议精神，求真务实，开拓创新，各项农业机械化工作均取得成效，全省农业机械化呈现出健康、稳定、持续发展的良好态势。

【农机装备水平大幅提高】 截至2014年11月底，山西省农机总动力比2013年增加95.23万千瓦，年底可增加100万千瓦，达到3 283.3万千瓦。其中，大中型拖拉机保有量可达到11.8万台，玉米联合收割机可达到1.83万台，分别比2013年增加1.1万台和3 886台，增幅分别为10.2%和27%。同时，畜牧、设施农业、林果及农产品加工机械均快速发展，全省农机装备结构得到有效调整。

【农机作业水平稳步提升】 2014年，山西省完成小麦机收面积660千公顷，机收水平达到98.02%；完成玉米机收面积969.13千公顷；完成马铃薯全程机械化面积91.67千公顷。2014年，全省主要农作物综合机械化水平将达到63.07%，比2013年提高2个百分点。

【农业机械化经营效益持续增加】 2014年，山西省农业机械化经营总收入将达到128亿元，比2013年增加6.1亿元，增幅5%。其中，农机户经营纯收入达到59.3亿元，比2013年增加1.17亿元，增幅2%。

【农机安全生产形势稳中向好】 截至2014年11月底，山西省发生2起农机安全生产事故，造成2人重伤，直接经济损失4.8万元，低于省人民政府农机安全生产考核指标，农机安全生产形势保持稳定。

【精准规范实施农机购置补贴政策】 2014年，山西省共落实中央农机购置补贴资金5.6亿元。将农机购置补贴范围由2013年的12个大类36个小类98个品目调整为12个大类30个小类68个品目，补贴重点更加突出；实行“自主选择购机、补贴标准定额、县级审核结算、资金直补到卡”的补贴方式，进一步简化补贴程序，工作效率更高；认真落实“主要领导负总责、分管领导负全责、工作人员直接负责”和“谁办理、谁负责，谁核实、谁负责”的责任制度，做到目标到岗、责任到人；见人、见机逐台核实补贴机具，补贴程序更加严格；在山西农机信息网、各地农廉网、电子政务平台上及时公示农机购置补贴信息，全面接受社会监督，做到阳光操作，更加公正公平。

【精心组织重要农时季节机械化生产】 2014年春耕春播期间，山西省共投入各种农业机械57.4万台(件)，完成机械化耕整地1 833.33千公顷，机械浇灌地面积490千公顷，机械播种1 603.33千公顷，其中玉米机播1 234千公顷，马铃薯、豆类等杂粮机播309.33千公顷。“三夏”期间，全省组织40余万台农机具投入农机作业，其中小麦联合收割机1.2万余台，完成机收面积660千公顷，机收水平达到98.02%，较2013年提高2个百分点；完成机械复播玉米、豆类面积373.33千公顷，机播率达到93%，再创新高。“三秋”期间，投入各类农业机械33.8万台(件)，并安排玉米机收秸秆还田、马铃薯机收和机械化柠条平茬等作业补贴资金1.085亿元，完成玉米机收秸秆还田面积969.13千公顷；马铃薯全程机械化面积91.67千公顷；柠条平茬作业面积7.8千公顷。

【稳步推进保护性耕作和深松整地作业】 2014年，山西省按照因地制宜、分类指导，突出重点、保证规模，以点带面、全面发展的原则，确定在全省建设10个保护性耕作全覆盖项目县、15个基本覆盖项目县、38个重点示范项目县。2014年，全省新增保护性耕作实施面积67.33千公顷，累计实施面积达到1 055.33千公顷，覆盖11个市100多个县，受益农民近1 100万人。主要狠抓以下三方面工作：一是积极争取省人民政府将农机深松整地作业补贴纳入2014年强农惠农富农政策体系，并投入2 500万元，加上农业部农机深松作业补贴资金2 000万元，累计投入4 500万元。截至11月底，已实施农机深松整地作业补贴面积120千公顷。二是制定《2014年全省保护性耕作项目实施方案》，并与省财政厅联合制定《山西省农机深松整地作业补贴项目资金管理办法》，为加快推广保护性耕作技术、开展农机深松整地作业补贴提供操作性很强的实施指南。三是组织实施2014年保护性耕作和农机深松整地项目绩效考核，切实加强保护性耕作和农机深松整地作业补贴项目的监督管理，项目建设水平得到显著提升。

【培育新型农业机械化经营主体】 2014年，山西省制定下发《关于开展农机化示范社场户创建活动的实施意见》，确定55个合作社、63个家庭农场、119个农机大户为2014年度重点培育对象，从资金、装备、技术、信息、人才等方面予以扶持，创建活动有序推进。支持山东五征集团和农机合作社成立4个“企社共建”农机示范合作社，为农机合作社发展注入新的活力。组织开展农机专业合作社建设、农机维修服务能力、政府购买农业机械化服务、区域性维修中心建设等专题调研活动，积极探索农业机械化服务新模式。举办农机合作社社长培训班和农机维修业务培训班，共培训农机专业合作社社长73人、农机维修人员109人。组织43名机手参加“2014中国农机手大赛西北地区联赛”，其中10名农机手入围全国农机手大赛总决赛。到目前，全省新发展农机专业合作社167个、农机大户1 013个，农机合作社和农机大户分别达到2 051个和6 786个，承担全省农机作业总量的三分之一，农业生产主力军作用更加突显。

【强化农业机械化新技术新机具示范推广和科研开发】 2014年，围绕山西省农业产业结构调整，重点向广大农民推介实施秸秆综合利用、设施农业装备、高效植保，玉米、马铃薯、高粱、莜麦和胡麻等主要作物全程机械化生产技术。举办山西省第九届北方现代农业装备展示交易会，召开全省柠条平茬培训会，组织3期无人机操作培训和3期玉米收获技术培训。据初步统计，全省共举办农业机械化新技术新机具示范推广活动300余场次、各类技术培训班200余次，培训农机技术骨干7 000余人次、农民8万余人次。组织开展丘陵山区杂粮生产、物理农业技术装备、无人直升机植保飞防、果园机械化管护、特色农产品机械化生产等关键环节技术和装备的试验研究，取得阶段性成果。新建改建农村油坊磨坊210个，更新米面油加工设备163台(套)，建设61个农产品加工示范点。组织“饲料液体组分添加系统的研究”等4个项目通过省级科技成果鉴定，均达到国际先进水平；《多用途条带少免耕播种机》项目获得2013年度省科技进步三等奖，《日光温室生物质增温增产关键设备(热风炉)推广示范》项目获省专利推广资助。

【狠抓农机安全监理】 2014年，山西省狠抓农机安全监理。一是认真落实农机安全生产责任制，省、市、县、乡、村、户层层签订安全生产责任书3万余份，形成较为完善的农机安全生产监管体系。二是严格实施拖拉机、联合收割机检验和保险费补贴政策，免除1.8万辆机车检验费和保险费82.32万元。三是狠抓农机安全生产大检查，检查各类农业机械6万多台(次)，纠正违章1 600多台(次)。四是深化农机安全生产整治，排查拖拉机、联合收割机6万多台(次)，整改隐患8 000多项。五是狠抓农机安全生产教育，组织开展“强化红线意识、促进安全发展”为主题的农机“安全宣传月”和“安全生产宣传咨询日”活动，散发宣传资料10多万份，送达“一信三书”3万多份。六是对全省农机培训学校培训质量进行监督检查，注销7所教学设施较差的培训学校。七是深入开展“平安农机”创建活动，五台县等4县被农业部、国家安全监督总局评为全国“平安农机”示范县。2014年全省新注册登记拖拉机、联合收割机1.4万台，检验6.5万台，新培训新考驾驶员6 040人，期满换发驾驶证4 491个。

【加大农机产品质量监管力度】 2014年，山西省组织开展以“服务与安全”为主题的“3·15”农机质量维权宣传活动，共出动宣传车辆170余部，制作宣传版面260余块、宣传条幅350余条，发放宣传资料27万余份，接受群众咨询1.3万人次。与工商、质监部门联合开展农机市场打假专项治理行动，对全省290余家经销企业的1.2万台(件)农机具进行检查，查处不合格农机具263台(件)、伪劣农机配件2 668件，涉案金额14.3万元。对全省52家农机生产企业的52种农机产品进行定期监督检验。与国家农机具质检中心合作共同开展2014年第2季脱粒机产品质量国家监督抽查，共抽查7省31家生产企业31种农机产品。

【扎实推进农机改革创新】 2014年，山西省扎实推进农机改革创新。一是按照中央1号文件和山西省《关于全面深化农村改革加快推进农业现代化的实施意见》精神，起草《关于进一步加快发展农业机械化的实施意见》，科学确定今后一个时期全省农业机械化发展目标，明确提出“加快实施六大工程、全力构建六大体系，扎实推进主要农作物全程机械化”的基本思路。二是改革农机购置补贴操作程序。取消农民购机前到农机部门领取补贴指标确认书的环节，变“事前审批”为“事后监管”；同时，由补贴产品生产企业确定经销企业，农民自主选择经销企业和补贴产品，按申请时间先后顺序确定补贴对象，真正把补贴交给市场、交给农民、交给时间，补贴程序更加公正、公平。三是改革农机项目管理模式。在安排农机项目时，山西省农机部门坚持区域集中、资金捆绑、项目整合、技术串联的原则，完善农机项目资金管理和绩效考核办法，有效改善以往农机项目目“散、小、差”的状况，项目资金管理更加科学规范，利用效应明显提升。

【存在问题】 2014年，山西省农机部门认识到农业机械化发展和农业机械化工作中存在的一些问题和不足。主要有：农机装备结构调整不够到位；区域农业机械化发展不平衡；农业机械化基础设施建设薄弱；农业机械化公共服务能力建设滞后；农机科研开发和自主创新能力不强；农机手驾驶操作技能亟待提高；农业机械化经营主体急需壮大等。

内蒙古自治区

【概况】 2014年，内蒙古自治区农机系统深入贯彻全自治区农牧业工作会议和全国农业机械化工作会议精神，按照自治区农牧业厅党组的总体工作部署，认真落实农机购置补贴政策，着力优化农机装备结构，精心组织重要农时机械化生产，加快突破农业机械化技术薄弱环节，扎实推进农业机械化服务能力建设，突出发展畜牧业机械化生产，全自治区农业机械化事业继续保持平稳健康发展的良好态势。

【农机装备总量持续增加】 2014年，内蒙古自治区农机总动力达到3 500万千瓦，比2013年增长2%；农机总值达到390亿元，同比增长7.4%。拖拉机拥有量达到110万台，较2013年增长4.6%；其中大中型拖拉机约67.1万台，占拖拉机总量的61%，比2013年增长2.1个百分点；联合收获机达到25 508台，比2013年新增6 161台。

【机械化水平进一步提高】 2014年，内蒙古自治区农作物机耕、机播、机收水平分别达到92.5%、83.7%和53%。综合机械化水平达到78%，同比增长2个百分点。主要作物玉米、马铃薯、大豆等机收水平继续保持快速增长态势，分别达到48.9%、63.9%和92.8%，同比分别提高10.4个、3.1个和2.5个百分点。主要作物机收水平增速提高，有力拉动综合机械化水平提高。

【农业机械化技术推广工作不断深入】 2014年，内蒙古自治区完成实施保护性耕作面积达到1 280千公顷，比2013年增加76.67千公顷。机械深松整地1 252千公顷，占适宜深松面积的33%，稳步推进三年一轮深松目标；机械化精量播种、节水灌溉、秸秆还田等新技术推广面积不断扩大，达到3 868.67千公顷、1 436千公顷和1 622千公顷，分别较2013年增长6%、8.5%和5.7%。

【农机专业合作社蓬勃发展】 2014年，内蒙古自治区农机专业合作社达到1 430个，新增200个。农机户达到12.1万户，其中，拥有农机原值20万元以上农机大户达到1.5万户。以农机专业合作社和农机大户为主力的社会化服务占整个农机作业服务的比重达到29%，比2013年提高2.3个百分点，农机组织化、规模化、产业化程度得到明显提升。

【农业机械化示范园区建设进一步扩大】 2014年，内蒙古自治区农业机械化示范园区达到705个，比2013年增加50个，示范园区农机标准化作业示范基地规模达到430千公顷，比2013年增长3.9%。

【农机安全生产形势保持平稳】 2014年前三季度，内蒙古自治区发生农机事故22起，受伤17人，死亡5人；完成新注册拖拉机、联合收获机47 079台，检验拖拉机、联合收获机373 588台，新考驾驶员25 903人。

【做好农机购置补贴工作】 2014年，中央财政安排内蒙古自治区农机购置补贴资金11.9亿元，同比增加2.4亿元；自治区财政继续安排购机补贴资金7 480万元。目前，农机购置补贴进入实施和结算收尾阶段，共补贴购置机具8.45万台(套)，受益农户7.84万户。补贴政策继续向大户、大型机械倾斜，为农牧业集约化经营、规模化作业提供装备支持。为进一步完善农机购置补贴政策执行，组织对广西、安徽等先进省份学习考察；开展全自治区性调研，召开全自治区农机购置补贴政策座谈会及研讨会，研究确定农机补贴政策改革创新办法。

【推进机械化生产】 2014年，内蒙古自治区各级农机部门提早部署、统筹安排、精心组织、科学调度，从机具检修、机手培训、信息服务、免费通行等方面落实各项服务保障工作，从而有效调动机手的积极性，完成农业机械化生产任务。春耕期间，投入机具139.3万台，检修农机具141万台，组织管理技术人员深入生产第一线开展指导和服务。“三夏”期间，投入小麦联合收割机6 337台，其中引进区外跨区作业机械1 523台。“三秋”期间，重点抓好玉米机收和马铃薯抢收，召开不同层次机收现场会，组织基层技术人员、生产和经销企业业务人员全天候跟机服务，保证作业质量和进度，机收水平实现突破，主要作物全程机械化稳步推进。

【培育农机专业合作社】 2014年，内蒙古自治区坚持数量质量并举，注重质量的原则。一是根据区域布局规划，继续抓薄弱地区合作社数量增加，下达指导性数量指标；二是选择典型合作社开展示范社建设，农业机械化专项资金予以奖励性投入；三是突出抓增强合作社功能，引导合作社在开展机械化作业服务的基础上向农机营销和维修等技术服务方向发展。扎赉特旗艳丰农机专业合作社开展农机维修业务，辐射扎旗全旗及临近的黑龙江地区，年服务农户300余户。

【突出发展畜牧业机械化】 2014年，内蒙古自治区下达25个畜牧业机械化试点建设任务。调整补贴政策，着重补贴购买储草设备、畜牧饲喂设备、风力提水设备，服务规模化养殖；大力发展剪羊毛、清理棚圈等生产领域的牧机社会化服务，着力推进牧区机械化。全自治区下达牧区牧机专业合作社建设任务指标50个，各盟市围绕全自治区畜牧业机械化发展思路稳步推进工作开展。为进一步加快全自治区畜牧业机械化建设步伐，11月下旬组织管理人员先后赴新疆、甘肃两地考察学习畜牧业机械化发展的先进经验，通过实地走访牧户、观看畜牧业机械作业、座谈会交流等方式，深入了解两地畜牧业机械化发展现状和采取的措施，为内蒙古自治区畜牧业机械化发展提供借鉴。

【推广农业机械化先进技术】 2014年，内蒙古自治区以农机专业合作社和农机大户、家庭农场和种植大户为主体，以农业部52个新建和续建示范推广项目县、33个保护性耕作工程项目县为重点区域，继续推进保护性耕作技术规模化应用。会同发展和改革委员会组成验收小组深入保护性耕作工程项目旗县督查工作，检查验收竣工项目6个。各项目旗县在保护农业生态环境、培肥地力、蓄水保墒、减少生产环节、降低作业成本、提高农民收入等方面效果显著，实施效果良好。启动机械深松整地作业补贴试点工作，试点面积10千公顷，带动机械化深松技术推广更加标准化。持续扩大精量播种、秸秆根茬还田等机械化新技术应用。

【加强农机质量管理】 2014年，内蒙古自治区切实履行农机产品质量监管职责，建立健全农机市场秩序，切实维护农机生产者和使用者的合法权益。进一步加强农机产品质量监督检查，积极开展农机产品尤其是补贴产品质量督导工作，受理举报案件105件，暂停阿拉善盟一经销企业2014年度经销补贴农机具资格。结合农资打假专项活动，开展农机产品打假专项整治行动，查处问题产品及零配件7 063台(件)，挽回经济损失17.6万元。自治区农机部门组织管理和技术人员考察陕西省农机维修网点建设，并按照农机专业合作社主导、农机生产经销企业参与建设维修区域中心的思路，部署内蒙古自治区试点工作。

【抓紧抓实农机安全生产】 2014年，内蒙古自治区按照农业部农业机械化管理司开展2014年“农机安全生产月”活动通知要求，自治区组织全自治区农机安全生产督导检查。各地结合机械化生产，组织开展农机安全生产大行动，不断强化农机安全生产教育管理，深入推进“平安农机”，普及农机安全知识，注重抓源头、抓宣传、查隐患、防事故，有效防范和坚决遏制农机重特大事故，切实保障农牧业安全生产。新建“平安农机”示范县4个。前三季度开展排查经营单位180家，排查安全隐患13 431个，其中整改12 972个，有效杜绝农机安全事故发生。

【存在问题】 2014年，内蒙古自治区农业机械化事业处于快速发展期，但发展基础薄弱、总体不平衡的问题仍长期存在。具体表现在农机制造、维修产业微弱，农机社会化服务力量不足；农机装备动力机械多、配套机具少，小型机械多、大型机械少，耕播机械多、收获机械少；种植业机械化水平高、畜牧业机械化水平低。

辽 宁 省

【概况】 2014年，辽宁省农业机械化系统干部职工，贯彻农业部和省委、省人民政府关于大力发展农业机械化，推进现代农业和社会主义新农村建设的各项部署，不断深化改革，坚持依法行政，提升服务质量，强化监督管理，较好地完成省人民政府确定的任务指标，推动全省农业机械化事业的健康发展，为稳定粮食生产和促进农民增收做出应有的贡献。

【突出抓好农机补贴政策落实与创新，农机装备结构得到进一步优化】 2014年，辽宁省全面实行“全价购机、定额补贴、县级结算、直补到卡”的农机购置补贴操作方式，在部分市县开展补贴乡镇办理改革试点。2014年，已经执行6.5亿元，新增机具6.88万台(套)，受益农户5.1万户。其中，新增拖拉机2.54万台，农具2.36万台(套)。大型、高效、节能、环保以及复式农业装备数量显著增加，农机装备结构进一步优化。

【进行政策创新，转变政府职能】 2014年，辽宁省人民政府高度重视补贴工作，出台《关于进一步加强农机购置补贴工作意见》，主要创新点体现在“三个调整”：即调整购机补贴办理地点到县公共行政服务中心，做到阳光操作；调整补贴范围和补贴重点，把粮食生产机具作为普惠制补贴产品向所有购机者敞开补贴；调整补贴指标分配方式，进一步简政放权，一次将国家拨付辽宁省的补贴资金指标分配到市，县级指标调整由各市自行确定。

【防止暗箱操作，科学民主决策】 2014年，辽宁省补贴范围、分类分档和补贴额测算意见等重大事项均组织专家论证，对涉及全省农机购置补贴资金分配、补贴范围、对违法违规农机经销企业的处理等重大决策均经党组会议集体讨论决定。确定补贴12大类42个小类114个品目，其中，普惠制产品6大类25个小类69个品目。及时根据辽宁省辽西北地区农业抗旱救灾实际需求，经专家论证并报农业部农业机械化管理司批准，又将捡拾打捆机和青饲料收获机作为普惠类产品列入补贴范围。

【建立健全制度，层层明确责任】 2014年，辽宁省建立农机购置补贴长效机制，进一步修改完善相关制度，明确职责，包括：工作责任制度、政策信息公开制度、机具核实工作规范及投诉信访管理制度等。举办全省农机购置补贴政策培训班。刘长江主任、陈健副主任分别在培训班上对农机系统进行警示教育，要求各地落实工作责任、认真组织实施、加强政策宣传、强化监督检查、用好补贴系统、严守工作纪律。辽宁省农村工作委员会与全省13市2个省管县农机管理部门签订《2014年辽宁省农机购置补贴工作责任书》。

【实行政务公开，宣传培训到位】 2014年，辽宁省把农机购置补贴政策及其实施情况列入政务公开和政务服务目录，积极推进信息公开工作，确保信息及时、准确，方便公众查询和监督。组织编写《农机购置补贴工作手册》，将补贴工作重要文件、操作流程、规章制度、纪律要求汇编成册，下发全系统，做到主要领导和具体工作人员人手一册。印制《农机购置补贴申请程序图》，下发到县乡村，加强补贴政策的宣传力度。

【创新试点改革，便民利民高效】 2014年，辽宁省本着“转变职能、简政放权、依法行政、高效便民”的原则，在鞍山市、锦州市、铁岭市和昌图县14个县(市、区)149个乡镇公共行政服务中心开展农机购置补贴审批试点工作,使广大农民不出乡镇就可办理补贴手续,为购机户带来方便,节省开支,调动购机者积极性,加速农业机械化新技术的推广应用。协调省财政为试点地区先行安排400万元的补助资金,保证试点工作顺利展开。对试点地区实行督导,并派出专业技术人员到试点市进行补贴管理系统操作培训。改革达到农民得实惠、农机得发展、企业得效益、政府得民心的良好效果。

【加强监督检查,严肃补贴纪律】 一是重拳打击违规行为。辽宁省农村工作委员会先后两次召开党组扩大会,研究决定对13家违法违规农机经销企业取消经销补贴产品资格,将11家企业和法人列入黑名单并在辽宁省农业机械化信息网上公开曝光。二是强化绩效考核。制定下发农机购置补贴绩效考核细则,将补贴工作全程纳入绩效考核管理。三是强化财政监管。各县按月进行资料汇总和补贴资金总会结算,切实加强机具核实和监管工作。四是强化机具核实。省财政安排工作经费1 000万元用于补贴工作,各地农机部门抽调力量组建农机购置补贴稽查队伍,加强对补贴机具的核查。

【水稻机械栽植水平稳步提升】 2014年,辽宁省人民政府继续把推进水稻生产全程机械化列入省人民政府目标考核重点工作,各级农机部门与农业等有关部门密切配合,加强农机农艺融合,巩固提高水稻生产全程机械化水平。购机补贴向水稻生产机械倾斜,落实农机购置补贴资金1 876万元,带动农民投入4 165万元,新增插秧机2 017台,插秧机保有量3.6万台。全省完成机插478千公顷,水稻机械栽植水平达到87.4%,比2013年提升4个百分点。投入农机购置补贴1 310万元,带动农民投入4 646万元,新增水稻收获机331台,引进跨区机收的水稻收获机1 125台,完成水稻机收458千公顷,水稻机收水平达到83.8%,同比提高6个百分点。水稻生产机械化以节本增效的优势得到农民的广泛认可,据调查,水田机械整地每公顷600元,如果人工和畜力整地每公顷需900元;机械插秧每公顷1 050元,人工插秧每公顷2 100元;机收水稻和运输每公顷2 100元,人工收割水稻每公顷2 100元,加上脱粒每公顷1 200元和运粒每公顷600元,合计每公顷3 900元。按此计算,水稻实现全程机械化生产,每公顷可节约生产成本3 150元,仅此一项就使全省农民节约支出15.75亿元。

【玉米生产全程机械化取得进展】 2014年,辽宁省进一步加大玉米生产机械化工作力度,省农村工作委员会与各市签订目标责任状,将提高玉米生产机械化水平作为各市人民政府绩效考核指标和为农民办实事的重要内容,同时把玉米收获机纳入普惠制补贴产品,优先保障玉米种植大户、农机经营大户和农机合作社购买,调动农民的购机积极性。形成补贴政策拉动、农机农艺互动、社会服务促动、梯度推进带动的合力,强化玉米跨区机收管理,玉米机收呈现出全面铺开、加速发展的良好态势。全省投入农机具购置补贴2.2亿元,带动农民投入6.3亿元,新增玉米收获机4 642台,保有量达到13 111台。加强玉米收获机的使用技能培训,培训机手2.32万人,发放技术资料1.28万份,提高技术应用水平,单机作业效率大幅度提高,农机户维修能力进一步改善,农机户购机进一步回归理性,农机技术集成效果进一步显现。依托农机合作社,建立玉米生产机械化示范区,推进玉米收获机械化的发展。大型玉米收获机(3行以上)单机作业量达到113.33公顷,同比提高26.67公顷;小型机(2行)单台作业量26.67公顷,同比提高10公顷。全省完成玉米机收1 042.33千公顷,玉米机收水平达到41.96%,同比提高6个百分点。

【节能环保等节本增效技术面积不断扩大】 一是辽宁省农机部门争取省级科研发展专项资金200万元,建成全天候仿自然环境土壤耕作实验室和现代高效播种与植保试验室。二是组织制定玉米免耕播种机械化、马铃薯机械化打秧、水稻机械旱直播、水稻工厂化育苗旱地大棚设计和山药机械化种植整地等5个省级农业机械化作业技术规程。三是获得大田秸秆颗粒反应堆建造复式作业机、圆盘式秸秆颗粒掩埋机、新型动力驱动式膜上播种打孔装置、马铃薯大垄三行铺膜播种机等实用新型专利授权4项。四是争取省级财政资金7 801.6万元,推广保护性耕作和深松整地技术。安排补贴资金4 000万元,在13个市47个县(市、区)实施保护性耕作补贴面积106.67千公顷,全省完成保护性耕作实施面积368.93千公顷。保护性耕作每公顷增收节支750元,全省共增收节支2.77亿元。安排深松作业补贴资金3 801.6万元,在13个市35个县(市、区)实施深松作业补贴面积158.4千公顷,全省共完成深松作业319.67千公顷。深松整地按每公顷增收节支600元计算,全省共增收节支1.92亿元。

【农机专业合作社发展迅速】 2014年,辽宁省继续大力扶持农机合作社发展。农机购置补贴政策继续向农机合作社倾斜,优先保证农机专业合作社购机购买和安排。全省农机合作社使用农机购置补贴7 943.4万元,新增拖拉机、插秧机和收获机1 546台、632台和401台。2014年,全省农机合作社达到2 152个,同比增加160个。农机合作社成员54 540人,入社经营土地面积300千公顷。拥有拖拉机2.1万台,机具4.6万台(套),插秧机1万台,播种机1.4万台。固定资产总额38.4亿元,配套设施17 590万平方米。年作业服务总面积1 802.67千公顷。这些农机合作社与农机大户一道,在春秋两季农业机械化生产中发挥主力军作用,实行耕种管收运一条龙作业服务,大幅度提高农机社会化服务水平,服务农户数量达到105万户,得到各级党委和政府的高度肯定。11月17—18日,在全国农业展览馆举办的2014年中国农机手大赛总决赛中,来自大连市旅顺口区辽南农机合作社的农机手李永峰、王春卫分别获2014年中国农机手大赛亚军、季军,来自瓦房店仁胜农机合作社的农机手张毅峰获2014年中国农机手大赛第四名。大连市农机质量监督管理站获大赛"最佳组织奖",旅顺口区辽南农机合作社、瓦房店仁胜农机合作社获"最佳团队奖"。

【农机安全监管能力得到加强】 2014年,辽宁省贯彻"安全第一、预防为主、综合治理"工作方针,集中开展三项活动。一是开展打非治违专项活动。9—12月,在全省开展以整治无牌行驶、无证驾驶、未检验作业、违规发放牌证为重点的打非治违专项活动。辽宁省检查拖拉机

24.7 万台(次),排查事故隐患 36 981 起,整改率 100%。二是开展“安全生产月”宣传活动。6 月在阜新市彰武县设立“安全生产月”咨询台,讲解农机法律法规和政策,向广大农机手、农村发放农机安全生产知识读本、宣传画册、致农机驾驶人一封信等宣传资料,全省免费向农机户发放安全生产宣传读本 25 万本。三是加强业务能力培训。7 月在沈阳举办全省有关农业机械检验人员、事故处理员和考试人员培训班;11 月在盘锦市举办辽西 7 个市及所属县区业务领导和负责拖拉机、联合收割机登记,驾驶证核发业务人员培训班。全省发生农机事故 16 起,同比下降 40.7%,全省农机事故死亡人数控制在省安全生产委员会控制指标之内。

【抓好农机产品质量监管】 一是辽宁省农机部门开展农机产品质量跟踪调查工作。对享受政府补贴的 490 台田园管理机、350 台联合整地机、720 台水稻插秧机、87 台粮食烘干机、310 台玉米收获机和 301 台铡草机用户开展包括作业性能、安全性、可靠性、适用性及售后服务状况为主要内容的调查。二是开展农机打假专项治理行动。对全省的农机市场进行专项整治,出动执法人员 4 200 多人次,检查农机经销企业 1 915 家,农机商品 3.3 万台(件),查处不合格商品 1 326 台(件)。三是开展推广鉴定证书和标志清理整顿工作。检查农机生产企业 95 家,涉及产品 155 个,合格率为 100%;检查经销企业 320 家,涉及产品 316 个,合格率为 93%。四是开展农机质量宣传活动。通过“放心农机下乡进村宣传周”等宣传活动,加大农机产品打假宣传力度,提高农民识别假冒伪劣的能力。五是开展农机维修网点专项检查。出动农机执法人员 4 682 人次,检查维修网点 2 267 个,维修从业人员 4 429 人,农机经销点 876 个,查处违反维修经营许可的维修网点 288 家。

【开展《中华人民共和国农业机械化促进法》颁布十周年纪念活动】 2014 年,辽宁省组织开展“五个一”活动:突出宣传 10 年来《中华人民共和国农业机械化促进法》在保护、引导、扶持、规范农业机械化发展方面发挥的重要作用,开展一次集中宣传活动;组织各地以人大或政府名义召开专题座谈会;以《中华人民共和国农业机械化促进法》颁布实施 10 周年为主题,开展一次主题征文活动,部分文章被《中国农机化导报》等媒体发表;邀请有关专家学者,开展一次法律培训活动;围绕农机依法行政,开展一次行政执法督察活动。

【加强农业机械化信息宣传工作】 2014 年,辽宁省加强组织领导,明确专人负责,签订目标责任书,规范报送程序,建立竞争激励制度和上下联动的信息员联系制度。向中国农业机械化信息网报送信息 3 800 条,采用率达到 96.8%,位居全国第四名。并在合肥举办的 2014 年中国农业机械化信息网信息员培训班上做经验交流,被评为“2013—2014 年度中国农业机械化信息网信息宣传工作先进单位”。

【举办全省农业机械化管理统计业务培训班】 2014 年,辽宁省为全面提高统计队伍素质,邀请农业部专家对新增的畜牧业、渔业、设施农业、林果业、农产品初加工等机械化指标评价体系以及新修订的《农业机械化管理统计报表制度》进行讲解,为做好今后的农业机械化统计工作奠定基础。

【示范项目实施取得效果】 2014 年,辽宁省承担的农业部 2012—2013 年“水稻生产机械化示范项目”和“玉米生产机械化示范项目”建设已于 2013 年底结束。水稻项目在鞍山市千山区、大洼县实施,玉米项目在宽甸县、台安县实施。其中,大洼县和台安县为新建项目县。经过两年实施,全面完成项目任务指标,取得很好的实施效果。2014 年 11 月,农业部在广东中山市举办 2012—2013 年主要农作物生产机械化示范项目验收会,辽宁等 19 个省级农业机械化主管部门项目组织实施工作获评优秀。

吉 林 省

【概况】 2014 年,吉林省落实全国农机购置补贴暨农业机械化工作座谈会和吉林省农村、农业工作会议精神,加大改革创新力度,加快推进玉米、水稻粮食生产机械化,农业机械化发展稳中有升。

【农机装备总量持续增长,装备结构优化】 2014 年,吉林省农机总动力将达到 2 827 万千瓦,同比增长 3.7%;拖拉机保有量达到 115 万台,同比增长 3.6%,其中 36.75 千瓦以上拖拉机达到 9.6 万台,同比增长 18%。玉米收获机剧增,新增量 9 700 余台,全省总量近 3 万台,比 2013 年同期增长 54.7%,是实施农机购置补贴政策以来增量最多的一年。水稻插秧机、水稻收获机增长稳定,与 2013 年同期相比增长幅度分别为 7.6%、17.8%。

【农业机械化作业水平提高,粮食生产全程机械化快速推进】 2014 年,吉林省农作物耕种收综合机械化水平超过 76%,同比提高 2.4 个百分点以上;玉米机收这一薄弱环节又一次取得新突破,机收水平超过 50%,同比提高 8.4 个百分点;水稻机插水平达到 67%,同比提高 6.3 个百分点;水稻机收水平达到 77%,同比提高 3.7 个百分点。

【农机深松、保护性耕作等新技术推广成效显著】 2014 年,吉林省完成旱田高标准农机深松整地作业补贴面积 400 千公顷,其中苗期深松追肥 93.33 千公顷,秋季深松 306.67 千公顷,深松深度由以往的 25 厘米增加到 30 厘米以上。全省保护性耕作面积达到 393.33 千公顷,比 2013 年增加 140 千公顷,其中秸秆覆盖保护性耕作面积超过 133.33 千公顷。机械深松和保护性耕作在保墒抗旱和增产方面效果明显。

【落实农机购置补贴政策】 2014 年,吉林省落实农机购置补贴资金 13 亿元,补贴各类农机具 5.9 万台(件),受益农户 4.4 万户。重点围绕粮食主产区、新型农业经营主体、粮食生产关键环节落实政策。一是在资金安排上向粮食主产区倾斜,重点支持前郭县、榆树市、公主岭市等国家现代农业示范区及粮食年产量 5 亿千克以上的县(市)。二是优先补贴农民合作社、种养大户、农机大户、家庭农场等新型农业生产经营主体。省级在 2014 年国家农机购置补贴资金增量中安排 30%的资金进行重点扶持,促进土地规模经营、机械化生产,加快新型农业生产经营主体建设。三是重点补贴免耕播种机、铺膜播种机、深松机、育苗机械设备、水稻插秧机(摆秧机)、谷物联合收割机、玉米收获机、大型植保机械、58.8 千瓦以上拖拉机等粮食生产关键环节农机具。深松机、水稻插秧机(摆秧机、高光效宽窄行插秧机)、88.2千瓦以上拖拉机敞开补贴,满足购机需求。

【改革创新农机购置补贴操作环节】 一是缩小补贴品目,由2013年的52个减少到35个,取消部分非粮食生产机械、手扶拖拉机、29.4千瓦以下(不含29.4千瓦)拖拉机等产品的补贴。充分发挥补贴政策的调控作用,加快推进粮食生产全程机械化。二是吉林省统一试行“自主购机、县级结算、直补到卡”的补贴资金兑付方式。改变以往“差价购机”的资金兑付方式,农民“自主办理补贴申请、自主选择补贴机具、自主选择经销企业、自主商议机具价格、自主协商付款方式”,充分保障农民的自主权和选择权。补贴资金由吉林省财政厅下达各地财政部门,由当地财政部门将补贴款兑付给购机者。

【加快推进农机购置补贴政策落实】 一是加大政策宣传。在吉林农业机械化信息网设置农机购置补贴政策信息专栏,全省58个补贴实施单位均已开通。召开新闻发布会,在吉林电视台、吉林日报、新文化报、零公里报、吉林广播电台等多家媒体进行政策宣传,在吉林电视台的公共频道、乡村频道发布公益广告10次。在搜狐、新浪网开通官方微博。在粮食主产县的主要公路广告牌上发布政策信息广告牌10块。二是加强培训指导。举办市(州)、县(市、区)农机购置管理系统软件操作培训、机具核实培训、相关生产(经销)企业培训。三是为农民购买补贴机具搭建集中展示选购平台。举办2014中国吉林现代农业机械装备暨农机购置补贴产品展示交易会。布展面积达到2万多平方米,参展企业163家,展出农机产品达到2 000多个型号,参观人数近10万人次。展会期间还召开农机购置补贴政策新闻发布会。四是开展农机购置补贴政策运行情况调研,为国家今后制定农机购置补贴政策提供经验和依据。

【推进粮食生产全程机械化】 2014年,吉林省投入省级财政专项资金1.2亿元,对自走式玉米收获机、深松机、牵引式免耕播种机、宽窄行水稻插秧机在国家农机购置补贴的基础上,实施定额累加补贴,进一步突破薄弱环节。确定前郭、榆树、公主岭、农安、九台、长岭、乾安、扶余、洮北、敦化10个县为粮食生产全程机械化建设先行示范县,在资金、政策等方面重点倾斜,到2017年粮食生产全面实现全程机械化。

【启动实施农业部农机深松整地作业补助试点工作】 2014年,吉林省农机部门在作业模式和技术要求方面进行改革创新,一是将作业模式原来秋季深松调整为秋季单一深松整地和苗期深松施肥两种模式;二是深松深度由原来的25厘米以上调整为30厘米以上。进一步加大深松补贴政策信息公开公示,完善深松作业补贴检查验收制度,实行村级初检、乡级复检、县级抽检三级检查制度,市、省两级督导和村、县两级公示。农机深松逐步走向统筹规划、因地制宜、因需作业、提高标准、注重实效、技术集成、连片作业的良性发展轨道。

【建立秸秆还田保护性耕作示范基地】 2014年,吉林省农机部门落实省委省人民政府实施中西部粮食主产区黑土地保护治理工程以及玉米秸秆还田试点,在双辽市建立机械化秸秆还田保护性耕作技术试点,在榆树、农安、德惠建立黑土地保护治理工程试点,进一步探索秸秆不同覆盖形式的技术模式,关键机具使用情况的试验对比,进行效果监测和玉米保护性耕作测产工作。进一步扩大示范和宣传,召开省、市、县、乡各级保护性耕作培训班、现场会等,保护性耕作技术推广应用覆盖全省所有的县(市、区)。

【组织开展农业机械化生产】 2014年,吉林省各级农业机械化主管部门积极组织做好农机具检修、农机作业指导和培训、协调油料供应以及统计调度。全省共检修各类农业机械157余万台(套),召开水稻育秧、保护性耕作免耕播种现场会560余次,培训农机手和维修工6万余人。公布跨区作业信息,发放跨区作业证2 500余个。全省完成机械耕地面积4 941千公顷,机耕水平91.4%;机械播种面积4 921千公顷,机播水平84.9%;机收面积2 792.67千公顷,机收水平48.2%。

【加强农机安全生产监督管理】 2014年,吉林省进一步落实农机安全生产责任制,省、市、县、乡层层签订农机安全生产责任状。强化源头管理,开展农机安全生产“宣传年”“安全生产月”“平安农机”示范县和“为民服务创先争优”示范窗口创建等项活动和农机安全生产“打非治违”专项行动,发放农机安全生产宣传单90余万份,悬挂宣传条幅500余条,出动车辆1 200余台(次),受教育农民达到150余万人次,排查农机事故隐患11 800余起,纠正违章5 900余起,清理无籍车600余台。全省县级农机监理站全部实行“一站式”办公、“一条龙”服务的办事程序,开通农机监理监督服务电话。全省拖拉机、联合收割机注册率达到59.7%,驾驶员持证率达到82.7%,检验率达到84%,分别比2013年同期提高2.8个、1.8个、0.5个百分点。

【推进依法监管,强化农机试验鉴定和质量管理】 2014年,吉林省农机部门共承担部、省级农机鉴定项目220项。强化农机产品质量投诉咨询和维权宣传,与省工商局、消费者协会、质量监督管理局等相关部门共同开展“3·15”纪念宣传咨询服务活动、“金质惠农”启动仪式暨质检利剑“农资打假下乡”集中宣传日活动。规范省级支持推广目录申报受理和初审工作,制定《吉林省支持推广的农业机械产品目录初审评审办法》和相关细则。加强农机维修管理、农机职业技能鉴定和农机标准化工作,发放《农业机械维修技术合格证》240份,完成8个县(市)职业技能鉴定325人和9个县(市)的拖拉机驾驶培训机构资格认定考评工作,颁布实施《旱田秋耕机械化作业综合技术要求》等6项地方标准。

【加快建设农业机械化信息化网站宣传政策信息】 2014年,吉林省农机部门完善网站体系建设群,全省农业机械化网站达到56个,基本实现全覆盖和资源共享。省级农业机械化信息网站更新各类农业机械化信息5 800条,总点击率突破960万次,向中国农业机械化信息网等媒体报送信息2 000余条,采用率达到98%,被评为中国农业机械化信息网年度信息宣传先进单位。

【注重实效,加强农业机械化培训】 2014年,吉林省农机部门以基层农业机械化新技术推广技术人员、维修人员、驾驶操作员特别是新购机农民为重点,充分利用阳光工程培训政策和农机职业技能鉴定培训基地的作用，切实加强农业机械化管理人才、科技人才和实用人才三支队伍的建设。编印《保护性耕作100问》《水稻机械化技术》等多种培训教材，举办全省农机安全监理考试员、内业人员、农机事故处理员培训班，农机试验鉴定业务人员培训班，农业机械化新技术研讨班和信息员培训班，培训各类人员15万人次。

黑龙江省

【概况】 2014年，黑龙江省农业机械化工作围绕提高农业综合生产能力，着力推进现代农业综合配套改革，大胆创新，攻坚克难，全面完成各项农业机械化工作任务，农业机械化工作呈现出稳步提高的良好态势。

【进一步推进农机合作社规范化建设】 2014年，黑龙江省农机部门为促进农机合作社规范化建设，以克山仁发合作社为典型，印发《黑龙江省现代农机合作社探索与实践》。目前，全省农机合作社自主经营土地面积达1 000千公顷，同比增长36.4%；每个农机合作社平均1.09千公顷，同比增长22.4%；入社户数21.5万户，同比增长16.2%，平均入社235户。

【加强现代农机合作社规范化建设】 2014年，黑龙江省农机部门开展两批省级规范社的评审，对达到规范社标准的50家农机合作社进行公示。目前，全省38个农机合作社入选农业部农民合作社示范社。培育出省级示范社1个、规范社60个和105个市级规范社。

【认真抓好现代农机合作社新建工作】 2014年，黑龙江省农机部门根据省农村工作委员会、财政厅和扶贫办联合下发的《2014年黑龙江省现代农机合作社建设方案》，全年共组建245个农机合作社，其中水田合作社102个，旱田合作社143个，入社土地面积182.53千公顷，农机装备总投入14.44亿元，其中省补助8.664亿元，合作社自筹5.776亿元。

【提高现代农机合作社装备水平】 2014年，黑龙江省农机部门下发《黑龙江省现代农机合作社农机装备更新暂行办法》，调整优化农机装备结构，为规范社补充播种机171台，建设烘干塔35个，建设仓储设施22个，仓储能力30万吨，全省农机合作社建设水平稳步提高。委托省农机鉴定站对农机合作社购置农机装备进行质量认定，调查企业供货和售后服务情况，维护合作社权益。

【开展农机合作社专业培训】 2014年，黑龙江省农机部门举办现代农机合作社统计员、财务管理辅导员和财会人员培训班三期，共培训596人，规范决算等财务制度。

【完善现代农机合作社管理系统】 2014年，黑龙江省农机部门为实现农机合作社作业自动化统计，保证合作社深松整地作业质量，与哈尔滨工业大学联合研发深松整地测试仪，从年初开始为合作社和农机大户深松整地机具安装测试仪，共安装3 324台。

【搭建现代农机合作社贷款平台】 2014年，黑龙江省农机部门为有效支持农机合作社融资，解决农机合作社融资难、融资贵的问题。黑龙江省农业委员会、人民银行哈尔滨中心支行、黑龙江省农村信用社联合社共同下发《金融重点支持现代农机合作社加快发展实施方案》，对省农村工作委员会命名认定的现代农机合作社规范社，由农村信用社联社组织向农机合作社发放贷款。

【创新农机购置补贴方式】 2014年，国家安排给黑龙江省农机购置补贴资金18亿元，其中5亿元用于散户补贴，其余13亿元用于现代农机合作社建设。在总结2013年试点的基础上，全面实施“全价购机、定额补贴、先购后补、县级结算、直补到卡”的农机购置补贴工作方式。

【科学合理分配补贴资金】 2014年，黑龙江省农机部门根据省种植作物对农业机械的需求实际，取消人为分配因素，科学合理确定分配原则。按作物种植面积加权平均计算所得，并对不适宜组建现代农机合作社的地区适当增加分配权重，公平合理地分配全省各县(市、区)补贴资金规模，避免全省各县(市、区)到省里争资金、跑额度。

【公平公正确定补贴对象】 2014年，由于黑龙江省农业生产对农业机械的依赖性强，农民购置先进农机装备的意愿强烈，补贴资金额度远远不能满足黑龙江省农民购置需要，因此，按照公开公平公正的原则，黑龙江省统一采取公开摇号的方式确定补贴对象，并邀请人大、政协、纪检、财政、公安、工商等相关部门和农民代表现场监督，摇号过程由当地电视台进行现场录像。

【加强补贴政策宣传和信息公开力度】 2014年是全面实施“全价购机、先购后补、定额补贴、县级结算、直补到卡”的补贴方式的第一年，补贴操作方式和流程发生重大变革，黑龙江省各级农业机械化主管部门加大补贴政策的宣传力度。年初，省农村工作委员会农业机械化管理局在黑龙江省电视台、黑龙江广播电台、黑龙江日报等主流新闻媒体进行7次补贴政策宣讲和解读。各县也通过电视、网络、报纸、乡村公告、召开补贴会议、发放“明白纸”等方式在县域范围内对补贴政策进行公开宣传。

【规范补贴程序】 《黑龙江省2014年农业机械购置补贴工作实施方案》已于2014年4月16日印发各县(市、区)，6月初黑龙江省的2014年农机购置补贴机具补贴额一览表、补贴经销商名录陆续公示，农机购置补贴管理系统正式开通启用。2014年，已经使用国补资金4.84亿元，补贴购置农机装备1.98万台(套)，享受补贴农户1.9万户。

【完成农业机械化生产各项任务】 截至2014年11月7日，黑龙江省完成秋整地5 500千公顷，其中，深松整地2 708.6千公顷；机械化收获9 463.33千公顷，累计出动79 430台收获机。2014年春季全省共投入各类拖拉机102.4万台，投入农具109.1万台(套)，完成春整地5 843.6千公顷；完成机播面积13 951.07千公顷，占计划的103.3%，其中玉米机械播种7 073.87千公顷，大豆机械播种2 615.27千公顷，水稻机械插秧3 777.67千公顷。

【及时开展农机检修工作】 2014年，黑龙江省农机部门重点抓冬夏两季农机检修工作，组织农机生产厂家技术人员，深入到全省农机合作社和农机大户进行技术指导，督促机具检修，截至2014年8月底，全省各地应检修农机具全部检修完毕，累计检修各类农机具258万台(套)，为全年农业生产赢取主动。

【分类指导农机作业】 2014年，黑龙江省农机部门为切实做好农业机械化生产工作，充分发挥农业机械在农业生产中的作用，印发了《2014年农机化春耕生产指导意见》和《关于做好农机化秋收秋整地工作的通知》。针对旱田地块玉米秸秆较多的特点，指导各地处理秸秆，争取机车早进地作业。整地做到旋、耙、起垅、镇压连续作业。

【扎实推进深松作业补助工作】 2014年，黑龙江省农机部门首次应用全省各级农机管理指挥中心自动监测深松作业质量和进度，今秋农机指挥中心核定超深松作业面积227千公顷。为更好地发挥深松整地检测仪的远程精准统计作用，各地加大宣传力度，通过新闻媒体、发放明白卡等方式公开深松整地补助办法、标准、对象和补助条件，使农民充分了解补助政策等信息。同时，实行深松整地报告制。省农机部门与安装深松测试仪的农机合作社、农机大户随时保持沟通联系。各县(市、区)农机部门在深松整地期间，派出工作人员到作业现场进行指导，随时抽样检查并记录在案，并与监测系统对比作业统计结果，及时向农机合作社及作业机手反馈作业统计信息，纠正作业质量不达标等问题，避免下发深松整地补贴资金时出现矛盾。

【全力抓好农机装备产业建设】 2014年，黑龙江省农机部门围绕产业项目建设和园区建设，早谋划、早启动，积极组织推进，农机产业运行良好。截至10月底全省农机产业规模以上企业实现主营业务收入96亿元；新型农机装备制造产业项目完成固定资产投资31.1亿元。一是抓项目建设。新型农机装备制造产业推进组办公室多次深入齐齐哈尔市、佳木斯市、大庆市、绥化市等项目建设所在地了解项目建设情况，督促项目按计划早开工、早投产。新落地项目20个，开复工项目18个，开复工率达90%。二是抓园区建设。深入各农机产业园区，督促园区加强基础设施、配套设施建设，增强农机产业园区吸引力。2014年前三季度六个农机产业园区投入2.3亿元进行基础设施建设。三是抓政策落实。积极与省发展和改革委员会、省财政厅等部门联系协调，2014年为新型农机装备制造产业三个重点项目落实省产业结构调整专项资金1 600万元。四是抓配套建设。通过召开"全省新型农机装备制造产业主机企业省内配套对接会"，采取政府搭台，企业唱戏的方式，推进黑龙江省农机主机企业和配套企业对接。会上签订包括约翰迪尔与凌云汽车部件有限公司工装模具及零件开发等11个意向性合作协议，协议金额达2亿元。

【积极推进农业机械化科技示范项目建设】 2014年，结合黑龙江省农业工作重点，以现有农机合作社作为示范基地，进行适应各种不同农艺要求的种植模式试验示范，并与相关的生产企业、科研单位密切配合，共落实克山、呼兰、兰西、泰来等10个试点。结合2014年农业特点，因地因时科学合理的提出机械化作业流程，积极探索机械收获后的秸秆处理方式，为解决黑龙江省秸秆就地焚烧打下良好基础。按照《主要农作物生产全程机械化示范项目实施规范(试行)》的要求组织专家进行严格验收，玉米项目县获得优秀等级表彰。完成2015年保护性耕作技术、玉米全程机械化技术和水稻全程机械化技术三个示范项目的申报工作。在建的水田和旱田项目，分别在饶河、五大连池、抚远、同江、庆安5个县(市)30个村建立26个水稻全程机械化示范点，共完成水稻机械插秧示范面积2 485.07公顷，水稻机械收获示范面积2 262.2公顷；在安达市、木兰县两个县建立6个玉米全程机械化项目示范点，涉及示范户113户，全年完成示范1 640.13公顷。

上海市

【概况】 2014年，上海市农业机械化工作围绕发展现代都市农业的总目标，开拓创新，真抓实干，积极推动农业机械化发展方式转变，狠抓关键环节突破，全市农业机械化工作上一个新台阶。

【积极推进全价购机政策实施】 一是上海市农机部门为进一步完善农机购置补贴，会同市财政修订出台新的购机补贴规范性文件，明确在全市范围内开展农民"自主购机、定额补贴、县级结算、直补到卡"试点，并协调农业发展银行等多家金融机构为家庭农场、合作社等解决贷款难题和利率的优惠，首次对粮食烘干设备实施敞开补贴，满足全市范围所有的申请需求，大力提升粮食烘干能力建设；二是指导区县农机管理部门，加快补贴资金结算进度，缓解农民资金压力，全市下达购机补贴资金1.7亿元，已执行补贴资金1.57亿元，其中中央资金7 200万元，市级财政补助资金8 500万元。

【农机装备结构进一步优化】 2014年，上海市分别新增36.75千瓦以上大中型拖拉机680台，自走式联合收割机300台、高速插秧机177台、水稻穴播机127台、粮食烘干机144台(套)、蔬菜种植机械26台，新增保鲜冷藏库8万立方米；农机装备结构进一步优化，全市主要农作物生产综合机械化水平达到80%，服务保障能力进一步增强。

【水稻机械种植实现重大突破】 2014年，上海市农机部门推广水稻机械化种植，杂交水稻稳步发展水稻机插秧技术，重点推广商品化基质育秧和工厂化集中育秧，探索钵体移栽和旱育技术，机械插秧面积达到30.29千公顷；常规水稻积极推广水稻机械化精量穴直播技术，以松江区作为示范窗口，以点带面，9个区县和2个农场，全面开花，全市水稻机械化穴直播面积达到16.97千公顷，机械化种植率达48%。

【麦子机械化条播试点示范】 2014年，上海市开展麦子机械化条播试点示范，扩大适用机械选型范围，引进江苏云马等70多台麦子条播机。在多地举办多次麦子机条播现场演示会，建立72个示范点，播种面积达16.67千公顷。

【推进农作物秸秆综合利用】 2014年，上海市推进农作物秸秆综合利用，组织开展专题调查研究，分析总结前几年上海市及周边省市的先进经验和做法，深刻分析存在的问题与不足，进一步完善上海市推进秸秆综合利用的目标、途径和支持措施。市农机部门会同环保等部门修订出台全市秸秆禁烧的地方性法规，进一步落实秸秆禁烧层级责任，加强目标考核奖惩，启用警用直升机参与巡查，增强执法的威慑力和提高秸秆禁烧监管效果；积极探索家具板材、秸秆烘干炉等生物质能源的利用新途径，2014年上海市秸秆综合利用率达91%。

【加强农机农艺融合，农机科技有新进展】 一是上海市农机部门围绕进一步提升水稻植保机械化水平，组织开展自走式水稻喷杆式植保机械的选型试验示范，针对郊区不同的生产经营方式、气候类型、茬口、品种，引进丸山等多个品种自走式高地隙喷杆式植保机，建立8个试验点，试验面积达到373.33公顷次；二是组织开展水稻机械穴直播条件下的秸秆全量机械化还田试验示范，进一步摸清不同的粉碎还田方式、还田机械、土壤类型等全量还田对水稻机械穴直播的影响，初步摸索出一套适合上海地区水稻生产的秸秆还田技术路线；三是加快推进蔬菜生产机械化，认真总结近两年开展的蔬菜机械引进、消化、吸收的一系列成果，邀请国内有关专家帮助完善上海推进绿叶菜机械化生产的目标、途径和主要努力方向，多次举办以菜田深翻机械、起垄开沟机械、播种移栽机械、植保机械、肥水一体设备为主的大型的蔬菜机械化生产的示范，以绿叶菜全程机械化生产为突破口，基本形成机械化耕整地、作畦、播种、收割等环节的鸡毛菜、米苋等绿叶菜全程机械化生产作业规程；引进、消化、吸收的蔬菜收割机实现下地收割。

【农机服务机制创新】 2014年，上海市农机部门积极推进农机服务机制创新，针对蓬勃发展的粮食生产家庭农场，探索机农一体、农机互助合作为主要形式的新型农机作业服务理念，指导家庭农场间成员的角色定位、农机配置标准、费用结算等关键技术，上海市新建机农一体或农机互助合作的农机服务组织50多个，服务面积扩大到30%左右。

【推动标准化农机示范合作社建设】 2014年，上海市农机部门推动标准化农机示范合作社建设，提高规范化经营水平，以合作社“台账管理”、农机“一用就管”为抓手，巩固提高农机管理水平。

【推进粮食烘干能力建设】 2014年，上海市农机部门推进粮食烘干能力建设，规划布局，配置先进适用烘干装备，建设区域性粮食烘干中心38个，新增烘干能力2 500吨，基本满足家庭农场的生产需求。

【推进农机维修体系建设】 2014年，上海市农机部门推进农机维修体系建设，构建“布局合理，服务规范，便捷高效”的农机维修服务网络，通过现代农业发展项目、合作社支持项目，开展2家区域性农机维修服务中心试点，提升上海市农机维修服务能力和水平。

【水稻收获机械化】 2014年，上海市农机部门建设水稻生产不落地机械化配套工程，以烘干中心为圆心，加快推广带粮仓、自卸功能的大功率稻麦联合收割，配备农田专用挂车，提高水稻生产作业效率，优化全程机械化作业流程。

【家庭农场发展有保障】 2014年，上海市农机部门联合中石化为家庭农场办理农机专用油卡，每年可帮助农机手节省费用600万元。

【深化农机教育培训，从优化业人员素质】 2014年，上海市农机部门大力开展农业机械化教育培训大行动。一是面向农业机械化教育，立足农业机械化发展重点，注重农业机械化教育培训的针对性和有效性，培训机构及教学计划进一步规范，培训制度更加完善，教学质量明显提高，全年共开展各类农业机械化培训410余期，参加人员18 200人次。培训农机管理与执法人员1 200余人次，农机科技人员2 100余人次，农机服务人员14 900余人次，其中新购机农民3 000余人次；二是注重基层农机队伍能力建设，举办基层农机技术人员、农机执法与监理人员、农机科技人员继续教育和农机师资人员培训班等，提高农业机械化管理服务水平和农业机械化推广应用能力；三是围绕家庭农场发展，积极实施“新型职业农民”农机手培训，培训农机驾驶操作与维修人员1 480余人，组织开展农机职业技能鉴定200余人，提高农机作业和维修技能。编印《水稻机械精量穴直播技术》培训读本1 000余册。

【加强农机质量监管，农民满意度进一步提高】 一是上海市农机部门进一步规范农机试验鉴定行为，按照农业部有关规定，组织对上海市农机试验鉴定站的鉴定能力认定，鉴定大纲的编制和发布，明确生产急需和新产品的推广鉴定条件，完成推广鉴定产品43项；指导农机鉴定站规范农机定型鉴定行为；二是加强补贴机具质量管理，指导区县农机管理部门明确管理职能和岗位设置，组织开展补贴机具质量调查、质量督导工作，重点对全市50家规模农机专业合作社进行农机产品质量和作业质量的跟踪调查；三是强化农机质量监督机制，以“3·15”农民维权暨放心农机下乡活动为契机，印发宣传资料、组织维权咨询投诉活动，组织农机具质量检查，提高产品质量水平。

【强化农机安全监督检查】 一是上海市农机部门进一步落实农机安全生产责任主体，5个镇、9个合作社、12个村通过“平安农机”创建验收，层层签订安全生产责任书6 615份，提高安全意识；二是强化牌证等源头管理，针对部分区县新购机农民上牌慢的问题，组织有关部门管理人员深入基层调研，广泛听取机手和基层管理人员意见，优化流程，主动上门服务，农机上牌率和驾驶人持证率稳定在99%以上；三是严把技术检验关，推行“谁检验，谁负责”的工作机制，进一步提高工作人员的责任心，针对部分农民怕麻烦，不愿意参加年检，采取主动上门告知、生产季节重点监督等措施，提高年检率，拖拉机、联合收割机经安全技术检验合格的共11 224台，实际检验率达到90%以上；四是广泛开展安全宣教，参加学习的农机手达到13 150多人次，宣传教育的普及率达到90%以上；五是强化安全生产督查，出动执法人员2 342人次，排除库房安全隐患73处，整治违法行为175起；六是加强联动协作，以12316为服务平台，联合保险、急救、农机快速维修，应急联动机制，多点举办农机事故应急处置演练活动，提高农机事故快速反应、规范处置、科学救援水平。2014年，上海市共发生道路外农机事故5起，受伤1人，连续两年无人员死亡，安全生产形势继续保持平稳可控状态。

江苏省

【概况】 2014年，江苏省各级农机部门围绕基本实现农业机械化目标，坚持把粮食生产全程机械化作为保证粮食生产安全的首要任务，突出服务主体培育、全面提升农业机械化水平，农业机械化在全国率先实现由中级阶段向高级阶段的跨越，为促进粮食增产、农业增效、农民增收作出贡献。

【农业机械化投入大幅增长】 2014年，中央和省级财政用于江苏省农机购置补贴投入超过15亿元，补贴各类农业机械超过15万台(套)。同时，省级财政大幅提高秸秆机械化还田的作业补助力度，省级财政投入将超过8亿元。在中央和省级财政增加投入的同时，各地也结合实际，投入农业机械化发展资金超过3亿元，进一步激发农民发展农业机械化的积极性。

【农机装备结构不断优化】 2014年，江苏省新增大中拖拉机2.47万台，其中55.125千瓦以上的占85%，保有量达到12万台，大中型拖拉机所配套的还田、施肥、播种、施药等配套农具保有量达到30.5万台(套)，配套比1∶2.5。新增联合收割机1.47万台，保有量超过13万台；新增插秧机1.76万台，保有量达11万台以上，其中乘坐式2.5万台。新增各类设施农业机械近10万台(套)，投入使用的新型设施农业机械装备超过60万台(套)。

【农机作业水平稳步提高】 2014年，江苏省粮食作物生产机械化整体推进步伐进一步加快，耕种收植保等主要环节基本实现机械化。江苏省机插秧总面积达1 620千公顷，机插率达到75%。玉米机播、机收分别为223.33千公顷、204千公顷，玉米机播、机收水平分别达到82%、75%，较2013年均提高7个百分点。秸秆机械化还田加速推进，全省夏秋稻麦秸秆还田面积超过2 333.33千公顷。

【农机管理服务水平显著提升】 2014年，江苏省农机合作社快速增长，服务水平不断提升，已经成为粮食生产的中坚力量。全省农机合作社总数达到5 006个，比2013年增加438个，入社成员46万人，机具总数49.8万台(套)。农机合作社水稻机插秧、秸秆机械化还田作业面积分别占机械化作业面积的68%、63%以上。全省农机试验鉴定、技术推广、质量监督、安全监理、农机维修、教育培训、信息化等公共服务基础设施和装备手段明显改善，队伍素质和服务水平进一步提升。

【农机人才队伍建设持续推进】 2014年，江苏省积极实施农机“361”人才计划，突出加强以基层农机管理、科技推广人员为主的农机管理、科技人才培训，以农机驾驶、维修、操作、经营管理人员为重点的新型职业农民培训和农机实用技术培训，参训人员超过20万人。扎实开展农机行业职业技能获证奖补工作，全省完成各类农机职业技能培训3.6万人次以上，鉴定合格3.3万人次，超额完成全年培训任务。

【认真落实农机购置补贴政策】 2014年，江苏省实施中央、省级以上财政补贴资金超过15亿元。一是突出发展重点。各地围绕粮食生产、秸秆机械化还田等工作重点，引导农民购买大功率拖拉机及配套秸秆还田机2.47万台、联合收割机1.47万台、插秧机1.76万台、烘干机1 500台，确保补贴机具投入到农业生产。二是完善补贴政策。按照简化程序、方便农民的要求，全省进一步完善“全价购机、县级结算、列入补贴品目机具实行敞开补贴”的操作办法，进一步优化购机补贴办理手续，减少农民往返奔波，降低小额补贴机具的核查比例，减轻基层核查工作的负担。三是强化监督管理。全省各级农机、财政部门密切配合，层层签订工作目标责任状，围绕“补贴产品推广目录制、补贴经销商生产企业自主选择制、管理过程监督制、受益对象公示制、实施成效考核制”为主要内容的操作程序，做到按制度办事，按程序操作，按纪律行动，进一步强化廉政风险防控机制建设，规范阳光操作，严格监督管理，确保这项好政策发挥最大效应。

【加快秸秆机械化还田和水稻机插秧技术推广】 2014年，江苏省各级农机部门继续将水稻机插秧推广、秸秆机械化还田摆在农业机械化工作的重中之重的位置，加大投入力度，加强组织协调，强化监督管理，取得显著成效。一是加大作业补助投入。在省级财政加大投入的基础上，各市、县财政用于秸秆机械化还田和机插秧作业补助等综合补贴投入超过2亿元，为秸秆机械化还田及机插秧持续发展提供动力。二是强化技术培训示范。各地按照要求，坚持早动员、早部署、早宣传、早培训，为开展好秸秆机械化还田和水稻机插秧工作奠定基础。2014年以来，全省共组织开展秸秆机械化还田和机插秧技术培训超过2 000期，召开现场演示会近500场次，发放宣传培训材料100多万份，观摩培训达5万多人次。三是狠抓作业质量。各地积极探索“规模化育秧、商品化供秧”工作模式，加快基质、无纺布、硬盘、育秧流水线等装备的应用，提高育秧质量。为提高秸秆机械化还田和水稻机插秧作业质量，省局组织开展“水稻机插秧整体推进百日行动”和暗访检查，各地抓住机收、切碎(断)、匀抛、旋埋、机插(包括育秧)、灌水等关键技术环节，督促机手按照技术路线和作业标准开展作业，提高技术到位率。四是创新工作考核。在总结各地作业补助核查工作经验的基础上，2014年省级秸秆还田作业继续实行直补政策，并首次试行第三方核查机制，省级印发第三方核查工作指导意见，举办秸秆机械化还田作业补助第三方核查培训。同时，由县级人民政府牵头制定并公布年度实施方案、技术路线和第三方核查工作方案，组织签订第三方核查委托协议，确保作业补助政策监督落实到位。

【积极开展基本实现农业机械化创建工作】 2014年11月8日，由中国工程院、农业部等部门专家组成的论证委员会对江苏省农业机械化水平进行论证，江苏农业机械化在全国率先实现由中级阶段向高级阶段的跨越。省级30个基本实现农业机械化创建县进一步加大投入力度，完善扶持政策，加快发展速度，提升发展质量，确保农业机械化发展和农业现代化同步推进，特别是苏南各市县根据国家制定的《苏南现代化建设示范区规划》，高标准，严要求，抓发展，促提高，农业机械化保持持续、快速、健康发展态势。7月10日，江苏省农业机械管理局组织有关专家对江阴市、武进区进行农业机械化水平评价，确认江阴市和武进区已达到基本实现农业机械化的标准，进入农业机械化发展的新的历史阶段。前三季度，江苏省开展农业机械化水平监测，通过市县自评、省级审核的方法，完成全省及13个省辖市、76个县(市、区)的农业机械化水平监测。各级农机部门对照农业部制定的畜牧业、林果业、渔业、设施农业及农产品初加工五项产业机械化水平评价标准，认真收集数据，科学汇总分析，加强高效设施农业机械化水平评价，推动高效设施农业机械化水平提升。

【全力提升农机公共服务能力和社会化服务水平】 2014年，江苏省农机部门加大资金投入，强化主体培育，加快服务载体建设，农业机械化公共服务和农机社会化服务水平不断提高。一是加强合作社培育。进一步加大农机合作社基础建设投入，提高农机合作社服务能力。2014年，省级机库和维修点建设项目资金分别达2 004万元、480万元，分别扶持169个合作社建设机库、48个合作社建设农机维修点。加强与民生银行合作，将“惠农贷”项目20个试点县（市、区）拓展到全省，帮助合作社缓解贷款难问题。二是强化公共服务。加强农机公共服务体系项目建设，提高公共服务能力。2014年，江苏省财政安排2 000万元，安排项目42个，扶持农机安全监理装备、农机教育培训、农机推广能力建设和农机信息化建设。各级农机部门围绕工作职责，认真做好政策实施、信息宣传、技术培训、机务管理等方面工作，保障农业机械化健康发展。三是深化人才培训。围绕农机“361”人才计划，大力加强农机管理、科技和技能人才三支队伍建设，全省相继组织开展基层农机人员、市县农机局长、农机系统青年管理干部、职业技能培训基地师资等系列培训，参训人员超过1 500人。扎实开展农机行业职业技能获证奖补工作，大力实施农机实用技术和技能培训，不断提高技能人才队伍素质。

【狠抓农机安全和质量监管】 2014年，江苏省农机系统贯彻《江苏省农业机械安全监督管理条例》，推进各项农机安全监管责任和措施的落实，全省农机安全生产形势继续保持总体稳定。一是开展农机安全生产大检查。在强化常态监管的同时，全省农机部门按照省人民政府统一部署，认真开展农机安全生产检查整改专项行动，为南京青年奥林匹克运动会举行营造良好氛围。在推进无挂车手扶拖拉机“三同时”备案管理的基础上，积极探索研究改进纯农拖拉机、联合收割机及驾驶人安全管理的试行办法。二是进一步提高服务水平。通过组织开展送检下乡活动，加快“平安农机通”和农机“双优”加油卡推广应用，推动公安农机信息互通与建立执法协作机制，开展免费监理等便民惠民工作，寓管理于服务之中，切实提高监理工作成效。三是进一步提高创建成效。调整合并“平安农机”创建内容和方法，努力构建农机安全生产长效管理机制。

【继续抓好农机安全生产】 2014年，江苏省共上报道路外农机事故129起，死亡38人，死亡人数占国务院安全生产委员会和省人民政府下达的年度安全生产控制考核指标的57.5%。继续在全省组织开展农机质量投诉监督“3·15”、送农机下乡、组织开展补贴机具质量督导和质量调查工作、农机打假、农机放心消费创建等一系列活动，努力维护农民和企业的合法权益，营造良好的质量环境。

浙 江 省

【概况】 2014年，浙江省贯彻《浙江省农业机械化促进条例》，坚持“立足大农业、发展大农机”，以改革创新为动力，以加快推进农业领域“机器换人”、全面提升现代农业发展层次为总方向，以“优结构、提能力、增活力”为主线，扎实有序推进农业机械化各项工作，取得成效，继续保持农业机械化又好又快发展态势。

【深化农机购置补贴改革创新试点】 2014年，浙江省农机部门继续深化农机购置补贴改革创新试点。按照“扩大对象、调整范围、提高标准、简化程序”的总体思路，突出重点导向、生态导向、绩效导向、公正导向和市场导向“五个导向”，进一步完善政策顶层设计。比如实行“就近办理”办法，允许各地根据实际情况自行确定由县农机部门或乡镇受理补贴申请，切实方便购机农户。

【落实农业机械化扶持政策】 2014年，浙江省农机部门落实农业机械化扶持政策。进一步细化责任落实，深化阳光行动，强化绩效管理，优化为农服务，确保农机购置补贴、作业环节补贴等政策的有效落实。截至11月底，浙江省共实施购机补贴资金5.21亿元，其中中央资金4.45亿元，省级资金0.32亿元，市（县）配套0.44亿元，新增各类农业机械装备8.53万台（套），实施农机作业环节省级补贴资金2 676.87万元。

【深入推进农业机械化示范区建设】 2014年，浙江省农机部门深入推进农业机械化示范区建设。坚持走区域整体推进农业机械化发展路子，结合粮食生产功能区和现代农业园区建设，省、市、县三级联动推进农业机械化示范县、示范镇、示范园区建设。新建省级农业机械化示范县2个、示范镇12个、示范村（基地）88个，已形成17个省级以上示范县、123个示范镇和774个示范村（基地）的示范辐射面。以农业机械化示范区为载体，以农业机械化扶持政策为推动力，有效促进农业机械化新装备新技术的推广应用，加快农业“机器换人”步伐。

【农业机械化生产更好发展】 2014年，浙江省水稻耕种收综合机械化水平达到72.5%，比2013年提高1个百分点，其中水稻机械化栽植面积突破200千公顷，达到200.67千公顷，比2013年增加6.67千公顷；新增粮食烘干机1 125台，批次粮食烘干能力达到5.4万吨，全年机烘稻麦超过250万吨，机烘率达到40%；农用无人机起步发展，全省拥有量已达到18架。

【壮大新型农机服务主体】 2014年，浙江省农机部门培育壮大新型农机服务主体。坚持量质并重、以质为先，继续培育发展农机专业合作社、合作联社等新型主体，深入推进合作社规范化建设，引导拓展服务内容、延伸服务链条，建设区域性水稻育秧、粮食烘干等服务中心，开展农业生产环节外包性服务，农机社会化服务能力和水平得到进一步提升。2014年新增农机合作社91个、育秧中心151个、烘干中心204个，总数分别达1 400个、1 115个和972个。

【切实加强农业机械化生产管理】 2014年，浙江省农机部门切实加强农业机械化生产管理。围绕春耕备耕、夏收夏种、秋收冬种等重要农时季节，强化农业机械化生产组织调度和技术服务，引导有序开展农机跨区作业，确保农业机械化生产各项工作的有序推进。浙江省共发放跨区作业证3 500张，发布各类作业信息12.4万余条，组织1.35万人次技术人员开展技术指导服务。同时，联合中石化浙江分公司推行农机作业用油“三优一免”（即优惠供应、优先加油、优质服务、免费办理)惠农便民服务措施，落实农机作业专项用油3.6万吨，进一步健全农机用油保障机制，强化机械化生产作业用油供应。

【编制农业机械化生产月历】 2014年，浙江省农机部门研究编制农业机械化生产月历。以机械化作业主要项目、生产组织和管理主要措施为内容，分省、市、县三级，组织编制农业机械化生产月历，为农业机械化生产管理提供依据，提高重点作物、关键环节和主要农时季节农机作业的组织化、规范化水平。

【深化“平安农机”建设】 2014年，浙江省农机部门以农机专业合作社为重点，深化“平安农机”建设，推进“平安农机”示范社创建，切实强化农机合作社安全生产主体责任的落实，进一步夯实农机安全生产基础。全年共新建全国“平安农机”示范县3个、省级示范县2个、示范乡镇24个、示范合作社70个，全国农机安全监理示范岗位标兵8人。

【强化农机安全生产专项整治】 2014年，浙江省农机部门坚持农田作业机械监管与上道路拖拉机监管并重，依托公安驻农机警务联络室，紧盯春耕备耕、“双夏”等重点时节以及农机专业合作社、农机大户等重点对象，认真组织开展农机安全生产较大事故防控专项行动、外省籍拖拉机专项治理行动和“农机安全生产月”活动，继续深化农机安全生产领域“打非治违”，及时消除安全隐患，确保农机生产作业安全。截至11月底，浙江省共开展执法检查10 521次，检查各类农业机械87 214台(次)，纠正违章行为26 924起；排查安全隐患12 257个，整改12 225个，整改率达99.7%。

【推进农机安全管理创新】 2014年，浙江省农机部门扎实推进农业机械报废补贴工作，及时淘汰老旧、安全性能差的农业机械。2014年，浙江省共落实财政补贴资金2 149万元，报废拖拉机7 688台、联合收割机308台。扎实推进危及人身财产安全农业机械免费安全检验工作，临安、萧山、金华等地还积极探索政府向社会购买农机安全检测服务的新模式。

【农机安全生产形势进一步好转】 2014年，在一系列措施的保障下，浙江省农机安全生产形势保持稳定好转态势。截至11月底，浙江省共发生拖拉机道路交通事故278起，死亡99人，与2013年同期相比分别下降27.42%和35.71%，未发生较大以上拖拉机道路交通事故；发生道路外农机事故15起，死亡9人，同比分别增加7起和1人。

【规范做好农机产品推广鉴定工作】 2014年，浙江省农机部门制(修)订《浙江省农业机械推广鉴定实施办法》《浙江省农业机械推广鉴定申请细则》《浙江省农业机械试验鉴定机构省级鉴定能力认定办法》和《浙江省农业机械推广鉴定大纲管理办法》，进一步规范农机产品推广鉴定工作，严把农机产品质量关。2014年共完成30家企业75个产品的省级推广鉴定任务、2家企业4个产品的部级推广鉴定任务以及88项委托检验任务，并帮助57家企业230个农机产品到外省申请农机产品推广鉴定。

【扎实开展农机产品质量调查工作】 2014年，浙江省农机部门以水稻插秧机、粮食烘干机和农业设施大棚为重点，采取实地查看、集中座谈、问卷调查等方式，结合农时开展农机产品适用性、安全性、可靠性和售后服务等调查。调查活动共收回插秧机用户有效调查问卷901份、烘干机调查问卷711份、设施大棚调查问卷348份。据调查，近年浙江省水稻插秧机质量总体较好，安全可靠性高，作业质量、适用性、方便性、可靠性、安全性、售后服务满意率分别达到94.0%、95.8%、94.5%、95.8%、100%和79.1%，加权综合满意度达到94.3%。

【建立健全农机质量监督管理体系】 2014年，浙江省农机部门进一步明确农机质量工作职能机构，落实农机质量监督员，建立健全农机质量监管体系，确保农机质量监管工作有人管、有人抓、有人干。目前，浙江省已有58个市、县设立农机消费维权监督投诉分站，其余地区明确分管领导和职能科室，并建立起一支150余人的农机质量监督员队伍。

【开展农机保险支持农业机械化工作】 2014年，浙江省农机部门探索开展农机保险工作。致力于提升农业机械及其所有人抗风险保障能力，与安信农业保险公司签订农机保险战略合作协议，有针对性地推出农业机械及设施设备财产险、驾驶操作人员人身意外险及第三方责任险等险种，填补浙江省专业性农机保险的空白。在此基础上，采取强化农机保险知识宣传、引导产销企业推行“购机送保险”服务、设立保险代理点等综合措施，大力推进农机保险工作，逐步扩大农机保险覆盖面。2014年，浙江省已设立农机保险代理点49个，其中杭州、绍兴、舟山等市除个别县外基本实现全覆盖，已投保农机具1 528台，保额达3.42亿元。萧山、桐庐、义乌等地还争取地方财政支持，对农机保险进行补贴。

【深化信贷支持农业机械化工作】 2014年，浙江省农机部门继续落实与邮储银行金融战略合作协议，因地制宜推行农机抵押贷款、信用贷款、担保贷款等业务，进一步加大信贷支持农业机械化力度，帮助农民和农业生产经营组织解决融资难问题。据不完全统计，全省各地联合邮储银行、信用社、民生银行等金融机构共落实农机信贷资金1.2亿元(其中邮储银行发放贷款1 668万元)。

【深入推进农机农艺融合】 2014年，浙江省农机部门深入推进农机农艺融合。进一步健全并发挥农机农(牧)艺融合工作机制，联合省种植业局、省农技推广中心召开水稻机械化穴直播观摩会，印发《浙江省水稻机械化生产技术指导意见》，制订《机插水稻盘式育秧技术操作规程》和《机插水稻大田栽培技术操作规程》，共同推进水稻生产机械化工作。大力推进农机农(牧)艺融合示范区(片区、点)建设，目前浙江省已建立各产业融合示范区(片区、点)305个，其中粮油产业163个、畜牧产业42个、茶叶产业24个、果蔬产业56个、其他产业20个。

【筹备建立浙江省农业机械化促进会】 2014年，浙江省农机部门致力于搭建农机产学研用相互沟通与合作的有效平台，由省农机鉴定推广总站、省农业工程学会、省农机学会、省农机工业行业协会、省农机研究院和《现代农机》杂志等6家单位联合发起成立省农业机械化促进会，并于2014年9月30日经省民政厅批复准予成立。

【组织编制农机产品需求与科研导向目录】 2014年，浙江省农机部门以应用需求为导向，根据全省农业机械化发展和农业领域“机器换人”实际需求，按照填补空白、拓展功能（提升性能）两个层次，组织编制《浙江省农业机械产品需求与科研导向目录》，提出未来一段时期的农机产品研发方向。

安徽省

【概况】 2014年，安徽省农机部门全面落实强农惠农政策，深入实施农业机械化推进工程，农业机械化工作取得长足发展。

【农机装备进一步优化】 2014年，安徽省农机总动力达6 365万千瓦，同比增长3.6%。大功率、复式作业机械增长加快，全省大中型拖拉机、联合收割机、水稻插秧机保有量达到19.9万台、15.9万台、2.35万台，同比分别增长10.6%、9.6%和11.9%。

【农机作业水平进一步提高】 2014年，安徽省主要农作物耕种收综合机械化水平达到69%以上，同比提高1.8个百分点。薄弱环节机械化快速发展，玉米机收水平达到67%以上，同比提高10个百分点以上；水稻机械化种植水平达到38.1%，同比提高6.3个百分点。

【农机社会化服务进一步发展】 2014年，安徽省农机专业合作社数量达到2 810家，增加442家。2014年农业机械化经营服务总收入可达500亿元，同比增长8.7%。

【农机安全生产形势进一步稳定】 截至2014年10月底，安徽省共发生农机事故70起，死亡3人，伤18人，直接经济损失153.5万元，无重特大农机事故发生，农机安全生产形势平稳。

【组织重要农时农业机械化生产】 2014年，安徽省农机部门制定生产方案和应急预案，主动做好信息发布、机手培训、机具维修、后勤保障、应急调度等各项服务，开展跨区作业，充分发挥农机主力军作用，指导和推进农业机械化生产。“三夏”期间，全省投入联合收割机13.5万台，机收小麦2 756.67千公顷，机收率98.4%。“三秋”期间，狠抓机械化跨区耕整地、跨区机播玉米、水稻跨区机收。全年机收水稻2 143.33千公顷，机收率94.5%；机收玉米770千公顷，机收率67%；机播小麦2 535.33千公顷，机播率89.7%；开展深松整地作业面积221.33千公顷。

【创新实施农机购置补贴政策】 2014年，安徽省农机部门全面推行“自主购机、带机申请、定额补贴、县级结算、直补到户”操作模式，加强政策宣传，推进信息公开，实行“一站式”服务，严格监督检查，强化绩效管理。全省实施中央财政补贴资金13.3亿元，共补贴机具14.2万台，受益农户10.2万户，拉动农民投入29.7亿元。补贴资金实施进度、结算进度均居全国首位。同时，加快推进农机报废更新试点工作，共报废老旧农机1 045台，补贴资金674万元。

【着力推进农机农艺融合】 2014年，安徽省人民政府召开农机农艺融合推进会，省委书记张宝顺到现场指导并发表讲话，副省长梁卫国出席会议并做出具体安排部署。工作中，以农业机械化新机具新技术推广为抓手，推进农机农艺融合技术应用，主攻水稻机插和玉米、油菜机收等关键环节。印发《关于做好2014年农业机械化技术推广工作的通知》，发布8大类18项农业机械化主推技术，开展水稻机械化生产万千百示范工程，以消除空白村为目标，实施整建制推进。全省建立水稻机插秧示范点821个，新建水稻育秧工厂180家（总数763家），水稻机械化种植面积856.67千公顷，机械化种植水平38.1%。机收油菜150千公顷，机收率29.3%。

【组织实施秸秆机械化还田】 2014年，安徽省实行最严格的秸秆禁烧措施。为配合秸秆禁烧，制定机械化秸秆全量还田工作方案和技术路线、作业标准，印发《关于秸秆机械化综合利用工作的实施意见》和《关于推进秸秆机械化还田工作的通知》，测算秸秆还田作业成本，进行各种还田方式比较分析，大力推广秸秆机械化还田。2014年秸秆机械化还田作业面积突破2 666.67千公顷。

【加快发展山区机械化】 2014年，安徽省启动山区特色农业机械化试验示范项目，选择10个山区县实施茶叶生产全程机械化试验示范项目和优势特色农产品薄弱环节机械化试验示范项目。开展山区特色农业机械化发展水平评价指标体系构建调研，初步形成评价指标体系框架。举办山区机械化发展大家谈征文活动，理清思路，凝聚共识。

【积极推进农机社会化服务】 2014年，安徽省农机部门着力加快农机大户、合作社发展，举办省级农机合作社示范社理事长培训班，培训200余人。与省财政厅合作，奖励2013年度10个农机大户标兵每户1台大型拖拉机。继续开展合作社示范社评选活动，新创建省级示范社101个，总数达292个。推进信息化在农业机械化生产中的应用，搭建全省农业机械化生产指挥调度平台。将农机合作社纳入“农机通”信息服务系统，用户达6万多人。开展农业部大田农业物联网项目“农业机械化生产指挥调度与作业质量监控系统”试点，在亳州、宿州两市率先建成农业机械化生产指挥调度网络，实现市、县两级互联互通。

【切实加强农业机械化教育培训】 2014年，安徽省农机部门整合培训资源，成立“农业机械化发展讲师团”，巡回开展培训活动74次。依托省农业机械化技术培训基地和安徽农业大学，举办农机校教师和技术推广人员培训班、基层农机推广人员继续教育培训班、秋季农业机械化生产培训班。组织广大农机技术人员，开展面向广大农民和农机手、农机合作社从业人员的培训，提高作业操作、机具维修等技能。同时，加强党风廉政建设，省局举办党风廉政建设专题培训班。编印农机购置补贴工作人员警示教育手册，组织农机鉴定人员业务轮训，提高廉政风险防控意识。

【进一步强化农机安全生产和质量监管】

2014年，安徽省农机部门深入推进“平安农机”创建，已创建示范县31个，其中国家级19个（2014年申报国家级5个）。加强牌证管理，严格拖拉机、联合收割机注册登记，“三率”水平平均提高10个百分点以上。建立健全农机安全监理机构与公安交警部门联合执法工作机制，深入开展“打非治违”专项行动。强化事故应急处置，首次举办全省农机事故应急处置演练。认真落实农机试验鉴定和推广目录管理各项规定，推进农机试验鉴定规范化建设，印发省级农机推广鉴定产品种类指南，发布省级农机推广鉴定产品种类指南及大米色选机等9项省农机推广鉴定大纲。

【农业机械化发展有利因素】 2014年，安徽省各级党委人民政府对农业机械化重视程度、支持力度进一步加大，社会各界对农业机械化地位作用的认识进一步提高；以农业机械化促进法为核心的农业机械化法律法规政策体系不断完善；经济发展，政府财力增强，农民收入增加，工商业资本加入，农机投入加大；工业化、城镇化加速推进，劳动力转移，农民和农业生产对农业机械化的依赖性增加，发展的市场需求增大；机插秧及玉米油菜机收获等薄弱环节的突破，发展的起点提高；农机产品研发、生产能力不断增强，发展的空间更加广阔。特别是随着中国共产党中央委员会办公厅、中华人民共和国国务院办公厅《关于引导农村土地经营权有序流转发展农业适度规模经营的意见》（中办发〔2014〕19号）的颁布实施，土地流转集中，规模经营加速，必将进一步促进农业机械化发展。

【农业机械化发展存在问题】 2014年，安徽省农机装备结构布局优化的步子慢、任务仍然艰巨，大功率、复式作业机具仍相对紧缺；区域不平衡，即南北不同步，领域不平衡，即粮食作物与经济作物机械化的巨大差距；农机运用条件较差，机耕道、机库棚等基础设施薄弱，建设落后；农机金融信贷、政策保险等扶持政策落实不到位，特别是农机融资困难；基层安全监理、技术推广等机构体系不健全，质量检测、安全检验、机具维修等缺乏投入，农业机械化公共服务能力不强；正在进行的机构改革对农业机械化发展带来一定的影响。

福建省

【概况】 2014年，福建省各级农机管理部门贯彻落实中央1号文件和省委省人民政府关于加快推进现代农业发展的有关精神，按照全省农业农村工作推进会议的部署要求，落实完善扶持政策，主攻薄弱环节机械化，加强农机农艺融合和农机社会化服务体系建设，发挥农业机械集成技术、节本增效和推动规模经营的重要作用，推动农业机械化“全面、全程、高质、高效”发展，为农业农村经济发展提供有力的装备支撑。

【农机装备总量持续增加】 2014年，福建省农业机械总动力1 370万千瓦，同比增长1.48%；大中型拖拉机3 420台，同比增长11.4%；联合收割机8 010台，同比增长11.2%；机动插秧机6 714台，烘干机815台。装备结构不断优化，水稻关键环节机械大型化、配套化趋势明显，丘陵山区农机装备发展提速。

【农机作业水平持续提高】 2014年，福建省机耕、机插、机收面积分别达到1 040千公顷、136.67千公顷和363.33千公顷，耕种收综合机械化水平达到40%以上，同比提高3个百分点以上；水稻耕种收机械化水平达到50%以上，同比提高3个百分点以上。

【农机社会化服务能力持续增强】 2014年，福建省经工商部门登记注册的农机专业合作社503家，其中，16家列入全国农机专业合作社示范社，67家列入省级农机专业合作社示范社，34家列入福建省首批农民合作社规范社名录。农机专业合作社逐步实现从数量上的增长向规范化发展提升。

【农机安全生产形势持续稳定】 2014年，福建省共排查生产经营单位12 141家，覆盖率达100%；排查一般事故隐患3 363起，整改率99.61%，全省上道路拖拉机上牌率95.33%，持证率91.38%，检验率65.37%。

【农机购置补贴产品市场化改革】 2014年，福建省作为全国唯一农机购置补贴产品市场化改革试点省，经充分调研、讨论和征求意见，目前已形成改革实施方案初稿，改革主要内容为：取消农业机械购置补贴产品推广鉴定、进入支持推广目录等两项前置审批环节，放宽享受购机补贴政策的农机产品市场准入条件，实行农机购置补贴产品登记制度。

【废止《福建省支持推广的农业机械产品目录管理办法》】 2014年，福建省农机部门为进一步推动企业自主经营、公平竞争和消费者自由选择、自主消费，促进农业机械科技创新，根据农业部、财政部关于补贴产品市场化改革试点的有关精神，经研究废止《福建省支持推广的农业机械产品目录管理办法》，并从2015年起不再编制福建省支持推广的农业机械产品目录。

【推动金融支持农业机械化发展】 2014年，福建省各地落实2013年印发《关于金融支持农业机械化的指导意见》精神，与当地金融机构积极协商，漳州、泉州、宁德、永春、安溪、沙县、永安等地分别出台实施细则。2014年进一步加大与金融机构合作，与中国邮政储蓄银行福建省分行三农金融部联合印发《关于金融支持农业机械化的通知》，对符合贷款条件的购机农民和农业生产经营组织在购机补贴额内给予贷款支持，享受邮储银行正常贷款执行利率优惠10～30个百分点的政策。

【下放拖拉机驾驶培训许可证核发行政审批事项】 2014年，福建省农机部门根据省发展和改革委员会和省行政审批制度改革工作小组办公室相关文件精神，将拖拉机驾驶培训许可证核发行政审批事项完全下放到区市农机管理部门。为确保下放事项衔接落实到位和行政审批的规范高效运作，组织举办拖拉机驾驶培训行政审批事项业务培训班。

【农机购置补贴政策利好】 2014年，中央安排福建农机购置补贴资金3.5亿元，省级财政安排农机购置补贴资金0.43亿元，补贴机具种类范围为12大类32个小类64个品目。截至12月2日，福建省已申请中央补贴资金1.07亿元、省级补贴资金0.26亿元，补贴机具5.42万台（套），受益农户3.8万户。

【薄弱环节机具累加补贴】 2014年，福建省为提升全省粮食生产薄弱环节耕种收综合水平，对薄弱环节机具及水稻、马铃薯、花生、油菜等粮油作物耕种收环节机具给予省级累加补贴。为加大对农机专业合作社的扶持，对符合条件农机合作社购买部分重点推广机具时可享受省级二次累加补贴。为加强对二次累加补贴监管，要求在购买二次累加补贴机具时，要与县级农机管理部门签订补贴机具购置使用承诺书，每年年底要向当地农机管理部门提供补贴机具在用情况表。

【强化农机购置补贴政策调研】 2014年，福建省农机部门与驻厅监察室、厅政法处联合深入基层，围绕进一步完善农机购置补贴政策开展调研。与财政厅农业处联合赴2个区市、4个县(市)开展农机购置补贴政策实地调研，广泛听取意见和建议，并形成调研报告。

【强化廉政风险防控】 2014年，福建省农机部门召开2次全省农机购置补贴廉政风险防控研讨暨警示座谈会，开展警示教育，交流廉政风险防控的做法。各级农机管理部门也先后组织召开廉政风险警示教育会。结合群众路线教育实践活动在全省开展廉洁农机建设，要求各级农机管理部门把廉洁农机建设中存在的问题列入党组织专题民主(组织)生活会重要内容。与驻厅监察室联合深入基层，围绕健全廉政风险防控体系建设开展调研。8月，莆田市农机具补贴廉政风险网上公开平台暨莆田市购机补贴监控平台投入试运行，通过平台把购机补贴工作流程和进度在网上公开，设置机具核实、结算拨付两个电子监察节点，用科技手段加强廉政风险防控。

【强化农机购置补贴督导检查】 2014年，福建省分4个组赴8个区市、16个县(区)开展农机购置补贴政策实施情况督导，重点围绕农机购置补贴政策组织实施等方面开展检查，及时发现问题、解决问题。

【强化农机市场监管】 2014年，福建省农机部门加大对涉嫌违法违规企业、合作社的查处力度，取消2家企业所有产品在福建省农机购置补贴资格，暂停24家经销商和生产企业补贴产品的经销和补贴资格，暂停5家专业合作社补贴产品补贴资格。针对补贴实施过程中出现异常情况，7月取消油菜籽收获机省级补贴，8月暂停部分山地田园作业(管理)机违规企业补贴资格，并调整相应分档设置。为规范企业行为，印发《关于规范农机产销企业系统操作和经营行为的通知》，对企业在系统中资料的完整性、上传的相片、产品名牌、企业的市场责任等进一步提出要求。

【引导农机合作社规范化发展】 2014年，福建省农机部门出台《福建省农机合作社规范建设指南》，促进和引导全省农机专业合作社规范化建设，组织农机专业合作社积极申报省级农民合作社示范社和规范社。

【扶持农机合作社建设机库棚】 2014年，福建省级财政安排2 060万元专项资金，采取先建后补方式，对全省94家农机合作社建设的三类机库分别给予25万元、20万元、15万元的补助，目前各项目点正按照项目建设内容认真实施。

【重点推广机具给予累加补贴】 2014年，福建省农机部门对农机合作社购置部分重点推广机具给予累加补贴。农机专业合作社在购置水稻插秧机、粮食烘干机械等薄弱环节机具时，在享受中央补贴的基础上，给予不超过10%的省级累加补贴，对部、省级农机专业合作社和列入省农业厅规范社名录的合作社给予不超过20%的累加补贴。目前全省已有247家农机专业合作社购置累加补贴农机具1 779台(套)，享受累加补贴资金0.18亿元。

【组织重点农时农业机械化生产】 2014年，福建省各级农机管理部门积极组织开展农业机械化生产，从政策扶持、机具检修、物资准备、机手培训、技术推广等方面齐抓共促，全省检修农机具10.59万台(套)，投入农机具11.87万台，组织321台联合收割机、插秧机外出跨区作业，推动全省农业机械化生产顺利进行。

【加强领导，落实生产任务】 2014年初，福建省将农机总动力、机耕面积、机插面积、机收面积等全年农业机械化发展重大目标任务进行层层分解下达，各地结合实际，抓住关键农时，突出重点地区，制定科学合理的农业机械化生产方案，做到早计划、早部署、早行动。在农忙期间，各地及时上报农机务农进度，统计数据真实可靠，有效反映农业机械化生产作业进度，为指导全省农业机械化生产工作提供有效依据。

【加强引导，做好跨区作业】 2014年，福建省各级农机管理部门积极组织引导各类农机服务组织、专业合作社开展跨区机耕、机插等作业，做好协调服务，引导供需双方签订作业合同，拓展农机社会化服务领域。加强信息引导，通过“福建农业信息网”“农机跨区作业服务直通车”发布机具供需、作业进度等市场信息，引导机具有序流动。

【做好保障，服务农机手】 2014年，福建省各级农机管理部门积极组织农机技术人员进村入户，帮助和指导农民机手保养、调试和检修各类农机具，了解农机务农工作的落实情况，协调做好各类农机具、零配件和油料的储备与供应，开展农资打假专项治理行动，净化农机市场，维护机手的合法权益，确保机具保质保量按时投入到农业机械化生产。开展水稻机插秧技术培训，全省220多人参加莆田市荔城区农机总站和吉峰农机公司联合举办的全省水稻机械化育插秧技术培训班。

【开展旱地粮油作物机械化生产工作】 2014年，福建省农机部门开展旱地粮油作物机械化生产调研。为选择引进旱地粮油作物的种植、收获机械开展适应性试验和改进，促进农机农艺融合和相关技术与装备的集成配套，福建省组织有关专家及种植大户前往广东化州、长乐、漳浦、南安、惠安、龙海、平潭等地开展旱地粮油作物机械化生产调研。

【开展旱地作物机械化示范点建设】 2014年，福建省泉州市组织开展旱地作物机械化示范点建设。为了解决胡萝卜、马铃薯及花生等旱地作物种植需要大量人工成本以及劳动强度大的问题以及农机与农艺配合的难题，泉州市建立了胡萝卜、马铃薯、花生3个品种4个旱地作物机械化示范点，经过建设，示范点基本实现了主要旱地作物的作业机械化，解决制约当地特色旱地作物农业机械化发展的技术和生产关键环节的机械化问题。

【组织国家支持推广的农业机械产品目录推荐工作】 2014年，福建省农机部门按照农业部办公厅《〈2015—2017年国家支持推广的农业机械产品目录〉申报指南》要求，经企业申报、材料审查、会议研究和公示等环节，向农业部农业机械化管理司推荐福建省26家企业的125款产品。

【扎实做好农机安全生产月工作】 2014年，福建省农机部门开展送农机安全知识下乡活动，向广大农民群众及农机手进行安全专题宣讲。开展全省统一农机安全生产宣传咨询日活动，定制农机安全操作挂图9 000册与农机安全生产知识宣传画册发放给农机手。组织开展农机事故模拟应急演练活动，提高农机事故应急救援能力。

【加强农机安全监理队伍建设】 2014年，福建省农机部门加大培训，健全省、市、县、乡镇农机安全监管体系建设，对申请农机安全监理人员资格的人员进行培训、考核，175人考试合格，加强农机检验员、考试员资格管理，187人通过农机检验员审验、121人通过农机考试员审验。

【推动支持政策落实】 2014年，福建省农机部门深入基层开展便民活动，大力推行拖拉机年检下乡设点，全省38个县(市、区)在拖拉机集中乡镇(区域)设点开展拖拉机年检工作。推行拖拉机免费检验和拖拉机报废补贴政策，全省34个县(市、区)实行拖拉机免费检验，16个县(市、区)实行报废补贴。

【加大农机安全综合整治力度】 2014年，福建省农机部门开展"打非治违"专项行动，全省共组织执法检查组647个，开展安全检查824次，纠正违章1 266起，排查隐患1 465起，整改率达99.39%。开展农机"三年行动"，与安全生产监督、公安交警、乡(镇)政府等部门开展联合执法行动，截至10月，福建省上道路拖拉机上牌率95.33%，持证率91.38%，检验率65.37%。加强隐患排查治理，对农机安全薄弱环节加强监控，查隐患、查漏洞、查死角、查整改，截至11月，福建省共排查生产经营单位12 141家，覆盖率达100%，排查一般事故隐患3 363起，整改率99.61%。

【推进农机安全生产标准化建设】 2014年，福建省农机部门制定《福建省开展农机安全生产标准化建设提升工程三年行动实施方案》，修改拖拉机驾校安全标准化考评指标，推进拖拉机驾驶培训机构的安全生产标准化管理。

【存在问题】 2014年，福建省农机领域还存在一些问题。一是农机购置补贴资金实施进度缓慢。近年来，由于农机购置补贴政策顶层设计存在缺陷，部分农机干部落实政策不够规范，造成部分农机干部因涉嫌失职渎职违法案件被查处，导致目前农机部门人手紧张且普遍存在不作为、不想为、不敢为的思想观念，严重影响农机购置补贴工作的正常开展，2014年全省农机购置补贴资金实施进度处于全国倒数位置。二是农业机械化技术推广不力，农业机械化综合水平未能实现跨越式增长。近年来，基层农机推广体系建设基本上处于停滞状态，基层农机推广体系薄弱，工作经费严重不足，出现"线断、网破、人散"的现实困难，导致水稻机插秧、旱地作物机械化等农业机械化技术推广不力，使福建省农业机械化综合水平未能实现跨越式增长，在全国排名比较靠后。

江西省

【概况】 2014年，江西省农机系统围绕"改革创新服务"的主题，全省农业机械化保持平稳较快发展，实现农业机械化发展速度和质量双提升。

【农机购置补贴资金实际使用额创新高】 2014年，江西省进一步深化农机购置补贴改革，最大限度地简政放权，切实发挥市场作用，推行"自主购机、定额补贴、县级结算、补贴入卡"模式，农民购机积极性空前高涨、社会反映良好，没有接到一起对农机系统干部的投诉。截至2014年11月30日，全省已使用补贴资金7.75亿元，超历史最高年。全年将突破8亿元，达到8.2亿元。全省补贴大中型拖拉机5 389台、插秧机2 703台、烘干机724台，分别比2013年增长96.9%、214.6%、265.6%。

【农机购置补贴方式改革】 一是自主购机，取消申请。将"全价购机"改为"自主购机"，实行"先购机后补贴，先到先补、补完为止"的办法，购机不需审批，由购机者自主决定，允许带机申请补贴。二是不设门槛，取消备案。按照"谁确定、谁负责"的原则，省农机补贴产品经销商由农机生产企业自主确定，并取消到农机部门备案，改由企业自主在网上备案。三是合并验机、简化手续。将牌证办理和补贴办理中的验机合并，一次性验机，使农民申请补贴更便捷。四是稳定政策、全年补贴。在全国率先将一年一度的购机补贴实施方案相对稳定下来，成为常态化、长效性政策，在国家政策无重大改变情况下，一直有效。农民不再因方案没下来，而影响春耕备耕。五是逐级监督、交叉检查。结合农机购置补贴绩效考核，对各地农机购置补贴实施情况分上、下半年进行二次专项检查，并组织11个设区市检查组交叉检查。六是公开信息、有案必查。江西省省级财政拿出300万元作为补贴信息专栏建设经费，支持各地建立补贴信息公开专栏。同时，对举报投诉的问题和线索，坚持凡报必查，做到事事有着落、件件有回应。共对5家企业产品价格虚高的问题进行查处，暂停相关企业补贴资格，调低补贴定额。

【农机作业达到新水平】 2014年，江西省农机部门坚持一手抓农业机械化示范区创建，一手抓薄弱环节机械化突破，全省农业机械化作业水平稳步提升。江西省机耕、机插、机收水平分别达到92%、13%、88%。其中机插水平比2013年提高3.5个百分点。水稻耕种收综合机械化水平达到67.1%，比2013年提高2个百分点。

【抓好农业机械化示范区创建】 2014年，江西省建立39个水稻全程机械化示范区，示范面积73.33千公顷，取得良好的示范带动效果。其中，由江西农业大学、江西农业科学院等在鄱阳县开展的百亩连片双季稻全程机械化生产技术示范，晚稻平均产量达10 122千克/公顷，早稻平均产量达9 339千克/公顷，双季稻产量达19 461千克/公顷，创造我国双季稻全程机械化示范新纪录。

【薄弱环节机械化水平得到突破】 2014年，江西省加大对机插育秧的补助力度，提升机插水平。江西省集中育秧补助政策对机插秧育秧"降低起点、提高标准"，补助起点低，补助标准是常规育秧的5倍，达到37 500元/公顷。全省机插新建育秧大棚近10万平方米，全年共完成机插433.93千公顷。强力突破油菜生产机械化。建立9个油菜全程机械化示范区，示范面积9千公顷，在示范区重点推广油菜免耕直播机开沟、机植保和机械收获技术。全省油菜机收水平达

28%,比2013年提高7个百分点;油菜免耕直播机开沟120千公顷,比2013年增加30千公顷。

【组织好重要农时农业机械化生产】 2014年,江西省农机部门抓早动快,提前谋划,掀起"百万农机闹春耕""农机双抢大会战"和"农机助力秋收冬种"的热潮。江西省共组织152.1万台(套)拖拉机、耕整机、1.4万台插秧机、7.3万台联合收割机(引机入赣近2万台)投入到农业生产一线,机耕3 191.13千公顷、机收3 052.4千公顷,发挥农业机械在农业生产中主力军作用。同时,组织技术人员进村入户,对75万台(套)农机具进行检修保养;举办1 500余期培训班,培训农机手9.5万人次;发送作业信息近20万条。

【农机合作社迅速发展】 2014年,江西省农机部门努力推进农机社会化服务体制机制创新,以农机专业合作社为着力点,在全省开展农机社会化服务财政补助试点项目,引导农机跨区作业,带动其他农机服务组织发展。2014年新增农机合作社120个,全省农机合作社突破700个,达到707个。

【实施农机社会化服务试点项目】 2014年,江西省在10个粮食主产县实施农机社会化服务试点项目,每个县投入500万元,对开展农机社会化服务的机耕、机插、机收、机植保、机烘干作业给予补助。项目的实施创新水稻生产全程机械化服务模式。项目实施区内,机耕、机插、机收分别比非项目区高2个、6个、3个百分点;特别是水稻烘干率达到15%,比全省烘干率高近7个百分点;减少使用化学农药1～2次,减少用量35%,水稻病虫害损失控制在3.5%以下。

【积极引导机手开展跨区作业】 2014年,江西省开辟农机跨区作业高速公路免费通行"绿色通道",全省跨区作业的机具突破1万台,其中联合收割机突破3 000台;作业领域以过去的赣机北上扩大到赣机西征和赣机南下;跨区作业种类以小麦和水稻机收为主到现在涵盖小麦机收、水稻机耕、机插以及机收;跨区作业面积达到257.27千公顷,作业总收入达到2.5亿元。其中,跨区机收作业面积232.33千公顷,作业纯收入8 400万元,台均纯收入2.8万元。

【农机维修网点建设取得新跨越】 2014年,江西省农机部门继续利用省财政安排的2 000万元,以"以奖代补"形式,新扶持143个农机维修网点,其中建设一级点6个、二级点102个、三级点35个。全省农机维修服务网络已经织出"粗线条",农机维修服务基础条件明显改善,改变以往农机维修"一片黑、一滩油"的形象,农机维修应急响应和经营服务水平得到有效提升,初步缓解农机"看病难"的问题。

【强化项目管理,促进规范化建设】 2014年,江西省农机部门制定《江西省农机维修服务中心规范化建设标准》。项目只对达到农业部颁布的农机维修等级标准的维修网点进行补助。"以奖代补"的农机维修网点健全内部档案管理,强化门店形象和基础设施建设,广告牌、服务车上统一喷绘"江西农机维修"图标,技术人员持证上岗、统一着装,为进一步规范全省农机维修业发展起到示范带动作用。

【强化技能培训,提升服务水平】 2014年,江西省农机部门对2013年实施项目的138个农机维修点负责人和技术人员再次培训,进一步提升规范化建设水平;对2014年实施项目的农机维修点的负责人和技术人员,结合农机职业技能鉴定工作,按高、中、初级举办三期修理工培训,共培训农机修理工509人,进一步提升全省农机维修技术水平。

【探索"企社共建",延伸售后服务链】 2014年,江西省农机部门邀请国内6家农机企业现场开展"企社共建"对接服务活动,为农机生产企业与全省农机合作社、维修网点搭建交流合作平台,共同探索合作服务共建模式。其中,永修县梅棠农机维修服务中心通过规范化建设和服务能力提升,在做好农机维修业务的同时,还受企业委托负责附近乡镇机具的维修保养任务和部分品牌机具及零部件的代销,大大方便农机手;2014年春耕,黎川县金华农机维修中心累计为农户维修各类机械468台(套),并成功与黎川县新庄烤烟专业合作社签订"社点共建"维修服务协议,为烤烟合作社610台农机具提供维修保养服务。

【农机安全监理工作取得新进步】 2014年,江西省农机部门全面落实农机生产安全责任制,加大"平安农机"创建力度,集中开展"打非治违"等专项整治,有力地保障农机安全生产。全省共核发农机牌证66 480副,核换发驾驶证47 808本,检验拖拉机246 018台。

【多措并举,着力提高农机"三率"】 2014年,江西省拖拉机挂牌率为87.7%,检验率为77.8%,持证率为57.6%。创新方式,抓好年检。把年检审工作现场搬到村镇,现场检测,当场发证。强化源头监管,抓好注册登记。凡享受购机补贴的,应依法纳入牌证管理的拖拉机、联合收割机,凭农机监理机构核发的行驶证才给予办理补贴,做到一台不落、一人不漏。同时,在南昌市开展农机免费监理试点,减免农民牌证费、检验费等共计130余万元。新机注册率达到100%。严格考试,抓好驾驶证核发。开展送考下乡试点活动,推进考试与培训相结合,提高持证率。

【服务前移,着力规范业务管理】 2014年,江西省农机部门行政审批权下放。从2014年开始,陆续将纯农田作业拖拉机、联合收割机的牌证办理由过去设区市审批下放给各县(市、区)审批,方便群众办理牌证。规范业务档案管理。对农机注册登记实行目录管理,建立《江西省农业机械登记品牌型号库》;全面清理历年机车档案和驾驶人档案,对已达报废年限、多年未检、多年未审、多年未管的机车及驾驶人档案依法依规注销。规范办证流程。按"谁签字、谁负责"的原则,严把拖拉机、联合收割机注册登记关、检验关。

【专项治理,着力提高安全水平】 2014年,江西省农机部门进一步健全完善农机安全生产目标责任体系。省、市、县与机手层层签订农机安全生产责任书,明确各主体职责和目标。江西省共与农机手签订农机安全生产责任书15万余份。全面开展农机"安全生产月"活动,活动期间,全省共举办培训班117期,培训2万余人次,印发农机安全生产科普知识宣传手册5万份,送农机安全文化下乡78场次,发送农机安全知识短信近10万条。强力推进农机牌证专项治理。年初下发《关于集中开展农机牌证专项治理的通知》，坚决查处拖拉机无牌行驶、无证驾驶、脱检脱审以及使用伪造、变造牌证的违法行为。2014 年，江西省共出动执法人员 4 814 人次，检查机车18 972 台，补发牌证 3 412 副。

【农机科学发展的舆论环境越来越好】 2014 年，江西省农业机械化宣传工作围绕农业机械化工作大局，坚持正确的舆论导向，准确把握宣传重点，不断创新宣传形式，增强新闻宣传的针对性、实效性，在中央电视台发稿 2 条；在省电台发稿 10 条；在省电视台发稿 12 条；在江西日报发稿 12 篇、农民日报 6 篇、中国农机化导报 13 篇；新华网、人民网、大江网等发稿 33 条；在中国农业机械化信息发稿 1 009 条。特别是中央电视台连续两年分别以“粮食烘干之惑”和“农机‘看病难’”为题进行专题报道，是近年来媒体报道级别最高的，为推动江西省农业机械化科学发展提供有力的舆论支持。

【农机干部队伍建设取得新进展】 2014 年，江西省各级政府对农业机械化工作的重视程度普遍提高，市、县主要领导亲自过问，分管领导真抓实干，促进基层农业机械化管理部门职能转变，服务意识和廉洁从政水平不断提升。江西省人民政府下发《关于加快推进农业机械化和农机工业发展的实施意见》(赣府发〔2014〕22 号)，进一步坚定农机干部队伍发展农业机械化的信心。结合全省基层农技推广人员培训，举办农机购置补贴和农机安全监理 2 期(每期 5 天)基层农业机械化技术人员专题业务培训班，共培训农机购置补贴、技术推广、安全监理业务骨干 200 名；结合自身工作实际，转变工作方式方法，开设“流动教室”，设立“流动检修”点，主动入村入户，上门服务，切实打通联系服务群众“最后一公里”。与此同时，全省农机系统以反思农机购置补贴腐败案件为切入点，开展“学雷锋、转作风、促服务”为主题的作风整顿活动和廉政建设警示教育活动，让每个人明白底线在哪儿，越过底线，后果又是什么，引导大家增强廉洁自律意识，提高拒腐防变能力，不断夯实廉洁从政的思想道德基础。

【存在问题】 2014 年，江西省农业机械化各项工作都取得较大进步，全省农机系统进一步树立心系农民、服务农民、造福农民的新形象。但是，在农机购置补贴实施过程中，少数县(市)对经销商和市场的管理措施不力，影响补贴效果；有些地方围绕党委政府中心工作，农业机械化切入不够、抓得不紧，致使农机部门职能作用尚未发挥出来；农机技术培训跟不上农机快速发展的问题仍十分突出；农机安全监理工作与其他省比差距明显，影响农机安全监理业务工作的正常开展；农机信息宣传工作有待加强，特别是有些统计数据和汇报材料不能按时快速上报，影响到上下信息畅通和工作高效运转。

山 东 省

【概况】 2014 年，山东省围绕“强装备、提水平、增效益、保安全、促增收”的主线，务实创新，扎实工作，全省农业机械化工作取得新进展、新成效。

【农机装备水平提升，装备结构优化】 2014 年，山东省农机总动力将达 1.31 亿千瓦，增长 3.15%；拖拉机 255.9 万台，增长 2.44%，其中大中型拖拉机 51.9万台，增长 3.8%，新增的大中型拖拉机中，73.5 千瓦以上的 7 126 台，占 11.5%；联合收获机 25.5 万台，增长 8.97%，其中，小麦联合收割机 15.93 万台，增长 5.22%，新增小麦联合收割机中，喂入量在 5 千克以上的高效自走式机械占 90%；玉米联合收获机 9.54 万台，增长 15.5%，新增玉米联合收获机中，具有剥皮功能的占 95%。粮食干燥机械成为发展新亮点，全年新增粮食烘干机 445 台(套)，增长率高达 61%，农机装备大型化、高新化趋势进一步显现。

【农机作业水平提升，经济作物机械化加速】 2014 年，山东省农作物耕种收综合机械化水平达 80%，比 2013 年提高了 0.91 个百分点，其中玉米适宜机收率达 83%，提高了 1 个百分点。大宗优势经济作物关键生产环节整体机械化水平均比 2013 年提高 5 个百分点以上，按机采棉模式种植的棉花面积、马铃薯机播率和大蒜机收率都比 2013 年翻了一番；棉花机采面积 1.12 千公顷，比 2013 年增长 97.6%；花生机收面积 500 千公顷，比 2013 年增长 3.8%，其中，联合收获面积 19.33 千公顷，比 2013 年增长 41.9%。

【农机社会化服务水平提升，规模效益增强】 2014 年，山东省以农机合作社为重点，注重新型农机经营服务主体的培育和发展。山东省农机作业服务组织达到 2.3 万个，维修网点 1.15 万个，实现农业机械化经营总收入 490 亿元。其中，农机合作社已发展到 5 480 家，比 2013 年增加 609 家，合作社社员 11.7 万户，拥有农机具 41.5 万台，其中大中型拖拉机 8 万台、联合收获机 6.5 万台，分别占全省保有量的六分之一、四分之一。服务农户 500 万户，作业面积 5 632 千公顷，作业量占到全省总量的 40%，在“谁来种田”方面发挥显著作用。全省各类农机服务组织通过农机合作社服务实现收入 58 亿元，其中田间作业收入 53 亿元，维修服务收入 3.5 亿元，机手通过合作社联合作业比单机分散作业纯收入增加 30%以上，规模经营效益进一步显现。

【农机安全水平提升，监管装备改善】 截至 2014 年 9 月，山东省共颁发拖拉机、联合收割机号牌 7.28 万副，拖拉机驾驶员证 3.75 万个，农机挂牌率、持证率、检验率分别达到 54.1%、45.6%、35.9%，均比 2013 年同期有所提高。全年新颁发驾驶培训许可证 4 个，换发教师资格证 760 个，核发农机维修技术合格证 1 300 个，录入新版农机维修管理信息系统的网点达 5 449 个。截至 11 月底，山东省发生农机事故 131 起，死亡 16 人，伤 86 人，直接经济损失 32.37 万元，没有发生较大以上农机责任事故，农机安全生产形势持续稳定。按照农机监理总站行业标识标准要求，全省统一农机监理执法车辆标识，实施农机事故勘察新技术新装备应用示范推广项目，投入 1 500 多万元配备农机事故勘察设备，农机安全监理装备水平显著提高。

【着力抓好粮食生产机械化工作】 2014 年，山东省把粮食生产机械化提质升级作为全省农业机械化工作的首要任务，年初山东省农业机械管理局就下发通知安排部署，从 3 月 7 日至 5 月 20 日每周调度春季农机作业进展情况，全省春季共完成机耕 1 714.67 千公顷、机播 1 291.33千公顷，机械浇灌 3 006.67 千公顷、施肥 1 534 千公顷、植保 1 980 千公顷，为夏粮丰收奠定基础。2014 年“三夏”期间，及早准备，科学调度，配套服务，山东省15天时间就基本完成抢收抢种任务，比2013年快5天，是历年来小麦收获和玉米播种速度最快、收播同步结合最好的一年。小麦机收率、玉米机播率分别达到98%、95%以上。“三秋”期间，全省共上阵各类农业机械200多万台(套)，其中玉米联合收获机9.5万台、小麦播种机33万台，大力推行玉米联合收获、秸秆粉碎还田、小麦免耕播种“一条龙”作业和玉米适期晚收、秸秆粉碎还田、小麦深耕深松、规范化播种、宽幅精播、播后镇压等关键技术，全省共机播小麦3 630千公顷，机播率达99.2%，玉米秸秆粉碎还田2 656千公顷，还田率86%，机播和秸秆还田质量均好于往年。

【推进经济作物机械化发展】 2014年，山东省根据全省经济作物生产布局和机械化技术特点，研究提出种收结合、从种入手、以种促收的经济作物机械化发展思路，联合省农业厅、供销社、农业科学院、农机院等单位，成立机采棉联合推进办公室，定期研究分析棉花机采过程中遇到的困难和问题。抓住春秋关键农时，对棉花、花生等作物机械播种、田间管理和机械收获等环节，进行重点检查督导。在不断巩固提升棉花、花生等大宗经济作物机械化水平的基础上，把露天蔬菜、中药材生产机械化纳入工作范畴。利用省农业机械化创新示范项目和农业部示范项目，建设经济作物机械化创新示范基地46处，依托创新示范基地，组织召开全省棉花、花生、大蒜、中药材机收等观摩会、现场会，收到较好的示范推广效果。

【强力扶持农机合作社建设】 2014年，山东省农机部门把农机合作社作为解决“谁来种地、怎么种好地”的重要主体和发展方向，与省财政厅联合实施农机规模化作业推进工程，投入资金700万元，对全省63个农机合作社进行奖励扶持。农机深松整地作业补贴重点投向农机合作社。召开全省农机合作社建设推进会，进一步明确今后一个时期农机合作社建设的思路和措施。注重发挥农机合作社优势，积极推进土地适度规模经营，全省农机合作社流转托管土地486.67千公顷，比2013年增加53.33千公顷。同时，通过专家授课、典型交流、参观展会、观摩学习等方式，对全省300多名农机合作社理事长进行专题培训，人员素质进一步提高，合作社运转更加规范，在省农业厅等11部门联合开展的农民合作社示范社评比活动中，有34家农机合作社被评为省级示范社，另有11家农机合作社被推荐为国家级示范社。

【大力提升依法管机水平】 2014年，山东省农机部门深入开展农机安全生产资质检查专项行动以及农机“三率”整治、“打非治违”“平安行·你我他”等安全整治和示范创建、农机事故应急处置演练、执法管理知识竞赛等活动，全年共排查各类农机安全隐患1.8万起，查处各类农机违法行为1.7万起，取缔各类违规维修网点360个，受理处理农机投诉案件48起，为消费者挽回经济损失46万元。对82名新任农机驾校教学人员进行考试考核，对11家企业22种产品的部级鉴定和74家企业884种产品的省级鉴定进行监督检查。制定发布《山东省2014年度农机推广鉴定产品种类指南》，修订鉴定工作规范，全年共发布鉴定公告3批次，发放推广鉴定证书133个。调整发布2014年度省级推广目录，推荐上报部级推广目录，并对新一轮省级推广目录进行受理审核，全省将有2 500个产品分别进入部省级目录，数量之多创历年之最。

【全力开展农业机械化公共服务】 2014年，山东省农机部门加大基层农机推广体系建设补助项目实施力度，实施范围由2013年的13个市20个县扩大到16个市40个县。开展农业机械化教育培训大行动，全年共培训各类农机人员60万人次，完成职业技能鉴定2万多人次。组织实施31项农业机械化新技术的示范推广，共推广新机具1万台(套)，新技术应用面积稳定增加，其中，机械化保护性耕作及缓控释肥面积超过1 333.33千公顷。完成“玉米生产技术集成与全程机械化试验与示范”“根茎类作物机械化播种收获农艺技术与作业模式研究”2项国家公益性行业科技课题并通过验收，组织实施“山东省棉花机械化生产技术集成示范”国家行业科技课题和“4YZP—3/4型自走式玉米收获机技术成果转化”省科技转化项目。认真开展农业机械化生产信息管理试点工作，4个试点县共录入、维护基本信息6 000多条，发布各类信息400多条。

【倾力确保强机惠农政策落实廉洁高效】 2014年，山东省农业机械管理局党组把落实好强机惠农政策作为党风廉政建设的重点，结合系统内发生的违法违纪案例，逢会必讲党风廉政和反腐败内容，组织党员干部到省监狱接受警示教育、参观廉政展览、观看警示教育片等。专门制定《山东省2014年农机购置补贴政策落实监督检查工作方案》，先后两次组织开展农机购置补贴政策落实专项督导检查，采取电话抽查、实地查访、案件核查、专项整治等多种方式，严肃查处违法违规行为，及时依规取消违规企业补贴资格。这些措施的实施，使补贴政策实施更加规范高效，导向作用进一步增强。山东省17.3亿元农机购置补贴资金，玉米联合收获机、拖拉机以及经济作物和烘干机械占用80%以上，补贴的21.1万台各类机械中，玉米收获机械1.56万台、大型采棉机5台、花生联合机械968台、粮食干燥机械445台，受益农户达16.2万户。农机报废更新补贴试点工作扎实推进，全省30个试点县共完成农机报废更新补贴资金1.55亿元，报废拖拉机12 317台、联合收割机1 108台；更新拖拉机10 367台、联合收割机2 355台、微耕机等其他动力机械597台，受益农户13 227户。农机深松整地作业补贴试点工作稳步推进，全省共完成农机深松整地431.33千公顷，其中春夏季深松作业96.67千公顷、秋季深松作业334.67千公顷。

【深入开展调查研究】 2014年，山东省农机部门重点开展粮食晾晒与储存问题专题调研。先后走访7个省直部门、3个科研单位，10个粮食主产市县，对解决粮食干燥与储存问题的思路和办法进行详细了解和深入调研，研究提出《关于我省粮食干燥与储存问题的对策建议》，为省委、省人民政府科学决策和指导工作提供重要依据。省人民政府专门召开粮食干燥机械设备研发推广工作会议，对加快粮食干燥机械研发推广工作作出部署。同时，围绕丘陵山区机械化、经济作物机械化和农机补贴政策、农机农艺融合、农机牌证管理、农机培训、农机维修、服务体系建设、公共服务能力建设等重点工作，组织力量，深入调研，形成一批有深度、有厚度、有分量的研究成果，为全年农业机械化工作目标的顺利实现和全省农业机械化事业又好又快发展打下坚实基础。

河南省

【概况】 2014年,河南省农机部门贯彻中央、省委农村工作会议精神,以提高粮食综合生产能力、增加农民收入、建设现代农业为目标,落实农机购置补贴政策,组织重要农时机械化生产,主攻秋粮生产机械化,强力推进农机专业合作社建设,不断提高农机管理工作水平,实现农业机械化又好又快发展。

【农机装备水平持续提升】 2014年,河南省农机固定资产总值达到810亿元,较2013年增加30亿元;农机总动力达到1.16亿千瓦,增加400万千瓦;大中型拖拉机发展到37.5万台,增加1.8万台;收获机械达到22.1万台,增加2.1万台,其中玉米联合收获机达到5.6万台,增长24%。大中型农业机械继续保持快速增长态势,农机装备结构不断优化。

【农机作业水平稳固提高】 2014年,河南省主要农作物耕种收综合机械化水平达到76.3%,比2013年提高1.3个百分点。机耕整地做到应耕尽耕,机耕面积达到5 333.33千公顷,其中深耕3 038千公顷,深松整地511.33千公顷。小麦机播、机收水平均稳定在95%以上;玉米机播水平达89%,机收水平达69%,提高4个百分点;水稻机插率达26%,提高4个百分点,机收率达85.7%。农业机械化生产方式的主导地位进一步增强。

【重点工作推进效果明显】 2014年,河南省在提升玉米机收水平方面,成效突出。河南省新增玉米收获机10 452台,保有量达到5.6万台,机收能力显著增强;共完成玉米机收面积达到2 264千公顷,比2013年增加174千公顷,超额完成2 200千公顷计划机收任务。在推动关键、薄弱环节机具发展方面,效果明显。全省共发展66.15千瓦以上大功率拖拉机7 432台,为进一步提升农机作业质量奠定基础。首次启动推广农用航空器,年新增143架。加大粮食烘干机推广力度,新增粮食烘干机422台。高效农业植保和粮食干燥机械化起步发展。

【农机管理工作进一步加强】 2014年,河南省农机管理、农机培训、农机产品质量鉴定、安全监理、新技术推广、农机购置补贴、农机作业组织等各项工作进展顺利。积极组织实施农机教育培训活动,全省共培训各类农机人员45.4万人次。深入推进"平安农机"建设,全省共创建国家级"平安农机"示范县28个、省级示范县33个、示范乡镇641个、示范村4 268个、示范户6万多户、示范农机合作社630个。万台拖拉机死亡率控制在0.175以内。未发生一次死亡3人以上的较大农机事故,农机安全生产形势保持稳定。

【认真落实农机购置补贴政策】 2014年,中央和河南省财政共安排河南省农机购置补贴资金达到17.2亿元。按照农业部统一部署,河南省开展农民"全价购机、直补到卡(折)"的资金结算方式,进一步方便农民购机。从整体实施情况来看,启动早、进展快、效果好。截至11月12日,全省共补贴农机具106 995台(套),其中大中型拖拉机17 912台,手扶拖拉机3 956台,小麦收割机10 629台,玉米收获机10 452台,其他农机具64 046台(套),受益农户82 241户。特别是省级财政安排1.1亿元对特定农业机械购置实行奖补政策,发挥对新机具快速推广的重要作用,有效促进高效植保机械、粮食干燥机械、打捆机械、66.15千瓦以上拖拉机等特定农业机械的发展,有力推进关键、薄弱环节机械的突破。

【精心组织重要农时农业机械化生产】 2014年,河南省农机部门精心组织重要农时农业机械化生产。一是认真组织春耕生产。冬春季节,共组织检修各类机械130万多台,完成春季耕整面积613.33千公顷,春播面积340千公顷,机械化植保3 333.33千公顷次,组织机械90万台投入抗旱,完成抗旱面积2 066.67千公顷。二是扎实组织"三夏"机收会战。全省共组织各种农业机械420多万台投入"三夏"生产,其中联合收割机超过17万台,玉米播种机械60多万台,拖拉机280万台,秸秆还田机9.8万台。全省共完成小麦机收面积5 292.67千公顷,机收率达到98%。小麦秸秆粉碎还田、秸秆打捆收集、玉米铁茬灭茬播种等综合机械化技术大面积应用,为小麦颗粒归仓和秋作物及时播种提供有力的支撑。三是主攻秋粮生产机械化。"三秋"期间,共组织500多万台农业机械投入生产,完成5 333.33千公顷的机耕任务,小麦机播率达98%。全省玉米机收水平提高4个百分点。机收水稻507.33千公顷,机收率达到85.7%。机收花生306千公顷,花生机收率提高5个百分点。

【持续推进农机专业合作社建设】 2014年,针对全省农机合作社发展实际,河南省农机部门继续把发展农机合作社作为农机工作的总抓手,按照在扶持发展中促管理规范,在规范引导中谋良性发展的思路,积极推动农机合作社建设上档升级,实现由数量发展到质量提升的转变。一是加大服务组织扶持力度,不断提高农机作业组织化程度。进一步争取和扩大对农机服务组织的投入,落实税费减免、信贷支持、机库棚建设用地等扶持政策。二是加强农机合作社示范社建设。重点围绕1 030个全国示范社创建活动,带动全省"五有"农机合作社建设,对50个农机合作社进行扶持。三是积极引导农业、畜牧业龙头企业领办农机合作社,发挥融资、管理、市场、利益联接等优势,推动农机合作社上规模,增强可持续发展能力。四是推动农机合作社与"工商资本下乡"对接,与其他实体开展横向联合与纵向协作,成立合作社联社,探索发展农机作业公司。五是积极引导农机合作社与粮食核心区建设、高标准粮田建设对接,进一步完善服务功能。焦作市现有农机合作社均承担高标准粮田建设任务。

【农机专业合作社的蓬勃发展】 2014年,河南省农机专业合作社已发展到5 568家,比2013年增加206家。全省农机合作社社员达到11.46万户,资产总额突破122亿元,社均近220万余元。拥有农机具34.89万多台(套),社均62台(套)。经营土地面积960千公顷,年作业面积达到4 933.33千公顷以上。在小麦机收、玉米机收、水稻机收、深松整地等重点作业环节,农机合作社承担和组织开展的跨区作业量均在80%左右。农机合作社日益成为土地流转的新主力、集成应用农业技术的新载体、现代农业经营的新主体、培育新型职业农民的新基地。

【积极推进农机农艺融合】 一是河南省农机部门认真做好国家公益性行业科研专项经费项目工作，确保“胡萝卜收获技术、装备提升与试验示范”“胡萝卜机械化生产农艺规范研究”和“玉米生产技术集成与全程机械化试验与示范”等项目顺利通过课题验收。二是分别在长垣县和宁陵县建立两个试验示范基地，开展花生联合收获技术装备优化提升与试验示范。三是在黄泛区农场建立 6.67 公顷棉花生产机械化技术集成研究试验基地，继续开展棉花生产机械化技术集成研究。四是继续开展沿黄稻区小麦、水稻全程机械化技术集成研究，初步形成适宜农艺要求的小麦、水稻耕种收全程机械化作业模式。五是继续推进保护性耕作技术应用。河南省共有 8 个县实施保护性耕作工程建设项目，建成保护性耕作示范基地 13 千公顷。30 个县继续实施保护性耕作示范推广项目，新增保护性耕作面积 63.33 千公顷，保护性耕作示范推广面积达到 559.33 千公顷。

【努力提高农业机械化公共服务能力】 一是切实抓好农机信息化建设。跨区作业调度智能平台建设是河南省人民政府列入督查的建设项目。2014 年，河南省农机部门重点对 18 个省辖市分中心、147 个县级调度室进行建设，并开展业务技术培训，进一步完善信息平台功能。二是继续抓好省级检测中心建设，提升农机检测鉴定能力。三是重点抓好农机推广体系建设。在总结 2013 年实施基层农机推广体系改革与建设补助项目的基础上，重点抓好 2014 年 105 个县的农机推广体系建设补助项目的实施。四是加强农机市场监管。各地农机管理部门会同有关职能部门，整顿和规范农机市场秩序，净化农机市场。同时各地设立农机质量投诉电话，及时接受农民投诉，帮助农民协调解决农机质量纠纷。五是抓好农机安全生产。深入开展农机“安全生产年”、农机“打非治违”、专项整治、农机安全生产大检查、农机突击暗访抽查等系列活动，确保农机安全生产。

【切实加强党建工作】 一是坚持党要管党原则，认真履行一岗双责，党委管党风主体责任，切实加强农机系统政风行风建设。按照“管行业必须管行风”“谁主管谁负责”的纠风工作原则和“转职能、转方式、转作风”的工作要求，围绕群众所思、所盼，强化服务，着力为基层和群众办实事、做好事，《2014 年河南省民主评议政风行风工作实施意见》落到实处，取得较好成效。二是持续巩固党的群众路线教育实践活动成果，认真抓好整改落实，防止“四风”问题反弹。在健全完善各项制度的同时，重点抓制度落实。坚持问题导向，围绕问题研究措施，推进工作开展。如重点围绕开展农机专业合作社建设、农机农艺融合、构建新型农机服务体系等方面开展专题调研，推动工作开展。

湖 北 省

【概况】 2014 年，湖北省农机部门贯彻党和国家以及湖北省委、省人民政府关于“加快发展农业机械化”的决策部署，抢抓机遇，克难奋进，完成年初制定的各项目标任务，各项工作取得显著成效，全省农业机械化工作保持又好又快发展的态势。

【农机装备总量稳定增长】 截至 2014 年 11 月底，湖北省 2014 年农机购置补贴资金已实施 8.9 亿元，拉动农民投资 31.7 亿元，共补贴各类农机具 41.7 万台，受益农户达 13 万户。全省农机总动力达到 4 280.01 万千瓦，比 2013 年底增加 198.97 万千瓦。拖拉机达到 131.08万台，比 2013 年底新增 2 万多台。其中大中型拖拉机达到 16 万多台，小型拖拉机达到 114 万多台。联合收割机达到 82 216 台，插秧机达到 53 867 台，分别比 2013 年底新增 8 408 台和 8 778台。农机装备覆盖农、林、牧、渔业，涉及产前、产中、产后等各个环节，保持持续健康快速发展的好势头。

【农机作业水平稳步提升】 2014 年，湖北省完成机耕面积 5 533.33 千公顷，机械栽插水稻 872.67 千公顷，比 2013 年增加 65.33 千公顷，机械栽插水平达 40.5%，比 2013 年提高 3 个百分点。其中机插水稻 806 千公顷（早稻 122 千公顷、中稻 626.67 千公顷、晚稻 57.33 千公顷），比 2013 年增加 87.33 千公顷，机插水平达 37.4%；机播油菜 408 千公顷，机播水平达 33.3%；机播小麦 498.67千公顷，机播水平达 45.6%；机收水稻 1 973.33 千公顷，机收水平达 93.9%；机收小麦 1 026.67 千公顷，比 2013 年增加 25.33 千公顷，机收水平达 91.5%；机收油菜 524 千公顷，比 2013 年增加 14 千公顷，机收水平达到 42.7%，在全国继续保持领先地位。玉米、马铃薯、花生、大豆、棉花等 5 种作物关键环节机械作业加大试验示范和推广工作力度。主要农作物（水稻、油菜和小麦）综合机械化水平达到 63%。

【农机服务能力显著增强】 2014 年，湖北省各地积极培育发展农机大户、农机合作社、农机维修网点等服务组织，通过开展机械作业服务、维修服务、流转土地等社会化服务，显著提升湖北省农机社会化服务能力。2014 年，湖北省农机局安排 400 万元财政专项资金，扶持建设 20 家农机专业合作社，示范带动 53 家农机专业合作社具备完善的基础设施、良好的运行机制、健全的财务制度、较大的服务规模、显著的综合效益等“五有”省级农机合作示范社。2014 年，湖北省现有农机户 165 万户，其中农机原值 20 万元以上农机大户 1.1 万个；农机专业服务组织 7 600 个，农机合作社 1 630 家，比 2013 年增加 54 家，合作社资产总额达 30.8 亿元，拥有各类机具 12.8 万台，承担全省 1/3 以上的农机作业量，服务农户 152 万户，服务总收入达 27.4 亿元。农机合作社积极开展跨区作业、订单服务、租赁服务、承包服务、“耕、种、收一条龙服务”、代耕代种等服务形式，促进农业规模经营和土地的合理流转，较好地满足广大农民的需要。

【农机科技水平逐渐提高】 2014 年，湖北省各地着力优化农机装备结构，推广先进实用、技术成熟、安全可靠、节能环保的新型农机装备和技术，动力机械大型化，配套农机具种类增多，机具适用性不断增强，拖拉机配套比逐年提高。高性能联合收割机、拖拉机、插秧机发展迅速，旋耕施肥播种复式作业机；新型植保、施肥、播种和农林特产品生产及加工机械；新型养殖机械、设施农业装备等不断推向市场，正在取代落后传统产品。2014 年湖北省共举办各类农机技术培训班 4 256 次，共培训农机技术人员 10.3万人，培训农机操作人员 125.7 万人次，有效提升湖北省农机管理、技术和实用人才三支队伍的科技素质。同时，湖北省农机工业呈现重振雄风的发展态势，生产企业已达 183 家，农机工业总产值达63亿元，在全省农机购置补贴所占的份额中不断攀升。

【农机安全形势保持平稳】 2014年，湖北省农机部门通过开展农机安全生产监督检查和“平安农机”创建等活动，使农机的持证率、挂牌率、年检率等“三率”水平显著提升，有效的控制农机重特大事故的发生。1—10月，湖北省农机事故死亡9人，受伤61人，同比分别下降31%和8%；死亡人数控制在省人民政府下达控制指标以内，全省没有发生较大以上农机死亡事故，安全生产形势总体平稳。全省核发拖拉机、联合收割机号牌5.87万副，同比增长36.2%；拖拉机、联合收割机驾驶人考证4.47万人，同比增长40.6%；拖拉机、联合收割机安全技术检验22.4万台，同比增长15.6%。到年底核发拖拉机、联合收割机号牌6万副，拖拉机、联合收割机驾驶人考证4.1万人，拖拉机、联合收割机安全技术检验24万台。2014年全省已有83个县(市、区)会员服务站开展农机安全互助保险工作，共发展农机互助保险会员2.77万名，筹集安全互助保险会费699万元，理赔665起。充分发挥“集千家之力解一家之难”的互助功效。

【农机装备水平提高和结构优化】 2014年，湖北省农机部门在全省范围内实行“全价购机、定额补贴、县级结算、直补到卡”的购机补贴操作方式。2014年中央财政分两批共安排湖北省农机购置补贴资金11.318亿元，实施范围覆盖全省所有农业县(市、区)和垦区农场。在购机补贴实施过程中，全省采取加强风险防控、大力宣传新政、细化监管要求、加大督查力度、认真受理投诉等工作措施，重点将水稻插秧、油菜机播机收、秸秆还田及综合利用和粮食烘干等机械作为重点补贴机具；把农民合作社、种粮大户、家庭农场等新型农业经营主体作为重点补贴对象。一些高性能、高效率的机械得到推广与运用，大中型拖拉机、高速插秧机、半喂入联合收割机、油菜直播机等增长迅速，有效优化装备结构，提升装备水平。

【重要农时机械化生产】 2014年，湖北省各级农机部门以“百万机手大培训、百万机具大检修和百万农机闹春耕”等农机“三个百万”活动为抓手，立足早动员、早部署、早培训、早检修的工作要求，加强信息引导、科学调配机具、协调柴油供应，着力提高作业水平，全省共组织500多万台(套)机械服务春耕、“三夏”“双抢”和秋冬播生产，缩短作业时间，加快作业进度，确保农业生产顺利进行。

【重点作物和环节机械化水平提高】 2014年，湖北省农机部门继续把水稻机械化育插秧、小麦油菜机播机收和秸秆机械化还田作为省农业机械化主推技术，在水稻主产区推广工厂化育秧和机插秧，在小麦和油菜主产区重点推广机播机收及秸秆还田机械化技术。机收期间，要求各地执行机收留茬限高标准，大力推广秸秆切碎机、打捆机和粉碎还田机，最大限度遏制秸秆留茬过高和焚烧现象。先后举办6次大型农业机械化技术推广现场活动。随县举办农机“三个百万”活动启动仪式；监利县组织举办水稻机插秧作业大比武活动；武穴市举办油菜全程机械化生产现场会；京山县举办秸秆综合利用及晚稻机插秧现场会；天门市组织观摩全省花生生产机械化活动；武汉市举办秋季农业机械化生产座谈会。各市县结合当地实际举办形式多样的培训推广活动。如荆州、荆门等地建立棉花生产机械化示范区、召开棉花机收现场会，嘉鱼县组织召开玉米机收现场会等。通过技术宣传、培训、展示、演示，有力地促进农业机械化新技术、新机具的推广应用。

【农机社会化服务能力提升】 2014年，湖北省农机部门着力培育新型经营主体，继续大力扶持发展农机合作社，在项目安排、购机补贴、技术服务上予以优惠、优先服务，促进农机合作社健康发展，投入1 900万元用于加强农业机械化技术推广、安全监理、质量投诉、信息服务、农机合作社、维修网点等公共和社会化服务体系建设，有效提升湖北省农机公共和社会化服务能力。全省农机合作社积极开展跨区作业、订单服务、租赁服务、承包服务、代耕代种等形式，促进农业适度规模经营发展和土地有序流转。农机合作社由少到多，由点到面，组织化、规模化、产业化程度不断提高。农机社会化服务组织已逐步成为推进农业机械化、发展现代农业的重要力量。

【农机安全监管能力提高】 2014年，湖北省各级农机监理机构通过层层签订农机安全生产责任书，全面落实安全生产责任制，深入开展“平安农机”创建和农机安全生产隐患排查及对“变拖”整治和管理，加强微耕机安全管理，加大为民服务宣传教育，推进“平安农机”创建，充分发挥农机互助保险“集千家之力，解一家之难”的作用，进一步加大农机生产监管力度，提升农机安全生产水平。

【存在问题】 虽然湖北省农业机械化工作取得一定成效，但还存在以下问题：一是农业机械化发展需求迫切与有效供给不足的矛盾突出。二是平原地区与丘陵山区机械化进程不平衡，粮食作物与经济作物机械化发展不平衡，农业产前、产中、产后机械化发展不平衡。三是在农业机械化资金投入、人才队伍培养以及农机农艺深度融合上还有待加强。

湖 南 省

【概况】 2014年，湖南省农机系统以深入开展党的群众路线教育实践活动为契机，秉承“遵纪守法、热情服务、高效履职、创新发展”的工作理念，切实履行“用农机、管农机、造农机”三项职能，务实创新抓好购机补贴、合作社建设、科技教育、质量标准、安全生产、产业发展等各项工作，取得一定成绩。

【完善农机购置补贴制度】 2014年，湖南省农机部门不断巩固“政府统筹、农机主抓、部门参与”的领导体制，创新建立“职责明确、协调配合、操作有序、相互监督”的内控工作机制和“用户授权、实名操作、操作留痕、责任到人”的“三员制”操作机制，同时健全“补什么”的决策机制、“补多少”的测算机制、“怎么核”的核查机制，实行产品质量追溯制和企业承诺制，并出台投诉处理、廉政风险防控等一系列管理制度和办法。

【简化农机购置补贴操作流程】 2014年，湖南省农机部门在进一步优化补贴管理软件、确保补贴全程可视、可查、可纠、可控的基础上，简化五个方面的操作环节，全面推行补贴指标就近申报、网络审核，授权乡镇农机站和一站式服务点直接办理补贴，机具核查实行核查员负责制，补贴审批实行逐个实时审批，补贴发放实行按月滚动结算，极大方便农民群众购买农机。

【加强农机购置补贴监督检查】 2014年，湖南省农机部门进一步完善农机购置补贴监督管理办法，着重加强重点督查和案件查处，共取消2家企业的产品补贴资格，取消4家经销商的补贴产品经销资格，给3家生产企业和3家经销商予以警告并责令限期整改，有效保障新办法的良性运行，确保补贴资金和干部廉政“两个安全”。截至11月15日，湖南省完成补贴资金11.5亿元，比2013年增加1.3亿元，补贴机具44.51万台，受益农户19.31万户。

【突出水稻机插，整体提升水稻生产全程机械化水平】 2014年，湖南省农业机械管理局紧扣水稻育插秧机械化重点，抓实“为机育秧”“大户购机”“办点示范”“技术指导”四个环节；尤其是在为机育秧方面，分批对各县乡骨干技术指导人员进行专门培训，局领导班子成员分片负责督促并向70个重点县市区派驻机插秧技术指导员，同时建立机插秧技术指导短信平台并适时向全省农机大户、合作组织发布注意事项及工作要求，为全省各地抓好机插秧提供强力保障。2014年湖南省新增推广插秧机5 900余台，完成机插面积848.67千公顷，同比增加181.33千公顷；机插率达到21%，较2013年增长4.7个百分点。与此同时，着眼水稻全程机械化，通过召开植保飞机产品定型鉴定会、水稻烘干暨粮食安全技术研讨会、大规模的秸秆还田现场演示会，着力抓实“把遥控飞机运用于病虫害防治、鼓励购置谷物烘干机并逐步建成烘干中心、研究推广水田运输机械和秸秆处理机械”三项工作，水稻生产全程机械化加速推进。2014年，湖南省农机总动力同比增加300万千瓦，达到5 735万千瓦；机耕率达92%、机收率达75%，水稻耕种收综合机械化水平同比提高2.7个百分点达到65%。

【快速推进经济作物及林果业生产机械化】 2014年，湖南省油菜生产机械化推广工作按照“增点扩面、提高水平”的要求，在原有15个示范县的基础上增加15个省级示范点，并继续依托农机大户和农机专业合作组织，扎实推广以机播和机收为重点的油菜生产机械化技术，共推广油菜直播机215台，完成油菜机械直播133.33千公顷，较2013年增长80%；油菜机收400千公顷，湖南省油菜生产综合机械化水平达到48%，同比提高3个百分点以上。为找准加快丘陵山区农业机械化的工作路径和推进措施，湖南省农业机械管理局调研组深入市、县、乡、村一线扎实开展调查研究，形成较为系统的调研报告，同时切实抓好调研成果转化运用。此外，立足于推动农业机械化覆盖农业生产的主要环节，紧紧盯住蔬菜、棉花等经济作物和山地林果业，积极突破秸秆还田、山地果园收集输送等关键技术，经济作物和林果业生产机械化快速发展，机械化生产水平同比提高2个百分点以上，其中烟草生产机械化朝着公司化作业方向快速发展。2014年，全省主要农作物综合机械化水平同比提高2.2个百分点，达到42%。

【依托财政扶持，大力发展现代农机专业合作】 2014年，湖南省农机部门根据省人民政府《关于实施两个“百千万”工程加快现代农业建设的意见》精神，把发展现代农机专业合作社作为农业机械化的重要组织形式和建设新型经营主体的主攻方向。一年来，积极协调省农村工作委员会、财政厅，制定下发《关于支持现代农机合作社发展的实施意见》，决定两年内投资3亿元，扶持建设1 000个集中经营水稻33.33公顷以上，按照耕、种、收、植保、运输、烘干六个环节全程机械化要求配置先进适用机具的现代化农机合作社，2014年第一批扶持建设500家。各市县农机、财政部门非常重视，一方面积极向当地党委政府汇报以争取扶持资金预算安排，另一方面切实加大宣传发动力度，再次掀起农机合作社的组建热潮。为确保农机合作社组建有标准、有规模，并通过先建成一部分形成不间断的牵引力，严格按照省人民政府要求，扎实抓好现代农机合作社建设项目县市区申报、市州资质初查和省级专家评审等各个环节的工作，确定500家名单，做到程序到位，确保公开、公平、公正。目前，全省经工商注册登记的农机合作社已达1 405个，较2013年增加550个，同比增长64%；全省农机合作社从业人员6.68万人，作业服务面积1 124千公顷，农机社会化服务能力显著增强。

【扎实抓好农机安全监理工作】 2014年，湖南省农机部门加强监理业务规范化管理，全面清理和完善拖拉机、收割机上户目录，扎实开展外挂拖拉机和超标准上户拖拉机专项清理，试行启动机车驾驶人市州范围内异地考试改革。首次举办湖南省农机监理岗位技能大比武活动，全省农机监理队伍业务知识素养和监理岗位技能整体提升。扎实开展“平安农机”和示范窗口两项创建工作，积极争取财政支持推进免费监理工作，全省创建“平安农机”示范县市区6个，创建农机监理“为民服务创先争优”示范窗口12个，推选表彰为民服务示范岗位14人，已有11个县市实行免费监理或牌证发放、检验等部分项目的免费服务。深入开展“打非治违”和隐患排查治理，全省农机安全生产形势持续稳定向好。大力推进农机互助保险，截至10月底，湖南省117县市区共发展农机互助保险会员51 635人，其中参保拖拉机34 775台，联合收割机10 313台，其他农业机械6 547台，互助保险会费达1 424.5万元。全省共受理农机互保事故657起，已解决理赔事故529起，理赔满意率达100%。

【抓实科教推广与标准化建设】 2014年，湖南省农机部门组织对省内110所拖拉机驾驶培训机构进行全面检查，发现问题及时整改到位，强化培训机构能力建设。积极抓好农机技术培训，全年落实农机新型职业农民培训2.5万人，实际培训2.7万人；完成两批拖拉机驾驶培训教员培训，共培训近300人；组织3批人员参加全国农机维修高技能人才及师资培训，共培训32人，有效提高农机人员的整体素质。进一步规范农机试验鉴定工作，共完成产品定型鉴定及委托检验173项，可靠性试验48项，部级推广鉴定111项，省级推广鉴定检验99项，完成检测仪器送检150余件，湖南省农机鉴定站在全国农机推广鉴定工作检查中排名第一。认真抓实农机标准化工作，确定并上报本年度湖南省地方标准制修订计划，其中7个标准项目的申报已获批准；完成《履带自走式旋耕机》《高标准农田建设田间道路》等标准的制定发布，基本完成国家标准《三轮船式拖拉机》和地方标准《油茶园耕整地作业技术规程》《苗盘播种流水线》的编制起草工作。特别是继2013年率先全国制定《超低空遥控飞行植保机》标准后，2014 年又组织召开高规格的植保飞机产品定型鉴定会，邀请国内农机、航空、控制、通信、动力等领域顶级专家参与评审，在国内外产生积极反响。

【积极促进农机产业发展】 2014 年，湖南省农机部门与省经济和信息化委员会等部门协调，组织有关专家研究论证并反复修改，成功编制和发布《湖南省农业机械产业发展规划（2015—2020 年）》。积极协调推动湖南农机产业园区项目用地交易，保质保量抓好园区国际展示交易中心建设，并成功举办第四届中南农机机电展示交易会，签订交易合同、合作项目近 2 亿余元，现场交易额超过 6 000 万元。与此同时，全面实施"引入高端企业、嫁接适用科技、整合上市融资、拓展国外市场、收编机电友军"五大战略，取得初步成效，农机成全省特色制造业的一大亮点。2014 年 8 月，中联重科积极拓展农业机械业务板块并成功竞购奇瑞重工。2014 年初开展"湖南农机十大科技创新产品"评选活动，有效激发农机生产企业的科技创新热情，全年共研制农机新产品 132 个，研发制造石灰播撒、耕地深耕翻、秸秆移除等一批先进适用的农机具。努力促成省内拖拉机生产企业整合发展，10 家拖拉机生产企业联合组建湖南拖拉机产业战略联盟、成立湘拖集团，目前运作良好初显成效。积极推动"俄罗斯伏尔加河—潇湘农机产业园"项目建设，项目得到俄罗斯方面的积极响应，部分伏尔加河流域联邦共和国对建设"潇湘农机产业园"也表现极大的兴趣。切实加强交流与合作，推动湖南农机"走出去"，2014 年与俄罗斯、马达加斯加、萨摩亚等国达成农机合作意向，目前已与近 40 个国家建立联系，湖南农机在东盟多国及非洲大陆多地推广使用。据省经济和信息化委员会统计，截至 8 月底，湖南省农机工业产值达到 114.9 亿元，同比增长 8.3%，实现利税 11.2 亿元，同比增长 42.5%；实现利润 7.5 亿元，同比增长 13.6%。2014 年全省农机工业产值达到 212.8 亿元，同比增加 20 亿元。

广 东 省

【概况】 2014 年，广东省农业农村经济工作会议上提出"到 2050 年实现农业现代化的目标"。在建设现代农业强省、推进全省农业现代化进程中，农业机械化作为农业现代化的重要标志、物化和载体，扮演的角色必将越来越重要、地位作用也越来越突出。目前，全省农机管理、科研推广和社会化服务体系不断完善，水稻生产全程机械化、园艺作物生产机械化、畜牧养殖机械化和农产品加工机械化水平稳步提升。

【农业机械化工作举措与成效】 2014 年，广东省农机总动力达 2 586 万千瓦，新增农机总动力 21 万千瓦，农作物耕种收综合机械化水平为 43.3%，比 2013 年提高 2 个百分点；水稻生产耕种收综合机械化水平预测达 65.8%，比 2013 年提高 2.1 个百分点。畜牧水产养殖业机械化持续保持良好趋势，设施农业、林果业、农产品初加工业等机械化水平不断提高，农机安全生产情况良好。

【农机购置补贴工作流程简单化】 2014 年，广东省农机部门联合省财政厅印发《广东省 2014 年中央财政农业机械购置补贴实施方案》，在 2013 年农机购置补贴政策改革的基础上，推出一系列的便民措施，对插秧机、收割机和谷物烘干机三个产品敞开补贴；简化核机手续，对于申请补贴资金额度在 3 000 元以下的机具，不再组织人员逐台核实；明确因补贴资金规模所限当年未能享受到补贴的申购者，可在下一年度优先补贴。先后召开全省农机购置补贴工作视频会议、举办两期全省农机购置补贴软件操作培训班和广东省农机购置补贴政策解读班。

【加强农机购置补贴工作监督检查】 2014 年 5 月和 10—11 月，广东省农机部门组织两次全省范围的农机购置补贴监督检查，共派出 10 个检查组对 28 个县级农机购置补贴政策实施情况进行督导检查。

【强化农机质量跟踪调查】 2014 年，广东省农机部门制定并印发《2014 年广东省补贴机具质量跟踪调查工作实施方案》，以 2012 年农民购买政府补贴的增氧机、潜水泵为督查对象，2014 年派出质量跟踪调查组，选取 9 个市 300 多个农机用户开展质量跟踪调查处理。在全国农机销售总体遇冷的情况下，全省农机购置补贴工作稳步推进。截至 11 月 28 日，全省各地共受理农机购置补贴申请 2.345 亿元，补贴各类机具 15 万台（套），其中手扶拖拉机 6 709 台，轮式拖拉机 974 台，插秧机 236 台，微耕机 23 859台，谷物联合收割机 1 780 台；受益农户 42 640 户，带动农户直接投入约 8.38 亿元。与 2013 年同期相比，实施进度提高 13.6%。

【农机作业维修能力切实增强】 2014 年，广东省注重发展各种农机经营服务主体，大力培育农机专业合作社。截至 2014 年 11 月，农机专业合作社达到 892 家，比 2013 年新增 100 家，其中，国家级示范社 16 家，省级示范社 32 家。涌现出仁化霞丰、新会皓阳、惠东中惠等一大批发展速度快、作业能力强、发展理念好的农机专业合作社。加大维修培训力度，举办区域性农机维修人员培训班，2014 年各地共组织培训机手、修理工近 3 万人次，检修各类农业机械超 33 万台（套）。指导各地做好农机跨区作业管理和服务工作，及时发放农机跨区作业证 900 多张。

【农机作业服务人员素质不断提升】 一是突出重点，推进农机农艺农时相结合。2014 年 3 月、7 月等农忙时节，广东省农机部门联合种植业部门分别在雷州市、茂南区等组织召开水稻生产机械化技术现场会及技术培训班，示范推广水稻机械化育插秧、烘干及纵轴流收获等新技术。全省共组织召开水稻机械化现场会及技术培训班近 250 场，培训人员超过 2 万人次。二是围绕特色，加大对先进适用的新型特色农机的推广力度。开展多种形式的推广活动，有针对性地举办蔬菜种植、花生收获、茶叶加工等环节机械化的现场会，召开广东省花生、蔬菜生产机械化技术培训班，引进推广山地采收运输机械化技术，开展植保飞行器统防统治作业演示和技术培训。全省多层次、多形式的农机技术培训达 500 多次，培训人数 4.1 万人次，其中技术人员 1.5 万人次，派发技术资料 4 万多份。

【农业机械化项目管理和资金扶持同步加强，示范带动效应凸显】 2014 年，广东省农机部门不断加强农业机械化项目管理，争取财政对农业机械化工作的支持。认真组织对 2012—2013 年度部级主要农作物（水稻）生产全程机械化示范项目实施，取得较好成效，被农业部评为“优秀”。加强对2014年新会区农业机械推广站承担的部级项目指导检查，目前项目进展顺利，有望达到预期的成效。组织五个督导组对15个省级农业机械化示范县进行专项检查，召开示范项目工作交流会，总结经验，加强管理，对项目建设中存在的问题进行剖析，就如何做好下一步工作提出具体的要求，示范项目的带动效应逐步显现。省级财政对农业机械化发展支持明显加强，2014年广东省实施现代农业装备工程专项资金达5 500万元，对水稻育插秧和烘干机械化、设施农业、农机安全生产、农机科研鉴定推广体系建设等方面进行扶持。加大对农机社会化服务体系建设力度，投放资金2 000万元，推动区域性农机社会化服务组织建设，按区域布局在粤东西北和珠三角扶持大型区域性农机合作社。在项目实施完成后，通过项目的示范带动，全省的农业机械化水平有明显提升，农机总动力接近2 700万千瓦，水稻耕种收全程机械化水平接近68%。

【农机“三率”水平明显提高】 2014年，广东省市县农业(农机)部门与公安交警部门的合作日趋紧密，联合整治行动趋于常态化，拖拉机、联合收割机的“三率”水平明显提高，截至2014年11月，广东省拖拉机和联合收割机注册率为74.71%、检验率为55.27%、持证率为97.17%。农机安全形势趋于稳定，到目前为止，全省仍未接到重大农机事故报告。

【加强农机安全教育与宣传】 2014年，广东省农机部门加强农机安全教育与宣传，扎实推进“平安农机”示范县区、示范镇和示范村的创建活动。开展“安全生产月”活动，送安全下乡、送服务上门，营造良好的农机安全生产氛围。全省共开展农机安全宣传活动380多场次，张贴悬挂标语横幅2 650条(幅)，发放宣传资料13万份(册)，发出手机安全宣传信息55 000多条，营造良好和谐的安全生产氛围。

【开展“打非治违”，排除农机安全隐患】 2014年8—12月，广东省厅主管领导带领有关工作人员，分赴珠海等6个地级市开展农机“打非治违”安全生产督查工作。广东省组织执法检查组315次，参加执法人员3 130人次。

【开展“平安创建”活动，加强监管服务能力】 2014年6月，经广东省农业厅、省安全生产监督管理局联合组成的省“平安农机”考评小组的考评和推荐，丛化区等四县(区、市)被农业部、国家安监总局评为2014年全国“平安农机”示范县(区、市)，马珣等5人被评为“全国农机安全监理示范岗位标兵”。广东省现有“平安农机”示范县(区、市)15家，“平安农机”示范乡(镇)200多家，“平安农机”示范村800多家。

【新技术、新产品不断推出】 2014年，广东省拥有自主知识产权的“广联”纵轴流联合收割机技术已完全成熟、稳定；稻谷热泵干燥设备节能环保，烘干保鲜联用优势明显；畜禽无害化处理设备技术提升和改造进入攻坚阶段；智能型母猪群养管理系统推广应用效果显著；植保农用飞机研发、应用正引起社会的高度关注。

【农业机械化推广鉴定工作稳步推进】 2014年10月，广东省农机部门组织制定并颁布《2014年广东省农业机械推广鉴定大纲及适应性(选型)试验大纲》和广东省《2015—2017年国家支持推广的农业机械产品目录》；协助省农机试验鉴定站鉴定项目扩项和能力提升工作，省农机试验鉴定机构通过相关认证，12大类61类产品1 107个参数获得省级资质认定。截至11月底，广东省农机试验鉴定站受理农机试验检测项目共148项，其中，适应性检验5项，部级推广鉴定24项，省级推广鉴定14项，新产品鉴定2项，委托检验79项，其他检验24项。

【拓宽政学研试推的合作领域】 2014年，广东省农机部门不断加强与农机同行的交流合作，工作上互为支持，开展各种交流研讨活动，深化合作，农业装备所与华南农业大学工程学院共建研究生培养基地、博士后工作站进入实质阶段；围绕农业机械化发展主题的交流日益频繁，在12月初召开的纪念《中华人民共和国农业机械化促进法》实施十周年暨广东农机发展十三五规划研讨会上，全省农机政、学、研、产、试各方面代表欢聚一堂，共商广东农机发展大计，为下一步做好广东省“十三五”农业机械化发展规划开个好头。

广西壮族自治区

【概况】 2014年，广西壮族自治区农机化工作取得了较好成效。一是农机装备总量稳步增长。2014年，广西壮族自治区农机原值达276亿元，增长4.5%，农机总动力3 612万千瓦，增长6.8%，大中型拖拉机拥有量达到3.7万台，增长8.2%；水稻联合收割机拥有量2.6万台，增长7.4%；水稻插秧机拥有量1.56万台，增长7.6%。二是农机作业水平稳步提高。2014年，广西壮族自治区耕种收综合机械化水平达到46%，比2013年提高3个百分点。全自治区完成水稻机耕面积197.9万公顷、机插面积44.5万公顷、机收面积157.1万公顷。水稻耕种收综合机械化水平达到67.6%，比2013年提高3.3个百分点；甘蔗耕种收综合机械化水平达到46.6%，比2013年提高3.4个百分点。

【农机社会化服务稳步发展】 2014年，广西壮族自治区拥有农机作业服务组织达3 200个。在工商部门正式注册登记的农机合作社达到1 650个，入社成员1.75万人，拥有农机具4.6万台(套)，服务农户数总量70万户，服务面积366.67千公顷，服务总收入6.5亿元。初步形成以农机合作组织为龙头，农机大户为主体，农机户为基础，农机中介组织为纽带的农机社会化服务体系。全年农业机械化服务经营收入达到350亿元，增长5.1%。

【农机购置补贴工作稳步推进】 2014年，广西壮族自治区购买机具24.58万台(套)，受益农户20.15万户。累计使用国家农机购置补贴资金4.84亿元，占国家安排资金的96.78%；使用自治区农机购置补贴资金5 247.4万元，占自治区安排资金的116.6%。全自治区农机购置补贴拉动农民投资约20亿元，拉动农机户经营作业服务收入增长40亿元。

【农业机械化新技术新机具推广应用取得新进展】 2014年，广西壮族自治区推广农机新机具24.58万台(套)；农机鉴定质量体系建设和产品质量管理进一步加强，完成农机鉴定《生产条件审查》等6个产品鉴定通则、《手扶拖拉机》等

38个技术鉴定大纲和《技术鉴定样机委托检验程序》等3个工作程序的制定与完善。截至11月，已完成技术鉴定27项；完成推广鉴定26项；完成可靠性试验18项。

【农机安全生产形势保持稳定】 2014年，广西壮族自治区完成拖拉机年检157 533台，办理新机入户23 631台，新增驾驶人考试合格15 581人；发生拖拉机道路交通事故191起，造成117人死亡，182人受伤，直接财产损失达到101万元，同比分别下降28%、35%、26%、53%；发生农机事故3起，死亡5人，受伤12人，农机事故死亡人数控制在广西壮族自治区人民政府下达的控制指标范围内。

【加强监管和服务，高效规范廉洁推进农机购置补贴工作】 一是做好基础性工作。广西壮族自治区及时制定补贴实施方案印发各地执行。按规定程序汇总公布900家农机购置补贴产品经销商。二是明确补贴重点。补贴资金向50个粮食基地县（区）和30个甘蔗主产县（区）倾斜、向水稻全程机械化项目县和甘蔗"双高"基地项目县（区）倾斜。三是加强信息公开。坚持使用全国统一的省级农机购置补贴信息管理系统，建立补贴农机具电子台账。农机、财政部门通过该系统实现信息共享，实现购机申请、审核、结算、档案管理等信息化网络化。四是加强服务。全自治区各级农机部门努力践行党的群众路线教育实践活动，切实改变工作作风，积极采取农机、财政部门联合办公办理业务，服务窗口下移等便民服务措施，缩短审批时限，提高补贴工作满意度。五是加强督查指导。经常深入基层调查研究、督促指导，及时了解新情况、解决新问题。加强对补贴机具生产经营企业的监管，发现违规，严肃处理。开展农机购置补贴专项督查和抽查工作，加强对重点机型、高风险机型补贴的监管。六是加强培训。分别举办2期全自治区农机购置补贴反腐倡廉警示教育及业务培训班，对市、县农机局领导及农机购置补贴工作人员进行反腐倡廉警示教育培训。七是加大工作经费投入。加强沟通协调，争取市、县两级落实农机购置补贴工作经费，有效保证补贴工作顺利推进。2014年市、县两级已落实工作经费1 670万元。

【十大甘蔗生产机械化示范区充分发挥示范作用】 2014年，广西壮族自治区大力推进甘蔗生产全程机械化突破工程，着力突破甘蔗机种、机收环节，探索符合广西甘蔗生产全程机械化发展的有效途径，从2010年以来，共投入1 714万元，在崇左、来宾、南宁、防城港建设4个省级"万亩甘蔗全程机械化示范区"，在柳州、河池、贵港、百色、钦州、北海等建设6个市级"千亩甘蔗生产全程机械化示范区"。项目实施效果良好，甘蔗机械化关键生产环节特别是甘蔗机种、机收取得新突破。2013—2014年榨季，全自治区共组织364台甘蔗种植机完成机种12.93千公顷，组织70多台甘蔗联合收割机完成机收4.6千公顷、35.9万吨；完成机械中耕培土作业61.03千公顷，破垄覆膜作业79.49千公顷（含农垦系统）。

【"双高"甘蔗基地建设机械化工作取得初步成效】 2014年，广西壮族自治区农机部门围绕区党委、区人民政府33.33千公顷高产高糖糖料蔗示范基地建设的工作部署，加强组织领导，组织精干力量深入蔗区，开展调查研究，科学制定《广西500万亩甘蔗生产机械化重大工程实施方案》并向国家发展和改革委员会申请立项，积极配合农业部做好《广西甘蔗生产机械化推进方案》的基础性工作。加大资金投入，投入720万元继续用于甘蔗生产全程机械化示范区的建设；投入480万元支持联合五菱桂花等8家农机生产企业对甘蔗机械化种植、中耕培土、田间收集转运等环节的机械进行研发攻关，为示范基地建设提供必要的机械保障。编写《甘蔗生产机械化技术要求》《广西甘蔗生产全程机械化技术指导手册》《甘蔗生产全程机械化主要配套机具》等技术标准手册，在全自治区进行技术培训，引导甘蔗标准化生产。

【加大甘蔗生产机械化政策扶持力度】 2014年，广西壮族自治区农机部门出台扶持政策，引导有经济实力和经营管理能力的农机经营服务组织来承担甘蔗机收作业，有效推进甘蔗生产机械化的发展。如扶持广西收获、中鑫、思源等甘蔗机收服务公司，在有关甘蔗主产区建立示范基地，开展甘蔗生产全程机械化作业服务，尤其是收获机械化作业示范，充分发挥示范带动作用。

【大力度、全过程、高标准推进水稻全程机械化】 2014年，广西壮族自治区党委、人民政府领导对水稻机械化工作高度重视，自治区人民政府召开专题会议，研究全自治区农业机械化发展有关问题，印发会议《备忘录》，在2014—2015年每年安排财政资金3 000万元，在全自治区建设一批水稻生产全程机械化示范点。为抓好项目落实，广西壮族自治区农业机械化管理局科学谋划，积极争取各级人民政府的大力支持，以农机专业合作社为重要抓手，在区、市、县农机部门共同努力下，水稻生产全程机械化示范区建设成效显著，充分发挥示范带动作用。据统计，全自治区共建立27个水稻生产全程机械化项目和100个庭园式育秧推动机插秧示范项目，核心试验区40千公顷，辐射面积超过200千公顷，拉动社会投资1.5亿元。通过项目推动，2014年，全自治区水稻耕种收机械化水平快速发展，达到67.6%，基本接近全国平均水平。

【加强扶持和引导，积极培育发展农机社会化服务组织】 一是2014年广西壮族自治区农机购置补贴资金继续向农机社会化服务组织倾斜，对农机社会化服务组织申请购置补贴农机具不设数量限制，由县级农机主管部门（农机购置补贴领导小组）根据实际情况具体确定享受补贴的机具数量。二是加强国家和自治区农机合作社示范社的建设，指导各地认真组织符合条件的合作社申报国家农民合作社示范社。三是把农机社会化服务组织作为实施各类农业、农机财政专项和基本建设项目、科技研究推广项目的重要主体。全自治区27个水稻生产全程机械化示范推广项目全部由农机合作社承建，内容包括机耕、工厂化育秧、机插秧、机收、烘干五位一体的全程机械化。同时，有36家农机合作社获得自治区财政厅以奖代补、直接补助、先建后补、贷款贴息的方式发放发展资金。四是积极协助农机社会化服务组织搞好信贷，落实跨区机收免费通行、作业服务减免税费等优惠政策。

【建立健全长效机制，农机安全生产态势平稳】 一是加强领导，狠抓安全生产责任落实。全自治区各级政府逐级签订、政府与农机部门签订、农机部门逐级签订、农机部门与驾驶人签订农机安全生产责任状达17.6万多份。二是深入开展大检查大整治活动，消除事故隐患。全自治区开展农机安全生产隐患大检查大整治执法行动1 063多次，列入治理计划的重大隐患约150项，累计落实治理资金30多万元。三是加强节假日和重点时段执法监管，集中开展"打非治违"专项行动，严厉查处违法违章行为，促进安全生产形势持续稳定。四是积极开展应急救援演练，提升应急处置能力。全自治区各级农机部门广泛开展不同层级的农机事故应急演练活动，进一步提升农机事故科学施救、事故应急处置和自救互救能力。五是加强队伍素质建设，提高行业管理水平。分别举办全自治区农机事故处理员培训班和全自治区农业机械考验员培训班，加快全自治区农机安全监理业务规范化建设进程。六是深化"平安农机"建设，建立完善安全管理长效机制。在巩固"平安农机"创建成果的基础上，2014年推荐7个县(市、区)为2014年全国"平安农机"示范县(市、区)，推荐10位同志为2014年全国"平安农机"示范岗位标兵。

【农机鉴定推广和教育培训工作不断取得新进展】 一是加强农机质量体系建设。修订《广西壮族自治区农业机械推广鉴定管理办法》《广西壮族自治区农业机械鉴定大纲管理办法》等规范性文件，简化农机产品鉴定、检测流程，加强推广鉴定证书和证章的管理，有效推动农机鉴定工作规范化。二是加强农机产品质量管理。开展农机产品定期检验抽查、打假专项治理工作、"3·15"活动、"放心农资下乡进村宣传周"等活动，严厉打击制售假冒伪劣农机和农机配件的违法行为，确保农业生产和农机产品质量安全。三是农机教育培训工作再上新台阶。围绕全自治区粮食、甘蔗两大主要产业，落实阳光工程培训经费765万元，开展多层次、多渠道、多形式的农机科技大培训活动。调动各级农机学校积极性，大力推行校企合作、社会技术服务工作。广西机电工程学校加强基础设施建设、师资队伍建设和教学改革，顺利通过全国中等职业学校示范校验收；组织学生参加全国、全自治区职业技能比赛和风采比赛成绩突出，保持全自治区同类学校名列前茅地位；成功承办教育部、中央文明办、团中央等六部委联合举办的全国中等职校文明风采竞赛总结座谈会暨颁奖典礼，得到教育部和自治区领导肯定。

【继续推进行政审批制度改革，创建廉洁高效的工作机制】 2014年广西壮族自治区农机部门以"便民、高效、廉洁、规范"为原则扎实开展政务服务工作，审批事项办结率99%，群众满意率100%，实现零投诉、零超时办结。加强取消和下放行政审批项目后监管和服务体系建设，认真贯彻执行国务院和自治区关于取消和下放一批行政审批项目等事项的决定，做好取消和下放行政审批事项的落实和衔接工作。扎实开展行政审批事项全面摸底和清理规范工作，深化行政审批制度改革，行政审批事项由原来的17项减少到13项。扎实开展政务公开和信息报送工作，长期公开行政审批相关法律法规及规范性文件，将行政审批事项办事指南及办理结果在农机局门户网站及窗口柜台上公开，按时向政务中心报送政务服务有关信息。行政审批工作多次得到自治区政务中心领导肯定。

【加强队伍建设，不断提高干部工作能力和水平】 2014年，按照广西壮族自治区党委的工作部署，广西壮族自治区农机部门认真抓好干部的理论学习和政策法规学习，积极组织开展党风廉政和反腐倡廉、"廉洁从政"主题教育学习活动，不断提高干部的思想政治素质，树立正确的世界观、人生观和价值观。认真开展群众路线教育实践活动"回头看"，巩固和深化教育活动取得的成果。认真执行《党政机关厉行节约反对浪费条例》，建设节约型机关。

【存在主要问题】 一是广西壮族自治区水稻和甘蔗生产全程机械化存在薄弱环节。受机插育秧跟不上、作业条件等因素制约，水稻机插率还比较低。受作业条件、部门配合和机械适用性等因素制约，目前广西壮族自治区甘蔗收获基本上是依靠人工砍收，全自治区甘蔗联合机收率不足1%，严重制约蔗糖产业的发展。二是农业机械作业条件较差。广西壮族自治区属丘陵山区，山多地少，坡度大，石头多，不平整，不规则，机耕道路不完善；实行农村土地承包经营责任制以后，农户承包经营的土地分散，田块较小而且不规则；年降水量较多，雨季土质疏松，道路泥泞。这些都严重影响大功率拖拉机、联合收割机作业，制约大型、高性能、高效率农机推广应用。三是基层农业机械化公共服务能力有待加强。全自治区完成独立设置乡镇农业机械化推广机构的只有4个市，部分独立设置乡镇农业机械化推广机构的有5个市，完全没有独立设置乡镇农业机械化推广机构的有4个市。全自治区共508个乡镇独立设置乡镇农业机械化推广机构，约占全自治区1 150个乡镇的44%。而且，独立设置的乡镇农业机械化推广机构普遍存在无办公场地、无办公设备、人才短缺、业务经费短缺等问题，乡镇农业机械化服务能力较薄弱。四是农机合作社服务能力有待进一步提高。当前全自治区农机合作社多数存在资金少、规模小，机型单一、服务内容单一现象，服务能力不够强。多数农机合作社属于松散型组织，合作社内部管理机构不够健全，运作不够规范，服务质量和水平有待进一步提高。五是农业机械化基础设施建设滞后。农机维修网点、农机场库棚和灌溉设施等基础设施建设滞后，农机下田难、停放难、维修难等问题较严重，大部分农机没有机具库，尤其是大型农机，只能露天停放，任凭风吹雨打。

海南省

【概况】 2014年，在海南省农业厅党组的领导下，海南省农业机械化管理局围绕省农业厅2014年工作要点，以推进海南省现代农业建设为核心，明确工作思路，强化工作措施，创新工作方法，大力改善农机装备结构，努力提高全省农机作业水平。

【农业机械化发展成效】 2014年，海南省农机总动力达到517.3万千瓦，比2013年增长3.03%；拖拉机拥有量达到10.3万台，比2013年增长6%；农用排灌机械动力达到113.9万千瓦，比2013年增长3.6%；耕种收综合机械化水平达40%，比2013年提高3.2个百分点；海南省农业机械化经营总收入达34.45亿元，比2013年增长5.2%，海南省乡村农机从业人员人均农机经营收入达1.4万元，比2013年增长5.2%。农业机械化的持续健康发展，对推动农业经济发展、农民收入持续增长、保持农产品价格总体水平基本稳定等发挥积极作用。

【简化农机购置补贴办事流程】 2014年，海南省已落实中央和省级农机购置补贴资金1.45亿元。与往年相比，2014年按照"完善机制、强化监管、减少行政权力、加强社会监督"的总体思路，在总结近年来农机购置补贴经验基础上，继续实行"全价购机，定额补贴，县级结算，直补到卡"的补贴资金兑付方式。认真开展便民服务，在确保资金安全的情况下探索简化农机购置补贴办事流程，在《海南省2014年农机购置补贴项目实施方案》中，减少乡镇农机管理部门对申请人的资格条件等的审查和公示。即操作流程由2013年的"申请→审查→公示→确认→购机→验机→结算→建档"简化为2014年的"申请和确认→购机→验机（验收）→结算"。

【突出补贴重点和优先支持方向】 2014年，海南省农机部门突出补贴重点和优先支持方向，优先重点支持瓜菜、水稻的育苗和移栽机械，谷物烘干机械等农业装备，推动农机装备结构调整优化，进一步提升农业机械化发展质量。

【强化农机购置补贴信息公开工作】 2014年，海南省农机部门把农机购置补贴政策实施情况列入政务公开和政务服务目录，分类整理、主动公开农机购置补贴实施方案、补贴额一览表、支持推广目录、补贴经销商名单、操作程序、举报电话、资金规模等内容，有关文件向社会公开相关信息，并将农机购置补贴政策信息公开到村。

【大力推动农机购置补贴"一站式"服务窗口建设】 2014年，海南省农机部门践行党的群众路线教育实施活动，以便民服务为出发点，创新工作思路，大力推动农机购置补贴"一站式"服务窗口建设，实行"六上墙、一动态显示、一举报箱"，即制度上墙，管理流程上墙，公示上墙，举报电话号码公布上墙，领导机构、监督机构上墙，补贴工作人员的名字、照片上墙，补贴资金动态显示，设立举报箱。改"暗补"为"明补"，让购机补贴工作更加公开透明。

【建设农机购置补贴便民服务窗口】 2014年，海南省农机部门安排项目资金180万元，支持18个市县建设农机购置补贴便民服务窗口。在澄迈召开农机购置补贴便民服务窗口建设现场会，推动服务窗口建设在全省范围内全面启动。全省18个市县（三沙市除外）已有12个市县完成农机服务窗口建设，6个市县基本完成（完成比例达80%以上）建设工作。

【大力加强农机购置补贴监督检查工作】 2014年，海南省农机部门要求各市县农机管理部门、农机经销商开展自纠自查工作，并对自纠自查中发现的问题进行认真的整改；约谈各市县农机管理部门主要负责人、喷灌机械设备补贴经销商法人代表；两次召开全省农机购置补贴会议，研究部署农机购置补贴廉政风险防控工作；聘请会计事务所对2012、2013年农机购置补贴项目实施情况进行专项审计，并对审计查找出的八个方面的问题进行认真扎实的整改；成立3个督导组对全省落实农机购置补贴政策情况进行重点督导检查，实地查看各市县的补贴手续办理现场，调查购机农户1 772户（含入户调查、电话调查等形式开展的调查核实情况），督促市县农机管理部门加强对辖区内经销商、享受补贴的机具、购机农户进行监督检查和调查核对。通过自纠自查、约谈、专项审计、问题整改和专项督查等措施，纠正农机购置补贴项目实施过程中出现的偏差，保证惠农资金的安全和使用效果。截至11月20日，全省补贴各类农机具46 340台，受益农户13 594万户，完成农机购置补贴资金5 444.1万元，实施进度为37.55%。

【以保障安全为落脚点，大力抓好农机安全生产】 2014年，海南省各级农机安全管理部门多次开展联合执法专项整治行动。在2013年获得省直部门安全生产考核第三名成绩的基础上，2014年更加深入开展"平安农机"创建，先后组织海口、澄迈、定安、屯昌、文昌、琼海、乐东、东方等8个市县联合公安交警部门在澄迈和屯昌开展联合执法检查，重点查处拖拉机违法载人、人货混载、超载超速、改装拼装、酒后驾驶、无年检、无牌无证行驶等违法违规行为，通过联合执法行动的开展，有效的降低重大农机安全事故的发生，保障农机安全生产。2014年以来海南省农机部门组织开展农机安全检查1 725天次，参与排查的农机执法人员有10 350人次；排查出一般隐患5 320项，已整改5 320项，整改率达100%。拖拉机牌证管理工作进一步规范。截至11月全省共办理农机牌证3 522台，其中新办农机登记371台，办理机车车牌证转移登记3 151台。年检农机34 481台，办理拖拉机联合收割机驾驶证4 250本，组织全省4 341名驾驶人参加考试，合格办证3 837人。

【大力抓好农机社会化服务体系建设】 2014年，海南省农机部门做好冬种瓜菜和早稻生产农机作业服务工作，通过科技下乡、科技入户等形式，积极组织广大技术人员，深入田间地头，指导广大农民应用农业机械化新技术，提升科技水平。加强跨区作业组织协调，拓展农机跨区作业的范围和领域，提高农业机械的作业效益和利用率，促进农民增收。组织和指导农民机手保养、调试和检修各类农机，把修理服务工作做到田间地头，确保关键农时农业生产顺利、安全进行。积极组织农机手参加抗灾救灾和灾后恢复生产工作。组织开展机械化深松整地、水稻生产全程机械化作业等农业机械化生产服务，加强农机农艺结合，积极开展水稻育插秧机械化示范、香蕉采摘秸秆还田和甘蔗收获试验，大力推进农业机械化。年内累计投入耕作、栽植、植保、灌溉、收获等各类农业机械约45万台（套），检修各类农业机械18.5万台（次），完成机耕面积563.33千公顷（其中机械化深松整地面积34.53千公顷）、机插水稻面积6.65千公顷、机械收获水稻面积255.33千公顷（其中机械化秸秆还田面积约102千公顷），有力地保障海南省农业生产的顺利进行。

【大力抓好农机自身能力建设】 2014年，海南省农机部门积极争取省农业厅部门预算项目资金510万元，继续实施现代农业机械化促进工程，扶持省农机安全监理所建设6个固定式农机安全远程实时监控点，开展4个市县"平安农机"示范县（市）创建以及组织开展农机安全宣传教育和安全执法检查；扶持省农机鉴定推广站建设水稻机插秧（陵水广陵）、旱作机械化生产（澄迈大拉）示范基地，开展省级农机鉴定推广能力和农机产品质量监管体系建设。认真组织农机企业参加中国（海南）冬季农产品交易会，展示、宣传新型农机具。测试及验收"海南省支持推广的农业机械产品目录申报系统”和“海南省农业机械推广鉴定申报系统”等2个系统，推进便民服务，提高办事效率，目前两个系统均已投入使用，且运行状况良好。

【认真开展农业机械化教育培训】 2014年，海南省农机部门认真抓好农业机械化教育培训工作，2014年全省培训农机人员2万人次。组织对全省拖拉机驾驶培训机构进行检查指导，积极实施阳光工程农机培训计划，重点加强农机驾驶操作和农机维修人员技能培训，努力培养造就一支懂技术、会经营、善管理的基层农机服务队伍，目前全省乡村拥有各类农机从业人员25万人。

【存在问题】 一是全面暂停海南省2014年喷灌机械设备补贴的申请受理后，农机购置补贴项目实施进度慢，部分市县存在项目资金结余较多的情况。二是农机社会化服务能力不强，不能适应农业机械化快速发展的需要。三是农机安全监管难度大。暂停发放运输型拖拉机牌证后，道路上无牌无证、挂外省牌证的拖拉机呈现上升趋势，导致监管过程中出现管理盲区，使安全监管难度加大。

重庆市

【概况】 2014年，重庆市按照“融入产业、重点突出、统筹兼顾、注重实效”工作思路，以提高综合机械化水平为目标，着力加强人员和技术培训，着力加强社会化服务体系建设，着力加强新机具新技术推广，重庆市农业机械化工作取得新进展。

【抓培训，夯实工作基础】 2014年，重庆市农机系统收集整理2004年以来国家和重庆市有关农业机械化发展的法律法规规章政策、形成《农业机械化政策法规选编》，结合丘陵山区实际、组织编写《重庆市农业机械化工作应知应会每日一问》，两书由中国农业大学正式出版，作为重庆市农机系统干部职工学习教材。市级先后开展农机购置补贴管理培训班、农机管理科长综合能力提升培训班、农机推广机构负责人知识更新培训班、基层农机人员知识更新培训班、重点班农机维修高技能人才培训班、农机安全管理培训班、农机管理领导干部高级研修班等近20期次，培训总人数达1 000人次。通过培训，更新知识，拓宽视野，夯实基础，不断提升系统干部职工履职能力。

【加强农机新产品研发和试验鉴定】 2014年，重庆市加快研发制造适宜丘陵山区的农机新产品，提升重庆农机工业自主创新能力，着力提高农机新产品开发及试验鉴定公共服务能力。2014年核发农业机械产品推广鉴定证书7批、累计79家企业169个产品获得农业机械推广鉴定证书，核发农机产品推广鉴定变更证书5批、累计9家企业30个产品变更推广鉴定证书，促进先进适用、技术成熟、安全可靠、节能环保农业机械的推广应用。

【组织实施创新型生产奖补项目】 2014年，重庆市农机部门采取公开、公平竞争，实施“鼓励丘陵山区农业机械创新型生产奖补项目”，支持农机生产企业加快适宜丘陵山地农机新产品的开发、生产和制造，优化重庆市农机装备结构、提高农业机械化水平，经企业申报、区县审查、专家评审，以及奖补产品销量区县统计核实、市农机推广总站审核和拟奖补项目公示等工作，已确定对7家企业9款产品进行奖补。

【制定完善农机购置补贴政策措施】 2014年，重庆市农机部门结合重庆丘陵山区自然资源禀赋和农机作业客观条件，会同财政部门确定重庆市2014年中央财政补贴机具种类范围（共11大类34个小类73个品目），完成归类归档9 660个型号的补贴机具，拓宽自主选择补贴机具的空间。同时，简化购机流程，对单机补贴额3 000元以下的机具，由原来到乡镇农服中心申请调整为在经销商处申请办理购机手续，方便购机，提高效率。全年共推广各类补贴农机具38.7万台(套)，较2013年增长66%；实施中央农机购置补贴资金2.17亿元，受益农户数达24.9万余户。

【加快农业机械化技术推广应用】 2014年，重庆市农机部门组织编制推广《水稻机械化育插秧技术》《新型水田耕整地机械化技术》《稻谷和油菜籽烘干机械化技术》《“稻—油”连作机械化轻简生产技术》和《“稻—薯”连作机械化轻简生产技术》等农业机械化技术，因地制宜，因势利导，进一步加快农机与农艺融合、加速农业高产稳产和节本增效。编制《机械化果园规划设计规范》，规范机械化作业或借助机械装备进行轻简高效作业的柑橘园的农业机械作业参数及选型等技术要求。组织开发“重庆市农机化信息网”手机APP网站及相关农机服务，开展农机购置补贴机具二维码试点工程建设。将设施农业发展作为农业机械化工作的一项重要内容提上议事日程，研究出台发展目标、建设内容、推进措施。市级财政安排500万元专项资金，先期在10个区县开展试点示范。以此为抓手，在巩固耕种收全程机械化作业的基础上，进一步促进农机、农艺和信息化技术融合，拓宽农机工作领域，推进全面机械化发展。

【农机合作社和农机维修网点建设不断推进】 2014年，重庆市农机部门在积极开展市级示范社建设的基础上，继续推进“农机专业合作社生产能力提升工程”项目，对24个合作社给予支持，累计投入资金530余万元。合作社所购项目机具，在享受国家农机购置补贴基础上，由市级补助10万～30万元。通过扶持合作社购置生产急需的大中型农机具，并加大培训力度，不断提升其服务能力和水平，从而切实提升其示范带动效应。为解决当前困扰农机户的维修难、耗时长、配件贵、技术水平低等问题，在18个区县开展农机维修网点建设项目，每个维修网点由市级补助10万元，用于购置必备的维修设备和储备机具维修所需的零配件；并加大培训力度，不断提升其服务能力和水平，从而切实缓解农机维修中面临的诸多问题。

【机械化作业示范项目顺利完成】 2014年，潼南县承担的农业部“水稻生产全程机械化”示范项目，通过落实责任和措施，制定考核标准，实行奖励激进机制，集中连片全程机械化示范面积达1.65千公顷，涉及5个镇街共计18个村3 072户，中央投入资金主要用于商品及服务性支出、机械植保作业补贴，超出部分由地方配套补贴。坚持技术、设备、人员优化配置，科学选点，发动镇街、农户、农机大户积极性，认真实施并超额完成部级下达的1.33千公顷任务，示范片内水稻生产在耕、种、植保、机收、加工实行全程机械化作业，作业水平达98.5%。

水稻全程机械化试验示范工作取得明显的成效，平均产量达 9 867 千克/公顷，全程机械化示范片的粮食产量达到 16 253.4吨，全程机械化可让每公顷节本 10 155 元（其中：机耕节本 1 350 元/公顷，机插节本 2 055 元/公顷，机械播种育苗节本 1 500 元/公顷，机收节本 5 250 元/公顷），增产 1 218 千克/公顷，共节本增效 2 154.3 万元。

【农机作业面积不断提高】 2014 年，重庆市共完成水稻机插秧作业补贴试点示范面积 20 千公顷，作业补贴资金 904 万元，推广水稻机插秧 124 千公顷，投入插秧机 12 299 台，新增 370 台。重庆市共组织市内外联合收割机超过 15 000 多台，其中市内 7 159 台，新增 1 411 台。水稻机收作业面积再创历史新高，共完成机收作业 280 千公顷，机收比例达 40.6%，比 2013 年增长 20 千公顷，同比增幅为 7.7%，超额完成预定目标，为农民节本增收超 11 亿元；增收节支效果明显，实现农户与机手“双赢”。

【重庆市加大补贴监管督导检查力度】 2014 年，重庆市各区县成立由人民政府领导牵头，人大、政协、农业（农机）、财政、纪检监察、公安、工商等相关部门参加的县级农机购置补贴工作领导小组；派出专项督查组，分别于 4 月、7 月、11 月对重庆市所有涉农区县进行督导检查；安排农机购置补贴监管工作经费 630 万元，保障补贴监管工作顺利开展；印制《重庆农机购置补贴工作廉政风险防控手册》3 000 份，分发到每个区县及乡镇。

【加大举报投诉受理及查处力度】 2014 年，在重庆农业机械化信息网站上设立农机质量在线投诉受理窗口和农机咨询专栏，委托相关单位负责全市补贴违法违规方面和补贴机具质量方面的投诉受理工作，并要求区县确定相应的受理部门和岗位及人员；对涉嫌违法违规情节较重的，成立联合调查组进行调查核实后再进行处理。

【积极推进“平安农机”建设】 2014 年，重庆市共印制和发放宣传资料 19 万多份，出动宣传车 800 多辆次，发送手机安全警示短信 10 万余条，安全培训近万人次，深入基层乡村（学校）开展咨询宣教活动，接受群众咨询数万人次。创建达标全国“平安农机”示范县 1 个；创建达到部颁标准的“平安农机”示范镇（乡）29 个，“平安农机”示范村（居）171 个，超额完成市人民政府下达的目标任务。备案登记管理农业机械新增 120 696 台，达到 726 827 台；农机驾驶操作员新增 40 814人，达到 394 050 人。拖拉机、联合收割机“三率”继续保持高水平，上牌率达到 97.8%，同比增长 0.2%；检验率 83.2%，同比增长 1.64%；驾驶员持证率 96.8%，同比增长 0.2%。共发生一般农机事故 2 起，受伤 4 人，直接经济损失 0.3 万元；发生拖拉机上道路交通事故 111 起，死亡人数 42 人、受伤人数 129 人，直接经济损失 19.2931 万元。全市农机事故起数、伤亡人数、直接经济损失较 2013 年都有较大下降，农机安全生产形势持续保持稳定并向好的方向发展。

四川省

【概况】 2014 年以来，四川省各级农业（农机）部门围绕现代农业和农村经济结构战略调整，以服务大农业，转变农业发展方式，提高农业综合能力为根本任务，以实施国家农机购置补贴政策为抓手，实现农机装备结构持续优化、农机作业水平大幅提升、农机服务能力明显增强的发展目标，农业机械化对发展农业生产、保障粮食安全和增加农民收入的贡献份额日益增大。

【装备总量稳步增加，结构不断优化】 2014 年，四川省农机总动力达到 4 100 万千瓦。装备总量增加促进结构不断优化，大功率、多功能、高性能及薄弱环节农业机械增长加快。特别是粮食烘干机械爆发性增长，2014 年新增粮食烘干设备 222 台（套），比 2013 年增长 1.8 倍。

【作业水平大幅提升，薄弱环节明显突破】 2014 年，四川省主要农作物耕种收综合机械化水平达到 50%，比 2013 年提高 5 个百分点。建成全程农业机械化示范区 150 个，其中万亩农业机械化示范区 110 个。薄弱环节加快突破，油菜机收面积突破 138.67 千公顷，机播达到 66.67 千公顷，分别比 2013 年提高 3 倍和 2 倍，成为四川省农业机械化工作新亮点。

【合作社规模不断壮大，服务能力明显提高】 2014 年，四川省拥有各类农机作业服务组织（含农机大户）1.9 万个，其中，农机合作社 1 100 个，新增 150 个，比 2013 年增长 15 %，入社成员 3.2 万余人，服务农户 156 万户。农机合作社完成水稻机插秧、油菜机播等薄弱环节机械化作业面积占全省总量的 85%以上，成为全省农机薄弱环节加快突破的重要推动力量。

【基础配套不断增强，作业条件不断改善】 2014 年，四川省以“农业机械化推进项目”为依托，积极整合各类涉农项目和资金，大力推进农机提灌站和农业机械化生产道路建设。2014 年度，全省修复提灌机械 8.85 万台（次）91.86 万千瓦，改造提灌站 2 835 座 7.83 万千瓦；新建提灌站 739 座 2.85 万千瓦。新增提水控灌设备 2.31 万台 14.69 万千瓦，新增提水控灌面积 23.33 千公顷。新建设农村机耕道 35 048 千米，现代农业园区农机作业生产道路通达率达 85% 以上。

【依法监管不断推进，安全形势持续稳定】 2014 年，四川省深入贯彻落实《四川省农业机械安全监督管理条例》等法规，积极参与道路交通安全综合整治攻坚年行动，强化责任落实、严控源头规范监管、深入检查专项整治、加强宣传提升意识，抓体系建设夯基础，攻坚克难，扎实工作，取得较好成效。截至 11 月底，四川省农机事故 5 起、死亡 0 人、受伤 1 人、经济损失 5.04 万元，未发生较大以上农机事故。事故起数和死亡人数同比减少 7 起、2 人，分别下降 58.3%和 100%。控制在四川省人民政府目标考核范围内，四川省农机安全形势持续稳定。

【深入实施农机购置补贴政策】 2014 年，四川省稳步推行“自主购机、直补到卡”的补贴方式，强化资金监管，狠抓风险防控，优化制度设计，完善运行机制，推进农机购置补贴政策规范廉洁高效实施。2014 年中央财政下达四川省农机购置补贴资金 10 亿元。2014 年，中央农机购置补贴资金已实施近 4 亿元，带动农户（专合组织）投入资金 5 亿元，受益农户 17 余万户，补贴各类机具近 24 多万台（套）。

【扎实抓好农业机械化生产作业】 2014年，四川省突出重点农时季节，主攻薄弱机械化环节突破，狠抓全程农业机械化生产示范。2014年，全省调度各类农机具150万余台(套)，组织农机技术人员130万人次，投入春耕、"三夏""双抢"生产第一线，完成机耕4 000.67千公顷、机播(插)606.67千公顷、机收1 886.67千公顷。加大作业市场调控引导，科学调度机具，扎实搞好农机跨区作业服务。

【大力培育新型农机服务主体】 2014年，四川省通过宣传引导、示范带动、政策帮扶、服务指导等措施，加快推进本省农机合作社发展壮大。深入开展"平安农机"规范化建设，重点扶持23个农机合作社购置粮食烘干机、建设烘干场和机库棚、添置办公及培训设施等。大力推行农机大户和种粮大户"双向发展、机农兼融"的经营模式，积极鼓励农机合作开展土地托管、订单作业等农机服务。

【大力开展新机具推广示范】 2014年，四川省以农业机械化示范县建设工程为抓手，组织全省开展"放心农机下乡进村宣传周""科技文化卫生三下乡"等推广示范活动。通过广播、电视、报刊、网站等媒体，积极向农民宣传、推广先进适用的机械化育秧设施、育秧盘和插秧机等新机具、新技术示范推广。扎实抓好农业部水稻全程机械化示范推广项目建设、管理和验收工作，总结提炼水稻全程机械化推广技术路线。

【依法开展农机安全监管】 一是四川省农机部门严控源头规范监管。重点把好核发关、证照关和检验关，年检审拖拉机15.7万台，拖拉机"上牌率"和"检验率"较2013年分别提高4个和6个百分点。二是深入落实农机安全责任。以启动实施新修订的《四川省农机安全监督管理条例》为契机，强化农机安全宣传，树立安全生产意识，全面落实"一岗双责""党政同责"责任制度，将农机事故、"三率"、监理业务规范性等三项指标列入整体考核指标，签订各类农机安全生产责任书17.5万份。强化基层基础安全知识和技能培训，培训各类人员近1.6万人次。落实24小时值班制和节假日领导带班制。三是深入开展专项整治行动。与工商、技监等部门合作，积极开展拖拉机改拼装专项整治行动；抓好"共享信息平台"建设，制定全省《拖拉机及驾驶人"黑名单"管理暂行规定》，将全省34万条拖拉机、26万条拖拉机驾驶人数据导入"共享平台"。集中7—9月开展农机安全生产大检查活动、9—12月开展农机安全生产"打非治违"专项行动。认真做好联合收割机跨区机收作业安全管理和服务保障工作。

【扎实抓好质量监督工作】 2014年，四川省以农机维修工、驾驶操作工为重点，开展职业技能鉴定，完成各类农机工种(级别)职业技能鉴定2 067人。开展全国农机职业技能鉴定培训和鉴定示范基地创建，推荐泸州等4个县级职业技能鉴定工作站申报第二批全国农机职业技能培训和鉴定示范基地。全面启动证后监督检查工作，对省内16个地区76家农机生产企业及其生产的517个产品进行监督检查。积极开展农机质量投诉监管工作，接到投诉16例，受理16例、结案16例，挽回经济损失2.6万元。组织省农机鉴定站对2013年享受财政资金补贴的微耕机开展质量调查，共收到调查表格519份，完成8个市的重点跟踪调查工作。

【依法行使各项行政权力】 2014年，四川省认真清理规范各项行政权力，对《四川农业机械化管理条例》行政处罚条款的自由裁量权进行细化规范。依法制定《2014年四川省农业机械推广鉴定产品种类指南》及《2014年四川省农业机械推广鉴定大纲目录》及《2015—2017年四川省支持推广的农业机械产品目录》。认真做好《2015—2017年国家支持推广的农业机械产品目录》推荐工作。规范开展农机推广鉴定工作，完成推广鉴定产品140项。建立四川省农机购置补贴及支持推广目录专家库。

【持续推进农机基础设施建设】 2014年，四川省以配套完善重要粮食生产基地和现代农业千亿增收工程产业核心区域为重点，积极探索机电提灌与现代农业结合的服务模式，有序推进提灌站规划布局及建设工作。扎实推进新技术、新能源泵站建设，在多个区县推广应用潜水泵集成技术、远程智能控制技术、泵管渠一体化技术等新技术，积极探索太阳能、水能、风能等新能源提灌站建设，特别是太阳能提灌站建设取得明显突破，得到分管副省长高度评价和充分肯定。按照"村民自治、一事一议"原则，在19个市(州)的37个项目县(市、区)规范推进农业机械化推进项目建设。召开2014年农业机械化推进示范工程项目建设培训会，制定下发《关于做好2014年农机化推进示范工程的实施意见》《关于开展2014年农机化推进示范工程项目绩效考评的通知》，项目建设进展顺利。协调推进"4·20"芦山地震灾后重建机耕道项目。

【强化农机重大问题调研】 2014年，四川省重点围绕创新农机经营机制、扩大农机规模化经营、突破农机发展薄弱环节、开展农机作业补贴、完善农机购置补贴政策等课题，深入省内外开展大规模考察调研，全年调研达300余人次，撰写调研材料30篇。

【扎实做好农业机械化统计评价】 2014年，四川省成立农业机械化水平评价指标体系课题组，已完成农业机械化指标体系建立、测算及论证工作。以35个监测点为重点，加强农业机械化信息监测。全面完成农业部农业机械化生产信息和年报报送任务。

【深入开展信息宣传工作】 2014年，四川省利用省电视台、广播电台、四川日报三大媒体重点宣传报道10余次，向中国农业机械化信息网、省党政网、四川省厅农业信息网三个信息网提供信息60余条，向农业部农业机械化管理司、厅信息中心、宣传中心、《农业与农机》杂志提交政务信息40多篇，宣传农机政策、安全生产等。各地农业(农机)部门采取多种形式大力宣传农业机械化，在县级以上报刊、电视共发表新闻稿件5 000余篇，印发农机宣传资料500万余份。

贵州省

【概况】 2014年，贵州省农机工作围绕农业发展、农民增收、农村繁荣的目标，结合贵州特点，以发展农民农机服务组织和建设农业机械化示范区为主，提升薄弱环节机械化水平，推广先进适用农业机械化装备和技术，精心组织主要作物、重要农时、关键环节的农业机械化生产，不断拓展农业机械化服务领域。实施农机购置补贴政策，继续加强农机安全监理、农机质量监督和农机从业人员培训,全面提高农机装备水平、作业水平、安全水平、科技水平和服务水平,全省农业机械化工作取得新进展、新成效。

【农机购置补贴政策利好】 2014年是全面实施"全价购机、定额补贴、县级结算、直补到卡"补贴新政策的第一年,贵州省结合2014年开展试点摸索出的经验,根据农业部《农机购置补贴实施指导意见》的部署,精心组织实施,农机购置补贴实施范围覆盖全省所有农业县,补贴机具种类有12大类42个小类145个品目和省自选的11个品目。农业部安排贵州省中央资金3.8亿元,5月13日全面启动农机购置补贴工作,截至12月15日,共实施中央农机购置补贴资金17 527万元(实施比例为46.12%),县级补贴资金550万元,引导农民和农业生产经营组织投入42 970万元,购置各类补贴农机具11.1万台,受益农户10.6万户。通过实施购机补贴,全省农机总动力达到2 428万千瓦,新增各类农机具26.33万台(套)。

【深入研究,制定补贴新政策】 2014年,贵州省农村工作委员会联合省财政厅制定《贵州省2014年农机购置补贴实施方案》,并制定《贵州省2014年农机购置补贴机具补贴额一览表》《贵州省2014年农业机械购置补贴产品(非通用类、自选类)归档情况表》。确定"全价购机、定额补贴、县级结算、直补到卡"的补贴新政策。

【精心组织,全面部署补贴工作】 2014年3月6日,贵州省农村工作委员会在安顺市召开全省农机购置补贴工作会议,与各市(州)农业机械化主管部门签订《贵州省农机购置补贴工作责任书》,明确双方职责,强化监管责任,确保补贴政策高效规范廉洁实施。

【多措并举,广泛宣传补贴新政策】 2014年4月25日,在贵州日报第四版正版刊登省农村工作委员会党组成员、机关党委书记徐成高的特别报道,全面解读补贴新政,详细介绍农户办理购机补贴手续的流程,并公开补贴政策咨询、投诉和举报电话。同时,省农村工作委员会还通过"贵州希望网"宣传补贴政策,让广大农民知晓补贴政策。

【立足网络,推动信息全面公开】 2014年,贵州省为规范补贴信息公开,进一步宣传补贴新政策,促使补贴阳光实施、透明操作,接受社会监督,贵州省农村工作委员会及时将实施方案、补贴额一览表、国家支持推广目录、补贴申请流程、经销商名单、实施进度及所有不涉密的补贴文件通过贵州农业信息网农机购置补贴信息公开专栏予以公布。并要求市、县农机主管部门必须在农业(农机)或政府网站上设置农机购置补贴信息公开专栏(已设置的,须及时完善),及时公布补贴信息。

【大胆放权,鼓励尝试】 2014年,贵州省农机部门鼓励有条件的县深入研究后,依托乡镇农机、财政部门办理购机补贴申请、审核、核查和公告等工作,具体办法由各县自行确定,在实施方案中明确,并报市(州)农业机械化主管部门审核备案。

【密切跟踪,督查实施】 2014年,贵州省为督促农机购置补贴政策公开、规范、高效、廉洁实施,保障农机购置补贴资金安全使用,省农村工作委员会成立督查组,于8月份分别到9个市(州)、1个新区、2个省直管县开展督导检查工作。通过深入的督导检查,强调规范廉洁高效实施补贴政策的重要性,分析掌握大部分县补贴实施进度缓慢的原因,听取各地对补贴政策实施的意见和建议。

【精心组织重点农时农业机械化生产】 一是精心谋划,安排部署春耕、"三夏""三秋"农机生产和跨区作业服务,切实做好督促指导、信息引导。据统计,截至12月10日贵州省共培训农机操作手6.28万人次,检修各类农机具22.7万台(套);组织农机具133万台(套)投入农机生产作业。完成机播84.67千公顷,机耕1 371.33千公顷,机械灌溉230千公顷,机收291.33千公顷。发放跨区作业证580份。秋冬种结束时将全面完成年度农机生产目标任务,农业机械化综合水平稳步提高。贵州省主要农作物耕种收综合机械化水平将达到22%。二是做好农业机械化作业信息进度统计工作,全面完成年度目标任务。组织开展农机生产信息报送培训工作。分解落实全年目标任务,强化督导和农机生产作业信息统计报送,促进农机作业有序开展。

【抓好农业机械化项目工作】 一是贵州省农机部门做好2014年度省级农民农机合作组织发展资金项目工作。组织制定《2014年省级农民农机合作组织发展资金项目申报指南》;审定批复项目225个,涉及资金4 957万元,其中,直接服务和辐射带动省级现代高效农业示范园区的项目涉及资金2 910万元。二是贵州省农机部门组织开展2013年度140个省级农机专业合作社建设项目的督导检查工作。并组织对已验收的124个项目按照不低于20%的比例进行抽查,及时采取切实措施纠正偏差,妥善解决存在的问题,保障项目资金安全高效使用。三是贵州省农机部门组织完成2012—2013年度农业部部级水稻、油菜、马铃薯机械化生产示范项目的验收。做好2014年度项目的督促指导和2015年度项目的申报工作。

【加强合作,推进农机科技创新】 2014年,贵州省农机部门为落实贵州省农业委员会与中国工程院院士、华南农业大学"南方农业机械化与装备关键技术教育部重点实验室"罗锡文教授团队签订为期5年的水稻全程机械化技术应用开发合作协议,农机办牵头组织建设西秀、平坝、铜仁、惠水4个水稻全程机械化示范基地建设项目,主要引进水稻水穴直播机具试验示范,通过年度验收,取得预期成效。对贵州省水稻全程机械化发展起到良好的示范作用。

【全面提升科技支撑与服务能力】 2014年,贵州省着力抓好大型科研项目工作,贵州省山地农机研究所实施的《贵州省山地小型农机具研发创新能力建设》项目已完成计划任务指标的90%,年底准备结题验收;依托该创新项目建成省内先进的"贵州省山地小型农机具研发实验室",填补贵州省农机研究的一大试验空白,为下一步开展贵州山地小型农机具的研发提供基础试验条件;完成《农业机械工程技术研究中心》的组建,启动创新研究、成果转化推广项目和试验等,内容包括建设计算机视觉排种器试验平台,开展华南农业大学罗锡文院士先进的水稻精量直播技术的示范推广,研发山地小苗高速移栽关键技术装备，研发小型农村生活污水及家畜粪便处理水肥一体化装置，自走式双垄移栽机和精整地机的成果转化；与中国农业机械研究院和华南农业大学工程学院高水平研发团队开展技术合作，提升研发水平。继续实施好9个省农业公关、工业公关项目和科技部成果转化项目，建设贵州现代农业油菜体系贵阳综合试验站。

【着力推进茶产业转型升级】 2014年，贵州省农机部门为贯彻落实贵州省委、省人民政府关于加快发展特色优势产业的战略部署，着力推进茶产业转型升级的精神，根据《贵州省茶产业提升三年行动计划(2014—2016)》，组建"贵州省茶叶机械研究所"，人员由省茶办、省山地研究所、省农机推广站、省农机校及茶叶生产企业抽出骨干技术人员以及特邀专家等组成。成功试制出第一代3种型号茶园中耕除草机，型号分别为3TG—5.5DQ型、1WG4.0型和SRS1.8型茶园中耕除草机。

【农机安全形势良好】 截至2014年10月1日，贵州省拥有拖拉机、联合收割机145 000台，上牌率88.5%，检验率为93%。在册拖拉机、联合收割机驾驶员168 539人，持证率为91.8%。贵州省共发生农机事故1起。未发生较大以上农机安全生产事故。

【落实农机安全生产目标责任书】 2014年，贵州省农机部门采取"横向到边、纵向到底"，层层签订的方式，使贵州省各基层农机监理机构与农机安全联组、农机安全联组与参加联组学习的拖拉机驾驶人员100%签订安全生产责任书。做到职责明确、考核有据、重心下沉、防线前移、不留死角。切实强化各级农机监理机构的服务管理职责和农机生产、作业人员的安全意识。

【严把农机关】 2014年，贵州省农机部门严把拖拉机、联合收割机登记入户、检验关和拖拉机、联合收割机驾驶员考试、办证、审验关。各地(县)农机安全监理所(站)在2014年度拖拉机及驾驶人检审验中，严格按《农业机械运行安全技术条件》和《拖拉机和联合收割机安全监理检验技术规范》的要求，调动一切力量，提高拖拉机年度检验率。

【开展农机安全生产大检查】 2014年，贵州省农机安全监理总站共组织4次农机安全生产大检查。重点检查农机安全生产责任制等制度建设情况，农机安全生产工作责任书落实情况，特别是农机大户、农机专业合作社和其他农机服务组织责任书签订情况；农机安全生产"三项行动""三项建设""三个加强"和"三个突出"工作部署、落实情况；基层农机安全组织建设及"平安农机"创建活动情况；拖拉机注册登记、变更登记、转移登记等拖拉机准入情况；拖拉机驾驶员培训、考试、办证、学习等情况；拖拉机及拖拉机驾驶员年度检审验工作情况；涉及人身财产安全的农业机械管理情况；拖拉机"打非治违"专项整治落实情况；贯彻省人民政府安全生产工作电视电话会议情况等。

【开展农机"安全生产月"活动】 2014年，贵州省各级农机监理机构紧紧围绕"安全生产年"工作的各项重点任务，大力开展以"安全责任、重在落实"为主题的"安全生产月"活动。面向职工、面向基层、面向企业，普及安全生产法律法规和安全常识，把安全理念、安全文化、安全法律知识和安全常识送到广大农机安全生产参与人的手中，使以人为本、安全发展的思想观念更加深入人心。贵州省各级农机监理机构采取广播、电视、播放录像、黑板报、悬挂横幅、宣传画、宣传喷绘、拱门等形式，通过发放《中华人民共和国安全生产法》《中华人民共和国农业机械化促进法》《农业机械安全监督管理条例》《农机事故案例警示资料汇编》等法律法规和安全生产知识，大力宣传农业安全生产相关法律、法规知识和安全生产安全操作规程和注意事项等，增强广大农民群众的安全生产观念，营造良好的安全生产氛围。

【打击非法违法生产经营建设行为专项行动】 2014年，根据贵州省安全生产委员会的统一安排，结合省农机安全生产的实际情况，省农机安全监理总站在全省农机监理系统开展打击非法违法生产经营建设行为专项行动，严厉打击未按照规定办理拖拉机、联合收割机登记手续办理的证书和牌照，擅自将拖拉机、联合收割机投入使用的行为；伪造、变造或者使用伪造、变造的拖拉机、联合收割机证书和牌照的，或者使用其他拖拉机、联合收割机证书和牌照的行为；未依法取得相应驾驶操作证件而操作拖拉机、联合收割机的行为；操作与本人操作证件规定不相符的拖拉机、联合收割机行为，或者操作检验不合格、安全设施不齐全、机件失效的拖拉机、联合收割机的行为；瞒报、迟报、漏报事故的行为等，从源头上预防农机事故的发生。

【抓好农业机械化工作人员的培训】 2014年，贵州省农机部门抓好省各市州农业机械化工作人员的培训。12月，贵州省人力资源和社会保障厅和农业委员会联合在贵州省黔西南州兴义市举办中国南方山区农业机械化问题与解决途径高级研修班。各省、自治区、直辖市、新疆生产建设兵团人力资源和社会保障厅(局)、各有关单位的中高级职称及农机管理人员90余人参加培训。组织召开全省农机管理暨农民农机专业合作社培训会，各市(州)农村工作委员会(农牧局、农机局、农机中心)分管领导和项目管理科长，合作社理事长和财务人员150余人参加会议，会议主要针对农业项目管理、项目资金管理进行培训。还组织各市州农业机械化统计培训和农机跨区作业数据统计培训。

【开展培训机构检查】 2014年，贵州省农机部门根据省农村工作委员会《关于加强贵州省拖拉机驾驶培训学校管理的通知》(黔农办发〔2012〕205号)，将拖拉机驾驶培训学校培训资格许可审批由省农村工作委员会下放至各市(州)农机行政主管部门，省农村工作委员会仅开展监督管理以及对全省拖拉机驾驶培训机构教员进行考核发证。根据农村工作委员会办公室《关于开展拖拉机联合收割机培训考试工作专项检查工作的通知》(黔农办发〔2014〕118号)文件部署，对全省拖拉机驾驶培训学校的教学场所、教学人员、教学设备、管理制度等情况进行检查，并对检查结果进行通报，对办学条件不合格的培训机构，提出整改要求，勒令于2014年12月31日前整改完毕。

【以农机购置补贴为契机开展操作培训】 2014年，《贵州省2014年农机购置补贴实施方案》明确规定，农民购买农机具时，农机补贴产品经销商要对农民详细培训有关机具的规范操作方法、安全注意事项和日常保养事项等内容。

经调查，经销商均对购机农户开展机具操作保养等培训（实行牌证管理的机具除外），并保留培训记录。经销商的培训，填补小型农机具培训的管理真空，解决农民用机难题，保障农机安全使用。

【开展农机工作技术培训】 2014年，贵州省农机部门在清镇市举办一期农机技术推广培训班，培训新型稻麦联合收割机、茶叶机械知识及操作技能；举办稻麦联合收割机、茶叶机械现场展示，有100多名农机专业合作社理事长参加。

【加强农机安全监理人员培训】 2014年，贵州省农机部门为贯彻落实农业部《农机安全监理机构建设规范》《农机安全监理人员管理规范》，加强贵州省农机安全监理人员的从业水平和对机构改革后新加入农机监理队伍人员进行上岗训练及资格认定，举办全省农机监理人员业务暨执法能力培训班。对贵州省各级农机监理机构人员共300人次进行培训。通过培训，参训人员掌握相关知识、技能和方法，能够履行相关岗位工作职责。全面完成省人民政府下达省农村工作委员会2014年的安全培训目标。

【贵州省农机部门优化重组】 2014年，贵州省完成贵州省农业机械化促进中心整体划转到贵州理工学院管理的前期准备工作，省农村工作委员会已与贵州理工学院联合向省编委报审。农业机械化促进中心2014年完成《贵州农机化》杂志全年6期的编辑、出版、发行工作。

【高度重视人才建设工作】 2014年，贵州省农机部门组织力量参加“第二届中国贵州人才博览会”。与中国农业机械研究院和华南农业大学工程学院高水平研发团队签订30万元的农机高水平研究人才培训合同，把山地所青年科技人员送到2个研究基地进行理论和实际操作培训。积极开展对外学术交流，参加华南农业大学主办的“水稻生产机械化新技术与新机具现场演示会”和“国际农业与生物系统工程学会第十八届世界大会”等学术会议。发表高水平农机研究论文10篇，内容涉及农机设计、示范推广、合作社建设等。获得实用新型专利3项。

云南省

【概况】 一是装备水平持续提升。2014年，云南省农机总动力达3 150万千瓦，同比增长3.3%；农机总值达200亿元，同比增长3.1%；农机具总量达550万台（套），大中型拖拉机、小型拖拉机、水稻插秧机、联合收获机拥有量稳步增长，小型耕整地机械快速发展，特色机械持续推进，配套机具拥有量大幅度增长，农机装备水平持续提升，装备结构进一步优化。二是作业水平持续提高。2014年，云南省农机作业面积达5 660千公顷，主要农作物耕种收综合机械化水平达46%，同比提高1个百分点，继续保持平稳增长态势。主要农作物薄弱环节机械化生产快速推进，机械深松367.33千公顷，免耕播种8.18千公顷，保护性耕作30.09千公顷，精少量播种23.64千公顷，秸秆还田129.7千公顷。培育农机专业合作社57个，合作组织数量超过260个。

【购机补贴成效明显】 2014年，中央财政下达云南省农机购置补贴资金4.2亿元。采取“全价购机、定额补贴、县级结算、直补到卡”的补贴方式，简政放权，简化程序，规范操作，成效明显。截至12月16日，云南省共完成中央财政农机购置补贴资金3.87亿元，实施进度达92%，结算补贴资金1.62亿元，结算进度为39%，补贴各类农机具21.86万台（套），受益农户19.13万户，12月底能全面完成补贴任务。

【技术推广创新推进】 2014年，云南省农机部门完成云南高原特色农业装备水平提升研究课题，组织召开水稻机插秧、玉米、马铃薯生产机械化现场会，推进“一园”“两区”“三基地”建设，组织开展农机新技术、新机具现场演示会56场；培训农机科技人员和农机户1 070名；水稻机插秧面积27.33千公顷，马铃薯、玉米收获机械化取得重大突破，新增节水灌溉技术推广面积4.33千公顷；规范编制农机购置补贴额一览表。

【质量监督规范开展】 2014年，云南省完善农业机械鉴定系列规章制度，规范开展农机推广鉴定，对3家企业的3个机型发放推广鉴定证，编制2014年省级支持推广目录，纳入379个产品，推荐31个产品申报国家支持推广目录，完成《2015—2017年云南省支持推广的农业机械产品目录》454个产品的初审工作。完成农机职业技能培训鉴定659人次，强化培训鉴定示范基地建设指导和维修网点管理。深入开展农机质量投诉监督工作。

【教育培训成绩突出】 2014年，云南省级共举办培训班16期，培训1 502人，对象包括农业农机管理及专业技术干部、新型职业农民、购机补贴相关人员、农机合作社成员等，特色鲜明、形式多样、成效明显。组织完成农业机械化教育培训大行动10万人次的农业机械化管理、科技和实用人才培训任务。依法规范拖拉机驾驶培训许可和教学人员资格管理，换发教学人员资格证书209个，推进农机培训机构规范化建设。

【安全形势持续稳定】 截至2014年11月30日，云南省共接报农业机械事故25起，死亡10人，受伤20人，直接经济损失26.34万元，死亡人数明显下降，安全生产指标控制在国家、省安全生产委员会下达指标范围内，无重特大农机安全生产事故发生。机管驾管依法推进，农机“三率”分别达到82%、78%、83%。农机供油站（点）、修理站（点）、加工站（点）无人员伤亡事故发生。全省农机安全生产形势总体平稳。

【转变补贴方式，完善相关制度】 2014年，云南省全面推行“全价购机、定额补贴、县级结算、直补到卡”的补贴方式，制定完善实施方案和相关制度，修改完善系统功能，简化操作程序，简化用表和部门盖章，提出“先购机、后申请，结算前公示”方式，推进“常态申请、顺序确定、市场购机、静态核实、按月结算、滚动使用”模式。根据各地补贴资金需求测算情况，将补贴资金及时下达到县级财政。

【科学编制目录，市场选择经销商】 2014年，云南省规范编制《2014年云南省支持推广的农业机械产品目录》，确定产品368个；科学确定补贴机具范围、分类分档测算补贴额一览表、编制产品信息表，将补贴产品信息导入补贴信息管理系统；由企业自主选择经销商，系统导出经销商名单并在网上公布；组织对系统操作员进行培训，及时开通系统，严格规范操作。

【提升队伍素质，强化资金保障】 2014年，云南省农机部门在元谋县召开云南省农机购置补贴工作培训会，对工作进行安排部署；先后举办5期培训班，对农机购置补贴管理干部、工作人员、操作人员、企业职工等进行分类培训，由市、县农机部门组织对经销商进行全面培训。积极争取云南省级财政投入农机购置补贴工作经费1 200万元，合理分配下达到各市县农业部门和县级财政部门。

【加强组织领导，强化监督检查】 2014年，云南省农机分级补贴工作领导小组，明确人员及职责分工，层层签订工作责任书。制定三项工作制度和补贴产品经营行为规范，进一步规范部门工作和补贴产品经营行为。下发警示教育活动通知，深入开展廉政警示教育和廉政风险防控。建立省、市、县三级联动群众举报投诉处理机制，认真做好群众举报投诉工作。2014年组织7个检查组进行调研和检查督导，年底将组织3个检查组，对实施进度和结算进度缓慢的县进行重点督导，年终将下发通知加快推进补贴工作并积极进行补贴资金调控。

【强化信息公开，接受社会监督】 2014年，云南省规范建立“云南省农机购置补贴信息公开网”专栏，公开政策咨询、质量投诉、纪检监察3部电话，要求市县两级农业部门规范设置农机购补贴专栏，对应公开3部电话，及时有效公开有关信息，主动接受部门和社会监督，确保阳光操作，同时，通过QQ群、短信平台、信息网络、电话等进行咨询解答和业务指导。

【强化绩效管理，确保政策实效】 2014年，云南省农机部门总结经验，下发延伸绩效管理工作通知，提出“定什么人、做什么事、建什么档、得什么分”工作思路，明确市级对县级的考核主体责任，将绩效考核工作延伸至县，贯穿于农机购置补贴工作全过程，强化培训和档案资料管理，建立以结果为导向的监测与评价机制，确保补贴工作实效。

【抓组织促生产】 一是全力抓好云南省春耕生产暨水利建设工作现场会农机作业现场的演示和展示，展现农机在农业生产中的重要作用，得到云南省委、省人民政府领导的高度评价，掀起农机春耕生产热潮。二是根据农时节令要求，积极组织各地农机部门和农机手开展好春耕、“三夏”“三秋”农机作业服务，做好农机作业市场需求信息宣传和机具调度、机具维修、零配件供应、油料供应、维修服务等组织协调工作，提升农机作业服务水平。三是围绕农机作业服务直通车网上直报系统，及时上报有关数量和信息，全面发放跨区作业证书，搞好跨区作业组织协调工作。四是组织开展云南省农机生产信息统计业务培训，提升全省各级农机部门对农机生产的组织、管理、服务、宣传水平。五是鲁甸、景谷发生地震期间，全力组织农机开展生产自救，充分发挥农机在灾区恢复重建中的重要作用，统计农机具损失情况，积极向上级部门争取优惠政策扶持。六是省级财政投入1 800万元，根据“围绕产业、突出重点、扶优扶强、示范带动、整体推进”的总体要求，扶持农机专业合作社57个，推进农机合作组织发展，构建新型农机经营体系，提升农机作业服务的组织化、市场化、规范化水平。

【抓推广促发展】 一是云南省农机部门与云南省农业大学联合完成《提升云南高原特色农业机械装备水平研究》课题并通过专家评审，向省人民政府提交决策咨询报告，为云南省农业机械化发展提供决策参考。二是在曲靖市沾益县组织召开全省玉米、马铃薯生产机械化现场暨培训会，在禄丰县联合举办云南省水稻农机农艺融合现场培训会议，组织召开云南省农机推广站长会议。三是着力推进“一园”“两区”“三基地”创建，在沾益县大坡乡土桥村创建马铃薯生产全程机械化示范园，在德宏和西双版纳建立两个水稻生产机械化重点区，在师宗、易门、盈江等县创建玉米、小麦、马铃薯生产全程机械推广示范基地。四是把机插秧技术作为对各州、市目标责任考核的重要指标，抓好水稻机械化育插秧技术推广；与师宗联合创建玉米生产机械化示范基地，积极开展玉米生产机械技术示范推广；在宣威、沾益、马龙建立马铃薯全程机械化生产示范园区和示范基地，稳步推进马铃薯生产机械示范推广。五是围绕烤烟、甘蔗、果蔬、花卉、油菜、茶叶等特色经作开展农机技术推广，探索适合云南特色农业发展的农机作业路子。六是创新农机推广机制，推行部门联运、技术驱动、市场拉动、示范带动新机制，初步构建“站所合作、站站合作、站企合作、站社合作”推广新模式。

【抓监管保安全】 一是强化云南省农业厅安全生产领导小组办公室职责职能，制定完善6项制度，推进“党政同责、一岗双责”，强化“红线”意识和“底线”思维，明确部门及使用者责任，强化责任目标管理。二是根据云南省人民政府工作分工，厅领导高度重视，两次带队到西双版纳州督导安全生产，得到省安全生产委员会和西双版纳州政府的充分肯定。三是规范开展拖拉机登记管理、年度审验和考试发证工作，培训岗位人员143人次，提高队伍素质，确保农机挂牌率、持证率、检验率持续提高，强化农机安全生产源头管理。四是继续推进“三项行动”“三项建设”活动，深入有效开展安全执法、宣传教育、隐患排查等工作，强化制度建设、规范建设和装备建设，组织7个检查组对云南省农业安全生产进行检查监督，强化档案和痕迹管理，全力预防和遏制农机事故。五是深入推进“平安农机”示范县和农机安全监理示范岗位创建活动，隆阳区、昌宁县、镇沅县、祥云县、洱源县、鹤庆县6个县（区）被评为全国“平安农机”示范县，聂云飞、李亚雄、杨东波、熊兆炳、赵执军、吴国旗、鲁世举、余杨州等8位同志被评为农机安全监理示范岗位标兵。六是根据依法行政要求，与省公安厅联合行文停止委托农机监理部门对上道路的拖拉机实施安全监管工作，与省法制办、省工业和信息化委员会、省公安厅、省工商局、省质监局等部门协调，废止《云南省运输型拖拉机行业管理规范（暂行）》。

【抓培训强队伍】 2014年，云南省农机部门以农业机械化教育培训大行动为主要抓手，通过政策推动、项目带动、上下联动，全面深入开展农业机械化教育培训，强化农机队伍素质建设，为农业机械化各项工作的扎实有效开展提供保障。一是举办拖拉机联合收割机教学人员培训班2期，培训141人，换发拖拉机教学人员资格证书209个，积极做好拖拉机驾驶培训的资格管理和监督检查工作，全面做好云南省农机培训工作的指导、监督、咨询和服务工作，推进全省农业机械化学校规范化建设。二是举办农机购置补贴相关业务培训班5期，培训农机购置补贴管理及信息操作员300人、生产企业负责人183人、系统操作员33人、管理人员42人。三是积极承担农村劳动力培训项目，联合举办农机操作手培训班3期，培训人员250人；举办新型职业农民培训班1期，培训农机专业合作社社长及骨干成员80人；举办云南省农业管理干部和专业技术人员培训班1期，培训干部63人。四与玉溪市农机培训推广站、临沧市农机推广站、大理白族自治州农机校、昆明市农机校和西盟县茶办联合举办培训班4期，培训410人，积极探索一条省、州、市、县联合办学的新路子。五积极组织开展农业机械化教育培训大行动，超额完成全省10万人次的农业机械化管理、科技和实用人才培训任务。

【抓鉴定保质量】 2014年，云南省农机部门强化源头管理，把农机质量监督工作贯穿于农业机械化发展全过程，扎实做好农机推广鉴定、支持推广目录制定、职业技能鉴定、质量投诉监督、农机修理网点管理等工作，确保农机装备的适用性、安全性、可靠性和先进性，提升农业机械化发展质量。一是制定《云南省农业机械鉴定机构省级能力认定实施细则》《云南省农业机械推广鉴定实施细则》和《云南省农业机械推广鉴定大纲管理办法》等系列规章制度，规范开展农机推广鉴定工作。二是组织开展"放心农资下乡进村宣传周"和"3·15"农机质量宣传咨询活动，组织开展微耕机安全生产培训，扎实有效开展农机质量投诉监督工作。三是抓好临翔区初等农业机械化技术学校农机职业技能培训和鉴定示范基地创建活动，全面深入开展农机职业技能鉴定工作，免费为基层农机部门开展农机职业技能培训鉴定。四是对全省农机维修服务体系建设现状进行摸底调查，规范发放维修技术合格证书，强化农机维修网点管理。五是认真做好《2014年云南省支持推广的农业机械产品目录》编制和《2015—2017年国家支持推广的农业机械产品目录》的材料初审和推荐上报工作，完成《2015—2017年云南省支持推广的农业机械产品目录》初审工作。

【存在主要问题和困难】 一是云南省农业机械化公共服务能力不强。云南省农业厅农机处编制仅5人，工作多、人员少、任务重。农机鉴定能力不足，鉴定大纲和相应的工作规范需要加强。农机推广手段不足，资金不足，示范基地建设滞后。农机监理失去委托执法和变型拖拉机落户业务，开拓和推进工作的难度较大。农机培训职能职责不强，培育新型农机经营主体工作滞后。二是购机补贴制度仍需完善。补贴产品与高原特色农业发展结合得还不够紧密，补贴与推广工作结合得还不够紧密，补贴标准相对偏低，补贴对象还需要进一步放开，操作程序上还需要进一步优化，补贴政策还需要进一步完善；补贴工作发展不平衡，部门、企业和农民积极性差别较大，部分地方资金不够用和部分地方资金用不完的情况同时存在。三是农业机械化发展问题突出。高原、特色、小型、高效农业机械研发和推广工作滞后，农机装备存在"三多，三少"问题，即耕作机械多、特色机械少，小型机具多、大中型机具少，常规机械多、高性能机具少，农业机械化综合水平较低，低于全国14个百分点。农机专业合作组织发展滞后，社会化服务能力和水平不高。机耕道路、机具停放场库棚等基础设施建设滞后，不能适应农业机械化发展要求。

西藏自治区

【概况】 2014年，在西藏自治区党委人民政府的领导和农业部的支持下，全自治区各级农业机械化主管部门认真贯彻落实党的"十八届三中、四中全会"精神，有效促进全自治区农业机械化依法、科学、健康发展。

【农业机械化惠农政策力度持续加大】 2014年，西藏自治区农机购置补贴资金规模达到2.85亿元(其中：中央财政投资1.8亿元；自治区财政配套1.05亿元)，比2013年增加1.05亿元，增长58.3%(其中：自治区财政配套资金增加0.59亿元，增长99%)。补贴范围覆盖西藏自治区74个县(市、区)的350多个乡镇(街道、居委会)，截至2014年11月底，已落实到户的补贴资金约2.45亿元，占资金总额的86%，补贴购置各类农业机械5.7万台(套)，拉动农民和农业生产经营组织投入4.5亿元，受益农户4.2万多户。2014年，西藏自治区新购置补贴机具可达6万台(套)。

【加强领导、落实责任】 2014年，西藏自治区各级主管部门及时成立购机补贴政策落实领导小组，县级领导小组一般由县分管领导牵头，县财政、纪检等有关部门参与，对补贴工作全过程开展集体研究、进行联合监管；在年初召开的各级农牧工作会议上，按规定逐级签订购机补贴工作责任书，在补贴各个环节切实建立"谁办理、谁负责，谁核实、谁负责"的责任追究制度，确保各项任务落实到人。

【转变思路、科学布局】 2014年，西藏自治区按照《西藏自治区农业机械购置补贴项目规划(2014—2020年)》相关要求，全自治区购机补贴政策的实施要在全面完成好规定任务的基础上，将"提升质量"作为重要任务，按照这一思路，2014年西藏自治区购机补贴继续在优化投入结构方面下工夫，2014年对农机社会化服务、农户科学储粮等重点领域的投资达到4 783.9万元，占到2014年投资总量的18.9%。2014年，西藏自治区将有36个合作组织直接受益，有6.7万多户群众使用上符合国家相关技术标准的粮食科学贮存设备。

【科学评价、提升绩效】 2014年，西藏自治区按照《农业部年度强农惠农富农政策落实延伸绩效管理工作实施方案》有关要求，2014年继续在全自治区延伸开展农机购置补贴政策落实绩效管理和考核工作，在2013年实施自治区级延伸绩效管理工作的基础上，进一步完善以结果为导向的农机购置补贴政策落实监测与评价体系，并将绩效管理工作向政策管理全过程延伸，向地(市)、县基层政策落实管理部门延伸，建立覆盖全自治区各级主管部门、以结果为导向的农机购置补贴政策落实监测与评价体系。

【推进公开、严肃纪律】 2014年，西藏自治区按照《西藏自治区农机购置补贴信息公开和投诉处理制度》有关要求，在西藏农牧信息网设置农机购置补贴专栏，严格执行相关文件签发5个工作日内向社会公布的政策规定，对补贴实施方案、支持推广目录、检查监督方案、投诉联系方式、经销商信息等进行及时、全面的公开;通过逐县开展系统建设和培训,建立覆盖西藏自治区的农机购置补贴信息管理系统,为推进西藏自治区项目实施信息化、规范化、科学化管理提供有效保障,农业机械购置补贴工作效率进一步提升;认真开展政策落实监督检查工作,在各地已经开展的自查基础上,组织工作组陆续对西藏自治区 4 个地(市)的 30 多个县、11 家经销企业开展购机补贴政策落实专项督查工作,对政策落实过程中存在的各种问题予以及时反馈和专项整治。

【狠抓关键环节,农业机械化发展速度继续加快】 2014 年,西藏自治区农机具保有量较 2013 年继续较大幅度增长,农业机械化作业水平稳中有升。到 2014 年 11 月中旬,西藏自治区农业机械总动力达到 563 万千瓦,较 2013 年底增长 8.9%;拖拉机拥有量 23 万台,较 2013 年底增长 12.2%;各类拖拉机配套农具 16.8 万台(套),较 2013 年底增长 19.1%。2014 年底可完成机械化耕、播、收面积共 391 千公顷,其中完成机耕面积 141 千公顷,完成机播面积 136 千公顷,完成机收面积 114 千公顷,三项作业综合机械化水平可达到 57.5%。

【抓好农机科技产品的推广和应用】 2014 年,西藏自治区更加注重引进性能好、效率高、功能复合、配套性好、科技含量高的农机产品,更加注重推广先进适用、安全可靠、节能环保的农业机械,逐步淘汰老旧、高耗能、功能单一的作业机具,加快结构优化升级。

【加强农机社会化服务体系建设】 2014 年,西藏自治区进一步倾斜扶持政策,积极鼓励和引导群众采取各种形式开展土地置换、流转和高标准农田建设,帮助农牧民群众和相关实体兴办多元化、多类型的经营性农业机械化合作组织。西藏自治区经工商部门注册登记、运转规范的农机专业合作组织总数将达到 56 个,参与农户达到 11 000 多户,年农田服务面积可达 30.67 千公顷,服务能力和水平均有所提升,辐射带动范围进一步扩大。

【加大农业机械化技术服务力度】 2014 年,西藏自治区利用近年来中央和自治区各类技术培训资金不断增加的有利时机,千方百计为农机手和农机维修技术人员创造培训机会,全年整合农业机械化培训资金 55 万元(含示范建设培训资金 10 万元),共培训农牧民 2 900 多人次,发放各类培训教材(宣传材料)7 000 余份;同时,积极鼓励农业机械化主管部门联合农机专合组织、经销企业共同参与到技术推广和培训工作中来,发挥民间、企业网络优势,大力开展技术示范和培训,不断丰富内容,创新手段,一定程度上缓解西藏自治区农业机械化技术推广服务与培训技术力量较弱、覆盖面不足的问题,2014 年由农机购置补贴供货企业和农机专合组织开展的新机具使用前培训人数将超过 2 万人次。

【狠抓安全生产,农机安全生产形势总体平稳】 农机安全生产工作是关系农业机械化持续健康发展和农牧民群众生命财产安全的大事,2014 年以来,西藏自治区各级农业机械化主管部门按照《西藏自治区 2014 年"安全生产月"和"安全生产西藏行"活动方案》有关精神,始终将农业机械化安全生产工作作为农机工作的头等大事来抓,截至 11 月初,西藏自治区农机没有发生道路外安全生产事故,农机安全生产基本保持总体平稳、趋向好转的态势。

【开展农机安全培训工作】 2014 年,西藏自治区为确保农机安全生产工作不出差漏,自治区各级农业机械化主管部门充分利用农业机械化实用技术培训等各类培训机会,开展一系列涉及农机安全操作规程、道路交通安全知识等内容的培训活动,切实提升群众安全生产技能,增强安全生产意识。在 8 月 9 日尼木县特大交通事故发生后,及时印发《区农牧厅关于切实加强 2014 年下半年农机安全生产工作的通知》(藏农厅发〔2014〕179 号),就各地安全生产工作的组织领导、措施落实、督导检查等各项工作进行再动员、再部署。

【开展农机安全生产监管工作】 2014 年,西藏自治区按照自治区安全生产委员会统一安排,农机处全程参与全自治区道路交通安全大检查工作,2014 年,已对拉萨、日喀则、山南、林芝、昌都 5 地(市)开展督导检查,就本行业内存在的突出问题进行及时整改,同时开展那曲、阿里 2 地区督导检查工作。另外,针对西藏自治区农机安全监理体系不健全、监管力量不足的现实情况,继续强化与自治区公安交警部门间的会商和协调机制,进一步明晰农机安全监管职责,贯彻落实农机安全生产责任制,由自治区公安厅牵头,共同开展农机安全生产监管工作。

【存在的问题】 西藏自治区农业机械化工作目前存在的问题有三点。一是西藏自治区农业机械化机构队伍建设不能满足当前农业机械化发展需要。目前西藏自治区农业机械化监管体系建设仍处于初级阶段,工作能力弱、服务水平低,农机行政管理体制机制不够健全,农机技术推广和安全监管力度严重不足,随着西藏自治区农机保有量的不断增加,农机安全生产形势仍然不容乐观。二是农业机械化惠农政策体系急需进一步扩充和完善。虽然近年来西藏自治区农机购置补贴政策投入力度不断加大,补贴范围不断扩展,但惠农政策体系仍比较单一,没有建立与农机购置补贴政策相适应的配套政策体系,农业机械化教育培训、基础建设等普遍缺乏资金渠道,制约惠农政策效益的充分发挥。三是作物、区域、各环节间农业机械化发展水平极不平衡。在当前西藏自治区麦类作物机耕、机播生产取得重大突破的背景下,受到技术条件限制,一些关键环节和重点作物机械化生产水平没有取得显著提升,西藏自治区农业机械化呈现极不平衡的发展特点,财政资金在农业机械化示范推广方面的投入严重不足。

陕西省

【概况】 2014 年,陕西省各级农机管理部门以党的十八届三中全会和四中全会精神为指针,落实全国农业机械化工作会议、全省农村工作会议精神,以促进农民持续增收、助推现代农业发展为目标,抢抓机遇,改革创新,攻坚克难,扎实工作,全面完成各项工作任务。

【农机购置补贴改革创新取得实效】 2014 年,中央下达陕西省农机购置补贴资金 6.9 亿元。为确保农户得到实惠,陕西省农业机械管理局广泛调研,大胆创新:一是简化程序。将 2013 年六步操作流程简化为"申请购机、全价购机、核实兑付"三步,方便群众购机。二是明确职责。重新界定各级农机(农业)、财政部门工作职责,防止推诿扯皮现象的发生。三是优化服务。探索创新"一厅式"办公、提前摸底、电话预约申领指标、延伸服务到村组、联合金融机构发放小额担保贷款等新途径,打通服务群众"最后一公里"。四是公开信息。通过广播电视、网络、报纸等媒体,及时向社会公开补贴工作信息,自觉接受监督。五是严格监管。加大违规违纪问题查处力度,营造公平公正的市场环境,确保经销资格审批不"越位",企业监管不"缺位"。六是加强考核。提早安排考核工作,积极组织开展阶段性督查和季度自评自查,实现延伸绩效考核常态化。

【农业机械化形势发展良好】 2014 年,陕西省实施中央补贴资金 6.9 亿元,全面完成年度任务。带动地方财政投入补贴资金 3 087 万元,带动农民群众投资 12.2 亿元,补贴各类农机具 23.2 万台,受益农户 11 万余户。农机购置补贴政策的落实拉动农机装备水平的不断提升。农机总动力达 2 550 万千瓦,较 2013 年增加 100 万千瓦;农机经营总收入达 110 亿元,较 2013 年增加 10 亿元;主要农作物耕种收综合机械化水平达 60%,其中玉米机收水平达 48.5%,较 2013 年分别增长 1.5%和 5.8%,全面完成年度任务。装备结构向大功率、多功能、高性能方向发展,拥有拖拉机 33 多万台,较 2013 年增长 13.8%,其中大中型拖拉机 11 万台,较 2013 年增长 11.1%。拥有联合收割机 4 万台,较 2013 年增长 14.3%。

【农业机械化水平全面提升】 2014 年,陕西省农业机械化水平全面提升。一是十大农业全程机械化模式创建进展良好。各实施单位按照方案要求,广泛征求各方意见,开展新机具、新技术的引进、试验、示范和推广。目前已初步形成技术模式、装备配套模式和生产经营模式,全面完成年度任务。二是薄弱环节农业机械化不断加快。围绕区域主导产业,主推玉米收获和水稻、油菜收种机械,推广秸秆综合利用机械,在陕西省分区域建设 4 个农业机械化新机具试验示范基地,积极引进适合当地的新机具、新技术,开展农机农艺融合示范,加快薄弱环节农业机械化发展。三是丘陵山区农业机械化水平稳步提升。举办 2014 中国宝鸡丘陵山区暨高新农业机械演示会,邀请国内 91 家农机企业参展,48 台适合丘陵山区的新机具进行现场演示;同时,加大对丘陵山区适用机具的补贴力度,助推丘陵山区机械化加快发展。

【重要农时农业机械化生产有序进行】 2014 年,陕西省农机部门针对"三夏"和"三秋"收种农时紧张的情况,提早准备,精心安排,狠抓落实,保障农业机械化生产安全有序运行。一是提早备战。提早安排,督促各地做好机具检修、物料储备等工作,确保农业机械化生产有序推进。二是加强协作。加强与交通、石油、气象等部门的联合协作,免费向机手发放《跨区作业证》和《跨区机收服务手册》1.5 万多册,实行农机用油"两优一送"政策,及时发送气象信息,形成齐心合力抓生产的良好氛围。三是强化服务。设立跨区作业服务站,开通热线电话,强化信息服务、技术服务、供需衔接服务和农机维修服务,提高农机作业效率。四是加强督导。成立督导组深入一线督查,解决突出问题,推进生产有序运行。全省共完成小麦、玉米和水稻机播(机插)面积 1 814.67 千公顷,机收面积 1 560 千公顷,全面完成年度任务。

【农业机械化重大项目实施成效显著】 2014 年,陕西省农业机械化项目有成效。一是保护性耕作项目。新增保护性耕作示范面积 54.67 千公顷以上,陕西省突破 400 千公顷,超额完成年度任务。二是秸秆综合利用项目。引进玉米茎穗兼收等技术 7 项,新建秸秆机械化综合利用专业合作社 56 个,建设万(千)亩示范田各 29 个。秸秆饲草加工达 1 000 万吨,秸秆机械化综合利用面积达 1 786.67千公顷,利用率达 74%,禁烧区和重点区利用率达到 96%,超额完成年度任务。三是"百库工程"项目。及时开展竣工验收和资金兑付,组织实施 2013 年项目,保障工作顺利推进。2013 年"百库工程"竣工 95 个,新增贮藏能力约 10 万吨。2014 年审批立项 169 个,项目进展顺利。四是支持全国农业机械化示范区建设。投入 100 万元支持咸阳全国农业机械化示范区建设,扶持宝鸡、西安、渭南、榆林等市积极申报全国农业机械化示范区。

【新型农机服务组织发展壮大】 一是陕西省农机专业合作社建设快速发展。全省新增农机合作社 130 多个,总量达 740 多个,超额完成年度任务。建设机具库棚 4 000 多平方米、维修及培训用房 500 多平方米、硬化地面 2 000 多平方米。实施农机装备能力提升试点项目,新购置农机总值达 160 万元,拉动地方及合作社配套投资 110 多万元。在 15 个农机合作社、10 个农机大户和 10 个家庭农场开展新型农业经营主体培育试点,举办以"推进农机合作社土地规模经营"为主题的合作社建设培训班,推进工作顺利进行。二是农机维修体系日趋完善。新(续)建区域性农机维修中心 6 个,实地检查农机维修厂(点)1 760 个,核发(换发)《农业机械维修技术合格证》330 张,打造一批"农机 4S 店"。组织农机维修人员参加全国培训 10 人次,农机维修体系日趋完善。三是新型职业农民队伍不断壮大。2014 年举办各类培训 2 200 多期,培训各类农机人员 14.6 万人次,超额完成年度任务。

【"平安农机"创建效果良好】 2014 年,陕西省农机部门强力推进警监联合执法,开展在册农机专项清理,"平安农机"创建效果良好。陕西省 35 个县区成立农机监理、公安交警联合执法中队或建立联合执法长效机制。陕西省共清查注销拖拉机、联合收割机 29 154 台,拖拉机、联合收割机登记率达77.8%,检验率达 80.2%,驾驶员持证率达 57.1%,超额完成年度任务。创建"平安农机"示范县 32 个,示范乡镇 236 个,示范村 1 568 个,示范户 15 345 户,全国农机安全监理"为民服务创先争优"示范窗口单位 8 个,岗位示范标兵 16 个。2014 年发生农机事故 425 起,较 2013 年减少 84 起;死亡人数 12 人,较 2013 年减少 1 人;受伤人数 84 人,较 2013 年减少 28 人;直接经济损失 130.7 万元,较 2013 年减少 20.7 万元。未发生一次死亡 3 人以上农机事故,事故死亡人数在陕西省人民政府下达的控制指数之内。

【农机质量管理和试验鉴定不断强化】 一是陕西省农机质量管理不断加强。"三夏""三秋"期间分赴各地进行督导检查,并对重点机具进行质量跟踪调查,现场检查作业机具 300 余台(套)。对产品质量存在问题的企业要求限期整改,农机产品质量和售后服务水平不断提高。2014 年,接到投诉案件 84 起,其中陕西省农机鉴定站受理27起,妥善处理群体性投诉、上访案件4起,为农民群众挽回经济损失200余万元。二是试验鉴定能力逐步提升。陕西省农机鉴定站产品鉴定检验授权范围由19个增加为26个,停止多年的农机产品鉴定检验职能得到恢复,鉴定能力进一步提升。2014年,陕西省共受理推广鉴定产品申请65个,定型鉴定产品2个,推广鉴定报告40份,检验报告40份,核发推广鉴定证书40个。

【农机行业自身建设得到加强】 一是陕西省农机部门党风廉政建设责任制落实到位。精心部署安排党风廉政建设工作,年初与各地市农机管理部门、省局各处(室、站)签订党风廉政建设责任书,明确目标,夯实责任。积极开展一系列廉政警示教育,增强干部职工防腐意识。二是机关正规化建设不断加强。加强支部建设,局机关支部、老干处支部被厅机关党委评为"先进党支部"。坚持民主集中制,提高领导班子科学决策水平。加强法律法规学习,完善规章制度,加强考核督办,改进工作作风,推进全面深化改革,机关管理迈上新台阶。三是陕西省农机信息化网络体系日趋完善。全力打造省、市、县三级农业机械化信息网络,目前省级农业机械化信息网络平台1个,地市农业机械化信息网络平台6个,2014年共在各级新闻媒体发布农业机械化新闻2 600余条,较2013年增长300条。四是行业文化建设得到加强。积极创建省级"文明单位",开展一系列丰富多彩、健康有益的文体娱乐活动,增强系统的凝聚力、向心力、亲和力。完成调研报告10余篇,为科学指导决策工作提供依据。五是提升离退休人员的服务水平。不断强化服务保障意识,认真落实老干部待遇,营造尊老敬老的良好氛围。

【存在问题】 2014年,陕西省农机系统很多工作实现历史性突破,但还存在一些问题,例如农机作业燃油补贴、省级农机购置补贴专项资金以及机耕道建设投入等政策措施还未落到实处;农机工业基础薄弱,农机制造、新产品研发、新技术推广支持力度有待进一步加强,一些增产增效、节能环保的适用技术普及速度不够快,一些适宜陕西省优势特色主导产业生产的关键环节和丘陵山区机具研发、生产、推广不足;农机农艺融合度不高,新型经营主体培育缓慢,机耕道等农机应用及公共服务基础设施建设仍比较滞后。

甘 肃 省

【概况】 2014年,甘肃省各级农机部门切实贯彻中央和省委1号文件精神,紧紧围绕全省农业工作的总体部署,求真务实,真抓实干,在农机购置补贴惠民政策等多重因素综合作用下,农业机械化重点工作进展顺利,发展态势良好。

【2014年农业机械化工作成效】 2014年,甘肃省农业机械化保持持续发展的好形势。农机总动力达到2 520万千瓦,比2013年增长4.2%;拖拉机拥有量达到73万台,增长3.4%;农作物耕种收综合机械化水平达到44%,增长2个百分点;农机经营服务总收入、纯收入分别达到100亿元、37亿元,分别增长4.4%、3.2%。

【农业机械化加快发展取得新成效】 2014年,甘肃省使用中央和省财政农机购置补贴资金5.35亿元,连续8年甘肃省农机总动力年增长超过100万千瓦,连续5年耕种收综合机械化水平年提高2个百分点以上,农业机械化的持续快速健康发展,为提高农业综合生产能力、促进农业增效和农民增收提供有力支撑。

【农业机械化发展政策进一步完善】 2014年,甘肃省人民政府第47次常务会审议通过《现代大型农机发展规划》和《农机专业合作社建设方案》,决定从2015年开始增加1 000万元农机购置补贴资金。这是继2011年甘肃省人民政府出台《促进农业机械化和农机工业又好又快发展的实施意见》后,又一推动农业机械化发展的重要举措,农业机械化发展的政策进一步完善,发展的环境进一步好转。

【主要农作物生产全程机械化开始启动】 2014年,甘肃省适应保障粮食安全、促进农业增效农民增收的新形势,省农牧厅印发《关于加快推进粮食生产全程机械化的意见》,并召开甘肃省主要农作物生产全程机械化推进会,对当前及今后一个时期的小麦、玉米、马铃薯、油菜、中药材、棉花、果菜等七大类主要农作物生产全程机械化发展思路、目标、布局、主攻方向和重点工作进行安排部署。

【农机安全和质量监管有新举措】 2014年,甘肃省以央视焦点访谈报道永登县微耕机致伤农民事件为契机,全面加强农机安全和质量监管工作。省质监局、省工商局、省农牧厅联合下发《关于开展农机具产品专项整治的通知》,对农机生产环节、流通环节和在用农业机械进行全面检查整治。各级农机管理部门制订工作方案,落实工作措施,深入开展农机安全生产大检查、教育培训、隐患排查等工作,有效防止各类农机事故的发生。全省范围内开展微耕机、玉米联合收割机质量调查,针对微耕机、玉米联合收割机产品质量问题还启动部、省微耕机产品质量专项调查工作。

【农机购置补贴政策高效规范实施】 2014年,甘肃省全面推行"全价购机、定额补贴、县级结算、直补到卡"兑付方式,科学、规范、高效、廉洁实施补贴政策,共落实专项资金5.35亿元,补贴购置农机具19.56万台,受益农户13.36万户。一是3月13日,召开甘肃省农机购置补贴暨农业机械化工作会议专题部署农机购置补贴工作。二是省、市、县层层制订实施方案并签订工作责任书,将政策落实、信息公开、廉政风险防控等纳入绩效考核范围。三是通过各级媒体广泛宣传,公开补贴范围、流程、对象、标准、咨询电话等信息。四是对甘肃省基层农机管理和补贴产品生产经销企业有关人员进行政策和操作培训。五是改革创新,不再规定补贴产品经销商资质条件,开展"先购后补"试点,鼓励有条件市(县)确定敞开补贴目录,对重点产业急需机具敞开或优先补贴并进行省级累加补贴,岷县等13个地震灾区县的补贴比例提高到50%。六是强化督查,甘肃省农牧厅先后开展惠农政策落实和农机补贴大检查行动,甘肃省农业机械管理局加强补贴产品价格监管,对4类6档产品调低补贴额度。七是重拳打击违法违规行为,取消1家企业的补贴经销商资格、暂停1家企业的补贴产品资格,对7家相关生产企业提出整改要求。

【农田机械化作业扎实开展】 2014年，甘肃省农机部门充分发挥农机在农业生产中的重要作用，加强对重点农时季节、重点作物关键环节机械化作业的组织领导，狠抓机具投放检修、宣传培训、跨区作业组织、信息引导和安全保障，切实提高主要农作物生产全程机械化水平。一是春耕期间投入143.51万台(件)的农机具，完成机耕1 188.57千公顷、机播757.95千公顷、机械镇压671.53千公顷、机械深施化肥596.61千公顷、机械覆膜573.14千公顷、机械深松201.29千公顷。二是“三夏”期间着力抓好跨区机收组织工作，完成甘肃省小麦机收457.13千公顷，机收比例达到56.66%。其中，河西走廊、陇东川塬及沿黄灌区等小麦主产区机收比例超过80%。组织3 079台联合收割机完成省外小麦跨区机收133.33千公顷，直接经济收入超过7 000万元。三是秋冬季投入75.5万台农机具，完成机耕1 250.37千公顷、机械深松302.47千公顷、机播冬小麦325.59千公顷、机收玉米201.45千公顷、机收马铃薯123.49千公顷。四是在武威市召开全省主要农作物生产全程机械化推进会，对当前和今后一个时期主要农作物生产全程机械化进行安排部署，推动小麦、玉米、马铃薯等粮食作物及油菜、中药材、棉花、果菜等特色产业作物生产全程机械化水平提升。

【农业机械化技术推广培训有效开展、装备研发取得新进展】 2014年，甘肃省共示范推广各类先进适用农机具7万多台，完成农业机械化新技术推广面积900千公顷。一是促进农机农艺融合，建立一批技术集成创新示范点。其中，甘肃省建立马铃薯主产区农机农艺技术融合示范点5个、不同区域玉米全膜双垄沟播等行距试验点1个、保护性耕作长效监测点1个。二是组织研发马铃薯起垄覆膜播种一体机、玉米旋耕起垄全覆膜双垄沟播机等生产急需机械，召开农田废旧地膜机械化捡拾回收、旱作地区深松耕地机械作业、马铃薯生产全程机械化技术等专题现场会，编印专题材料，加大重点技术和机具推广力度。三是继续开展农业机械化教育培训大行动，举办各类现场培训会660多场次、培训班450多期，发放资料63万份，落实新型职业农民培育工程补助资金197万元，培训各类农机人员21.8万人次。积极开展农机职业技能鉴定，举办职业技能鉴定18期，颁发证书1 102人。四是甘肃省农业机械管理局与省财政厅联合下达农业机械化科技示范推广及体系建设项目资金335万元，实施项目27个。五是落实保护性耕作项目27个，落实资金4 786万元，实施面积233.33千公顷，购置投放项目专用农机具及仪器设备4 236台，配备项目专用车19辆，新建机库棚1.25万平方米、机具停放场3.08万平方米、机耕道387.6千米。

【农机安全生产形势进一步好转】 2014年，甘肃省共发生农机事故15起，死亡1人，受伤14人，农机安全生产形势保持平稳。一是全面落实农机安全生产责任制，省市县乡各级农机监理部门、市县乡级政府分别层层签订农机安全生产目标责任书。二是开展农机安全宣传教育系列活动，印发宣传材料93.28万份，制作固定宣传栏、图板2 418个，电视、报刊、广播宣传1 475次。三是开展农机安全生产“三项行动”“平安农机”创建、“为民服务创先争优”示范窗口创建等活动，检查农机30.52万台(次)，查处违章1.4万台(次)，下发整改通知5 037份，查处安全隐患8 937条，整改率99.5%。四是落实甘肃省人民政府取消调整行政审批项目的决定，下放拖拉机(联合收割机)驾驶证核发权限到县(市、区)。检验农机29.69万台(次)，检验率90.22%；新登记入户农机3.66万台，新增驾驶人2.84万人。五是甘肃省省市县农机部门积极应对2013年永登县两起微耕机伤人事件，督促协调生产销售企业赔偿受伤农民36.8万元，处理相关企业及责任人，进一步加强对微耕机等危及人身安全农业机械的监管。六是在张掖市高台县举行全省农机事故应急处置联合演练活动，提高农机管理、监理部门事故应急处置能力。

【农机质量监督检验工作进一步加强】 一是甘肃省农机部门报请省农牧厅出台《关于加强农机质量监督管理工作的意见》，制定《甘肃省农业机械产品定型鉴定办法(试行)》，进一步加强农机鉴定和质量监管工作。二是受理205个农机产品的推广鉴定申请，颁发农机推广鉴定证书157个。三是开展农机产品质量监督，对玉米收获机和微耕机进行质量调查，对省内生产企业的微耕机产品进行证后督查，对补贴机具进行质量督导。四是受理农机产品质量投诉8起，结案率87.5%，为农民挽回经济损失50.5万元。五是调整2014年度甘肃省支持的农业机械化推广目录，开展2015—2017年国家目录的推荐上报和省级目录的申报工作。

【农机社会化服务政策扶持力度加大】 一是甘肃省农机部门把大力推进农机社会化服务作为重点工作来抓，年初在全省农业机械化工作会议上对这项工作全面安排部署，在全省范围开展农机社会化服务特别是农机专业合作社发展情况调研并形成调研报告报送有关部门。二是甘肃省人民政府出台《甘肃省现代大型农机发展规划》和《甘肃省农机专业合作社建设方案》，甘肃省农业机械管理局与省财政厅联合印发《甘肃省农机专业合作社建设实施细则》，为现代大型农机和农机专业合作社发展提供政策和资金支持。三是各级农机部门采取有效措施大力培育发展新型农机社会化服务主体，全省各类农机作业服务组织和农机户达到112.15万个，农机专业合作社达到460个，均比2013年增长10%以上。

【机关效能建设取得新成效】 一是为进一步巩固党的群众路线教育实践活动成果，切实加强机关制度建设和提高机关工作效能，甘肃省农机部门修订印发8项机关管理和党建工作制度，健全完善制度管人管事的长效机制。二是2014年初对涉及全面工作的25项重点工作做部署安排，明确责任单位、责任人和完成时限，形成农机合作社建设、深松整地、报废更新、免费管理、燃油补贴、尾菜捡拾地膜、机具研发等一批专题报告并积极衔接落实成效明显。三是每月定期召开以甘肃省局各办和局属三站领导及业务骨干为主讲人的省级农机系统专题业务工作报告会，省直农机系统干部职工服务农业机械化发展的能力和行政的效能得到有效提升。

【存在问题】 2014年，甘肃省农业机械化发展态势良好，但也存在一些问题：一是甘肃省农机购置补贴资金缺口大，资金缺口达3亿元；二是农业机械化队伍建设与农业机械化发展需要不相适应，特别是农机公益性体系建设及基础设施建设投入不足，人员结构不合理，知识更新缓慢，实用人才缺乏的问题越来越突出；三是农机实用人才培训、机具研发经费不足。

青海省

【概况】 2014 年，在青海省农业厅党委的正确领导下，在农业部有关司局的大力支持下，青海省农牧机械管理局认真贯彻落实省委农村牧区工作会议和全省农牧业工作会议精神，认真制定 2014 年的工作目标，并积极组织实施，各项工作取得较好的效果。

【农业机械化工作成效】 2014 年，青海省完成机耕面积 334.67 千公顷，机播面积 376.67 千公顷，机收面积 203.33 千公顷。机械化全膜覆盖双垄栽培应用面积超过 20 千公顷，完成机械化深松5.48 千公顷，保护性耕作面积 24.55 千公顷。马铃薯机械种植 12 千公顷，蚕豆机械点播 12 千公顷。农业机械购置补贴资金 1.07 亿元(其中：中央资金 1 亿元，省级资金 700 万元)。2014 年 12 月底完成购置补贴资金8 500万元。青海省非道路农机事故死亡 2 人，控制在下达指标 44 人以内。创建"平安农机"示范县 1 个，示范乡(镇)28 个，示范村 90 个。

【认真实施农业机械购置补贴政策】 2014 年，中央下达青海省农业机械购置补贴资金 1 亿元，省财政配套资金 700 万元。补贴农业机械共 11 大类 38 个小类 139 个品目机具。2014 年在青海省实行"全价购机、定额补贴、县级结算、直补到卡"的兑付方式。

【采取措施规范农机购置补贴工作】 一是严格审定青海省支持推广的农业机械产品。1 月份，组织有关专家对青海省支持推广的农业机械产品进行审定，剔除不符合申报要求的产品 200 多种，确定《青海省支持推广的农业机械产品目录(2014—2016 年度)》；二是制定《青海省 2014 年农业机械购置补贴资金使用方案》；三是根据农业部的有关要求，青海省农牧机械管理局对县(市)农机管理部门、财政部门、各农机生产销售企业的农业机械购置补贴管理系统操作人员进行培训，在培训中讲解农业机械购置补贴系统中的工作流程和具体操作步骤，宣传补贴惠农政策，强调工作人员要严格遵守"三个严禁""八个不得""四个严禁收费"等工作纪律；四是强化廉政风险防范机制。印发《农机购置补贴廉政风险防控机制建设工作实施方案》，要求严明纪律，杜绝违规，阳光操作，提高效率，规范运行；五是青海省农牧机械管理局与各市、州农牧局签订《农业机械购置补贴目标责任书》；六是加大监督检查力度。省农牧厅、省财政厅组成工作组，对 19 个县的购机补贴工作进行督导检查。2014 年农业部农业机械化管理司也派工作组对乐都县、共和县的购机补贴工作进行督导检查。

【推动保护性耕作技术推广】 2014 年，农业部、青海省两级推动保护性耕作技术推广。2013 年都兰县被农业部、国家发展和改革委员会确定为保护性耕作项目县，项目投资为 300 万元，按照项目要求，当年进行留茬。2014 年实施免耕播种，并完成保护性耕作示范面积 2 千公顷；农业部保护性耕作项目 2014 年在大通县和湟中县 2 个县实施。投入中央资金 40 万元，任务 13.33 千公顷。实际完成保护性耕作面积 15.18 千公顷，经布点测产，实现节支增收 2 468.28 万元。省级保护性耕作项目共投入资金 100 万元，任务面积 4.43 千公顷。分别安排在海西州、互助县、湟中县、都兰县、乌兰县、循化县、海晏县、同仁县 8 个地区实施，现已完成保护性耕作面积 7.37 千公顷。青海省共完成保护性耕作实施面积 24.55 千公顷。

【机械化深松整地技术稳步推进】 2014 年，青海省财政安排资金 175 万元，实施规模为 5.39 千公顷。实施地区为西宁市、湟源县、互助县、民和县、化隆县、共和县、同德县、贵德县、贵南县、海西州等 11 个地区和单位。完成机械化深松 5.48千公顷。据测算，开展深松整地的地块，表土耕层每加深 1 厘米，就可以多存储 3 毫米降雨，深松达到 30 厘米，每公顷地块可增加蓄水 30%左右，相当于建立一个"土壤水库"。

【小型马铃薯生产全程机械化技术全面完成】 2014 年，青海省财政下达省农机推广站资金 25 万元，重点研究马铃薯平作、垄作和起垄铺膜三种模式下的全程机械化技术。研制开发和引进更为适用可靠的种植、中耕扶垄、灭秧、收获及残膜捡拾回收机械。

【枸杞生产机械化技术得到推广应用】 近年来，青海省相继研制出实用性较强的枸杞收获机械、追肥机械、除草机械和植保机械等，这些机械都已在 2014 年投放青海枸杞产区。经测算，一公顷枸杞的人工成本为 34 500 元，使用这些机械后，每公顷可降低人工成本 15 000 元以上。青海省研制的枸杞收获机械，11 月 6 日在中央电视台 10 频道"我爱发明"栏目播出后，受到宁夏、甘肃、新疆等地农民群众的青睐，该机具可收获枸杞、花椒等作物，1 台机具可代替 3 个人工作业。

【牧草生产机械化技术推广快速发展】 2014 年，青海省根据畜牧业发展的要求，草产业建设速度明显加快。在民和县以玉米秸秆机械化加工利用为主的饲草料产业蓬勃发展。在半农半牧区以青燕麦为主的牧草播种、收获和加工机械化技术得到广泛认同和广泛使用，大中型牧草免耕播种、割草压扁、捆草、牧草加工等先进适用的机械，在国家购机补贴政策的支持下购买量大幅增加，2014 年仅新购牧草收获机械和饲料(草)加工机械 2 007 台，有力的促进草产业的发展。

【强化农机安全生产监管】 一是青海省农机部门深入开展"平安农机"创建活动。2014 年争取 90 万元专项资金，新创建"平安农机"示范县 1 个、示范乡镇 28 个、示范村 90 个。二是抓好重点农时季节及节假日期间农机安全生产监管。开展农机安全隐患排查工作，特别是对农机事故易发地段和管理薄弱环节采取有针对性地防范措施。青海省各地在重要农时季节和节假日期间，均坚持 24 小时值班制度和领导带班制度，设立事故救急电话，做好应对突发事件的预防和处置准备工作。三是加强农机安全宣传教育。制定面向社会、面向农村、面向广大农牧民群众宣传教育计划，充分利用报刊、广播电视、发放宣传画、宣传教材等方式，加大农机安全相关法律法规的宣传。认真开展"安全生产宣传月"活动。

【存在问题】 2014 年，青海省的农机工作还有一些不足：一是农机购置补贴比例较低，增加贫困地区农牧民的购机成本，影响农牧民的购机积极性；二是省级农机购置补贴资金量偏低，使得累加补贴的联合收割机、饲草加工机械等产品满足不农牧民的实际需求；三是新型农机服务组织发展滞后，农机服务社会化程度低；四是农机维修管理工作滞后。

宁夏回族自治区

【概况】 2014年，在宁夏回族自治区农牧厅党组的坚强领导下，在农业部的大力支持下，全自治区各级农机部门认真贯彻落实中央和自治区关于加快农业机械化发展的各项决策部署，开拓创新，真抓实干，完成各项工作任务，为实现农业增效、农民增收、农村繁荣做出积极贡献。

【重规范、严监管，认真落实农机购置补贴政策】 一是宁夏回族自治区农机部门科学制订实施方案。加大对马铃薯、玉米等重点农作物和植保、移栽、牧草收获等机械设备补贴力度，发挥购机补贴政策引导、激励作用，优化农机装备结构。二是积极推进操作方式创新。在全自治区全面推行“全价购机、县级结算、直补到卡”运行模式，资金结算由省级变为县级，补贴方式由“厂商结算”变为“直补到卡”，使补贴责任更加明确，补贴资金更加安全，补贴工作更加高效。三是强化责任落实。3月份，组织召开全自治区农机购置补贴管理暨勤政警示教育工作会，与各市、县（区）农机部门签订农机购置补贴责任书，与供货企业签订“农机购置补贴产品生产经销企业承诺书”，细化任务，明确责任，做到目标到岗、责任到人。四是强化制度规范。严格落实购机补贴廉政风险防范、绩效延伸考核等工作制度，就购机补贴初审、协议、验货、监管、验收、考核等关键环节细化措施，完善办法，堵塞工作疏漏，使农机购置补贴工作制度化、规范化、程序化，确保补贴政策高效、规范、廉洁实施。

【农机购置补贴工作落实情况】 2014年，宁夏回族自治区实施农机购置补贴资金2.63亿元。其中，中央资金2.5亿元，自治区资金1 300万元。全自治区共补贴各类农业机械5.79万台（套），全年完成购机补贴资金2.02亿元，占下达资金的76.8%，购机总额达7.8亿元，带动农民直接投资5.78亿元。受益农户2.4万户。全年农机总动力达到800万千瓦，比2013年增加21.8万千瓦，有力提升全自治区农业机械化装备水平和农机作业能力。

【建设示范园区】 一是宁夏回族自治区围绕特色优势产业发展，搭建开放的示范园区平台，推进作物品种、栽培技术和机械装备集成配套。2014年，宁夏回族自治区新建、续建6个农业机械化示范县、40个农业机械化示范园区。二是研究制定示范园区建设实施方案，明确园区建设内容、技术规范、验收标准、考评办法，使园区规划建设与考核验收标准相一致，高起点、高标准推进示范园区建设。三是加强技术指导和督导检查。安排专业技术人员蹲点指导示范园区建设，注重数据采集和平时考核，年中召开观摩交流会，年底逐县（区）进行园区建设考核、验收。

【建立农机农艺协作机制】 2014年，宁夏回族自治区整合粮食创高产、畜禽标准化规模养殖示范场、适水产业池塘标准化养殖基地、测土配方施肥、病虫害统防统治等各类财政项目，形成合力推动园区建设，促进农机农艺融合配套技术推广应用，园区内机械化生产水平达到100%。

【大力开展试验示范工作】 2014年，宁夏回族自治区在平罗县、利通区、灵武市、原州区开展麦后玉米、蔬菜育苗机械化移栽试验示范；在平罗县、永宁县、沙坡头区开展水稻精量穴直播试验示范；在平罗县、青铜峡市开展水稻、玉米烘干储藏试验；在中南部县区开展残膜机械化回收试验示范；在中卫市开展枸杞机械化植保试验示范等。适时召开现场观摩会，推进农业机械化新机具、新技术试验、示范、推广工作。

【提高农机作业水平】 2014年，宁夏回族自治区主要粮食作物综合机械化水平达到67%，提高3个百分点，高于全国平均水平6个百分点。灌区小麦、水稻生产基本实现机械化，中南部地区马铃薯种植与收获机械化达到43%，提高3个百分点；全自治区玉米收获机械化水平达到55%，提高11个百分点。

【积极培育农机社会化服务组织】 2014年，宁夏回族自治区按照“建设标准化、管理规范化、经营企业化、作业规模化”的建设目标，积极培育、扶持以农机作业公司、专业大户、家庭农场、农机合作社为主体的新型农机服务组织，2014年新建13个农机作业公司，全自治区农机作业公司总量达到64个，农机合作社达到275个。

【抓发展重扶持】 一是宁夏回族自治区建立完善联系帮扶制度，帮助作业公司在工商登记、税收减免、信贷支持、建设用地、培训服务等方面争取优惠和便利，优先安排农机服务组织承担实施农机推广项目，通过扶持引导，促使资金、技术、信息和服务向农机服务组织倾斜，推动农机作业服务公司做大做强。二是探索创新金融担保机制，与宁夏黄河农村商业银行达成农机发展战略合作协议，在“权属清晰、风险可控”条件下，支持以“大中型农机具抵押”形式为农机服务组织提供融资贷款，农机作业公司融资担保有新突破。三是研究修订《农机作业服务公司建设规范》，积极引导农机作业公司参与土地流转，积极推行“一条龙”作业和合同订单作业服务，支持引导农机作业公司从机耕、机收作业服务向育秧、播种、机耕、植保、机收、烘干、初加工等粮食生产全程机械化服务拓展，全自治区农机合作组织年作业服务面积达到333.33千公顷以上，农机合作组织社会化服务水平明显提升。四是加强作业公司的日常管理，继续开展作业公司年度考核和“评星定级”，确保作业公司规范运行，持续发挥作用。

【保进度、重质量，精心组织关键农时机械化生产】 2014年，宁夏回族自治区充分发挥农机的主力军作用，精心安排部署，科学组织调度，全力投入春耕、“三夏”“三秋”机械化生产。一是针对灌区春小麦适播期短，机播任务较重的现状，及时督促各市、县（区）农机部门在做好春播机具检修工作的同时，组织机具抢时播种。宁夏回族自治区先后出动农机人员6 500人次，投入农机具4.5万台（套），组织召开春播现场会10余场次，确保春播工作适时顺利完成。二是针对水稻育插秧、玉米机收、马铃薯机种机收机械化作业水平不高的现状，适时召开械化种植现场观摩会，通过现场展示、示范带动、媒体宣传等有效措施，全自治区主要农作物关键环节机械化水平明显提升。三是积极组织农机跨区作业。组织近千台联合收割机参加区内外小麦、水稻、玉米机收大会战，平均单机年创收可达3万元以上。"三夏""三秋"期间，全自治区共有3 000多台联合收割机参加跨区作业，提高机械使用效率，提升主要作物机械化收获水平，为农民增收做出积极贡献。

【尽职责、重成效，全面加强农机安全监督管理】 一是宁夏回族自治区农机部门研究制定农机质量投诉监督管理办法，组织开展补贴机具市场监督、质量调查和质量保障督导工作，重点对微耕机、卷帘机、玉米收获机、马铃薯种植机等事故率高、群众投诉较多的农机产品开展质量督查工作。二是深化农机免费管理，严把农机的登记关、检验关和农机手的培考关、审核关，享受购机补贴的拖拉机、联合收割机及驾驶人100%纳入牌证管理。三是组织开展农机装备和农机操作人员普查工作，进一步核查清楚全自治区各类农业机械装备数量、结构、使用状态及分布情况，摸清农机驾驶操作人员持证、审验、技术水平及从业情况，建立完善装备管理台账，夯实农机安全监管基础。四是深入开展"平安农机"创建和农机安全专项整治活动，以农机作业公司、农机合作社、农机大户和乡（镇）农机专干为主要成员单位，建立农机安全联组，落实安全联组管理制度，初步建立形成"政府负责、农机主抓、部门协作、群众参与"的农机安全监管体系，确保农机安全生产。2014年，宁夏回族自治区没有发生重特大农机安全事故，农机安全生产形势平稳。

【建体系、重督查，扎实开展农用残膜治理专项整治】 2014年，宁夏回族自治区研究制定《农用残膜污染专项整治工作方案》，配合召开全自治区农用残膜专项整治活动启动仪式暨座谈会，配合政府督查室、财政厅对各地残膜回收工作进行督导检查，协调财政厅、环保厅对残膜回收工作进行考核验收。协调落实残膜专项资金1 390万元，落实考核奖励资金480万元。各市、县（区）按照"政府引导支持、企业市场运作、群众自觉参与"的工作思路，以强化政府推动、壮大加工龙头、完善回收网络、促动农户参与为重点，创新运行机制，扎实推进农用残膜专项整治工作，初步建立形成农户积极捡拾、网点应收尽收、企业提升加工的废旧农膜回收利用体系。宁夏回族自治区共扶持建立残膜加工企业24个，残膜回收网点194个，组建机械回收服务队55个，购置使用残膜回收机械1 260余台。回收残膜100.67千公顷，回收残膜12 960吨。基本消除村庄、道路、沟渠、林带、田间地头裸露、飘挂残膜和随意焚烧、随地填埋二次污染现象。计划完成秋季覆膜68千公顷，2014年，实际完成秋覆膜39.8千公顷，完成任务的58.3%。

【存在问题】 2014年，宁夏回族自治区农业机械化工作按照年度计划有序地推进，但在工作中仍存在一些不平衡、不协调、不可持续的问题。一是农机装备总量不够。2014年全自治区农机总动力达到800万千瓦，每0.67千公顷耕地平均拥有农机动力仍低于全国平均水平1 000千瓦。二是农机装备存量结构不优。全自治区农机装备结构虽然有较大调整，但总体上宁夏回族自治区农业机械化还处在较低的发展层次，不能适应农业机械化全面发展提升的需要。三是农机作业领域不宽。种植业机械化水平较高，畜牧业、渔业、林果业、设施农业、农产品加工业机械化水平较低，粮食生产机械化水平较高，经济作物生产机械化作业水平较低。四是农机服务组织化程度不高。宁夏回族自治区大部分农机作业公司、农机合作社农机总值不足300万元，普遍还存在着建设规模小、机械种类不全、配套程度不高、技术力量薄弱、管理制度不规范、服务形式单一等问题，不能满足规模化生产的需要。五是山川农业机械化发展不平衡，南部山区农机装备不够和小型、轻便、适用机械少等突出问题还没得到有效解决，优先加快发展南部山区机械化仍然是当前和今后一个时期全自治区农业机械化发展的一项紧迫而重要的战略任务。

新疆维吾尔自治区

【概况】 2014年，在新疆维吾尔自治区党委、人民政府的正确领导，在自治区农业厅的精心指导下，全自治区农机系统大力弘扬新疆精神，践行新疆效率、提升新疆能力、树立新疆形象，坚持"民生优先、群众第一、基层重要"，深化改革创新，聚力长治久安，着力提升农业机械化服务质量和管理水平，为自治区农牧业现代化提供强有力的装备和技术支撑。

【农业机械化各项工作情况】 2014年，新疆维吾尔自治区农机总动力1 827.29万千瓦、同比增长7.56%；在册各类拖拉机、联合收割机66.69万台，同比增加3.61%；其中大中型拖拉机39.02万台，增长11.94%；拖拉机配套农具127.75万台（套），同比增长7.04%。全自治区主要农作物综合机械化水平达到83.5%，农林牧渔综合机械化水平达到63.9%，农机装备水平、作业水平、安全水平、科技水平和服务水平又上新台阶。

【改革创新农业机械化管理机制取得新进展】 2014年，新疆维吾尔自治区农机部门制定年度工作目标任务及工作方案，进一步明确《地州市年度农机化主要业务工作评价标准》。积极推进简政放权，停止核发"农业机械推广许可证""农业机械经营服务技术合格证"两项行政许可事项，做好调整后的衔接工作，确保行政审批事项取消、停止，下放到位、监督到位、接管到位、服务到位。完善"好人让基层干部当、好事让基层组织办"的农机购置补贴工作机制，实施"全价购机、定额补贴、县级结算、直补到卡（农民）"的办法，把强农惠农富农政策落到实处。改革创新自治区支持推广农机产品目录管理机制，实行"自愿申报、日常受理、集中审定、定期公布、宽进严管"的动态管理方式。强化对纳入目录农机产品市场行为和质量的跟踪管理，对违规产品严肃查处，直至取消目录资格。改革扶持农业机械化发展专项管理运行机制，推行"资金切块下达、地州确定项目、县乡实施项目"的新办法，规定地州市确定项目后，其实施管理、检查验收也由地州市农机和财政部门负责，自治区层面履行指导服务和备案、监督职能。办理自治区人大议案6件，办理自治区政协提案8件。

【全程机械化取得新成效】 2014年，春耕备耕、"三夏""三秋"期间，新疆维吾尔自治区农机部门发挥农机作业主力军作用，抢农时、争进度、保质量，及时做好服务保障工作，保证机具以良好的技术状态投入生产。制定自治区2014年农业机械化生产实施方案、工作考核办法,全面落实2015年全自治区866.67千公顷冬小麦播种任务,积极开展小麦“井字型”播种高产试验示范,为小麦丰产丰收奠定基础。

【小麦玉米全程机械化水平提高】 2014年,新疆维吾尔自治区围绕“一千万亩小麦、一千万亩玉米”发展,制定高产创建工作方案,加快老旧粮食生产机械更新换代和科技水平的提升,精少量播种2 268.39千公顷、新增289.73千公顷,增幅14.64%。小麦全程机械化水平达90%以上。玉米机械化收获作业面积487.03千公顷、新增42.03千公顷,增幅9.45%,玉米机械化收获水平达58%。

【棉花全程机械化水平提高】 2014年,新疆维吾尔自治区围绕“一千万亩棉花”高产创建,制定加快棉花生产全程机械化实施方案和技术规范。将历年补贴结余资金2 280万元用于采棉机专项补贴,共补贴采棉机57台,以耕种收为主的棉花全程机械化水平达71%。全自治区棉花机采作业面积172.07千公顷,新增88.85千公顷,增幅达106%;采棉机保有量450台(不含兵团),增幅达58.45%。

【其他领域机械化水平均有所提高】 一是围绕新疆维吾尔自治区“一千万只肉羊出栏”综合生产能力建设,畜牧业机械化水平达31%,水产养殖业机械化水平达34%。二是加快推广果树施肥、病虫害防治、果产品贮运等机械,林果业机械化水平达44%。三是稳步扩大设施农业机械覆盖面,重点推广设施农业生产机械化技术、设施养殖机械化技术、高效节水灌溉机械化技术、温室加热技术,设施农业机械化水平达32%。四是大力推广番茄、辣椒、打瓜、马铃薯、甜菜等区域特色作物移栽机械化技术和机械化收获技术,不断提升特色产业机械化水平。五是积极推广先进适用的农产品初加工机械,全自治区农产品初加工机械化水平达30%。全面配合落实自治区建设南疆三地州杏热风烘干房制干项目,拿出3 150万元(每座烘干房2.1万元)中央农机补贴用于杏热风烘干房专项补贴,共补贴杏热风烘干房1 500座。

【落实“好人让基层干部当、好事让基层组织办”的农机购置补贴强农惠农富农政策的工作机制取得新成效】 2014年,新疆维吾尔自治区继续实行“全价购机、定额补贴、县级结算、直补到卡(农民)”的办法,各地认真落实农机购置补贴工作“三到位”“把好五道关”的要求,做到责任到位、宣传培训到位、监管到位,认真把好宣传申报关、补贴对象确定确认关、自主购机关、机具核实关、资金兑付关。结合实际,分重点、分阶段选择部分农业生产急需的机械化生产薄弱环节机具品目在区域内敞开补贴,满足所有农民申购需求。实行农机购置补贴工作责任制,将农机购置补贴延伸绩效考核标准列入地州市农业机械化主要业务工作评价体系。实行农机购置补贴产品生产企业自主设定经销商资质,631家生产企业自主推荐经销商网络及售后服务和投诉处理网络,均在新疆农机网向社会公布。全自治区开展6次农机购置补贴工作督查活动,发现问题、及时指出,查找原因、限时整改。2014年,中央安排新疆维吾尔自治区农机购置补贴资金共计12.1亿元,较2013年增加13%,带动地方各级政府投入3 600万元,购置机具13万台(套),受益户达9万户。

【强化农机推广,农业机械化科技进步迈上新台阶】 2014年,新疆维吾尔自治区审查列入自治区支持推广目录的1 164个产品,对符合要求的25家企业234个产品推荐申报国家支持推广目录。通过实施“农机促农增收行动”,农机促进全自治区农民人均增收48.5元以上。发布自治区六大产业14项重点领域关键环节的农业机械化主推技术,使“现代农业靠科技、科技运用靠农机”成为共识。创新“2014新疆农业机械博览会”办会方式,一大批棉花收获、精量播种、玉米去雄、番茄收获、甜菜收获等增产增效型、资源节约型、环境友好型农业机械得到推广和应用。组织召开自治区农机作业质量经验交流现场会、机采棉现场会,从技术手段和装备配置方面双管齐下,提高农机标准化作业和棉花机械化收获水平。组织农机手参加由农民日报社主办的2014中国农机手大赛总决赛,安刚勇夺首届中国农机手大赛桂冠,新疆维吾尔自治区农牧业机械管理局获最佳组织奖。

【农业机械的广泛应用】 2014年,推荐上报新疆维吾尔自治区农机地方标准项目39项,批准立项12项。组织制定《温室用燃煤热风炉》等24项自治区农业机械推广鉴定大纲。进一步完善农机、农艺融合发展的协调推进机制,分级建立不同层次的农业机械化示范基地、示范区、示范点。开展4种“机采棉花种植模式对比试验”,探索新疆棉区全程机械化生产技术模式和作业规程。加大节水灌溉设备的投入,加快节水灌溉机械化技术的推广应用。农田机械节水灌溉1 394.17千公顷、新增213.57千公顷,增幅18.09%,促进生态友好型农业发展。召开残膜回收技术推广应用推进会,制定残膜回收机作业质量标准,对生产中应用的残膜回收机具选型后,列入支持推广的农机产品目录,大力推广应用残膜机械化回收技术,保护生态环境。据不完全统计,机械深耕作业2161.19千公顷、新增171.9千公顷、增幅达8.64%;机械深施化肥作业1 583.96千公顷、新增254.51千公顷,增幅19.14%;机械化秸秆还田作业1 062.41千公顷、新增202.4千公顷,增幅达23.53%;机械植保作业2 155.19千公顷、新增82.49千公顷,增幅达3.98%。各地立足优势产区,加大农业机械化成熟技术的集成和新技术、新机具的推广应用。

【农业机械化人才队伍建设进入新阶段】 2014年,新疆维吾尔自治区在巩固区、地、县、乡的四级培训网络的基础上,农业机械化人才培养培训向网络化、平台化、常态化方向发展。制定2014年农业机械化培训工作方案,分级打造农机高级、中级、初级及农机实用人才培养培训基础和平台。自治区层面重点打造新疆农业大学(继续教育学院、机械交通学院)、新疆农业职业技术学院(新疆农业机械化学院、继续教育学院)两个自治区农业机械化人才培养培训基地,地州市重点集中整合松、散、乱的培训,整合当地农业职业技术大专、中专、职业高中、培训中心等资源,联合就地就近办学,为基层一线输送专业化人才。2014年各级农机部门共开展各级各类培训60.75万人次(其中:农机管理人员1.43万人次,专业技术人员3.88万人次,农机操作人员55.43万人次)。组织开展远程教育集中轮训基层农机干部186期,培训6 626人。培训35名农机推广高级人才，培训农机实用人才 25 期，培训 3 400人。继续实施好《自治区农业实用科技知识进村入户工程》，组织编印《怎样犁好地》等十一本科普手册，翻译录制《林果业生产机械化技术》等 DVD 光碟（维、汉双语种）。出版《小麦生产机械化技术》等八本农机科普"最后一公里"系列丛书。

【农机合作组织取得新发展】 2014 年，结合新疆维吾尔自治区实际，新疆维吾尔自治区农机部门制定出台自治区关于加快推进农机专业合作社发展的意见、规范化社基本要求、建设方案和考核办法。推荐申报 6 个农机专业合作社为国家级示范社。2014 年，在博乐市举办自治区农机专业合作社经验交流现场会，发挥示范引领辐射作用。目前，全自治区在工商行政管理部门登记注册的农机专业合作社 446 个，合作社社员 1.14 万个，服务农户 49.6 万户；拥有机具 2.54 万台（套），资产总值达 27.77 亿元；实现作业面积 3 165.11 千公顷，合作社年度总收入 7.85 亿元，社均实现收入176.21万元。

【扎实推进农机公共服务体系建设，探索农机行业管理的新途径】 2014 年，新疆维吾尔自治区制定自治区财政扶持农业机械化发展专项管理暂行办法，规范项目申报、实施、管理、验收、绩效评价、监督检查等工作，做到权责一致，进一步提高专项资金使用效益。2014 年，自治区 5 000 万元农业机械化财政专项的 85.4% 均投入到基层农机部门，其中：农业机械化技术推广服务能力建设涵盖 40 个乡（镇）农机管理站；农机安全监理能力建设涵盖 20 个县（市）农机监理站的标准化建设；基层农业机械化培训能力建设涵盖 10 所县（市）农业机械化学校建设；农业机械化质量及购置补贴监管工作能力提升涵盖 16 个县（市）农业机械化质量及购置补贴监管工作能力建设；农业机械化新技术新机具研发涵盖 13 家科研院所和农机制造企业；现代农业机械化技术示范推广与示范区建设涵盖 50 个县市的农业机械化示范推广示范区建设；农机专业合作社建设涵盖 30 个农机专业合作社的建设。切实提高农机管理、推广、监理、培训、信息服务等环节的工作质量和效率，完善服务设施，改善服务手段，增强服务功能。

【开启依法行政、依法治机新征程】 2014 年，新疆维吾尔自治区牢固树立安全生产"红线"意识，坚持"安全第一、预防为主、综合治理、标本兼治"，以建设"平安农机"为主线，严格落实农机安全监管主体责任制，层层签订农机安全生产责任书，确保措施落实横向到边，纵向到底。严厉打击各类农机安全违法行为，有效防范农机安全事故，提高农机安全监管水平，构建农机安全生产长效机制。扩大监管范围，制定自治区危及人身财产安全农业机械安全监督管理办法，免费实地检验农业机械 11.2 万台。开展农机安全生产"打非治违"专项行动。结合创建"平安农机"活动，积极开展农机安全知识"三进"（进乡村、进学校、进农户）活动。

【农机安全生产稳中向好】 2014 年，新疆维吾尔自治区已命名国家级"平安农机"示范县（市）27 个，自治区级"平安农机"示范县（市）68 个。新疆维吾尔自治区拖拉机联合收割机挂牌率达到 93.9%、检验率 89.6%、持证率 94.5%。截至 11 月底，全自治区发生农机事故 64 起，死亡 21 人，受伤 46 人，直接经济损失11.526万元。同比分别下降 25%、19%、27%。全自治区未发生一次死亡 3 人以上的重特大农机事故。2014 年，调解处理群众投诉农机案件 227 起，结案 224 起，为农民挽回经济损失378.29 万元。查处骗取套取农机购置补贴资金、违规参与购置补贴经营活动等违法违规案件 5 起，均依法严肃处理。与质监、工商等部门联合执法打假 89 次，出动联合执法人员 350 人，查办农机违法违规案件 49 起，挽回农业生产损失 398.97 万元，责令 66 处非法拼装农业机械及农用挂车的维修点立即停止加工生产、限期整改。修改、审定 24 个省级鉴定大纲，发布新疆第四批农业机械推广鉴定大纲；为确保农机产品质量，完成自治区级推广鉴定 176 项，完成部级推广鉴定 23 项，与自治区质量技术监督及进出口检验检疫等部门合作进行农机产品检验 57 项。

【深入推进"访民情惠民生聚民心"活动】 2014 年，新疆维吾尔自治区农机部门深入推进"访民情惠民生聚民心"活动。先后选派 15 名同志到策勒县驻村开展工作。深入推进定点扶贫工作，2014 年，自筹及协调引进扶贫资金投入达 93.15 万元，同比增幅达 13.3%。在全国第一个扶贫日期间，新疆维吾尔自治区农牧业机械管理局干部职工捐款用于喀然丹村建设。

【加强思想政治教育，筑牢反恐维稳思想防线】 2014 年，新疆维吾尔自治区先后召开党建暨党风廉政建设工作会议、党的群众路线教育实践活动总结会议、第 32 个民族团结教育月活动动员会议、深入揭批"7·28""7·30"暴力恐怖犯罪活动报告会、"与法同行万人宣讲"报告会等，编印《农机学习园地》23 期。坚持"一反两讲"，开展"十项活动"，"民族团结从我做起"蔚然成风，使干部职工真正成为正能量的捍卫者、执行者。

【加强党风廉政建设】 2014 年，新疆维吾尔自治区全面落实党风廉政建设主体责任和监督责任，建立构建"不想腐、不能腐、不敢腐"的有效机制。组织召开机关党建暨党风廉政建设会议，落实党风廉政建设责任制，签订党风廉政建设责任书，全面落实"一岗双责"。

【加强机关干部队伍建设】 2014 年，新疆维吾尔自治区坚持正确的选人用人导向，加强机关干部队伍建设。严格用人标准，严明用人程序，严肃用人纪律，不断完善民主推荐、测评、评议等制度。2014 年，选拔任用 5 名正处级、6 名副处级和 8 名科级干部，进一步优化干部结构、增添活力、促进工作。选派 1 名处级干部到霍城县挂职锻炼，接收农业部选派的 1 名援疆干部来局挂职。

【增强服务意识，改进会风文风】 2014 年，新疆维吾尔自治区召开自治区性专业会议 2 次，同比减少 1 次、减幅达 33%；共发文 94 件，同比降低 12%；对外编发《新疆农机化简报》11 期，同比减少 8.3%；赴内地省区市开会学习考察 10 次，同比减少 16.67%；公务接待 0.2 万元，同比减少 90%。目前，保留制度 10 项，修订完善规范权力运行、严明工作纪律、改进工作作风的五批 34 项制度。

【加强督查，提升绩效管理水平】 2014 年，新疆维吾尔自治区坚持"基础工作抓规范、重点工作抓创新、整体工作抓推进"的绩效管理工作思路,全面推行责任追究制,实行动态化管理。

【做好机关综合治理基础性工作】 2014年,新疆维吾尔自治区不断完善机关应急处突预案和值班制度,做好机关综合治理基础性工作。新建标准化内网机房,确保网络安全;新增办公楼安全通道,及时消除安全隐患。

【农机系统步入办公自动化管理的新阶段】 2014年,新疆维吾尔自治区新版《新疆农机网》暨农机综合信息服务平台上线运行,农机系统步入办公自动化管理的新阶段。发布政务微博174条。新疆农机综合信息服务已正式启用,为推进农机系统电子政务奠定基础。新疆维吾尔自治区农牧业机械管理局被评为2013—2014年度中国农业机械化信息网信息宣传工作先进单位,王瑛获先进信息员二等奖。

【存在问题】 2014年,新疆维吾尔自治区农业机械化发展取得长足进步,但也存在发展不平衡、装备结构不合理、发展效益不高等问题,集中表现在:农机装备结构不协调,动力机械多、配套农具少,小型机具多、大中型机具少,低档次机具多、高性能机具少的"三多三少"的问题;机械化作业应用不平衡,种植业机械化发展较快、总体水平较高,而畜牧养殖业、林果业、设施农业、农产品初加工机械化发展相对滞后,种植业中的粮食作物机械化程度较高、经济作物较低,北疆的农业机械化水平较高、南疆农业机械化水平相对较低;部分机具利用率有降低的趋势,有些农业生产环节机具正趋于饱和或已经饱和,局部存在保有量过剩;农机服务水平不高,农机作业标准不完善,农机手素质参差不齐,作业质量还有待进一步提高,单家单户农机使用得多,组织化、规模化程度不高,农机作业的社会化服务配套不足,零配件供应、用油供给、机具维修、信息服务等不到位。

大连市

【概况】 2014年,大连市各级农机系统干部职工贯彻中央、省、市有关会议精神,围绕市委、市人民政府都市型农业现代化建设,积极落实农机购置补贴政策,加快推广主要粮食作物生产重点环节机械和技术应用,强化农机安全生产,农业机械化保持良好的发展态势。

【农业机械保有量稳步增长】 2014年,大连市总动力达到378万千瓦,比2013年增长2.7%。新增农业机械7 300台(套),农机总值达到29亿元,比2013年增长3.5%。

【农机作业目标任务基本完成】 2014年,大连市完成机械耕整地253.33千公顷、机播种203.33千公顷、机械收获48千公顷。主要粮食作物耕种收综合机械化水平达到72.2%,较2013年有所增加。水田机耕达到95%,机插秧达到80%、机收达到75%,水稻生产全程机械化水平进一步提高。玉米机耕达到95%,机播达到90%、机收12.5%。

【农机安全形势良好】 2014年,大连市农机安全生产形势稳定,全市涉及农机生产事故明显下降,全市未发生重特大农机事故,各项指标均低于控制指标。农机质量监管工作扎实开展,上半年无质量投诉和上访事件发生。

【加强组织领导,落实工作责任】 2014年,大连市组织召开全市农业机械化工作会议,全面部署2014年工作任务,同各区、市、县农机主管部门签订《2014年农机化工作责任状》和《2014年农机购置补贴工作责任状》。通过签订责任状,细化工作指标,明确工作责任,合理分解任务,有效地调动各级农机部门农业机械化生产工作的积极性,为农业机械化生产工作有序进行,实现2014年农业机械化工作目标打下良好基础。

【加强宣传培训,注重技术推广】 2014年,大连市组织新闻媒体宣传报道本市农业机械化工作。一是录制卷帘机治理专题节目——警惕大棚卷帘机"咬人";二是录制农机春耕生产和保护性耕作农机作业,宣传农机新技术应用;三是以农机市场购销两旺为题,宣传报道农机购置补贴政策;四是录制拖拉机耕整地作业镜头,在《大连新闻》开头片花中每日播放;五是录制蔬菜育苗播种机和移栽机作业现场,报道农机具示范推广情况;六是报道农机保险启动仪式,宣传农机保险政策;七是以《农机购置补贴4.2万户受益》为题,报道全市实施农机购置补贴政策以来取得的成效和2014年农机购置补贴政策;八是录制普兰店市亿丰农机合作社玉米机收现场,宣传报道农机"三秋"生产情况。

【农机现场会收效良好】 2014年,大连市组织召开"2014年深松整地技术应用现场会""全市玉米免耕播种技术应用现场会""全市保护性耕作技术应用现场会""保护性耕作技术应用现场会"等多场农机具推广和技术应用现场会。农机现场会的召开对开展农业机械和农机技术推广应用起到积极的宣传示范作用,2014年通过农机现场会、深入乡村农户、举办技术培训班等形式开展农机从业人员培训工作,累计培训6 680人次,共检修农机具2万余台,成立维修网点共84家,为全市农业机械化生产提供充分的人员和机具保障。

【制定补贴政策,严格督办落实】 一是大连市建立健全管理制度。制定《2014年大连市农机购置补贴实施方案》《大连市农机购置补贴工作责任制度》《农机购置补贴信息公开制度》《农机购置补贴信访投诉制度》和《农机购置补贴机具核实规范》;二是督办落实。依据制定的《大连市农机购置补贴延伸绩效考核办法》,完成农机购置补贴绩效考核工作,下发《关于2014年第一次农机购置补贴督导检查情况的通报》,通报督导检查结果,督促各区市县加快补贴实施和结算进度;三是加强网络管理。下发《关于公布2014年大连市农机购置补贴信息管理系统的通知》,召开农机购置补贴系统网络操作培训班,在农业信息网上为各区市县设立农机购置补贴信息公开专栏。

【加强农机调度,配合青贮机收】 2014年,大连市农机部门组织农机春耕备耕与秋季生产。下发《关于做好2014年农机春耕春播工作的通知》,确保各级农机部门高标准、高质量完成2014年农业机械化春耕春播生产各项任务;向各区市县农机主管部门转发《辽宁省农委做好2014年秋季农机化生产工作》的通知,组织开展跨区作业,为农机合作社和种植大户、畜牧养殖企业牵线搭桥,保障大连市机车的合理流动,提供玉米机收和青黄储机收作业信息和机具市场供求信息,加快"三秋"作业进度。小麦跨区机收作业完成1.13千公顷,创收80余万元。推进水稻生产全程机械化。先后下发《关于做好农机春季生产的通知》和《关于做好水稻生产机械化工作的通知》，各级农机部门围绕水稻生产全程机械化工作落实，建立起责任追究制度。配合青贮机收工作。为做好抗旱减灾自救工作，下发《关于转发农业部关于组织开展农机防汛抗旱准备工作的通知》，积极协调各区市县农机部门调配青贮等相关农业机械，将其全部投入到青贮饲料抢收的作业中，发挥巨大的抗旱减灾自救作用，共有4家农机合作社和10家农机大户参与青贮玉米收获，投入青贮收获机20余台，共收获青贮玉米2.67千公顷，收获青贮饲料11万吨。

【加大安全整治，确保生产安全】 2014年，大连市农机部门召开全市农机安全生产工作会议，同区市县农机部门签订安全生产责任状。下发《关于在全市开展春季农机安全生产大检查活动的通知》和《大连市农机"打非治违"专项行动实施方案》，在大连市范围内开展农机安全生产隐患排查、"打非治违"专项行动、农机监理主体责任检查工作，共开展安全检查87次，检查农业机械3 108台，纠正违章42起，排查农机安全隐患67个。开展以"强化红线意识，促进安全发展"为主题的"农机安全生产月"和宣传日活动，共发放农机安全宣传材料15 000份，光盘450张，接受农机手农机安全生产法律法规及安全知识咨询400余人次。联合中华保险公司召开大连市农机政策性保险工作会议，举办启动仪式，还对农机监理人员进行农机保险理赔业务和操作程序培训。

【开展调研活动，规划2015年项目】 2014年，大连市农业机械化办公室副主任邢芳带队到农机专业合作社、农机大户、农机维修和农机生产经销企业调研农业机械化工作，在调研的基础上，起草《大连市农机深松整地发展规划》《大连市农机深松整地作业补助项目实施方案》《大连市保护性耕作发展规划》《大连市保护性耕作作业补助项目实施方案》。《项目实施方案》计划在2015年实施，正在就有关细则问题征求各县区及相关部门意见。

宁 波 市

【概况】 2014年，宁波市农机部门以党的"十八大"和十八届三中、四中全会精神为指导，以农机"七大行动"为抓手，改进作风、提能增效，农业机械化各项工作进展顺利，为发展现代农业、保障粮食安全、提升农业综合生产能力提供强有力的支撑。

【粮食生产全程机械化水平稳步提升】 2014年，宁波市大力实施粮食生产全程机械化推进行动，新增插秧机310台，完成水稻机插面积48.27千公顷，机插率57%，水稻耕种收综合机械化水平88.4%，保持浙江省第一。新增粮食烘干机176台，总数达到913台，批次烘干能力约11 500吨位，位列浙江省第一。

【狠抓机插育秧技术，优化育插秧装备】 2014年，宁波市加强规模化育秧、工厂化育秧中心建设，建设季供秧能力33.33公顷以上规模化育秧中心970个，比2013年增加50多个，规模化育秧占75%以上；推广育秧基质约3 571吨，培育出的秧苗可供3.53千公顷水稻机插，早稻商品化秧苗20万盘，散户育秧点大幅减少，秧苗质量明显提高。优化育插秧机械装备，新增对双熟制水稻具有更好适应性的25厘米行距插秧机70台，育秧流水线138条，浸种、催芽、脱芒等种子处理设备16台(套)。

【狠抓粮食烘干机械化发展，增强抵御风险能力】 2014年，宁波市继续扶持、鼓励农机合作组织、粮食收储生产加工企业引进烘干机械，新增对塔式烘干机、热泵型谷物干燥机的市级财政补贴，继续扶持粮食烘干中心建设，新增粮食烘干机械176台，新增批次烘干能力约2 000吨位，粮食机械化烘干率达80%左右达浙江省最高，进一步提高粮食生产抵御自然风险能力。

【农机社会化经营服务机制创新有新突破】 2014年，宁波市大力实施农机服务组织提质行动，积极创新农机社会化经营服务机制，培育和提升农机专业服务组织。2014年新增农机合作社20家，总数382家，创新培育3家按现代企业制度运行、按市场经济需求和资源配置的农机作业服务公司。农机服务组织数量、服务水平和效益列浙江省第一。

【抓服务机制创新】 2014年，宁波市农机部门根据欧美发达国家农业社会化服务的体制机制及经验、做法，在对宁波市各类农机服务组织服务能力、发展现状、市场需求等情况进行调查研究基础上，指导各地在自愿组建、利益共享、风险共担的前提下组建农机作业服务公司。培育浙江省首家农机作业服务公司——宁波市鄞州与时农机作业服务有限公司，随后相继培育成立余姚田螺山、奉化宁绍农机作业服务有限公司，进一步提高农机利用率、社会化服务能力、经营服务效益和农机作业服务组织化程度，深受农民群众的欢迎。2014年3家农机作业公司作业服务面积达到9.69千公顷次，产值约为1 460万元。

【抓服务功能培育】 2014年，宁波市农机部门开展农机合作组织提质工程建设，按照系统示范和市级示范要求对14家合作社开展提质工程建设，并对8家合作社进行功能培育建设。继续加快区域性农机服务中心建设，推进农机合作社之间的联合与合作，新建区域性农机服务中心1家，农机合作社联合社3家。

【抓重要农时季节服务】 2014年，宁波市农机部门切实抓好春备春耕、"双夏"、秋收冬种生产农业机械化服务工作，充分发挥农机服务组织主力军作用，全力以赴做好新技术、新机具培训、机力机具调度、农机物资及配件供应保障、农机维修保养、打假保农等工作，加强技术指导与服务，联合石化部门推行农机作业用油(柴油)"三优一免"惠民服务，保障重要农时生产顺利开展。

【特色农机推广有新突破】 2014年，宁波市以"机器换人"为导向，加大特色、高性能产业机械化推广力度。完善宁波市特色农机购置扶持政策，对特色产业农机和高效旋翼施药机等高性能农机购置进行市级补贴。全年共补贴购置鲜大豆收割机、大粮仓大功率联合收割机等特色、高性能农业机械30台(套)，市级补贴资金180余万元，其中高效旋翼施药机5台；努力提高经济作物、水产和畜禽养殖等机械化水平。新增采茶机25台、修剪机103台、茶叶炒干机、揉捻机、杀青机等加工机械208台。畜牧养殖喂料机393台、铡草机48台、投饵机240台、水帘降温设备88套、增氧机10 661台。

【高性能设施装备有新突破】 2014年，宁波市以发展优质高效农业为目标，大力开展设施农业建设。大力发展高投入、高产出、高效益、高技术、高品质的设施农业，对设施农业（钢架大棚、玻璃温室）补贴实行项目管理，重点扶持蔬果、养殖、林特等产业设施农业建设。2014年共安排三批设施农业补贴资金2 053万元，补贴建设94个设施农业补贴项目，搭建钢架设施大棚、玻璃温室112.05万平方米。同时，进一步加强对设施农业补贴项目监管，开展设施农业补贴专项检查，加强对资金使用情况的管理、检查，并实行违法违规行为责任追究制度。

【加快"智慧农机"建设，构建农机自主创新体系平台】 2014年，宁波市农机部门初步建成集网络视频感知系统、GPS农机定位系统、GIS农机综合地理信息系统、设施农业物联网智能化控制系统、数字精准农业（农田温度光照湿度气体、土壤等环境监测、智能调控）于一体的智慧农机综合信息管理平台建设。宁波市农业机械化管理局与浙大宁波理工学院博士团队协作，联合开展无人驾驶拖拉机、插秧机的攻关，目前前期样机已研制成功。

【拓展农机科技项目建设，发挥示范引领作用】 2014年，宁波市加强对项目的规范化管理，新立项实施农机科技项目11个。目前正在实施的农机项目20个，其中农机科技推广项目13个，智慧农机项目6个，全国主要农作物生产全程机械化示范项目1个。宁海县全国主要农作物（水稻）生产机械化示范项目顺利通过农业部的验收。继续做好宁波市农业机械化示范区（基地）认定工作，2014年新认定市级示范基地15家。

【创新购置补贴操作方式，推进简政放权】 2014年，宁波市农机部门把补贴资金结算下放到县（市）区，市级部门负责监督管理和跟踪督查。创新性实行"自主购机、带机申请、定额补贴、县级结算、直补到户"的购机补贴操作方式，新模式更加高效、便捷、公平、公开、廉洁，购机农户可享受一站式服务，农机生产企业、经销商不再直接接触补贴资金，购机者可与农机销售企业按照市场规律竞价，最大限度保护购机者利益。

【规范农机作业补贴程序，强化实施监管】 2014年，宁波市实行"补贴对象申请、镇村审查、县级结算"的补贴方式，进一步简化农机作业补贴办理手续。简化补贴资金结算发放形式，减少审批环节和发放层级，提高发放效率。同时，落实基层责任，加强监督检查，做到"四签字"，设置"四道关"，增加作业补贴公示次数，并开展农机作业补贴政策实施专项检查，确保农机作业补贴政策落实到位。实施市县两级农机作业补贴资金约4 350万元。

【创新开展农业机械设备抵押贷款】 2014年，宁波市为使农民买得起、用得好农业机械，进一步解决农业生产经营资金不足的困难，拓展农民融资渠道，宁波市农业机械化管理局在慈溪、象山等地创新开展农业机械设备抵押贷款工作。慈溪市农机局还与邮储银行慈溪市支行联合推出《中国邮政储蓄银行慈溪市支行支持农业机械化实施方案（试行）》，明确邮储银行慈溪市支行有计划地向慈溪市农机生产经营服务主体和农机产销企业提供专项涉农类贷款资金5亿元。

【农机安全生产形势持续好转】 2014年，宁波市坚持"安全第一、预防为主、综合治理"的方针，围绕实现"三个继续下降"总体目标，完善农机安全监管机制，促进宁波市农机安全形势持续稳定好转。据统计，1—10月宁波市辖区内拖拉机道路交通事故死亡人数、宁波市拖拉机有责事故死亡人数分别占省农业厅、市人民政府下达全年控制指标的22.5%、21.5%，指标控制均创造历史最好水平。

【认真落实农机安全生产长效管理机制】 2014年，宁波市、县两级农机部门分别将农机安全监管主体责任、考核指标落实到县、乡两级政府，并分解落实到乡镇、村、农机合作社及农机手。深化农机全员安全培训工程，安全培训9 190人。扎实推进农机政策性保险工作，共办理7 578台。扎实推进拖拉机报废补偿和农机报废更新工作，办理拖拉机报废补偿1 072台，农机报废更新99台。

【大力实施外省籍拖拉机等专项治理行动】 2014年，宁波市农机部门针对外省籍拖拉机及驾驶人数量不明、信息不清、真假不分造成执法难、管理难、处罚难的情况，开展外籍拖拉机及驾驶人信息调查，并根据调查信息到发证机关核对信息，发现涉及假行驶证、假牌照、套牌等拖拉机206台，假驾驶证、失效驾驶证103本。联合宁波市交通警察局开展外省籍拖拉机专项整治行动，严厉查处违法违规行为，追查到115人，收缴假牌假证82副、扣车82台（次）。同时，深入开展农机安全生产大排查大整治专项行动和"四打四治"农机打非治违专项行动，确保农机生产安全。

【深入开展"平安农机"创建和"安全生产月"活动】 2014年，宁波市开展1个全国"平安农机"示范区、3个省级"平安农机"示范乡（镇）、市级"平安农机"示范村、示范合作社创建工作，并开展省级"平安农机"示范镇的"回头看"试点。扎实开展全国第13个"安全生产月"有关工作，以安全生产咨询日为载体，开展宣教活动。

【加大农机源头管理和日常监管力度】 2014年，宁波市农机部门组织开展规范牌证管理、免费实地安全检验、驾驶操作人培训考试等源头管理工作，着力提升"三率"水平。推进公安驻农机警务室规范化建设，完善警农联合执法机制。2014年以来，市、县两级公安驻农机警务室共开展联合执法1 380次，共检查各类拖拉机20 856台（次）。

【农机干部队伍建设不断加强】 2014年，宁波市大力开展高素质农机队伍建设行动，继续深入开展党的群众路线教育实践活动，加强农机队伍的自身建设，加强农机教育培训工作，农机公共服务水平和队伍素质进一步提升。一是抓好干部队伍作风建设。以党的群众路线教育实践活动为契机，狠抓干部队伍作风建设，按照党的群众路线教育实践活动要求，制订和完善相应制度，形成以制度管人、按制度办事、靠制度规范行政行为的良好机制。进一步加强党风廉政建设，确保廉政责任制有效落实。进一步加强反腐倡廉教育、重点领域防控、执纪检查力度和干部监督管理，始终把权力置于有效监督制约之下，确保干部廉洁从政。二是扎实开展农业机械化教育培训大行动。积极创新培训形式，大力开展农业机械化教育培训大行动，2014年宁波市共培训各类农业机械化管理、技术、服务人员22 579人次，创建全国农机职业技能培训和鉴定示范基地1家，培训鉴定农机职业技能人员310人次，为宁波市建设现代农业和推动农业机械化科学发展提供强有力的人才支撑。

青岛市

【概况】 2014年，青岛市充分发挥农业机械集成技术、节本增效、促进规模经营的重要作用，用改革的精神、创新的思路和办法，全面加强和推进农机工作。全年共争取市级以上财政性资金1.57亿元，比2013年增加5 000多万元，农机总动力达到820万千瓦，主要农作物生产机械化综合水平超过87%。

【启动购机补贴工作改革】 2014年，青岛市农机部门农机部门共争取市级以上购机补贴资金1.39亿元，其中中央财政资金1.2亿元，为改革工作提供有力的资金支持。实行“自主购机、全价交易、带机核实、县级结算、直补到卡”的操作模式，减少行政干预，确保农民选机购机的自主权，农机部门回归到监管者本位。对深松机、免耕播种机、花生收获机和粮食烘干机等8个品目实行敞开补贴；切实加强监督检查，要求做到带机审核、逐台核实。全年共补贴各类机具9 860多台(套)、受益农户8 130多户。

【加快推广保护性耕作】 2014年，青岛市农机部门在黄岛区六汪、宝山2个镇和全市178个村，以整村整镇为单位推进保护性耕作，受到农业机械化管理司领导和全国保护性耕作首席专家的充分肯定。充分发挥农业部保护性耕作中心第一个基层专家工作站和部级保护性耕作基地的示范带动作用，首次对影响玉米产量的因素进行全面探索。从青岛农业大学的测产情况来看，保护性耕作小麦产量达到7 429.95千克/公顷，比传统耕作增产9.8%以上。

【突出探索创新，积极推进秋季农机深松整地试点】 2014年，青岛被农业部确定为全国13家深松整地试点单位之一。青岛市农机部门会同财政部门，从调查研究入手，对在全市开展这项工作提出具体建议，市委主要领导及有关的3位市领导对调研报告做出批示，同意安排财政资金1.2亿元，用3年时间把400千公顷耕地全部深松一遍。9月初，在全国深松现场会上作经验介绍。为确保这项工作顺利开展、打好基础，2014年青岛市农机部门会同财政局出台秋季深松整地实施意见，成立专家组，建立市级核心试验示范区，并与粮食高产创建、保护性耕作、深松机具研发改进相结合，进一步放大技术集成优势。成立质检员队伍，落实工作报酬，并引进哈尔滨工业大学深松检测设备5套，建立村级作业、镇级审核、县级验收、市级督查的工作机制。全年争取中央资金500万元，完成深松作业面积13.33千公顷。

【突出规范完善，全力推进农机报废更新试点】 2014年，青岛市被农业部确定为全国11家深松整地试点单位之一。根据农机数量和监管能力，在全市科学布局设点，共设置13家农机报废点。重点从市场准入、报废监管和补贴流程等环节上进一步规范、优化，严格监督检查。全年安排农机报废补贴资金400多万元，完成农机报废1 200多台，进一步改善农机装备结构、促进节能减排。

【全年农机作业任务圆满完成】 2014年，“三夏”期间，针对小麦成熟早、南北收获期相对集中、降雨较往年偏多的实际，青岛市农机部门制定《“三夏”农机生产应急预案》，共组织小麦联合收割机1.2万多台，玉米播种机2万多台抢收抢种，确保夏粮丰产丰收、玉米适时播种。积极探索秸秆综合利用的有效途径，胶州市落实财政资金1 800多万元，免费安装秸秆切碎抛洒器1 000台，在全省率先实行普惠性的作业补贴，每公顷小麦秸秆还田补助375元；即墨市引进推广小麦联合收获、秸秆打捆一体机，使大面积秸秆收集利用成为现实。“三秋”期间，把30%的购机补贴资金用于补贴玉米联合收获机，新增1 780多台，总量达到7 500多台，机收率达到89%；新增花生收获机76台，机收率达到70.1%；加快推广应用经济作物新机具新技术，青岛市花生、马铃薯、胡萝卜等六大经济作物生产机械化水平达到65.3%。

【农机经营服务主体加快壮大】 2014年，青岛市加大扶持力度，发展起农机合作社450多个，资产总额达到9.2亿元，服务农户56万多户，作业面积853.33千公顷，承担全市70%以上的大田农机作业量，有效地缓解农村青壮年劳动力短缺的不利影响，提高农业集约化和组织化程度。其中，作业面积过2千公顷的合作社100多家。开展“十镇百社千户”创建活动，培养农业机械化服务和经营的“双主体”，80多个农机合作社成为土地适度规模经营的主力军，共流转土地5.67千公顷，托管土地24千公顷。

【农机安全监管措施不断强化】 2014年，青岛市成立农机安全生产委员会，进一步深化网格化管理，开展两轮安全生产大检查，共出动督查组13个97人次，检查各类单位101家，下达限期整改通知书27份，查处农机违章、违法行为970多起。召开现场会推广莱西市的做法，进一步落实好考前申报和考试督导制度，规范农机培训考试，从源头上提高安全监管水平。组织开展6次农机安全生产应急演练，检验农机事故处置的应急处理能力。2014年没有发生较大以上农机事故，继续保持安全生产形势的持续稳定。在山东省农机安全生产电视会议上，青岛市做完善农机监管体系、加强安全监管的经验介绍。

【农机科技推广提速升级】 2014年，青岛市农机部门实施“双十”推广计划，重点推广经济作物机械等10类新机具，以及保护性耕作、深松等10项新技术，召开机具演示会、现场推进会12次，建设9处部、市级示范基地，推进农业机械化科技创新、成果转化和普及应用。引进国际品牌农业机械，争取财政资金1 000万元建设蓝莓生产机械化示范基地，探索促进蓝莓收获机械化。德国雷肯翻转犁、圆盘耙，意大利马斯奇奥深松机、驱动耙，日本久保田玉米收获机和价值280万元的德国克拉斯玉米等国际品牌农业机械的推广应用，成为秋季农业机械化生产的一大亮点。实施农机推广人才素质提升计划，连续3年实施基层农机推广体系项目，共培训农机技术骨干260多人，提高基层农机推广水平。更加注重农机农艺的融合，探索推动粮经作物全程机械化、标准化作业。

【新型职业农民培训切实加强】 2014年，青岛市农机部门坚持“贴近农民，贴近生产，贴近需求”，新建基层农机实用技术培训基地10处，其中市级教练员培训基地正式投入使用。全面开展农机教育培训创新管理年活动，因地制宜地举办新型职业农民培养、“农机农艺培训”“农机培训进社区”等培训班50多期，培训各类农机人才6 100多人次。一大批懂技术、会操作、善经营的农机手，成为新型职业农民的优秀代表，其中两名农机手分别获得“山东机王”和全国农机手大赛第五名的好成绩。

【农业机械化基础设施条件明显改善】 2014年，青岛市实施农机“安居工程”，新建综合性农机“安居工程”15处。完善农机维修服务网络，新建5处区域化农机维修中心，累计建成20个区域化农机维修中心和190个星级维修点，逐步实现“小修不出村、大修不出镇”。山东省农机维修现场观摩会在即墨市召开，推广青岛市建设区域化农机维修中心的做法。改善安全监管条件。启动“农机监理进社区”三年规划，把监管体系向社区和村庄延伸，新建成17个社区服务中心和示范窗口。加快农机信息化建设，计划用3年时间，投入700多万元，建成农业机械化管理平台和视频会议系统。一期工程已实现市县两级农机部门联网运行，多次召开视频会议，有效降低行政成本，提高会议效率。

【存在问题】 2014年，青岛市农业机械化各项工作进展较好，但也存在一定的问题。主要是：一是政策落实、项目资金和安全生产的监管力度需要进一步加大；二是农机合作社等新型经营主体还需要进一步扶持、壮大；三是农机农艺的融合要进一步加强，进一步提高农业机械化科技水平。

厦门市

【概况】 2014年，厦门市农业机械化工作贯彻中央“十八大”、十八届三中、四中全会和全国、福建省农业机械化工作会议以及厦门市农村工作会议精神，强化农机监理与平安农机建设，扎实开展农机道路交通安全综合整治与农机“打非治违”专项整治，重点落实国家农机购置补贴项目，积极参与福建省第七届农业系统文明行业创建活动，农业机械化工作取得良好业绩。

【农业机械化发展成效】 2014年，厦门市通过实施现代农业设施和高标准农田工程及国家农机购置补贴项目，加大对农田机械、农田灌溉、田间道路、大棚等设施建设的资金投入，提升都市农业现代化水平。2014年农机总动力为42万千瓦，大中型拖拉机254台，比2013年增加69台，增长27.16%；耕整机（微耕机）3 374台，比2013年增加514台，增长17.97%；动力喷雾机796台，比2013年增加170台，增长21.36%。2014年完成机耕面积7.33千公顷，机收面积1.07千公顷，机播面积160公顷，耕种收综合机械化水平提高4%。

【认真落实农机购置补贴政策】 2014年，厦门市农机购置补贴资金总额450万元（其中中央补贴资金300万元，市级配套累加补贴资金150万元），厦门市采取“全价购机、定额补贴、区级结算、直补到卡”的方式实施。截至11月30日厦门市完成农机购置补贴：449.9万元（其中国补：299.93万元，市补：149.97万元），国补资金完成中央下达资金的99.9%，受益户数1 017户，机具数量1 947台（套），厦门市结算中央补贴资金299.93万元，结算比例99.9%。厦门市广大农户申请购置的机具种类涉及8个大类8个小类12个品目。其中：轮式拖拉机69台、手扶拖拉机34台、微耕机510台、旋耕机74台、耕整机4台、动力喷雾机170台、薯类收获机8台、挖坑机8台、茶叶炒（烘）干机21台、潜水泵（含离心泵）112台、增氧机937台。

【加快农业基础设施建设】 2014年，厦门市继续加大对现代农业设施建设的扶持力度，提高现代农业的装备水平，推动全市传统农业逐渐向科学化、现代化、高效化的都市型现代农业方向发展。2014年农业基础设施建设共下达五批27个项目，市级财政补助资金1 995.81万元，建设一批居于福建省领先水平的智能化温室、钢架大棚及节水喷灌等现代农业设施。

【继续推进农机安全创新管理工作】 2014年，厦门市农业（农机）部门依法加强农机安全生产监管，落实安全生产责任，组织农机道路交通安全综合整治，开展农机安全生产“打非治违”专项行动，农机安全生产标准化建设提升工程三年行动，加强农机执法和安全生产隐患的综合治理，有力地遏制农机安全事故的发生，继续巩固和推进厦门市农机安全生产的持续稳定发展。截至11月30日，厦门市无发生一起农机事故，农业机械事故死亡人数为0人，农机安全生产形势继续保持平稳。厦门市上道路行驶的拖拉机“三率”水平为上牌率100%、持证率100%、年检率88.91%，超额完成省、市下达“三率”指标。为进一步提高拖拉机“三率”水平，消除拖拉机驾驶人无证驾驶现象，确保农机安全生产，2014年继续落实《厦门市农业局关于下达厦门市拖拉机驾驶人员培训补贴试点实施方案的通知》（厦农〔2012〕55号），开展有机无证拖拉机驾驶人培训补贴，厦门市下达培训计划218人，截至11月30日，厦门市已报名培训人员123人，其中：考试发证106人。

【积极开展文明行业创建工作】 2014年，厦门市农机监理所和同安区农机监理站分别为市、省农业系统文明行业创建示范点，全市农机监理系统以示范点建设为契机，不断提高从业人员的思想境界、业务能力和服务水平，塑造窗口的满意形象，推动农机监理系统文明和谐，扎扎实实推进各项工作开展。厦门市农机监理所农机管理科和同安区农机管理站于2014年9月被市总工会命名表彰为厦门市“工人先锋号”。

【认真制定补贴资金使用实施意见】 2014年，厦门市农业局与市财政局联合制定《2014年厦门市农业机械购置补贴资金使用实施方案》，经农业部农业机械化管理司产业处专家组审核，厦门市法制局进行规范性文件备案审查后，下发各区农业（农机）部门执行。

【科学编制农机购置补贴产品目录】 2014年，厦门市农机部门按照农业部农业机械化管理司关于农机购置补贴机具补贴额的相关要求和福建省农业机械管理局《关于公布福建省2014年农机购置补贴额一览表的通知》，结合厦门市实际，制定《厦门市2014年农机购置补贴机具补贴额一览表》，确定2014年厦门市补贴机具共12大类30个小类58个品目。

【完善农机购置补贴产品信息】 2014年，厦门市农机部门按照农业部农业机械化管理司关于农机购置补贴产品信息的相关要求和福建省农业机械管理局《关于公布2014年福建省农机购置补贴产品信息(第一批)的通知》,结合厦门市实际,对外公布厦门市2014年农机购置补贴产品信息。

【认真抓好廉政风险防控工作】 2014年4月15日,厦门市农业局召开全市农业机械化工作会议,要求各级农机管理部门严格按照2014年的购机补贴资金实施方案,严格执行国务院"三个严禁"、农业部"四个禁止""八个不得",把防腐倡廉贯穿于农机购置补贴政策实施全过程,厦门市农业局与各区农业主管部门签订2014年农机购置补贴责任书。

【加强农机购置补贴风险警示教育】 2014年4月15日和8月8日,厦门市农业局举办农机购置补贴风险警示教育会,并印发农机购置补贴风险警示教育手册到区、镇(街)等相关单位,通报国内、省内发生的农机购置补贴警示案例。通过案例分析、学习,深刻汲取教训,做到警钟长鸣,常抓不懈,严格纪律,廉洁从政。

【做好补贴信息公开工作】 2014年,厦门市农机部门建立"厦门市农机购置补贴信息公开专栏",并与"中国农业机械化信息网""厦门三农网""厦门农业科研推广网"链接,实时将补贴相关信息向社会公开。

【加强领导,提高认识】 2014年,厦门市农业局于年初召开"厦门市2014年度农机安全生产工作会议",部署年度农机安全生产工作,制定下发《2014年厦门市农机化工作要点》(厦农〔2014〕40号)和《2014年农机安全工作计划》(厦农机监〔2014〕9号),明确年度农机安全工作目标和工作重点。同时,积极争取农机安全的资金投入,与市财政局联合下达创建"平安农机"等业务经费40万元,主要用于保障农机安全、农机道路交通安全综合整治工作。

【落实农机安全生产责任】 2014年,厦门市农业局下发《关于下达2014年农机安全生产目标责任的通知》(厦农〔2014〕86号),将农机安全目标责任分解落实到各区,确保厦门市农业机械事故死亡人数不突破1人控制目标,不发生较大事故。市农机监理所分别与各区农机管理部门签订2014年度农机安全生产责任书,同时要求各区农机管理部门与所辖镇(街、场)签订农机安全生产责任书,把安全生产责任层层分解落实,各负其责,确保各项农机安全生产目标的贯彻落实。各区农机部门与农机手签订安全生产责任书1 315份。

【集中开展农机打非治违专项行动】 2014年,厦门市农业局印发《关于集中开展农机打非治违专项行动的通知》(厦农〔2014〕120号),要求厦门市农机部门贯彻落实中央领导同志关于安全生产的重要指示精神,严格履行"全覆盖、零容忍、严执法、重实效"的总体要求,集中打击、整治一批农机非法违法、违规违章突出行为,进一步规范农机安全生产法治秩序。厦门市各级农业农机部门组织执法力量集中开展执法检查,突出对无牌行驶、无证驾驶、未检验作业、违规发放牌证、瞒报谎报事故等的打击和治理,大力排除安全隐患。集中整治期间共开展安全检查38次,检查农业机械及驾驶操作人127台人次,纠正违章7起,排查隐患17起。

【强化拖拉机道路交通安全联合执法】 2014年,厦门市继续强化农机道路交通综合整治"三年行动",市农业局印发《2014年农机道路交通安全综合整治"三年行动"工作意见》(厦农〔2014〕74号)、《关于开展全市农机道路交通安全综合整治"百日会战"的通知》(厦农〔2014〕153号),各级农业(农机)部门积极与交警、安监等部门配合,加强安全联合巡查管控,强化镇村道路拖拉机交通安全监管执法,严厉打击拖拉机非法载人、无牌证行驶等违法行为。截至11月底,厦门市农机部门共开展农机执法79次,出动执法人员368人次,查处拖拉机违法行为105台(次),补办检验54台,补上牌3台。

【强化农机安全生产隐患排查机制】 2014年,厦门市农业局印发《厦门市农机安全生产隐患排查治理常态化机制建设工作方案》(厦农〔2014〕109号)。各区农业农机部门结合农机"打非治违"、拖拉机专项整治行动等工作,组织力量深入镇村、田间场院等拖拉机作业场所,对逾期未年检、未报废与无牌证拖拉机进行摸排,排查治理安全隐患,确保参与作业的拖拉机处于安全状态。截至11月底,厦门市农机部门排查治理隐患单位835个,排查一般隐患70项,其中已整改70项,整改率100%。

【采取多种形式、强化安全宣传教育】 2014年,厦门市、区农机部门加强对拖拉机驾驶人的安全宣传教育工作。开展以"强化红线意识、促进安全发展"为主题的农机"安全生产月"宣传咨询日活动,通过互联网、报纸、电视、广播等媒体,广泛开展宣传,营造浓厚的宣传氛围。为提高社会各界人士对农机安全工作的认知度,3月中旬,市农机部门主动联络厦门电视台、厦门日报等主要媒体,从农机驾驶人员考试、农机牌证核发、农机年度检验,农机田间作业行驶等多方面进行详细介绍,并对厦门市出台的农机报废补贴、有机无证拖拉机驾驶人员培训补贴进行宣传报道。截至11月底,厦门市共发送宣传短信10 314条,出动宣传车12次,发放各类宣传材料4 353多份,给机手发放倡议信1 840份。举办农机道路交通安全知识培训班7期,参训人员368人。

【强化拖拉机及驾驶人的规范管理】 2014年,厦门市严把准入关。对新购拖拉机注册登记时,严格按照省农业厅下发的准报目录及技术参数,遵照农业部第43号令《拖拉机登记规定》和《拖拉机登记工作规范》执行,对不符合规定的坚决不予上牌,根据农业部的规定,全面禁止多功能拖拉机的新车挂牌;严把年检关。对拖拉机进行年度检验时,严格按照《机动车运行安全技术条件》《福建省多功能拖拉机通用技术条件》标准执行;严把考试关。农机驾驶人员的考试按照考试标准执行,考试顺序按照科目依次进行,直至全部科目通过。集美区、海沧区落实便民措施,推行预约服务、组织相关人员到各村进行下乡集中年检,提高年检率。截至11月底,厦门市拖拉机发牌证数3 523台,其中有效在册数1 726台;拖拉机驾驶人在册数2 728人。1—11月,办理拖拉机年检1 167台,转移登记47台,核发拖拉机驾驶证173本,换证172本。

【组织开展农机事故应急救援演练】 2014年,厦门市农业局联合海沧区农林水利局举行2014年厦门市农机事故应急救援演练。邀请海沧区交警大队领导现场指导,从接到事故报案、启动应急预案、实施伤员救护、现场秩序维持、勘查拍摄、绘制现场图,做好询问笔录、责任认定和按规定逐级上报事故信息等各个环节进行模拟演练。整个演练过程贴近实战,市、区农机监理、交警大队等部门迅速行动、措施到位、处置得当、取得较好的演练效果。

【农业机械化发展目前存在问题】 一是厦门市拖拉机非法载人现象未能全面杜绝。特别是农村地区和城乡结合部的建筑工地周边道路上仍时有发现,存在安全隐患。二是随着轮式拖拉机和微耕机保有量的快速增长,一部分新购机农民未经过安全技术培训,田间作业时不注意操作规程和安全防护,安全事故时有发生,引起社会各界和新闻媒体的广泛关注,加强农机田间作业的安全监管刻不容缓。三是农机购置补贴资金不足。连续几年实施农机购置补贴,激发农民购买和使用先进适用农业机械的积极性,农民对农机装备的需求呈现刚性增长的态势,2014年翔安区农机购置补贴资金缺口达到220万元。

新疆生产建设兵团

【概况】 2014年,新疆生产建设兵团(以下简称"兵团")以科学发展观为统领,以提高兵团农业综合机械化水平为重点,充分发挥农机在农业生产过程中的主导作用,较好地完成全年各项工作任务。

【农机装备总量稳步增长、结构优化】 2014年,新疆生产建设兵团农机总动力达到480万千瓦,同比增长4.8%。全年大中型拖拉机和配套农具保有量同比分别增长5%和2.5%。农机装备结构持续优化,全年更新大中型拖拉机5 200台,畜牧、园艺机械数量分别新增650台、1 100台。当前兵团73.5千瓦以上的拖拉机已达到9 000余台,采棉机1 720台,联合收割机1 450台,农用飞机32架,大型装备能力继续加强,效率成倍提升。

【机械化作业水平稳步提高】 2014年,新疆生产建设兵团机耕面积1 093.33千公顷,机播面积1 185.33千公顷,机收面积908千公顷,机耕、机播、机收水平分别达到100%、99.8%、76.6%,种植业综合机械化水平达到93%,比2013年增加近1个百分点。飞机作业面积274千公顷。全年机械作业达到31 333.33千公顷。番茄,甜菜,棉花机收面积大幅度提高,比2013年增加73.33千公顷。

【农机购置补贴政策实施规范高效】 2014年,新疆生产建设兵团享受国家农机购置补贴资金3.9亿元,购置农业机械2.3万台(架),其中,拖拉机5 200余台,收获机械1 480余台;配套农具和其他机械1.63万余台(架/套)。有近1.3万余户职工和农机服务组织直接受益,直接带动购机资金12亿元以上。通过积极筹划、组织,按程序和步骤环环相扣实施购机补贴政策,促进兵团农业机械装备的更新换代,提高大农业生产能力和效率,为农业丰收打下良好的机械化生产基础。

【棉花收获工程取得新的进展】 2014年,新疆生产建设兵团种植机采棉模式面积600千公顷,棉花脱落叶剂喷施机具改制3 300台,改制率70%以上,采棉机保有和使用量1 720余台,完成机采面积453.33千公顷,比2013年增长63.33千公顷,机采面积占植棉面积的70%以上。机采率突破80%的师有一师、五师、六师、七师、八师,分别为86.67千公顷、40千公顷、49.33千公顷、60.67千公顷和153.33千公顷,为兵团棉花全程机械化作出新的贡献。

【农机新技术推广扎实推进】 2014年,新疆生产建设兵团大面积推广秸秆还田733.33千公顷、残膜回收800千公顷、土壤深松233.33千公顷和机械植保933.33千公顷。机械移栽、高架精量喷雾、土壤深翻、葡萄埋藤和保护性耕作、节能降耗等农业机械化新技术得到进一步示范应用。马铃薯、甜菜、打瓜、油菜、辣椒、番茄等作物联合收获机械1 000余台,全面实现机械化作业。畜牧园艺业机械化生产进展较快,牧草收割机、饲草料打捆机、储奶罐、挤奶器等畜牧机械2014年新增650台(套)。新增葡萄埋藤机、挖坑机、微耕机、弥雾机等园艺机械1 100台。卫星导航技术发展迅速,新购置导航仪391台,较2013年大幅度增加。

【农机社会化服务深入发展】 一是新疆各师团农机专业化服务组织发展较为迅速,新疆生产建设兵团成立农机合作社60余家。二是新疆生产建设兵团大型机采棉收获公司运行情况良好,机采棉花266.67千公顷,占机采总面积的70%以上。三是农机标准化服务基地建设取得良好成效,初步统计,2014年新疆生产建设兵团各级财务用于农业机械化基地及棚库建设投入约4 400余万元,已开工建设11个团场级农业机械化服务基地。

【农机安全生产形势持续向好】 截至2014年11月底,新疆生产建设兵团共报告农机事故6起,比2013年减少3起;死亡2人,比2013年减少2人,受伤4人,与2013年持平,直接经济损失0.3万元,比2013年增加4.7万元。千台事故起数0.084,千台死亡人数0.028,千台受伤人数0.055,均在行业控制指标范围之内。

【加强农机管理,提升农机作业水平】 2014年,新疆生产建设兵团针对部分师团在推动农业机械化工作中存在重补贴轻管理,与建设全国农机推广示范基地要求不相适应的现象,根据农业部农垦局关于在全国创建农机标准化示范农场的要求,结合兵团实际,2014年继续在兵团选择条件好、示范带动作用强的10个团场开展创建达标工作。为积极推进创建活动,培养兵团农机标准化示范农场技术骨干,组织专家到创建团场对相关人员进行培训,指导相关技术资料准备工作。10个创建团场已通过农业部农垦局专家组验收。通过达标创建活动进一步提高团场的农业机械化管理水平,提高团场农机库区建设水平和农机新型服务组织管理水平,为稳定提高兵团农机作业质量水平奠定良好基础。

【全面扎实落实农机购置补贴政策】 2014年,新疆生产建设兵团各级农机部门把落实购机补贴政策作为一项重要的政治任务来对待,不断健全完善工作制度,突出重点,阳光操作。2014年兵团落实国家农机购置补贴资金3.9亿元,拉动购机资金12亿元以上,共有1.3万名职工(或直接从事农机作业的农业生产经营组织)受益。年初,积极与财务等有关部门沟通,加快有关方案措施的制定,确保政策落实及早开展。召开农机购置补贴工作及警示教育座谈会,邀请兵团检察院对各级农机主管部门开展警示教育。通过各种宣传媒体和形式让购机户了解购置补贴政策。全年共发放宣传挂图 2 000 余张、补贴政策资料汇编等 500 余册。在政策落实中,加大监督检查力度,安排专人对 2013—2014 年农机购置补贴执行情况进行电话抽查,并组织检查组赴基层进行多次监督检查,确保农机购置补贴工作的健康、平稳运行。

【积极组织关键农时机械化生产】 2014 年,新疆生产建设兵团在各个重要农时时节,科学谋划、精心安排、合理调度农业机械,全力投入春耕、"三夏""三秋"机械化农业生产,克服大风、寒潮、干旱等恶劣天气,保证农业机械化生产的顺利进行,为全年粮棉等作物丰产丰收做出突出贡献。各级农机主管部门积极协调关键农时跨区机耕、机种、机收作业。2014 年,小麦、水稻、玉米、甜菜、番茄、棉花等作物跨区机收的规模不断扩大,已达到 313.33 千公顷。农机作业市场有序稳定,运行机制趋于合理,农机服务组织生产服务形式不断拓展,各级农业机械化服务组织运行情况良好,各机收服务公司之间引入竞争机制,实现进度快,质量好,问题少,效果好的工作状态。

【稳步推进机采棉工作】 2014 年,新疆生产建设兵团为贯彻落实兵团《关于进一步提高兵团棉花质量的建议》文件精神,做好机采棉生产组织管理工作,及时深入基层解掌握各植棉师团脱落叶剂喷施机具、采棉机配置情况,检查指导采棉机检修、脱落叶剂喷施机具改制等工作。切实加强采棉机安全生产管理工作,制定兵团农机安全生产应急预案,规范农机安全事故监控预防机制及应急处理程序,确保 2014 年机采棉工作有序开展,取得较 2013 年增加 63.33 千公顷面积的好成绩。

【棉花植保机械技术提升】 2014 年,新疆生产建设兵团为着重解决影响棉花质量的落叶环节,进一步提高棉花脱叶剂喷施质量,确保棉花落叶效果,在总结 2013 年兵团机具改制及推广使用的基础上,重点开展一系列的措施。一是制定兵团植保机具改造升级方案。经有关专家论证,制定棉花植保机械技术改造升级方案,对今后做好棉花脱落叶剂喷施机具改制示范推广工作提出 15 项具体要求;二是积极引导企业参与脱落叶剂喷施机具改装工作。举办机采棉脱叶剂高效喷施机械现场观摩培训班。通过现场观摩,技术交流等形式总结机采棉脱叶剂喷施技术和机具改制经验,展示新机具的功效,使企业进一步了解用户及农艺要求,引导机具生产企业和团场规范机具改制方案,明确机具完善的内容和方向;三是邀请研究院所参与脱落叶剂喷施机具优化工作。针对兵团现有喷施机具不能完全适应脱落叶剂喷施作业质量要求的情况,主动邀请国家级植保机械专业技术团队,对兵团现有喷施机具改装参数及新型喷施机具进行技术评估等工作,以优化机具技术参数,提出符合兵团脱落叶剂喷施技术要求的新型机具;四是引导团场机具选型定型工作。为引导各植棉团场棉花喷施机具选型定型工作,在市场调研、专家评估及各师反馈意见的基础上,选择北京丰茂公司生产的 3W—1800 型吊杆式喷雾机作为成熟机具奖励给开展机采棉质量提升综合试验的 13 个重点团场,以加快统一规范的新型棉花脱叶剂喷施机械推广进程。

【着力发展农机社会化服务体系建设】 2014 年,新疆生产建设兵团农业机械化服务体系健康发展,是农机行业不断深化管理体制改革和经营机制创新的内在要求,是建设全国农业机械化推广示范基地的外在需求。2014 年,新疆生产建设兵团各级农业机械化主管部门一是积极引导农业机械化服务体系建设及时掌握农机服务组织建设现状,帮助和指导各类农机新型组织完善组织构架、运行机制、分配机制和民主管理等内容,有力地促进各类农机合作组织有序的发展。目前兵团已注册成立农机专业合作社 60 余家。二是积极推进农机标准化库区建设步伐。配合发展和改革委员会加快农机标准化服务区建设。通过调研,及时掌握农机棚库区建设现状,并积极争取政策支持。截至 2014 年 9 月,新疆生产建设兵团利用各类投资共建设农机标准化库区 81 个,其中利用中央投资建设 52 个,团场自筹资金建设 29 个。

【转变工作作风,加强农机产品市场监管】 农机购置补贴政策在新疆生产建设兵团实施 10 年来,累计落实补贴资金 19 亿余元,为新疆生产建设兵团农机装备结构优化、农业机械化发展水平的提高及职工持续增收等方面发挥显著的作用。然而由于市场监管不到位等原因也出现农机产品质量差、售后服务不到位等情况,为此 2014 年各级农业机械化主管部门转变"重补贴轻监管"的工作作风,加大对农机产品的市场监管,一是加大与相关部门协作,针对市场出现的农机质量事故,及时进行查处,按照有关规定采取负面清单管理。2014 年查处泰科拖拉机制造企业等重大产品质量和购置补贴违规行为 3 起,为团场职工挽回经济损失 130 余万元,追回补贴资金 60 余万元,违规生产企业的部分型号产品补贴资格被取消。二是联合新疆出入境检验检疫局、新疆维吾尔自治区农机局在新疆辖区开展进口农业机械质量安全排查工作,共排查各类进口农业机械 324 台,对有重大质量事故的约翰迪尔采棉机企业进行约谈,经过努力迪尔公司认可重大质量事故属设计缺陷,并要求其限期整改。通过加大农机市场监管力度,维护农机市场秩序,保护农机职工的合法权益。

【存在问题】 2014 年,新疆生产建设兵团农业机械化工作虽取得一定成绩和经验,但也存在一些问题,主要表现在:行政管理和服务体系弱化,集约化管理的优势难以发挥;农机装备结构有待于进一步调整,配套基础设施建设特别是公共服务体系建设还需加强;农机企业缺乏宏观调控管理机制,不利于可持续发展;农业机械化维修及服务体系发展亟待加强等。

黑龙江省农垦总局

【概况】 2014 年,黑龙江垦区农业机械化工作贯彻落实中央 1 号文件、政府工作报告和黑龙江省农垦总局党委(扩大)会议精神,围绕"加快农机换代更新步伐,优化升级农机装备结构,确保农业机械化率 98%以上"及"充分发挥垦区农用航空特色优势,提高航化作业对两大平原的覆盖能力"的目标,重点落实农机购置补贴政策,全面加强农机科技创新与推广,全力推动农业航空发展,进一步推进农业机械化发展“一个转变、六个延伸”，为实现“建设现代化大农业，确保粮食总产217.5亿千克”做出新贡献。

【认真组织实施农机购机补贴政策】 2014年，按照农业部要求，黑龙江省垦区贯彻落实全国农机购置补贴工作会议精神，狠抓各项政策落实，完成全年补贴工作。全年实现农机更新总投入达21.2亿元，新增国内外各类机械3.5万余台件，其中：争取和落实国家农机购置补贴5.8亿元，比2013年增加0.8亿元；继续从国外引进先进大型、特大型农业机械320台件；投资3.3亿元，引进国际先进的农用飞机27架。黑龙江省垦区旱田动力机械、收获机械装备力量进一步增强，水稻生产全程机械化装备质量进一步提高，畜牧业机械化快速发展。全年田间综合机械化率达98%，与2013年持平，其中，旱田水田均达到98%。

【落实购机补贴主要工作】 2014年，黑龙江垦区购机补贴工作呈现出三方面工作重点。一是开展全价购机试点。按照国家购机补贴指导意见精神，黑龙江省垦区积极开展全价购机补贴试点工作，选择普阳等20个农场，积极组织开展“全价购机、定额补贴、农场结算、直补到卡”的全价购机试点工作，取得良好的效果，积累经验，并计划在2015年全面推开。二是认真落实农机深松整地补助资金。根据农业部农机深松整地工作要求，继续在红兴隆、牡丹江、北安、九三四个管理局36个农场开展农机深松整地作业补助试点工作，完成农机深松整地作业补助任务试点任务266.91千公顷，落实各级财政深松补助资金2 046万元，累计投入农机具1.1万台(套)，实现平均产量增加10%左右，对农业增收、粮食增产和农民增收效果明显。三是严格执行补贴落实绩效考核。各级农机部门认真组织开展农机购置补贴政策落实延伸绩效考核工作，制订实施方案，积极组织开展农机补贴的监督检查工作，规范补贴程序，全年检查面达到30%以上。

【农机农艺融合，全面加强农机科技创新与推广】 2014年，黑龙江省垦区农机部门紧紧围绕种植业结构调整，坚持农机农艺融合，重点推广应用十大农机新技术和新机具：一是大功率深松技术；二是保护性耕作技术，重点是玉米、大豆免耕精量播种技术；三是水稻生产全程机械化关键环节技术；四是卫星导航和农机信息化管理技术；五是节水灌溉技术；六是青贮玉米收获和饲料搅拌饲喂(TMR)技术，机械化榨乳技术；七是经济作物关键环节机械化技术；八是农作物秸秆处理技术；九是植保机械化和农业航化作业技术；十是粮食烘干和仓储技术与设施等新技术、新机具，成效显著。其中：共推广大功率拖拉机138台，大型免耕精量播种机210台，卫星定位、自动导航设备285台(套)，水稻高性能插秧机1 000台，大型智能化浸种催芽设备66套，大型水稻收割机2 000台等新机具，并积极研制和装备抗涝灾防陷半履带装置、后驱动装置、水稻侧深施肥装置等，为农业丰产丰收提供坚强物质基础，发挥重要的保障作用。2014年实现农业机械化新技术新机械推广应用节本增效达10亿元以上。

【优化农机结构，提升装备水平】 2014年，作为利用美贷购置农用飞机和农机具项目收尾的关键时期，黑龙江省农垦总局党委要求，各农机部门高度重视，认真组织实施，完成全部飞机和农机具的购置并投入使用。按照美贷购机项目，共购置34架农用飞机，农业机械226台件。农用飞机包括：从美国进口32架、国产2架，从美国进口的飞机机型包括：固定翼农用飞机26架，R66型农用直升机4架，贝尔407型农用直升机2架；国产Y5B型农用飞机2架。该项目所购买的飞机已于2014年8月全部引进到位，并在农业航空作业中发挥重要作用。2014年，北大荒通用航空公司拥有飞机总数已达到87架，为垦区68个农(牧)场进行航化作业服务，全年实现农业航化作业面积1 496千公顷，为粮食丰产丰收提供有力的保障。

【发挥农航优势，提高服务能力，加快肇东机场建设步伐】 2014年，黑龙江省农垦总局党委提出“全力推进肇东航空站建设，提高航化作业对两大平原的覆盖能力”的要求，北大荒通用航空公司肇东机场建设项目得到快速推进。肇东机场建设项目计划总投资24 371万元，工程已落实投资12 500万元，完成一期工程建设90%。飞机跑道、滑行道、联络道、停机坪主体已完成，航管指挥楼、航材库、机库、车库、飞行培训教学楼、职工食堂等项目正在进行内部装修的收尾工作。2014年10月22日，肇东机场验证飞行仪式在肇东市成功举办，取得黑龙江省农垦总局各级党政机关的一致好评。目前，工程正在筹备航油储备库，二号机库，机场内道路、跑道灯光及照明系统、场内绿化等配套设施建设，2015年三季度之前投入使用，进一步提高垦区航化作业覆盖能力。

【强化跨区作业，加大共建力度，实现垦地共繁荣】 2014年，黑龙江省农垦总局党委统一部署和要求，各管局、农场认真落实跨区作业任务，完成2014年度跨区作业实现3 666.67千公顷的工作目标。坚持《跨区作业证》的免费发放，并做好发放管理，全年共有1 710名机手申领《2014年度跨区作业证》，实现跨区作业3 850千公顷，再次突破历史，比2013年增加126千公顷，其中：代耕1 372千公顷，代种566.67千公顷，代收1 330.67千公顷，其他作业580.67千公顷，出动机械2.88万台件，实现职工增收74 822万元，为农民增效82 414万元。同时，各管局加大局市共建和场县共建的力度，积极推进场县共建农机合作社的制度建设和场库棚基础设施建设。2014年，黑龙江省垦区共有农机专业合作社234个，农机合作社农机具台数达4.16万台件，农机原值为26.16亿元。农机合作社的发展有力地促进场县区域经济协调化，充分发挥农垦在全省农业现代化和城乡经济发展一体化中的示范带动作用。

【坚持强工战略，发挥载体作用，全力推动垦区农机制造产业园区建设】 2014年，黑龙江省农垦总局党委提出“三年强工攻坚战”及垦区重点工作会议提出“高标准起步，全方位开局，快节奏推进”的要求，进一步加强黑龙江省垦区农机制造业的发展。2014年，黑龙江省垦区的两个省级农机产业园区(松花江园区和宾西产业园)主要农机制造企业完成销售收入5.43亿元，其中：松花江园区实现销售收入4.8亿元，宾西产业园区实现销售收入6 329万元，园区建设投产运行良好，管理水平进一步提高，对制造产业引领效果显著，红兴隆机械有限公司异地新建项目一期工程已全部完成，已完成投资额1亿元，实现销售收入2 300万元。黑龙江省垦区农机骨干企业26家，全年实现农机制造业销售总收入达到12.3亿元，其中，雷沃北大荒公司、红兴隆机械制造有限公司、北大荒众荣公司、牡丹江兴凯湖机械有限公司被列入统计局规模以上企业名录，总体产业结构和布局趋向合理，充分发挥垦区先进农机装备的示范引领作用。

【着力创新管理，强化标准建设，全面提升农机管理标准化水平】 2014年，按照《全国农垦农机标准化示范农场创建活动实施方案》和《全国农垦农机标准化示范农场培训材料》的安排部署，黑龙江省垦区各级农机部门继续开展全国农垦农机标准化示范农场创建活动。2014年，黑龙江省垦区共投入5亿余元用于农机基础设施建设，扩建、新建"农机管理服务中心"。新建设的农机管理服务中心多数具备现代农机数字管理系统和指挥调度平台。2013年，黑龙江省垦区14个参与全国农垦农机标准化示范农场创建的单位全部通过创建验收，其中七星、胜利、嫩北、八五三、红星等五个农场获得最高级别"AAAA"级。2014年，垦区继续加大标准化建设力度，参与全国农垦农机标准化示范农场创建工作的农场达到17个。各创建单位都能够高度重视创建工作，成立创建工作领导小组，落实责任，及时对全场创建活动进行安排和部署。一方面提高农机技术标准化水平，以农机服务中心为载体，实现农机装备设施展示、示范、技术培训功能，同时严格农机管理，利用GPS导航自动驾驶基站、3S车辆管理系统、3G可视语音监控系统，对机车进行全作物、全过程、全天候作业监控；另一方面加强农机具标准化建设，在设备管理上，坚持农机管理"六统一"的管理措施，对机具的作业状态分阶段进行验收，保证全部机械作业状态良好。2014年，17个参与全国农垦农机标准化示范农场创建的单位已全部通过农业部验收。

【积极扶持引导，提升服务质量，推进新型农机社会化服务发展】 2014年，黑龙江省垦区整合农业机械化项目和资源，深入推进农机社会化服务示范建设活动，引导规范内部管理、完善运行机制，鼓励和引导有机户走农机联合投资、联合经营和农机合作社经营发展之路，培育一批规模大、机制活、能力强的农机服务组织。在农机购置补贴和各级农业机械化推广财政补助资金项目中，以农业机械化作业合作组织作为实施主体，给予建设资金、技术指导、培训等方面重点支持。同时，坚持开展"全国农机合作社示范社创建活动"，涌现出胜利农场好山河农机合作社、前锋农场农机合作社、红星农场农机合作社、引龙河农场圣达农机合作社、嘉荫农场嘉荫高新农机合作社等一批取得较好效益，有较强带动作用的典型。2014年，黑龙江省垦区新建农机专业合作社105个，新增农机具7 000余台件，农机具原值增加约3.1亿元。

【加强农机监理，深化多方合作，切实提高农机安全管理水平】 2014年，黑龙江省垦区农机部门坚持"安全第一，预防为主，综合治理"的安全生产方针，全面落实农机安全生产政策法规，加强农机监理队伍建设，完善农机监理体系，推进"免费监理"工作，实现拖拉机、收获机登记率96%以上，驾驶员持证率96%以上。深入开展"安全生产月""平安农机"示范窗口创建等活动，各级农机监理人员深入农机生产第一线田查路检，深入管理区、作业站宣传安全生产、讲解法律法规，加大隐患排查，全年现场宣传1 951次，印发农机宣传单12.4万份，下发安全手册36 646份，电视讲座172次，张贴标语2 371条，直接受教育群众达到17.8万人次。深化多方合作，与交警、安全监督部门通力协作，深入农机作业场所和重点路段开展农机安全生产检查，联合执法。加大督导检查力度，保障农机安全生产，全年无重特大农机事故。

【注重农机质量，狠抓农机鉴定，努力维护农民合法权益】 2014年，黑龙江省垦区农机部门共受理农机推广鉴定项目110项，进一步加强组织管理和领导监督，规范农机鉴定程序，与省农村工作委员会协调进行鉴定能力认定，推广鉴定的产品范围进一步扩大。积极完成黑龙江省垦区农机产品质量监督抽查、复查工作，监督农垦鉴定站在能力认定的范围内工作，并联系申报企业对鉴定站工作情况进行反馈，定期组织开展对鉴定站的监督检查。对农垦鉴定站报送的鉴定报告和有关材料，严格按照鉴定站能力认定范围进行审查，发放《推广鉴定证书》。加强法规宣传教育，各管理局、农场通过电视、广播、标语、板报、讲座等多种形式，对参加农业生产的广大职工和农机生产企业进行贯彻"两法一例"加强农机质量监管的宣传活动。全年各农场共计出版报1 400余期，张贴宣传条幅2 946件，出动宣传车361台。举办各类农机人员培训班，对农机产品质量如何鉴别等有关知识进行讲座，提高农机户的自我管理能力。

【存在问题】 虽然黑龙江省垦区农业机械化发展取得显著成绩，但按照科学发展要求以及建设现代化大农业还有一定差距，存在一些亟待解决的问题和不足。一是农业机械化发展还不够平衡，管局之间、农场之间在机械化程度和管理水平上差距较大，个别农场标准化作业水平较低；二是农机具更新任务大，经特作物机械化程度不高，水田机械缺口大；三是农机专业技术人员配备不足，农机队伍整体素质亟待提高；四是安全监管人员工作经费不足，安全监理站属自收自支事业单位，按国家要求已取消监理收费，依靠管局农场自行承担人员经费，办公经费，证照工本费，缺少专项经费支持；五是玉米销售市场和粮食烘干处理能力制约机械效率发挥，影响玉米收获、整地的进度和种植户、有机户的效益；六是农机基础设施科技含量亟待提高，场库棚资金投入严重不足，需要进一步提高建设水平。

试验鉴定与标准化

农业部农业机械试验鉴定总站（中国农机产品质量认证中心）

【概况】 2014年，农业部农业机械试验鉴定总站围绕农业部农业机械化管理司工作主线和目标，理清工作思路，创新工作机制，坚定不移地履行公益性事业单位职能，不断强化支撑保障作用，突出抓巩固、抓提高、抓能力、抓重点、抓落实，着力推进农机试验鉴定规范化建设，着力强化农业机械化质量监督工作，全面推动国家支持推广的农业机械产品目录管理、农机维修管理服务、职业技能鉴定开发指导、标准化建设、宣传信息服务等各项业务加快发展，进一步强化基础能力建设，切实加强基层党组织建设和党风廉政建设，扎实推进绩效管理试点工作，各项工作取得显著成效。农业部农业机械试验鉴定总站注重加强业务建设，全力推进试验鉴定、质量认证和质量监督等工作全面发展，为农业机械化快速发展提供坚强有力的技术支撑和服务保障。

【农机试验鉴定工作取得新突破】 2014年，农业部农业机械试验鉴定总站着力加强试验鉴定体系建设，强化试验鉴定工作规范统一，保持和提高实验室检测能力，提升技术人员工作水平，农机试验鉴定工作呈现持续快速发展的良好势头。完善推广鉴定操作层面制度，明确拖拉机、收割机等主要农机产品推广鉴定申请受理定型文件审查规定、证书有效期内信息变更受理规定等要求。发布《关于印发部级推广鉴定受理和证书信息变更有关审查规定的通知》（农机鉴〔2014〕78号），编制《农业机械部级推广鉴定报告作业指导书》，修订《农业机械部级推广鉴定受理审查作业指导书》《农业机械部级推广鉴定实施中变更作业指导书》《农业机械部级推广鉴定有效期内变更作业指导书》。组织召开部级农业机械推广鉴定大纲审定会，对33项部级农业机械推广鉴定大纲和通则进行审查。

【农机推广鉴定工作取得新进展】 2014年，农业部农业机械试验鉴定总站协助农业部农业机械化管理司开展农机推广鉴定监督检查工作，对辽宁、黑龙江农垦等8个省（区、市）的农机推广鉴定管理工作情况和业务开展情况进行现场监督检查和指导整改，促进农机推广鉴定工作规范化管理。开展部级推广鉴定有效期内监督检查，对16家企业65个产品进行监督检查。开展部级推广鉴定审查员培训及技术交流，完成资格确认审查并培训350余名审查员，与20家省站进行技术交流。组织开展收获机械行业培训班和拖拉机、内燃机推广鉴定技术培训班，促进推广鉴定实施一致性。顺利通过实验室"四合一"复评审和扩项评审，组织总站实验室范围进行冬季培训。组织做好奶牛养殖全程机械化试验示范及玉米、小麦收获，水稻栽植和收获机械试验示范区建设项目，研究丰富农机鉴定新模式，提升鉴定水平。截至11月30日，共收到部级推广鉴定申请2 816项，比2013年同期增长33%；经审查受理申请2 502项，比2013年同期增长28%（总站实验室承担368项）；项目实施中信息变更申请678项，比2013年增长91%；信息变更立项935个，比2013年增长115%；受理获证产品有效期内变更申请935个，比2013年增长450%。

【农机质量认证工作稳步发展】 2014年，中国农机产品质量认证中心优化内部管理，加强人员队伍建设，强化工作计划目标，提高工作效率，在认证综合管理、资源配置、项目执行等方面取得较大发展。修改《认证项目评价过程管理作业指导书》《认证项目执行要求提示》《认证公正性声明及廉洁告知单》等文件，进一步提高认证项目安排规范性和实施时效性。电子化认证档案系统正式投入使用，认证档案管理进入一个新阶段。顺利通过质量管理体系认证机构认可复评审和产品认证机构监督评审。对强制性认证植保企业和拖拉机企业认证活动进行分类管理。积极推动认证企业化改革，保持认证业务稳定，农机产品认证中心组织实施各类认证项目537项，新发农机强制性产品认证证书98张，暂停认证证书112张，撤销和注销认证证书99张。

【充分发挥质量监督保障作用】 2014年，农业部农业机械试验鉴定总站加强农业机械化质量监管工作研究，向农业部农业机械化管理司提交《关于农业机械化质量有关工作情况的汇报》，起草《农机质量监管三年计划建议》和《2015年农机化质量监督工作可行性研究报告》。组织编制《2013年全国农业机械化质量报告》。认真实施农业投入品质量监管项目，对背负式喷雾喷粉机等8种农机产品开展质量安全调查工作，编制机具安全警示标识图解，指导农机手正确操作农业机械。组织开展2014年微耕机产品质量调查。协助农业部农业机械化管理司核实购机补贴政策实施中出现的违规企业产品相关案件，并提出处理建议。

【积极开展农机用户维权宣传、咨询活动】 2014年，农业部农业机械试验鉴定总站组织技术专家参加农业部"2014年放心农资下乡进村现场咨询活动"，现场受理农机用户咨询和投诉，免费向农民发放《农机用户维权手册》《农机购置、使用、维修明白纸》等十余种宣传材料。继续加大对投诉系统业务指导，协助江苏、浙江、山东、重庆四省市开展投诉工作人员业务培训。做好农机质量投诉特别是群体性投诉受理调解工作，共接收农民咨询1 520人次，收到农机用户对相关农机产品的质量投诉114件，共计为农机用户挽回直接经济损失220余万元。2014年投诉总量较2013年有较大幅度下降，但收获机械，特别是玉米收获类机械可靠性差、故障率高、作业效率低等问题依旧突出。

【认真做好国家支持推广目录管理】 2014年，农业部农业机械试验鉴定总站协助农业部农业机械化管理司加强目录管理工作研究，积极推动目录管理和评审工作改革，起草《2015—2017 年国家支持推广目录申报指南》，增强目录管理的科学性、规范性、服务实体经济便利性。完成《2012—2014 年国家支持推广目录》(2014 年调整)收尾工作，共增补 682 家企业 2 253 个产品，变更 133 家企业 639 个产品。升级改造国家支持推广目录申报系统并试运行。组织《2015—2017 年国家支持推广目录》的申报受理等相关工作，共收到 1 529 家企业的 11 810 个产品的申报材料。组织召开初审会议和综合审议会议，汇总评审情况。

【农业机械化信息宣传工作突飞猛进】 2014 年，农业部农业机械试验鉴定总站做好中国农业机械化信息网日常管理维护工作，围绕农业部农业机械化管理司重点工作，制定发布 2014 年信息网宣传重点、春耕春播宣传重点、"三夏"宣传重点、"三秋"等宣传重点，指导和组织全国信息员在重点时段、重大事件掀起农业机械化宣传高潮。坚持节假日值班制度，围绕农机购置补贴政策、春耕备耕、农机抗旱保春管等农业机械化重点工作，编发信息 56 875 条，原创作品质量明显提升。不断优化网站功能，创新宣传方式，成功实现农业机械化重大会议同步网上文字直播，加大农业机械化热点问题网评力度，信息网影响力得到强势提升。

【中国农业机械化信息网继续发挥重要作用】 2014 年，中国农业机械化信息网继续保持农业部系统行业网站中点击量稳居榜首的优势地位，从信息的数量、质量、时效性上都走在前列。4—6 月的点击量超过农业部门户网站排名第一，工作日平均点击量达到 222.5 万次，比 2013 年增长 124%；日点击量峰值连创新高，最高达 508.6 万次，比 2013 年增长 194.2%，营造农业机械化又好又快发展的舆论氛围。配合农业部农业机械化管理司做好农机补贴政策的信息公开，开发运行《农业部农机购置补贴信息公开专栏》系统，开发建立农机补贴投诉平台并投入运行。优化升级农业机械化政务直报系统和农业机械化生产信息直报系统，做好跨区作业信息服务。组织开发建设的基于 PC 端和移动终端全国农机作业信息动态监测和服务平台，5 月份上线试运行，在 7 省(区)36 个县开展系统平台的试点工作，平台应用取得初步成效。完成农业机械化统计相关工作，编印《农业机械化情况》21 期，建立《农业机械化舆情信息监测平台》，及时收集、报送各大媒体有关农业机械化方面的新闻报道共 915 条。《农机质量与监督》杂志和中国农业机械化质量网门户网站稳定运转，农机鉴定系统信息员队伍凝聚力进一步增强。

【大力推进农业机械化标准化及课题研究工作】 2014 年，农业部农业机械试验鉴定总站开展基础标准修订技术研讨，组织召开《农业机械分类》标准讨论修改会，对《农业机械分类》标准再次进行修改完善。组织开展全国农机标委会农业机械化分会换届工作。加强标准项目管理，举办标准项目管理与编写培训研讨班，组织开展农业机械化行业标准审定。加大科研力量投入，《玉米生产农机农艺融合关键标准研究》《我国农机和渔船节能减排潜力评估与技术路径》等项目有序实施，4 个总站自立科研项目顺利验收；农业部农业机械试验鉴定总站主持的公益性行业(农业)科研专项"农业机械适用性评价技术集成研究"项目顺利结题并通过农业部验收。

【扎实做好农机维修管理服务工作】 2014 年，农业部农业机械试验鉴定总站配合农业部农业机械化管理司开展农机维修服务能力调研，举办农机维修服务能力研讨会，提出促进农机维修服务能力发展的对策和建议。配合制定《报废农业机械回收办法》，研究起草报废农业机械拆解技术规范等文件。加强农机维修服务能力评价标准研究。督促各地贯彻落实农机维修管理规定，采取多项举措推进农机维修管理软件应用。积极申报农机维修节能减排技术推广示范项目。组织编写农机合作社建设规范指南，指导全国农机合作社示范社建设，赠阅《农机质量与监督》杂志。

【积极推进职业技能开发工作】 2014 年，农业部农业机械试验鉴定总站组织开展第二批全国农机职业技能培训和鉴定示范基地评选，发布 90 家示范基地名单，推动培训和鉴定能力建设。开展全国农机职业技能培训鉴定通用教具、设备和课件等选型，通过推荐评审，拟发布 5 大类百余种农机技能培训鉴定通用教具。推进农机职业技能鉴定站规范化建设，与各农机职业技能鉴定站签订《质量管理责任书》，编制《农机职业技能鉴定办证申报操作手册》。修订《国家职业分类大典》，确立由农机驾驶操作员、设施农业装备运管员、农机修理工、农机服务经理人和农机营销员等 5 个职业 25 个工种组成的农机行业职业分类架构。完成设施养牛、养猪、养鸡、水产养殖共 4 本《设施农业装备操作工系列培训教材》出版发行。举办 3 期职业技能鉴定考评员培训班，共培训 540 名基层考评人员。推进农业机械化高技能人才能力提升，组织举办 5 期维修高技能人才及师资培训班，创新农机高技能人才培养的新模式和经验。2014 年，累计核发职业技能鉴定证书 9.5 万个。

【认真做好外事外经服务工作】 2014 年，农业部农业机械试验鉴定总站举办亚太农机检测网络圆桌会议暨首届年会，来自 19 个国家和联合国相关机构的 66 位代表参加会议，会议选举中国为 ANTAM 2014—2015 年度主席国，总站作为 2014—2015 年度牵头联络点，提高中国农机试验鉴定机构的国际影响力。规范办理总站因公出国(境)团组外事手续，共组织出国(境)团组 8 个。积极推动农机检测技术国际交流，派员参加拖拉机协定 OECD 年会。选派技术专家参加援埃及农业技术组的外派工作。召开总站出国(境)团组总结交流会，9 个 2013 年出国(境)团组集中进行汇报交流。

【行业服务和指导作用有效发挥】 2014 年，农业部农业机械试验鉴定总站组织召开全国农机试验鉴定站长会，探讨农机试验鉴定体系改革发展定位和发展思路，明确当前和今后一个时期的任务，为农机试验鉴定工作又好又快发展奠定坚实的基础。举办农业机械部级鉴定授权签字人培训，进一步提高农机试验鉴定机构授权签字人依法履职能力和意识。加强推广鉴定工作顶层设计研究，起草《关于农机试验鉴定改革发展顶层设计提纲》《关于农机推广鉴定发展和改革情况的报告》等材料，积极配合农业部农业机械化管理司修订完善农机试验鉴定制度。完善全国农机试验鉴定能力建设规划，制定 2015 年中央预算内农业基本建设投资计划，推动部级农机试验鉴定能力优化布局。

【大力推进制度建设】 2014年，农业部农业机械试验鉴定总站建立健全各项规章制度，努力推动制度创新。对农业部农业机械试验鉴定总站制度建设情况进行全面梳理，在原有50余项制度基础上，新出台16项制度，并分2次对出台的制度进行全员宣贯。农业部农业机械试验鉴定总站已全面建立较为完善、覆盖全站全员的制度体系，形成用制度管权、按制度办事、靠制度管人的管理格局。进一步完善总站实验室、认证中心的《质量手册》《程序文件》等质量管理体系文件，促进各项工作规范化、标准化和制度化。

【深入推进绩效管理工作】 2014年，农业部农业机械试验鉴定总站起草2013年度绩效管理自评报告，向农业部考评组作专题汇报，得到考核组有关领导的肯定。利用内设处室2013年度绩效评估结果，在绩效工资发放上予以体现。组织召开总站绩效管理领导小组工作会、绩效评估小组工作会、绩效管理领导小组办公室工作会议，总结2013年绩效管理工作，研究部署2014年有关工作。认真制定总站2014年绩效计划任务书、指标体系和创新项目。积极开展内设处室绩效管理，组织对总站绩效管理办法(试行)进行修订，举行绩效计划任务书签字仪式，下达部门绩效管理指标，开展绩效年中评估。“中国农业机械化信息网深化拓展”创新项目获得部事业单位第二名。

【不断加强人事人才工作】 2014年，农业部农业机械试验鉴定总站加强职工教育培训，制定职工年度培训计划，设立专项经费，组织干部职工利用远程教育平台参加农业专业技术人员知识更新培训，领导班子成员认真参加自主选学课程，累计400多人次参加各类培训，增强干部职工的岗位能力。共推荐4名干部参加部“百乡万户调查”和“接地气、察民情”实践锻炼活动，推荐1名干部援疆挂职锻炼。积极向部里推荐享受政府特贴、创新人才、“百千万人才”等人选，着力培养高层次领军人才。做好专业技术人员推荐评审和聘任工作。从严管理干部，认真贯彻落实习近平总书记“三严三实”要求，强化纪律检查委员会监督作用。进一步规范因私出国(境)管理，开展因私出国(境)证件清理和备案工作；按照有关要求，对领导干部在企业兼职情况、干部职数配备情况、配偶已移居国(境)外的人员情况进行自查，对领导干部个人事项报告进行汇总分析。

【稳步推进基本建设工作】 2014年，农业部农业机械试验鉴定总站推进《总站20T牵引试验负荷车及奶业机械试验鉴定设备购置》项目，破解农业部农业机械试验鉴定总站开展大型拖拉机牵引性能和奶业机械试验鉴定缺乏相应设备的难题。认真实施《总站院区围墙和门禁系统等基础设施修缮购置》项目，强化安防措施，实现进出院区人员和车辆的电子智能化管理。在《总站基本建设规划(2013—2020)》的框架下，编制《总站农机试验室(场)迁扩建工程项目建议书》报农业部发展计划司和农业机械化管理司。

【不断强化财务管理工作】 2014年，农业部农业机械试验鉴定总站夯实财务基础工作，完善财务制度体系，制修订总站《会议费管理办法》《培训费管理办法》《差旅费管理办法》等7个财务制度，建立依法理财、依规审核的内控机制。强化预算科学化管理，规范编制中央部门决算，提前谋划2015年部门预算，细化分解年度部门预算，进一步推动预算执行力，切实提高财政资金使用效益。农业部农业机械试验鉴定总站在农业部部门预决算工作中被通报表扬，获得“2012年度农业部门决算工作一等奖”“2012—2013年预算编报与执行工作三等奖”“农业部2012年度固定资产投资决算工作先进单位”“农业部2012年度中央行政事业单位住房改革支出决算工作先进单位”等荣誉。

【狠抓作风建设，巩固和拓展党的群众路线教育实践活动成果】 2014年1月，农业部农业机械试验鉴定总站完成教育实践活动三个环节的各项活动，党委组织召开教育实践活动总结大会，总结教育实践活动取得的成果。6月中旬组织对整改落实情况进行“回头看”和“再部署”，接受干部群众监督和评议，确保教育实践活动善始善终、善做善成。总的看，通过活动，全面提高党员干部的思想认识水平，切实增强贯彻落实中央八项规定的自觉性，着力解决“四风”问题和干部职工关心的突出问题，有效提升对系统的指导服务水平，健全完善持续推进作风建设的制度体系，有力推动总站各项业务工作的科学发展。全站党员干部思想认识进一步提高，工作作风进一步转变，能力素质进一步提升，发展目标和思路进一步明确，达到不断增强自我净化、自我完善、自我革新、自我提高能力的目的，为促进农业部农业机械试验鉴定总站各项事业健康发展、推动农业机械化事业科学发展奠定坚实的基础。

【注重学习教育，不断夯实党员干部的思想政治基础】 2014年，农业部农业机械试验鉴定总站充分发挥理论中心组的带动作用和党支部的学习实践主体作用，努力搭建各类学习平台，共举办6次中心组学习，深入学习党的十八届四中全会、中央经济工作会议、中央农村工作会议、全国农业工作会议、习近平总书记系列重要讲话等。站领导班子成员发挥带头作用，积极撰写学习论文和调研报告，鼓励干部职工参加农业部中青年干部学习论坛、每月讲坛和各类专题培训。组织观看三中全会辅导视频，为全体党员购买《习近平总书记系列重要讲话》《学习习近平同志关于机关党建重要论述》等学习书籍。

【强化监督检查，严格贯彻落实中央八项规定】 2014年，农业部农业机械试验鉴定总站坚持将学习中央八项规定和部党组实施办法作为总站党的工作会议和党委会、站务会、民主生活会、中心组学习会的重要内容。在日常工作中，反复强调中央和部党组的有关要求，时刻提醒全站干部职工增强大局意识、责任意识和纪律意识，切实落实各项要求。班子成员坚持从自身做起，带头严格执行，不折不扣地把各项规定落到实处。组织制修订总站《公务接待管理办法》《内部控制规范》等一系列制度规范，严控“三公”经费。2014年会议比2013年减少一半，严控会议规模、规格，压缩会期。倡导无纸化办公，精简文件简报，2014年发文数量同比减少23%、简报压缩50%。

【切实落实“两个责任”，深入推进总站党风廉政建设和反腐败工作】 2014年，农业部农业机械试验鉴定总站坚持把党风廉政建设与业务工作、预算执行、绩效管理等工作相结合，一起部署、一起检查、一起考核，四位一体、同步推进。召开党风廉政建设工作会，全面安排部署2014年党风廉政建设工作任务。坚持层层签订《党风廉政建设责任书》，全体工作人员签订《廉洁自律承诺书》，形成覆盖全员、落实到人的责任体系。结合总站实际，出台《站党委、纪委关于落实党风廉政建设主体责任、监督责任的意见》，印发《贯彻落实〈建立健全惩治和预防腐败体系2013—2017年工作规划〉实施方案》，专题召开党委扩大会安排部署，切实保证"两个责任"落到实处。认证中心制定《认证审查员行为规范》，继续执行业务部门的企业反馈单制度，对管人、管钱、管物的重点部门重点岗位，基建招投标、政府采购等重点环节，进行重点监督检查。

【贯彻落实《基层组织工作条例》，充分发挥基层党组织的战斗堡垒作用和党员的先锋模范作用】 2014年，农业部农业机械试验鉴定总站制定党委、纪律检查委员会、党风廉政建设工作要点，明确年度工作任务和目标。召开"七一"全体党员大会，纪念建党93周年，表彰"两优一先"。坚持站领导讲党课制度，刘敏同志讲保密党课，仪坤秀同志讲"自觉践行'三严三实'，深入推进作风建设"党课。组织全体干部职工观看《焦裕禄》影片。严格党内组织生活，坚持中心组理论学习、组织生活会以及"三会一课"制度。认真贯彻执行民主集中制，完善党内民主议事决策机制，在关系总站发展和职工切身利益的重大问题上，充分发扬民主，通过意见箱、内网公示、座谈会等形式广泛听取干部职工的意见，积极推进总站党务公开，坚持重大问题集体研究决定，确保决策的科学化、民主化。

【加强精神文明建设，努力构建文明和谐总站】 2014年，农业部农业机械试验鉴定总站积极践行社会主义核心价值观，坚持"抓创建、促发展、带全面"的文明单位创建理念，扎实开展文明单位创建活动。积极推进文化建设，农业部农业机械试验鉴定总站文化建设迈上新台阶。50万字的《总站发展历史》即将印制，对传承总站精神、推动事业发展，具有重要的现实意义和历史意义；经过2年多的反复研究论证，征集提炼出"兴农、奉献、求实、创新"的总站精神，组织召开发布会，动员全体干部职工大力弘扬和践行，进一步凝聚总站文化共识；建设总站展览室，全面展示总站事业发展和取得的荣誉成果，展望未来发展的美好蓝图。充分发挥工青妇的桥梁纽带作用，组织职工健康体检，组织春节团拜会、健步走活动，举办心理健康知识讲座、健康医疗讲座等，丰富职工文化生活。开展干部职工思想状况调查。着力加强离退休干部工作，召开座谈会，通报工作进展，了解老干部需求，帮助解决实际困难。继续开设老干部数码照片处理培训班课程，支持老干部参加部里老年大学、老干部合唱团活动等集体活动。制定《离退休职工服务办法》，提高离退休职工服务工作科学化、规范化水平。

技术推广与安全监理

农业部农业机械化技术开发推广总站（农业部农机监理总站）

【概况】 2014年，农业部农业机械化技术开发推广总站"围绕中心、服务大局"，引领全国农机推广和农机监理系统，以深化践行党的群众路线、改进作风建设为统领，紧扣深化改革、创新驱动发展主线，狠抓工作落实，提升支撑和服务能力，取得新的积极成效。贯彻落实中央全面深化改革的要求，根据现代农业建设的新特点、新趋势，以做好新形势下的农机推广和监理工作为重点，奋力弘扬改革精神，积极引领行业改进作风，于2014年6月印发文件，开展全国性的重大调研活动。农业部农业机械化技术开发推广总站领导班子成员深入各地基层，召开各类调研座谈会30多场次，形成调研报告多份。截至2014年9月，全国各地共形成调研报告89份，其中，农机推广系统45份，农机监理系统44份。

【聚共识，明确行业发展的思路方向】 2014年，农业部农业机械化技术开发推广总站认真梳理各地和各部门的调研报告，提出的意见建议，在多次征求意见的基础上，明确新形势下科学开展农机推广与监理工作的新思路、新重点，在2014年9月召开的全国农机推广和农机监理站长会上，得到农业部领导、全国各级推广和监理机构的肯定，有效地统一认识，凝聚共识，增强信心，提振士气。

【适应新形势，加强农机推广工作的思路】 2014年，农业部农业机械化技术开发推广总站在坚定公益性定位、抓好系统建设、强化项目带动的基础上，以改革为动力，增强"技术立站意识"，突出"两个先行"，深化"三个融合"，通过机制和方法创新，提升推广服务能力和水平，促进先进、适用、安全农业机械化技术加快普及应用。坚持公益性定位、抓好系统建设、强化项目带动是基础，"技术立站意识"是前提，"两个先行"是抓手，"三个融合"是方向。突出"两个先行"即试验示范先行和技术培训先行。深化"三个融合"即深化创新推广机制与构建新型农业生产经营体系融合、农机与农艺融合、农业机械化与信息化融合。

【落实新农机推广工作新思路的重点】 一是积极转变推广方式，创新适应新型农业生产经营体系的推广机制和方法。要更加注重全程化机械化生产技术推广，要突出最佳适度规模；突出经济效益；要团结新形农业经营主体，促进"一主多元"新型推广体系建设。二是加大试验示范力度。要继续保持主要粮食作物生产机械化技术推广力度；要加快促进主要经济作物生产机械化发展步伐；要加强丘陵山区适用农业机械化新技术试验示范；要加强设施农业、林果业、畜牧业、渔业及农副产品加工业适用机械化新技术、新机具试验示范；要加强生态环保农业机械化技术推广工作力度。三是强化项目带动。积极推动一批重大、急需的农业机械化技术推广项目列入各级政府"十三五"规划。四是加强宣传培训。要提高培训的针对性,把培训新型农业生产经营主体负责人、技术骨干放在突出位置;要提高培训内容的实用性,丰富宣传培训形式,提高信息共享水平和宣传培训工作成效。

【顺应新要求,加强监理工作的思路】 2014年,农业部农业机械化技术开发推广总站坚持"安全第一、预防为主、综合治理"的方针,遵循"以人为本、预防事故、保障安全、促进发展"原则,以改革创新为动力,完善规章制度、加强体系建设、规范执法行为、提高服务能力,努力推进农机安全监理工作科学发展。重点是树立"红线意识",强化"两个创新",开展"两项活动"。牢固树立"红线意识"就是要把"人命关天,发展绝不能以牺牲人的生命为代价"作为一条不可逾越的红线,全力以赴、扎扎实实履行好农机安全生产监管职责。强化"两个创新"即加强农机安全监管长效机制创新和农机安全检测手段创新。开展"两项活动"即开展"平安农机"创建活动和农机安全生产隐患排查治理活动。

【落实新农机监理工作新思路的重点】 一是农业部农业机械化技术开发推广总站完善农机安全生产长效机制。积极推动全面落实"党政同责、一岗双责、齐抓共管""管行业必须管安全、管业务必须管安全、管生产必须管安全"的要求,进一步完善"政府主导、农机主抓、部门协作、社会参与"的农机安全监管长效机制。二是强化农机事故源头管控。深入开展农机"安全生产月"和"安全生产咨询日"活动,积极开展农机安全生产隐患排查治理活动,加大农业机械安全防护新技术推广力度,依法加强事故统计分析。三是深入开展"平安农机"创建活动。积极转变创建方式、调整创建内容、简化创建程序、提高创建效果,切实落实"六个一"的创建要求。四是着力提高监理装备和信息化水平。协助做好《2015—2020年农机安全鉴定保障条件建设规划》编制工作,加强农机安全检测手段创新,做好"金农工程"农机安全监管子系统的试运行,加快系统推广步伐。

【提高项目带动质量,加强技术规范和模式研究】 2014年,农业部农业机械化技术开发推广总站积极争取财政支持,发挥主要农作物生产机械化技术示范推广、优势农产品重大技术推广等项目的带动作用,以推广水稻机械化育插秧及机收、玉米机械化精少量播种及玉米机械化联合收获、油菜机械化直播与联合收获等关键技术为重点,加强技术规范和模式研究,奋力推进农业生产全程机械化技术推广工作,提升农业机械化生产质量。

【规范农业机械化试验示范项目申报和经费使用管理】 2014年,农业部农业机械化技术开发推广总站配合农业部农业机械化管理司编制《2015年农业技术试验示范专项经费(农机)项目指南》,举办项目实施培训班,组织专家对各地上报项目实施方案进行评审,为规范2015年农业技术试验示范专项经费(农机)奠定制度保障。

【规范主要农作物生产机械化示范项目实施】 2014年,农业部农业机械化技术开发推广总站完成"2012—2013年主要农作物生产机械化示范项目"验收工作,全国134个单位承担的项目全部通过验收。起草2015—2020年主要农作物生产机械化示范项目规划,为加强推进主要农作物生产机械化示范工作,推进主要农作物生产机械化奠定较好基础。着力提升项目实施质量,组织起草《主要农作物生产全程机械化示范项目实施规范》,举办主要农作物生产全程机械化示范项目实施培训班。着力提升项目申报和管理质量,编制2015年项目可行性研究报告和申报书,开发项目管理软件,为规范项目申报和管理奠定较好基础。

【加强主要农作物机械化生产模式研究】 2014年,农业部农业机械化技术开发推广总站组织全国7个省区实施主要农作物机械化生产模式研究,初步形成水稻规格化育秧、机械化插秧、机械化植保及机械化收获及烘干的机械化生产模式。初步形成适宜玉米一年一熟区和一年两熟区的机械化生产模式和技术路线,适宜一年一熟的玉米生产机械化技术路线为:机械化免耕播种→隔年深松→机械化收获→秸秆还田;适宜一年两熟的玉米生产机械化技术路线为:小麦机械化收获→秸秆粉碎还田→机械化免耕播种玉米→深松(2~3年一次)→机械化收获玉米→秸秆粉碎还田→机械化免耕播种小麦。举办主要农作物机械化生产模式研究,总结2013年度各示范点项目实施取得的成效,规范项目研究的内容和方法,部署2015年的项目工作。

【加强机油料作物生产全程机械化技术模式研究和推广工作】 2014年,农业部农业机械化技术开发推广总站加强油菜机械化生产技术交流与合作,规范油菜生产机械化技术推广,《油菜播种机作业质量》标准通过专家审查。初步形成以油菜机械化精量播种、机械联合收获为主的机械化轻简栽培技术模式,为加快推进油菜生产全程机械化奠定一定基础。

【强化技术集成】 2014年,农业部农业机械化技术开发推广总站完成水稻全程机械化区域服务中心建设项目,起草水稻生产机械化技术集成与示范项目任务书,制定2014年项目实施方案,召开水稻生产机械化技术集成与示范项目阶段总结交流会,项目实施进展顺利。

【加强试验示范,加快保护性耕作技术普及应用】 2014年,农业部农业机械化技术开发推广总站加强指导,举办2014年全国春耕生产农业机械化技术暨保护性耕作项目培训班,分组对项目开展督导调研,实地查看重点省份保护性耕作项目实施情况。广泛调研,起草保护性耕作技术创新与集成示范项目可行性研究报告,编制2015—2017年项目规划和2015年项目申报书,为加快推进保护性耕作技术普及应用奠定较好基础。

【积极推广丘陵山区适用农业机械化新技术创新与推广】 2014年,农业部农业机械化技术开发推广总站开展丘陵山区机械化技术试验示范项目,举办首次全国茶叶机械化生产和加工技术培训班,进行机械现场作业演示,为开发丘陵山区资源积累经验,发挥积极的推动作用。在成功研制山地双向拖拉机、丰富丘陵山区机械化动力机械品种的基础上,开展并完成双向山地拖拉机及耕作技术的中试与示范项目,取得较好效果。

与陕西省农业机械管理局联合举办丘陵山区农业机械化技术交流会，举办丘陵山区适用农业机械现场演示。

【加大机械化秸秆还田等新技术的推广力度】 2014年，农业部农业机械化技术开发推广总站针对东北、华北地区农作物秸秆还田量大、机械化精量播种难、适用机具少的现状，开展玉米免耕播种机的试验示范，通过机具性能测试、可靠性考核、产量测定等工作，为有关企业进一步完善机具性能、提高机具可靠性提出合理化改进意见，促进企业产品熟化和质量提升。

【创新推广畜禽废弃物机械化处理技术】 2014年，农业部农业机械化技术开发推广总站加强与有关企业合作，开展病死动物无害化处理技术及设备的试验示范，制订工作方案，开展试验点实地调研，举办病死动物无害化处理技术培训班和现场观摩演示活动，得到农业部农业机械化管理司、畜牧业司和兽医局领导的高度重视，也吸引《中国农业信息网》《农民日报》等媒体以及养殖企业的共同关注，促进病死动物无害化处理技术及装备的推广和应用。

【深化联合协作，不断拓宽服务领域】 2014年，农业部农业机械化技术开发推广总站深化国际农业机械化技术推广合作与交流，积极引进国外先进技术。继续实施中德现代化示范农场项目，3名同志赴德国磋商中德现代农业示范农场项目，与德方就落实项目任务达成共识。组织开展中德第四届“田间日活动”，与德国农业协会联合筹办中德现代化示范农场项目成果新闻发布会，取得成功，为第二期中德现代化示范农场项目的顺利开展创造良好环境。

【加强与社团合作】 2014年，农业部农业机械化技术开发推广总站探索以展会为平台开展农业机械化技术推广的新模式。与中国农业机械流通协会合作，在2014年中国国际农业机械展览会期间开展农业机械化主推技术现场演示活动暨培训班，效果明显。

【加强企业的合作】 2014年，农业部农业机械化技术开发推广总站为企业创新技术、完善机具提供服务取得较好社会和经济效益。为探索规模经营机械化生产模式，与福田雷沃、中联重科签署框架协议和技术服务合同，合作共建“机械化生产示范农场”，探索适度规模全程机械化技术工艺路线、技术要点、机具配套及操作规程，为实现规模化经营、全程机械化生产提供技术支持。充分利用自身优势，与吉林康达等企业合作，通过实验示范，为企业创新、完善机具和技术提出意见建议。

【着力推动科学开展农业机械化技术试验示范工作】 试验示范是农业机械化技术推广工作的重要手段，为提升农业机械化技术试验示范工作的科学性、规范性，2014年，农业部农业机械化技术开发推广总站组织调研起草《农业机械化技术试验验证办法》，为科学、规范开展农业机械化技术试验示范工作奠定坚实基础。

【为加强农业机械化技术推广机构建设创造良好环境】 2014年，农业部农业机械化技术开发推广总站组织力量广泛调查研究，完善《基层农技推广机构基础设施建设标准》，形成标准送审稿。

【着力加强农业机械化技术人员培训】 2014年，农业部农业机械化技术开发推广总站组织编撰《农业机械化技术推广人员读本》，2015年初公开出版发行，为提高农业机械化技术推广人员培训水平奠定较好基础。举办农业机械化技术推广人员培训、农机推广骨干培训、全国“三秋”农业机械化技术培训等多项培训，全国农机推广信息员培训班，累计培训全国农业机械化技术推广骨干400多人次，有效提升基层农机推广人员业务素质和工作能力。

【及时掌握系统建设情况，提高系统建设科学性】 2014年，农业部农业机械化技术开发推广总站进一步加强全国基层农技推广体系管理信息系统填报工作，完成2014年全国农业机械化推广情况、教育培训情况的统计汇总和分析上报工作，及时掌握各地农业机械化技术推广应用情况。

【完善农机安全生产责任机制】 2014年，农业部农业机械化技术开发推广总站积极推动各地将农机安全生产控制考核指标分解到各级人民政府并纳入地方政府考核范围，进一步强化地方政府及农业机械化主管部门的安全生产监管职责，使农机监理工作与农业机械化工作同部署、同推进、同考核，基本建立农机安全生产与监理工作考评体系，初步形成农机安全生产属地管理常态化局面。

【进一步完善监理工作规范】 2014年，农业部农业机械化技术开发推广总站组织起草《拖拉机安全操作规程》《谷物联合收割机安全操作规程》和《农业机械机身反光标识》三个标准，并经专家审定通过，已批准发布为农业行业标准，为进一步规范拖拉机联合收割机驾驶操作人员的操作行为，预防和减少农机事故的发生，加强农机安全监管提供技术支撑。组织编纂《农机安全监理法规文件汇编》和《农机安全标准汇编》，收录截至2013年底公布实施的农机安全监理相关政策法规100余篇、安全标准70项，全面反映当前全国农机安全监理法规标准建设的现状，为各级农业机械化主管部门、农机安全监理机构及农机生产使用者等有关单位和个人了解、查询农机安全监理法规提供有效渠道。编印《农业机械事故案例》，汇总各类农机事故200余起，描述每起事故发生的经过，深入分析事故原因，给出避免同类事故的安全提示，对于避免和减少同类事故重复发生发挥积极作用。

【积极探索农机安全监理政策性保险实施机制】 2014年，农业部农业机械化技术开发推广总站为做好《农业保险条例》实施工作，组织人员赴上海、江苏、陕西、四川、湖南、湖北等地开展保险调研，探索农机具政策性保险实施途径，促进监理工作环境进一步优化，创新免费安全监管的新机制。

【聚焦热点，加强调查研究，完善专项安全监理工作规范】 2014年，农业部农业机械化技术开发推广总站针对近年来微耕机致人伤亡事故频发问题，配合农业部农业机械化管理司对甘肃、青海两省微耕机安全生产情况开展调研，深入了解产品结构及质量问题、安全使用问题，分析事故引发原因，协助农业部农业机械化管理司印发《关于加强微耕机安全生产工作的通知》，组织各地开展质量调查、规范推广鉴定、做好操作培训、强化安全监理、优化市场环境，为预防和减少微耕机事故发生，保护人民生命财产安全创造良好环境。

【为农机安全建设机构条件建设创造良好条件】 2014年，农业部农业机械化技术开发推广总站参与起草编制《农机安全检测鉴定保障条件建设规划(2014—2018年)》(审定稿)已在农业部农业机械化管理司司务会上获得通过，为争取中央财政更大的支持奠定基础。

【改善基层农机监理机构的装备条件】 2014年，农业部农业机械化技术开发推广总站完成农机具移动式安全检测装备项目78个县的检测装备发放工作。并通过多方协调，利用结余资金和部分预备费新增7个建设县，项目建设县由108个达到115个，购置检测装备的资金达到项目建设总经费的97%，当前该项目的检测装备发放工作全部完成。举办两期移动检测装备技术培训班，培训县级农机安全监理技术骨干人员200名。项目带动全国各地监理装备建设资金投入3亿多元，为改善基层监理机构的装备水平，提升农机安全隐患排查能力发挥显著效果。

【提升登记信息管理效能】 2014年，农业部农业机械化技术开发推广总站积极落实农业部有关要求，在江苏、湖南开展登记信息采集试点，探索信息采集的方法和信息管理方式。登记信息库系统试点完善后将在全国统一使用，有利于进一步加强拖拉机、联合收割机行政审批登记业务管理，规范登记信息资料采集行为；起草《拖拉机联合收割机注册登记信息库管理暂行办法》，开发拖拉机联合收割机理论考试系统，进一步优化题库结构，完善考题内容，提高考试系统运行速度；与盐城市农业机械安全稽查大队共建农机安全监管服务创新试验示范基地。

【开展安全生产月活动，营造农机安全生产的良好氛围】 2014年，农业部农业机械化技术开发推广总站贯彻落实国务院安全生产委员会《关于开展2014年全国“安全生产月”和“安全生产万里行”活动的通知》，成立检查组分赴广西、山西、河北、湖南督导农机安全生产月活动开展情况；根据农业部农业机械化管理司要求设计印刷《拖拉机安全操作挂图》并免费发送给驾驶操作人员，进一步营造农机安全生产的良好氛围。

【开展“打非治违”专项行动，确保安全生产】 2014年，农业部农业机械化技术开发推广总站组织各级农机监理机构按照《农业部打非治违专项行动实施方案》要求，认真部署，周密安排，严查各种违法违规行为。按照农业部农业机械化管理司要求，赴福建、陕西等省开展“打非治违”专项行动督导检查，对专项整治行动工作情况、“平安农机”建设、“为农民服务”活动开展情况和安全生产大检查工作情况进行督导、检查。

【加强培训，提升农机事故应急处置能力】 2014年，农业部农业机械化技术开发推广总站协助农业部农业机械化管理司成功举办农机安全应急管理培训班，围绕农机安全生产形势任务、应急预案管理、突发事件应对处置、事故处理与救援等相关内容开展培训，提升农机事故应急处置能力。同时，指导各地加强农机事故勘查、事故认定和应急救援工作，进一步规范事故应急处理的程序，提高应急救援能力水平；进一步扩大安全生产防护性能提升试点，结合“打非治违”专项行动，在内蒙古、河北、新疆兵团开展试点工作，推广安全技术，为拖拉机等农业机械粘贴反光标识，农业机械因缺失反光装置而引发的事故明显减少。

【积极参与改进农机补贴政策顶层设计】 2014年，农业部农业机械化技术开发推广总站积极参与农机购置补贴政策调研，为完善农机购置补贴政策建言献策。为全面总结农机购置补贴政策实施10年来的经验，研究新情况、新问题，加强顶层设计，实化末端治理，进一步提高农机购置补贴政策的精准性和指向性，使之更加廉洁高效、便民利民，根据《农业部农业机械化管理司关于开展农机购置补贴补贴调研的通知》(农机产〔2014〕118号)等要求，分赴江苏、河南、安徽、山东、青岛、湖南、甘肃等地，开展实地调研，完成多份调研报告，为完善农机购置补贴政策提出多项建设性意见。起草《2015年农业机械购置补贴可行性研究报告》，明确补贴区域布局、实施重点、补贴内容与规模和组织实施方式，为2015年补贴政策实施提供基础。参与《2015年农业机械购置补贴实施指导意见》制定和2015—2017年国家支持推广目录初审和综合审议等工作。

【参与分类分档和补贴额测算工作】 2014年，农业部农业机械化技术开发推广总站协助农业部农业机械化管理司完成2014年、2015年通用类和部分非通用类农业机械分档办法和中央财政资金最高补贴额一览表确定工作，引导农机产品提高适用性、可靠性，逐渐减少农机产品型号，优化产品结构，提升市场竞争能力，使购机者有更清晰的选择性。

【完善农机购置补贴管理手段】 2014年，农业部农业机械化技术开发推广总站协助农业部农业机械化管理司对2013年农机购置补贴管理软件系统进行改版升级，开发适合全价购机的新版农机购置补贴管理软件系统，对各省导入的农机购置补贴产品归档信息进行审核批复。组织湖南等省软件系统管理专家，对软件系统开发公司开发的2015年软件系统功能开发情况进行研讨，提出完善优化的建议。

【完善补贴产品档案管理提高档案管理质量和效率】 2014年，农业部农业机械化技术开发推广总站按照产品归档信息准确、全面、安全，填报过程简单、便捷、直观的原则，研发2014年农机购置补贴统一分档产品主要归档信息填报系统软件，利用技术手段，提高企业填报的电子信息与纸质材料的一致性，实现企业的填报产品归档信息导出、汇总功能，便于后期专家评审使用和产品归档信息查询分析。2014年完成两批归档参数产品统一归档工作，处理企业邮寄纸质材料近500份，电子邮件近400封，接听企业来电1 500多个。统一归档工作的开展，大大节省企业的申报时间和成本，降低各省归档工作强度，促进农机购置补贴政策实施更加公平、公正、透明、公开。

【积极参与农机补贴实施情况监督检查】 2014年，农业部农业机械化技术开发推广总站积极推进规范农机购置补贴投诉受理。通过整理分析总结规律性问题和农民反映的突出问题，起草《农机购置补贴投诉受理规程(草稿)》，为规范农机购置补贴投诉受理工作提供依据。

【协助处理投诉举报，保护农民和企业的合法权益】 2014年，农业部农业机械化技术开发推广总站配合农业部农业机械化管理司认真做好补贴政策咨询、投诉受理，妥善解决农民、企业反映的有关问题，及时开展汇总投诉及举报案件的查证核实工作，2014年以来，共接到农机购置补贴政策咨询及投诉电话50余条，信函及网络投诉10余件，有效保护投诉农民和企业的合法权益。

【规范农机购置补贴绩效管理考核】 2014年，农业部农业机械化技术开发推广总站协助农业部农业机械化管理司规范农机购置补贴绩效管理考核，提高政策实施绩效。为全面总结农机购置补贴政策实施10年来的经验，研究新情况、新问题，加强顶层设计，实化末端治理，进一步提高农机购置补贴政策的精准性和指向性，到江苏、安徽、山东、青岛、湖南、甘肃等地，开展实地调研，起草《省级农机购置补贴信息公开专栏抽查流程》，为开展绩效考核提供依据。为做好绩效考核工作，组织纪检监察、财务、项目管理、农机试验鉴定、农机技术推广等部门专家，召开2014年农机购置补贴政策延伸绩效管理评审会，制定工作计划，组织全国省级农机购置补贴信息公开情况抽查，克服高寒、高海拔缺氧困难，出色完成赴西藏、青海等地的农机购置补贴政策落实监督检查任务。

【高质量编印宣传培训材料】 2014年，农业部农业机械化技术开发推广总站依据《2014年农业机械购置补贴实施指导意见》和农机购置补贴相关政策文件，设计全价购机和差价购机两种方式的《农机购置补贴申请程序挂图》。严格按程序操作，邀请招标，印制、发放《农机购置补贴申请程序挂图》20万张，免费发送至全国各级农业机械化主管部门、所有补贴机具经销商和所有乡镇，为规范落实农机购置补贴政策创造较好环境。

【加强政策实施培训】 2014年，农业部农业机械化技术开发推广总站配合农业部农业机械化管理司，编印农机购置补贴政策汇编和2014年农机购置补贴管理软件系统操作手册两种培训教材，促进2014年国家农机购置补贴政策有效落实。

【积极开展农机购置补贴管理人员培训】 2014年，农业部农业机械化技术开发推广总站组织开展全国农机购置补贴管理软件系统省级管理员培训，结合2014年农机购置补贴政策，详细介绍2014年新版农机购置补贴管理软件系统的功能及使用方法，并进行上机操作练习，进一步提高省级系统管理及操作人员工作质量和水平；按照农业部农业机械化管理司部署和分工，在2014年基层农机补贴管理人员培训班上培训2014年农机购置补贴管理软件系统的功能、各级人员权限及操作内容、方法和步骤，培训近3 000人。

【深入推进群众路线教育实践活动，改进作风】 2014年，农业部农业机械化技术开发推广总站严守“八项规定”，保持清正廉洁。贯彻中央“八项规定”和《总站贯彻落实中央改进工作作风八项规定具体措施》，积极转变文风、会风，落实厉行勤俭节约、杜绝奢靡浪费等要求，“三公经费”较2013年节约10%以上。落实中央新精神，严格按规定制定农业部农业机械化技术开发推广总站办公用房整改方案并推动落实，规范公车管理和公务接待，制(修)定《公车管理制度》和《公务接待管理办法》。严格要求，杜绝公款送礼、宴请和违规发放福利。进一步规范收入分配管理，制定《2014年增收节支和绩效工资管理办法》，明确全体人员的绩效工资系数和核算办法。积极协调，进一步改善办公条件，落实45台电脑的采购和分配，全部更换全站超期服役的电脑。

【加强干部培养，优化队伍】 2014年，农业部农业机械化技术开发推广总站引进新生力量8名，其中，应届高校毕业生3名，社会工作人员6名，有6人已经入职，2名将在近期入职。加强技术人员培养，1名同志参加农业部组织的“接地气　察民情”活动，有6名同志参加正高级职称评审，新聘任2名中级技术人员，参加农业部组织的各类人才培训11人次；组织青年干部到农机企业考察，拓展青年干部的视野。关心青年干部的实际困难，为青年干部解决单身宿舍，调动他们爱岗敬业的积极性主动性。

【改进调研作风和文风，带动学习型总站建设】 2014年，农业部农业机械化技术开发推广总站围绕行业发展思路方向问题，开展行业大调研，明确行业发展的思路方向；认真落实领导干部基层联系点制度，完成领导干部基层联系点调研报告4篇；针对农机推广和安全监理重大问题，开展马铃薯生产机械化、油菜生产机械化、农机购置补贴政策等调研工作。

农业机械化科研

农业部南京农业机械化研究所

【概况】 2014年是农业部南京农业机械化研究所建所80周年，是完成“十二五”规划目标任务的重要一年，也是创新工程试点推进和改革发展年。在农业部的关怀下，在中国农业科学院的正确领导下，农业部南京农业机械化研究所坚持以习近平总书记系列讲话精神为指导，全面深化改革，深入贯彻党的“十八大”提出的创新驱动发展战略，依托中国农业科学院科技创新工程试点实施，围绕建设农业机械科研强所的目标，以机制创新、科技创新、人才团队建设、科研条件建设和国际合作为抓手，加快改革发展步伐，开拓创新、扎实工作，各项事业全面发展，圆满的完成了各项工作任务。

围绕创新工程试点，推动科技创新各项工作开展

【项目管理稳中有为】 2014年新增省部级项目立项29项，新增纵向立项经费4 640万元，其中留所可支配经费4 218万元，2014年农业部南京农业机械化研

究所纵向到账可支配经费为3 293.9万元。全所共承担各类纵向项目129项，其中主持72项，包括各部委项目40项，省市项目32项。通过强化项目管理和实施跟踪，取得了系列突破。

一是在花生机械化生产装备技术领域：全秸秆覆盖免耕播种技术取得突破性进展，为破解麦茬全秸秆覆盖地机械化免耕播种难以及秸秆焚烧等难题提供了有力技术支撑和设备保障；四行半喂入花生联合收获技术趋于成熟，有望为我国花生机械化高效收获需求提供有力技术支撑；创制出国内首台八行捡拾花生联合收获机，填补了国内空白性技术成果，有望打破美国花生捡拾联合收获技术垄断。

二是在棉花机械化收获装备技术领域：4MZ—2.6型复指杆式采棉机取得阶段性进展，已形成拥有自主知识产权的系列核心技术，在棉花统收式机采棉收获技术上处于行业领先地位；4MZ—3型刷辊式采棉机取得突破性进展，解决了长江、黄河流域棉区生产难题，可满足各棉区轻简收获需求；MQZ—4型籽棉场上预处理机投入生产考核效果显著，推进了三大棉区棉花生产全程机械化。

三是在油菜收获机械领域：高产油菜高效低损失割晒技术取得突破性进展；油菜高效低损失捡拾收获技术取得突破性进展；油菜分段收获装备研制取得突破性进展，解决了国外油菜生产所不会遇到的、进口收获机械所不能解决的一年两熟、三熟制的轮作移栽油菜的切割、输送、铺放、捡拾收获的难题，达到世界先进水平，填补国内空白；开发了4LZ—2.0型全喂入横向轴流双滚筒履带自走式联合收割机，性能指标达到或超过国家标准，已通过小批投产鉴定。

【科技创新工程深入推进】 2014年，农业部南京农业机械化研究所大力推进科技创新工程实施，完成创新工程试点研究所任务书、试点研究所实施方案、创新工程实施进展、创新工程科研团队经验总结、第1批试点研究所绩效任务书、每周要情、在线管理等工作；召开"现代院所建设暨创新工程试点推进会"，组织首席参加中国农业科学院、中国科学院创新工程能力培训；开展制度建设和启动年研究所绩效自评工作；积极组织"农业机械化技术系统优化与评价""农产品分级与贮藏装备"及"特色农产品干制与加工装备"3个科研团队申报第3批创新工程，并顺利进入院试点。

【成果培育效果良好】 2014年，农业部南京农业机械化研究所潜心培育和规划资源，获得各类省部级奖项6项，其中"根茎类作物联合收获机"获第十六届中国专利优秀奖；"高效减量精准施药技术与机具研发应用"获中华农业科技一等奖；"高附着喷雾施药关键技术研发与应用"获江苏省科学技术三等奖；"农业航空生物植保技术集成及示范应用"获江苏省农业丰收二等奖；"农业航空生物植保技术集成及示范应用"获南京市科技进步二等奖；"低地隙智能型多功能茶园管理复式作业机"获盐城市科技进步一等奖。

农业部南京农业机械化研究所完成科技成果鉴定及项目验收结题11项，其中通过农业部科技成果鉴定4项，完成12项项目中期或年度检查。完成2006—2013年中国农业科学院基本科研业务费项目验收意见和结题报告上报工作；2013年度中国农业科学院基本科研业务费增量项目全部结题。全年申请专利76项，已获专利授权58项，其中授权发明专利22项。发表论文82篇，SCI、EI等收录15篇。

【科技平台建设稳步推进】 顺利开展农业部现代农业装备重点实验室"学科群"条件能力建设；召开了现代农业装备"学科群"重点实验室条件建设项目启动暨项目可行性研究报告论证会议；大力推进2014年度农业部现代农业装备综合性重点实验室开放课题工作及学科群基础性工作；中国蔬菜协会机械化分会挂靠在农业部南京农业机械化研究所，农业部南京农业机械化研究所当选为全国机械行业现代农机装备人才培养联盟理事单位、中国农业机械化协会设施农业分会副主任委员单位及国家食用菌装备产业技术创新战略联盟副理事长单位等。

围绕全国农机化发展需求，积极构建成果转化和服务体系

【转化类项目取得突破】 申报的2015年度农业技术试验示范项目"全秸秆覆盖地小麦复式耕种作业技术示范推广"获批立项，实现在财政推广立项2连贯的目标，探索出了财政重点科研推广的成功之路。完成科技部、农业部科技成果转化项目验收2个，及1个转化项目的中期监理。

【成果转化成绩斐然】 2014年，与常熟市人民政府签署战略合作协议，在常熟设立现代农业装备技术应用中心；与盐城市经济开发区签署了《共同推进盐城农业装备产业园建设合作协议》、与江苏省农垦集团有限公司签署战略合作框架协议、与中国农业科学院棉花研究所签署《轻型机采棉技术合作协议》，与无锡威孚精密机械制造有限公司共建"液压技术研究中心"，积极参与农业部及中国农业科学院等交流洽谈活动，洽谈项目22个，实现技术与专利转让收入180万。获中国专利优秀奖1项、获"江苏省第六届杰出专利发明人"1项、获第十六届中国高交会优秀产品奖3项。

【成果展示推广力度加大】 2014年，农业部南京农业机械化研究所拓宽成果展示渠道和途径，不断加大成果展示推广力度。成果展示中心完工并投入使用，展示效果得到了外界与全所广大职工的好评；植保无人机"扁担"在"中国国际高新技术成果会"受到中央政治局常委、国务院副总理刘延东的高度肯定，全秸秆覆盖地免耕播种机在第十八届中国（廊坊）农产品交易会及"2014年小麦秸秆处理技术和机具现场演示会"上受到一致好评。

【农机社会化服务深入发展】 2014年，结合农业部南京农业机械化研究所"农机313工程"，组织各学科科研人员在全国广泛开展"油菜全程机械化高效生产模式示范"、高效设施农业机械化生产技术、装备服务"三农"现场会、低空低量航空施药技术示范培训等活动，扎实推进服务三农工作。

国家植保机械和机械工业旋耕机机械检测中心行业服务能力不断提升，完成全年产品质量监督检验检测工作407批次和委托检验任务80批次，服务收入共计205万元。设计院连续第三年收入超700万元，业务领域进一步拓宽，设计、咨询成果全行业多项排名前三。

完成2014年全国农机推广骨干人员培训班，来自20多个省市自治区83人的培训工作；完成东盟国家水稻全程机械化技术培训班，来自8个国家18位学员，当选为全国机械行业现代农机装

备人才培训联盟第一届理事单位，切实提升农业部南京农业机械化研究所行业影响力。

充分发挥积极性和主动性，合作交流取得实效

【国际合作与交流扎实推进】 2014年，积极开展国际合作，先后与以色列、阿联酋国家对接合作项目7项。举办第六届精准农业与航空施药技术国际学术研讨会，给国内外农业航空科技工作者提供了良好的交流平台，推动我国农业航空健康发展。积极组织科研人员参加国际农业与生物系统工程学会（GIGR）第十八届世界大会及2014中国（国际）生物质能源与生物质利用高峰论坛等国际性会议并作学术报告，将国际合作与交流落到实处。派出的科研人员圆满完成援非任务。

【学术交流氛围更加活跃】 2014年，农业部南京农业机械化研究所组织各类学术活动16次，主办“纪念钱浩声先生诞辰110周年植保机械学术研讨会暨所庆80周年活动”；承办了“现代农业智能装备现状及展望学术报告会”“生物质能源产业科技创新发展高层论坛暨2014年度联盟理事会”“茶产业发展与科技创新学术报告会”“棉花机械化技术学术报告会”等全国性重要学术会议。组织专家多次参加国内外重要学术研讨会，学术氛围日趋活跃。

强化人才团队建设，人才培养和引进取得实效

【青年人才培养与高层次人才引进两手齐抓】 与奇瑞重工（中联重机）建立了青年人才培训长效机制并组织3批参加培训，组织各部门骨干参加各类培训，积极推动高层次人才引进工作，目前已明确了1名引进对象，正在根据程序推进后续工作。

【人才队伍平台建设取得突破】 中国农业科学院博士后流动站新增“农业工程”一级学科，结束了农业部南京农业机械化研究所依托“博士后科研工作站”与大学联合招收博士后的现状，对充实农业部南京农业机械化研究所创新工程科研流动岗和高学历人才引进的后备队伍具有重要意义。2014年1人获得江苏省第四期“333工程”第二层次科研项目经费资助，高层次人才队伍建设取得成效。

【研究生培养日渐完善】 完成2014年全日制博硕士及农业推广硕士的日常工作，召开2014年研究生学位评定委员会会议，完成研究生会换届，编制完成2015年度所博硕研究生招生目录，编写《农机化工程技术讲座》课程教学大纲与教学计划，并以专题讲座形式组织授课，与南京工程学院达成联合培养硕士研究生意向并完成首批所内导师遴选工作，完成了农业部南京农业机械化研究所首位博士后出站考核工作。

农机工业与流通

中国农业机械工业

接受政府部门委托 积极开展政策研究

【概况】 2014年以来，在国务院国有资产监督管理委员会、民政部、中国机械工业联合会的业务指导和管理监督下，在国家发展和改革委员会、工业和信息化部、农业部、商务部等国家部委的大力支持下，中国农业机械工业协会积极推动形成农机工业发展的政策合力，积极开展行业、政策研究，根据政府相关部门的委托，积极开展政策研究，为实施创新驱动建言献策，并提交相关方案。

【向工信部提交《关于"推动高端农业装备发展"的工作方案》】 中国农业机械工业协会在工信部推动高端农业装备发展会议上做《加快高端农业装备自主研发，提升农机制造水平》发言，并根据会议要求提交《关于"推动高端农业装备发展"的工作方案》，工作方案就方向确定、手段组合、方式创新、具体措施、结果评价进行系统研究和分析，提出设立"农机工业发展专项资金"、项目资金采取多元化投入模式、整合有效资源构建高端农业装备发展平台等具体措施和建议。

【向工信部提交《"现代农业装备与粮食保障工程"项目实施方案》】 为加大农业机械工业技术改造的支持力度，不断提高制造工艺、装备和企业经营管理水平，积极扶持和发展我国农机工业，挖掘农业机械化潜力，方案根据工业和信息化部要求，就工程实施的必要性和重要意义、工程实施的总体目标、工程实施的主要内容、政策措施建议四个方面进行全面论述，并就重点投资方向和估算总投资提出《技术改造重点投资方向建议表》。

【配合工信部开展摸底调查，提交《推进甘蔗机械产业化方案》】 根据国务院领导指示精神，按照《关于研究广西甘蔗生产机械化相关问题的会议纪要》(发改办农经〔2014〕2505号)意见，由工业和信息化部会同农业部对国内甘蔗收获机械生产企业及其产品进行摸底，提出集中研发攻关的方向和产业化意见。在中国农业机械工业协会的配合下，工业和信息化部装备工业司组织调研组赴广东、广西甘蔗生产及甘蔗生产机械生产企业、甘蔗机械化关键技术试验示范基地、农机服务公司、制糖企业等现场开展实地调研，在调研的基础上，协会完成《关于甘蔗生产及甘蔗生产装备情况的调查报告》《推进甘蔗机械产业化方案》(建议稿)并上报。建议在基本保障国家糖业生产安全的基础上，针对甘蔗生产全过程，尤其是基础薄弱、机械化程度低的种植和收获两个关键环节，重点开发推广一批急需的技术装备和产品，完善技术创新体系，提升创新能力，突破一批关键共性技术，推动先进成熟技术产业化应用和推广。

【启动农业机械行业"十三五"发展规划研究工作】 根据工信部《关于委托开展农业机械行业"十三五"发展规划研究的函》和中机联组织召开机械工业"十三五"规划编制工作启动会的安排，结合当前经济形势和国际产业发展趋势，针对行业发展状况和市场需求，分析研究我国农业机械行业"十二五"发展现状及存在的问题，启动"十三五"发展规划工作，提出"十三五"期间农业机械行业发展的战略思路、发展目标、主要任务、应对措施及政策建议。为了使规划编制过程真正成为汇聚民智、体现民意的过程，协会面向全行业征集农机工业"十三五"发展规划编制专家人选，目前拖拉机、农机具、收获机、种植移栽机械、农副产品加工、排灌机械、植保机械、种子加工设备、烘干机械、畜牧业机械、山地丘陵农机等推荐专家工作已基本落实，近期将召开规划编制工作启动及专家研讨会，并于年底之前完成规划编写大纲。

【参与国家项目的建议和评审】 参与工业和信息化部关于深化实施国家知识产权战略的指导意见的讨论修改；参与国家发展与改革委员会"国家级企业技术中心"的评审；参与农业部组织的《2015—2017年国家支持推广的农业机械产品目录》评审工作。

加强行业调查研究
积极反映企业诉求

【概况】 中国农业机械工业协会通过以调查研究为基础，以促进行业发展为目的，以政策建议等为手段，倾听企业心声，反映企业诉求，积极为行业服务。

【就全国人大、全国政协代表提案提出意见和建议】 关于全国人大第4411号提案（王金富代表）“关于推广烘干技术保障收获后粮食安全的建议”的意见；关于全国人大第5213号提案（赵剡水等7名代表）“关于加快我国民族农机工业发展的建议”的意见；关于全国人大第7251号提案（张楀代表）“关于调整相关政策重视和支持甘薯产业发展的建议”；关于全国人大第7539号提案（姜卫东等10名代表）“关于设立农机装备自主化工程专项的建议”的意见；关于全国人大第9734号（王金富代表）“关于维护正常市场秩序的建议”的意见；关于全国政协第1041号提案（左宗申代表）“关于加快发展大型高端农机装备制造业的提案”的意见。

【向工信部提交多项意见和建议】 提交《关于推进“三农”工作的政策建议》；提出《重大技术装备进口税收优惠政策的修订意见（农机）》，其中《国家支持发展的重大技术装备和产品目录（2014年修订）》建议取消2项，部分内容调整4项；《重大技术装备和产品进口关键零部件、原材料目录（2014年修订）》建议取消1项，部分内容调整2项。在相关分会的配合下，提交《农业机械行业环保现状及建议》；就国家《移动源大气污染防治》提出修改建议；提交《关于“〈2015—2017年国家支持推广的农业机械产品目录〉申报指南”的意见及建议》；上报《关于糖料蔗生产全程机械化主要开展的工作内容及下一步工作安排》；根据工信部“工外函〔2014〕237号”函，提交《关于白俄罗斯与中方联合研制生产大马力拖拉机事宜》；提交《“关于扶持黑龙港流域地区发展的建议”的意见（农机）》；上报《关于富亿牌拖拉机无法上牌照问题的说明及建议》；根据工信部要求，就机械工业信息研究院“装备制造业IPC分类映射项目”提出建议，并在专利抽样表中标出不属于农机行业的专利、提出行业中具有代表性的企业等。

【就农机进出口等事项向国家相关部委反映行业诉求】 上报商务部西亚非洲司《关于农机出口非洲事宜》，就农机行业出口情况、农机行业出口重大项目、农机行业的出口优势分析、农机行业出口非洲计划和要求，并结合出口非洲的相关政策建议，提出需要国家给予哪方面的政策支持进行阐述和分析。就《农机工业高端产品国产化遭遇境外竞争对手打压问题》上报商务部，并提出如何更好地利用购机补贴助推自主产业升级需妥谋良策、农机行业研发试验体系亟待加速建设等建议。提交海关总署关税征管司关于就中国东盟自贸区产品特定原产地规则（农机）的意见反馈。就商务部WTO框架下的环境产品清单提出行业意见，并对“环境产品”定义和范围提出意见和建议。就商务部《外商投资产业指导目录》提交修改意见和建议。

【向国家发展和改革委员会、财政部和农业部提出多项建议】 就推进农机购置补贴政策改革，加强政府的宏观调控和引导，向国家发展改革委员会和农业部就国家农机具购置补贴政策提出建议；为了推动农机产品质量和水平的提升，向国家发展和改革委员会提出加强农机核心竞争能力建设的建议；由于农机是服务“三农”的产品，多数为微利产品，协会向国家财政部和税务总局提出农机企业所得税返还的建议。

提升行业工作水平
准确定位做好服务

【做好2014年度“拖拉机和联合收割（获）机准入公告管理”工作】 根据工业和信息化部办公厅《关于组织开展2012年度联合收割（获）机和拖拉机行业准入公告申报工作的通知》（工信厅装函〔2012〕290号），今后年度申报工作均按照通知所要求程序办理。2014年，各省、自治区、直辖市及计划单列市、新疆生产建设兵团工业和信息化主管部门于8月15日前将初审合格并汇总后的准入公告申请企业推荐名单和准入公告申请书报送工业和信息部，中国农业机械工业协会继续承担2014年度的拖拉机和联合收割（获）机准入公告管理工作。2014年准入公告新申报企业11家，加上2013年度已申报，由于试验缺项补做的企业3家，共计14家，其中联合收割（获）机准入公告申报企业共计9家，拖拉机准入公告申报企业共计6家。11月28日在北京召开了2014年度联合收割（获）机和拖拉机行业准入公告申报材料评审会，根据专家评审结果，向工业和信息化部提交符合《联合收割（获）机和拖拉机行业准入条件》企业名单（第三批）（建议稿），近期将在工业和信息化部网站进行公示。

【组织行业项目、产品推荐，为企业积极争取国家政策支持】 一是根据《工业和信息化部办公厅关于推荐新时期重大技术装备项目的通知》（工信厅装函〔2014〕75号）的要求，中国农业机械工业协会围绕支撑国民经济建设和社会发展，服务现代农业，满足国家经济转型升级和战略性新兴产业培育发展需要的“新型、大功率农业装备”，组织了本行业重大技术装备项目的推荐。二是根据工业和信息化部工运行函〔2014〕25号《关于协助做好〈中国应急产品推荐指南〉有关工作的通知》，中国农业机械工业协会负责组织、整理并上报农机行业内病虫害防治设备、农田应急装备、应急发电设备、防汛抗旱产品等应急产品的推荐。共计上报38家企业，近200种产品。三是根据工业和信息化部印发《关于开展2014年工业强基专项行动的通知》（工信部规〔2014〕95号），为提升农机工业关键基础材料、核心基础零部件（元器件）、先进基础工艺和产业技术基础发展水平，中国农业机械工业协会组织、整理并上报农业装备强基工程重点投资方向，主要项目包括高性能传动胶带、农业装备智能控制系统、动力换档及无级变速制造技术、高端农机用液压件智能化控制、农业机械试验研究公共平台等。四是在《重大技术装备首台套推广应用目录》增加新型、大功率农业装备的内容，产品包括智能化重型拖拉机、多功能纵轴流大型谷物联合收割机、自走式采棉机、甘蔗联合收割机、大型自走式施药机械。

【加快中国农业机械行业信用体系建设，完成2014年（第八批）中国农机行业企业信用等级评价】 一是为加快中国农业机械行业信用体系建设进程，根据《中国农业机械行业信用评价实施细则》和《中国农业机械行业信用信息管理办法》，对申报2014年（第八批）信用等级的企业进行了"独立、公正、客观、科学"的评价。截止2014年11月31日，第八批共确认申报18家企业。经初审、专家评审及会审等评价程序，拟授予辽宁现代农机装备有限公司等4家企业为AAA级信用企业，哈克(邯郸)农业机械装备制造有限公司等10家企业为AA级信用企业，山东雷鸣重工股份有限公司等4家企业为A级信用企业。截至2014年底，信用等级企业共有223家。二是修订信用评价管理办法和评价指标体系。对三年试点工作进行总结，在总结基础上对有关文件做了修订，修订的文件有:《农机行业信用信息管理办法》《农机行业信用等级评价指标体系》《农机行业企业信用等级评价申报书》《农机行业信用等级评价实施细则》等文件，拟提供协会常务理事会讨论通过，目的是满足对一般企业申报的需求，适应网上申报管理的需要。三是完善"农机行业信用评价评审专家"队伍建设。为加快推进全国农机行业企业信用等级评价工作，更多地发挥行业、企业和相关单位的参与监督作用，经研究决定，开展了在全国农机行业内推荐"农机行业信用评价评审专家"人选，完善信用评审专家库，参与评价具体工作。

【组织2014中国机械工业科学技术进步奖(农机组)项目评审】 按照中机联统一要求，组织好年度项目评审工作。一是利用协会年会、专题会议、展会等各种活动和网站、报刊媒体做好项目宣传工作;二是组织企业积极申报;三是建立农机组专家队伍，按照中机联的统一部署组织好年度评审。四是提升奖项含金量。《中国机械工业科学技术进步奖》农机组评审会于2014年8月28日在北京召开。来自科研院所、大专院校、企业、管理及相关单位的7位农机专家参加了评审会。2014年农机组收到申报项目30项。经专家初评后，推荐16个项目获奖。经机械奖终审会评定，农机专业组获一等奖3项，二等奖6项，三等奖7项。

【组织开展工业和信息化部知识产权推进计划项目《大中型拖拉机行业知识产权风险分析与预警》】 根据《工业转型升级规划(2011—2015)》的总体要求，结合国家知识产权战略的实施，以及《2013年工业和信息化部知识产权推进计划》的要求，该项目将重点开展我国大中型拖拉机行业知识产权风险分析与预警研究。

【协会会刊编辑出版、协助《中国农机工业年鉴》社工作】 把协会会刊作为协会发布信息的辅助渠道。全年出版《会刊》四期，目前已出版三期。作为协会网站信息发布渠道的补充，主要是加大深度报道、典型报道、重点报道的力度。另外，积极配合年鉴社的工作。

【完善了协会专家委员会】 进一步完善协会专家委员会队伍，利用改版后网站建立专家委员会信息平台，建立专家管理信息系统。一是完善专家资料工作。以科技奖专家库为基础，按照新的要求补充专家资料，扩大补充专家队伍。二是做好修订协会专家委员会管理办法。三是做好建立专家委员会信息平台。利用网站改版，建立专家委工作平台，反映专家委工作动态，建立各个专家的联系沟通制度。四是做好建立专家管理系统，换发证书工作。在新版网站上建立专家管理信息系统，提供资料更新、增加、删除等功能，方便管理。

【协会门户网站升级和改版】 适应农机行业快速发展的要求，满足协会各部门各项业务工作，特别是面向行业工作开展的需要，实现协会与分支机构信息交流的需要，建立面向行业、面向会员单位的门户网站。建立协会OA办公系统，建立准入、信用、统计、展览等各项行业工作网上办公管理系统。主要工作内容有:一是做好《新版网站改版方案》。召开了协会各部门、各分支机构协调会议，征求各项业务工作对网站的需求，对网站改版工作的意见，形成《新版网站改版方案》，与程序开发单位沟通。二是做好各专业应用系统的开发。设计开发的系统包括:《会员管理系统》《企业信用等级申报管理系统》《统计报表申报系统》《专家管理系统》《展览会展商管理系统》和《网上调查管理系统》。三是建立网站运行工作方案。

【农机行业统计运行分析】 为政府管理部门提供农机行业运行情况，反映农机行业存在问题，反映企业诉求，做好企业与政府部门信息沟通的桥梁。主要工作内容有:按月做好《农机行业运行分析》，按月上报国家发展和改革委员会、工信部、农业部、中机联等上级部门，并做好半年分析、年度分析。

【农机工业统计数据报送系统建设工作】 加强各分支机构、统计员人员的联系。主要工作内容有:一是建立了"中国农机工业协会统计报送体系"。拖拉机、收获机械(含插秧机)、农用车三个行业基本建立，逐步建立了月、季、年报制度，进一步逐步完善了农机工业统计方法制度。二是国外统计资料交换。

创新行业活动方式
聚集行业向上力量

【拓展行业交流范围和领域，组织专业化国际考察团】 一是组织中国农机零部件龙头企业考察团赴美国考察。6月下旬，陈志会长带领有30多位农机零部件龙头企业负责人参加的"中国农机零部件龙头企业考察团"赴美考察交流。代表团先后考察了凯斯纽荷兰拖拉机工厂和变速箱工厂、约翰迪尔滑铁卢拖拉机制造工厂、约翰迪尔莫林收获机工厂，以及约翰迪尔供应商工厂和4S服务店、一个农场。考察期间，凯斯纽荷兰和约翰迪尔详细介绍了他们供应商、供应链的管理体系和经验，以及在中国的采购流程和采购计划，并和中国零部件企业进行了业务交流。二是组织赴日本考察团。应日本农业机械工业会的邀请，中国农业机械工业协会组织的"中国农机工业考察团"，一行近30人，于2014年7月9—16日赴日本进行农机工业考察。为适应国内农机市场发展的需要，本次考察团交流的重点定位在青饲机、土豆甜菜收获机、打捆机、施肥机等技术升级领域。在日期间，考察团参观了在带广县举办的日本国际农业机械展览会，考察了IHI Star公司、日本东洋株式会社，访问了北海道农业研究所，与日本农业机械工业协会主要领导会面。三是组织赴欧洲考察团。应德国农机工业协会的邀请，洪暹国执行副会长兼秘书长带领中国农业机械工业协会组织的"中国农机工业考察团"，一行56人，于2014年11月9—21日，赴德国、意大利进行农机工业考察，代表团先后参观了意大利博洛尼亚农机展、德国汉诺威畜牧机械展览会，并考察了意大利萨瓦尼尼有限公司、意大利邦贝液压有限公司、意大利农机检测中心和当地农场。本次考察不仅参观展会，考察国外的农机主机和配套产品与技术，同时着重考察了国外高端零部件的制造加工，金属板材柔性加工技术，考察国际农机产品检测体系、检测设备，为行业和企业创造一个了解国际最新检验检测试验方法的机会和交流平台。考察期间，并与意大利、德国、法国、美国、印度、日本、巴西、阿根廷、俄罗斯等农机工业协会的主要领导会谈，加强中外协会间的合作。

【组织中国企业参加意大利EIMA展】 根据中国农机工业协会与意大利博洛尼亚国际农业机械及园林机械展览会（简称“EIMA展”）所签署的2014年EIMA展在中国总协调的协议，中国农业机械工业协会组织中国企业参加意大利博洛尼亚农机展，并建立中国零部件展区、植保展区及主机展区，下一届展会中国农业机械工业协会继续负责中国企业参展及参观的筹备、申报、协调等管理工作。

【参加国际农机经济联盟会议】 2014年11月14日，中国农业机械工业协会代表参加国际农机经济联盟会议，全球农机经济联盟会议参加国包括：中国、美国、德国、法国、意大利、日本、俄罗斯、巴西、乌克兰、印度等全球主要农机生产国的农机工业协会。会议通过交流和汇总全球农机信息数据，分析当前农机经济运行及未来发展趋势，并建立国际相关数据渠道。

【与国外农机工业协会和企业保持密切的交流和互访】 2014年2月18日下午，在俄罗斯驻华大使馆商务处人员陪同下，俄罗斯Rostselmash Group总经理马尔采夫先生等一行7人来访中国农业机械工业协会，陈志会长会见了代表团成员。双方就在中国购买农业机械零件和铸件、国外农机在中国的销售以及在中国建立装配企业等问题进行了交流和探讨。

2014年5月5日，中国农业机械工业协会执行副会长兼秘书长洪暹国接待了美国设备制造商协会AEM副总裁查理先生的到访。查理先生首先介绍了美国设备制造商协会的情况和美国农业政策，查理先生对中国农业机械工业协会的多方面业务工作和在农机行业内发挥的作用给予很高评价，并表达了愿与中国农业机械工业协会继续加强交流与合作的意愿。

2014年10月29日，中国农业机械工业协会执行副会长兼秘书长洪暹国接待了来访的阿根廷农机企业代表团，代表团多位企业家介绍了阿根廷农机产品的发展和市场，双方就下一步加强合作等问题进行了广泛交流和探讨。

【海外人才引进】 根据国家外国专家局《关于申报2015年度引进国外技术、管理人才项目计划的通知》（外专发〔2014〕133号），开展2015年度智力引进项目的申报工作。通过加强合作与交流，提高国内企业的产品技术和企业管理水平，促进我国农机行业的发展。以后，协会将继续发挥高端专业化的优势，通过协会平台，为国内外企业建立合作关系，并通过多方渠道，引进国外技术、管理人才。

【成功举办2014中国农机零部件行业峰会】 2014年8月3—6日，2014中国农机零部件行业峰会、收获及场上作业机械分会第七届会员代表大会暨中国收获机械技术升级研讨会合并在山东潍坊召开。本次行业盛会由中国农业机械工业协会主办，福田雷沃重工和山东省农业机械工业协会共同协办，共有200多家企业的400多名代表参会。本次大会的主题是：“质量—同行—升级”。中国农业机械工业协会陈志会长在主题演讲时指出，尽管我国农机质量投诉总体呈下降趋势，农机零部件产品质量抽样合格率不断提高，但是与国外相比，我们的整机和零部件质量还有很大差距，还需要提升和创新。福田雷沃重工副总经理在会上阐述了农机企业的零部件发展战略；约翰迪尔代表对如何保证农机零部件与产品质量提出了观点，如制订供应商行为守则、供应商限制使用的物质清单以及供应商质量手册等，条款细致入微，值得同行学习；潍坊谷合传动提出了参与主机厂研发、加大自身研发投入、核心技术向自主研发过渡的发展思路；一拖洛阳车桥描述了以先进的技术开拓市场、以一流的装备满足市场、以优质的服务巩固市场的策略；山东帅克机械在会上分析了零部件企业面临的机遇和挑战；德国施帝莱咨询上海公司介绍了欧洲先进农机零部件厂商的战略发展经验。

在行业峰会上，收获行业专家在“收获机械与零部件”分论坛上介绍了采棉机、甘蔗收获机、花生收获机的关键零部件制造与攻克难点，并在综合分析后展望了典型经济作物收获机械市场，在“创新驱动产品升级”“龙头企业引领发展”等分论坛上有关专家分别作了“依托高端制造装备提升产品一致性保障能力”“收获机新型驱动桥技术”“收获机械技术发展及液压应用解决方案”的主题演讲。

【开展2014中国农机零部件产品金奖、创新奖的评选活动】 农机零部件行业受到关注是行业转型升级的需要。2012年、2013年，中国农机工业协会连续两年开展了“中国农机零部件龙头企业”评选活动，在行业引起了强烈反响。2014年，“中国农机零部件产品金奖、创新奖”评选活动在全行业展开，这是全国农机零部件行业又一个顶级荣誉，引起行业关注是发展的必然。协会通过搭建“龙头企业”“金奖、创新奖”两个平台，为农机零部件行业树立标杆，以提高企业创新意识，推动企业技术进步。2014中国农机零部件产品金奖、创新奖的评选以“同行、质量、升级”为主题，突出先进制造、工艺创新、技术进步、性能质量等因素，采取主机企业、分支机构（省协会）推荐和企业自荐的方式，由协会引导，主机企业推荐发起，零部件企业积极参与的行业年度大奖。8月3日，2014中国农机零部件产品金奖、创新奖评选结果在潍坊揭晓。安徽全柴动力股份有限公司等32种产品为“2014中国农机零部件产品金奖”称号，广西玉柴机器股份有限公司等13种产品为“2014中国农机零部件产品创新奖”称号。8月5日晚上，举办了高规格的“2014中国农机零部件产品金奖、创新奖颁奖仪式”。本次评奖活动中，福田雷沃、中国一拖、中国农机院、东风农机、星光农机、天津勇猛、约翰迪尔、洛阳中收等主机企业发挥了引导作用，申报过程、评审工作和评奖结果在行业受到各界广泛关注。

评奖产品的范围为农业机械专用零部件。包括：部件、系统、集成、专用工具、检测装置、安全防护装置等，不包括柴油机部件。条件是必须是已经给国内主机企业配套的、国内市场销售，并通过有关部门鉴定的产品。

【成立农机工业企业家俱乐部】 在中国农机零部件产品创新奖、金奖颁奖典礼晚会上，农机工业企业家俱乐部正式宣布成立，福田雷沃重工副总经理王玉荣当选首任俱乐部秘书长。农机工业企业家俱乐部的正式成立，可以成为农机行业协会的有益补充，它既是一个沟通交流的平台，又担负着社会责任，让农机行业的企业家之间拥有了一个更加直接和畅通的沟通渠道，借此渠道可以共同探讨行业发展的共性难题，同时通过企业家之间智慧凝聚，为行业发展献计献策，对促进农机行业的健康可持续发展发挥积极作用。

【2014 全国农业机械及零部件展览会】 3 月 27—29 日，由中国农业机械工业协会牵头，3 家协会共同在郑州成功举办"2014 全国农业机械及零部件展览会"，本届展会共有来自全国 20 多个省份的 370 家单位参加，与 2013 年相比增长了 20.9%。展会总面积近 5 万平方米，参观观众突破 2 万人次。为更好地加强农机整机企业与零部件企业的交流与合作，自 2014 年本届展会开始，将原"全国农业机械展览会"更名为"全国农业机械及零部件展览会"。展会不仅展示了我国农机工业的最新科技成果和活跃了农机市场，而且进一步加强农机行业的交流和推动我国农机整机企业与零部件企业之间的广泛合作，并对农机行业持续健康发展起到了积极的促进作用。

展会期间成功举办了"2014 中国农机发展论坛""粮食烘干装备与技术发展研讨会""遥控飞行植保机安全技术研讨会""农机具现场演示""第 6 届全国农机用户满意品牌评选活动颁奖仪式"及"第 6 届全国农机用户满意品牌评选活动获奖产品图片展"等多项更具专业化水准的活动。本届展会增加了农用航空飞行器和粮油加工机械展区，并首次进行了农机具的现场演示活动，更是将全国农机展的功能从展览、展示向农机推广应用进一步延伸。2014 春季中国农机发展论坛聚焦创新驱动、结构优化、产业升级，粮食烘干装备与技术发展研讨会和遥控飞行植保机安全技术研讨会，都十分紧扣行业热点。春季农机展专业化程度的日趋增强，对农机企业及时应对瞬息万变的市场，都具有十分重要的意义。

【主办 2014 年农机行业经济运行与市场分析报告会】 在 2014 中国国际农业机械展览会展会期间，中国农业机械工业协会主办了"2014 年农机行业经济运行与市场分析报告会"，组织了"2014 中国国际农业机械展览会"参展产品评奖活动，共评审出"2014 中国国际农业机械展览会"金奖产品 28 个，创新奖产品 18 个。通过评奖活动进一步推进农机企业提升产品技术水平和质量水平，促进农机行业的产品结构优化和产业升级。

【组织对接会，联手推动农业装备主机与核心零部件的协同发展】 一是与中国液压气动密封件工业协会共同举办的"液压传动和控制技术与农业装备对接会"2014 年 5 月在山东潍坊召开。此次对接会得到了国家发展和改革委员会、工信部的重视和支持。工信部领导在讲话中强调要创新驱动发展，合作实现共赢。协会专家从我国农机工业的现状、持续发展的政策支持、行业发展的主要问题、我国农机工业的未来、居安思危与加快转型五个方面介绍了农机行业的发展情况。行业多家骨干企业参加了这次会议。作为农机主机与液压技术（含液力、气动、密封技术）合作发展的新起点，通过主机与配套企业联手，联手推动新型农业机械发展。二是 2014 年 9 月，与中国轴承工业协会在上海共同举办"轴承技术与农业装备发展交流对接会"。会议就农机行业当前发展形势及技术发展趋势、农机工业和配套用轴承行业应用现状及发展等进行了交流，中国农业机械工业协会邀请多家农机行业骨干企业参加了会议。

【组织"2014 年农机行业质量管理工作会"】 根据全国装备工业工作会议精神，为了创新行业管理思路和方式，进一步规范行业准入管理，提升农机行业质量水平，组织召开农机行业质量管理工作会。会议讨论研究了新形势下创新行业管理方式的思路、规则和措施，提出通过制度搭建公平竞争的平台来规范企业。通过加强农机新产品鉴定管理工作，鼓励和引导自主创新，推动科技成果转化，提高新产品技术质量水平。通过建立监管可循的关键零部件供应体系，推动农业机械关键零部件产品质量的提升，培育具有比较优势的零部件企业。通过加强准入管理工作遏制行业低水平重复建设。会议同时就《农机新产品鉴定管理办法》（征求意见稿）《农机装备关键重要零部件推荐目录管理办法》（征求意见稿）进行了深入讨论，根据会议上的意见，修改业已完成，下一步将会择机推出。

【召开"2014 年农机工业技术改造工作会议"】 根据工业和信息化部 2014 年全国工业和信息化系统技术改造工作会议精神，为进一步落实《国务院关于促进企业技术改造的指导意见》（国发〔2012〕44 号），讨论研究农机工业技术改造工作，协会于 8 月在浙江省湖州市召开"2014 年农机工业技术改造工作会议"。近年来，农机是机械工业投资热点，行业骨干企业投资活跃，全行业固定资产投资增速高于全国机械工业，位居机械工业首位。本次会议主要为了进一步强化中央及各级政府财政专项资金等政策的引导和激励作用，让企业了解中央预算内资金支持农机产业振兴和技术改造总体情况，掌握中央投资产业振兴和技术改造专项资金项目申报的主要政策、程序和内容，提高企业加大技术改造投资和申报产业振兴和技术改造专项资金项目的积极性。全国农机行业 90 余家企业和相关单位的近 150 位代表出席了会议，中国工业报社、中国县域经济报农机周刊、《农业机械》杂志社、农机通网、农机市场杂志社等媒体参加了本次会议。同时，为了总结农机工业技术改造项目承担企业的经验，完成 2011—2013 年度中央投资产业振兴和技术改造专项承担企业《中央投资技术改造项目情况表》材料的整理上报。

提升能力准确定位
加强协会自身建设

【加强自身建设为主线，提升协会凝聚力和影响力】 协会秘书处作为协会常设的办事机构，要在积极探索协会工作的新思路和新方法的同时，通过健全协会组织、优化人员结构、提高人员素质、增强工作活力，不断加强自身建设，强化服务理念，认真履行工作职责。同时，为了进一步加强内部管理，促进全体员工的综合素质、业务能力和工作质量的提高，秘书处把"建章立制"工作作为一项重要工作来抓，2014 年共制（修）订了如"人事管理制度""薪酬管理制度""绩效考核办法""会议制度"等 13 项制度，开始试行一年来，对于规范内部管理，提升员工综合素质已显现出效果。让协会工作不仅有高度、有深度、有新意，而且积极发展新会员并做好会员管理工作，进一步拓展协会的广泛性和代表性，通过把握大局，凝聚共识，履职尽责，增强协会的凝聚力和影响力。

【召开2014年协会分支机构秘书长会议】 2014年3月3日，在浙江省东阳市召开2014年分支机构工作会议。会议听取了16个分支机构的工作汇报和2014年工作计划，听取了各个分支机构对协会总会工作的意见，部分省协会介绍了工作情况介绍。会议着重讨论了总会与分支机构、省协会共同开展行业工作的协调配合、职责分工和信息资源共享工作等问题。

【充分发挥产品宣传委员会作用，宣传政策，服务行业】 ①由产品宣传委员会和挂靠单位《农业机械》杂志社共同承办，中国农业机械工业协会、中国农业机械流通协会和中国农业机械化协会共同主办的第六届全国农机用户满意品牌4月份在郑州顺利落幕，同时第7届全国农机用户满意品牌评选活动正式开启；满意品牌是基于农民直接投票评选的行业活动，不但对企业品牌传播有积极的作用，同时也是为农民用户提供科普知识的好平台。②产品宣传委员会联合中国农业机械学会普及工作委员会，围绕农机行业政策、技术发展，以及行业技术创新面临的形势，5月在苏州召开了中国农机企业创新发展研讨会。③7月中旬，产品宣传委员会联合中国农业机械学会普及工作委员会，组织召开中国农机工业发展研讨会，完成第二届“中国农机工业高端对话”活动。同期举行2013中国农业机械年度产品TOP50颁奖活动。④10月组织农机参观选购团活动，此外，产品宣传委员会利用挂靠单位平台，通过《农业机械》杂志、《高端农业装备》杂志、第一农机网、第一农机短信平台等，进行政策宣传及行业报道工作，预计全年杂志刊发行业报道300篇，网站发布信息1 000条以上，合计发送各类短信1万条以上。

【做好标准化工作委员会工作，加强行业标准体系建设】 标准化工作委员会来自37个单位42名委员，2014年主要开展了以下工作：①组织行业申报2014年国家标准和行业标准制修订计划。按国家和行业标准化管理有关部门的要求，组织行业企事业单位上报了2014年标准制修订计划。共申报国家标准计划建议17项，机械行业标准计划建议21项，2014年国家标准化管理委员会下达了国家标准计划2项，正在公示9项，工业和信息化部下达了机械行业标准计划1项，正在公示17项。②编辑出版了4期《农业机械　低速汽车标准化信息》。及时传达国家有关标准与质量等方针政策，通报了与农机有关的通用、基础、安全、环保等标准发布、实施和废止信息，方便行业上正确使用现行有效标准。通过全国农机标准情报网，为农机企事业单位提供两千多册标准资料和有效的咨询服务。③多次召开国际、国内标准会议。2014年3月5—6日与浙江省农业机械工业行业协会联合召开了茶叶机械行业标准研讨会，出席会议的代表有来自农机科研院所、质检机构、生产企业的共31名代表，就《扁形茶炒制机》等10项行业标准的征求意见稿进行讨论、修改。2014年9月22—26日，与全国农机标委会在北京联合召开了ISO/TC 23/SC 6第三十一届植保机械国际标准年会。参会代表共50人，分别来自不丹、巴西、中国、法国、德国、意大利、日本、韩国、西班牙、瑞典、英国、美国共12个国家，与各国代表团进行了充分沟通并就相关产品和技术情况进行了广泛交流。通过承办本次会议，进一步提升了我国在ISO/TC23/SC6国际标准化组织中的地位与影响力，加强了我国与ISO/TC23/SC6各成员国之间的联系，为我国在更深层次、更广泛的开展农机国际标准化工作发挥了良好的推动作用。2014年9月16—19日，协助组织中国农业机械学会在北京召开的第十八届国际农业与生物系统工程学会(GIGR)世界大会第八分会场“农机标准论坛”。

【企业管理委员会通过加强信息服务，不断完善农机行业统计】 ①4月在常州组织召开企业管理委员会2014年度工作会。在会上向会员单位做了委员会工作报告，通过了13年的财务决算和14年预算报告，审议并通过了网站征稿及稿酬管理办法，与参会企业确定建立插秧机行业统计报表体系。对拖拉机行业报表117.6～147千瓦段产销量以及73.5千瓦以上出口量重新分类建议。②建立插秧机行业统计报表体系。4月份年会结束后立即筹备建立《全国插秧机行业统计资料汇编》工作。插秧机行业报表汇总工作于2014年年中开始正式运行。③细化拖拉机行业报表，更好为会员单位提供服务。随着大功率拖拉机产销量逐年提高，现有的报表模板已经不能很好的反映根据2014年委员会年会计划，对拖拉机行业报表117.6～147千瓦段产销量以及73.5千瓦以上出口量进行了重新划分。④及时准确完成拖拉机、收获机行业统计汇总工作。每月、季、年度编撰《全国拖拉机行业统计资料汇编》和《全国收获机行业统计资料汇编》。⑤加强网站宣传，提高委员会知名度。⑥积极参与协会的各项活动，认真完成协会布置的各项工作。为协会赴柬埔寨行业会议准备相关材料。负责对国家统计局87家企业的农机行业数据进行了核对，并针对数据不符的进行核实与分析。⑦加强委员会与会员企业之间的沟通交流。

【农用运输车辆分会主要工作】 ①关注国家法规，加强与主管部门的沟通，反映行业企业需求。向工信部装备工业司和环保部科技标准司提出《关于请求协调修订低速汽车排放标准的报告》。2014年1月，会同全国低速汽车标委会在北京召开了低速汽车排放标准研讨会，会议邀请了环境保护部科技标准司、标准研究所、排放标准起草单位以及低速汽车检测机构、部分整车行业、发动机制造厂等多家单位及代表，针对低速汽车排放等相关情况向环保部进行了沟通与说明，使得更多的管理部门和机构了解了低速汽车行业现状。②开展标准修订，完善标准体系，提升产品性能。协助全国低速汽车标委会进行低速汽车标准体系的完善工作，参与2014年度标准制修订计划立项工作，开展了6项行业标准的审查工作，5项标准的征求意见，同时协助完成4项行业标准的立项申报。③根据产品发展需要，协调产品技术参数的调整。2013年12月，协会根据有关企业《关于调整三轮汽车配用轮胎规格的申请报告》，多次组织行业内的专家开展了试验验证，通过沟通获得主管部门的认可。初步达成了适当放宽三轮汽车用轮胎尺寸的限制意见和建议。④认真履行协会服务宗旨，做好服务工作。分会还多次为企业申报地方名牌产品提供支持和证明工作；同时由于地方环保部门对于低速汽车执行排放要求理解偏差，分会多次发函及证明向多个地方环保部门说明情况，为解决低速汽车无法上牌问题提供了重要支撑。⑤做好数据统计，反映行业发展现状。统计59家企业的产销数据，汇总了5 000多项产品结构、型号及配置等信息，做好按月统计、按季度发布的工作，为及时掌握、分析行业生产运行情况，为分会会员单位生产、经营决策，为政府有关部门对行业基本情况的了解提供了有益帮助。⑥坚持信息发布和传递工作。传递有关政策法规和行业管理工作、行业生产运行情况和行业发展动态等信息，做好《农用运输车辆信息》会刊的编辑发送工作。2014年，共计向主管部门、新闻媒体、生产企业、检测机构等企业事业单位发放累计2 000本期刊。

【风力机械分会主要工作】 ①努力为政府部门做好服务工作。协助国家科技部高新司能源处做好“十三五”能源领域科技规划专题研究工作；协助科技部做好国家科技支撑计划风能2015年度项目申报指南编制工作；参加了科技部主持的我国先进能源技术预测中风能技术的预测工作；参加了国家财政部“风电设备制造企业进出口零部件”免税项目的评审工作。完成了国家上级领导机关和上级协会交办的具体工作。包括为全国政协经济委员会副主任李毅中主持的全国工业产能过剩座谈会编写提供了我国风电产业发展情况、风电设备制造企业产能情况的背景材料，并派代表出席座谈会；根据工信部有关部门的要求，完成“2013年我国风电产业情况概述”；完成了世界风能协会委托的审阅第十三届世界风能大会论文摘要和胡苏姆小风能峰会论文摘要的任务；完成农业部下达的《小型风力发电机组运行和安全规范》部颁标准送审稿；做好行业数据统计工作；为商务部实施的“南南合作”提供咨询；向东营市政府提出建立小型风电示范基地建议；对“国家科技支撑计划项目”进行跟踪；为《农业部农业生态与农村能源发展报告》提供应用案例。②为会员单位做好国际合作与信息交流的服务工作。成功举办了“第十三届世界风能大会”和“第八届中国(上海)国际风能展览会”；参与组织2014年GIGR国际农机大会第四分会“农业能源”专题交流活动；积极关注国家有关项目的进展，为会员单位提供信息服务；组织会员单位赴美国和欧洲考察，参观有关展览会并考察风力发电制造企业；接待海外机构探讨风电机组合作；向中国科学院院士提供了“中小风电分布式微电网应用专业分报告”；积极了解企业和市场动态，更好的为企业服务。③努力为行业发展做好工作，加强分会自身组织建设。成功召开了中国农业机械工业协会风能设备分会2013年全国大型风能设备行业年会暨产业发展论坛；根据风电行业发展中关键问题，及时召开“风能设备分会六届四次理事会扩大会议”；根据风电行业发展中出现的热点问题，及时召开“2014年全国风电后市场专题研讨会”；研究中小风能行业在可再生能源产业中的着力点，积极探索小风电行业发展的动力源；承办了SWAT、Task 27和IEC TC88 CAC会议，并组织了国内专家与国际专家的交流；签署《两岸小风电优质品互认合作备忘录》；积极吸纳新会员，为分会注入新鲜血液；加强宣传和信息工作，扩大行业的影响；积极参加国内外风能行业会议，及时了解行业信息；做好分会日常工作，完成上级部门交办各项工作。

【拖拉机分会、零部件分会主要工作】 ①参加2013年年鉴工作会议，为《内燃机年鉴》和《农业机械年鉴》撰写2013年拖拉机年鉴。②编辑出版《农机企业家》杂志，向拖拉机和零部件行业免费赠阅，每期提供大量政策导向、企业管理、国外技术、国内外市场信息，并以此杂志作为会员宣传交流的平台。不断完善《拖拉机专家网》网站，新增网页内容近百个。网站浏览量较常年有明显的增长。③2014年5月在北京召开拖拉机行业专利分析研讨会，邀请了行业骨干企业就国内外农机企业专利布局与专利预警展开了深入研讨。④进行机械工业职业技能鉴定指导中心拖拉机试验工、检验工培训鉴定基地建设和日常工作，并开始为行业培训拖拉机试验检验工，每年培训鉴定技师、高级技师40余名。⑤收集整理全国农机企业名录，翻译整理世界主要农机企业信息，计划2015年翻译整理完整的世界农机企业数据库。编译2000—2010年世界主要拖拉机生产企业的产品性能基本情况。⑥协助河南省工业信息化厅准备河南省农机准入的文件起草等准备工作。⑦《拖拉机设计标准手册》(金属材料篇)出书的准备工作，经三次校对后，已将《拖拉机设计标准手册》打印稿交付出版社。⑧进行拖拉机行业2013年知识产权状况调查。通过对行业知识产权状况调查，初步了解行业各企业技术创新状况与行业发展的前景，完成《2013年拖拉机行业授权专利状况分析》《2013年农机行业主要企业授权专利状况分析》，为行业内各企业提供了具体参考信息。⑨2014年9月在北京展开拖拉机分会理事扩大会议，向拖拉机行业介绍了国家技改项目的申报流程以及行业发展动态，并邀请了国外知名零部件企业向拖拉机企业介绍了高端发动机、液压系统和轮胎的技术发展。

【收获及场上作业机械分会主要工作】 2014年8月3—4日，与2014年中国农机零部件行业峰会同期在山东潍坊召开了中国农业机械工业协会收获及场上作业机械分会第七届会员代表大会暨中国收获机械技术升级研讨会。会议选举产生了收获及场上作业机械分会理事、副会长、会长及秘书长。8月4日，同期召开中国收获机械技术升级研讨会，中国农业机械工业协会名誉会长高元恩等专家作了主题演讲。福田雷沃、爱科集团、久保田等企业代表做了主题演讲。

【旋耕机械分会主要工作】 ①全面了解旋耕机行业发展情况，通过发文、走访、电话、邮件和农机展会等多种方式，统计出150多家旋耕机械生产企业2013年的产销量和出口情况等，完成了《中国农业机械工业年鉴》中“旋耕机械行业”部分的撰写工作。②编辑出版了5期《中国旋耕机械专业通讯》。在信息的实用性、时效性方面动脑筋，为旋耕机械行业提供及时、丰富、有效的信息。③走访考察有关企业和参加有关会议。参加中国农业机械工业协会分支机构(省协会)工作会议、2014年农机工业技术改造工作会议。④做好2014年旋耕机械行业大会暨第七届理事会换届改选大会的组织准备工作。

【畜牧及饲料加工机械分会主要工作】 ①开展交流活动，组织动员会员单位参加农机展览会。②主办2014年(第二届)中国现代畜牧业装备战略发展论坛暨展示会。6月28—30日，在总会和内蒙古自治区农牧业厅的支持下，由中国农业机械工业协会畜牧及饲料加工分会、内蒙古农牧业机械工业协会等单位主办的2014年(第二届)中国现代畜牧业装备战略发展论坛暨展示会在赤峰市国际会展中心举办。来自全国16个省市自治区的220多家企业，以及行业专家、学者、企业家聚会赤峰，共同见证全国牧机行业一年一度的盛会。论坛暨展示会是全国以畜牧业装备为主题的交流平台，论坛会上，有关专家就农业机械补贴的有关事项和出现问题的解决方案、内蒙古畜牧业的现状和发展趋势、柠条平茬联合收获技术、应用先进的收获机械保证苜蓿生产安全、现代TMR饲养技术及先进装备等进行了演讲。与会代表还就畜牧和加工机械行业存在的问题和面临的挑战、行业未来走势以及如何实现行业可持续发展等进行交流。③配合总会征集畜牧及饲料加工机械行业标准修订意见和建议。为更好的规范畜牧和饲料加工机械产品的制造，加快畜牧和饲料加工机械产品的技术进步和升级，促进产品质量稳定提高，为畜牧及饲料加工机械产品行业标准立项做准备，向广大分会会员单位征集行业表中修改意见和建议，使行业标准更好的体现先进性、经济性、适用性、协调性和统一性的原则，以适合行业发展的需要。④开展会员企业调研活动，做好会员服务工作。把重心下沉，工作前移，深入企业开展调研，切实了解会员企业发展现状及存在问题，积极反映行业诉求，维护会员利益和行业利益，开拓工作新局面。

【排灌机械分会主要工作】 ①加强排灌机械行业媒体化进程。与北京灌溉网络科技有限公司签订战略合作协议，旨在发展排灌机械行业的媒体化进程，使广大会员企业更好的接触新的营销理念与销售平台。灌溉网络科技有限公司旗下各行业网站为排灌机械分会会员企业提供各项网络便利条件，如开通免费网络商铺，专家咨询频道和排灌机械行业动态板块等；通过网络手段积极配合排灌机械分会宣传工作，发展协会会员等。②对行业内主要生产企业进行经营情况统计工作。对行业内部分主要生产企业进行了问卷式调查，下发了《关于统计排灌机械企业经营指标的函》。通过对搜集来的数据和信息进行及时的整理和分析，剖析企业经营情况差异背后的各种因素，发现行业发展问题并寻求解决办法。③参与外资企业在华成立仪式。通过参加活动和交流，针对外资企业的经营理念、生产和管理模式与国内企业进行对比，分析国内外排灌机械企业间的优势和不足，从而更好的对国内企业发展进行引导。④赴国外考察了解国外行业和技术情况。2014年6月，排灌机械分会参加了赴以色列参观学习考察团，考察了以色列节水灌溉设备制造企业NaanDanJain及其节水项目，参观Neto M. E公司下属的Bikorey Hasade Darom农产品公司的冷库及物料配送中心、家禽畜养设备生产商AgroTop公司、ESHTAOL国家森林管理局中央育苗中心以及以色列农村合作组织——基布兹，并与有关部门管理人员、技术人员及部分农民进行了座谈和交流。2014年10月，排灌机械分会赴俄罗斯参与了“俄罗斯金秋十月农机展”活动。

【成立微耕机分会】 9月11日，中国农业机械工业协会微耕机分会成立暨首届会员代表大会在重庆市农业委员会会议中心召开。来自天津、山东、浙江、江苏、贵州、重庆等地的55家会员单位代表共80余人参加会议，会议审议通过了中国农业机械工业协会微耕机分会工作条例、会费标准及使用管理办法。选举产生了分会第一届理事会领导机构，会议就微耕机分会的工作做了部署和要求，成立大会还邀请多个专家做了主题交流。

(宁学贵)

中国农业机械流通

【概况】 2014年，中国农业机械流通协会把握发展机遇，创新发展思路，丰富工作内容，优化服务质量，着力开展丰富多彩的行业活动和多项针对性较强的行业研究，圆满完成了全年的工作，取得了较为显著的成绩。

【成功召开“2014中国国际农业机械展览会”】 “2014中国国际农业机械展览会”于2014年10月28—30日在武汉召开。本次展会展览面积20万平方米，室内12万平方米、室外8万平方米，参展企业1 622家、到会观众达到12万人次；农机新技术新产品全面亮相，一改往届展会怕被仿制不愿露新的现象；国际化程度大大超过往届，继全球农机一线品牌进入中国之后，国外二、三线农机制造企业纷纷抢滩中国市场，国际展区面积比去年增加26%，达到1.9万平方米，有来自美国、德国、法国、意大利、加拿大、西班牙、丹麦、瑞典、日本、韩国、印度、泰国12个国家的61家国外企业参展、参观；配套活动的数量及质量有所提高，展会期间举办的“中国农机发展论坛”“亚太区域农机协会圆桌会议”“中非农业机械合作贸易座谈会”“2014年农机行业经济运行与市场分析报告会”“2014国际农机展金奖、创新奖颁奖典礼”等活动和会议吸引了大量的观众和听众。

【完成多项课题研究，指导行业发展】 一是经过一年多的调研和多次讨论、修改、完善，完成了商务部委托的《农机现代流通体系建设发展规划研究》课题和《农机流通体系建设专项规划(2013—2020)》建议稿。本规划是中国农业机械流通协会下一步推进行业发展的理论依据。二是完成《农机市场景气指数研究》课题。景气指数已经成为当今许多行业用来反映行业运行状况的定量指标。在农机行业，农机市场景气指数的研究与开发是一项开创性工作。为了更好地完善农机市场景气指数的研究与开发，商务部经过招标竞选，委托中国农业机械流通协会进行《农机市场景气指数研究》课题研究。中国农业机械流通协会推出的“农机市场景气指数(AMI)”，采用国际上流行的景气分析和监测预警方法，构建出我国农机市场监测的先行、同步、滞后指标，对农机市场经济周期波动做出一定程度的预测，反映的信息比较全面，能够为当前和未来农机市场的研究提供依据。该课题已完成，得到行业专家、指数专家和有关领导的好评。目前，中国农业机械流通协会正在试运行AMI，下一步还要扩大信息采集点的数量，加强指数结论与实际的啮合度，适时向全行业发布。三是与商务部流通产业促进中心共同承担国家开发银行委托的《全国农机流通大型市场布局研究》课题，已按计划完成。四是受农业部农业机械化管理司委托，在做《农机购置补贴政策实施促进农机工业和农机流通业又好又快发展研究》课题，已完成初稿。

【制、修订标准，推进行业规范】 一是在进行大量调研、听取意见、召开座谈会和专家会的基础上，完成了《农业机械营销企业服务质量规范》《农业机械品牌经销店技术规范和等级划分》《农业机械交易市场建设管理规范》三项行业标准的制、修订。三项标准已由商务部发布，2014年3月1日实施。二是由中国农业机械流通协会牵头制定的国家标准GB/T18389—2001《农业机械营销企业开业条件　等级划分及市场行为要求》已执行13年，其中不少条款和提法已不适应当前形势，经国家标准委批准立项，中国农业机械流通协会组织修订，完成报批稿，正在国家标准委审批过程中。三是由商务部立项的行业标准《农机流通术语》现已完成征求意见稿，现正在进行报批过程中。四是《农业机械连锁企业技术规范》和《农业机械流通企业技术培训服务规范》行业标准已在商务部立项，计划2015年制定这两项标准。

【加强信用等级评价，推动行业诚信体系建设】 进一步完善信用等级评价在线申报系统的设计。开展了第六批农机流通企业的信用等级的申报和评价。授予23家企业A级以上信用等级。采取多种措施推进行业诚信体系建设。一是继续加强诚信宣传。配合商务部、国资委等18部门开展的“诚信宣传月”活动，贯彻落实《社会信用体系建设规划纲要(2014—2020年)》，通过“中国信用企业网络展”“中国信用企业发布”等活动渠道，宣传推广农机流通行业信用评价结果；在我会《农机市场》杂志、《农机动态》、中国农机流通网等媒体上对信用评价工作和授信企业进行宣传推广，树立行业企业诚信意识，提高企业参与信用评价的积极性。二是吸引更多的企业参与行业企业信用评价工作。通过各种宣传、调研、走访等，引导更多的流通企业参与行业信用评价工作，扩大参评企业的覆盖范围和规模。三是拓展企业信用等级评价结果的应用。配合商务部、国资委等部门开展的信用建设工作，加大信用评价结果的推广应用。比如商务部和央视网合作开办的中国信用企业网络展、和百度合作的信用企业搜索推广，《中国行业信用评价A级以上企业名录》出版等。四是创新信用评价工作。中国农业机械流通协会拟和中国农业机械工业协会探讨联合成立中国农机行业诚信工作委员会，发起成立“中国农机行业诚信联盟”，倡导《农机行业诚信公约》，在行业内推广统一使用“中国农机诚信单位”标识，召开“中国农机行业信用企业高端论坛”，建立行业信用企业升降级和黑名单发布制度，出版《中国农机行业年度信用建设白皮书》等，以提高信用评价工作及其结果的影响力，推动农机行业信用体系建设工作健康发展。

国际交流取得新进展

【项目合作】 与法国农业机械设备联合会(AXEMA)签署了关于设立法国农机设备技术示范园合作项目的框架协议，并和法国农机协会、法国使馆商务处及6家法国企业代表到黑龙江肇东进行实地考察。与德国农业协会DLG签署了关于促进双方在农业(农业机械和畜牧业)、食品、食品技术和林业领域，联合合作组织展览会和田间日等方面合作的备忘录，观摩了德国田间日和中德田间日。

【交流活动】 在国际农机展期间，与中联部非洲局、商务部西亚非洲司合作，举办了中非农业机械合作贸易座谈会，邀请了非洲联盟总部官员、南非农林渔业部农业装备司司长、埃塞俄比亚农业部农机化司司长、尼日利亚农业部农业机械化中心行政总长及农业部农业机械化中心首席技术官等嘉宾出席；与联合国可持续农业机械化中心合作，举办了亚太区域农机协会圆桌会议，会议通过成立亚太区域农机协会理事会，提议并通过由中国农业机械流通协会担任首届理事会主席。中国农业机械流通协会申请加入全球农机制造商联盟。出席了在意大利召开的联盟经济委员会会议，并成功申请下次联盟经济委员会会议于2015年10月在中国举行，目前中国农业机械流通协会正在申办2017年联盟峰会。

【展会合作】 德国GRIMME(格立莫)公司、德国农业协会DLG、法国SIMA展主办方——高美艾博展览有限公司、美国设备制造商协会AEM等先后拜访中国农业机械流通协会，探讨协会及展会合作等议题；国际展期间与阿根廷企业洽谈展会合作及产品进入中国市场；观摩了德国汉诺威畜牧展及意大利博洛尼亚农机展；参加德国机械制造商协会VDMA会议，宣传协会及展会；与意大利对外贸易委员会ICE、加拿大萨斯卡切温省贸易与出口促进联合会等合作，组织意大利展团和加拿大企业参展；与法国SIMA展、泰国展会公司IMPACT等合作单位交换展位；与商务部贸发局、中国贸促会、中国农药工业协会、西麦克展览公司、励展博览集团等合作，开展阿尔及利亚、尼日利亚、土耳其、印尼、缅甸等国际展览会组展工作。

搭建综合服务平台
提升行业服务水平

【信息服务】 完成商务部、农业部所需要的市场调查报告，信息工作简报及各种相关材料。定期向商务部提供月度市场发展报告；每月汇总农机工业、农机销售和农机进出口等方面的统计数据，结合农机市场的实际情况，撰写农机行业运行简报，报商务部并发表在商务部市场体系建设司网站上；2014年初在哈尔滨召开了“全国农机流通信息工作会议”；和中国农业机械工业协会合作，举办“2014年农机经济运行与农机市场形势分析会”。

【改版面向会员发放的《农机动态》】 从2014年1月开始，中国农业机械流通协会改版了《农机动态》，设立了“卷首语”“风向标”“会员风采”“市场直通车”“数据斋”“营销新干线”“他山之石”等栏目。汇聚了大量的数据、市场分析、会员介绍等。特别在每期里试运行发布了《CAMDA中国农机市场景气指数

(AMI)商务报告》，请会员单位、企业家提出意见，以便及时修正。为提升影响力并宣传行业，除面向会员发放《农机动态》外，还特别赠送有关领导、专家、各级农机管理部门和重点农机合作社，力求把《农机动态》办成与《农机市场》杂志既不相同、又互相衔接，共同面向行业服务的"姐妹刊"。

【编撰出版《中国农机市场发展报告(2012—2013)》和《中国农机市场发展报告(2013—2014)》】

【树立行业标兵，推广先进经验】 为贯彻商务部发布的《农业机械品牌经销店技术规范和等级划分》《农业机械交易市场建设管理规范》行业标准，推进"农机流通服务品牌工程"实施工作，推选出农机品牌示范店65家，重点大市场19家，对这些单位及其经验大力宣传，供其他企业向他们学习。

【金融服务】 中国农业机械流通协会搭建的"农机行业多层次多渠道投融资平台"取得成效，帮助会员企业获得国家开发银行中长期贷款2.4亿元；与金融机构共同发起成立"农机产业发展基金"，支持农机行业快速发展。

【反映行业诉求，争取政策支持】 2014年，中国农业机械流通协会密切与农业部、商务部、国家发展与改革委员会、财政部、国税总局、国家开发银行等部门的进行联系，多次主动向他们书面或口头汇报，阐述农业机械流通行业的特点是具有社会性、公益性和服务性，提出对农业机械流通业的扶持措施，包括财政支持、税费减免、金融支持、用地等方面的意见和建议。另外，依靠农业机械行业的人大代表，通过他们提交减免农机流通企业所得税、免农业机械配件经营增值税，财政资金支持农业机械流通企业基础设施建设等提案，由人大常委会转各部委。还在有关媒体和有关论坛、座谈会上呼吁，反映行业的现实状况。

【强化协会自身建设，提高综合服务水平】 一是制定、实施了各项规章制度和业务管理制度、党建制度(2014版)等，实行规范化、制度化管理；二是加强党建工作，按照中央和国务院国资委及中物联党委的要求，认真学习贯彻党的"十八大"、十八届三中、四中全会精神和习近平总书记的重要讲话，推进中国农业机械流通协会各项工作开展。三是加强分会的管理和指导。

（吴军旗）

农业机械化统计资料

全国农业机械化统计分析

全国农业机械化发展情况综合分析表

项　　目	计量单位	2014 年	2013 年	2014 年比 2013 年增减	
				增减量	%
农业机械总动力	万千瓦	108056.58	103906.75	4149.83	3.99
每百亩耕地拥有农机动力	千瓦	59.19	56.91	2.27	3.99
拖拉机	万台	2297.72	2279.28	18.44	0.81
其中:大中型拖拉机	万台	567.95	527.02	40.93	7.77
小型拖拉机	万台	1729.77	1752.28	−22.51	−1.28
每百户拥有拖拉机	台	8.49	8.57	−0.07	−0.85
拖拉机配套农具	万部	3943.29	3875.82	67.47	1.74
其中:大中拖配套农具	万部	889.64	826.62	63.02	7.62
小拖配套农具	万部	3053.63	3049.21	4.42	0.14
每百户拥有拖拉机配套农具	部	14.58	14.57	0.01	0.06
农用排灌动力机械	万台	2295.69	2258.01	37.68	1.67
联合收获机	万台	158.42	142.10	16.32	11.49
每百户拥有联合收获机	台	0.59	0.53	0.05	10.07
水稻插秧机	万台	67.00	60.45	6.55	10.84
农业机械原值	亿元	8787.46	8222.61	564.85	6.87
每个农户拥有农业机械原值	元	3248.20	3090.40	157.81	5.11
农机化作业服务组织	万个	17.51	16.86	0.66	3.89
农机户	万户	4291.07	4238.67	52.40	1.24
农机户占农户比例	%	15.86	15.93	−0.07	
农机化经营总收入	亿元	5360.06	5107.98	252.08	4.94
全国主要农作物耕种收综合机械化水平	%	61.60	59.48	2.12	
其中:机耕水平	%	77.48	75.64	1.84	
机播水平	%	50.75	49.84	0.91	
机收水平	%	51.29	47.58	3.71	

注:拖拉机拥有量与配套农具比 2014 年为 1∶1.72,2013 年为 1∶1.70;
大中型拖拉机拥有量与配套农具比 2014 年为 1∶1.57,2013 年为 1∶1.57;
小型拖拉机拥有量与配套农具比 2014 年为 1∶1.77,2013 年为 1∶1.74;
拖拉机数量中不含变型拖拉机;
乡村户数 27 053.3 万户,全国耕地面积为 121 715.9 千公顷,数据来源于《中国农业统计资料(2014)》。

全国农业机械化发展指标

全国农业机械化系统机构及人员表

指标名称	代码	年末机构数(个)		年末人数(人)			
				合计		其中:科技人员(教师)	
		2014年	2013年	2014年	2013年	2014年	2013年
一、农机化管理机构	1	32407	32632	103671	107184	53020	54550
1.省级	2	32	32	735	747	124	136
2.地级	3	343	341	4246	4309	1318	1386
3.县级	4	2853	2844	32897	34014	14521	15013
4.乡级	5	29179	29415	65793	68114	37039	38015
其中:单设机构	6	4925	5048	18528	19398	11986	12281
二、农机化教育、培训机构	7	1736	1754	18161	19689	12129	13057
1.农机化大、中专	8	36	41	2760	3441	1890	2277
2.农机化学校	9	1700	1713	15401	16248	10239	10780
三、农机化科研机构	10	77	80	2949	3051	1963	2030
1.省级	11	24	24	1850	1871	1209	1236
2.地级	12	53	56	1099	1180	754	794
四、农机试验鉴定机构	13	63	65	1343	1322	957	986
1.省级	14	31	31	1050	1006	771	784
2.地级	15	32	34	293	316	186	202
五、农机化技术推广机构	16	2570	2573	21913	22335	13822	13907
1.省级	17	35	34	761	758	544	565
2.地级	18	386	284	3509	3532	2329	2282
3.县级	19	2249	2255	17643	18045	10949	11060
六、农机安全监理机构	20	2853	2851	31367	32067	15166	15629
1.省级	21	29	31	458	475	160	174
2.地级	22	328	331	3081	3256	1346	1545
3.县级	23	2496	2489	27828	28336	13660	13910

全国农业机械化服务组织及人员表

指标名称	代码	年末机构数(个)		年末人数(人)	
		2014年	2013年	2014年	2013年
一、农机化作业服务组织及农机户	1	—	—	—	—
1. 农机化作业服务组织	2	175124	168574	1894761	1707905
其中:(1)拥有农机原值20万~50万元(含20万元)的	3	56388	53098	378011	334894
拥有农机原值50万元(含50万元)以上的	4	34584	29313	790917	625552
(2)农机专业合作社	5	49435	42244	1292166	1097240
2. 农机户	6	42910686	42386670	53321633	52531135
其中:(1)拥有农机原值20万~50万元(含20万元)的	7	501452	464545	878321	813923
拥有农机原值50万元(含50万元)以上的	8	75500	58351	166555	140548
(2)农机化作业服务专业户	9	5250812	5242735	7398579	7305489
二、农机化中介服务组织	10	6962	6915	54094	54152
三、农机维修厂及维修点	11	188824	201206	445610	475892
1. 一级维修点	12	1244	1450	8874	9670
2. 二级维修点	13	7433	8256	29424	30240
3. 三级维修点	14	96386	103250	216683	231459
4. 专项维修点	15	69314	73709	153685	164281
四、农机经销机构	16	—	—	—	—
1. 农机经销企业	17	11711	11375	101309	100098
2. 农机经销点	18	83876	85342	179065	181040
五、农机供油站(点)	19	17625	17914	48736	49127
六、拖拉机驾驶培训机构	20	1702	2096	18592	17126
七、乡村农机从业人员	21	—	—	54617927	53747171
1. 初中(含初中)以上文化程度	22	—	—	40465653	40617680
2. 高中(含高中)以上文化程度	23	—	—	12246748	12230328
3. 拖拉机驾驶从业人员	24	—	—	15960431	15906175
4. 联合收获机驾驶从业人员	25	—	—	1305240	1177230
5. 农用运输车驾驶从业人员	26	—	—	8891026	8940672
6. 农机维修人员	27	—	—	958629	956647

全国农业机械拥有量表

指标名称	代码	计量单位	2014年	2013年	2014年比2013年增减	
					增减量	%
一、农业机械总动力	1	万千瓦	108056.58	103906.75	4149.83	3.99
1.柴油发动机动力	2	万千瓦	86717.03	83428.78	3288.25	3.94
2.汽油发动机动力	3	万千瓦	3477.98	3243.88	234.10	7.22
3.电动机动力	4	万千瓦	17748.82	17151.86	596.96	3.48
4.其他机械动力	5	万千瓦	86.63	82.24	4.39	5.34
二、拖拉机及配套机械	6	—	—	—	—	—
(一)拖拉机	7	万台	2297.72	2279.28	18.44	0.81
	8	万千瓦	34437.72	33023.23	1414.49	4.28
1.大中型(14.7千瓦及以上)	9	万台	567.95	527.02	40.93	7.77
	10	万千瓦	17529.27	15957.58	1571.69	9.85
(1)其中:14.7~18.4千瓦(含14.7千瓦)	11	万台	237.03	229.06	7.97	3.48
	12	万千瓦	3872.07	3755.44	116.63	3.11
18.4~36.7千瓦(含18.4千瓦)	13	万台	169.62	151.46	18.16	11.99
	14	万千瓦	4490.09	3973.61	516.48	13.00
36.7~58.8千瓦(含36.7千瓦)	15	万台	93.51	87.95	5.56	6.32
	16	万千瓦	4374.35	4116.19	258.16	6.27
58.8千瓦及以上	17	万台	67.71	58.49	9.22	15.76
	18	万千瓦	4792.81	4112.29	680.52	16.55
(2)其中:轮式	19	万台	525.47	483.89	41.58	8.59
	20	万千瓦	15730.23	14164.09	1566.14	11.06
2.小型(2.2~14.7千瓦,含2.2千瓦)	21	万台	1729.77	1752.28	−22.51	−1.28
	22	万千瓦	16908.45	17065.67	−157.22	−0.92
其中:手扶式	23	万台	896.90	910.17	−13.27	−1.46
	24	万千瓦	7422.44	7422.46	−0.02	0.00
(二)拖拉机配套农具	25	万部	3943.29	3875.82	67.47	1.74
1.大中型	26	万部	889.64	826.62	63.02	7.62
2.小型	27	万部	3053.63	3049.21	4.42	0.14
三、种植业机械	28	—	—	—	—	—
(一)耕整地机械	29	—	—	—	—	—
1.耕整机	30	万台(套)	865.43	765.41	100.02	13.07
	31	万千瓦	4206.73	3713.26	493.47	13.29
2.机耕船	32	万艘	18.15	17.52	0.63	3.60
	33	万千瓦	113.15	107.04	6.11	5.71
3.机引犁	34	万台	1316.66	1312.49	4.17	0.32
4.旋耕机	35	万台	584.63	532.45	52.18	9.80
5.深松机	36	万台	22.48	23.36	−0.88	−3.77
6.机引耙	37	万台	728.51	728.56	−0.05	−0.01
(二)种植施肥机械	38	—	—	—	—	—
1.播种机	39	万台	623.36	600.50	22.86	3.81
其中:免耕播种机	40	万台	86.81	82.47	4.34	5.26
精少量播种机	41	万台	386.66	366.82	19.84	5.41
2.水稻种植机械	42	—	—	—	—	—
(1)水稻直播机	43	万台	3.00	2.96	0.04	1.35

续表

指标名称	代码	计量单位	2014 年	2013 年	2014 年比 2013 年增减	
					增减量	%
(2)水稻插秧机	44	万台	67.00	60.45	6.55	10.84
	45	万千瓦	303.36	258.22	45.14	17.48
其中:乘坐式	46	万台	22.88	21.11	1.77	8.40
	47	万千瓦	142.52	129.34	13.18	10.19
(3)水稻浅栽机	48	万台	0.69	0.77	−0.08	−10.39
	49	万千瓦	1.56	1.68	−0.12	−7.14
3.化肥深施机	50	万台	83.34	78.52	4.82	6.14
4.地膜覆盖机	51	万台	56.36	51.94	4.42	8.51
(三)农用排灌机械	52	—	—	—	—	—
1.排灌动力机械	53	万台	2295.69	2258.01	37.68	1.67
	54	万千瓦	14488.88	14330.60	158.28	1.10
其中：柴油机	55	万台	936.13	934.70	1.43	0.15
	56	万千瓦	6848.90	6859.85	−10.95	−0.16
电动机	57	万台	1287.33	1259.40	27.93	2.22
	58	万千瓦	7269.73	7096.12	173.61	2.45
2.农用水泵	59	万台	2224.51	2206.80	17.71	0.80
3.节水灌溉类机械	60	万套	210.72	199.78	10.94	5.48
(四)田间管理机械	61	—	—	—	—	—
1.机动喷雾(粉)机	62	万台	614.04	559.19	54.85	9.81
	63	万千瓦	1078.63	970.99	107.64	11.09
2.茶叶修剪机	64	万台	36.22	30.86	5.36	17.37
	65	万千瓦	41.40	35.02	6.38	18.22
(五)收获机械	66	—	—	—	—	—
1.联合收获机	67	万台	158.42	142.10	16.32	11.49
	68	万千瓦	7642.66	6574.62	1068.04	16.24
(1)稻麦联合收割机	69	万台	122.38	113.43	8.95	7.89
	70	万千瓦	5670.68	5080.40	590.28	11.62
其中:自走式	71	万台	106.63	97.31	9.32	9.58
其中:半喂入式	72	万台	11.25	10.72	0.53	4.90
	73	万千瓦	458.60	434.15	24.45	5.63
(2)玉米联合收获机	74	万台	36.04	28.68	7.36	25.67
	75	万千瓦	1971.98	1494.23	477.75	31.97
其中:自走式	76	万台	25.51	19.16	6.35	33.14
2.割晒机	77	万台	45.20	49.60	−4.40	−8.87
	78	万千瓦	75.27	74.13	1.15	1.54
3.其他收获机械	79	万台	152.57	141.91	10.66	7.51
	80	万千瓦	564.19	503.45	60.74	12.06
其中:大豆收获机	81	万台	2.03	2.04	−0.01	−0.49
	82	万千瓦	153.19	153.40	−0.21	−0.14
油菜籽收获机	83	万台	2.06	1.94	0.12	6.19
	84	万千瓦	98.03	92.80	5.23	5.64
马铃薯收获机	85	万台	5.53	4.87	0.66	13.55
	86	万千瓦	8.92	6.93	1.99	28.77
甜菜收获机	87	万台	0.13	0.08	0.05	62.50
	88	万千瓦	2.06	1.84	0.22	11.96

续表

指标名称	代码	计量单位	2014年	2013年	2014年比2013年增减	
					增减量	%
花生收获机	89	万台	13.76	13.04	0.72	5.52
	90	万千瓦	5.77	4.06	1.71	42.07
棉花收获机	91	万台	0.32	0.27	0.05	18.52
	92	万千瓦	46.67	39.30	7.37	18.75
蔬菜收获机	93	万台	0.71	0.60	0.11	18.33
	94	万千瓦	2.66	2.22	0.44	19.82
茶叶采摘机	95	万台	10.19	8.00	2.19	27.38
	96	万千瓦	13.67	10.63	3.04	28.60
青饲料收获机	97	万台	3.69	3.26	0.43	13.02
	98	万千瓦	78.05	59.70	18.35	30.74
牧草收获机	99	万台	17.14	16.01	1.13	7.06
	100	万千瓦	30.94	26.87	4.07	15.16
秸秆粉碎还田机	101	万台	75.75	69.81	5.94	8.51
秸秆捡拾打捆机	102	万台	2.84	2.25	0.59	26.44
	103	万千瓦	16.27	12.74	3.53	27.71
玉米收获专用割台	104	万台	6.01	5.27	0.74	14.04
大豆收获专用割台	105	万台	1.88	1.69	0.19	11.24
油菜籽收获专用割台	106	万台	1.35	1.30	0.05	3.85
(六)收获后处理机械	107	—	—	—	—	—
1.机动脱粒机	108	万台	1048.96	1007.58	41.38	4.11
	109	万千瓦	2020.73	1860.66	160.07	8.60
2.谷物烘干机	110	万台	5.44	4.28	1.16	27.10
	111	万千瓦	62.28	44.14	18.13	41.08
3.种子加工机械	112	万台	3.07	3.22	−0.15	−4.66
	113	万千瓦	12.43	10.81	1.62	14.99
4.保鲜储藏设备	114	万台(套)	9.19	8.13	1.06	13.04
	115	万千瓦	94.92	79.85	15.07	18.87
(七)设施农业设备	116	—	—	—	—	—
1.水稻工厂化育秧设备	117	万套	1.50	1.28	0.22	17.19
2.温室	118	万平方米	2079699.50	1994994.31	84705.19	4.25
设施总面积	119	万平方米	2058369.03			
其中:连栋温室	120	万平方米	40498.55	56805.84	−16307.29	−28.71
日光温室	121	万平方米	696569.56	659535.11	37034.45	5.62
塑料大棚	122	万平方米	1321300.92	1248348.17	72952.75	5.84
四、农产品初加工机械	123	—	—	—	—	—
(一)农产品初加工动力机械	124	万台	1501.15	1467.54	33.61	2.29
	125	万千瓦	8888.23	8733.69	154.54	1.77
其中:1.柴油机	126	万台	309.42	310.48	−1.06	−0.34
	127	万千瓦	2662.72	2680.06	−17.34	−0.65
2.电动机	128	万台	1179.52	1128.21	51.31	4.55
	129	万千瓦	6119.05	5915.48	203.57	3.44
(二)农产品初加工作业机械	130	万台(套)	1397.74	1345.81	51.93	3.86
其中:1.粮食加工机械	131	万台	1105.38	1048.81	56.57	5.39
2.油料加工机械	132	万台	78.55	76.81	1.74	2.27
3.棉花加工机械	133	万台	24.01	24.25	−0.24	−1.00
4.果蔬加工机械	134	万台(套)	14.39	12.38	2.01	16.24

续表

指标名称	代码	计量单位	2014年	2013年	2014年比2013年增减	
					增减量	%
5.茶叶加工机械	135	万台(套)	136.11	127.23	8.88	6.98
五、畜牧养殖机械	136	万台(套)	710.82	686.47	24.35	3.55
	137	万千瓦	2340.25	2163.52	176.73	8.17
其中:1.饲草料加工机械	138	万台(套)	609.25	587.82	21.43	3.65
	139	万千瓦	1976.90	1823.78	153.12	8.40
2.畜牧饲养机械	140	万台(套)	50.12	44.80	5.32	11.87
	141	万千瓦	177.14	161.67	15.47	9.57
3.畜产品采集加工机械	142	万台(套)	20.77	20.84	−0.07	−0.34
	143	万千瓦	73.56	71.24	2.32	3.26
其中:挤奶机	144	万台	10.85	10.62	0.23	2.17
	145	万千瓦	47.56	44.10	3.46	7.85
剪羊毛机	146	万台	6.37	5.59	0.78	13.95
	147	万千瓦	6.83	6.01	0.82	13.64
六、渔业机械	148	万台	402.99	375.39	27.60	7.35
	149	万千瓦	1796.94	1746.61	50.33	2.88
其中:1.增氧机	150	万台	278.04	256.84	21.20	8.25
	151	万千瓦	567.20	528.87	38.33	7.25
2.投饵机	152	万台	92.47	87.04	5.43	6.24
	153	万千瓦	103.43	94.62	8.81	9.31
七、林果业机械	154	万台	42.72	33.60	9.12	27.14
	155	万千瓦	148.28	125.63	22.65	18.03
其中:1.挖坑机	156	万台	5.51	4.84	0.67	13.84
	157	万千瓦	67.16	59.40	7.76	13.06
2.果树修剪机	158	万台	18.91	14.69	4.22	28.73
	159	万千瓦	37.51	27.38	10.13	37.00
八、运输机械	160	—	—	—	—	—
1.农用运输车	161	万台	1377.70	1385.55	−7.85	−0.57
	162	万千瓦	21526.37	21518.98	7.39	0.03
(1)三轮汽车	163	万台	1087.38	1099.76	−12.38	−1.13
	164	万千瓦	12490.90	12623.13	−132.23	−1.05
(2)低速载货汽车	165	万台	253.27	252.29	0.98	0.39
	166	万千瓦	8164.20	8084.47	79.73	0.99
2.手扶变型运输机	167	万台	78.33	82.25	−3.92	−4.77
	168	万千瓦	1589.88	1661.55	−71.67	−4.31
3.农用挂车	169	万台	775.28	778.70	−3.42	−0.44
九、农田基本建设机械	170	万台	46.31	44.74	1.57	3.51
	171	万千瓦	2605.44	2519.82	85.62	3.40
十、其他机械	172	—	—	—	—	—
其中:农用飞机	173	架	461	176	285	161.93
十一、农业机械原值和净值	174	—	—	—	—	—
1.农业机械原值	175	亿元	8787.46	8222.61	564.85	6.87
2.农业机械净值	176	亿元	6402.17	5993.12	409.05	6.83

全国农业机械化作业情况表

指标名称	代码	计量单位	2014 年	2013 年	2014 年比 2013 年增减	
					增减量	%
一、农机化作业总体情况	1	—	—	—	—	—
(一)机耕面积	2	千公顷	117417.69	113757.83	3659.86	3.22
(二)机播面积	3	千公顷	83956.34	80309.56	3646.78	4.54
(三)机电灌溉面积	4	千公顷	53686.78	53164.17	522.61	0.98
(四)机械植保面积	5	千公顷	65655.46	64098.85	1556.61	2.43
(五)机收面积	6	千公顷	83269.97	77416.01	5853.96	7.56
二、主要农作物农机化作业情况	7	—	—	—	—	—
(一)小麦	8	—	—	—	—	—
1.小麦机耕面积	9	千公顷	21675.43	21393.18	282.26	1.32
2.小麦机播面积	10	千公顷	20936.30	20906.96	29.34	0.14
3.小麦机收面积	11	千公顷	22458.19	22099.29	358.90	1.62
(二)水稻	12	—	—	—	—	—
1.水稻机耕面积	13	千公顷	29521.69	29127.42	394.27	1.35
2.水稻机械种植面积	14	千公顷	11989.90	10943.50	1046.40	9.56
其中:水稻机播面积	15	千公顷	537.55	494.55	43.00	8.69
水稻机插面积	16	千公顷	11323.29	10262.85	1060.44	10.33
水稻机浅栽面积	17	千公顷	33.76	58.47	−24.71	−42.26
3.水稻机收面积	18	千公顷	25172.70	23952.21	1220.49	5.10
(三)玉米	19	—	—	—	—	—
1.玉米机耕面积	20	千公顷	25673.44	25035.68	637.76	2.55
2.玉米机播面积	21	千公顷	31131.94	30535.08	596.86	1.95
3.玉米机收面积	22	千公顷	21049.92	18293.32	2756.60	15.07
(四)大豆	23	—	—	—	—	—
1.大豆机耕面积	24	千公顷	4357.09	4211.49	145.60	3.46
2.大豆机播面积	25	千公顷	4403.28	4269.68	133.60	3.13
3.大豆机收面积	26	千公顷	3996.69	3709.88	286.81	7.73
(五)油菜	27	—	—	—	—	—
1.油菜机耕面积	28	千公顷	5156.23	4825.48	330.75	6.85
2.油菜机播面积	29	千公顷	1477.03	1218.45	258.58	21.22
3.油菜机收面积	30	千公顷	1885.47	1490.02	395.46	26.54
(六)马铃薯	31	—	—	—	—	—
1.马铃薯机耕面积	32	千公顷	3039.55	2884.49	155.06	5.38
2.马铃薯机播面积	33	千公顷	1320.09	1293.94	26.15	2.02
3.马铃薯机收面积	34	千公顷	1249.86	1167.60	82.25	7.04
(七)花生	35	—	—	—	—	—
1.花生机耕面积	36	千公顷	3032.15	3091.52	−59.37	−1.92
2.花生机播面积	37	千公顷	1874.96	1856.17	18.79	1.01
3.花生机收面积	38	千公顷	1354.19	1374.38	−20.19	−1.47
(八)棉花	39	—	—	—	—	—
1.棉花机耕面积	40	千公顷	4597.37	4040.97	556.40	13.77
2.棉花机播面积	41	千公顷	3653.84	2849.39	804.45	28.23

续表

指标名称	代码	计量单位	2014 年	2013 年	2014 年比 2013 年增减	
					增减量	%
3. 棉花机收面积	42	千公顷	661.16	486.27	174.89	35.96
三、单项农机化作业情况	43	—	—	—	—	—
1. 机械深耕面积	44	千公顷	29553.60	29191.33	362.27	1.24
2. 机械深松面积	45	千公顷	10890.01	10784.70	105.30	0.98
3. 机械化免耕播种面积	46	千公顷	13420.97	13413.07	7.90	0.06
其中:机械化免耕覆盖播种面积	47	千公顷	7349.28	7364.22	−14.94	−0.20
4. 保护性耕作面积	48	千公顷	8622.80	7731.36	891.44	11.53
5. 精少量播种面积	49	千公顷	41389.15	38852.38	2536.77	6.53
6. 机械深施化肥面积	50	千公顷	34159.34	32565.41	1593.93	4.89
7. 机械铺膜面积	51	千公顷	9013.67	8041.10	972.56	12.09
8. 农田机械节水灌溉面积	52	千公顷	15618.17	14200.19	1417.98	9.99
9. 机械播种牧草面积	53	千公顷	1170.80	926.85	243.95	26.32
10. 机械收获牧草数量	54	万吨	5135.59	4174.04	961.55	23.04
11. 机械化秸秆还田面积	55	千公顷	43156.02	36998.30	6157.72	16.64
12. 秸秆捡拾打捆面积	56	千公顷	2825.26	2219.24	606.02	27.31
13. 机械化青贮秸秆数量	57	万吨	8987.49	9073.33	−85.84	−0.95
14. 农机运输作业量	58	亿吨·千米	2566.73	2629.14	−62.42	−2.37
其中:农业运输作业量	59	亿吨·千米	1130.19	1284.78	−154.59	−12.03
15. 农田基本建设作业量	60	万立方米	345660.93	382459.53	−36798.60	−9.62
16. 农用飞机作业面积	61	千公顷	2259.74	2511.87	−252.13	−10.04
17. 农机专业合作社作业服务面积	62	千公顷	41928.93	39163.54	2765.40	7.06
18. 农机跨区作业面积	63	千公顷	29721.19	36719.21	−6998.03	−19.06
其中:跨区机耕面积	64	千公顷	5939.09	6767.09	−828.00	−12.24
跨区机播面积	65	千公顷	2818.96	3084.71	−265.75	−8.62
跨区机收面积	66	千公顷	17675.56	26005.40	−8329.85	−32.03
其中:跨区机收小麦	67	千公顷	8376.26	14425.66	−6049.40	−41.93
跨区机收水稻	68	千公顷	4884.47	7695.69	−2811.22	−36.53
跨区机收玉米	69	千公顷	3171.85	3250.78	−78.93	−2.43
四、农产品初加工机械化作业情况	70	—				
1. 实际脱出农产品总量	71	万吨	167318.32			
其中:机械脱出农产品数量	72	万吨	70314.24			
其中:机械脱粒粮食数量	73	万吨	49174.90	51190.81	−2015.90	−3.94
2. 实际清选农产品总量	74	万吨	149377.31			
其中:机械清选农产品数量	75	万吨	38242.00			
3. 实际保质农产品总量	76	万吨	147043.19			
其中:机械保质农产品数量	77	万吨	33710.73			
其中:机械烘干粮食数量	78	万吨	8935.72	7529.30	1406.42	18.68
4. 机械初加工农产品数量	79	万吨	67107.15	61944.18	5162.97	8.33
其中:加工粮食数量	80	万吨	49771.00	47985.28	1785.72	3.72
加工油料数量	81	万吨	5394.82	5557.52	−162.69	−2.93
加工棉花数量	82	万吨	1528.10	1487.03	41.07	2.76

续表

指标名称	代码	计量单位	2014年	2013年	2014年比2013年增减	
					增减量	%
加工果蔬数量	83	万吨	4516.56	3361.33	1155.24	34.37
加工茶叶数量	84	万吨	353.94	353.00	0.94	0.27
五、畜牧业机械化作业情况	85	—				
1.收获的饲草秸秆总量	86	万吨	64493.81			
其中:机械收获饲草秸秆量	87	万吨	24039.54			
2.饲草料加工总量	88	万吨	49478.39			
其中:机械化饲草料加工数量	89	万吨	32252.77	27560.95	4691.82	17.02
3.畜禽总数(折算为羊单位)	90	万个	350194.39			
其中:机械饲喂的畜禽数量(折算为羊单位)	91	万个	43473.68			
机械清粪的畜禽数量(折管为羊单位)	92	万个	41981.19			
4.环控畜禽总数(折算为羊单位)	93	万个	80795.71			
其中:机械环控的畜禽数量(折算为羊单位)	94	万个	37087.68			
5.产奶家畜数量(折算为羊单位)	95	万个	9802.03			
其中:机械挤奶的家畜数量(折算为羊单位)	96	万个	4622.22			
6.产毛畜禽数量(折算为羊单位)	97	万个	23113.80			
其中:机械剪毛的畜禽数量(折算为羊单位)	98	万个	2314.34			
7.蛋禽数量(折算为羊单位)	99	万个	27597.40			
其中:机械捡蛋的蛋禽数量(折算为羊单位)	100	万个	3167.67			
六、林果业机械化作业情况	101	—				
1.林果业(果茶桑)种植面积	102	千公顷	16849.14			
其中:机械中耕面积	103	千公顷	5141.20			
机械施肥面积	104	千公顷	3298.62			
机械植保面积	105	千公顷	8063.96			
机械修剪面积	106	千公顷	1918.81			
2.林果业(果茶桑)采收产量	107	万吨	17344.01			
其中:机械采收产量	108	万吨	365.96			
其中:机械田间转运产量	109	万吨	9640.05			
七、设施农业机械化作业情况	110	—				
1.设施耕整地机械化面积	111	千公顷	1444.13			
2.设施种植机械化面积	112	千公顷	238.99			
3.设施采运机械化面积	113	千公顷	119.59			
4.设施灌溉施肥机械化面积	114	千公顷	1008.03			
5.设施环境调控机械化面积	115	千公顷	511.17			

全国农业机械化管理服务与经营效益情况表

指标名称	代码	计量单位	2014年	2013年	2014年比2013年增减	
					增减量	%
一、农业机械化培训	1	人次	7706913	7700273	6640	0.09
其中：1.培训农机管理人员	2	人次	193867	190526	3341	1.75
2.培训农机技术人员	3	人次	881392	904199	−22807	−2.52
3.培训农机监理人员	4	人次	80897	79340	1557	1.96
4.培训农机操作人员	5	人次	6283225	6323012	−39787	−0.63
二、农机维修	6	—	—	—	—	—
1.维修拖拉机	7	万台次	1912.72	1910.34	2.38	0.12
2.维修联合收获机	8	万台次	162.22	152.96	9.26	6.05
3.维修水稻插秧机	9	万台次	36.13	31.31	4.82	15.39
4.维修运输机械	10	万台次	1275.31	1297.11	−21.80	−1.68
5.维修其他农机具	11	万台次	2972.76	3023.67	−50.91	−1.68
三、农机鉴定	12	—	—	—	—	—
推广鉴定证当年发证数量	13	件	4832	4723	109	2.31
四、农机监理装备	14	—	—	—	—	—
1.监理车辆	15	辆	4032	4207	−175	−4.16
2.安全检测设备	16	套	2024	1980	44	2.22
其中：拖拉机检测设备	17	套	1893	1824	69	3.78
五、农机化投入情况	18	—	—	—	—	—
农机化总投入	19	万元	10086912.17	10138919.05	−52006.88	−0.51
1.一般行政事业支出	20	万元	605851.49	561098.12	44753.37	7.98
2.基本建设	21	万元	302734.05	285473.90	17260.15	6.05
3.科研	22	万元	11315.59	11975.06	−659.47	−5.51
4.推广培训	23	万元	150133.44	134293.87	15839.57	11.79
5.农业机械购置	24	万元	8686334.15	8870229.48	−183895.33	−2.07
6.其他	25	万元	330543.46	275848.63	54694.83	19.83
六、经营效益情况	26	—	—	—	—	—
1.总收入	27	万元	53600643.26	51079826.30	2520816.96	4.94
2.成本与费用	28	万元	32539520.92	30943645.61	1595875.31	5.16
3.利润总额	29	万元	21061122.34	20136180.69	924941.65	4.59

全国农业生产燃油消耗情况表

指标名称	代码	计量单位	2014年	2013年	2014年比2013年增减	
					增减量	%
农业生产燃油消耗	1	万吨	3708.52	3647.11	61.42	1.68
其中:(1)柴油	2	万吨	3337.61	3303.45	34.15	1.03
(2)用于农机抗灾救灾	3	万吨	126.57	139.18	−12.61	−9.06
1.农田作业	4	万吨	1392.52	1319.36	73.15	5.54
(1)机耕	5	万吨	609.26	578.37	30.89	5.34
(2)机播	6	万吨	213.01	200.88	12.13	6.04
(3)机收	7	万吨	373.20	345.44	27.76	8.04
(4)植保	8	万吨	84.97	84.00	0.97	1.15
(5)其他	9	万吨	112.08	110.67	1.41	1.28
2.农田排灌	10	万吨	198.26	204.58	−6.32	−3.09
3.农田基本建设	11	万吨	234.79	235.06	−0.26	−0.11
4.畜牧业生产	12	万吨	87.25	70.95	16.31	22.98
5.农产品初加工	13	万吨	220.61	234.24	−13.63	−5.82
6.农业运输	14	万吨	1430.42	1434.38	−3.95	−0.28
7.其他	15	万吨	144.67	148.54	−3.87	−2.61

续表

地区	二、农机化教育、培训机构			1. 农机化大、中专			2. 农机化学校		
	年末机构数（个）	年末人数（人）		年末机构数（个）	年末人数（人）		年末机构数（个）	年末人数（人）	
		合计	其中：科技人员（教师）		合计	其中：科技人员（教师）		合计	其中：科技人员（教师）
合计	1736	18161	12129	36	2760	1890	1700	15401	10239
北京	9	255	103	0	0	0	9	255	103
天津	11	125	52	0	0	0	11	125	52
河北	118	838	496	2	23	14	116	815	482
山西	62	642	468	2	233	174	60	409	294
内蒙古	45	269	183	0	0	0	45	269	183
辽宁	49	791	541	2	70	68	47	721	473
吉林	37	1315	1069	2	369	295	35	946	774
黑龙江	60	1271	905	3	630	400	57	641	505
上海	10	23	14	0	0	0	10	23	14
江苏	54	383	266	0	0	0	54	383	266
浙江	32	138	90	0	0	0	32	138	90
安徽	67	763	587	3	224	143	64	539	444
福建	12	107	74	1	47	38	11	60	36
江西	47	288	141	1	7	2	46	281	139
山东	135	1086	829	3	32	26	132	1054	803
河南	126	1743	963	1	17	10	125	1726	953
湖北	60	773	502	0	0	0	60	773	502
湖南	105	834	481	2	33	13	103	801	468
广东	53	406	215	0	0	0	53	406	215
广西	84	917	657	2	141	96	82	776	561
海南	17	110	59	0	0	0	17	110	59
重庆	18	262	151	3	186	113	15	76	38
四川	95	488	337	2	13	13	93	475	324
贵州	25	554	357	4	389	251	21	165	106
云南	121	1035	744	1	132	94	120	903	650
西藏	0	0	0	0	0	0	0	0	0
陕西	83	1272	776	1	189	116	82	1083	660
甘肃	80	600	314	0	0	0	80	600	314
青海	22	186	146	1	25	24	21	161	122
宁夏	7	59	53	0	0	0	7	59	53
新疆	83	576	506	0	0	0	83	576	506
新疆兵团	9	52	50	0	0	0	9	52	50

续表

地区	三、农机化科研机构			1. 省级			2. 地级		
	年末机构数（个）	年末人数（人）		年末机构数（个）	年末人数（人）		年末机构数（个）	年末人数（人）	
		合计	其中：科技人员（教师）		合计	其中：科技人员（教师）		合计	其中：科技人员（教师）
合计	77	2949	1963	24	1850	1209	53	1099	754
北京	0	0	0	0	0	0	0	0	0
天津	1	32	21	1	32	21	0	0	0
河北	1	20	10	1	20	10	0	0	0
山西	11	261	209	1	103	82	10	158	127
内蒙古	3	46	15	0	0	0	3	46	15
辽宁	4	143	99	1	75	51	3	68	48
吉林	4	255	198	1	75	55	3	180	143
黑龙江	8	815	523	6	784	501	2	31	22
上海	1	124	36	1	124	36	0	0	0
江苏	1	5	5	0	0	0	1	5	5
浙江	1	51	37	1	51	37	0	0	0
安徽	2	48	45	0	0	0	2	48	45
福建	0	0	0	0	0	0	0	0	0
江西	1	60	15	1	60	15	0	0	0
山东	4	103	72	0	0	0	4	103	72
河南	0	0	0	0	0	0	0	0	0
湖北	3	114	94	1	68	58	2	46	36
湖南	6	164	81	0	0	0	6	164	81
广东	3	152	125	1	141	117	2	11	8
广西	0	0	0	0	0	0	0	0	0
海南	1	4	2	1	4	2	0	0	0
重庆	3	54	41	2	39	31	1	15	10
四川	7	234	149	1	128	72	6	106	77
贵州	3	87	72	1	50	43	2	37	29
云南	3	82	58	1	58	44	2	24	14
西藏	0	0	0	0	0	0	0	0	0
陕西	1	28	3	0	0	0	1	28	3
甘肃	2	27	17	0	0	0	2	27	17
青海	0	0	0	0	0	0	0	0	0
宁夏	1	10	7	1	10	7	0	0	0
新疆	0	0	0	0	0	0	0	0	0
新疆兵团	2	30	29	1	28	27	1	2	2

续表

地区	四、农机试验鉴定机构			1. 省级			2. 地级		
	年末机构数（个）	年末人数（人）		年末机构数（个）	年末人数（人）		年末机构数（个）	年末人数（人）	
		合计	其中：科技人员（教师）		合计	其中：科技人员（教师）		合计	其中：科技人员（教师）
合计	63	1343	957	31	1050	771	32	293	186
北京	1	55	40	1	55	40	0	0	0
天津	1	37	28	1	37	28	0	0	0
河北	1	28	27	1	28	27	0	0	0
山西	12	115	81	1	47	35	11	68	46
内蒙古	1	63	0	1	63	0	0	0	0
辽宁	11	199	150	1	69	57	10	130	93
吉林	2	80	58	1	75	55	1	5	3
黑龙江	2	122	91	2	122	91	0	0	0
上海	1	15	11	1	15	11	0	0	0
江苏	6	82	62	1	46	35	5	36	27
浙江	1	6	6	1	6	6	0	0	0
安徽	1	40	29	1	40	29	0	0	0
福建	0	0	0	0	0	0	0	0	0
江西	1	5	5	1	5	5	0	0	0
山东	1	34	27	1	34	27	0	0	0
河南	4	35	30	1	24	22	3	11	8
湖北	1	20	15	1	20	15	0	0	0
湖南	2	49	22	1	16	16	1	33	6
广东	1	28	22	1	28	22	0	0	0
广西	1	33	33	1	33	33	0	0	0
海南	1	6	2	1	6	2	0	0	0
重庆	1	45	36	1	45	36	0	0	0
四川	1	59	46	1	59	46	0	0	0
贵州	1	22	19	1	22	19	0	0	0
云南	1	12	8	1	12	8	0	0	0
西藏	0	0	0	0	0	0	0	0	0
陕西	2	28	14	1	18	11	1	10	3
甘肃	1	45	29	1	45	29	0	0	0
青海	1	6	5	1	6	5	0	0	0
宁夏	1	37	28	1	37	28	0	0	0
新疆	1	36	32	1	36	32	0	0	0
新疆兵团	1	1	1	1	1	1	0	0	0

续表

地区	五、农机化技术推广机构			1. 省级			2. 地级		
	年末机构数（个）	年末人数（人）		年末机构数（个）	年末人数（人）		年末机构数（个）	年末人数（人）	
		合计	其中：科技人员（教师）		合计	其中：科技人员（教师）		合计	其中：科技人员（教师）
合　计	2570	21913	13822	35	761	544	286	3509	2329
北　京	13	270	134	1	55	40	0	0	0
天　津	10	104	75	1	29	18	0	0	0
河　北	168	1211	699	2	23	23	11	220	151
山　西	122	954	692	1	37	28	11	117	85
内蒙古	95	927	644	1	87	55	11	208	135
辽　宁	77	973	651	1	14	13	14	242	173
吉　林	58	1107	907	1	18	14	6	160	133
黑龙江	83	630	517	1	38	28	13	76	63
上　海	9	73	62	1	17	13	0	0	0
江　苏	88	933	641	2	36	21	13	211	160
浙　江	40	193	166	1	3	3	6	52	43
安　徽	83	779	588	1	20	10	7	79	54
福　建	11	77	36	1	26	0	0	0	0
江　西	94	348	206	1	4	4	11	42	18
山　东	147	967	695	1	27	24	16	96	78
河　南	161	1957	883	1	12	11	18	255	158
湖　北	100	784	565	0	0	0	16	200	144
湖　南	130	1660	750	3	55	55	9	158	62
广　东	108	596	278	1	15	11	20	150	57
广　西	100	929	620	1	28	28	12	195	132
海　南	16	75	40	1	12	10	0	0	0
重　庆	39	200	115	1	21	16	0	0	0
四　川	153	781	516	1	8	0	14	72	51
贵　州	84	350	211	1	25	16	6	38	19
云　南	135	985	721	1	22	13	15	181	132
西　藏	2	6	4	1	2	2	1	4	2
陕　西	105	1529	633	1	20	11	11	179	71
甘　肃	84	711	274	1	35	22	10	170	84
青　海	37	287	250	1	15	13	6	45	39
宁　夏	22	313	275	1	37	28	3	30	26
新　疆	93	981	757	1	13	8	13	295	225
新疆兵团	103	223	217	1	7	6	13	34	34

续表

地区	3. 县级			六、农机安全监理机构			1. 省级		
	年末机构数（个）	年末人数（人）		年末机构数（个）	年末人数（人）		年末机构数（个）	年末人数（人）	
		合计	其中：科技人员（教师）		合计	其中：科技人员（教师）		合计	其中：科技人员（教师）
合计	2249	17643	10949	2853	31367	15166	29	458	160
北京	12	215	94	13	135	44	1	23	8
天津	9	75	57	11	146	91	0	0	0
河北	155	968	525	170	1865	838	1	14	14
山西	110	800	579	124	1136	724	1	7	0
内蒙古	83	632	454	106	1232	568	1	9	0
辽宁	62	717	465	99	915	512	1	8	0
吉林	51	929	760	66	1225	1025	1	21	16
黑龙江	69	516	426	93	1762	1275	1	17	17
上海	8	56	49	10	53	44	1	12	9
江苏	73	686	460	98	921	489	1	23	0
浙江	33	138	120	73	444	313	1	3	3
安徽	75	680	524	101	1331	800	1	23	8
福建	10	51	36	47	178	6	1	12	0
江西	82	302	184	105	549	257	1	11	11
山东	130	844	593	153	2002	1311	1	23	0
河南	142	1690	714	166	4078	1148	1	23	0
湖北	84	584	421	107	1192	633	1	28	0
湖南	118	1447	633	136	1460	587	1	10	0
广东	87	431	210	123	764	240	1	2	0
广西	87	706	460	101	1064	625	1	11	11
海南	15	63	30	19	198	90	1	30	20
重庆	38	179	99	39	230	96	1	18	7
四川	138	701	465	195	1082	409	0	0	0
贵州	77	287	176	96	524	279	1	11	7
云南	119	782	576	145	1368	733	1	16	0
西藏	0	0	0	0	0	0	0	0	0
陕西	93	1330	551	113	2021	728	1	19	11
甘肃	73	506	168	99	1213	297	1	24	0
青海	30	227	198	44	360	250	1	30	0
宁夏	18	246	221	24	273	234	1	14	14
新疆	79	673	524	98	1436	390	1	11	0
新疆兵团	89	182	177	79	210	130	1	5	4

续表

地　区	2. 地级			3. 县级		
	年末机构数（个）	年末人数（人）		年末机构数（个）	年末人数（人）	
		合计	其中：科技人员（教师）		合计	其中：科技人员（教师）
合　　计	328	3081	1346	2496	27828	13660
北　　京	0	0	0	12	112	36
天　　津	0	0	0	11	146	91
河　　北	11	194	115	158	1657	709
山　　西	11	107	77	112	1022	647
内 蒙 古	12	199	95	93	1024	473
辽　　宁	14	117	35	84	790	477
吉　　林	9	130	115	56	1074	894
黑 龙 江	14	92	62	78	1653	1196
上　　海	0	0	0	9	41	35
江　　苏	12	101	52	85	797	437
浙　　江	8	38	32	64	403	278
安　　徽	16	102	59	84	1206	733
福　　建	6	28	0	40	138	6
江　　西	11	59	20	93	479	226
山　　东	17	146	95	135	1833	1216
河　　南	18	243	68	147	3812	1080
湖　　北	17	207	124	89	957	509
湖　　南	14	69	30	121	1381	557
广　　东	20	129	32	102	633	208
广　　西	13	156	55	87	897	559
海　　南	2	21	10	16	147	60
重　　庆	0	0	0	38	212	89
四　　川	21	136	35	174	946	374
贵　　州	9	55	28	86	458	244
云　　南	16	185	20	128	1167	713
西　　藏	0	0	0	0	0	0
陕　　西	10	95	23	102	1907	694
甘　　肃	11	144	32	87	1045	265
青　　海	6	58	40	37	272	210
宁　　夏	4	38	33	19	221	187
新　　疆	13	172	19	84	1253	371
新疆兵团	13	60	40	65	145	86

各地区农业机械化服务组织及人员表

地区	一、农机化作业服务组织及农机户 1. 农机化作业服务组织 年末机构数（个）	年末人数（人）	(1)其中：拥有农机原值20万～50万元（含20万元）的 年末机构数（个）	年末人数（人）	拥有农机原值50万元（含50万元）以上的 年末机构数（个）	年末人数（人）	(2)其中：农机专业合作社 年末机构数（个）	年末人数（人）	2. 农机户 年末机构数（个）	年末人数（人）
合计	175124	1894761	56388	378011	34584	790917	49435	1292166	42910686	53321633
北京	413	2798	170	795	162	1262	157	1158	33291	38052
天津	668	5558	35	166	118	4437	126	4472	50879	81305
河北	5817	59483	2424	15676	997	18538	1965	40870	3577394	4827840
山西	4820	25987	1354	7917	682	5758	2214	19439	887077	1085492
内蒙古	2491	32404	908	7253	1355	22045	1481	24138	1236806	1713863
辽宁	2559	46190	645	4957	1425	27989	2257	39132	601455	739545
吉林	5844	41434	3386	18835	2418	22243	3111	29074	1090207	1264576
黑龙江	23614	94499	16259	45108	3229	29444	2055	22434	1110989	1448955
上海	326	2631	52	167	162	792	144	1733	5177	6347
江苏	9991	555271	3160	79790	5007	326705	6978	501223	1180183	1469668
浙江	4828	41235	1167	6722	934	16009	1425	23881	748027	845861
安徽	7965	80082	2726	13862	2175	35820	2850	50782	3381427	3857475
福建	1450	19487	559	4664	533	11134	531	15937	647832	717240
江西	10865	64849	1045	7323	688	11339	787	16188	945824	1296761
山东	19947	160916	6140	36098	3985	56678	5977	104009	5093776	6034434
河南	12070	118273	4943	23676	4588	66173	5786	90711	5454994	6529592
湖北	7787	107273	2956	25365	1187	29655	1937	66504	1790160	2314559
湖南	13752	84395	1823	14419	1283	25874	1719	28455	2146320	2942859
广东	2220	25609	879	7948	424	7607	970	19755	1105266	1356991
广西	2735	33496	1166	11380	506	5918	1689	18821	2252860	2937846
海南	234	1516	90	549	40	261	110	1065	260221	284132
重庆	6064	104752	324	11068	134	23798	834	77982	936071	1289001
四川	18026	71165	1847	11384	557	12910	1073	32058	2160000	2556913
贵州	2673	32391	272	4710	77	1524	470	6263	1196820	1495739
云南	895	10722	178	1206	151	3470	347	7982	1537319	1682667
西藏	56	2069	40	1669	16	400	22	615	172596	716309
陕西	2381	23895	723	5877	346	6168	789	17639	1068720	1185754
甘肃	2345	19032	462	3302	361	7454	595	8370	1122079	1284630
青海	620	3751	115	728	315	831	165	2815	204390	223498
宁夏	353	6532	139	2289	153	2255	265	4244	276858	402416
新疆	634	13341	152	2287	246	4656	533	12407	610373	656834
新疆兵团	681	3725	249	821	330	1770	73	2010	25295	34479

续表

地区	(1)其中：拥有农机原值20万～50万元(含20万元)的		拥有农机原值50万元(含50万元)以上的		(2)其中：农机化作业服务专业户		二、农机化中介服务组织		三、农机维修厂及维修点	
	年末机构数(个)	年末人数(人)	年末机构数(个)	年末人数(人)	年末机构数(个)	年末人数(人)	年末机构数(个)	年末人数(人)	年末机构数(个)	年末人数(人)
合计	501452	878321	75500	166555	5250812	7398579	6962	54094	188824	445610
北京	594	965	232	556	1684	2656	1	65	307	703
天津	859	1380	106	436	13823	19565	0	0	541	1132
河北	32885	68747	3884	8658	348035	535968	335	1368	16390	34180
山西	10093	20642	879	2536	90196	116724	121	1590	7271	17130
内蒙古	14271	25955	2929	7892	87159	132507	287	1167	7801	15877
辽宁	9934	21723	1708	5599	72908	109235	139	3401	5234	11849
吉林	10959	23402	3666	9125	9496	27873	37	267	7711	17831
黑龙江	138328	205817	20740	38299	158014	231279	93	312	7250	21399
上海	583	770	163	235	3498	4077	0	0	82	177
江苏	58236	95685	7711	15117	245261	343340	494	7779	4443	12259
浙江	16051	23286	4622	11022	168721	186532	52	161	3604	6080
安徽	16706	33344	1846	5317	412869	559024	415	6568	10190	22871
福建	1753	3702	184	643	135552	160434	38	104	3709	8147
江西	7054	13052	729	1839	354663	538196	463	1170	10162	30419
山东	37509	75240	6823	15497	703695	975014	1165	11238	7592	23036
河南	25150	51485	2438	6198	270033	426973	1374	5742	22484	44240
湖北	10772	28117	1689	6129	282438	556471	135	501	5415	17500
湖南	9753	23331	1212	4241	221033	372290	287	1088	5251	14213
广东	7095	12856	838	3411	165005	219422	13	361	8966	23416
广西	8647	19458	370	1491	92722	205898	192	1528	4812	11372
海南	1700	2616	189	357	50531	55723	1	7	1133	3106
重庆	1249	3402	45	185	183501	225482	393	1644	3684	10032
四川	26887	43561	694	1970	233529	300487	174	1017	10631	27204
贵州	299	700	20	97	194597	241844	28	74	5578	15066
云南	1675	2457	413	585	83808	97101	166	2979	11376	24713
西藏	19	105	5	31	3	20	0	0	119	372
陕西	4026	11992	606	1958	303062	328275	117	546	5250	9738
甘肃	7097	11571	883	1612	203482	225284	194	496	6124	10553
青海	4152	5077	559	823	7251	9249	2	11	1108	1704
宁夏	2398	3659	992	1988	44793	58102	169	457	1879	4009
新疆	26263	34097	4746	7944	98905	120489	75	2432	2393	4456
新疆兵团	8455	10127	3579	4764	10545	13045	2	21	334	826

续表

地区	其中：1. 一级维修点		2. 二级维修点		3. 三级维修点		4. 专项维修点		四、农机经销机构 1. 农机经销企业	
	年末机构数（个）	年末人数（人）	年末机构数（个）	年末人数（人）	年末机构数（个）	年末人数（人）	年末机构数（个）	年末人数（人）	年末机构数（个）	年末人数（人）
合计	1244	8874	7433	29424	96386	216683	69314	153685	11711	101309
北京	4	45	9	30	272	604	22	24	2	35
天津	0	0	27	83	481	1011	33	38	15	240
河北	13	108	364	1273	11740	23980	3983	8150	515	5875
山西	32	393	416	1603	3442	7495	3133	6950	210	3844
内蒙古	29	170	748	1723	5676	11180	1276	2650	828	3616
辽宁	29	94	84	388	3701	8453	1321	2637	240	2496
吉林	0	0	11	54	6102	13613	1598	4164	391	2591
黑龙江	91	1752	343	2216	3080	9036	3550	8058	374	7543
上海	1	7	5	43	28	49	25	49	7	31
江苏	33	335	285	1552	2527	7122	1012	1894	645	4778
浙江	8	57	47	123	2411	4091	974	1573	209	835
安徽	23	363	232	1370	5555	12092	2982	5952	776	5713
福建	0	0	36	131	921	2093	218	453	284	2087
江西	59	535	444	2332	4103	11436	5014	14314	500	3023
山东	98	890	722	3301	5230	14709	1320	3052	878	10941
河南	106	504	573	1879	10456	18898	10069	19711	709	7114
湖北	68	466	225	911	2173	5747	2518	7698	521	3405
湖南	98	649	446	1870	2279	6218	1866	4325	776	12964
广东	6	101	56	247	458	1008	6800	17651	488	2892
广西	7	14	118	454	3540	8306	529	1232	320	1584
海南	0	0	2	7	216	574	909	2501	133	350
重庆	9	199	156	1133	1977	5332	1404	2936	318	3251
四川	60	618	555	2804	3274	9174	5634	11154	594	3452
贵州	23	100	142	514	3004	9193	2388	5185	252	1695
云南	144	458	530	1374	4380	8975	5558	11908	291	2338
西藏	107	313	5	18	7	41	0	0	46	196
陕西	19	172	130	391	3641	6247	971	1833	315	2385
甘肃	120	242	492	848	3151	5526	1933	3275	263	1632
青海	31	73	87	138	252	390	485	738	20	188
宁夏	2	5	20	99	444	832	1171	2456	62	664
新疆	5	57	92	361	1829	3187	370	677	720	3503
新疆兵团	19	154	31	154	36	71	248	447	9	48

续表

地区	2. 农机经销点		五、农机供油站(点)		六、拖拉机驾驶培训机构		七、乡村农机从业人员	1. 其中:初中(含初中)以上文化程度
	年末机构数(个)	年末人数(人)	年末机构数(个)	年末人数(人)	年末机构数(个)	年末人数(人)	年末人数(人)	年末人数(人)
合计	83876	179065	17625	48736	1702	18592	54617927	40465653
北京	88	181	21	148	9	128	45126	32720
天津	146	390	9	83	5	44	105126	70249
河北	5704	13606	1003	4016	93	642	4736465	3417451
山西	1888	4419	890	2965	71	499	975638	875737
内蒙古	4165	7667	246	703	72	456	1916069	1203696
辽宁	2137	4607	236	1005	39	641	964521	761600
吉林	2964	7326	393	1151	21	528	1335305	1001550
黑龙江	4938	11629	706	2499	76	601	1899412	1375851
上海	50	106	17	29	11	17	14076	9121
江苏	3019	6705	743	1601	61	468	1592018	1222492
浙江	630	971	233	577	21	114	746630	491589
安徽	4618	9191	183	583	76	559	3976155	3363745
福建	789	1523	115	308	26	227	732331	549014
江西	1895	5172	13	44	64	430	1287130	808691
山东	6720	14730	3716	9747	101	949	6745844	5362098
河南	10604	20594	3751	7586	115	1472	6690090	5676917
湖北	3076	8048	829	2180	82	824	2456523	1331504
湖南	3926	9228	932	2792	99	1039	2865890	2283887
广东	2145	6192	271	923	37	352	1169474	784134
广西	2342	4737	40	152	81	1040	3121623	2105911
海南	250	631	100	416	11	73	251792	189492
重庆	2648	4996	140	462	21	151	1106127	812354
四川	7472	14674	533	1392	83	476	2706715	1803346
贵州	2421	4624	1	4	46	375	1185566	808471
云南	3007	5931	294	977	118	951	1739764	1177777
西藏	86	261	92	350	0	0	206621	42249
陕西	2310	5086	930	3226	74	1038	1156039	941356
甘肃	1879	2976	610	1293	64	3563	1431054	902836
青海	232	418	114	346	22	139	286916	189077
宁夏	427	592	254	563	12	62	435352	268439
新疆	1193	1691	96	317	77	613	684115	560796
新疆兵团	107	163	114	298	14	121	52420	41503

续表

地　区	2. 其中：高中(含高中)以上文化程度	3. 其中：拖拉机驾驶从业人员	4. 其中：联合收获机驾驶从业人员	5. 其中：农用运输车驾驶从业人员	6. 其中：农机维修人员
	年末人数(人)	年末人数(人)	年末人数(人)	年末人数(人)	年末人数(人)
合　计	12246748	15960431	1305240	8891026	958629
北　京	7021	10940	1612	22793	1239
天　津	16398	15908	4027	64105	4706
河　北	1066578	935369	101615	1324530	68492
山　西	210891	289368	22753	462643	29614
内蒙古	348436	750407	22210	341745	34594
辽　宁	106664	382550	14430	384537	18373
吉　林	280435	626864	38851	158025	20432
黑龙江	1005640	1248219	76089	126535	36202
上　海	952	8687	2711	0	626
江　苏	410374	462288	112310	162568	37322
浙　江	135950	208480	16939	82806	8458
安　徽	444285	1401196	141467	541099	35624
福　建	149936	145394	6736	58789	10942
江　西	223443	314988	62580	194369	54525
山　东	1392166	1285932	116045	1428188	140805
河　南	1922642	2779259	204529	1379893	89327
湖　北	744835	987038	106644	195912	49086
湖　南	671807	295202	83507	187128	40726
广　东	284542	294793	25208	116307	35821
广　西	724465	713779	41217	144907	37020
海　南	73271	76395	4671	33341	4649
重　庆	532322	41037	4125	62963	25611
四　川	488631	236135	24727	142176	44701
贵　州	116405	151490	794	88942	27158
云　南	201148	541213	5107	128362	28443
西　藏	7577	168678	2577	22032	3857
陕　西	272237	219946	33013	389366	24260
甘　肃	225172	464815	6929	463454	20543
青　海	50561	168108	1521	18057	4408
宁　夏	76820	139640	7124	133605	6084
新　疆	36789	549032	8510	28203	12867
新疆兵团	18355	47281	4662	3646	2114

各地区农业机械拥有量表

地　区	一、农业机械总动力	1. 柴油发动机动力	2. 汽油发动机动力	3. 电动机动力	4. 其他机械动力	二、拖拉机及配套机械		1. 大中型（14.7千瓦及以上）		(1)其中：14.7～18.4千瓦（含14.7千瓦）	
						（一）拖拉机					
	万千瓦	万千瓦	万千瓦	万千瓦	万千瓦	万台	万千瓦	万台	万千瓦	万台	万千瓦
合　计	108056.58	86717.03	3477.98	17748.82	86.63	2297.72	34437.72	567.95	17529.27	237.03	3872.07
北　京	195.76	107.68	15.97	72.11	0	0.86	29.54	0.66	27.16	0.05	0.87
天　津	552.33	369.54	44.33	138.46	0	2.04	73.91	1.58	68.84	0.28	4.64
河　北	10942.86	8626.94	144.33	2171.59	0	164.08	2576.69	25.46	1075.70	5.92	97.93
山　西	3286.20	2813.96	66.52	405.72	0	47.44	762.92	11.90	432.13	3.51	58.33
内蒙古	3632.55	3259.55	17.12	351.02	4.87	107.93	2042.02	67.15	1562.26	41.56	673.76
辽　宁	2730.22	2176.44	83.37	467.15	3.26	55.59	935.38	22.34	612.44	10.45	169.45
吉　林	2919.09	2670.76	22.60	225.73	0	114.16	1833.89	48.08	1198.33	22.40	355.76
黑龙江	5155.52	4831.62	120.07	203.81	0.02	154.56	3166.21	92.16	2497.16	49.89	826.43
上　海	117.76	64.18	10.38	43.20	0	1.05	34.46	0.72	31.56	0.04	0.72
江　苏	4649.98	3419.15	200.02	1027.83	2.98	103.28	1603.19	15.12	742.72	1.72	28.95
浙　江	2420.13	1628.43	138.86	650.70	2.14	14.16	169.43	1.20	51.21	0.08	1.26
安　徽	6365.83	5485.17	154.15	724.41	2.10	238.83	2661.52	19.93	866.40	3.60	59.94
福　建	1368.35	967.68	114.12	286.50	0.05	10.30	120.27	0.35	15.03	0.02	0.33
江　西	2118.39	1643.39	95.80	378.34	0.88	32.18	405.65	1.42	60.07	0.12	2.04
山　东	13101.40	11129.18	236.60	1709.49	0.01	248.57	3532.74	51.84	1896.90	17.85	297.39
河　南	11476.81	10186.96	69.59	1220.26	0	384.07	5261.10	37.81	1505.01	14.25	228.41
湖　北	4292.90	3069.97	139.53	1074.65	8.76	128.83	1407.57	15.85	582.51	2.40	40.79
湖　南	5672.10	4307.30	334.68	1001.85	28.26	35.19	609.57	11.63	359.40	4.16	68.36
广　东	2632.37	1804.10	201.12	620.74	6.41	36.14	391.65	2.81	102.44	0.80	13.07
广　西	3567.49	2861.30	156.93	547.20	2.06	50.77	644.30	3.79	164.56	0.65	10.69
海　南	517.31	425.18	28.45	57.45	6.24	10.79	160.78	4.49	106.16	3.54	61.57
重　庆	1243.34	592.14	225.35	425.26	0.58	1.17	21.91	0.38	12.05	0.17	2.80
四　川	4160.12	2743.21	300.13	1114.21	2.57	23.97	434.55	12.61	307.48	5.86	94.89
贵　州	2458.40	1735.05	94.32	625.94	3.09	13.73	222.08	4.21	104.78	2.17	35.91
云　南	3215.03	2344.12	135.91	734.65	0.34	66.96	1087.41	30.13	707.37	12.04	197.20
西　藏	570.82	392.44	138.25	35.37	4.75	23.02	354.87	8.88	185.13	3.64	61.51
陕　西	2552.13	1906.93	96.54	548.33	0.33	30.60	555.61	10.17	343.91	2.64	43.88
甘　肃	2545.71	2077.39	36.14	431.26	0.91	74.26	978.50	14.43	360.41	7.83	125.18
青　海	440.90	377.61	24.49	36.29	2.51	27.47	292.22	1.59	38.46	1.04	16.17
宁　夏	813.02	689.69	7.13	116.11	0.08	21.69	318.11	4.91	133.24	2.53	40.89
新　疆	1854.20	1633.86	19.79	197.99	2.57	65.92	1468.53	39.20	1135.11	15.03	241.22
新疆兵团	487.56	376.11	5.39	105.20	0.86	8.09	281.08	5.15	243.34	0.79	11.73

续表

地　区	18.4～36.8千瓦（含18.4千瓦）		36.8～58.8千瓦（含36.8千瓦）		58.8千瓦及以上		(2)其中:轮式		2.小型(2.2～14.7千瓦，含2.2千瓦)		其中:手扶式		(二)拖拉机配套农具	1.大中型
	万台	万千瓦	万台	万千瓦	万台	万千瓦	万台	万千瓦	万台	万千瓦	万台	万千瓦	万部	万部
合　计	169.62	4490.09	93.51	4374.35	67.71	4792.81	525.47	15730.23	1729.77	16908.45	896.90	7422.44	3943.29	889.64
北　京	0.25	6.04	0.27	13.12	0.08	7.13	0.66	26.33	0.20	2.39	0.02	0.19	1.35	1.14
天　津	0.43	12.10	0.49	23.95	0.38	28.15	1.50	63.06	0.46	5.07	0.08	0.66	4.82	3.02
河　北	7.13	206.71	4.93	246.70	7.48	524.36	22.08	918.04	138.62	1501.00	18.99	155.88	229.56	45.82
山　西	3.60	100.48	2.51	118.35	2.28	154.98	10.39	383.73	35.53	330.79	22.91	189.20	74.19	24.26
内蒙古	18.77	493.25	3.52	164.83	3.29	230.42	64.28	1436.79	40.78	479.76	1.08	10.50	191.96	107.08
辽　宁	7.01	181.40	3.07	139.92	1.81	121.68	19.74	505.60	33.25	322.95	22.02	193.44	79.37	29.20
吉　林	16.47	403.41	6.75	276.01	2.45	163.15	47.52	1166.27	66.08	635.56	23.11	204.50	270.73	81.10
黑龙江	25.73	658.48	10.10	457.03	6.43	555.22	90.69	2342.15	62.40	669.05	11.41	112.18	245.24	130.31
上　海	0.15	5.42	0.48	22.16	0.04	3.27	0.71	30.22	0.33	2.90	0	0	2.21	1.91
江　苏	2.03	58.91	6.55	324.94	4.82	329.91	14.14	676.40	88.16	860.47	82.51	794.10	173.57	26.53
浙　江	0.30	9.68	0.72	33.88	0.10	6.40	1.11	47.43	12.97	118.22	12.37	112.85	16.40	1.84
安　徽	3.83	102.28	7.28	358.75	5.22	345.43	19.70	849.38	218.90	1795.12	154.84	1090.12	559.94	44.21
福　建	0.09	2.71	0.16	7.16	0.07	4.82	0.33	14.17	9.96	105.24	9.81	103.34	13.58	0.41
江　西	0.37	11.45	0.77	35.35	0.16	11.24	1.21	49.77	30.76	345.58	28.08	308.68	33.68	2.27
山　东	12.96	385.82	11.41	563.79	9.63	649.91	45.25	1564.53	196.72	1635.84	119.56	816.05	431.36	100.85
河　南	4.93	148.04	7.46	370.05	11.17	758.52	35.65	1387.40	346.26	3756.09	115.62	927.32	760.61	89.61
湖　北	5.47	145.25	6.56	305.47	1.42	90.99	14.98	537.92	112.98	825.07	101.34	727.22	254.81	31.80
湖　南	4.06	116.74	2.83	131.86	0.58	42.44	9.28	258.72	23.56	250.18	6.89	65.95	15.96	4.73
广　东	0.43	13.33	1.00	37.56	0.58	38.48	1.91	78.96	33.33	289.21	20.24	254.64	40.28	3.47
广　西	0.98	32.92	1.23	56.73	0.92	64.22	3.26	141.42	46.98	479.74	35.56	318.26	62.99	5.44
海　南	0.31	9.82	0.47	23.67	0.17	11.10	2.71	68.47	6.30	54.62	1.56	11.74	7.02	1.64
重　庆	0.10	3.59	0.08	3.51	0.03	2.15	0.38	11.29	0.80	9.86	0.23	2.86	0.65	0.31
四　川	4.99	125.89	1.32	60.27	0.43	26.44	9.03	231.22	11.36	127.07	4.69	48.31	15.99	5.32
贵　州	1.40	34.16	0.47	22.52	0.18	12.19	4.21	104.31	9.52	117.30	0.99	10.57	4.72	1.62
云　南	15.56	374.97	1.54	68.38	0.98	66.82	26.45	620.84	36.83	380.04	24.06	229.59	40.08	5.64
西　藏	4.94	109.25	0.29	13.88	0.01	0.50	8.79	182.26	14.13	169.74	7.11	73.24	16.79	7.12
陕　西	3.82	105.82	2.36	106.05	1.34	88.15	9.33	314.12	20.44	211.70	11.39	102.24	48.64	18.59
甘　肃	4.34	109.22	1.35	50.32	0.91	75.70	14.05	327.45	59.83	618.09	28.20	250.98	153.49	31.14
青　海	0.31	8.08	0.11	4.78	0.14	9.42	0.74	23.76	25.89	253.76	23.43	222.72	26.93	1.10
宁　夏	1.44	40	0.58	27.45	0.36	24.91	4.77	128.01	16.78	184.87	8.70	84.21	31.73	8.54
新　疆	15.82	435.13	5.46	239.78	2.89	218.97	35.53	1000.25	26.72	333.43	0.10	0.90	123.80	65.06
新疆兵团	1.60	39.74	1.39	66.13	1.36	125.74	5.09	239.96	2.94	37.74	0	0	10.84	8.56

续表

地区	2. 小型	三、种植业机械 (一)耕整地机械 1. 耕整机		2. 机耕船		3. 机引犁	4. 旋耕机	5. 深松机	6. 机引耙	(二)种植施肥机械 1. 播种机	其中： 免耕播种机	精少量播种机
	万部	万台(套)	万千瓦	万艘	万千瓦	万台	万台	万台	万台	万台	万台	万台
合　　计	3053.63	865.43	4206.73	18.15	113.15	1316.66	584.63	22.48	728.51	623.36	86.81	386.66
北　　京	0.21	1.81	8.48	0	0	0.17	0.36	0.03	0.10	0.47	0.26	0.19
天　　津	1.80	1.90	8.48	0	0	0.56	1.94	0.08	0.08	1.62	0.83	0.44
河　　北	183.74	3.83	21.24	0	0	52.93	27.94	2.76	6.82	53.04	19.23	24.15
山　　西	49.93	6.70	31.64	0	0	22.56	15.66	0.93	4.87	14.32	2.37	6.32
内 蒙 古	84.88	2.14	7.35	0	0	59.78	7.74	1.62	16.53	57.26	8.46	38.73
辽　　宁	50.18	7.38	31.62	0.01	0	11.61	9.70	0.58	2.69	20.87	1.79	14.58
吉　　林	189.63	0.53	2.83	0	0	63.25	26.18	3.83	24.45	53.26	1.76	49.42
黑 龙 江	114.94	3.88	25.26	0	0	47.04	21.36	3.07	12.43	63.84	0.35	59.85
上　　海	0.30	0	0	0	0	0.57	0.75	0	0.33	0.06	0.01	0.04
江　　苏	147.04	2.24	16.33	0	0.01	20.84	90.46	0.33	2.70	29.85	12.29	14.19
浙　　江	14.56	6.45	33.28	0.40	4.10	2.42	11.07	0.59	1.69	0.05	0.01	0.02
安　　徽	515.73	14.03	70.80	0.01	0.05	203.02	67.72	1.15	151.78	45.88	1.95	34.03
福　　建	13.17	17.08	84.02	0.02	0.17	1.46	10.77	0	0.46	0.02	0	0
江　　西	31.40	26.92	117.62	0.40	2.89	4.18	27.30	0.18	4.18	0.08	0.02	0.05
山　　东	330.50	22.78	115.04	0	0.08	143.82	32.81	2.79	72.78	71.40	14.27	32.84
河　　南	670.99	2.01	11.20	0	0	322.07	24.70	1.21	219.01	134.27	14.95	79.87
湖　　北	223.01	42.25	226.50	4.30	41.12	83.69	61.54	0.12	55.49	4.98	0.42	2.95
湖　　南	11.23	174.78	690.75	12.61	62.43	94.94	14.69	0.52	76.74	0.15	0.07	0.07
广　　东	36.80	31.04	144.30	0.26	1.15	7.63	19.10	0.09	6.24	0.01	0	0
广　　西	57.55	108.38	467.73	0.03	0.18	21.05	17.86	0.27	15.50	0	0	0
海　　南	5.38	9.68	41.43	0.08	0.66	2.38	1.65	0.08	1.74	0.05	0	0
重　　庆	0.35	64.44	246.96	0	0	0.04	0.46	0	0.03	0.05	0	0.04
四　　川	10.67	123.65	642.97	0.03	0.30	7.52	15.01	0	2.72	1.92	0.14	1.01
贵　　州	3.10	67.94	401.27	0	0	2.29	3.40	0.06	1.64	0.03	0	0.01
云　　南	34.44	77.27	484.76	0	0	14.62	21.24	0.61	7.93	0.22	0.01	0.09
西　　藏	9.67	0.73	4.75	0	0	6.03	0.29	0	1.48	2.57	0.01	0.08
陕　　西	30.05	16.14	95.47	0	0	14.86	16.99	0.19	0.24	12.75	5.06	4.44
甘　　肃	122.35	24.54	150.88	0	0	47.21	20.82	0.96	24.31	22.88	1.57	12.30
青　　海	25.83	1.03	7.01	0	0	15.81	7.78	0.07	1.11	5.97	0.27	1.14
宁　　夏	23.18	1.97	7.14	0	0.01	16.01	2.31	0.08	3.83	8.78	0.17	0.68
新　　疆	58.74	1.55	8.01	0	0	25.62	4.58	0.18	7.72	15.09	0.49	8.12
新疆兵团	2.28	0.36	1.61	0	0	0.68	0.45	0.10	0.89	1.62	0.05	1.01

续表

地区	2. 水稻种植机械 (1)水稻直播机	(2)水稻插秧机		其中：乘坐式		(3)水稻浅栽机		3. 化肥深施机	4. 地膜覆盖机	(三)农用排灌机械 1. 排灌动力机械	
	万台	万台	万千瓦	万台	万千瓦	万台	万千瓦	万台	万台	万台	万千瓦
合　　计	3.00	67.00	303.36	22.88	142.52	0.69	1.56	83.34	56.36	2295.69	14488.88
北　　京	0	0	0	0	0	0	0	0.26	0.01	4.00	45.05
天　　津	0	0.07	0.51	0.04	0.45	0	0	0.01	0.32	10.23	115.08
河　　北	0	0.14	1.22	0.06	0.50	0	0	6.18	4.65	252.22	2161.83
山　　西	0	0	0	0	0	0	0	2.44	2.91	17.29	211.63
内 蒙 古	0	0.56	4.11	0.03	0.27	0	0	3.55	4.87	39.14	385.11
辽　　宁	0.01	3.40	16.12	1.01	6.62	0.06	0.27	1.12	0.74	106.62	370.50
吉　　林	0	4.37	22.60	0.78	5.71	0	0.01	23.97	1.00	46.12	305.64
黑 龙 江	0	24.86	120.36	16.10	82.99	0	0	1.73	1.31	39.01	379.79
上　　海	0.07	0.17	1.60	0.17	1.60	0	0	0	0	1.37	25.02
江　　苏	0.54	13.92	55.96	2.17	23.40	0	0.02	0.44	0.09	61.18	695.79
浙　　江	0.02	1.05	7.89	0.72	6.36	0.01	0.03	0.35	0	96.96	288.63
安　　徽	0.25	2.36	9.25	0.40	3.61	0	0	9.16	0.95	162.24	703.96
福　　建	0	0.67	2.50	0.09	0.75	0	0	0	0.01	19.05	117.46
江　　西	0.02	1.43	4.79	0.06	0.72	0.04	0.14	0.37	0	61.52	401.48
山　　东	0	0.14	0.66	0.02	0.19	0	0	3.01	13.27	311.50	2384.77
河　　南	0	0.29	1.81	0.08	0.81	0	0	11.31	1.71	168.67	1191.39
湖　　北	1.37	5.50	17.70	0.28	2.44	0	0	2.40	0.43	102.64	732.89
湖　　南	0.07	2.68	15.05	0.38	2.19	0.01	0.03	1.93	0.23	246.32	1054.31
广　　东	0	1.00	5.20	0.19	1.70	0	0	0.26	0	85.73	468.32
广　　西	0	1.55	5.04	0.04	0.29	0.02	0.02	0.16	0.21	83.86	365.75
海　　南	0.03	0.10	0.35	0.01	0.07	0.02	0.06	0.10	0	23.61	113.93
重　　庆	0	1.20	3.31	0.01	0.01	0.01	0.02	0	0.01	100.12	304.90
四　　川	0	0.75	3.31	0.10	0.98	0.51	0.92	0.68	0.18	98.15	546.05
贵　　州	0	0.19	0.62	0.01	0.10	0	0	0.01	0.05	50.68	230.47
云　　南	0	0.19	0.94	0.02	0.19	0	0.01	0.02	0.04	39.00	220.28
西　　藏	0	0	0	0	0	0	—	—	0.02	0.84	7.82
陕　　西	0.01	0.01	0.12	0	0.02	0.01	0.03	0.89	1.45	38.96	230.24
甘　　肃	0	0	0	0	0	0	0	6.81	10.57	16.74	166.55
青　　海	0	0	0	0	0	0	0	1.15	0.04	0.27	9.94
宁　　夏	0.60	0.17	0.66	0.06	0.25	0	0	0.61	0.94	3.18	27.44
新　　疆	0.01	0.17	1.30	0.01	0.08	0	0	3.45	9.91	5.83	138.16
新疆兵团	0	0.06	0.38	0.04	0.22	0	0	0.97	0.44	2.64	88.70

续表

地 区	其中:柴油机		电动机		2.农用水泵	3.节水灌溉类机械	(四)田间管理机械		2.茶叶修剪机		(五)收获机械	
							1.机动喷雾(粉)机				1.联合收获机	
	万台	万千瓦	万台	万千瓦	万台	万台(套)	万台	万千瓦	万台	万千瓦	万台	万千瓦
合 计	936.13	6848.90	1287.33	7269.73	2224.51	210.72	614.04	1078.63	36.22	41.40	158.42	7642.66
北 京	0.26	1.88	3.74	43.17	3.42	0.97	2.09	1.45	0	0	0.18	14.99
天 津	3.81	32.23	6.31	81.81	8.73	0.27	0.96	2.48	0	0	0.58	38.48
河 北	97.03	878.33	153.62	1283.07	170.61	5.55	50.79	88.34	0	0	12.77	721.85
山 西	2.73	37.81	14.55	173.06	15.29	1.56	4.20	10.98	0	0	3.12	185.37
内蒙古	21.31	225.10	17.83	160	38.68	6.74	7.60	17.01	0	0	2.47	158.19
辽 宁	22.68	179.90	80.80	182.24	121.92	13.22	9.70	18.71	0	0	1.86	99.71
吉 林	26.41	204.15	19.71	101.49	49.47	4.06	1.27	2.55	0	0	4.67	214.20
黑龙江	24.88	255.90	14.13	123.79	48.24	3.84	10.75	30.39	0	0	10.88	801.02
上 海	0	0.02	1.36	25.00	1.37	0.75	2.22	5.10	0	0	0.28	13.16
江 苏	18.00	187.75	42.59	503.40	65.99	6.76	68.85	99.06	0.93	1.24	14.95	733.89
浙 江	8.71	41.11	84.00	236.41	86.94	2.83	21.46	39.17	4.81	4.77	1.81	67.60
安 徽	39.95	293.91	118.60	394.85	180.58	20.47	46.32	56.77	7.19	6.20	15.93	784.65
福 建	10.11	66.44	6.59	39.61	19.08	1.98	43.71	67.92	6.89	6.61	0.73	26.79
江 西	34.75	232.25	23.60	161.92	43.96	13.14	14.65	31.64	0.32	0.72	5.66	215.69
山 东	181.06	1492.89	125.94	858.44	296.10	51.25	49.99	108.74	0.37	0.67	25.60	998.41
河 南	54.58	529.94	112.96	658.33	223.44	21.30	29.42	55.55	1.25	1.08	22.13	1167.54
湖 北	26.71	246.52	70.81	476.01	110.60	11.04	72.26	86.27	7.78	10.82	8.14	362.71
湖 南	131.82	643.94	110.25	386.80	226.63	1.93	38.90	57.11	0.43	0.73	10.18	360.12
广 东	44.24	254.19	36.41	200.80	79.09	12.94	24.89	48.85	0.45	0.81	2.39	66.31
广 西	50.67	250.79	28.46	101.28	88.45	11.73	12.63	28.90	0.19	0.21	2.67	84.40
海 南	18.25	83.80	4.50	25.22	19.13	0.93	9.27	18.96	0.10	0.14	0.45	10.66
重 庆	13.87	68.95	76.86	123.46	100.23	0.15	7.04	8.82	0.20	0.17	0.71	14.00
四 川	50.58	308.38	37.96	219.59	87.41	2.36	33.11	58.19	2.65	3.21	2.61	77.36
贵 州	21.14	122.44	25.62	61.80	52.19	1.26	4.69	7.58	0.51	1.19	0.18	5.01
云 南	22.01	114.78	13.11	89.64	30.21	1.19	12.69	23.40	1.22	1.93	0.66	21.26
西 藏	0.75	7.00	0.09	0.82	0.51	0	0.68	26.50	0	0	0.55	26.30
陕 西	5.57	47.15	33.12	181.81	32.62	3.16	19.13	45.22	0.54	0.75	3.74	200.89
甘 肃	2.48	17.76	13.81	144.81	11.91	1.49	4.34	13.06	0.09	0.15	0.70	40.25
青 海	0.04	0.75	0.22	8.59	0.19	0.11	0.48	1.06	0	0	0.20	11.99
宁 夏	0.47	4.08	2.71	23.35	4.13	0.83	0.44	1.88	0	0	0.76	39.57
新 疆	0.91	12.19	4.78	117.03	5.50	5.50	8.53	15.11	0.30	0	0.74	66.53
新疆兵团	0.35	6.57	2.29	82.13	1.89	1.41	0.98	1.86	0	0	0.16	13.91

续表

地　区	(1)稻麦联合收割机		其中：自走式	其中：半喂入式		(2)玉米联合收获机		其中：自走式	2. 割晒机		3. 其他收获机械	
	万台	万千瓦	万台	万台	万千瓦	万台	万千瓦	万台	万台	万千瓦	万台	万千瓦
合　计	122.38	5670.68	106.63	11.25	458.60	36.04	1971.98	25.51	45.20	75.27	152.57	564.19
北　京	0.08	6.13	0.08	0	0	0.10	8.86	0.10	0	0	0.16	2.72
天　津	0.32	17.85	0.30	0.04	1.60	0.26	20.63	0.25	0.03	0.14	0.45	1.68
河　北	8.21	451.05	7.32	0.06	2.70	4.56	270.80	3.95	3.05	1.18	13.71	16.01
山　西	1.30	72.61	1.12	0	0	1.82	112.76	1.54	1.05	0	4.05	5.24
内蒙古	0.63	44.45	0.56	0.02	0.48	1.84	113.74	1.31	3.02	5.25	14.90	34.51
辽　宁	0.61	26.26	0.47	0.39	16.15	1.25	73.45	0.89	0.42	3.63	3.46	5.49
吉　林	1.74	76.97	1.53	0.70	30.95	2.92	137.23	1.90	0.32	1.04	1.51	8.53
黑龙江	7.59	485.35	7.04	0.79	40.76	3.30	315.67	2.49	1.84	16.29	10.02	162.43
上　海	0.28	13.16	0.27	0.17	7.65	0	0	0	0	0	0.06	0.72
江　苏	13.87	676.60	12.54	3.07	124.27	1.08	57.29	0.95	0.06	0.22	16.76	33.51
浙　江	1.81	67.60	1.61	0.40	16.21	0	0	0	0.04	0.07	1.26	5.59
安　徽	14.43	691.33	13.42	1.20	49.03	1.50	93.32	1.34	5.48	0	4.86	17.47
福　建	0.73	26.79	0.71	0.13	4.39	0	0	0	0.03	0.05	3.90	5.24
江　西	5.66	215.69	5.25	0.22	9.18	0	0	0	0.02	0.07	0.82	5.52
山　东	15.91	652.31	10.86	0.24	9.25	9.69	346.11	5.08	5.12	4.04	20.02	27.06
河　南	16.55	883.60	14.64	0.68	32.55	5.57	283.95	4.18	5.90	12.97	25.21	14.58
湖　北	7.98	355.22	6.58	0.87	37.08	0.16	7.48	0.11	1.99	5.86	5.59	43.65
湖　南	10.18	360.02	9.37	0.34	13.54	0	0.01	0	0.23	0.32	1.54	7.90
广　东	2.39	66.30	2.14	0.58	16.03	0	0	0	0.16	0.37	1.26	2.18
广　西	2.67	84.37	2.49	0.57	19.23	0	0.02	0	6.14	9.86	2.27	12.72
海　南	0.45	10.66	0.30	0.02	0.57	0	0	0	0.53	1.22	0.25	1.67
重　庆	0.71	14.00	0.71	0.21	6.17	0	0	0	0.30	0.98	0.61	1.38
四　川	2.60	77.07	2.30	0.26	8.83	0.01	0.28	0	1.52	2.62	2.11	12.60
贵　州	0.18	4.93	0.14	0.07	2.21	0	0.07	0	0.23	0.75	1.69	3.92
云　南	0.65	20.84	0.46	0.10	3.76	0.01	0.42	0.01	0.16	0.46	0.14	1.85
西　藏	0.52	26.25	0.43	0.01	0.21	0	0	0	2.09	0	0.62	1.24
陕　西	2.53	128.81	2.38	0.05	1.95	1.21	72.08	0.84	0.18	0.61	3.50	4.84
甘　肃	0.46	24.87	0.39	0.01	1.46	0.24	15.39	0.18	2.24	2.50	3.01	24.50
青　海	0.20	11.91	0.14	0	0.03	0	0.09	0	0.23	1.50	0.38	4.81
宁　夏	0.50	23.18	0.46	0.03	1.37	0.26	16.39	0.18	0.16	0.42	1.23	3.02
新　疆	0.52	43.84	0.50	0.01	0.63	0.22	22.69	0.19	2.66	2.85	6.07	50.65
新疆兵团	0.12	10.66	0.12	0.01	0.36	0.04	3.25	0.02	0	0	1.15	40.96

续表

地区	其中:大豆收获机		油菜籽收获机		马铃薯收获机		甜菜收获机		花生收获机		棉花收获机	
	万台	万千瓦	万台	万千瓦	万台	万千瓦	万台	万千瓦	万台	万千瓦	万台	万千瓦
合计	2.03	153.19	2.06	98.03	5.53	8.92	0.13	2.06	13.76	5.77	0.32	46.67
北京	0	0	0	0	0	0.03	0	0	0	0.01	0	0
天津	0	0	0	0	0	0	0	0	0	0	0	0
河北	0	0	0	0	0.19	0.16	0.01	0.07	0.30	0.89	0	0
山西	0.01	0	0	0	0.71	0	0.02	0	0	0	0	0
内蒙古	0.29	19.20	0.05	3.11	1.27	0.19	0.07	0	0	0	0	0.03
辽宁	0.03	0.44	0	0	0.07	0.14	0	0.01	2.86	0.01	0	0
吉林	0.10	3.58	0	0	0.03	0.02	0	0	0.25	0	0	0
黑龙江	1.58	128.60	0	0	0.15	1.78	0.01	0.51	0.01	0	0	0
上海	0	0	0	0.10	0	0	0	0	0	0	0	0
江苏	0	0	0.41	20.56	0	0.01	0	0.06	0.01	0.19	0	0
浙江	0	0.01	0.08	3.43	0	0	0	0	0	0	0	0
安徽	0.01	0.68	0.24	10.86	0	0	0	0	0.16	0.20	0	0
福建	0	0	0	0.17	0.02	0.14	0	0	0	0.01	0	0
江西	0	0	0.10	3.46	0	0	0	0	0.27	0.92	0	0
山东	0.01	0.10	0	0.06	1.67	2.67	0	0	3.82	1.68	0	0.14
河南	0	0.29	0.12	6.51	0.07	0.35	0	0	6.04	1.04	0	0
湖北	0	0.23	0.65	31.98	0.01	0.30	0	0.01	0.04	0.72	0	0
湖南	0	0.02	0.12	4.83	0	0.04	0	0	0	0.01	0.06	0.16
广东	0	0	0	0	0.01	0.19	0	0	0	0.02	0	0
广西	0	0	0	0	0	0	0	0	0	0	0	0
海南	0	0	0	0	0	0	0	0	0	0	0	0
重庆	0	0	0	0.02	0	0.03	0	0	0	0	0	0
四川	0	0.01	0.18	8.36	0	0.11	0	0	0	0	0	0
贵州	0	0	0	0.16	0.04	0.57	0	0	0	0	0	0
云南	0	0	0.01	0.28	0.02	0.29	0	0	0	0	0	0
西藏	0	0	0	0	0.02	0	0	0	0	0	0	0
陕西	0	0	0.01	0.42	0.23	0.51	0	0	0	0.01	0	0
甘肃	0	0.01	0.01	0.40	0.50	0.74	0	0	0	0	0	0.09
青海	0	0	0.06	2.56	0.12	0.40	0	0	0	0	0	0
宁夏	0	0	0	0	0.31	0.05	0	0	0	0	0	0
新疆	0	0	0.01	0.49	0.07	0.07	0.01	0.75	0	0.05	0.09	9.09
新疆兵团	0	0.02	0.01	0.27	0.02	0.13	0.01	0.65	0	0.01	0.17	37.16

续表

地区	蔬菜收获机		茶叶采摘机		青饲料收获机		牧草收获机		秸秆粉碎还田机	秸秆捡拾打捆机	
	万台	万千瓦	万台	万千瓦	万台	万千瓦	万台	万千瓦	万台	万台	万千瓦
合计	0.71	2.66	10.19	13.67	3.69	78.05	17.14	30.94	75.75	2.84	16.27
北京	0	0	0	0	0.01	2.68	0.01	0	0.13	0	0
天津	0	0	0	0	0.02	1.60	0	0.05	0.39	0	0.03
河北	0	0	0	0	0.49	12.76	0.14	0.34	11.72	0.13	0.97
山西	0	0	0	0	0.19	3.05	0.32	1.87	2.46	0.04	0.02
内蒙古	0.07	0	0	0	0.39	9.05	10.16	2.80	1.46	0.78	0.12
辽宁	0.01	0.09	0	0	0.03	0.73	0.07	0.54	0.24	0.10	1.71
吉林	0	0	0	0	0.02	0.91	0.14	2.89	0.21	0.08	1.02
黑龙江	0	0.01	0	0	0.29	19.86	0.26	1.17	5.13	0.13	0.76
上海	0	0.01	0	0	0.01	0.61	0	0	0.04	0.01	0
江苏	0.23	0.36	0.08	0.25	0.15	2.83	0.06	1.81	14.89	0.31	5.34
浙江	0	0.04	0.73	1.32	0.06	0.27	0.04	0.42	0.24	0.01	0.09
安徽	0	0	0.62	0.65	0.19	1.73	0	0	2.83	0.18	1.03
福建	0	0	3.64	4.41	0.01	0.04	0.01	0.02	0	0	0
江西	0	0	0.18	0.36	0.01	0.03	0.02	0.10	0.17	0	0.03
山东	0.38	1.63	0.07	0.18	0.39	4.00	0.03	0.13	10.87	0.06	0.30
河南	0	0	0.16	0.25	0.10	2.77	0.03	0.09	16.22	0.23	1.03
湖北	0	0.02	2.42	3.16	0.58	1.26	0.08	0.63	0.84	0.04	0.73
湖南	0	0.06	0.79	1.22	0.03	0.11	0.01	0.27	0	0	0
广东	0	0	0.13	0.16	0.04	0.05	0.01	0.02	0.64	0	0
广西	0	0	0.10	0.14	0	0	0	0	0.42	0	0
海南	0	0	0	0	0	0	0	0	0	0	0
重庆	0	0	0.02	0.04	0	0	0	0.06	0.03	0	0
四川	0	0	0.47	0.76	0	0.06	0.05	0.18	1.20	0.03	0.03
贵州	0	0	0.70	0.59	0.34	1.39	0.32	0.57	0.15	0	0.02
云南	0	0	0.03	0.10	0	0	0	0.01	0.01	0	0.03
西藏	0	0	0	0	0	0	0.42	0	0	0	0.05
陕西	0	0	0.05	0.08	0.03	1.71	0.36	0.93	2.39	0.07	0.43
甘肃	0.01	0.05	0	0	0.20	3.37	1.74	12.83	0.24	0.12	1.40
青海	0	0	0	0	0.02	0.86	0.11	0.62	0.01	0.02	0.11
宁夏	0	0	0	0	0.01	1.04	0.81	1.56	0.05	0.04	0.33
新疆	0.01	0.29	0	0	0.07	4.11	1.87	0.87	2.14	0.42	0.69
新疆兵团	0	0.10	0	0	0.01	1.17	0.07	0.16	0.63	0.04	0

续表

地区	玉米收获专用割台	大豆收获专用割台	油菜籽收获专用割台	(六)收获后处理机械 1.机动脱粒机		2.谷物烘干机		3.种子加工机械		4.保鲜储藏设备		(七)设施农业设备 1.水稻工厂化育秧设备	2.温室	其中：设施总面积	连栋温室
	万台	万台	万台	万台	万千瓦	万台	万千瓦	万台	万千瓦	万台(套)	万千瓦	万套	万平方米	万平方米	万平方米
合计	6.01	1.88	1.35	1048.96	2020.73	5.44	62.28	3.07	12.43	9.19	94.92	1.50	2079699.50	2058369.03	40498.55
北京	0	0	0	0.39	2.53	0	0.02	0	0	0.21	3.81	0	21401.96	21401.96	1082.39
天津	0.03	0	0	2.08	3.53	0	0.01	0	0	0.01	0.18	0	36839.62	35833.37	1317.99
河北	0.30	0	0	20.25	13.65	0.03	0.15	0.13	0.52	0.11	1.16	0.01	205553.53	205553.53	396.05
山西	0.14	0.01	0	8.87	0	0.04	0	0.04	0	0.11	0.83	0	60315.84	60315.84	348.96
内蒙古	0.07	0.18	0.11	10.99	26.20	0.05	0.96	0.62	4.01	0.01	0.27	0	73480.67	73480.67	2245.10
辽宁	0.01	0.02	0	14.91	59.28	0.11	4.67	0.02	0.27	0.56	12.56	0.16	399400.02	399400.02	647.72
吉林	0.01	0.68	0	17.12	0.15	0.13	0.19	0.18	0.70	0	0	0.04	19467.06	19467.06	259.00
黑龙江	1.47	0.89	0	17.23	61.72	0.20	6.70	0.61	1.18	0.01	0.08	0.09	27037.85	27037.85	1306.83
上海	0	0	0	0.08	0.49	0.06	0.66	0	0.04	0.27	1.39	0.05	5628.13	5628.13	190.75
江苏	0.29	0	0.09	14.95	45.27	0.75	12.52	0.08	0.88	1.15	12.86	0.25	300992.93	297056.16	15930.94
浙江	0.02	0.01	0.06	61.88	103.75	0.51	4.86	0.01	0.05	0.56	11.89	0.19	43644.12	43644.12	2353.23
安徽	0.33	0.01	0.25	34.64	40.80	0.55	4.11	0.08	0.30	0.34	3.07	0.12	25950	25890	480
福建	0	0	0	11.03	22.88	0.07	0.48	0.02	0.14	1.15	4.65	0.02	8054.75	8037.75	215.38
江西	0	0	0.03	29.61	72.18	0.11	1.98	0.05	0.23	0.06	0.33	0.04	3250.35	3144.44	65.56
山东	1.03	0.01	0	40.32	53.79	0.08	1.89	0.18	0.46	0.61	7.19	0	280511.47	271003.78	4388.17
河南	1.67	0.01	0.04	54.64	32.27	0.11	1.30	0.13	0.19	0.41	1.07	0.01	75075.97	74374.90	243.40
湖北	0.12	0.05	0.48	32.03	71.83	0.19	5.04	0.06	0.33	0.92	2.80	0.22	105587.93	105582.93	4577.39
湖南	0	0	0.22	128.09	305.39	0.34	3.32	0.01	0.04	0.07	0.54	0.15	10141.16	9899.84	110.31
广东	0	0	0	52.95	112.83	0.18	1.66	0	0	0.50	3.00	0.02	13008.10	12029.90	1373.20
广西	0	0	0	94.24	215.48	0.10	0.63	0	0	0.16	1.36	0.01	377.65	377.65	3.63
海南	0	0	0	4.49	10.56	0.02	0.19	0.23	0.17	0.23	0.76	0.01	2241.69	2221.89	5.62
重庆	0	0	0	74.15	9.26	0.28	4.82	0.05	0.05	0.20	1.75	0.02	43426.01	43335.19	9.40
四川	0	0	0.02	160.56	314.05	0.09	0.64	0.01	0.07	0.15	2.20	0.01	79962.69	76667.77	1491.82
贵州	0	0	0	42.70	83.73	0.43	2.25	0	0.01	0.03	0.42	0	469.66	469.66	25.81
云南	0	0	0	36.93	120.17	0.23	1.08	0.02	0.10	0.20	3.73	0	25136.03	24652.14	207.07
西藏	0	0	0	5.93	26.70	0	0	0.02	0.10	0	0	0	985.76	985.76	0
陕西	0.27	0	0	38.72	92.74	0.23	0.76	0.06	0.39	0.66	9.25	0	66522.73	65887.70	103.06
甘肃	0.06	0	0.01	28.00	77.32	0.12	0.43	0.18	1.40	0.14	6.63	0	52416.79	52281.61	46.04
青海	0	0	0.03	3.56	25.59	0	0	0.12	0.17	0	0.06	0	6801.89	6690.27	886.45
宁夏	0.01	0	0	2.10	5.87	0.12	0.51	0.03	0.41	0.01	0.08	0.08	43908.86	43908.86	33.81
新疆	0.14	0	0	5.39	9.69	0.30	0.40	0.08	0.07	0.34	0.85	0	37841.24	37841.24	140.05
新疆兵团	0.04	0.01	0.01	0.13	1.03	0.01	0.05	0.05	0.15	0.01	0.15	0	4267.04	4267.04	13.42

续表

地　区	日光温室	塑料大棚	四、农产品初加工机械 (一)农产品初加工动力机械		其中： 柴油机		电动机		(二)农产品初加工作业机械	其中： 1.粮食加工机械	2.油料加工机械	3.棉花加工机械
	万平方米	万平方米	万台	万千瓦	万台	万千瓦	万台	万千瓦	万台(套)	万台	万台	万台
合　计	696569.56	1321300.92	1501.15	8888.23	309.42	2662.72	1179.52	6119.05	1397.74	1105.38	78.55	24.01
北　京	11161.06	9158.51	0.53	4.39	0	0.05	0.53	4.34	0.54	0.42	0.02	0.01
天　津	18848.11	15667.28	2.32	8.21	1.13	1.28	1.19	6.92	0.71	0.56	0.06	0.07
河　北	80134.04	125023.44	98.52	905.98	11.78	135.72	86.66	769.87	48.59	36.78	7.85	3.42
山　西	34330.61	25636.26	23.82	201.75	2.02	24.16	21.79	177.54	18.42	15.08	2.19	0.44
内蒙古	36072.07	35163.50	10.60	97.83	2.99	32.12	7.61	65.71	6.88	6.13	0.60	0
辽　宁	258360.80	140391.50	21.78	136.27	1.71	25.59	18.34	109.30	15.74	14.91	0.67	0.01
吉　林	5303.82	13904.24	16.04	151.63	4.05	42.48	11.99	109.15	13.14	12.15	0.98	0
黑龙江	1090.10	24640.61	13.36	145.36	5.65	67.23	7.71	78.14	6.13	5.26	0.87	0
上　海	0	5437.38	0.28	2.82	0.01	0.05	0.28	2.77	0.31	0.27	0.01	0
江　苏	20515.79	260609.42	26.33	267.53	5.52	57.33	20.49	206.41	23.55	17.93	2.70	1.24
浙　江	25.14	41265.75	19.51	132.85	4.23	39.90	14.94	92.13	53.56	12.48	0.88	0.39
安　徽	3180	22230	51.69	352.25	13.00	128.32	37.03	222.09	54.41	23.45	4.63	2.32
福　建	13.96	7808.41	69.09	220.12	3.93	32.47	64.87	187.26	69.90	11.94	1.43	0
江　西	24.49	3054.39	32.57	307.34	15.54	154.52	16.63	150.32	28.33	19.92	3.57	1.59
山　东	104005.86	162609.75	101.20	915.60	36.71	357.20	63.28	554.64	50.88	37.26	6.57	2.94
河　南	21613.15	52518.36	84.36	605.37	16.25	154.51	67.87	447.26	56.95	35.65	9.27	4.49
湖　北	3511.65	97493.90	91.89	460.97	13.13	113.22	78.31	345.07	93.56	71.05	4.64	1.55
湖　南	49.88	9739.65	142.86	741.16	51.70	362.99	90.52	376.79	136.32	122.25	6.77	3.18
广　东	197.60	10459.10	29.26	241.22	8.02	74.12	20.60	157.45	24.49	18.02	3.04	0
广　西	8.03	365.99	91.06	476.80	28.01	221.06	62.06	252.39	97.83	91.10	2.83	0.17
海　南	15.01	2201.27	3.12	33.65	1.53	16.46	1.58	17.17	2.47	2.15	0.12	0
重　庆	0.20	43325.59	100.03	344.70	14.60	108.56	84.71	202.70	111.40	106.94	1.85	0.05
四　川	2949.15	72226.81	167.70	697.55	36.90	244.05	130.17	445.72	195.73	181.29	6.46	0.50
贵　州	2.59	441.26	153.45	566.37	13.99	119.82	139.23	428.90	154.73	147.53	3.49	0.58
云　南	218.05	24227.01	84.00	437.09	10.10	76.12	73.74	357.07	85.07	78.10	1.02	0.01
西　藏	214.38	771.38	1.37	5.63	0.13	0.55	1.24	5.09	1.39	1.18	0.21	0
陕　西	15695.54	50089.09	40.25	204.57	5.13	53.70	33.95	149.57	25.70	20.74	1.61	0.42
甘　肃	22702.51	29533.06	15.33	124.77	1.10	10.76	14.17	108.17	14.23	11.03	2.56	0.21
青　海	3099.51	2704.31	1.36	10.30	0.01	0.10	1.22	9.64	1.51	0.65	0.47	0
宁　夏	30668.25	13206.80	2.41	25.33	0.02	0.23	2.39	25.10	2.13	1.54	0.52	0
新　疆	20250.17	17451.02	3.49	41.22	0.45	6.09	2.93	34.73	3.03	1.58	0.64	0.39
新疆兵团	2307.73	1945.88	1.57	21.60	0.08	1.96	1.49	19.64	0.11	0.04	0.02	0.03

续表

地　区	4.果蔬加工机械	5.茶叶加工机械	五、畜牧养殖机械		其中：饲草料加工机械		畜牧饲养机械		畜产品采集加工机械		其中：挤奶机	
	万台(套)	万台(套)	万台(套)	万千瓦	万台(套)	万千瓦	万台(套)	万千瓦	万台(套)	万千瓦	万台	万千瓦
合　　计	14.39	136.11	710.82	2340.25	609.25	1976.90	50.12	177.14	20.77	73.56	10.85	47.56
北　　京	0.05	0	1.68	11.87	0.77	5.50	0.57	2.84	0.34	3.53	0.21	3.03
天　　津	0	0	0.73	5.96	0.63	5.41	0.02	0.14	0.07	0.37	0.04	0.36
河　　北	0.25	0	15.36	99.55	9.25	63.42	3.19	24.01	2.69	11.78	1.73	7.64
山　　西	0.49	0	9.06	44.22	7.34	36.42	0.72	4.17	0.86	2.55	0.66	2.00
内 蒙 古	0.02	0	24.85	139.43	22.01	128.01	0.66	2.87	1.94	4.58	1.39	4.00
辽　　宁	0.07	0	20.20	81.48	17.10	67.82	2.48	9.82	0.42	2.14	0.25	1.57
吉　　林	0.01	0	16.65	93.01	10.71	71.45	1.13	9.04	4.81	12.52	0.18	7.88
黑 龙 江	0	0	11.50	114.73	5.91	106.36	1.54	3.82	1.92	4.44	1.92	4.32
上　　海	0.03	0	0.16	1.91	0.08	0.84	0.02	0.40	0.06	0.67	0.03	0.39
江　　苏	0.52	0.96	16.25	97.19	13.49	81.44	1.66	8.35	0.66	3.31	0.39	1.30
浙　　江	0.51	34.05	5.38	25.42	2.95	15.35	1.96	3.15	0.07	0.19	0.07	0.17
安　　徽	0.20	23.15	7.71	46.79	6.28	39.04	1.26	6.71	0.03	0.07	0.03	0.06
福　　建	1.08	46.57	5.30	34.58	3.55	25.74	1.63	5.96	0.07	0.71	0.03	0.44
江　　西	0.59	0.82	4.66	36.68	3.30	26.66	0.66	4.45	0.13	1.13	0.01	0.06
山　　东	2.13	0.76	22.41	128.92	18.90	103.79	1.61	8.10	1.16	5.15	0.79	2.63
河　　南	0.28	4.48	23.50	85.31	18.64	66.71	3.28	7.42	0.68	3.56	0.54	2.29
湖　　北	1.06	9.06	44.54	97.15	33.09	73.75	9.49	18.32	0.50	1.08	0.03	0.16
湖　　南	0.69	2.37	26.71	105.78	22.30	91.25	1.44	5.85	0.15	1.22	0.03	0.14
广　　东	1.02	1.65	15.09	86.47	8.83	58.86	5.51	15.40	0.20	1.68	0.07	0.38
广　　西	3.17	0.57	35.42	76.83	34.23	72.19	1.16	4.48	0.03	0.16	0.02	0.02
海　　南	0.02	0.08	1.11	7.48	0.76	6.34	0.28	0.90	0.06	0.19	0.03	0.08
重　　庆	0.28	0.27	61.44	75.54	50.52	64.69	0.54	1.22	0.12	0.30	0.08	0.20
四　　川	0.62	4.57	69.64	145.35	65.61	134.59	1.47	4.52	0.98	1.34	0.40	0.68
贵　　州	0.03	1.73	41.57	125.85	35.68	102.57	3.06	5.62	0.07	0.26	0.06	0.23
云　　南	0.22	3.33	137.44	208.45	133.34	199.63	0.84	4.16	0.14	0.60	0.13	0.55
西　　藏	0	0	1.38	2.66	0.97	1.83	0	0	0.41	0.83	0.15	0.34
陕　　西	0.61	1.61	34.70	130.98	31.66	122.04	1.64	3.95	0.56	1.95	0.51	1.82
甘　　肃	0.11	0.08	29.09	126.82	27.02	117.58	1.31	5.52	0.60	2.54	0.39	1.84
青　　海	0.02	0	1.64	14.11	1.34	11.76	0.06	0.49	0.20	0.52	0.05	0.20
宁　　夏	0	0	16.09	65.01	15.04	59.53	0.74	3.78	0.32	1.60	0.28	0.93
新　　疆	0.29	0	8.98	22.16	7.61	15.38	0.17	1.36	0.38	1.80	0.26	1.49
新疆兵团	0.02	0	0.58	2.56	0.34	0.95	0.02	0.32	0.14	0.79	0.09	0.36

续表

地区	剪羊毛机		六、渔业机械		其中:增氧机		投饵机		七、林果业机械		其中:挖坑机	
	万台	万千瓦	万台	万千瓦	万台	万千瓦	万台	万千瓦	万台	万千瓦	万台	万千瓦
合　计	6.37	6.83	402.99	1796.94	278.04	567.20	92.47	103.43	42.72	148.28	5.51	67.16
北　京	0	0	1.30	3.89	0.99	3.19	0.29	0.51	0.47	1.49	0.01	0.07
天　津	0.03	0.01	6.39	14.19	4.58	13.28	1.79	0.80	0.03	0.69	0.03	0.69
河　北	0.20	0.25	6.20	58.68	3.50	12.40	1.83	4.44	0.35	3.60	0.24	3.04
山　西	0.06	0.12	0.25	0.78	0.19	0.52	0.06	0.26	0.58	3.70	0.34	3.11
内蒙古	0.52	0.49	0.24	1.26	0.12	0.55	0.11	0.55	0.26	1.69	0.24	1.57
辽　宁	0.10	0.07	7.73	20.20	5.54	14.94	1.86	2.41	0.67	3.96	0.12	3.16
吉　林	4.63	4.63	0.79	2.58	0.32	1.16	0.40	0.71	0.08	1.22	0.07	1.20
黑龙江	0	0.01	0.42	1.71	0.23	1.00	0.16	0.26	0.14	1.95	0.11	1.58
上　海	0	0	3.09	26.19	2.78	6.73	0.17	0.12	0.10	0.17	0	0.01
江　苏	0	0	93.27	194.53	52.21	115.36	37.47	33.78	2.04	7.43	0.14	2.67
浙　江	0	0.01	27.25	452.91	23.97	46.17	1.32	1.20	3.44	8.34	0.03	0.22
安　徽	0	0	7.29	25.08	3.85	7.34	2.27	0.83	3.31	8.21	0.06	0.62
福　建	0	0	20.13	232.45	11.85	20.81	1.05	1.23	3.13	11.21	0.53	4.54
江　西	0	0.01	5.53	20.87	2.57	9.34	2.10	4.63	0.84	8.49	0.40	5.87
山　东	0.08	0.07	13.68	231.58	4.68	10.82	2.02	2.55	1.36	7.59	0.80	6.19
河　南	0.01	0.01	4.14	17.17	2.20	10.21	1.48	2.58	0.33	3.21	0.18	2.05
湖　北	0	0	43.42	77.87	26.22	57.68	17.07	19.27	11.19	24.80	0.16	4.96
湖　南	0	0	14.27	38.51	8.59	21.06	4.12	4.85	1.11	11.29	0.31	8.90
广　东	0	0	99.93	278.45	85.50	149.54	9.27	13.32	1.86	11.74	0.57	6.30
广　西	0	0	8.34	13.27	8.04	12.85	0.30	0.41	0.72	2.61	0.10	1.27
海　南	0.03	0.10	7.91	21.39	6.73	8.89	0.64	0.48	0.12	3.18	0.05	2.24
重　庆	0	0	6.49	13.24	4.85	8.06	1.10	1.28	0.72	2.06	0.15	0.65
四　川	0.30	0.18	19.72	32.73	15.25	23.94	3.99	3.10	0.79	2.78	0.08	0.81
贵　州	0	0	0.17	0.99	0.07	0.13	0.02	0.05	0.48	4.29	0.16	2.05
云　南	0	0	2.19	8.48	1.60	6.91	0.40	1.32	0.40	1.70	0.01	0.39
西　藏	0.01	0.02	0	0	0	0	0	0	0	0	0	0
陕　西	0.04	0.06	1.36	3.45	0.84	2.21	0.50	0.94	2.74	6.35	0.27	2.42
甘　肃	0.16	0.30	0.12	0.54	0.07	0.29	0.05	0.23	0.09	0.18	0.04	0.13
青　海	0.06	0.11	0	0.05	0	0.02	0	0.02	0.01	0	0.01	0
宁　夏	0	0.01	0.66	1.40	0.34	0.90	0.32	0.50	2.25	2.82	0.06	0.30
新　疆	0.11	0.15	0.67	2.22	0.33	0.81	0.30	0.78	2.98	0.99	0.21	0.15
新疆兵团	0.03	0.22	0.04	0.28	0.03	0.09	0.01	0.02	0.13	0.54	0.03	0

续表

地区	果树修剪机		八、运输机械 1. 农用运输车		(1)三轮汽车		(2)低速载货汽车		2. 手扶变型运输机	
	万台	万千瓦	万台	万千瓦	万台	万千瓦	万台	万千瓦	万台	万千瓦
合计	18.91	37.51	1377.70	21526.37	1087.38	12490.90	253.27	8164.20	78.33	1589.88
北京	0.07	0.19	2.83	34.66	2.09	23.41	0.74	11.25	0.03	0.37
天津	0	0	11.89	149.31	10.04	97.69	1.79	50.54	0	0
河北	0.07	0.40	275.41	3785.91	236.47	2647.89	32.54	1115.25	0.11	1.51
山西	0.24	0.59	98.52	1654.25	82.12	923.42	15.72	679.70	0	0
内蒙古	0	0.12	40.26	656.32	34.25	503.16	6.01	153.16	0	0
辽宁	0.11	0.19	49.11	781.70	40.55	531.99	5.89	191.26	0.54	7.94
吉林	0.01	0.02	15.44	266.86	8.20	94.68	7.23	172.18	0.30	4.36
黑龙江	0.04	0.37	16.67	233.09	11.65	142.48	4.20	89.19	0	0
上海	0.05	0.06	0	0	0	0	0	0	0	0
江苏	1.34	3.32	19.62	356.85	10.51	125.43	7.76	198.91	4.66	93.86
浙江	0.47	0.50	8.65	209.04	3.48	27.44	3.90	152.69	3.16	48.45
安徽	0.24	0.46	66.52	818.70	56.65	558.91	9.09	254.95	16.40	478.59
福建	0.72	1.60	4.03	126.57	0.41	4.83	3.09	107.33	7.19	157.11
江西	0.42	1.71	11.46	272.92	2.95	40.62	7.98	220.74	4.88	100.78
山东	0.42	0.62	285.45	3641.80	245.07	2640.52	33.34	941.78	0.93	19.11
河南	0.09	0.52	218.25	2793.25	196.72	2294.60	20.21	485.33	0.12	2.01
湖北	7.69	15.14	23.61	507.11	11.72	159.46	10.50	328.09	0.39	4.09
湖南	0.26	0.73	22.69	717.85	5.89	84.44	14.67	514.80	6.19	106.59
广东	0.82	3.06	12.48	400.28	2.95	36.12	7.62	291.80	2.48	39.62
广西	0.58	0.94	4.66	134.83	0.96	14.07	3.70	120.76	21.62	348.53
海南	0.07	0.12	2.78	43.88	1.51	17.79	1.25	26.02	0.10	1.37
重庆	0.07	0.08	4.43	167.22	0.35	6.14	2.89	108.41	2.88	57.87
四川	0.42	0.77	12.58	419.83	3.20	48.69	8.87	350.67	3.75	81.66
贵州	0.16	0.92	18.59	705.41	4.01	58.90	14.40	637.55	1.97	25.89
云南	0.32	0.59	10.47	453.03	0.87	19.99	6.61	265.41	0.34	4.72
西藏	0	0	3.08	134.94	0.18	4.57	2.90	130.37	0.19	1.47
陕西	2.20	3.10	50.05	746.78	42.33	545.19	7.40	199.56	0.01	0.27
甘肃	0.03	0.04	63.84	870.68	55.31	612.32	6.72	165.85	0.08	3.65
青海	0	0	2.95	57.22	1.15	16.70	0.70	24.39	0.01	0.06
宁夏	0.51	0.82	16.51	289.14	14.01	185.47	2.46	103.51	0	0
新疆	1.49	0.53	3.10	64.52	1.55	20.42	1.55	43.90	0	0
新疆兵团	0	0	1.77	32.42	0.23	3.56	1.54	28.85	0	0

续表

地区	3. 农用挂车	九、农田基本建设机械		十、其他机械	十一、农业机械原值和净值	
				其中:农用飞机	1. 农业机械原值	2. 农业机械净值
	万台	万台	万千瓦	架	亿元	亿元
合　计	775.28	46.31	2605.44	461.00	8787.46	6402.17
北　京	0.37	0.11	6.85	0	44.15	29.86
天　津	0.22	0.40	29.80	3.00	42.21	31.39
河　北	76.25	3.56	354.56	29.00	627.89	437.83
山　西	7.09	2.08	163.27	0	255.51	187.45
内蒙古	50.82	0.90	46.23	1.00	402.18	298.05
辽　宁	20.88	1.38	71.76	11.00	257.72	194.54
吉　林	37.66	0.30	15.44	0	302.15	226.99
黑龙江	39.26	0.44	29.36	90	701.86	543.68
上　海	0.08	0	0	0	0	0
江　苏	11.44	8.31	173.59	19.00	492.43	357.86
浙　江	0.39	2.77	237.51	18.00	268.54	175.46
安　徽	98.80	1.35	70.66	2.00	547.35	380.43
福　建	1.69	1.05	86.00	0	128.49	84.46
江　西	0.35	1.74	101.58	1.00	188.35	132.83
山　东	122.11	4.41	295.10	33.00	843.15	643.30
河　南	114.51	1.93	116.65	101.00	826.06	615.59
湖　北	71.97	2.65	113.76	37.00	388.43	274.71
湖　南	1.16	1.92	120.19	70	334.38	248.68
广　东	11.63	1.99	87.75	3.00	199.50	129.45
广　西	1.27	1.25	84.99	0	282.87	187.45
海　南	0.58	0.14	6.90	0	51.78	38.06
重　庆	0.03	0.47	30.69	2.00	101.87	84.09
四　川	6.81	1.49	99.43	1.00	308.10	215.56
贵　州	3.04	0.94	31.22	2.00	125.05	88.81
云　南	3.57	0.71	43.00	0	213.09	158.03
西　藏	14.30	0.01	0.80	0	57.04	35.37
陕　西	3.72	1.50	89.75	4.00	212.76	154.89
甘　肃	11.50	0.55	36.28	0	197.90	138.64
青　海	17.34	0.09	5.13	0	24.02	15.91
宁　夏	7.65	0.42	29.10	0	81.49	55.83
新　疆	37.59	0.47	25.56	1.00	230.65	194.03
新疆兵团	1.20	0.98	2.53	33.00	50.49	42.94

各地区农业机械化作业情况表

地　区	一、农机化作业总体情况 (一)机耕面积	(二)机播面积	(三)机电灌溉面积	(四)机械植保面积	(五)机收面积	二、主要农作物农机化作业情况 (一)小麦 1. 小麦机耕面积	2. 小麦机播面积	3. 小麦机收面积
	千公顷	千公顷	千公顷	千公顷	千公顷	千公顷	千公顷	千公顷
合　计	117417.69	83956.34	53686.78	65655.46	83269.97	21675.43	20936.30	22458.19
北　京	65.21	113.09	83.88	86.10	94.96	1.62	22.49	23.58
天　津	381.89	419.11	263.18	201.96	349.03	107.45	111.58	111.80
河　北	5432.65	6623.45	5384.69	3796.13	4988.41	2260.44	2375.82	2367.00
山　西	2683.05	2622.28	989.79	862.87	1810.73	552.00	589.87	574.12
内蒙古	6282.03	6856.21	2051.05	3066.09	4487.39	419.29	655.69	641.42
辽　宁	3819.46	3293.47	813.47	1539.10	1813.92	5.40	4.32	4.20
吉　林	4980.26	5004.79	1048.40	2807.50	2917.25	1.50	1.50	1.10
黑龙江	14364.55	14141.45	3932.11	10011.98	12361.99	131.17	131.17	131.17
上　海	357.39	63.63	136.24	334.65	154.25	56.07	13.80	55.48
江　苏	5956.53	4390.36	3603.81	5475.09	5211.4	2355.5	2080.64	2443.29
浙　江	1438.09	224.92	1077.65	935.67	919.96	65.15	8.30	81.47
安　徽	7379.37	4687.02	3838.99	4417.43	6239.43	2393.86	2182.20	2393.86
福　建	1042.36	136.65	341.26	697.21	388.05	0	0	0
江　西	3913.47	615.24	1338.35	706.09	3153.02	9.64	1.39	10.03
山　东	6140.73	8641.04	6063.39	4697.03	7256.83	2440.21	3688.02	3665.20
河　南	9083.99	10205.35	6007.94	5520.30	9429.00	4988.85	5192.82	5279.58
湖　北	5847.00	2091.28	3240.36	4792.82	4179.37	1061.85	471.85	1019.71
湖　南	5903.14	1012.76	2557.48	1979.24	3752.82	21.04	2.05	26.93
广　东	3644.71	247.66	1733.78	1435.40	1580.43	0.60	0	0
广　西	4461.93	622.77	774.62	236.89	1872.51	1.45	0	1.55
海　南	568.21	8.31	236.22	226.22	326.76	0	0	0
重　庆	2066.56	125.00	448.32	426.33	324.36	87.62	0	5.13
四　川	4597.93	729.98	1657.89	2915.19	1973.23	989.27	290.38	607.37
贵　州	1475.81	59.82	450.52	224.10	285.62	78.91	3.69	9.60
云　南	2670.24	110.29	1071.47	1606.78	393.23	386.86	43.25	110.28
西　藏	141.15	136.05	8.40	22.79	114.03	119.29	119.04	100.50
陕　西	2862.56	2002.83	963.24	1799.60	1811.46	991.11	918.07	961.02
甘　肃	2436.78	1537.03	656.62	714.56	963.87	759.40	554.83	461.18
青　海	373.41	296.04	28.61	56.61	213.95	119.97	124.93	94.67
宁　夏	900.79	685.03	124.94	193.38	553.97	117.94	111.72	94.67
新　疆	4915.34	4925.63	1754.11	2794.15	2362.84	1019.07	1083.48	1028.88
新疆兵团	1231.10	1327.80	1006.00	1076.20	985.90	132.90	153.40	153.40

续表

地区	(二)水稻 1. 水稻机耕面积	2. 水稻机械种植面积	其中：水稻机播面积	水稻机插面积	水稻机浅栽面积	3. 水稻机收面积	(三)玉米 1. 玉米机耕面积	2. 玉米机播面积	3. 玉米机收面积
	千公顷	千公顷	千公顷	千公顷	千公顷	千公顷	千公顷	千公顷	千公顷
合计	29521.69	11989.90	537.55	11323.29	33.76	25172.70	25673.44	31131.94	21049.92
北京	0.09	0.09	0.09	0	0	0.09	7.24	87.02	69.55
天津	22.44	18.19	0.26	17.94	0	19.72	192.99	238.43	200.66
河北	80.08	46.64	8.80	37.84	0	56.38	921.38	2934.63	2050.76
山西	0.44	0	0	0	0	0.30	1543.38	1579.42	970.78
内蒙古	94.44	91.11	0.96	85.00	0.15	85.81	3307.06	3780.46	2015.85
辽宁	560.93	504.48	4.30	491.92	3.02	471.61	2491.74	2362.28	995.20
吉林	787.36	547.22	0	546.42	0.80	631.85	3652.40	3925.38	2013.10
黑龙江	3996.57	3861.39	0	3825.66	0	3884.97	6350.05	6642.24	5387.86
上海	98.43	47.33	17.26	30.06	0	98.11	0	0	0
江苏	2189.57	1837.04	129.36	1697.02	0	2249.77	372.95	266.33	271.89
浙江	791.64	199.17	9.83	181.45	3.84	737.88	15.61	0.06	0.03
安徽	2206.18	854.70	124.17	728.44	2.09	2079.50	505.01	782.79	566.22
福建	697.96	136.52	0.08	136.43	0	369.44	10.50	0	0
江西	3151.25	474.77	22.02	444.76	4.98	2905.33	26.95	1.10	2.66
山东	114.00	56.76	6.88	46.03	0.15	88.37	170.65	3020.21	2559.35
河南	570.26	178.23	6.95	171.28	0	523.60	596.67	2942.88	2225.09
湖北	2142.69	931.90	90.80	830.51	0	2085.96	398.82	147.09	125.14
湖南	4197.68	876.86	42.66	822.47	2.65	3278.04	80.98	1.21	7.62
广东	1818.05	241.43	0.03	238.29	0.56	1517.58	122.01	0	0
广西	2021.06	464.06	0.61	463.45	0	1642.35	372.07	0	1.00
海南	261.49	6.32	1.17	4.14	0	301.37	6.42	0	0
重庆	637.82	123.30	0	123.11	0.19	285.61	100.22	0.05	0
四川	1679.79	298.38	8.41	274.22	14.73	1185.82	789.07	16.44	5.47
贵州	582.79	34.98	0	34.21	0	211.93	215.22	1.64	0.65
云南	582.22	25.86	0.14	25.72	0	240.32	782.07	12.83	6.90
西藏	0	0	0	2.12	1.75	0.87	2.12	1.75	0.87
陕西	87.85	8.70	2.41	4.10	0.60	77.25	802.39	853.05	560.84
甘肃	0.51	0.54	0.52	0	0	0.13	651.55	348.40	204.29
青海	0	0	0	0	0	0	26.74	2.69	1.41
宁夏	74.14	72.00	43.84	26.90	0	74.00	253.79	263.05	183.53
新疆	54.66	32.53	5.90	26.62	0	50.21	822.77	832.47	535.16
新疆兵团	19.30	19.40	10.10	9.30	0	19.40	82.62	88.04	88.04

续表

地 区	(四)大豆 1.大豆机耕面积	2.大豆机播面积	3.大豆机收面积	(五)油菜 1.油菜机耕面积	2.油菜机播面积	3.油菜机收面积	(六)马铃薯 1.马铃薯机耕面积	2.马铃薯机播面积	3.马铃薯机收面积
	千公顷	千公顷	千公顷	千公顷	千公顷	千公顷	千公顷	千公顷	千公顷
合 计	4357.09	4403.28	3996.69	5156.23	1477.03	1885.47	3039.55	1320.09	1249.86
北 京	1.58	2.13	0.48	0.01	0	0	0.23	0	0.02
天 津	6.75	6.63	5.40	0	0	0	0	0	0
河 北	67.77	60.12	15.40	20.87	11.75	2.13	164.74	105.37	93.81
山 西	68.75	52.11	23.32	3.17	1.98	0	174.30	114.84	116.58
内蒙古	279.23	432.78	393.41	145.05	255.08	253.05	657.42	502.62	448.80
辽 宁	76.55	58.61	19.47	0.58	0.58	0	44.25	9.61	20.90
吉 林	177.90	154.00	87.00	0.10	0	0	29.70	10.80	11.75
黑龙江	2572.19	2569.59	2531.04	0	0	0	163.61	129.65	113.15
上 海	0	0	0	4.95	0.51	0.57	0	0	0
江 苏	110.57	34.18	33.68	251.06	63.03	68.26	13.18	0	0.30
浙 江	26.09	0.44	0.56	73.52	3.62	16.52	10.85	0.01	0.05
安 徽	318.88	564.81	552.42	444.34	101.17	180.61	4.94	0	0
福 建	3.57	0	0	6.26	0	5.37	33.02	0.05	1.95
江 西	78.54	3.75	7.39	430.94	90.89	139.17	9.77	0.89	0.36
山 东	75.30	78.05	29.10	7.61	5.96	2.68	110	73.07	80.08
河 南	102.96	267.63	216.68	255.13	108.83	72.09	23.18	1.11	4.77
湖 北	79.53	27.46	32.80	1057.25	386.83	580.33	157.14	10.11	12.42
湖 南	23.40	0	0	892.75	81.75	244.41	8.51	0.03	0.70
广 东	27.93	0	0	5.43	0	0	39.94	1.95	3.74
广 西	33.95	0	0	0	0	0	49.60	0	0
海 南	0.10	0	0	0.37	0	0	0.20	0	0
重 庆	43.61	0	0	164.27	1.51	0.88	173.93	0.13	0.09
四 川	14.56	0	0	699.15	91.85	143.26	143.81	0.66	1.64
贵 州	7.57	0	0	135.76	3.12	2.11	67.15	3.28	6.54
云 南	39.42	0.30	0	167.49	2.10	9.41	151.59	2.91	3.94
西 藏	0	0	0	12.85	11.22	9.91	5.36	3.85	2.36
陕 西	42.48	21.19	3.77	107.43	17.60	3.58	215.99	52.91	73.36
甘 肃	35.89	30.03	12.24	140.90	98.32	39.70	347.57	140.60	106.29
青 海	0	0	0	102.48	93.23	68.10	34.68	9.90	8.77
宁 夏	5.59	3.41	0.24	0	0	0	176.73	124.98	118.98
新 疆	31.47	31.10	27.33	20.71	23.83	21.06	24.48	17.08	14.83
新疆兵团	4.96	4.96	4.96	5.80	22.27	22.27	3.68	3.68	3.68

续表

地　区	(七)花生 1. 花生机耕面积	2. 花生机播面积	3. 花生机收面积	(八)棉花 1. 棉花机耕面积	2. 棉花机播面积	3. 棉花机收面积	三、单项农机化作业情况 1. 机械深耕面积	2. 机械深松面积	3. 机械化免耕播种面积
	千公顷	千公顷	千公顷	千公顷	千公顷	千公顷	千公顷	千公顷	千公顷
合　计	3032.15	1874.96	1354.19	4597.37	3653.84	661.16	29553.60	10890.01	13420.97
北　京	2.10	1.07	0.12	0.14	0.04	0	0.58	7.16	105.36
天　津	0.75	0.75	0.11	28.55	28.28	0	33.86	48.47	51.36
河　北	297.17	213.11	93.71	483.00	482.50	0	896.13	793.74	2275.62
山　西	2.76	0.10	0.19	23.24	14.68	0	912.85	193.01	220.47
内蒙古	4.67	4.67	4.67	1.20	1.20	0.73	2785.03	1240.07	1280.47
辽　宁	288.54	254.53	239.97	0	0	0	471.81	357.32	139.62
吉　林	92.60	82.30	56.40	0	0	0	1365.60	685.00	392.80
黑龙江	5.59	4.21	1.57	0	0	0	4869.09	4079.36	292.03
上　海	0	0	0	0	0	0	10.07	0	1.40
江　苏	74.74	15.86	8.49	76.97	11.23	0.10	791.02	134.41	292.76
浙　江	4.10	0	0	4.44	0	0	187.22	35.31	3.61
安　徽	166.15	63.15	33.57	192.24	0	0	868.45	225.93	863.68
福　建	37.38	0	0.01	0	0	0	122.30	0.04	0
江　西	127.85	12.75	14.50	20.71	0.46	0	368.67	9.86	47.94
山　东	670.99	599.34	531.97	488.54	343.04	1.07	2122.92	793.64	3606.59
河　南	610.70	576.99	350.56	113.93	26.46	0	3451.07	558.91	2889.55
湖　北	128.62	33.61	13.51	287.27	14.12	0.65	756.58	109.51	58.76
湖　南	18.87	0.70	0.20	136.32	3.30	2.37	902.60	35.47	13.34
广　东	197.67	0.02	0.68	0	0	0	521.71	23.70	0
广　西	166.57	0	0	0	0	0	446.95	142.47	50.90
海　南	36.93	0.10	0	0	0	0	103.73	13.86	1.34
重　庆	17.99	0	0	0.11	0	0	35.12	0	0
四　川	36.72	1.20	0	0.10	0	0	45.50	0.16	18.82
贵　州	4.75	0	0	0	0	0	77.81	0.60	2.75
云　南	22.04	0.08	0	0	0	0	751.65	133.33	4.45
西　藏	0	0	0	0	0	0	70.05	6.75	0
陕　西	11.68	6.68	0.55	33.15	19.64	0.07	779.68	137.49	415.68
甘　肃	0.80	0.95	0.90	39.20	40	5.24	1154.58	421.59	86.20
青　海	0	0	0	0	0	0	107.33	12.21	24.25
宁　夏	0	0	0	0	0	0	515.02	41.58	60.57
新　疆	2.26	1.63	1.40	1968.80	1968.57	197.65	2797.52	407.99	123.96
新疆兵团	1.16	1.16	1.11	699.46	700.32	453.28	1231.10	241.07	96.70

续表

地区	其中:机械化免耕覆盖播种面积	4.保护性耕作面积	5.精少量播种面积	6.机械深施化肥面积	7.机械铺膜面积	8.农田机械节水灌溉面积	9.机械播种牧草面积	10.机械收获牧草数量
	千公顷	千公顷	千公顷	千公顷	千公顷	千公顷	千公顷	万吨
合计	7349.28	8622.80	41389.15	34159.34	9013.67	15618.17	1170.80	5135.59
北京	31.12	80.62	26.74	11.24	0.37	52.49	0	0.08
天津	38.94	63.40	216.77	137.00	34.96	26.40	2.33	4.41
河北	1366.01	244.67	2492.87	2181.28	690.82	750.99	24.40	169.01
山西	125.53	829.61	1184.15	1970.54	561.34	256.04	61.06	198.83
内蒙古	912.27	1280.47	4030.31	3761.07	1244.05	1530.21	310.22	1336.69
辽宁	87.90	366.75	2193.22	2250.86	99.73	242.42	0.16	153.58
吉林	176.80	393.40	3893.50	3514.60	189.90	1048.40	131.80	1023.29
黑龙江	165.09	2476.67	10763.61	7880.09	247.73	1691.59	227.46	136.42
上海	1.40	0	17.26	46.51	0	136.24	0	0
江苏	163.5	124.65	985.34	308.66	26.38	456.16	1.72	78.63
浙江	3.61	0	2.32	120.90	1.71	140.87	0.82	1.25
安徽	193.82	96.53	1951.89	1268.96	95.14	1348.17	38.45	321.80
福建	0	0	0.05	26.63	1.31	67.63	0	0.21
江西	5.00	5.66	1.53	214.65	0.90	128.24	0	58.81
山东	2698.46	1203.88	3536.03	1394.05	851.90	1826.81	22.45	4.60
河南	866.58	479.20	4899.01	2489.08	168.25	1145.59	61.32	112.44
湖北	45.46	52.37	321.72	202.26	27.53	423.47	5.71	17.05
湖南	8.44	9.08	6.78	160.25	6.54	410.52	0	0.03
广东	0	0.05	0	11.79	2.36	241.79	0	0.38
广西	0	0	0	540	52.03	176.85	0	0.65
海南	0.30	0	0	4.50	0	33.69	0	0
重庆	0	28.11	1.08	17.13	0.78	31.23	0	0.04
四川	10.25	21.75	100.19	45.78	2.97	153.94	2.35	13.22
贵州	0.52	0.26	2.26	84.78	12.29	28.85	0.31	4.32
云南	0.30	0.70	9.03	43.17	15.17	134.00	0	0.48
西藏	0	0	0	0	0.83	1.34	0	0
陕西	271.78	398.46	592.67	591.96	138.69	204.34	12.52	19.76
甘肃	61.39	142.49	473.72	1190.44	804.57	152.18	25.65	110.51
青海	12.10	46.16	41.78	107.31	23.04	12.83	27.94	22.11
宁夏	25.23	58.99	127.80	203.05	155.49	51.81	55.78	275.17
新疆	63.30	142.74	2759.56	2623.60	2730.29	1948.77	129.45	757.83
新疆兵团	14.18	76.13	757.96	757.20	826.60	764.30	28.90	313.99

续表

地　区	11.机械化秸秆还田面积	12.秸秆捡拾打捆面积	13.机械化青贮秸秆数量	14.农机运输作业量	其中:农业运输作业量	15.农田基本建设作业量	16.农用飞机作业面积	17.农业专业合作社作业服务面积	18.农机跨区作业面积
	千公顷	千公顷	万吨	亿吨·千米	亿吨·千米	万立方米	千公顷	千公顷	千公顷
合　计	43156.02	2825.26	8987.49	2566.73	1130.19	345660.93	2259.74	41928.93	29721.19
北　京	79.23	3.74	69.65	1.40	0.84	654.72	0	105.12	25.01
天　津	272.35	3.36	106.65	5.11	2.80	3124.38	0	409.09	75.73
河　北	3612.06	36.71	783.76	151.70	91.08	4749.96	31.03	884.97	2259.47
山　西	1443.87	23.57	240.52	105.17	52.13	17895.60	2.10	1116.94	227.99
内蒙古	1805.91	437.63	2086.96	32.55	25.30	12687.99	35.69	1177.33	539.00
辽　宁	465.70	27.43	171.21	80.04	50.39	8626.49	26.89	1118.05	311.58
吉　林	1252.30	112.00	538.75	48.44	38.15	9971.60	0	921.40	708.90
黑龙江	6463.45	387.28	1045.37	9.83	7.34	7927.43	1508.10	4591.41	4523.03
上　海	137.17	5.67	10.95	0.32	0.09	0	0	345.16	12.88
江　苏	3298.31	220.27	57.08	74.83	24.41	25327.69	34.28	11971.73	3774.19
浙　江	336.47	13.26	39.85	46.14	24.68	65041.60	0.02	336.11	287.73
安　徽	3436.71	213.79	143.99	166.93	51.37	43858.96	6.07	2100.78	3706.72
福　建	160.25	2.28	19.02	27.92	14.46	6225.50	0	130.91	23.92
江　西	1341.83	10.83	0.1557	195.15	123.59	14927.38	0.2	262.25	252.99
山　东	6212.72	73.31	846.43	532.49	61.10	31655.27	56.59	4795.83	3756.73
河　南	5814.01	249.89	351.02	200.51	115.96	8094.46	19.36	5198.31	2856.95
湖　北	1131.54	114.10	133.80	69.36	54.90	15320.59	264.78	1611.42	1041.32
湖　南	483.50	11.66	6.79	138.31	99.51	24709.99	7.64	951.56	548.28
广　东	468.11	0	3.62	45.43	23.56	8905.48	0.35	335.42	261.62
广　西	767.85	4.54	0	66.97	45.32	673.86	0	373.43	292.03
海　南	82.55	0	0	15.40	7.33	253.59	0	8.42	112.81
重　庆	96.22	0	3.85	32.12	20.98	4415.62	0.25	436.50	72.74
四　川	349.90	10.40	9.38	137.92	65.38	6581.93	0.28	630.98	469.91
贵　州	94.94	0.38	26.67	40	25.02	2736.76	0.10	92.91	32.69
云　南	90.74	0	125.82	111.70	69.62	16057.02	0	225.97	125.56
西　藏	0	0	0	8.41	2.94	380.67	0	26.07	0
陕　西	818.13	37.90	398.31	100.47	73.83	2010.74	23.09	716.70	1501.44
甘　肃	167.34	72.47	350.55	73.48	47.60	5.50	0	30.48	756.02
青　海	23.39	28.75	7.23	3.51	2.50	688.41	0.24	43.11	37.33
宁　夏	139.12	65.00	86.47	19.02	13.42	129.53	0.20	263.11	112.22
新　疆	1366.98	502.20	1247.59	24.24	17.15	368.60	0.13	683.76	734.77
新疆兵团	943.37	156.84	76.19	1.85	1.01	1653.60	242.55	33.69	279.65

续表

地　区	其中:跨区机耕面积	跨区机播面积	跨区机收面积	其中:跨区机收小麦	跨区机收水稻	跨区机收玉米	四、农产品初加工机械化作业情况 1.实际脱出农产品总量	其中:机械脱出农产品数量
	千公顷	千公顷	千公顷	千公顷	千公顷	千公顷	万吨	万吨
合　计	5939.09	2818.96	17675.56	8376.26	4884.47	3171.85	167318.32	70314.24
北　京	4.95	5.11	14.94	5.32	0	9.62	418.15	104.72
天　津	15.89	5.65	53.02	14.17	9.21	23.10	498.36	221.50
河　北	435.20	261.79	1289.58	938.41	5.45	246.13	12468.72	3407.80
山　西	60.30	43.50	123.85	69.32	0	52.28	3336.24	1708.93
内蒙古	100.90	47.53	379.23	86.42	16.33	189.64	4786.87	3043.35
辽　宁	50.34	28.78	225.63	1.48	136.92	72.96	4706.96	2261.92
吉　林	194.40	128.70	385.80	0.10	197.90	181.65	5390	3515.00
黑龙江	1472.51	625.70	1823.91	24.45	509.51	915.04	8649.01	5535.36
上　海	0.93	1.04	10.90	3.32	7.58	0	603.15	183.18
江　苏	314.76	137.64	1983.73	936.46	902.02	35.74	6898.88	4420.73
浙　江	28.53	4.69	204.72	62.64	135.22	0	4096.19	1448.56
安　徽	631.85	254.94	2809.70	1585.78	1053.78	164.66	5613.85	2537.52
福　建	3.11	3.69	15.15	0	13.48	0	2349.67	769.03
江　西	19.59	2.86	228.01	10.03	162.73	0	3814.59	2021.27
山　东	685.89	482.38	2385.64	1676.11	46.07	609.56	15022.00	7037.11
河　南	457.46	288.63	1981.29	1480.70	143.10	316.64	13527.29	6856.38
湖　北	286.21	45.88	694.94	246.95	373.00	8.31	8413.76	3409.26
湖　南	105.19	7.80	390.71	16.90	310.47	0.01	8342	3124
广　东	26.15	7.04	227.30	0	224.97	0	8689.23	2204.61
广　西	42.37	8.91	240.76	1.55	169.49	1.00	12999.00	3879.54
海　南	15.71	0.42	92.37	0	86.84	0	1730.20	310.67
重　庆	6.22	0	63.35	5.08	54.12	0	3371.88	1095.23
四　川	108.59	22.16	326.74	88.49	232.49	1.85	7312.24	2492.96
贵　州	15.05	0.43	17.00	0.72	15.39	0	2458.22	659.72
云　南	79.95	0.15	42.05	10.11	18.80	1.31	6031.60	1914.73
西　藏	0	0	0	0	0	0	139.29	44.97
陕　西	212.59	163.83	592.17	388.17	29.49	113.74	4944.35	1386.07
甘　肃	226.00	48.94	458.53	348.83	0.10	71.56	3370	1411.00
青　海	13.49	8.25	15.54	7.91	0	0.06	336.89	138.55
宁　夏	29.37	4.48	76.72	21.20	17.25	37.30	981.38	329.18
新　疆	195.38	118.58	402.32	256.59	8.59	92.96	4467.99	2180.94
新疆兵团	100.21	59.48	119.95	89.03	4.19	26.73	1550.36	660.45

续表

地　区	其中：机械脱粒粮食数量	2. 实际清选农产品总量	其中：机械清选农产品数量	3. 实际保质农产品总量	其中：机械保质农产品数量	其中：机械烘干粮食数量	4. 机械初加工农产品数量	其中：加工粮食数量
	万吨	万吨	万吨	万吨	万吨	万吨	万吨	万吨
合　计	49174.90	149377.31	38242.00	147043.19	33710.73	8935.72	67107.15	49771.00
北　京	58.88	514.39	72.05	514.39	88.52	3.29	265.29	65.86
天　津	188.47	471.49	105.90	487.81	115.85	16.61	141.99	124.81
河　北	2859.27	6577.34	870.25	6285.50	666.54	23.22	2581.17	2118.46
山　西	1173.35	3078.11	725.83	2877.05	777.23	2.71	1329.77	1032.26
内蒙古	2824.05	4445.99	1182.57	3870.73	735.06	522.20	1559.74	1323.65
辽　宁	1775.61	4039.10	1042.11	4014.79	1060.23	547.06	1916.87	1284.07
吉　林	3106.90	5050	2224.00	4760	1524.00	1078.00	7861.58	6039.15
黑龙江	5070.12	8568.05	4479.43	8608.20	3746.56	3111.52	3834.12	2863.80
上　海	112.89	586.19	130.79	621.27	264.92	16.54	70.26	46.00
江　苏	3177.44	6714.97	3313.35	6614.66	1924.25	806.37	3561.30	2597.41
浙　江	774.45	4194.64	1081.64	4194.64	1212.02	244.10	967.48	744.30
安　徽	2180.22	4332.00	1151.93	4269.57	1013.51	657.95	2761.59	2121.17
福　建	475.94	2890.67	805.49	2857.84	619.00	21.99	1458.38	537.80
江　西	1762.28	3436.62	1246.46	4003.52	1262.25	215.73	2654.96	2173.00
山　东	4079.42	13089.00	2963.30	13356.00	3358.49	71.35	5573.08	3986.51
河　南	5039.42	14093.47	3507.07	11729.91	3086.89	86.82	4962.62	3901.86
湖　北	2662.23	8413.76	2967.08	8413.76	2398.45	404.10	3235.81	2397.62
湖　南	2637.52	8442	904	8442	1340	146.29	4270.43	2856.63
广　东	1078.93	7429.70	1640.97	7429.70	1121.56	122.10	4910.56	3477.89
广　西	1054.62	11888.26	1307.71	11888.26	1735.50	7.46	1104.47	1057.27
海　南	124.22	1759.39	502.36	1768.67	372.62	0.13	164.23	149.58
重　庆	591.09	3439.19	584.66	3439.19	522.76	6.23	1286.23	999.56
四　川	2076.27	2602.36	456.19	4215.78	798.14	31.57	3377.98	2785.16
贵　州	425.16	1987.32	231.56	1697.68	154.60	6.75	1225.86	1103.60
云　南	589.92	6041.95	1068.98	6028.85	830.90	7.97	1717.65	1497.53
西　藏	43.79	16.28	0.18	29.25	7.60	0.01	13.80	8.33
陕　西	714.96	4944.35	811.19	4944.35	894.73	61.56	1099.73	743.77
甘　肃	679.75	3453.02	553.70	3371.00	300	31.47	684.57	520.98
青　海	103.88	289.32	35.60	288.56	21.20	0.91	75.97	49.61
宁　夏	288.38	748.76	157.13	686.48	70.97	39.26	187.52	169.17
新　疆	1222.60	4222.57	1271.51	4093.50	931.82	506.25	1434.79	771.34
新疆兵团	222.88	1617.05	847.01	1240.28	754.56	138.21	817.36	222.88

续表

地区	加工油料数量	加工棉花数量	加工果蔬数量	加工茶叶数量	五、畜牧业机械化作业情况 1. 收获的饲草秸秆总量	其中：机械收获饲草秸秆量	2. 饲草料加工总量	其中：机械化饲草料加工数量
	万吨	万吨	万吨	万吨	万吨	万吨	万吨	万吨
合计	5394.82	1528.10	4516.56	353.94	64493.81	24039.54	49478.39	32252.77
北京	0.41	0	13.05	0	79.89	73.31	212.66	202.26
天津	1.21	2.28	0	0	208.58	179.63	212.56	206.04
河北	251.08	124.40	48.44	0	3140.87	1242.21	2196.10	1626.31
山西	33.30	3.52	185.49	0	1382.57	454.69	1109.80	853.35
内蒙古	205.82	0.40	18.45	0	4872.38	3279.65	4617.40	4076.82
辽宁	73.59	0.07	21.89	0	1831.57	608.48	1445.65	1087.50
吉林	107.27	0	950.84	0	3053.75	1298.57	2930.73	2490
黑龙江	817.64	0	0.04	0	5252.24	3711.77	4143.58	3004.64
上海	0.03	0	2.30	0	0	0	63.96	53.83
江苏	161.85	16.26	303.01	2.20	1596.37	1229.83	2372.46	1913.11
浙江	47.44	3.46	109.22	33.00	2.96	1.25	115.55	65.34
安徽	307.90	61.57	49.66	28.78	1693.00	937.09	1293.00	683.70
福建	76.82	0	413.85	123.36	83.08	17.61	846.85	463.30
江西	225.87	38.36	106.08	1.86	318.83	222.55	6.20	2.27
山东	473.15	135.73	747.00	2.18	5092.00	2588.00	4125.00	2193.07
河南	531.06	160.50	50.59	3.91	3870.40	1622.23	2886.55	1593.40
湖北	291.58	82.74	203.98	32.65	5282.69	1090.24	2842.02	1042.70
湖南	356.00	88.98	106.17	31.55	1568.00	153.60	4766.67	2277.21
广东	433.56	0	391.56	24.85	699.71	221.04	524.50	428.48
广西	32.58	0.83	9.64	3.15	256.98	77.89	376.00	114.18
海南	8.74	0	0	0	113.19	17.44	5.26	2.68
重庆	43.56	0.01	159.27	2.36	3615.29	181.35	1739.53	1281.59
四川	379.06	2.07	124.96	30.20	6191.76	565.95	1683.12	400.33
贵州	109.06	0.50	1.64	1.43	1693.59	83.53	436.44	95.72
云南	76.64	0	7.47	28.24	2859.33	324.77	1837.48	1114.11
西藏	4.36	0	0	0	0	0	0	0
陕西	55.10	3.82	245.76	3.63	1860.16	566.82	1170.70	791.93
甘肃	73.47	9.44	4.67	0.08	3328.56	782.68	1603.47	978.34
青海	23.16	0	2.17	0	329.57	18.05	152.40	110.40
宁夏	18.14	0	0	0	827.10	503.51	812.29	469.07
新疆	158.41	364.15	90.89	0.51	3070.02	1671.81	2861.15	2542.67
新疆兵团	16.98	429.00	148.50	0	319.40	313.99	89.30	88.40

续表

地区	3. 畜禽总数（折算为羊单位）	其中：机械饲喂的畜禽数量（折算为羊单位）	机械清粪的畜禽数量（折算为羊单位）	4. 环控畜禽总数（折算为羊单位）	其中：机械环控的畜禽数量（折算为羊单位）	5. 产奶家畜数量（折算为羊单位）	其中：机械挤奶的家畜数量（折算为羊单位）	6. 产毛畜禽数量（折算为羊单位）
	万个	万个	万个	万个	万个	万个	万个	万个
合计	350194.39	43473.68	41981.19	80795.71	37087.68	9802.03	4622.22	23113.80
北京	744.90	126.69	135.42	173.76	153.55	50.51	36.07	0
天津	1716.94	147.51	237.34	661.40	528.34	63.55	62.90	21.41
河北	21167.34	1864.42	1473.23	2012.72	1064.65	941.44	694.03	1050.27
山西	6015.81	541.84	710.50	859.90	316.10	130.08	107.18	1688.07
内蒙古	15677.00	1209.61	829.21	771.90	206.99	1569.29	986.71	5005.50
辽宁	24447.67	4386.91	3938.62	6943.71	3414.16	323.47	192.54	1382.37
吉林	12516.33	1670.09	2270.82	4392.27	1569.09	168.62	111.19	1010.18
黑龙江	6709.65	1335.07	900.39	3004.39	647.99	583.13	453.64	1582.25
上海	1010.20	312.06	241.30	252.84	165.78	25.84	19.85	2.76
江苏	20103.49	4524.06	5187.57	8369.32	4965.51	93.32	87.01	288.43
浙江	2332.03	287.72	213.78	1353.60	851.25	25.60	24.04	125.36
安徽	14772.57	2226.27	1616.87	2130.10	1132.79	67.15	56.40	27.13
福建	8334.94	1562.72	1015.35	3140.57	1687.13	19.16	13.76	0.21
江西	10516.99	716.11	2400.70	9694.41	5054.20	19.93	16.19	0.56
山东	20538.06	4194.01	3218.63	5892.95	3283.48	702.60	364.10	1097.17
河南	30211.02	3443.83	2583.13	5347.41	3081.94	511.90	229.22	510.33
湖北	26184.44	4202.10	4331.33	10955.97	3165.88	63.27	28.58	5.34
湖南	12428.57	1107.48	752.56	972.75	371.34	5.15	1.37	31.13
广东	12710.54	2014.76	1673.93	1375.19	766.05	31.27	14.40	0.76
广西	9792.33	262.43	499.41	403.44	10.89	6.97	0	15.42
海南	2924.91	301.17	313.92	1052.60	385.12	0.68	0.37	0
重庆	9520.39	551.65	456.79	1044.57	451.40	18.41	7.26	19.56
四川	24433.13	1225.16	1900.61	2501.68	1009.28	703.32	48.63	835.52
贵州	8661.95	230.54	165.69	55.58	8.89	29.12	14.79	21.74
云南	10653.55	524.77	441.24	437.16	148.00	107.95	20.51	157.32
西藏	0	0	0	0	0	0	0	0
陕西	6648.18	670.35	424.43	815.57	298.90	334.63	173.98	653.31
甘肃	6512.00	358.92	271.87	500.12	178.67	435.10	46.21	650.66
青海	6257.90	37.69	36.66	89.79	3.56	429.30	16.44	2716.13
宁夏	2582.03	356.30	135.16	391.29	154.11	233.46	124.00	1081.68
新疆	13008.72	2469.52	2851.62	4545.23	1684.62	1995.52	578.97	2766.65
新疆兵团	1060.82	611.90	753.10	653.50	328.02	112.30	91.90	366.60

续表

地　区	其中：机械剪毛的畜禽数量（折算为羊单位）	7. 蛋禽数量（折算为羊单位）	其中：机械捡蛋的蛋禽数量（折算为羊单位）	六、机果业机械化作业情况 1. 林果业（果茶桑）种植面积	其中：机械中耕面积	机械施肥面积	机械植保面积	机械修剪面积
	万个	万个	万个	千公顷	千公顷	千公顷	千公顷	千公顷
合　计	2314.34	27597.40	3167.67	16849.14	5141.20	3298.62	8063.96	1918.81
北　京	0	68.02	11.97	70.84	32.24	8.47	39.67	2.62
天　津	0	64.50	6.93	44.02	14.94	8.94	24.69	0
河　北	90.21	1990.37	331.70	1161.15	320.63	193.21	507.85	16.07
山　西	271.81	296.85	43.64	357.82	177.23	128.04	163.29	30.86
内蒙古	414.29	483.96	69.00	131.24	63.60	46.15	42.89	0.63
辽　宁	129.13	1885.36	238.60	643.33	184.41	88.84	352.36	5.38
吉　林	323.78	868.41	65.86	85.25	30.24	18.57	39.86	0.70
黑龙江	200.99	293.54	34.50	80.20	18.54	30.58	56.01	10.18
上　海	0.82	17.38	4.13	20.27	15.21	11.49	19.45	5.10
江　苏	44.34	2357.21	372.87	304.74	228.46	128.67	277.71	77.80
浙　江	9.62	202.60	11.98	572.99	81.25	70.03	216.84	156.02
安　徽	2.68	2149.32	299.60	383.80	95.75	50.44	230.28	73.71
福　建	0.01	217.78	3.64	738.95	152.94	96.17	330.19	146.46
江　西	0	522.43	61.05	615.79	196.65	67.23	324.76	43.98
山　东	69.44	3030.37	443.23	650	375.70	181.18	292.23	40.71
河　南	2.28	3823.47	382.28	571.42	157.49	95.70	236.25	56.90
湖　北	0.04	1526.65	152.66	726.78	217.75	334.48	425.04	212.52
湖　南	0	1361.78	92.41	641.02	156.94	72.71	256.28	74.84
广　东	0.10	170.51	16.04	1198.60	216.24	131.32	570.51	78.05
广　西	0	1050	5.05	1102.40	53.96	43.98	82.12	149.43
海　南	0	46.65	5.79	177.72	44.80	14.93	73.40	10.33
重　庆	0.59	578.96	53.69	468.60	112.47	51.55	203.84	27.57
四　川	7.35	2290.56	203.96	1035.76	229.17	73.12	494.88	131.43
贵　州	0.08	311.69	1.71	635.21	66.68	9.11	122.23	35.75
云　南	2.44	693.52	11.84	916.11	271.24	22.18	435.29	50.03
西　藏	0	0	0	0	0	0	0	0
陕　西	73.95	521.56	29.73	1398.37	550.75	278.06	827.53	206.13
甘　肃	69.13	123.00	11.55	759.10	244.10	331.01	347.00	57.30
青　海	1.39	19.47	1.20	13.18	5.61	5.60	3.26	0.33
宁　夏	22.11	102.36	2.38	98.25	62.54	24.44	54.28	4.30
新　疆	531.45	504.59	185.20	1034.95	561.32	481.99	818.42	202.09
新疆兵团	46.30	24.55	13.50	211.30	202.36	200.43	195.55	11.60

续表

地　区	2.林果业(果茶桑)采收产量	其中:机械采收产量	其中:机械田间转运产量	七、设施农业机械化作业情况 1.设施耕整地机械化面积	2.设施种植机械化面积	3.设施采运机械化面积	4.设施灌溉施肥机械化面积	5.设施环境调控机械化面积
	万吨	万吨	万吨	千公顷	千公顷	千公顷	千公顷	千公顷
合　计	17344.01	365.96	9640.05	1444.13	238.99	119.59	1008.03	511.17
北　京	77.12	0	73.91	18.69	0.05	0.27	13.77	5.10
天　津	34.00	0	32.46	25.28	0.38	0.12	23.49	7.05
河　北	1133.46	25.19	639.26	154.08	41.40	8.73	100.51	85.25
山　西	627.90	1.12	379.86	38.65	13.40	0.01	25.53	16.55
内蒙古	78.50	0	64.46	46.41	6.11	4.87	31.65	18.15
辽　宁	501.50	3.58	273.71	262.66	3.71	1.60	163.75	55.42
吉　林	62.24	0	33.79	10.64	0.90	0.30	11.32	5.98
黑龙江	75.30	0.56	44.65	7.54	4.46	0.77	10.62	7.71
上　海	45.85	0	17.98	5.38	0.19	0.28	3.25	0.32
江　苏	402.32	8.24	273.04	234.81	69.67	49.09	201.81	101.62
浙　江	503.15	37.61	340.84	34.07	2.53	1.67	20.10	3.32
安　徽	507.87	37.00	353.26	17.12	1.60	1.81	9.78	3.22
福　建	694.97	32.48	404.84	3.94	1.01	0.82	5.87	0.69
江　西	454.98	2.15	165.95	2.48	0.20	0.28	1.26	0.49
山　东	1612.00	32.24	952.14	203.12	32.52	18.97	149.00	94.75
河　南	876.91	7.64	386.50	60.48	19.77	4.70	45.11	12.87
湖　北	649.40	16.58	346.49	69.68	9.50	4.22	41.64	12.25
湖　南	599.46	17.37	389.00	5.10	0.70	0.30	3.40	1.50
广　东	1747.09	37.00	704.36	8.59	1.38	1.80	7.03	2.28
广　西	1438.80	6.12	969.90	0.21	0.01	0.01	0.22	0.08
海　南	342.85	0.56	175.05	1.30	0.23	0.08	0.84	0.25
重　庆	551.55	0.99	151.25	27.56	4.06	1.36	19.33	9.32
四　川	901.80	38.56	345.76	62.18	12.56	10.63	31.92	2.41
贵　州	111.62	6.74	26.64	0.27	0.04	0	0.18	0.04
云　南	577.02	7.13	302.73	16.11	1.93	1.40	10.16	4.56
西　藏	0	0	0	0	0	0	0	0
陕　西	1307.46	31.30	886.82	44.50	5.15	3.26	24.70	15.74
甘　肃	511.50	9.40	280	23.00	2.80	0.51	15.13	13.50
青　海	3.12	0	3.01	3.40	0.25	0.10	2.75	2.13
宁　夏	90.19	1.41	61.69	30.12	0.39	0.12	11.30	9.20
新　疆	545.74	2.28	476.10	24.42	1.88	1.48	18.66	17.08
新疆兵团	278.34	2.70	84.59	2.34	0.21	0.05	3.95	2.32

各地区农业机械化管理服务与经济效益情况表

地区	一、农机化培训	其中：培训农机管理人员	培训农机技术人员	培训农机监理人员	培训农机操作人员	二、农机维修 1. 维修拖拉机	2. 维修联合收获机
	人次	人次	人次	人次	人次	万台次	万台次
合计	7706913	193867	881392	80897	6283225	1912.72	162.22
北京	23410	981	2408	723	19298	0.99	0.10
天津	14477	697	3085	1005	9255	3.62	0.56
河北	583413	11464	79953	4582	484646	148.33	15.39
山西	258298	10860	38257	3563	192226	35.05	3.92
内蒙古	186058	3175	37929	1615	142609	72.81	1.78
辽宁	209332	8919	26408	3322	169275	33.38	1.30
吉林	212476	4843	14168	3609	189853	74.46	2.53
黑龙江	505852	23894	62738	6249	411902	57.21	4.92
上海	21749	2324	912	612	4767	0.43	0.18
江苏	307637	10946	25342	6044	263675	81.46	14
浙江	101813	5087	11677	1353	78438	67.71	3.40
安徽	361151	5371	44175	2281	309080	223.62	22.70
福建	17004	1016	2300	285	13403	35.32	1.24
江西	123888	4423	20575	2357	95473	32.53	6.23
山东	693936	16659	121349	5255	518133	206.21	25.39
河南	603679	12599	66255	5422	510577	254.38	19.79
湖北	560275	9717	70004	2872	457164	58.46	6.63
湖南	188069	5630	30083	1287	148889	63.91	15.06
广东	56712	2959	12545	2475	36359	38.35	2.34
广西	64127	3620	10827	1006	48674	83.73	1.52
海南	27351	828	3024	215	22549	17.44	0.77
重庆	174411	3230	12712	1322	151986	2.94	0.51
四川	299660	10796	41368	3207	238543	34.30	3.47
贵州	344328	4707	25932	3615	300152	18.73	0.20
云南	231894	2745	14330	2445	188527	91.33	0.71
西藏	19181	0	0	0	17790	3.15	0.24
陕西	198879	5001	38160	3509	149610	32.52	3.82
甘肃	267593	3589	19868	1555	236581	52.12	1.87
青海	41221	401	5327	187	34296	5.44	0.17
宁夏	63052	1061	9583	1128	51274	11.32	0.65
新疆	878146	12656	27294	6417	728233	68.76	0.66
新疆兵团	67841	3669	2804	1380	59988	2.71	0.17

续表

地区	3.维修水稻插秧机	4.维修运输机械	5.维修其他农机具	三、农机鉴定 推广鉴定证书当年发证数量	四、农机监理装备 1.监理车辆	2.安全检测设备	其中：拖拉机检测设备	五、农机化投入情况 农机化总投入
	万台次	万台次	万台次	件	辆	套	套	万元
合　　计	36.13	1275.31	2972.76	4832	4032	2024	1893	10086912.17
北　　京	0	1.44	1	0	19	17	17	26586.58
天　　津	0.16	7.08	6.02	24	24	11	10	53753.20
河　　北	0.17	183.64	247.35	300	105	119	106	950690.44
山　　西	0	60.96	45.17	58	103	128	127	264200.71
内 蒙 古	0.37	20.67	105.76	88	147	76	62	508668.65
辽　　宁	1.50	32.29	36.16	106	84	42	40	249643.47
吉　　林	2.39	15.59	80.68	40	182	34	34	495565.60
黑 龙 江	11.13	4.81	60.75	248	392	51	50	682099.27
上　　海	0.10	0.22	0.40	40	0	8	0	64175.59
江　　苏	7.68	27.41	97.14	323	164	105	99	683468.63
浙　　江	1.15	57.15	76.38	75	58	166	161	211189.27
安　　徽	2.41	100.89	238.04	539	176	54	52	584079
福　　建	0.48	35.61	105.54	2	41	39	39	69037
江　　西	0.56	44.14	79.97	105	47	19	18	256578.53
山　　东	0.05	153.71	292.54	64	374	146	137	637309.69
河　　南	0.14	156.30	318.79	743	262	142	134	595322.91
湖　　北	2.41	19.89	100.64	116	161	124	107	476000.63
湖　　南	1.92	73.03	176.37	234	181	92	88	488310.62
广　　东	0.79	17.55	86.36	16	173	106	104	173513.88
广　　西	0.59	41.25	118.95	0	213	83	79	257066.48
海　　南	0.12	7.46	15.49	3	22	18	17	54075.16
重　　庆	0.62	11.93	68.24	121	34	10	8	103031.55
四　　川	0.76	41.82	221.68	228	90	73	65	527969.14
贵　　州	0.25	16.96	30.77	99	58	46	46	151523.13
云　　南	0.08	37.38	85.51	5	216	49	47	208334.96
西　　藏	0	0.22	2.55	0	0	0	0	70340
陕　　西	0.02	49.79	64	792	142	116	105	229817.92
甘　　肃	0.02	41.27	109.63	169	96	32	31	226291.16
青　　海	0	1.04	5.93	48	17	9	8	18532.53
宁　　夏	0.13	10.27	17.07	37	31	26	25	75618.74
新　　疆	0.10	2.90	73.19	209	395	69	63	515752.73
新疆兵团	0.03	0.64	4.69	0	25	14	14	178365

续表

地　区	1. 一般行政事业支出	2. 基本建设	3. 科研	4. 推广培训	5. 农业机械购置	6. 其他	六、经营效益情况 总收入	成本与费用	利润总额
	万元	万元	万元	万元	万元	万元	万元	万元	万元
合　计	605851.49	302734.05	11315.59	150133.44	8686334.15	330543.46	53600643.26	32539520.92	21061122.34
北　京	6480.85	203	35.55	719.09	18526	622.09	74984.37	52150.79	22833.58
天　津	12410.81	4435.39	145	1813.37	33968.63	980	162019.08	87178.06	74841.02
河　北	8688.75	2680.80	0	15223.88	919099.01	4998	2294861.06	1298474.86	996386.20
山　西	37224.88	2180	307	21861.81	199309.65	3317.37	1311043.80	638897.70	672146.10
内蒙古	18004.56	1461.23	112	744.28	478931.58	9415	1471577.84	864733.93	606843.91
辽　宁	15652.02	4619.38	275	2960.95	224377.62	1758.50	1189261.47	707753.79	481507.68
吉　林	23269.90	2010	0	9038.30	460868.40	379	1670701.63	907512.22	763189.41
黑龙江	13569.20	24959.01	144	617.40	629620.87	13188.79	2343292.06	1393953.01	949339.05
上　海	5799.62	588.23	351.86	764.56	37838.64	18832.68	28991.18	16094.34	12896.84
江　苏	59437.88	27145.27	4437	27847.92	531733.13	32867.44	2783868.55	1593253.83	1190614.72
浙　江	17795.55	16168.77	304	6587.57	153062.02	17271.36	1640942.85	880861.41	760081.44
安　徽	25493.64	4158.27	11.30	2549.90	545762.02	6103.87	5001958.40	2267809.15	2734149.25
福　建	11559	1418	0	1147	54615	298	1018246	562164	456082
江　西	9317.12	703.10	16	3768.98	237352.33	5421	1586261.43	912931.08	673330.35
山　东	45764.05	6436.62	114	8620.30	574833.29	1541.43	4867541.35	3037269.50	1830271.85
河　南	44423.06	3219.25	122	3132.10	532855.40	11571.10	2833966.28	1731282.95	1102683.33
湖　北	23624.68	10627.30	177.60	8046.08	425474.54	8050.43	2576562.12	1708642.21	867919.91
湖　南	29545.41	4142	400	3082.50	432162.78	18977.93	5649536.70	2971850.39	2677686.31
广　东	17449.74	9311.79	2430.18	2717.58	122377.50	19227.09	1558882.90	928726.60	630156.30
广　西	31047.19	133.75	124.25	7956.52	215420.74	2384.03	3651733.53	3204222.13	447511.40
海　南	3656.98	150	145.10	319.50	49301.03	502.55	372499.56	179686.56	192813
重　庆	5802.78	2540	120.56	1836.21	89178	3554	948770.16	772516.26	176253.90
四　川	28030.32	144582.13	735.69	3025.79	217456.25	134138.96	2457086.76	2015479.59	441607.17
贵　州	4635.28	3036.04	65	561.23	142960.58	265	662647.05	417066.04	245581.01
云　南	17619.91	1172	34.50	3645.47	182623.92	3239.16	1220707.73	749366.28	471341.45
西　藏	20	0	0	50	70270	0	17042	10734	6308
陕　西	23642.67	10365.21	40	4427.58	188781.66	2560.80	1129313.63	670998.05	458315.58
甘　肃	13159.68	1851.34	8	3134.05	204933.69	3204.40	1016050.76	633809.93	382240.83
青　海	2002.94	0	0	164.50	13893.79	2471.30	98217.54	57936.26	40281.28
宁　夏	2086.84	1425	30	1535.80	69821.60	719.50	300968.31	158457.46	142510.85
新　疆	45754.18	1867.17	145	1934.22	463404.48	2647.68	1195127.16	751728.54	443398.62
新疆兵团	2882	9144	485	299	165520	35	465980	355980	110000

各地区农业生产燃油消耗情况表

地区	农业生产燃油消耗	其中:(1)柴油	(2)用于农机抗灾救灾	1. 农田作业	(1)机耕	(2)机播	(3)机收
	万吨	万吨	万吨	万吨	万吨	万吨	万吨
合　计	3708.52	3337.61	126.57	1392.52	609.26	213.01	373.20
北　京	8.11	3.95	0.00	1.82	0.63	0.43	0.48
天　津	16.93	15.75	0.18	7.24	2.30	1.33	1.79
河　北	307.93	291.02	1.54	82.75	25.51	18.59	22.92
山　西	88.16	81.60	0.36	26.53	7.76	5.37	7.36
内蒙古	129.79	123.82	5.22	59.48	21.09	13.36	14.68
辽　宁	96.61	88.81	3.10	39.26	18.55	6.69	5.86
吉　林	154.19	152.65	0.00	32.79	13.56	9.13	0.62
黑龙江	236.57	222.62	3.18	180.91	86.03	27.29	49.22
上　海	3.50	2.98	0.01	2.15	1.07	0.13	0.64
江　苏	152.38	140.59	3.40	69.06	24.73	9.36	25.25
浙　江	122.58	110.71	1.86	23.95	12.39	0.89	6.80
安　徽	157.57	147.18	5.83	85.60	36.93	13.03	28.82
福　建	40.87	32.65	0.69	6.91	3.64	0.18	1.50
江　西	104.02	92.35	3.22	27.56	13.85	0.73	10.56
山　东	399.47	345.43	7.83	143.37	44.66	34.59	48.48
河　南	367.91	337.33	15.55	135.73	49.88	22.10	41.03
湖　北	143.58	127.46	8.44	73.85	37.06	5.64	22.93
湖　南	187.04	159.37	23.36	75.13	33.63	5.52	24.22
广　东	123.21	106.79	6.99	39.73	23.92	0.63	9.25
广　西	133.91	130.29	2.52	34.23	24.28	1.89	7.02
海　南	26.24	24.14	1.15	8.35	5.86	0.07	1.81
重　庆	50.83	29.54	10.82	15.39	13.08	0.49	0.53
四　川	140.75	123.75	6.54	36.51	20.32	1.84	9.26
贵　州	44.37	38.44	1.00	6.45	3.76	0.49	1.43
云　南	84.75	76.57	3.12	15.69	11.86	0.28	1.48
西　藏	26.50	22.53	0.00	1.73	0.67	0.33	0.45
陕　西	91.49	82.83	1.01	29.19	12.98	5.86	6.03
甘　肃	128.01	100.00	7.45	42.74	18.37	7.88	6.55
青　海	11.68	7.69	0.03	7.78	3.11	2.40	2.08
宁　夏	22.54	21.09	0.05	9.39	5.07	1.68	2.11
新　疆	74.13	65.87	1.43	44.81	19.79	10.66	6.78
新疆兵团	32.94	31.81	0.69	26.45	12.92	4.15	5.26

续表

地　区	(4)植保	(5)其他	2.农田排灌	3.农田基本建设	4.畜牧业生产	5.农产品初加工	6.农业运输	7.其他
	万吨	万吨	万吨	万吨	万吨	万吨	万吨	万吨
合　计	84.97	112.08	198.26	234.79	87.25	220.61	1430.42	144.67
北　京	0.15	0.13	0.03	0.17	3.67	0.02	2.25	0.15
天　津	0.42	1.40	1.05	3.30	0.41	0.71	3.72	0.51
河　北	4.30	11.43	11.91	17.08	5.95	10.33	174.26	5.66
山　西	2.68	3.36	1.64	6.50	1.00	2.76	41.95	7.78
内蒙古	2.53	7.83	4.58	6.54	11.56	5.18	34.64	7.81
辽　宁	1.46	6.70	5.59	7.87	2.86	3.43	30.08	7.52
吉　林	2.53	6.96	15.72	1.20	12.87	5.40	86.20	0.00
黑龙江	13.07	5.29	17.31	13.40	3.49	6.15	13.34	1.98
上　海	0.18	0.13	0.05	0.21	0.05	0.06	0.54	0.44
江　苏	4.76	4.96	11.08	15.48	2.58	10.34	39.94	3.90
浙　江	1.99	1.88	3.08	12.54	0.84	5.73	68.08	8.36
安　徽	3.66	3.16	16.28	5.68	1.56	8.43	37.84	2.18
福　建	1.26	0.32	1.54	1.99	0.35	2.34	25.83	1.91
江　西	0.90	1.52	5.32	5.11	0.83	7.35	54.61	3.24
山　东	9.80	5.83	36.05	31.51	9.21	21.96	139.56	17.81
河　南	7.44	15.28	12.58	30.73	5.23	18.20	153.93	11.50
湖　北	4.60	3.61	5.93	14.83	1.81	6.92	34.06	6.16
湖　南	5.89	5.87	14.15	11.95	4.65	22.46	54.37	4.33
广　东	2.53	3.41	7.08	8.03	4.00	14.79	43.67	5.91
广　西	0.71	0.33	0.31	2.19	3.14	31.75	46.74	15.54
海　南	0.34	0.27	2.12	0.57	0.13	1.25	13.13	0.69
重　庆	0.38	0.90	3.59	2.26	0.89	4.37	23.54	0.79
四　川	3.59	1.51	8.71	6.53	1.05	11.31	74.28	2.36
贵　州	0.39	0.39	1.82	3.26	1.03	2.60	28.19	1.01
云　南	0.87	1.20	2.29	2.68	0.57	3.15	54.88	5.49
西　藏	0.01	0.27	0.03	0.19	0.01	2.94	16.08	5.52
陕　西	1.25	3.07	2.16	5.02	1.31	3.91	47.55	2.36
甘　肃	1.61	8.32	3.22	8.41	3.31	4.20	55.13	11.00
青　海	0.07	0.11	0.07	1.16	0.08	0.08	2.34	0.17
宁　夏	0.17	0.37	0.10	3.51	0.25	0.24	8.75	0.29
新　疆	3.55	4.03	1.71	3.80	1.76	1.79	18.95	1.31
新疆兵团	1.88	2.24	1.16	1.09	0.80	0.46	1.99	0.99

农机社团组织

中国农业机械化协会

【概况】 2014年，中国农业机械化协会（以下简称协会）不断加强自身建设，积极发挥职能作用，构建政府与企业之间的桥梁，创建行业发展纽带，推动农业机械化事业发展，顺利完成2014年主要工作任务。

【召开理事会确定工作思路】 2014年3月27日，在郑州召开协会一届四次理事会暨一届五次常务理事会。会议审议协会2013年工作报告和财务报告，明确2014年工作思路；审议并通过部分副会长变更，增补理事、常务理事和副会长的提案，以及农机科技分会负责人变更的提案；听取各分会代表就分会2013年工作情况的汇报，并听取会员代表关于进一步做好协会工作的相关意见和建议。理事会和常务理事会的召开更加明确了协会新一年的工作方向和重点。农机科技分会配合行业主管部门积极推进农机科技创新体系建设，做好“十三五”科技发展规划编制，组织会员单位开展科技研讨活动，促进农业机械化学术交流，大力开展新机具和新技术演示推广活动，开展农业机械化技术人员新技术培训活动。

【组建设施农业分会，促进设施农业发展】 在得到农业部和民政部的批准文件后，协会和农业部规划设计院设施所着手准备工作，3月组织部分相关单位召开了分会筹备会；5月底，在北京召开了设施农业分会成立大会。全国设施农业领域从事装备制造、设施蔬菜和花卉生产、设施农业研究的专家代表120余人参加了会议。会议审议通过了《中国农业机械化协会设施农业分会管理办法》；经投票选举产生了主任委员、副主任委员和分会秘书长。设施农业分会的成立，拓宽了协会的服务范围，扩大了协会影响，将为今后进一步促进设施农业的发展起到积极的促进作用。

【组织“农用遥控飞行植保机安全应用”研讨和安全标准的制定工作】 针对遥控植保机在农业领域得到的普遍关注，协会农用航空分会分别在郑州、武汉借助农机展览会的契机，组织召开“遥控飞行植保机安全技术”和“遥控植保作业技术”两次研讨会，邀请农业植保方面的专家学者、遥控植保机生产企业、农药生产企业、飞防服务组织的代表，就农用遥控飞行植保机的安全防护技术与植保施药作业技术的应用等主题，进行交流与研讨，促进遥控飞行植保机应用技术的发展。

根据主管部门要求和市场的需求，协会农航分会积极组织农业部南京农业机械化研究所起草“农用遥控飞行植保机安全技术标准”。它结合了植保作业的特点，对农用遥控飞行器的安全性、稳定性以及操控方便性等方面提出基本的安全条件要求。最终形成征求意见稿，推进农用遥控飞行植保机安全技术标准的制订进程。

【召开秸秆燃烧棒处理利用关键技术研究发布会】 为推进农作物秸秆综合利用，解决秸秆禁烧难题，9月26日在上海召开秸秆燃烧棒处理利用关键技术研究发布会。受上海市农业机械化管理办公室委托，上海三久机械有限公司承担了2013年度上海市科技兴农“稻麦秸秆燃烧棒处理利用关键技术研究”项目。该项目是将农作物秸秆制成生物质固化成型燃料，提供热源用于谷物干燥与室内供暖用途，研发、完善燃烧设备和系统。该技术的发布，为社会提供了秸秆综合利用，解决秸秆禁烧的重要途径之一。

【分会积极开展工作，促进专业领域发展】 设施农业分会组织设施农业论坛和设施农业培训，开展设施农业发展现状调研及问题研究，走访部分会员单位，了解会员诉求。农机专业服务组织分会不断推广“中国农机合作社”标识使用，协助举办农村新型经营主体发展论坛，进一步招募会员，扩大分会规模和影响。农用航空分会建立农业无人机标准体系，制定农用遥控飞行植保机安全技术标准并进行推广，审议通过副主任委员变更和委员增补的提案。农机鉴定检测分会面向会员单位征集项目实验室间能力比对活动建议，共收到11家农机鉴定机构项目建议。农机科技分会积极推进农机科技创新体系建设，做好“十三五”

科技发展规划编制，组织会员单位间开展科技研讨活动，促进农业机械化学术交流，大力开展新机具和新技术演示推广活动，积极开展农业机械化技术人员新技术培训活动。

【组织赴台开展水稻产后加工技术应用考察交流工作】 为借鉴台湾稻谷产业发展经验，提升大陆水稻产区稻谷烘干和稻米精深加工技术水平，推动稻谷产后加工技术的发展，应台湾农机工业同业公会邀请，协会组团于 10 月 14—20 日赴台执行水稻产后加工技术应用考察交流任务。通过考察相关稻米烘干加工企业、农会、农场及参观农机展会，深入了解台湾稻谷加工及产业链的发展现状，产销一体化经营模式，烘干设备的生产、鉴定检测、试验推广情况，进一步促进了海峡两岸农业机械化领域的交流与合作。

【参加农机团组出国学习考察】 为了解发达国家的农机企业及农业机械展览的组织形式、筹展程序和方法，8 月 18—25 日由中国农业机械化协会、中国农业机械流通协会、中国农业机械工业协会联合组织考察团赴澳大利亚、新西兰参观考察 2014 年澳大利亚农业及农机展览会、农机生产企业、新西兰农业研究中心等农机行业组织。考察期间，通过与澳大利亚、新西兰的有关农机行业组织、农机生产商进行多方面的沟通与交流，较全面地了解澳新两国农业发展概况、特点及两国农牧机械的技术现状与发展趋势；通过实地考察和交流，了解澳、新组织农业机械展览的形式和特点，以及与我国农机展览组织方面的差距。为今后改进我们与农机企业的联系和沟通，更好的为企业会员提供服务，具有很好地借鉴意义。

【办好农业机械展览会及相关研讨活动】 协会秘书处分别积极配合中国农业机械工业协会和中国农业机械流通协会，分别在 3 月底下旬和 10 月下旬底在郑州和武汉“全国农业机械及零部件展览会”和“中国国际农业机械展览会”，郑州展会 参展企业达 360 余家，观众 2 万多人次，展会面积首超 4 万平方米；武汉展会参展企业达 1 600 余家，展览面积达 20 万平方米，中外观众达 13 万人次. 特别是武汉展会，得到了国内外农机界人士的广泛关注，展会期间来自美国、加拿大、德国、法国、意大利、瑞典、韩国、日本、泰国、印度等国外农机企业四十余家，国际化程度较往届有很大提高。同期协会协助及主持举办了中国农机发展论坛、亚太区域农机协会圆桌会议、农村新型经营主体发展论坛、中外农机贸易洽谈会、中德现代化示范农场项目总结暨新闻发布会、农机产业园区招商对接等一系列丰富活动。使协会秘书处人员丰富了实践经验，在各项活动的筹备过程中得到了锻炼。

【接待法国农机工业协会代表团】 3 月 21 日由法国农机工业协会组织的农机企业代表团来访协会，双方就农机设备推广鉴定的程序与步骤、农机设备进口流程等问题进行座谈，并对有关的标准等问题进行了讨论和交流。会后安排法方代表参观了农业部农业机械试验鉴定总站农机检测试验室。

【执行“棉花种植及生产机械化调研”任务】 项目组先后走访了江苏、湖北、安徽、山东、河南、河北、新疆等地棉花种植地区，开展了省主管部门、棉花研究所、农技推广机构、基层农机合作组织和乡镇干部及农户等不同层面的调查和座谈，了解了长江中下游、黄淮海地区等棉花主产区棉花生产现状、传统农艺制度、棉花品种与现有收获机械作业的适应性差距。存在的问题以及影响发展的瓶颈因素。

在调研过程中，走进田间地头，与棉农了解一手资料，见证棉农种植棉花的艰辛过程，参观棉花研究所的多组不同品种、种植密度、栽培行距的对比实验田；考察棉花机收试验点的棉株的形态和长势，向合作社和种植大户详细了解棉花种植的成本和经济收益等情况。10 月在农业部农业机械化管理司召开的全国棉花生产机械化座谈会上，调研组向与会代表就调查情况作了初步的总结报告；12 月组织召开项目总结会，进一步征求意见，汇总完善，完成报告提交农业部农业机械化管理司。

【执行《农用航空区域发展情况及需求调研》项目】 根据项目安排，调研组制定详细调研计划，绘制调研表格。1—6 月份，调研组分别走访深圳、珠海、苏州、西安、武汉等农用遥控飞行植保机及相关设备生产企业，以及南京航空航天大学、解放军第 60 研究所、中航 618 所等研究机构，对当前农用遥控飞行器的技术研发状况有了整体的了解；与河北、河南、山东、湖北等省市农机主管部门，进行了多次座谈，从农业生产需求和试用评价方面，了解到我国农用航空特别是遥控飞行器应用效果和面临的问题，并对遥控植保机目前亟待突破的关键技术和市场需求前景有了进一步的认识。

【完成《农产品加工设备及农业机械促销网络平台建设》项目】 根据项目任务要求和网络平台主题方向，调整网站内容结构和布局，丰富农业机械化统计信息，完善农业机械化新技术和农机新产品推介栏目，并基于农业种植区划和农业部发布的主要农作物高产高效栽培模式，丰富农机农艺融合的引导内容，项目完成后召开项目验收总结会议，并组织部分协会会员单位开展网站后台操作的培训工作。目前，正在一边试运行，一边根据验收专家所提建议进行进一步的完善和改进，增强信息反馈功能，力求该网站逐步成为农民、农机服务组织、种植大户提供一个技术装备选择比较的平台和企业会员新技术发布推介的窗口，形成协会扩大影响的门户网站。

【积极启动《中国农业机械化发展报告》项目】 经农业部农业机械化管理司同意，协会拟组织编写《中国农业机械化发展报告（2004—2013 年）》，12 月 2 日在北京召开编委会第一次会议，讨论并修改报告提纲，明确编写任务及人员分工、编写进度与时间安排。

【完善协会内部规章制度建设】 在协会已有工作制度的基础上，根据新形势下的要求和规定，梳理现行制度规范，对照工作运行中的规范缺失和不足，列出修订和新的文件化制度规范建设的名单，为协会规范制度建设的补充和完善打下基础。2014 年新成立的设施农业分会制定了分会管理办法、设施分会行规行约和日常工作程序等文件。

【积极发展会员并提供服务】 2014 年协会通过多种途径不断扩大协会影响，加强协会宣传，不断吸引农机行业企事业单位申请入会，目前，协会及各分会会员数量达 686 名，其中总会会员 354 名。为让会员了解农机政策法规、检测鉴定产品质量、产品宣传等方面信息，协会每月定期给会员单位免费寄送一份《农机质量与监督》杂志，并将多年度农业机械化统计资料信息发布至协会网站，供会员参考。

（陈海燕）

中国农业机械学会

【概况】 2014年，在中国农业机械学会(以下简称学会)各级领导、理事单位、会员单位及会员们的共同努力下，中国农业机械学会重点开展了筹备召开2014 GIGR第十八届世界大会、筹备召开学会第十次全国会员代表大会、人才举荐表彰、加强国际交流合作及组织建设、加强精品期刊工程建设等系列工作。

【筹备召开2014GIGR第十八届世界大会】 在罗锡文理事长、李树君常务副理事长以及其他学会负责人的大力支持和亲自参与主持下，先后召开有各方参加的5次筹备工作会议、由主承办方参加的多次工作落实会和一次新闻发布会，从分会场组织、论文征集录用、日程安排、技术参观内容、召集人员参会、企业赞助、国内外宣传、大会推介、网站运行、中外嘉宾邀请落实、会务等诸多方面，反复研究协调落实，筹备工作细致而全面。

中国农业机械学会农业机械化、基础、标准化、农副产品加工、能源动力、耕作、收获、排灌、地面机器、畜牧、拖拉机、农垦、农机监理分会，以及普及、教育工作委员会等15个分支机构分别主要承担组织或参加了大会9个分会场的具体筹备工作。

大会于2014年9月16—19日在北京国家会议中心召开，大会主题为“农业与生物系统工程——提升人类生活品质”，国务院副总理汪洋出席大会开幕式并致辞。参会代表共来自51个国家和地区，在线注册人数近2 000人，实际参会总人数2 000余人，其中，外方代表约500人。中央电视台等多家媒体进行了报道。

本次大会采取全体大会主旨报告和分会场研讨等形式交流，大会共邀请4位国内外顶级专家作大会主旨报告。大会主要议题涵盖了GIGR七大技术分会领域，并增设“农机标准”和“亚洲论坛”两个分会。分会场主题包括：水土工程，畜禽舍结构、设施与环境，农业生产装备，农业能源，管理、人机工程及系统工程，农产品加工技术及生物工程，信息系统，农机标准等。大会期间还举办了亚洲农业工程学会(AAAE)25周年庆典、ATOE学术会议、中美旗舰项目节水技术研讨会等。

大会9个分会场邀请了69位著名中外专家作了分会场主旨报告。据不完全统计，会议期间有789人次进行分会场交流，682篇论文进行论文墙报张贴交流。按照专业特点，大会组委会还分别组织了张裕葡萄酒酿酒基地、蒙牛奶制品加工生产线、小汤山设施农业基地和德青源畜禽养殖和废弃物能源化利用基地等4个地点的专业技术参观。

大会共收到1 912份论文摘要，经学术委员会评审，有1 198篇论文摘要被编辑收录在论文摘要光盘集中。大会征集并向5个国际、国内学术期刊推荐了学术论文全文718篇。按照作者个人选择，有52篇论文通过专家评审推荐在《农业机械学报(增刊)》上发表(2014年11月出版)；其他论文也通过推荐审查等程序将在《农业工程学报》《国际农业工程学报(IAEJ)》等正式学术期刊上陆续发表。

大会期间举办的GIGR第六十九届常务理事会议上，中国农业机械学会常务副理事长李树君研究员高票当选为GIGR继任主席(2017—2018)，成为该国际组织自1930年成立以来的首位中国籍主席，这将极大提升我国在世界农业与生物系统工程领域的影响力，扩大我国科学家在国际组织中的话语权，对我国在世界农业与生物系统工程领域的科技发展起到积极的推动作用。

本次世界大会是GIGR最高级别学术会议首次在中国举办，对我国和世界农业与生物系统工程的发展有着重大的现实意义和深远的历史意义。大会具有中外专家广泛参加、规模大、层次高、权威性强、观点新颖、信息量大、学术内涵丰富、交流内容跨专业以及社会关注度高等特点。通过大会各种形式的交流，与会者充分了解了国内外先进的农业工程和农业装备新技术、新产品发展情况，进一步探讨交流了制约中国及所在国农业工程技术创新和普及过程中存在的问题和原因，从而对推动和促进中国以及世界各国农业工程技术的发展，提高农业生产机械化水平，确保农业稳产增收、各种农产品稳定可持续供给，必将起到巨大的积极促进作用。

【筹备召开学会第十次全国会员代表大会】 2013年12月17日，在北京召开了学会分支机构秘书长工作会议，就第十次全国会员代表大会筹备工作方案及中国农业机械学会章程修改征求意见和建议；讨论并修订了《中国农机学会“农业机械发展贡献奖”评选办法(草稿)》等管理办法。

2014年1月11日，在北京召开了九届八次常务理事会议。会议讨论审议了“中国农机学会第十次全国会员代表大会筹备工作意见”(内容主要包括大会代表人数确定和组成原则、会议主要议程和文件准备、章程修改建议、十届理事会规模和组成原则等)，以及表彰奖励办法等事项，常务理事会最后以通讯方式再次审定了上述会议文件。3月21日，中国农业机械学会秘书处分别向中国科协和中机联上报学会换届方案请示。中国科协于5月20日函复同意。

3月31日，中国农业机械学会发出了“关于筹备召开中国农业机械学会第十次全国会员代表大会及相关奖项推荐工作的通知”。4月9—11日，召开学会秘书长工作会议，布置了“十大”的主要工作，对第十届理事会理事候选人推荐办法、名额分配、有关表彰奖项的推荐评选办法等作了具体布置，会议还进一步征求了对学会章程修改意见。

按照中国科协批复的换届方案，中国农业机械学会在广泛协商推荐理事会候选人员、协商产生常务理事会和学会负责人候选人员、修改中国农业机械学会章程、完成学会财务审计、起草会议文件等几方面开展了换届筹备工作。

7月，召开九届九次常务理事(通讯)会议，对上述筹备工作结果进行协商和审定，形成了上报中国科协的最终申请材料。中国科协于9月批复同意中国农业机械学会召开换届大会，原则同意章程修改意见和同意学会负责人候选人选等。

9月15日，中国农业机械学会第十次全国会员代表大会在京如期举行。来自中国农业机械学会各分支机构和全国各省级农机学会及农机行业各类单位的237位会议代表出席大会。

受理事会委托，张咸胜副理事长作了第九届理事会工作报告。报告围绕学术交流、国际科技合作交流、人才培养举荐、科技期刊、科学普及和社会化服务等六个方面，对中国农业机械学会四年来开展的主要工作进行回顾总结，分析存在的问题；并对第十届理事会的工作，提出加强学会自身建设、全力推进学术交流两大精品工程、进一步完善国际化交流平台、做好人才工作、拓展服务功能等五个方面的建议。刘瑞雯副秘书长作九届理事会秘书处财务工作报告，张振新副秘书长就《中国农业机械学会章程》修改进行了说明。

大会分四组进行分组讨论，与会代表认真审议了相关会议文件，提出许多具体修改意见和建议；充分讨论、酝酿了第十届理事会理事候选人。经全体大会表决，大会通过了第九届理事会工作报告、中国农业机械学会章程(修改草案)和第九届理事会秘书处财务报告。经审议表决，大会还通过了《中国农业机械学会关于缴纳2014—2018年度团体会费的决议》。

经无记名投票，大会选举产生了刁学锋等176人组成的第十届理事会。新一届理事会中，中国农业机械学会分支机构的理事成员占15.3%，地方学会44.9%，高等院校18.2%，企业10.8%，科研院所4.5%，政府部门1.7%，协会、新闻等其他单位4.5%；民主党派人士5.1%，少数民族2.3%，具有高级技术职称的理事占86.4%。充分体现了新一届理事会组成的广泛性、代表性，充分反映了学会以科技人员为主体、具有学术权威性和人才荟萃的鲜明特点。另外，本届新任理事占56.8%，从组织结构上较好地完成了新老理事的交替。

9月15日，中国农业机械学会十届一次理事会议在京举行。132位理事或理事代表出席了这次理事会议。

罗锡文院士主持了会议。会议首先就"第十届理事会理事长、副理事长、常务理事、秘书长候选人建议名单"的产生进行了说明。经无记名投票选举产生了刁学锋等59人组成的中国农业机械学会第十届常务理事会；会议选举罗锡文同志为理事长，李树君同志为常务副理事长(法人)，方宪法、王金富、王桂民、刘宪、刘敏、朱明、佟金、应义斌、陈学庚、姜卫东、胡乐鸣、赵春江、赵剡水、袁寿其、韩鲁佳(按姓氏笔画为序)等15位同志为副理事长；经选举和罗锡文理事长提名，张咸胜同志为秘书长。经张咸胜秘书长提名，会议同意聘任刘瑞雯、张振新同志为副秘书长。按照中组部文件规定，会议同意中国农业机械学会取消聘任本届名誉理事长职务。会议还审议通过了设立中国农业机械学会机械化养猪工程分会的申请。

中国农业机械学会第十次全国会员代表大会和十届一次理事会议的顺利召开，新一届理事会和学会负责人的产生，从组织建设方面保障了中国农业机械学会各项工作的顺利发展。

【国际合作与交流成效显著】 2014年度，中国农业机械学会国际合作与交流工作取得了较为显著的成绩。中国农业机械学会国际部在确保学会国际合作与交流稳步发展的同时，为中国农业机械学会及各分会开拓海外发展空间、借鉴和学习国外先进学术科研成果、开展和组织国际合作项目、实施走出去战略，努力做好管理和服务工作。

2014年，中国农业机械学会参加的较有影响的国际学术会议共3个，即ASABE国际学术年会、国际农业机械适用技术研讨会和EuroTier 2014德国汉诺威国际畜牧展及第四十一届意大利国际农业机械暨园林机械展览会；在GIGR第十八届世界大会期间，中国农业机械学会还分别与波兰克拉科夫农业大学和韩国农业机械学会签署了食品加工与安全、可再生能源合作协议及农业机械科技合作协议。

2014年，全年共接待来自52个国家、87个批次、共495人次的来访外宾；全年派出研究员、工程师约25人赴美、加、韩等7个国家参加学术会议和专业展览，进行学术交流和合作洽谈。共承办援外技术培训项目8期，共有来自62个国家的155名学员参加了培训。

7月13—16日，中国农业机械学会副理事长方宪法研究员一行赴加拿大的蒙特利尔出席了由美国农业与生物工程师学会和加拿大农业与生物工程师学会(ASABE/CSBE)共同主办的国际学术年会。方宪法副理事长在Global Engagement Day的特别会议上宣讲了中国农业机械学会的主要业务与发展，详细介绍了2014GIGR世界大会的筹备情况，热情邀请与会专家来华参会。会议期间，中国农业机械学会代表还发放了GIGR第十八届世界大会宣传资料，参加了精细农业应用技术、无人机应用技术，可再生能源技术等学术专题会议。与ASABE就GIGR第十八届世界大会期间合作举办的ASABE大学校长会议的筹备、日程等具体细节进行了详细的洽谈与商议。

9月20日，由美国农业与生物工程师学会(ASABE)与中国农业机械学会联合主办的ASABE大学院校长会议在北京举行。中国农业机械学会副理事长方宪法、国际部副部长张兰芳，中国农业机械学会副理事长、中国农业大学韩鲁佳教授，中国农业机械学会副理事长、浙江大学应义斌教授等中方专家以及美国国家工程院院士Norman R. Scott教授、ASABE主席Terry A. Howell, Jr.先生、普渡大学农业及生物工程系主任Bernard Engel教授等美方专家近30人参加了会议。

受韩国农机学会主席邀请，中国农业机械学会常务副理事长李树君研究员一行于10月29—30日赴韩国参加该学会主办的国际农业机械适用技术研讨会。大会期间，李树君副理事长介绍我国农业机械进程及未来农机技术发展趋势，学会代表团参加了大会组织的专业展览会，考察了韩国农业机械领域近年取得的进展，就农产品加工机械及技术与国际同行进行了深入的交流。

11月11—16日，中国农业机械学会代表团先后赴德国汉诺威和意大利参加了EuroTier 2014德国汉诺威国际畜牧展和第四十一届意大利国际农业机械暨园林机械展览会。通过参加这两个展会，充分加强了与国际同行的沟通交流，促进了先进技术在我国的推广应用，有助于把握国际农业工程领域发展方向。

此外，学会国际部还完成了2本国际期刊的编辑出版工作。其中，《国际农业与生物系统工程学会期刊》(GIGR Journal)共收到来自79个国家的336篇投稿文章,2014年共出版5期,其中4期为常规发行的季刊,1期为特别刊发的增刊,5期共发表学术论文135篇,共计1 188页;亚洲农业工程学会(AAAE)学术期刊——《国际农业工程》(IAEJ)共出版4期,发表论文35篇,作者主要来自中国、日本、印度、美国和巴基斯坦等国。

【进一步加强精品期刊工程建设】 中国农业机械学会严格遵守国家期刊出版的政策法规,按照办刊宗旨和刊发范围,规范有序地完成了《农业机械学报》学术期刊的出版工作。

2014年度,共收到有效来稿2 000余篇,来稿录用率25%,出版时滞9个月。全年按时出版正刊12期,配合2014GIGR第十八届世界大会征文出版增刊1期,平均每期352页。全年共刊出论文693篇,刊出论文分布于157个高等院校或科研单位,刊出论文中,各类基金类论文达100%,国家级项目资助论文比例达95%,其中,国家自然科学基金、国家“863”“973”计划资助论文占70%。学报通过编辑部初审对来稿的数量和质量进行控制,严格执行双盲审制度,依靠审稿专家学术把关。

2014年度,中国农业机械学会继续从提升期刊学术影响力、提高期刊国际化水平、增强期刊服务能力等三个主要方面实施中国科协精品科技期刊工程项目,期刊各项评价指标持续提高,收到显著的效果。据中国科学技术信息研究所2014年版《中国科技期刊引证报告(核心版)》的数据,《农业机械学报》影响因子1.137,比上年度提高3%;总被引频次4 569,比上年度提高17%,被引频次和影响因子均居学科排名第二。据中国学术期刊(光盘版)电子杂志社发布的《2014中国学术期刊影响因子年报》数据显示:《农业机械学报》复合总被引10 671,复合影响因子1.669;期刊综合总被引5 722,期刊综合影响因子1.26;技术研究影响因子1.251。在农业工程类17种期刊中排名居第2位,学报再次被中国学术期刊(光盘版)电子杂志社评为“2014中国国际影响力优秀期刊”。

《农业机械学报》获中国科协精品期刊工程项目支持的2013—2014两年平均被引频次为4 239,两年平均影响因子1.122,比获支持前的2011—2012两年平均被引频次增加54%,两年平均影响因子增加36%。

另据SJR统计数据显示,《农业机械学报》在2001年进入Scopus数据库后,SJR指标稳步上升,分别在2009年和2011年进入了农业生物科学、机械工程2个目录的Q2区,并保持至今。2013年学报SJR影响因子为0.393,较2012年增长了11%,但与本领域顶级期刊仍有较大差距。

严格执行三审制,规范各项规章制度,坚持规范、高质量、按时出版。充分依靠和发挥老专家和学科带头人在学术上的作用,并不断挖掘和发现新的审稿人,以适应不断扩展和延伸的专业范围要求。目前有分布于100多个单位的520余名审稿专家在为本刊审稿把关,对审稿专家实行动态管理。编辑部向具有国际学术影响的行业学科带头人的约稿工作,并对这类论文采取优惠减免版面费,2014年度刊发15篇,这些论文对行业科技工作者起到很好的指导作用,提升了期刊的学术影响力。2014年度期刊改为铜版纸彩色印刷,提高了期刊印刷装帧质量。

借助中国科协精品科技期刊工程项目的支持,《农业机械学报》编辑部对2013年度刊出的603篇论文(不含增刊)从学术质量、专业代表性、审稿综合评价,以及高下载量、高引用量等方面进行了筛选,评选出30篇高水平、高影响力学术论文予以表彰奖励;同时,为表彰审稿专家为期刊整体质量的不断提升所做出的贡献,综合考虑2013年度的审稿数量、审稿质量和审稿时效,评选出30位2013年度优秀审稿人予以表彰奖励。2015年还将继续开展此项工作。

《农业机械学报》一贯注重在论文标准化、规范化方面,以及编辑校对、版面安排和印刷质量上不断改进提高,严格执行编辑出版工艺流程,数年来保证了期刊规范、高质量、正常出版。期刊的采编平台经过4年时间的使用更为成熟稳定,所有来稿均在当天告知初审结果,专家评审平均审稿周期35天。不仅方便了作者投稿、专家审稿、读者看稿,还极大提升了编辑部的服务能力和工作效率,使得编辑出版工作更为先进和规范,也使中国农业机械学会的编辑出版工作水平得到了进一步提升。

【做好人才举荐表彰工作】 一是开展中国农业机械学会发展贡献奖评选表彰。2014年初在修订了《中国农业机械学会“农业机械发展贡献奖”评选办法》的基础上,在10个省级农机学会,4个中国农业机械学会各分支机构和8个理事单位,以及3位常务理事推荐报送的19位候选人基础上,经过规定评选程序,方言、王桂民、刘宪、何勇、胡伟、骆琳、郭志强、高焕文等8位同志荣选“中国农业机械发展贡献奖(2010—2014)”。本届评选仍继续秉持了业绩第一、面向行业的原则,获奖者来自行业高等院校、科研院所、推广应用和制造企业,具有广泛的代表性。

二是开展中国农业机械学会青年科技奖评选表彰。中国农业机械学会开展了“奥凯杯中国农业机械学会第四届青年科技奖”的评选表彰工作,在10个省级农机学会,8个中国农业机械学会各分支机构,12个理事单位报送的34位候选人的基础上,经过规定评选程序,刘希锋、刘雪美、吴宗江、张志辉、陈龙健、周艳、孟志军、泮进明、贺刚、徐立章等10位同志获得表彰。本届评选仍坚持了注重基层、业绩第一、人员类别广泛的原则,获奖人员单位类别包括高等院校、科研院所、推广应用和制造企业,科研工作业绩突出,具有广泛的代表性。

三是推荐全国优秀科技工作者。按照中国科协的部署,中国农业机械学会经过会员单位推荐、专家评审委员会评审、常务理事会审定、学会网站公示等规定环节,推荐佟金、杨学军、赵剡水三位同志最后当选为中国科协评选的“第六届全国优秀科技工作者”。

四是开展表彰学会先进工作。在重新修订了《中国农业机械学会先进集体评选表彰办法》《中国农业机械学会先进工作者评选表彰办法》及《中国农业机械学会优秀论文评选表彰办法》的基础上,经过各省级农机学会和中国农业机械学会各分支机构的推荐,通过规定评选程序,在中国农业机械学会“十大”上,对中国农业机械学会农业机械化分会、天津市农业机械与农业工程学会等15个学会先进集体(2010—2014)、王圣滔、于海业等36位学会先进工作者(2010—2014)和《犁耕土壤表面的三维分型插值重构》等52篇学会优秀论文(2010—2014)等进行表彰。

通过这些表彰举荐工作,对于我国农机行业科技人才的选拔和举荐,引领行业科技创新将会起到十分有益的推动作用。

【分支机构开展有特色的学术交流活动】 中国农业机械学会有关分支机构2014年主要的活动是分别为主承担组织或参加了2014GIGR第十八届世界大会9个分会场的具体筹备工作。除此之外，围绕行业普遍关注的热点问题和各自专业特点，中国农业机械学会有关分支机构还举办了各种形式的相关学术活动。

如排灌机械分会于11月21—22日，和挂靠单位联手在江苏大学召开了“第一届全国节水灌溉装备与技术战略研讨会”，会议主题是：节水灌溉装备行业现状与存在问题，探讨行业今后发展趋势，提出“十三五”重点领域发展建议；来自全国48个单位的专家、学者、企业家、代表80多人参加会议。中国农业机械学会拖拉机分会于10月23—25日在江苏镇江召开“2014拖拉机、农用车、农用发动机行业发展研讨会”，来自全国拖拉机行业的70余位专业人士参加会议。中国农业机械学会农业机械化分会于11月29日在海南召开了有全国农机行业各类人士750余人参加的“2014中国农业机械化发展论坛”，论坛聚焦“农业机械化与粮食安全”“‘十三五’我国农业机械化发展战略分析”两大议题。中国农业机械学会教育工作委员会于11月12—14日在长春召开“农业机械化及其自动化专业综合改革暨卓越人才培养研讨会”，来自国内相关单位的50余位专家参加了此次会议。中国农业机械学会标准化分会与全国农机标委会联合承办的第31届ISO/TC23/SC6国际标准化组织农林拖拉机和机械技术委员会植物保护装备分技术委员会会议，于9月22—26日在北京举办，来自中国、法国、美国等12个国家的45位代表参加了会议。中国农业机械学会农机市场分会于3月6—8日在哈尔滨联合举办“2014年拖拉机、收获机械与插秧机市场研讨会”，全国重点农机生产企业、流通企业相关负责人110人参加研讨。由中国农业机械学会及青委会、天津农机学会等联合召开的“第五届全国现代物理农业工程技术发展研讨会”于11月7—9日在杭州召开，全国近百位专业人士参加了会议学术交流。中国农业机械学会基础技术分会于9月、12月分别邀请美国、英国专家在京举办学术讲座，60多位专业人员参加讲座。中国农业机械学会耕作机械分会于10月邀请澳大利亚专家在北京举办学术讲座，20多位专业人员参加讲座。

农业机械化分会受农业部农业机械化管理司委托，2014年举办两次“全国农业机械化形势分析会”，对我国农业机械化发展形势、主要影响因素及新任务进行深入研讨，为政府科学决策和企业健康发展提供参考依据。中国农业机械学会农副产品加工机械分会积极参加“食品与包装机械技术发展路线图”、《中国农产品加工业年鉴(2013)》及中国科协三峡科技出版资助计划——《农产品微波组合干燥技术》的编撰工作。农垦农机化分会于3月4—5日在安徽省天长市举办“2014年全国农垦农机标准化示范农场创建培训班”，全国各垦区农机管理部门和农机标准化创建农场的110位代表参加了培训；全年开展农机标准化创建工作指导和组织进行农机标准化示范农场验收工作，取得了很好的效果。

【做好学会组织建设等日常工作】 2014年分别召开了九届八次、九次(通讯)常务理事会议，对涉及工作总结和计划、学会“十大”筹备方案和评选表彰办法修订等重大事项进行民主协商、集体决策；召开了各分支机构和各省级农机学会秘书长工作会，研讨学会工作，布置中国农业机械学会年度重大工作事项；组织召开四次学会评审会议和一次编辑部评审会议，即“中国农业机械发展贡献奖”评审会议、“第四届中国农业机械学会青年科技奖”评审会议，学会先进集体、先进工作者、优秀论文评审会议，“第六届全国优秀科技工作者”评审会议，组织学报编辑部评选并表彰了2013年度30篇高水平、高影响力学术论文和30位优秀审稿人，严格按照各奖项评选办法规范评审。

此外，根据中国科协的工作要求，完成了2013年度民政部对社团的年度检查，《中国科协年鉴(2013)》中国农业机械学会相关资料的提供和审定，2013年度中国科协系统综合统计调查年报工作及统计说明的审定工作等。中国农业机械学会积极向中国科协申请相关项目资助，申报并完成了学术交流平台项目、国际合作交流项目，《农业机械学报》继续执行2014年度精品科技期刊工程项目等。

高度重视并积极做好宣传工作，及时将中国农业机械学会活动在科协网站、学会网站、《中国农机化导报》及学术期刊上进行广泛宣传。2014年在学会网站共发布各类通知、学术活动新闻报道和专题报道等43篇，向科协网站报送新闻并发布5篇。在《农业机械学报》2014年第6～8期连续刊发GIGR大会宣传插页，在2014年第11期和12期上连续刊发了“2014GIGR第十八届世界大会”和“中国农业机械学会第十次全国会员代表大会”专题报道。

(袁爱洁)

中国农业工程学会

【概况】 2014年中国农业工程学会继续以中国科协学会能力提升专项为抓手，在上级部门的悉心指导和支持下，学会理事会围绕党和政府的中心工作及农业工程学科发展要求，结合学会发展实际，带领学会各级组织和广大会员积极开展学术交流、科学普及、人才举荐、会员服务、组织建设等各项工作，认真践行作为党领导下的聚集本行业科技与从业人员最多的现代科技社团在提高国家自主创新能力和建设创新型国家中的重大使命，助力我国新农村及现代农业工程建设，推进学会工作全面发展，取得了良好成效。

【创新驱动，品牌提升，打造“大学术”交流平台，提升学会服务创新能力】 2014年，中国农业工程学会以学术生态建设为内涵，通过开展学科发展研究，落实基本学术交流制度，推进专业学术会议资助制度，搭建国际交流平台，提升学术期刊质量五大工作要点，打造“大学术”交流平台，取得丰硕成果。

据不完全统计，2014 年累计召开学术会议 19 场次，其中国际会议 6 场次，参会人数达 4 500 余人次，提交论文 3 381篇。出版论文集 3 本（含光盘）。中国农业工程学会参与主办的国际农业与生物系统工程学会（GIGR）第十八届世界大会于 2014 年 9 月在北京成功召开，近 2 000 名国内外同行共同交流探讨如何利用农业工程的先进科研成果“提升人类生活品质”，中央电视台等主要媒体进行了报道；拥有 20 多年历史的“全国高等院校农业工程及相关学科建设与教学改革学术研讨会”8 月在石河子大学迎来了她的第十一届活动，会议进一步指明了农业工程学科建设、科学研究和人才培养的方向，推进了农业工程学科“大联合 大协作”平台及“开放性、跨学科、一站式”的科技创新和成果转化平台的建设。6 月 6 日召开的 2014 年农业工程学科发展研讨会部署了 2011—2015 年农业工程学科发展研究项目。学会所属 15 个分支机构在本年度召开了相关领域的专业学术会议。

2014 年《农业工程学报》位列 Google 学术搜索高被引中文期刊第 10 名：h5 指数和 h5 中位数分别为 37 和 43；入选 TOP5% 2014 中国最具国际影响力学术期刊，发布总被引频次达到 SCI 中等期刊水平。再次入选“中国精品科技期刊”及“百种中国杰出学术期刊”，全年出版正刊 24 期，累计刊登论文 900 篇左右，3 篇论文入选“中国百篇最具影响优秀国内学术论文”。根据《中国科技期刊引证报告(核心板)》，《农业工程学报》核心总被引频次、影响因子分别为 12 043 和 1.583，在 20 种农业工程类期刊中继续排名第一，在全部 1 989 种中国科技核心期刊中分别排名第 5 和第 39。

《国际农业与生物系统工程学报》(IJABE)2014 年实现季刊向双月刊的转变，共出版正刊 6 期，刊登论文近 90 篇。2014 年被 SCI 收录，在 Scopus 收录的同类期刊中位于 Q2 方阵，已收录 10 期共 321 篇论文及消息，为中国农业工程及相关领域科研成果的国际交流打造了新的平台。

【关注青年学子成长，促进产学研融合，创新科普形式，推进工程教育专业认证工作，提升学会服务政府和社会的能力】 中国农业工程学会充分发挥智力密集、人才荟萃的优势，积极参与社会管理创新。2014 年举办全国大学生农业建筑环境与能源工程相关专业创新设计竞赛 1 次，院士专家校园行活动 7 场次。举办第五届中国国际现代农业博览会，主题为“科技驱动、规模经营、市场导向、产业创新”。与北京农业信息技术研究中心合作制作完成时长 8 分钟的《农业物联网》科普动漫片 1 部。出版《农业工程技术》36 期，内容涉及新能源产业、农产品加工、温室园艺等。继续推进工程教育认证工作，召开研讨会 1 次，走访兄弟学会中国机械工程学会及 3 所农业工程类相关院校调研工程教育认证工作，学会承接政府职能转移开局良好。

参与中国科协创新驱动助力工程，与保定市果品蔬菜贮藏技术协会签订《学会服务工作站协议》，已召开前期调研座谈会 1 次。

【加强会员工作，拓展服务会员的能力和手段，为学会民主办会打下坚实“地基”，提升学会服务科技工作者能力】 2014 年中国农业工程学会启动建设会员数字化管理平台及学会、《农业工程学报》微信公众平台和手机报平台，利用新媒体手段拓展学会服务会员的能力，进一步规范会员管理的制度化、流程化和信息化。

发挥学会作为党和政府联系科技人员的桥梁纽带作用，继续组织 2014 年中国科协会员日乒乓球赛(第五届)，并获得中国科协党组、书记处的高度重视和肯定。本次比赛充分体现了党对科技工作者的关怀，并通过活动起到了锻炼提高学会党组织服务能力，增强了党组织凝聚力和号召力的作用。

积极开展人才表彰和举荐工作，经中国农业工程学会推荐，中国农业工程学会常务理事李道亮、赵立欣等 2 人荣获第六届“全国优秀科技工作者”称号。

【继续推进学会组织管理体制创新，提升学会自我发展能力】 以中国农业工程学会民主办会、分支机构规范化管理、学会信息化管理平台建设启动、工作人员职业化建设为标志，在挂靠单位支持下，学会办事机构建设取得良好成效。2014 年共召开理事会 1 次、常务理事会 2 次，全国学会理事长秘书长工作会 1 次，出版会讯 4 期。2014 年学会规范治理、创新工作和服务水平不断提升，科普、党建、统计、财务、年鉴工作均受到中国科协表扬，取得一致认可。

结合国家对社会团体管理政策的变化，2014 年新出台《中国农业工程学会分支机构管理办法》1 项，受理 8 个分支机构更名事宜，新批准成立分支机构 1 个。

启动学会网站改版工作，新改版的网站将更加注重平台的可操作性及互动性，会员服务的便利性及办公程序的便捷化，优化原有会员管理、论文提交、会议报名及信息报送平台，计划于 2015 年 6 月完成设计、调试并上线。

在改版网站基础上，学会开通手机报，微信公众平台，《农业工程学报》的微信公众平台也在启动建设中，《农业工程技术》实现了扫描二维码手机客户端阅读，为打造学会交叉网络信息化平台，更好的服务会员打好基础。

2014 年学会党支部开展了“三个窗口 三个平台 线上线下联动”的党建强会活动。“三个窗口 三个平台”是指党员民主生活会——学会党支部党员交流平台，网站及手机报专栏——学会高层次专家沟通平台，学术及科普活动平台——联系民生服务平台。通过三个平台建设，学会希望实现线上交流与线下活动的相结合，构建倾听基层声音、传达党和国家方针政策、展现科技工作者风貌的党组织宣传阵地。2015 年学会将继续贯彻落实该项工作，最终建立以学会秘书处党组织为轴心，向上联系学会理事会及专家学者，向下服务广大会员及社会公众，达到服务民生、服务群众、服务党员、带动会员的目的。

【积极开展对外交流与合作，GIGR 第十八届世界大会首次“登陆”中国，国务院副总理汪洋出席大会开幕式并致辞】 2014 年 9 月 16—18 日，由国际农业与生物系统工程学会(GIGR)、中国农业机械学会与中国农业工程学会主办，中国农业机械化科学研究院、农业部规划设计研究院、中国农业大学共同承办的第十八届世界大会(GIGR 2014)在北京国家会议中心召开。国务院副总理汪洋出席大会开幕式并致辞。来自 51 个国家和地区的近 2 000 人，包括 500 余名外宾共聚一堂，同议农业工程事业发展。大会收到论文摘要 1 912 篇，收录入集 1 198篇，向国内外 5 个学术期刊推荐论文全文 718 篇，其中中国农业工程学会的《农业工程学报》105篇,《国际农业与生物系统工程学报》(IJABE)172篇。会议期间召开78场平行会议,口头发言789人次,海报张贴682篇。同期还举行了GIGR主席团会议、GIGR常务理事会议等17个工作会议。经过投票选举,中国农业工程学会副理事长李树君研究员当选2017—2018年GIGR主席。

据不完全统计,中国农业工程学会理事长朱明、副理事长应义斌分别连任GIGR第四、七分会理事,副理事长李树君当选第六分会荣誉主席,常务理事黄冠华当选GIGR第一分会荣誉主席,高级会员杜太生当选GIGR第一分会理事,王朝元当选GIGR第二分会理事。

作为素称"国际农业工程领域的奥林匹克盛会"的GIGR最高学术会议,GIGR 2014世界大会的成功举办凝聚了中国农业工程界的各方心力。自2006年中国农业工程学会与中国农业机械学会作为GIGR的国家会员争取申办成功,中国农业工程学会为保证会议圆满召开,学会领导高度重视。理事会、常务理事会多次商议,及时部署。秘书处、各工作、专业委员会(分会)、各省(自治区)地方学会及会员单位、本领域高校与科研院所与GIGR和中国农业机械学会,承办单位中国农业机械化科学研究院、农业部规划设计研究院、中国农业大学协同合作,分工负责。学会从领导到专家高度重视会议组织工作及学术交流的质量与效果,大会累计组织召开了12次筹备会议,大会组委会中方主席、学会常务副理事长罗锡文院士几乎每场必到,大会组委会中方主席朱明理事长,李树君副理事长,以及崔明、韩鲁佳、应义斌等副理事长多次莅临工作会亲自指导并直接参与工作,中国农业工程学会常务理事中国农业机械化科学研究院方宪法副院长和农业部规划设计研究院崔军副院长分别担任大会秘书长和副秘书长,指导6个筹备工作执行小组筹备和现场接待工作。黄冠华、李保明、方宪法、朱明、李树君、应义斌、杨敏丽等7位学会专家担任会议八个分会的中方主席。李瑞川副理事长所在单位山东五征集团对会议提供赞助。挂靠单位专款支持,学会秘书长带领秘书处全程参与会议筹备,圆满完成会议墙报收集、整理、现场展示、交流及墙报作者接待等工作,秘书处成功申请中国科协项目用于会议经费。学会所属分支机构全力支持大会,与大会设置的九个学术分会实现了一一对接,积极在所属领域宣传推广会议,并参与论文推荐评审等工作。广大理事、会员单位踊跃参加会议,交流探讨学科最新研究成果。

大会召开及李树君研究员当选GIGR主席的新闻获评2014年中国农机化十大新闻之一。

GIGR会议成功召开,离不开兄弟主承办单位的竭诚合作,牢固各方的友谊,在活跃学术争鸣与交流的同时,锻炼了学会大团队,增强了学会的合作能力,凝聚力和向心力。更为重要的是,它搭建了农业工程国际科技交流平台,引进、推出、交流了我国及各国的科研成果,更在世界农业工程舞台充分展示了中国政府为建设现代化中国,在粮食安全、农业科技创新、人民幸福所取得的重大成就,中国及中国农业工程科技界对世界和平和稳定作出的重大贡献,赢得了国际组织及各国对中国的尊重与支持,充分发挥了学会作为现代科技社团在科技民间外交中的重要作用。

【继续实施专业学术会议资助制度,搭建形式多样、不同层次的学术交流平台,促进百家争鸣】 2014年继续实施专业学术会议资助制度,经过申报、评审、公示等程序,共有农业工程标准化专业委员会、农业系统工程专业委员会、农村能源工程专业委员会、电子与计算机技术(农业电气化与信息化)专业委员会、农产品加工及贮藏工程专业委员会、农业工程情报信息专业委员会、蓖麻经济技术分会、畜牧工程专业委员会、设施园艺工程专委会、农业水土工程专业委员会等10个分支机构获得资助,学术交流内容涵盖工程标准制定、农业系统工程、生物质成型燃料、农业电气化信息化、农产品加工工程、蓖麻产业、畜禽健康养殖、设施园艺工程、农业水土工程等分支领域,累计参会人数1 500余人次,邀请国外专家50余人次,形成科学家建议10个。该制度的成功实施,有效提高了专业学术会议的会议质量,推动了科技资源的整合集成,促进了学术交流品牌群的建设。

除此之外,土地利用工程专委会、农业机械化电气化专委会、青年科技工作委员会、农业遥感专委会以及山区资源综合开发利用分会也分别在各自学科分支领域召开了学术会议。

【梳理学科发展脉络,开展2011—2015年度农业工程学科发展研究编制工作,引领学科发展】 在总结2006—2007、2008—2009、2010—2011年度农业工程学科发展报告编制经验的基础上,中国农业工程学会于2013年启动了2011—2015年度学科发展研究编制工作。2014年6月6日学会召开2014年农业工程学科发展研讨会,会议部署了项目研究具体工作,确定了研究团队及模式,并研讨了农业工程学科近几年发展概况及趋势。

2011—2015年度农业工程学科发展研究项目采用"首席专家指导 学会领导挂帅 秘书处为核心 分支机构为基础 理事全面参与"的研究模式,由汪懋华院士、蒋亦元院士和李佩成院士等知名院士担任课题组顾问,学会理事长朱明担任首席科学家、专家组组长,中国工程院院士,学会常务副理事长罗锡文教授担任专家组副组长,学会副理事长赵春江担任专家组副组长及综合组组长,各分支学科领域带头人担任专题组组长,学会秘书长管小冬继续担任项目负责人。报告除延续以往的研究大纲外,在专题报告方面增加了"农业工程系统与集成"专题,在农业生物环境工程专题原畜牧工程和设施园艺工程两个方向的基础上增加"水产工程方向",力求更为全面地反映学科发展现状。

按项目时间进度安排,2014年7月组织完成了2011—2014年度农业工程学科发展数据调查工作。本次调查工作以农业工程学科主要分支领域为单位,涵盖了农业水土工程、农机化装备工程、农业信息化工程、农业电气化自动化工程、农村能源工程、农产品加工工程、土地利用工程、农业生物环境工程以及畜牧、畜牧机械和设施水产11个方面。数据调查工作的顺利完成,既为学会领导在GIGR第十八届世界大会宣传农业工程学科发展提供背景依据,又为后期报告撰写打下了基础。

【关注青年学子,举办农业工程学科青年学生创新设计大赛】 2014年8月10—12日,第二届全国大学生农业建筑环境与能源工程相关专业创新设计竞赛在河南农业大学举行。本次竞赛主题是"美丽乡村与现代农业工程",共有来自全国25所高校的53组本科生队伍和22组研究生队伍,共300余人参加了此次竞赛。

此次竞赛紧密结合生产实际，内容涉及生产工艺与环境、建筑设施与设备、清洁能源工程以及乡村人居环境等领域，要求全部作品必须有设计图纸和模型展示，开发学生的动手操作能力。经过作品网上公示互评、专家现场模型及展板考察、听取答辩、现场提问等环节，最终评选出本科生组特等奖5名、一等奖10名、二等奖23名和优秀奖15名，研究生组特等奖2名、一等奖4名、二等奖7名和优秀奖9名。

全国大学生农业建筑环境与能源工程相关专业创新设计竞赛的成功举办，推动了我国农业工程类专业的教学改革，培养了学生的创新能力、协作精神和工程意识，加强了学生工程设计和专业技能的训练，提高了学生解决实际问题的能力，为我国农业工程类优秀人才的脱颖而出创造条件。

【走进青年学子，开展院士专家校园行活动，做好学术生态建设，营造良好学科氛围】 自2012年12月在华中农业大学启动中国农业工程学会院士专家校园行活动首场演讲以来，中国农业工程学会持续推动该工作有序进行，在此期间获得了各农业工程高校院所的大力支持。

2014年，学会分别在石河子大学、河南农业大学、中国地质大学、沈阳农业大学举办了4场7次院士专家校园行活动，受众学子400余人。罗锡文院士、陈学庚院士、郧文聚研究员、阿肯色大学李延斌教授、德克萨斯农工大学兰玉斌教授等国内外农业工程领域知名专家担任报告嘉宾，围绕治学之道，结合自身经历和科研实例，以“怎样做研究”“科学实践中培养良好的科学道德和学风”“科学研究需耐得住寂寞”“脚踏实地解决科学问题”及“农业工程学科前沿技术研究”等为题，走进青年学子，畅谈学科发展及科学研究素养。青年学子与科学大家面对面中就学习中的思考、科研中的困惑及未来发展的迷茫进行了深入的交流，极大地鼓舞了学生从事农业工程学科领域工作的热情，营造了良好学科氛围，受到广泛好评。

【通过举办第五届中国国际现代农业博览会，播放科普动漫片，搭建科普展台，服务社会民生】 2014年4月19—21日第五届中国国际现代农业博览会召开，主题为“科技驱动、规模经营、市场导向、产业创新”，展示规模达1.5万平方米，参展企业400余家，共计21 480人次参观了本次博览会。同期举办了1场“川货全国行·北京站”洽谈推介活动，8场优质农产品专场推介会及1场优质农产品进京签约仪式，提供了农贸对接平台，促进了优质农副产品多渠道、组织化营销。中国农业工程学会理事长朱明应邀接受中央人民广播电台中国乡村之声采访。

借助第五届展会平台，学会继续设立了科普互动展区，通过播放科普动漫片、展板展示、有奖问答等环节，面向公众普及农业工程相关领域知识，一方面将实物展示与画面展示结合在了一起，另一方面有效利用展会的观众优势，保证科普的受众面。同时持续创新科普形式，与北京农业信息技术研究中心合作制作完成《农业物联网》科普动漫片1部。

【经验体会及存在的问题】 2014年是中国农业工程学会执行中国科协学会能力提升专项的第三年，也是结题之年。作为中国科协所属200家学会中，获得能力提升专项资助的45家学会之一，在专项支持下，学会在学术交流、期刊建设、科学普及、会员服务、自身建设等方面都取得了长足的进步，学会工作的集成效应开始显现，“学会事情大家做”的局面初步打开，这都有赖于理事会的正确领导，学会各级机构积极执行以及广大会员的大力支持。

但在工作推进的同时，仍存在一些问题，主要体现在：①合作项目的增多对分项目实施的质量实效、经费的考核监督提出了新的要求，需要根据工作需要制定有效地考核监督机制；②继续教育工作仍是中国农业工程学会的“短板”，需要进一步强化；③学会承接政府职能转移工作起步晚、范围窄，工作重心囿于传统领域，提升空间很大。④学会自身资源优势还未充分发挥，学会组成部门、单位会员、理事参与学会工作的积极性还未充分调动起来。分支机构工作参差不齐的状况仍然存在，地方学会在学会工作中的作用还未完全发挥。

（管小冬　武　耘）

机构与负责人

农业部农业机械化主管部门

【农业部农业机械化管理司】
司长：李伟国
副司长：胡乐鸣　孔亮
综合处
处长：王家忠
调研员：刘小伟
副处长：路玉彬
副调研员：吴迪
产业发展处
调研员（主持工作）：宋建武
副调研员：李伟
生产管理处
处长：李斯华
副处长：李庆东
科技教育处
处长：刘云泽
调研员：王国占
副处长：丁仕华
安全监理处
处长：范学民
副调研员：张汉夫

农业机械化业务部门

【农业部农业机械试验鉴定总站（中国农机产品质量认证中心）】
站长、党委书记：刘敏
副站长（副主任）：朱良　刘旭
总工程师：仪坤秀
副站长（副主任）：姚春生

【农业部农业机械化技术开发推广总站（农业部农机监理总站）】
站长：刘恒新
副站长：郭建辉　涂志强　李安宁

【农业部南京农业机械化研究所】
所长、党委副书记：陈巧敏
副所长、党委副书记（主持工作）：胡志超
副所长：曹光乔
党委副书记、纪委书记：肖体琼

协　会

【中国农业机械化协会】
会长：张桃林
常务副会长：马世青
副会长兼秘书长：刘敏
副秘书长：杨林　陈海燕　沈瀚

【中国农业机械工业协会】
名誉会长：高元恩
会长：陈志
执行副会长：范景龙　洪暹国
　　　　　　侯庆忠
秘书长：洪暹国
副秘书长：刘伟华　宁学贵

【中国农业机械流通协会】
党委书记、会长：毛洪
副会长：陈涛　王玉狮
党委副书记、纪委书记：陈阳
副会长兼秘书长：吴军旗

地方农业机械化主管部门

【北京市农业局农业机械化管理处（北京市农业机械化管理办公室）】
农业局副局长：马荣才
处长：翟金津
副处长：宫少俊
副调研员：王雅红　梁井林

【天津市农村工作委员会农业机械管理办公室】
党委书记、主任：韦恩学
副书记：张顺义
副主任：胡伟　刘志伟　李广来

【河北省农业机械化管理局】
局长：张连才
副局长：田继来　郭恒

【山西省农机局】
局长：左义河
副局长：姚建忠
纪检组长：侯振全

【内蒙古自治区农牧业厅农牧业机械化管理局】
局长：王建江
副局长：郭跃　白巨财
副调研员：赵克勤　董林香

【辽宁省农村经济委员会】
副主任:陈健

【吉林省农业机械化管理局】
局长:郑建东
副局长:杜少辉

【黑龙江省农业委员会农业机械化管理局】
局长:郑联邦
副局长:李宪义　王平

【上海市农业机械化管理办公室】
主任:施忠
副主任:郑雷
副调研员:刘利光　陆建华

【江苏省农业机械管理局】
局长、党组书记兼省农委副主任:沈建辉
副局长:王峰　王勇　王翠章
纪检组长、机关党委书记:景启坚
局党组成员:卓炜

【浙江省农业机械管理局】
局长:王建伟
调研员:蔡潮永
副局长:王天工　布明华　王建松
副调研员:魏绍林　竺锡雅

【安徽省农业机械管理局】
局长:刘绍太
副局长:纵风云　江洪银
　　陈发明
纪检组长:王萍
调研员:程晓芬　方彦琴

【福建省农业厅农业机械化管理处】
调研员(主持工作):杨斌
副调研员:兰亨庭

【江西省农业机械化管理局(江西省农机安全监督管理总队)】
局长:官少飞
副局长、总队长:陶其辉
副局长:万江华
副总队长:王乐青
副调研员:颜浩

【山东省农业机械管理局】
局长:高明飞
副巡视员:侯英忠
副局长:韩永平　刘娜
纪检组长:王瑞华
调研员:胡亚南

【河南省农业机械管理局】
局长:凌中南
副局长:程双进　王春贵
总工程师:张金龙
机关党委专职副书记:周慧深
纪检监察室专职监察员:丁向阳

【湖北省农机局】
局长:刘长华
纪委书记:王再虎
副局长:周立明　皮少成

【湖南省农业机械管理局】
书记、局长:王罗方
副局长:文海波　王元宝
总工程师:汤绍武
纪检组长:涂文波
副局长:杨国成　黄育忠

【广东省农业厅农业机械化管理办公室】
省农业厅党组成员、副厅长:牛宝俊
主任:陈楚楷
副主任:刘亚平　陈奕娟

【广西壮族自治区农业机械化管理局】
党组书记、局长:黄铭福
副局长(副厅长级):李一洪
副局长:黄汉全　江垣德
纪检组长:蒋国鸿

【海南省农业机械化管理局】
局长:陈雍
副局长:张绍辉　林道泽
　　邢志坚

【重庆市农机管理办公室】
主任:秦大春
副主任:赵培江　杨昌华

【四川省农业厅】
厅长:任永昌
副厅长:牟锦毅
总农艺师:潘海平
农机化发展处处长:陈其非
农机安监处处长:夏攀峰
机电提灌处处长:伍修强

【贵州省农业委员会】
党组成员、机关党委书记:徐成高
农机管理处处长:戴卫岑
农机管理处调研员:程文红
农机装备处处长:张荣

【云南省农业厅农业机械化管理处】
处长:可斌
副处长:邓庆
副处级调研员:邱智银　李飒

【西藏自治区农牧厅农机化管理处】
总农艺师(厅分管领导):潘旭春
厅办公室主任:秦松茂
农机处处长:战都
农机处调研员:罗布旺扎
农机处副处长:苏春华　徐超

【陕西省农业机械管理局】
局长:何存贵
副局长:马驰　段保群
总工程师:上官永

【甘肃省农业机械管理局】
局长(副厅长级):杜永清
副局长:贾怀德　曹新惠
　　王学军

【青海省农牧机械管理局】
局长:王建元
副局长:何彦武
办公室主任:孔俊君　白延芳

【宁夏回族自治区农牧厅农业机械化管理局】

局长：虞景龙

副局长：陈峰江

调研员：朱晓江　郭广生

副调研员：马琦

【新疆维吾尔自治区农牧业机械管理局】

党组书记：贾立新

局长：木合塔尔·艾沙

副局长：欧兴江

总工程师：裴新民

副局长：依米提·肉孜

纪检组长：原晋南

【大连市农业机械化办公室】

主任：唐瑞超

副主任：田伟

调研员：张蓉

【宁波市农业机械化服务总站】

站长：葛建平

副巡视员：毛荣华

【青岛市农业机械管理局】

局长：陈志颖

副局长：闫文圣　程兴谟

徐振峰

副巡视员：朱经凡

【厦门市农业局】

局长：吕参军

巡视员：张友福

【新疆生产建设兵团农业机械管理局】

局长：丁卫东

主任科员：闫向辉

【黑龙江省农垦总局农业机械化管理局】

局长：李俊

副局长：冯舟

【广东省农垦总局】

副局长：吕林汉

大 事 记

中 央 篇

农业部农业机械化管理司

2013 年 12 月 3 日

农业部办公厅印发《关于做好 2013 年冬季农机检修工作的通知》，要求加强今冬明春农机检查、维护和保养工作，提高在用农业机械的技术性能，保持良好的使用状态，确保 2014 年农业机械化生产顺利进行。

12 月 5 日

农业部办公厅印发《水稻机械化生产技术指导意见》，要求各地结合生产实际，加强水稻生产农机农艺技术融合，制订和完善相应的水稻机械化生产技术体系，促进水稻生产健康发展。

12 月 13 日

农业部农业机械化管理司组织制定《拖拉机可靠性评价方法》等 22 项农业机械行业标准，并通过审定。

农业部发布公告，公布 2013 年第四批农业部农业机械推广鉴定获证产品及其生产企业目录，共 171 家企业生产的 492 种产品获得推广鉴定证书。

2014 年 1 月 10 日

农业部发布公告，准予河北省农业机械试验鉴定站等 14 家鉴定机构承担相应农机产品的部级鉴定。

1 月 13 日

农业部新修订《农业机械试验鉴定办法》，规定被收回、撤销农机推广鉴定证书和标志的产品三年内不得再次申请。

1 月 16 日

农业部办公厅印发《关于暂停办理久保田农业机械（苏州）有限公司插秧机和部分型号联合收割机农机购置补贴的通知》，责其整改。该企业存在擅自更改已出库产品生产日期，改变机具结构等不诚信、不规范行为。

1 月 17 日

农业部办公厅印发《2014 年全国通用类农业机械中央财政资金最高补贴额一览表》，要求原则上不得擅自进一步细分补贴档次，可根据本地农机销售情况适时调整补贴额，但不得超过最高补贴额。

1 月 21 日

农业部农业机械化管理司印发《2014 年全国部分非通用类农业机械中央财政资金最高补贴额一览表》，首次对 68 个非通用类农业机械统一开展分类分档和补贴额测算工作。

1 月 27 日

农业部发布《2012—2014 年国家支持推广的农业机械产品目录》（2014 年调整）公告，2 253 个产品增补进入了目录，2 481 个产品从目录中取消。

农业部农业机械化管理司组织开展畜牧业、农产品初加工、果茶桑和设施农业机械化水平评价指标体系研究和试行工作。初步评估 2012 年全国畜牧业、农产品初加工、果茶桑和设施农业机械化水平分别为 35.3%、25.78%、25.54% 和 32.45%。

农业部农业机械化管理司印发 2014 年工作要点，明确重点做好 7 个方面 20 项工作，并提出 2014 年全国耕种收综合机械化水平达到 61%以上，同比提高 2 个百分点以上。

2 月 10 日

农业部办公厅印发《关于做好 2014 年农业机械化培训工作的通知》，要求各地农业机械化主管部门和相关单位继续推进农业机械化教育培训工作，加强农业机械化人才队伍建设，推动农业机械化科学发展。计划 2014 年全国培训农业机械化管理人员 20 万人次、推广科技人员 80 万人次。

2 月 13 日

农业部办公厅印发《关于加快推进农产品初加工机械化工作的通知》，要求各地农业机械化主管部门、农产品加工业管理部门大力推动农产品初加工机械装备科技创新，加大农产品初加工机械设备补贴力度，加快完善农产品初加工机械化水平评价指标体系，加快推进农产品初加工机械化，促进农产品加工业持续健康发展。

农业部办公厅、财政部办公厅印发《2014 年农业机械购置补贴实施指导意见》，2014 年选择 1 个省进行购机补贴产品市场化改革试点，提倡有条件的省份选择部分粮食生产耕种收及烘干等关键环节急需的机具品目敞开补贴，要求各地积极协调当地金融机构创新信贷服务，切实加快补贴资金兑付和结算，科学制定非通用类和自选品目机具分类分档办法并测算补贴额。

2月14日

农业部办公厅印发《关于2013年农机事故情况的通报》，在全国范围内通报2013年全国农机事故情况。2013年累计报告在国家等级公路以外的农机事故1 733起，死亡432人，受伤631人，直接经济损失1 711.65万元，同比分别下降17.1%、37.57%、33.09%和23.67%。

2月21日

农业部在江苏省南京市召开全国农机购置补贴暨农业机械化工作座谈会，部署2014年农机购置补贴及农业机械化重点工作，研究推进农机购置补贴廉政风险防控工作，组织签订落实农机购置补贴政策工作责任书。农业部副部长张桃林出席会议并讲话，农业部农业机械化管理司司长李伟国作会议总结。

2月28日

农业部、财政部就2014年农机购置补贴政策接受记者专题采访，对社会关心的有关问题进行解答。

农业部农业机械化管理司公布新修订的《农业机械化生产信息报送制度》，同时印发《农业机械化生产信息报送工作考核办法》。

3月10日

农业部统一印制34万张《2014年联合收割机插秧机跨区作业证》并免费发放，持证的联合收割机将免交车辆通行费。

3月12日

农业部农业机械化管理司举办全国农业机械化生产信息工作培训班，部署做好农业机械化生产信息工作。农业部农业机械化管理司巡视员丁翔文出席会议并讲话。

3月14日

国务院安全生产委员会印发《关于下达2014年全国安全生产控制指标的通知》，下达农业机械行业控制考核指标数为955个。

4月1日

农业部、国家安全生产监督管理总局调整"平安农机"创建工作，把农机安全监理"为民服务创先争优"示范窗口融入到"平安农机"示范县建设之中，不再下达指令性创建指标、不再抽查评审。

4月3日

农业部农业机械化管理司印发《关于组织开展农机防汛抗旱准备工作的通知》，要求各地认真做好2014年农机防汛抗旱准备和汛前检查工作，制定和完善防汛抗旱农机具调度预案，组织力量指导农机手加强农机具检修，做好机具及零配件的供应和储备。

4月8日

新改版的农机购置补贴管理软件系统上线运行。新版软件简化了操作流程，新增数据自动统计、重复信息自动检查等功能，强化了实施进度、信息公开管理，更方便接受社会监督。

农业部农业机械化管理司印发《关于开展2014年度部级农机推广鉴定产品及证书使用情况监督检查的通知》，对2012年部分获证产品及其生产企业重点就生产条件，企业名称、地址及产品一致性，证书和标志使用情况等进行检查。

4月20日

农业部农业机械化管理司组织大豆生产省农机部门、产业技术指导专家研讨大豆机械化生产技术指导意见，并在黑龙江举办现场培训活动，推进大豆标准化、精细化生产。

4月23日

农业部农业机械化管理司印发《农机购置补贴管理软件系统管理规程(试行)》，对补贴管理软件系统的使用维护、安全管理、优化升级、数据应用等进行了规范。

4月23—24日

农业部农业机械化管理司在北京举办农机安全应急管理培训班，围绕农机安全生产形势任务、应急预案管理、突发事件应对处置、事故处理与救援等内容，对全国各省(区、市)、计划单列市百余名农机安全监理管理和事故处理人员进行培训。农业部农业机械化管理司司长李伟国出席培训班并讲话。

4月28日

农业部发布公告，对通过农业部农业机械推广鉴定的广西玉柴动力机械有限公司等40家企业生产的87种产品，核发推广鉴定证书；同意山东英格索兰机械工业有限公司等4家企业的28种产品更换推广鉴定证书；撤销洛阳映山红拖拉机有限公司等2家企业22种产品的推广鉴定证书。

4月29日

农业部办公厅印发《主要农作物生产全程机械化示范项目实施规范(试行)》，旨在加强主要农作物生产全程机械化示范项目管理，提高项目实施的规范化水平。

4月30日

农业部农业机械化管理司印发通知，决定在全国开展农机维修服务保障能力调研，推动农机维修服务体系的建设和维修质量的监管工作，研究提出解决当前农机"维修难"等问题的对策措施。

5月4日

农业部农业机械化管理司印发通知，在全国范围内暂停17家农机生产企业的22款产品农机购置补贴资格。暂停2013年国家质量监督抽查结果为"不合格"的河北雷肯农业机械有限公司等14家农机企业生产的14款农机产品补贴资格。暂停涉嫌虚假申报归档信息的定边县农鑫农林牧机械用具研制有限责任公司等3家农机企业生产的8款马铃薯收获机补贴资格。

农业部农业机械化管理司印发《关于做好农业部农机购置补贴信息公开专栏运行维护工作的通知》，进一步明确部省两级的工作任务，规范信息发布流程，并对运行情况抽查和绩效管理工作进行部署。

5月16日

农业部召开2014年"三夏"小麦跨区机收工作视频会议，部署机械化抢收、抢种工作。江苏、河南、山东、安徽等省农机局做典型发言，农业部副部长张桃林出席会议并讲话，农业部农业机械化管理司司长李伟国主持会议。

5月19日

农业部办公厅印发《关于做好2014年"三夏"农机跨区作业管理和服务工作的通知》。

5月20日

农业部农业机械化管理司赴湖南、四川、甘肃、青海等地开展微耕机安全生产专题调研。重点查找生产和使用过程中的安全薄弱环节，研究针对性的政策措施建议。

5月30日

全国春季农业机械化生产基本结束，累计投入2 453万台(套)农机具进行机耕地、浇麦、机播、机插秧等春季机械化生产作业，共完成机耕面积45 333.33千公顷、机播38 400千公顷、机械浇灌15 133.33千公顷。

6月5日

农业部统一印制46万张《拖拉机安全操作挂图》，在农机安全生产月期间免费发送给全国拖拉机驾驶操作人员。

6月6日

2013年农机购置补贴政策落实延伸绩效管理基本完成，农业部对12个省(市、区)进行了实地核查，逐个省份确定考评分数，江苏、吉林、安徽、山东、新疆、宁波、四川、宁夏、天津、上海等10个省(区、市)农业机械化主管部门被评为“2013年强农惠农富农政策落实(农机购置补贴)延伸绩效管理优秀单位”。

6月9日

农业部办公厅印发《关于加强微耕机安全生产工作的通知》，要求各地农业机械化管理部门加强质量调查，规范推广鉴定，认真开展专项整治，坚决遏制微耕机事故多发高发态势。

6月11日

农业部农业机械化管理司印发《关于2013年各地拖拉机“三率”情况的通报》，2013年全国拖拉机“三率”平均水平达到67.07%，比上年提高6.57个百分点，过半数以上的省份“三率”水平达到“十二五”目标75%以上。

6月13日

农业部农业机械化管理司、农业部农机监理总站组成检查组，分赴广西、山西、河北、湖南等地督导农机安全生产月活动开展情况。

6月17日

农业部部长韩长赋到北京顺义区考察“三夏”生产，要求各地切实发挥农机在农业生产中的主力军作用，继续组织好小麦跨区机收作业，指导各地加快收获进度，提高收获质量，颗粒归仓。

6月19日

全国“三夏”小麦跨区机收工作基本结束，共投入联合收割机55万台，其中跨区作业的超过30万台，完成小麦机收面积19 133.33千公顷，机收水平达到92%。

6月26日

农业部农业机械化管理司印发《关于近年来农机购置补贴政策实施部分违纪违法案件的通报》，对近年来农机购置补贴政策实施中部分违纪违法案件在全国农机管理部门范围内予以通报。

6月30日

农业部农业机械化管理司印发《关于开展农机购置补贴调研的通知》，决定组织7个组赴14个省，重点围绕补贴机具种类范围、补贴产品资质、补贴标准、补贴对象和经销商、操作办法、监督检查等六个方面开展专题调研，旨在进一步提高农机购置补贴政策的精准性和指向性。

7月7日

为进一步规范农机推广鉴定受理审查、检测鉴定、证书变更和证后监督等关键环节的管理，2月19日农业部农业机械化管理司部署开展全国农机推广鉴定工作监督检查。7月7日，农业部办公厅印发《关于2014年农机推广鉴定监督检查情况的通报》，要求暂停综合结论为“不规范”和“基本规范”的有关单位鉴定工作并进行全面整改。

7月23日

针对台风对早稻收获的影响，农业部水稻生产机械化专家组发布《机收倒伏水稻技术指导意见》，指导各地组织联合收割机投入早稻抢收，科学防灾抗灾，力争将灾害损失降低到最小。

7月28日

农业部办公厅印发《关于做好2014年农机深松整地试点工作的通知》，要求各试点省份进一步加强组织领导，积极争取财政资金投入，扩大补助范围，严格规范操作，确保完成1亿亩试点任务。

7月30日

南方双季稻区“双抢”机械化生产基本结束，累计投入联合收割机26.9万台，完成早稻机收面积4 292.67千公顷，早稻机收率75.9%；累计投入水稻插秧机7.9万台，完成晚稻机插面积724.67千公顷，晚稻机插率16.4%。

8月4日

农业部农业机械化管理司在甘肃省兰州市召开全国农业机械化科技创新咨询专家组会议，分析全国农业机械化科技发展面临的新形势、新需求与新任务，研讨加快推进农业机械化科技创新等重大科研项目和研究课题。

8月8日

农业部办公厅印发《关于2014年上半年农机事故情况的通报》，在全国范围通报2014年上半年全国农机事故等情况，要求科学分解农机事故控制指标，加强事故预防工作力度，提高事故处理工作能力，切实做好统计报告工作。

8月13日

农业部办公厅通报各地2014年上半年查处的农机购置补贴产品经营违规行为，取消或暂停50家农机企业的产品补贴资格或补贴机具经销资格，7人被列入补贴机具经营黑名单。要求各级农业机械化主管部门对已查处的违法违规企业建立重点跟踪监管机制，以高度负责精神严厉查处违法违规行为。

8月19日

农业部农业机械化管理司召开2014年农机购置补贴调研情况汇报会，8个调研组分别就前期赴15个省(市)开展专项调研情况进行了汇报，并就下一步如何完善补贴政策、加强顶层设计进行讨论交流。农业部财务司、驻部纪检组监察局有关同志参加汇报会。农业部农业机械化管理司司长李伟国主持会议。

为落实《农业部打非治违专项行动实施方案》，农业部农业机械化管理司对农机安全生产领域“打非治违”专项行动进行部署，整治内容包括无牌行驶、无证驾驶、未检验作业、违规发放牌证等。

8月28日

国务院安全生产委员会办公室印发《关于表扬2014年全国“安全生产月”优秀活动单位的通报》(安委办〔2014〕18号)，农业部农业机械化管理司安全监理处受到通报表扬。

农业部农业机械化管理司组织开展随机电话抽查，对各地补贴政策咨询、质量投诉等电话的完整性和准确性进行核实。累计抽查全国38个地区1 350个电话，北京、天津、浙江、河南、湖北、海南、贵州、青海的联系电话全部畅通，有效率为100%；上海、福建、重庆、青岛、广东农垦的联系电话完整性和准确性较差，有效率不足60%。

农业部办公厅印发《〈2015—2017年国家支持推广的农业机械产品目录〉申报指南》。

9月4日

农业部农业机械化管理司在河北省衡水市组织召开农机深松整地作业现场会，观摩农机深松整地作业和深松机具展示，交流各地工作成效和经验以及下一步打算，部署做好2014年农机深松整地及作业补助试点工作。农业部副部长张桃林出席会议并作讲话。农业部农业机械化管理司司长李伟国主持会议。

9月9日

农业部办公厅印发《关于做好2014年“三秋”机械化生产工作的通知》，明确“三秋”机械化生产工作目标。

9月10日

国家发展和改革委员会副主任林念修、农业部副部长张桃林在农业部共同主持召开会议，研究广西甘蔗生产机械化及甘蔗收获机械研发等问题。财政部、工业和信息化部、广西壮族自治区、新疆生产建设兵团等有关领导参加会议。

9月11日

农业部农业机械化管理司印发《关于开展农机安全生产"打非治违"专项行动督导检查的通知》,决定成立三个督导组奔赴陕西等六省开展农机安全生产"打非治违"专项行动、"平安农机"建设、"为农民服务"活动、农机安全生产大检查。

9月17日

农业部办公厅印发《对久保田农业机械(苏州)有限公司违反农机购置补贴政策有关问题进行处理的通知》,根据其整改情况做出处理决定:取消NSPU—68C插秧机农机购置补贴资格;自2015年1月1日起恢复其他插秧机和PRO488型、PRO588i型及PRO688Q型联合收割机农机购置补贴资格。

农业部根据群众举报查实福田雷沃国际重工股份有限公司4LZ—4E1型收割机一致性管理存在较大问题,决定自即日起在全国范围内暂停办理福田雷沃公司4LZ—4E1型收割机农机购置补贴。

9月19日

农业部办公厅印发通知,公布2015年全国拖拉机检验合格标志式样,并要求各地统一订制,严格按照规定核发。

9月24日

农业部农业机械化管理司在河南省开封市举办"三秋"农业机械化生产技术培训示范班,对全国"三秋"农业机械化技术培训工作进行动员。农业部农业机械化管理司副司长胡乐鸣出席会议并讲话。

9月26日

由于江苏东洋机械有限公司2ZS—2(P28)型插秧机相关技术参数与推广鉴定获证产品不一致,该获证产品管理一致性存在问题,农业部印发通知,暂停该产品农机补贴资格,责令企业进行全面整改。

10月16日

农业部农业机械化管理司在山东省滨州市召开黄河流域棉花机械化生产现场会,交流工作成效和经验,部署棉花生产机械化推进工作。农业部农业机械化管理司副司长胡乐鸣出席会议并讲话。

10月17日

农业部发布公告,公布《拖拉机安全操作规程》《联合收割机安全操作规程》《农业机械机身反光标识》三项农业行业标准,于2015年1月1日起开始实施。

10月20日

农业部组成6个督导组赴11个省(区、市)开展2014年农机购置补贴政策实施专项督导检查工作。旨在进一步推进农机购置补贴政策改革完善,确保政策高效、安全实施。

10月22日

农业部农业机械化管理司专题调研组赴广西壮族自治区开展甘蔗生产全程机械化调研,并会同广西壮族自治区相关部门研究推进甘蔗生产机械化实施方案。

10月29日

农业部农业机械化管理司举办2014年农机购置补贴政策落实延伸绩效管理培训班,培训延伸绩效管理的主要内容、评分标准和工作流程,通报2013年度延伸绩效管理结果,部署启动2014年度延伸绩效管理年终自评等工作。同时,还就农机购置补贴资金管理暂行办法的修订和2015—2017年农机购置补贴实施指导意见的编制工作进行座谈研讨。农业部农业机械化管理司司长李伟国、副司长胡乐鸣出席会议并讲话。

11月3日

全国人大农业与农村委员会、农业部联合召开《中华人民共和国农业机械化促进法》实施十周年座谈会,总结法律颁布实施10年来取得的成效和经验,进一步部署法律贯彻实施工作,依法促进我国农业机械化又好又快发展。会议由全国人大常委会委员、全国人大农业与农村委员会主任委员陈建国主持。全国人大常委会副委员长张宝文、农业部部长韩长赋、全国人大农业与农村委员会副主任委员刘振伟出席会议并作讲话。农业部副部长张桃林出席会议,有关部委、行业协会、科研单位、专家、部分省农机管理部门负责人、农机企业、合作社代表约80人参加会议。

11月5日

农业部农业机械化管理司印发通知,暂停河北顺平县惠兴农业机械有限公司所有农机产品购置补贴。该公司通过套贴铭牌(4YZB—4)的方式销售未列入支持推广目录的产品,且未及时履行农机质量"三包"规定,致使出现大量购机户上访投诉情况。

11月6日

农业部召开2014年第七次常务会议,听取农机购置补贴政策改革情况的汇报。会议强调,农机购置补贴政策是重大的惠农政策,对近年来农业机械化发展产生重大推动作用,农民得到实惠。十年来,农机装备总量大幅提升,农机门类大幅增加,农机作业水平大幅提高,农机服务队伍不断扩大,成效显著。要充分认识支持促进农业机械化发展、完善农机补贴政策的紧迫性,进一步加强农机购置补贴监管。

11月17日

农业部党组研究决定,孔亮任农业部农业机械化管理司副巡视员,免去其全国畜牧总站副站长、中国饲料工业协会副秘书长职务;免去丁翔文农业机械化管理司巡视员职务,按规定退休。

11月18日

全国秋季农机深松整地工作进入尾声,共完成秋季深松整地7 160千公顷,加上春季深松整地2 780.66千公顷,全年累计完成深松整地作业面积9 940.67千公顷,超额完成《政府工作报告》制定的1亿亩任务。

11月24日

农业部办公厅印发《大豆机械化生产技术指导意见》。

11月30日

全国玉米机械化收获工作基本结束,共完成玉米机收面积21 333.33千公顷,较去年新增3 000千公顷;全国玉米机收水平56.1%,比去年新增5个百分点。我国玉米机收水平已连续6年增幅超过5个百分点,成为当前农业机械化发展的突出亮点。

12月3日

2014年全国农业机械化形势分析会在北京召开,农业部农业机械化管理司、农业机械试验鉴定总站、农业机械化技术开发推广(农机监理)总站及科研院所、行业协会、农机产销企业的代表参加会议。

12月9日

农业部印发新修订的《农业机械化管理统计报表制度》。

2014年

农业部农业机械化管理司人事变动情况如下:张汉夫任农业部农业机械化管理司安全监理处副调研员;王华为任

生产管理处副主任科员(挂职)。

农业部农业机械试验鉴定总站(中国农机产品质量认证中心)

2013 年 12 月 8 日

农业部农业机械试验鉴定总站在山东省济南市召开公益性行业(农业)科研专项"农业机械适用性评价技术集成研究"项目验收筹备会,会议按照《关于开展 2009 年度公益性行业(农业)科研专项经费项目验收工作的通知》有关要求,统一部署项目验收工作,确定项目验收内容和方式,提高项目验收准备工作效率。项目执行专家组、部分子课题和分项目负责人参加会议。

12 月 9 日

农业部农业机械试验鉴定总站在山东省济南市举办拖拉机推广鉴定技术研讨班。研讨班通报部级拖拉机推广鉴定有关情况,讨论《农业轮式和履带拖拉机》推广鉴定大纲拟修订的内容,对总站和各省农机鉴定站提交的在推广鉴定实施过程中遇到的技术问题进行研讨。农业部农业机械试验鉴定总站和 12 个通过拖拉机部级鉴定能力认定的农机鉴定站的 56 位代表参加研讨班。

12 月 11—12 日

全国农业机械标准化技术委员会农业机械化分会在北京召开标准审定会议,审定《农业机械分类》等 14 项农业行业标准。农业部农业机械化管理司和农业部农业机械试验鉴定总站有关领导、标准审定专家及标准起草人参加会议。

12 月

农业部农业机械试验鉴定总站向农业部农业机械化管理司提交 2013 年部级农机推广鉴定第四批推荐发证报告,本批通过部级推广鉴定的有 171 家企业的 492 种产品,通过换证审核的有 5 家企业的 29 种产品,对证书有效期内不符合《农业机械试验鉴定办法》中相关规定的 2 家企业的 3 种产品撤销部级《农业机械推广鉴定证书》。

2014 年 1 月 20—22 日

农业部农业机械试验鉴定总站召开 2014 年第 1 次中心组学习会议。会议传达学习习近平、李克强、汪洋在中央农村工作会议上的讲话精神,传达落实农业部党组有关工作部署,并对农业部农业机械试验鉴定总站 2014 年工作思路进行讨论研究。农业部农业机械试验鉴定总站领导班子成员、各支部书记及副处级以上干部参加会议。

1 月 21 日

农业部农业机械试验鉴定总站"中国农业机械化信息网深化拓展"项目在农业部绩效管理创新项目评选中获农业部直属事业单位第二名。

1 月 23 日

农业部批复《总站 20T 牵引试验负荷车及奶业机械试验鉴定设备购置项目可研报告》,项目总投资 915 万元,全部为中央投资。

1 月 27 日

农业部发布第 2054 号公告,公布《2012—2014 年国家支持推广的农业机械产品目录》(2014 年度调整)。共有 682 家企业的 2 253 个产品增补列入《2012—2014 年国家支持推广的农业机械产品目录》。

2 月 20 日

农业部农业机械试验鉴定总站副站长李燕调任农业部机关服务局副局长。

3 月 25—26 日

农业部农业机械试验鉴定总站在北京召开全国农业机械试验鉴定站站长会。会议总结交流 2013 年农机试验鉴定和质量监督等工作成效和经验,分析当前面临的新形势、新任务,研究部署下一个时期农机试验鉴定系统改革发展方向和 2014 年重点工作。北京、山西、内蒙古、江苏、湖南、安徽等 6 个省(区、市)农机鉴定机构负责人分别作了典型交流发言。农业部副部长张桃林、农业部农业机械化管理司司长李伟国出席会议并讲话,农业部农业机械试验鉴定总站站长刘敏作工作报告。

3 月 26—28 日

农业部实验室认可评审组和中心评审组对农业部农业机械试验鉴定总站实验室、中心进行复评审现场评审。评审组一致认为农业部农业机械试验鉴定总站实验室(中心)的管理体系健全,各项质量活动处于受控状态,建立了自我完善的机制,人员和仪器设备满足技术能力要求,能保证机构的独立性、公正性要求。农业部农业机械试验鉴定总站站长刘敏、副站长朱良、副站长刘旭和总工程师仪坤秀出席现场评审会。

3—5 月

农业部农业机械试验鉴定总站与相关农机企业和省职业技能鉴定机构联合举办 5 期全国农机维修高技能人才及师资培训班,培训农机合作社、农机大户、维修网点修理工和培训鉴定基地、农业机械化学校教师、考评员共 280 人。其中,196 人通过高级工以上职业资格技能鉴定。

4 月 3 日

农业部农业机械试验鉴定总站召开 2014 年党风廉政建设暨廉政警示教育大会。会议集体观看《伪装的外衣——沈广贪污案件警示录》教育专题片,举行农业部农业机械试验鉴定总站党风廉政建设责任书签字仪式,传达学习农业部部长韩长赋和中国共产党中央纪律检查委员会驻农业部纪检组组长朱保成在农业部 2014 年党风廉政建设工作会上的讲话、农业部副部长余欣荣在农业部廉政警示教育会上的讲话、朱保成在农业部党组贯彻国务院第二次廉政工作会议通报会上的讲话,通报近期农业部通报的违纪案件。驻部纪检组监察局监察一室副主任赵可利到会指导。

4 月 10—11 日

农业部农业机械试验鉴定总站在青海西宁市举办 2014 年拖拉机、内燃机推广鉴定技术培训班。通过培训,加强鉴定机构与企业间的交流,为进一步规范农机试验鉴定工作、提高农机产品质量、推动拖拉机和内燃机行业发展起到积极的引领和促进作用。来自农机鉴定机构,拖拉机、内燃机生产企业的 150 多位代表参加培训班。

4 月 14—16 日、4 月 18—20 日

农业部农业机械试验鉴定总站在四川省成都市举办玉米收获机械等部级推广鉴定大纲修订培训班和谷物干燥机等部级推广鉴定大纲修订培训班。培训班的举办,为实现大纲编写理念上的统一、保质保量按时报送送审稿起到了积极作用。农业部农业机械试验鉴定总站副站长朱良、总工程师仪坤秀出席培训班,来自 9 个大纲起草单位的技术人员分别参加培训班。

4 月 15 日

农业部农业机械试验鉴定总站召开 2014 年第 2 次中心组学习(扩大)会议,传达学习习近平总书记在兰考调研时的重要讲话精神,传达学习农业部财务工作会议精神,部署 2014 年细化预算有关要求。农业部农业机械试验鉴定总站领导班子、各支部书记及副处级以上干部参加会议。

4月

农业部农业机械试验鉴定总站向农业部农业机械化管理司提交2014年第一批部级农机推广鉴定推荐发证报告，本批通过部级推广鉴定的有40家企业的87种产品，通过换证审核的有4家企业的28种产品。

4—6月

农业部农业机械试验鉴定总站配合农业部农业机械化管理司开展2014年农机推广鉴定工作监督检查，对辽宁、福建、湖南、重庆、贵州、云南、宁夏等7个省(区、市)及黑龙江农垦总局的农机推广鉴定管理规范化、业务规范化等情况进行监督检查。

4—11月

农业部农业机械试验鉴定总站对通过部级能力认定的30家单位的500多名审查员进行到期审查员信息确认、新审查员培训考核工作。

5月7—8日

受农业部农业机械化管理司委托，农业部农业机械试验鉴定总站在北京组织召开2014年部级农业机械试验鉴定大纲审定会，33项大纲和通则全部通过审定。

5月8日

《农业部农业机械试验鉴定总站农机试验室(场)迁扩建工程项目建议书》正式上报农业部计划司和农业部农业机械化管理司。

5月9日

农业部农业机械试验鉴定总站牵头承担的公益性行业(农业)科研专项"农业机械适用性评价技术集成研究"通过验收。农业部科教司原司长张凤桐、科技发展中心副主任聂善明、农业部农业机械化管理司有关处室负责同志出席验收会。

5月13日

受农业部农业机械化管理司委托，农业部农业机械试验鉴定总站在北京举办农业机械化生产信息采集员培训班。培训班介绍"农机作业信息动态监测与服务平台"建设项目的总体情况，对参会人员开展系统的业务培训，部署开展平台试点工作。来自河北、江苏、安徽、山东、河南、湖北和新疆等7省(自治区)农机局农业机械化生产管理人员和各试点县农业机械化信息采集员近80人参加培训班。

5月16日

农业部农业机械试验鉴定总站在北京召开2014年农机产品质量安全调查工作布置会。会议通报近几年农业机械质量安全调查工作开展情况，部署2014年农业机械产品质量安全调查工作，为顺利完成2014年农业机械产品质量安全调查工作，促进农业机械产品质量安全发展奠定基础。河北省农业机械鉴定站、浙江省农业机械试验鉴定推广总站、农业部南京农业机械化研究所相关负责人和3家农机生产企业产品质量安全工作负责人参加会议。

5月19—20日

农业部农业机械试验鉴定总站在江苏省高邮市召开玉米、小麦收获机械和水稻栽植及收获机械试验示范区建设项目工作布置会。会议总结2013年试验示范区建设工作，明确2014年新要求，培训项目资金使用要求，签订项目协议书，为2014年项目工作顺利开展奠定基础。河北、吉林、江苏等省农机鉴定站、市(县)有关领导及项目实施单位有关负责人参加会议。农业部农业机械试验鉴定总站副站长朱良出席会议。

5月22日

农业部农业机械试验鉴定总站技术委员会召开专题会议，对基建办公室提出的20T牵引试验负荷车及奶业机械试验鉴定设备购置项目初步设计进行论证，并对4个农业部农业机械试验鉴定总站自立科研项目进行验收。

5月22—23日

农业部农业机械试验鉴定总站召开2014年第3次中心组学习会议。会议传达学习《中共中央组织部关于认真学习贯彻习近平总书记"三严三实"要求的通知》，并就总站开展学习贯彻"三严三实"要求做出具体安排与部署。农业部农业机械试验鉴定总站领导班子成员、各支部书记及副处级以上干部参加会议。

5月23日

农业部农业机械试验鉴定总站举行2014年度绩效计划任务书签字仪式。

农业部农业机械试验鉴定总站召开支部书记专题研讨交流会，会议传达学习《中共中央组织部关于认真学习贯彻习近平总书记"三严三实"要求的通知》精神，传达学习农业部部长韩长赋、副部长余欣荣有关讲话精神，并结合工作实际，深入思考，就如何做好基层党的工作进行研讨交流。农业部农业机械试验鉴定总站党委委员、各党支部书记、副处级及以上人员参加会议。

5月29日

农业部农业机械试验鉴定总站在北京召开奶牛养殖全程机械化试验示范模式研讨会，会议对试验示范的范围和关键环节及全混合日粮制备机教材等框架进行研讨，研究确定在项目实施过程中对现有挤奶、TMR饲喂和粪污处理模式的总结要相对完整，提出对试验示范的具体内容要立足现有基地条件和考虑项目实施进度等要求，将试验示范内容确定在挤奶、TMR饲喂等关键环节。宁夏农业机械化推广站、部分企业代表参加会议。

5—11月

农业部农业机械试验鉴定总站协助农业部农业机械化管理司开展2014年度部级农机推广鉴定产品及证书使用情况监督检查，对包括农业部农业机械试验鉴定总站在内的近30家承担单位共264种产品进行监督检查。

6月10日

根据农业部农业机械化管理司要求，农业部农业机械试验鉴定总站组织专家对《农业机械分类》标准修订工作进行研讨。农业部农业机械化管理司巡视员丁翔文、中国农机工业协会名誉会长高元恩、中国农业机械化科学研究院副院长方宪法、农业部南京农业机械化研究所副所长梁建参加研讨。

6月12—13日

农业部农业机械试验鉴定总站在江苏省高邮市举办插秧机检测技术试验示范培训班。通过培训，提升插秧机推广鉴定检测工作的一致性，达到提高推广鉴定质量和水平的目的。来自全国14个省(区、市)农机鉴定站的40多名技术人员参加培训。

6月13日

农业部农业机械试验鉴定总站和中国奶业协会养殖工程与机械专业委员会在西安市组织召开主题为"健康养殖无害化处理"的新产品新技术论坛。农业部农业机械试验鉴定总站站长、中国奶业协会副会长刘敏，中国奶业协会常务副会长魏克佳出席论坛并讲话，国内畜牧机械生产制造企业、牧场代表100余人参加论坛。

6月15日—7月10日

农业部农业机械化管理司和农业部

农业机械试验鉴定总站领导带队赴山西、黑龙江、安徽、湖南和陕西等5省10县(区)50余农机维修网点开展农机维修服务能力专题调研。通过专题调研,交流农机维修管理工作经验做法,掌握农机维修服务能力状况,了解农机维修服务的突出问题,为进一步做好顶层设计,制定政策措施提供第一手资料。

6月26—27日

农业部农业机械试验鉴定总站在呼和浩特市举办收获机械推广鉴定检测技术培训班。培训班讲解受理审查工作的相关要求及收获机械推广鉴定应注意的问题,宣贯相关新修订的大纲、通则报批稿。来自全国19个省(区、市)农机鉴定站、101家收获机械生产企业的174名学员参加培训。农业部农业机械试验鉴定总站副站长朱良出席开班式并讲话。

6月

农业部农业机械试验鉴定总站编制上报《农业机械化质量监督工作三年计划(建议)》《2015年农机产品质量监管项目可行性研究报告》和《2014年微耕机质量调查方案》。

7月1日

农业部农业机械试验鉴定总站召开纪念中国共产党成立93周年暨"两优一先"表彰大会,总工程师仪坤秀作"自觉践行'三严三实',深入推进作风建设"的主题党课报告。组织党员干部集体观看电影《焦裕禄》。

7月7日

农业部对2014年度农机推广鉴定监督检查情况进行通报,并提出整改要求。

7月16日

《强制性产品认证实施规则—农机产品》(CNCA—C14—01:2014)颁布,新版规则于2014年9月1日起正式实施。

7月29—30日

全国农业机械标准化技术委员会农业机械化分会在北京召开四届一次会议。农业部农业机械化管理司、质量监管局、科技发展中心、农业机械试验鉴定总站、农业机械化技术开发推广总站,中国机械工业联合会,全国农业机械标准化技术委员会等部门的领导及全国农业机械标准化技术委员会农业机械化分会委员、标准起草人参加会议。会议对《农业机械分类》等13项农业行业标准进行审定,其中10项标准通过审定。

7月30日—8月1日

农业部农业机械试验鉴定总站召开2014年第4次中心组学习会议。会议以"以抓作风抓廉政为动力,扎实推进各项工作取得新成效"为主题,学习习近平总书记系列重要讲话精神,传达落实农业部党组有关工作部署,交流学习心得体会,并联系工作实际,就如何抓作风抓廉政、做好下半年工作,进行讨论交流。农业部农业机械试验鉴定总站领导班子成员、各支部书记及副处级以上干部参加会议。

7月

农业部农业机械试验鉴定总站向农业部农业机械化管理司提交2014年第二批部级农机推广鉴定推荐发证报告,本批通过部级推广鉴定的有38家企业的117种产品,通过换证审核的有12家企业的96种产品,通过有效期内信息变更审核的有4家企业的17种产品。对证书有效期内不符合《农业机械试验鉴定办法》中相关规定的5家企业的5种产品撤销部级《农业机械推广鉴定证书》。

8月18日

以基拉伊图·穆伦吉议长为团长的肯尼亚国家议会农牧渔业委员会代表团一行8人访问农业部农业机械试验鉴定总站。农业部农业机械试验鉴定总站站长刘敏接待代表团,总工程师仪坤秀参加座谈交流。

8月18日—9月18日

农业部农机行业职业技能鉴定指导站分别在黑龙江、新疆和浙江举办三期全国农机职业技能鉴定考评员培训班,共有来自全国28个省(区、市)的546名基层工作人员参加培训班。

8月26日

农业部批复《总站20T牵引试验负荷车及奶业机械试验鉴定设备购置项目初步设计》。

8月26—27日

全国农业机械标准化技术委员会农业机械化分会在甘肃兰州市举办农业机械化标准项目管理和标准编写培训班,有关农业机械化标准制修订项目主要起草人和全国农业机械标准化技术委员会农业机械化分会委员,部分省(区、市)农机局、农机鉴定站、农机推广站、科研院所、企业的标准化管理人员参加培训班。

8月27日

《强制性产品认证实施细则 植物保护机械》《强制性产品认证实施细则 拖拉机》正式向社会发布。

8月29日

农业部农业机械试验鉴定总站在北京市举办《2015—2017年国家支持推广的农业机械产品目录》申报培训班。培训班就目录制定政策、申报程序、注意事项及以往申报存在问题、申报系统使用等进行详细的讲解。380多家企业的449名申报工作人员参加培训班。

农业部农业机械试验鉴定总站在北京市召开拖拉机、内燃机推广鉴定技术研讨会。会上通报2013年部级拖拉机推广鉴定工作质量及项目管理有关情况,讲解《农业轮式和履带拖拉机》和《农用柴油机》推广鉴定大纲报批稿的内容。通过会议的召开,为更好理解新大纲、试验鉴定技术规范提供了指导。通过拖拉机部级鉴定能力认定的农机鉴定站的53位代表参加研讨会。

9月2日

"国家支持推广目录申报系统"正式开通。《2015—2017年国家支持推广的农业机械产品目录》申报工作启动。按照农业部农业机械化管理司要求,系统进行完善升级,预置补贴分档的关键技术参数,使用条形码对申报材料进行核对,实现初审评审和综合审议结果自动导入等,提高申报材料核对工作的准确率和目录制定工作效率。

9月3日

农业部农业机械试验鉴定总站召集36家承租单位相关负责人召开安全工作会议。会议要求,各承租单位要严格履行《房屋承租单位安全管理责任书》,落实安全责任,加强自我管理。同时,要加强隐患排查,维护院区安全稳定。

9月11日

农业部农业机械试验鉴定总站在北京召开国家支持推广目录制定工作座谈会,来自全国各省(区、市)国家支持推广目录申报受理机构负责人参加座谈会。

9月15日

农业部农业机械试验鉴定总站举办信息网络安全培训班,邀请农业部信息中心副主任郭永田、启明星辰信息安全技术有限公司政府事业部咨询顾问张利主讲。两位专家分别从网络化条件下的信息安全与保密问题、如何提高信息安全意识两个专题为大家讲授了信息安全与保密方面的形势、政策以及常见威胁与防范手段等方面内容。

9 月 16—19 日

农业部农业机械试验鉴定总站与联合国可持续农业机械化中心(CSAM)在北京举办亚太农机检测网络(ANTAM)圆桌会议暨首届年会。会议选举中国为ANTAM 2014—2015 年度主席国，农业部农业机械试验鉴定总站副站长刘旭任主席，农业部农业机械试验鉴定总站为2014—2015 年度牵头联络点。来自 19 个国家和相关国际机构的代表参加会议。农业部农业机械化管理司司长李伟国出席会议并致开幕词。

9 月 18—19 日和 10 月 9 日

农业部农业机械试验鉴定总站召开2014 年第 5 次中心组学习会议。会议学习习近平总书记系列重要讲话精神，传达落实农业部党组有关工作部署，交流学习心得体会，并联系工作实际，就如何围绕部司中心任务，依法鉴定、科学鉴定、规范鉴定、廉洁鉴定，做好推广鉴定制度的顶层设计进行深入讨论交流。农业部农业机械试验鉴定总站领导班子、各支部书记及副处级以上干部参加会议。

9 月 23 日

农业部农业机械试验鉴定总站在辽宁省沈阳市举办 2014 年全国农机质量投诉工作培训班。培训涉及投诉机构建立、人员的工作要求、投诉受理处理工作流程和投诉工作信息管理系统的应用等方面。通过培训，提升农机投诉工作人员的业务能力，落实投诉信息报送制度，加快农机质量投诉工作的信息化进程，对全面推进农机质量投诉工作发挥积极作用。来自 26 个省（区、市）的 90 多名农机投诉工作人员参加培训班。农业部农业机械试验鉴定总站副站长刘旭出席会议。

9 月 25—26 日

农业部农业机械试验鉴定总站在江苏省扬州市举办农业机械部级鉴定授权签字人培训班。相关省级农机鉴定机构的部级鉴定授权签字人参加培训。农业部农业机械试验鉴定总站站长刘敏、副站长刘旭，江苏省农业机械管理局副局长王峰，农业部农业机械化管理司有关负责同志出席开班式并讲话。

9 月 28 日

农业部市场司组织专家对农业部农业机械试验鉴定总站进行 2014 年度网络安全检查。专家组认为农业部农业机械试验鉴定总站信息网络组织管理机构完善，网络安全责任制落实到位，具有较为完备的安全管理制度，同时尽最大努力完善了网络安全防护设施，并积极开展信息网络安全培训与自查工作，信息化和网络安全管理工作在部系统走在前列。农业部信息中心副主任郭永田担任专家组组长，农业部农业机械试验鉴定总站站长刘敏、党委副书记国彩同出席汇报会。

9 月

农业部农业机械试验鉴定总站推荐侯方安同志作为第八批援疆干部赴疆挂职。

10 月 17 日

农业部农业机械化管理司组织对总站牵头承担的农机作业信息动态监测与服务平台项目进行中期检查评估。农业部农业机械试验鉴定总站站长、项目顾问刘敏和党委副书记国彩同出席会议。

10 月 21 日

农业部农业机械试验鉴定总站在北京召开农机维修服务能力研讨会，来自24 个省（区、市）的农机维修主管部门以及合作社、维修网点、生产企业、经销商代表参加研讨会。农业部农业机械试验鉴定总站分管领导和农业部农业机械化管理司相关处室负责人参加会议。

10 月 31 日

农业部农业机械试验鉴定总站保密领导小组组长、站长刘敏为全体干部职工讲保密专题党课。党课结合多个案例，阐述做好保密工作的极端重要性、必要性和紧迫性，并从保密工作重要地位和作用、保密工作当前形势和任务、保密工作优良传统等方面进行深入讲解，总结农业部农业机械试验鉴定总站保密工作成效及存在问题，提出下一步保密工作的思路和重点。

农业部农业机械试验鉴定总站召开践行“总站精神”动员会，发布以“兴农、奉献、求实、创新”为表述的“总站精神”，站长刘敏作动员讲话。

10 月

农业部农业机械试验鉴定总站向农业部农业机械化管理司提交 2014 年第三批部级农机推广鉴定推荐发证报告，本批通过部级推广鉴定的有 362 家企业的 1 373 种产品；通过换证审核的有 29 家企业的 138 种产品；通过有效期内信息变更审核的有 26 家企业的 177 种产品；对证书有效期内不符合《农业机械试验鉴定办法》中相关规定的 2 家企业的3 种产品撤销部级《农业机械推广鉴定证书》。

11 月 3 日

《中华人民共和国农业机械化促进法》起草组组长、全国人民代表大会常务委员会法制工作委员会行政法室主任王超英、全国人民代表大会农业与农村委员会法案室巡视员何宝玉、中国农业大学教授杨敏丽、农业部农业机械化技术开发推广总站站长刘宪等同志视察农业部农业机械试验鉴定总站，共同回忆当年起草《中华人民共和国农业机械化促进法》，研究农机试验鉴定和对支持推广目录、投诉等条款内容的讨论情况，进一步了解农业部农业机械试验鉴定总站的各项工作情况，并对农业部农业机械试验鉴定总站取得的成绩给予肯定。

11 月 13—14 日

全国农业机械标准化技术委员会农业机械化分会组织召开 2015 年农业机械化农业行业标准制修订项目立项评审会，会议邀请有关专家对制修订项目实施方案进行审查，研究确定拟推荐立项项目和承担单位。

11 月 14 日

农业部农业机械试验鉴定总站在陕西省西安市举办 2014 年中国农业机械化质量网信息员培训班。培训班上总结2014 年度中国农业机械化质量网工作成效，分析当前中国农业机械化质量网建设面临的新形势与新任务，研究部署2015 年的目标和重点工作。来自全国农机试验鉴定机构的质量网信息员及部分主管领导 70 多人参加培训班。农业部农业机械试验鉴定总站党委副书记国彩同出席培训班并讲话。

11 月 16—17 日

农业部农业机械试验鉴定总站在浙江省宁波市召开《报废农业机械回收办法》(简称《办法》)研讨会。会上，宁波、江苏等 7 省地代表就农机报废更新试点工作进行典型经验交流，并围绕《办法》制定的必要性、紧迫性，实施的可操作性、廉政风险性和具体条款展开深入研讨，进一步明确实施主体的职责任务，完善有关条款的表述，为《办法》及早出台起到积极的推动作用。农业部农业机械化管理司、商务部市场建设司、农业部农机监理总站等有关领导参加会议。

11 月 18—20 日

农业部农业机械试验鉴定总站在北京召开《2015—2017 年国家支持推广的

农业机械产品目录》初审评审会议。会议对各省推荐的1 529家企业的11 810个产品从申报材料符合性、企业和产品资质、质量状况等方面进行评审。来自全国农机鉴定、推广系统的45位行业专家参加初审评审。

11月20日

农业部农业机械试验鉴定总站派出工程师徐子晟赴埃及参加援非农业技术组，工作6个月。

11月20—21日

农业部农业机械试验鉴定总站在安徽省合肥市举办2014年中国农业机械化信息网信息员培训班。培训期间对2013—2014年度中国农业机械化质量网信息报送情况进行通报，并对中国农业机械化质量网工作先进单位和优秀信息员进行表彰。来自全国各地的111名信息员参加培训。农业部农业机械试验鉴定总站党委副书记国彩同出席培训班并讲话，农业部农业机械化管理司综合处副处长路玉彬主持开班式并作专题讲座。

11月21—23日

农业部农业机械试验鉴定总站承办的《2015—2017年国家支持推广的农业机械产品目录》综合审议会议在京召开。

11月25日

农业部农业机械试验鉴定总站召开农机职业技能培训鉴定示范基地及教具选型评审会。会议介绍2012年7家第一批基地创建经验，评审推荐的94个示范基地和179个教具产品，交流研讨如何加强职业技能培训鉴定基地建设和拓展职业技能培训鉴定业务工作。农业部人事司、科教司、农业机械化管理司、人力开发中心有关负责同志和示范基地代表参加会议。

11月25—26日

农业部农业机械试验鉴定总站认证中心2014年TC18技术专家组会议在广西北海市召开，中国国家认证认可监督管理委员会认证监管部有关领导、TC18专家组成员、特邀代表共21人参加会议。

11月25—27日

农业部农业机械试验鉴定总站组织召开2014年第6次中心组学习会，集中学习十八届四中全会精神、习近平总书记在党的群众路线教育实践活动总结大会上的重要讲话及有关文件精神。农业部农业机械试验鉴定总站领导班子成员、各支部书记及副处级以上干部参加会议。

11月27日

农业部农业机械试验鉴定总站在宁夏银川市举办奶牛养殖全程机械化试验示范项目培训班。通过培训，展示奶牛养殖全程机械化试验示范项目成果，搭建银川及周边牧场技术人员与专家交流的平台，示范奶牛养殖全程机械化的效果，促进项目基地及周边地区奶牛养殖业发展。农业部农业机械试验鉴定总站及部分省鉴定站技术人员及相关专家50余人参加培训。农业部农业机械化管理司科教处副处长丁仕华、宁夏农牧厅巡视员马明和宁夏农业机械化管理局局长王林出席培训班开班仪式。

11月

农业部农业机械试验鉴定总站完成实验室液压提升试验台的改造施工，将原有88.2千瓦试验台升级到367.5千瓦。

2014年

受农业部农业机械化管理司委托，农业部农业机械试验鉴定总站起草编制《平安农机保障工程建设规划(2014—2020年)》，并向农业部申报2015年中央预算内农业基本建设投资计划，拟于2015年先期启动5个动力机械专业中心项目建设。

农业部农业机械试验鉴定总站组织实施8个因公出国(境)团组，参加外单位团组2个，全年出国(境)人数19人次。接待联合国可持续农业机械化中心、肯尼亚农业畜牧水产委员会代表团、美国设备制造商协会(AEM)及参加亚太农机检测网络圆桌会议暨首届年会等19个国家的代表，全年共接待外事来访人员35人次。

农机行业通过职业技能鉴定共86 561人，其中初级63 009人，中级20 334人，高级3 130人，技师66人，高级技师22人。拖拉机驾驶员、农机修理工、联合收割机驾驶员为鉴定较多的职业工种，合计约占鉴定总人数的一半以上。

农业部农业机械试验鉴定总站认证中心组织实施各类认证项目537项，新发农机强制性产品认证证书98张，暂停认证证书112张，撤销和注销认证证书99张。目前保持有效状态的农机强制性产品认证证书合计752张。

中国农业机械化信息网工作日平均点击量222.5万次，月均点击量4 634.9万次，同比均增长124%；日点击量峰值再创新高，达508.6万次，同比增长194.2%，访问量继续保持在农业部行业网站首位。

农业部农业机械试验鉴定总站荣获“2012年度农业部门决算工作一等奖”“2012—2013年预算编报与执行工作三等奖”“农业部2012年度固定资产投资决算工作先进单位”和“农业部2012年度中央行政事业单位住房改革支出决算工作先进单位”。

农业部农业机械化技术开发推广总站（农业部农机监理总站）

2013年12月

农业部农业机械化管理司司长李伟国、副司长胡乐鸣一行到农业部农业机械化技术开发推广总站调研，看望干部职工并向奋斗在一线的全国农机推广和监理系统的干部职工表示新年的问候。

2014年1月14—15日

为进一步做好非通用类农机购置补贴分档办法及最高补贴额确定工作，受农业部农业机械化管理司委托，农业部农业机械化技术开发推广总站在北京组织有关专家对有关通用类和部分非通用类农业机械进行分类分档和确定补贴额的研讨。农业部农业机械化管理司副司长胡乐鸣、农业部农业机械化技术开发推广总站站长刘宪出席研讨活动并讲话。

2月17—19日

受农业部农业机械化管理司委托，农业部农业机械化技术开发推广总站在北京组织召开2013年度农机购置补贴政策落实延伸绩效管理工作评审会。农业部办公厅、财务司、驻部纪检组监察局、农业部财会中心、农业部农业机械试验鉴定总站、农业部农业机械化技术开发推广总站、中国农机安全报社、河北省农机化技术推广服务总站、山东省农业机械技术推广站、河南省农业机械技术推广站等有关负责人及相关专家参加评审活动，并于3月4日针对专家实地考核情况组织专家复审。

2月23—24日

为了积极稳步实施公益性行业(农业)科研专项——水稻种植机械化技术集成与示范项目，农业部农业机械化技术开发推广总站站长刘宪一行赴华南农业大学，就2013年项目执行情况向罗锡文院士进行专题汇报，并商讨2014年项目执行计划。

2月24日

农业部农业机械化技术开发推广总站印发2014年农业部农机监理总站工作要点，明确2014年六个方面20项重点工作，要求各级农机安全监理机构共同落实好2014年各项工作任务。

3月2—4日

为做好2014年全国通用类及非通用类农机购置补贴产品归档工作，受农业部农业机械化管理司委托，农业部农业机械化技术开发推广总站在北京组织召开农机购置补贴产品归档专家审定会，农业部农业机械化技术开发推广总站副站长涂志强和农业部农业机械化管理司具体负责同志参加会议。

3月10日

农业部农业机械化技术开发推广总站对2014年农机购置补贴统一归档产品归档情况进行公示，这是国家农机购置补贴政策实施过程中的重大改革，使政策实施更加公平、公正、公开。

3月11日

根据农业部有关部署，农业部农业机械化技术开发推广总站印发《关于开展病死动物无害化处理装备试验示范工作的通知》，在北京、辽宁、山东、河南、福建五省（市）开展病死动物无害化处理装备试验示范工作。农业部农业机械化技术开发推广总站站长刘宪在北京市农业局副局长王振邦的陪同下到北京市通州区泰欣福民养猪有限公司调研。这项工作促进了病死动物无害化处理技术、设备的推广应用，为建立病死动物无害化处理长效机制提供装备支撑。

3月14日

国务院安全生产委员会下发《关于下达2014年全国安全生产控制指标的通知》，下达农业机械行业控制考核指标数为956个。

3月19日

国务院安全生产委员会在河北省石家庄市举办2014年全国春耕生产农业机械化技术培训班暨保护性耕作项目培训班，邀请中国工程院院士罗锡文、陈学庚对项目主管和技术负责人进行春耕生产农业机械化技术和保护性耕作技术专题培训，进一步提高保护性耕作技术认识水平，规范项目的实施与管理，农业部农业机械化技术开发推广总站站长刘宪出席培训班并讲话。

3月31日—4月1日

农业部农业机械化技术开发推广总站派员参加在南京市召开的农机实用人才培训研讨会。

4月23—24日

农业部农业机械化技术开发推广总站在陕西省宝鸡市召开丘陵山区农业机械化技术交流会，全国30个省（区、市）农业机械化主管部门和农机推广部门的代表共计300余人参加交流会。中国工程院院士罗锡文、农业部农业机械化技术开发推广总站站长刘宪、中国农业大学教授杨敏丽等在交流会上作专题报告。

4月24—26日

为进一步做好公益性行业（农业）项目——“水稻种植机械化技术集成与示范”项目的实施工作，农业部农业机械化技术开发推广总站在陕西省组织“水稻种植机械化技术集成与示范”项目阶段总结交流活动，罗锡文院士、农业部农业机械化技术开发推广总站站长刘宪到会指导工作。

4月28日

农业部农业机械化技术开发推广总站在安徽省宣城市举办茶叶生产与加工机械化作业现场观摩暨技术研讨培训班，这是农机推广系统首次针对茶叶生产机械化组织的全国性示范推广活动，对于提高茶叶生产与加工机械化水平、加快我国茶产业提升、促进南方丘陵山区机械化发展将发挥积极的推动作用，农业部农业机械化技术开发推广总站站长刘宪出席培训班并讲话。

5月14日

农业部农业机械化技术开发推广总站在吉林省四平市举办深松技术培训班，来自全国19个省（区、市）农机推广部门的技术负责人参加培训班。农业部农业机械化技术开发推广总站副站长涂志强、吉林省农业委员会副主任于文波、四平市副市长王宇出席开班仪式。

5月20—24日

农业部农业机械化技术开发推广总站协助农业部农业机械化管理司对四川省、湖南省、甘肃省和青海省微耕机安全生产情况进行调研。

5月23日

农业部农业机械化技术开发推广总站在湖北省武穴市举办油菜机械化生产技术研讨交流活动，围绕油菜种植、收获和烘干等关键环节机械化生产技术进行专题交流及观摩现场作业演示。农业部农业机械化管理司司长李伟国，农业部农业机械化技术开发推广总站站长刘宪，全国15个油菜主产省（区、市）以及湖北省油菜主产县（市）农机管理、推广部门的代表参加交流研讨和观摩。

6月15日

为落实《国务院安委会办公室关于开展2014年全国“安全生产月”和“安全生产万里行”活动的通知》和《农业部办公厅关于开展2014年“安全生产月”活动的通知》的要求，农业部农业机械化管理司在湖南省组织举办2014年“全国农机安全生产咨询日”。

6月17—21日

农业部农业机械化管理司综合处处长姚春生率农业机械化代表团赴德国就中德现代农业示范农场项目进行磋商，为充实中德农业中心务实合作做准备，农业部农业机械化技术开发推广总站胡东元、陈玮莹、张园随团参加。会后参加德国农协田间日活动，并访问精准农业农场、克拉斯公司。

6月20—28日

农业部农业机械化技术开发推广总站站长刘宪带队，赴西藏自治区检查马铃薯生产机械化技术示范推广项目及油菜机械化生产示范项目，在拉萨、林芝、日喀则3个地市调研自治区农业机械化技术推广和安全监理工作情况。

6月

按农业部农业机械化管理司要求，农业部农业机械化技术开发推广总站设计印刷46万张《拖拉机安全操作挂图》，在农机安全生产月期间免费发送给全国拖拉机驾驶操作人员。

7月3—5日

按照农业部实施司局级领导干部基层联系点制度的要求，赴上海市松江区开展新型农业经营安全监理机制的调查研究。

7月8—10日

为更好地发挥全国农机购置补贴管理软件系统作用，确保农机购置补贴工作顺利实施，按照农业部农业机械化管理司安排，农业部农业机械化技术开发推广总站在黑龙江举办2014年第一期全国农机购置补贴管理软件系统省级管理员培训班。农业部农业机械化技术开发推广总站副站长涂志强和农业部农业机械化管理司具体负责同志出席培训班。

7 月 10—11 日

农业部农业机械化技术开发推广总站在内蒙古莫力达瓦旗和黑龙江加格达奇区组织“中德现代农业示范成果培训班”，邀请中德现代农业示范农场德方专家霍斯特·布恩格先生进行专题讲座。

7 月 22—25 日

农业部农业机械化技术开发推广总站在新疆乌鲁木齐市组织举办农业机械化技术推广人员培训班，来自全国各省(区、市)农机推广部门的技术负责人共计 80 余人参加。农业部农业机械化技术开发推广总站副站长李安宁作专题讲座。

8 月 1—5 日

根据农业部农业机械化管理司《关于组织开展“2012—2013 年主要农作物生产机械化示范项目”项目验收工作的通知》的规定，受农业部农业机械化管理司委托，农业部农业机械化技术开发推广总站组成检查组对吉林省进行督导检查，重点抽查德惠市的水稻育插秧机械化示范项目和九台市的玉米生产机械化示范项目。

8 月 12—18 日

农业部农业机械化技术开发推广总站派员参加内蒙古自治区农机安全监理半年工作会议，并对呼伦贝尔市农机监理工作进行工作调研。

8 月 28—29 日

全国马铃薯机械化生产技术研讨活动在内蒙古呼和浩特市举行。农业部农业机械化管理司领导、全国马铃薯机械化知名专家、马铃薯生产区农机推广机构负责人、装备制造企业代表、马铃薯种植大户代表等近百人参加研讨活动。

9 月 15 日

全国农机推广站和农机监理站站长会议首次同期在北京召开。农业部副部长张桃林莅临指导并发表讲话，农业部农业机械化管理司副司长胡乐鸣出席会议并部署两个系统下一阶段的工作。来自农业部有关司局和直属单位的领导，以及农业部农机推广(监理)总站、全国 34 个省(自治区、直辖市、计划单列市)、新疆生产建设兵团、黑龙江省农垦总局等农机推广与农机监理机构的 100 多名代表参加会议。

9 月 24—25 日

农业部农业机械化技术开发推广总站承办的全国“三秋”农业机械化技术培训班在河南开封市举办。来自全国 30 个省(区、市)、计划单列市、新疆生产建设兵团、黑龙江省农垦总局等农业机械化主管部门和农机推广部门的有关人员参加培训。农业部农业机械化管理司副司长胡乐鸣、农业部农业机械化技术开发推广总站副站长李安宁、河南省农业机械化管理局局长张开伦等出席开班式。

10—11 月

为贯彻落实农业部农业机械化管理司《关于开展农机安全生产“打非治违”专项行动督导检查的通知》要求，农业部农业机械化技术开发推广总站带队对陕西和福建两省农机安全生产“打非治违”情况进行督导检查。

10 月 10 日

农业部农业机械化技术开发推广总站在黑龙江省哈尔滨市组织召开《农业机械化技术试验验证办法》专家论证会，深入贯彻落实《农业技术推广法》，指导各地开展农业机械化技术验证工作，进一步规范农业机械化技术推广行为，提高农业机械化技术推广工作水平。农业部农业机械化管理司副司长刘恒新到会，农业部农业机械化技术开发推广总站副站长李安宁主持会议。

10 月 14—20 日

农业部农业机械化技术开发推广总站站长刘宪赴台执行为期 7 天的水稻产后加工技术应用考察交流。通过与当地农业专家、企业家、农民进行交流座谈，实地参观考察台湾农机工业同业公会、农机企业、农会、农场、合作社、稻米烘干加工企业、农机展会等，深入了解台湾稻谷加工及产业链的发展现状，产销一体化经营模式以及稻谷烘干设备的生产、鉴定检测、试验推广情况，开展两岸水稻机械化交流合作的研讨，进一步促进海峡两岸农业机械化事业蓬勃发展。

10 月 17 日

农业部公告第 2166 号公布由农业部农业机械化技术开发推广总站起草的《拖拉机安全操作规程》《联合收割机安全操作规程》和《农业机械机身反光标识》三项农业行业标准，标准于 2015 年 1 月 1 日起开始实施。

10 月 24 日

农业部农业机械化技术开发推广总站、中国农业大学等单位承担的国家农业科技成果转化资金项目“双向山地拖拉机及耕作技术的中试与示范”通过农业部科技教育司组织的验收。

10 月 28 日

农业部农业机械化技术开发推广总站和中国农业机械流通协会在湖北武汉市联合举办等农业机械化主推技术现场演示活动暨培训班。来自全国 30 个省(自治区、直辖市)、计划单列市、新疆生产建设兵团、黑龙江省农垦总局农业机械化主管部门和农机推广站的有关人员参加培训。

10 月 28—30 日

为进一步推进农机购置补贴政策改革完善，使各省级农机管理部门充分解农机购置补贴政策的新举措、新要求，确保政策高效、安全实施，农业部农业机械化技术开发推广总站受农业部农业机械化管理司委托，在北京举办农机购置补贴实施相关政策培训班。农业部农业机械化管理司司长李伟国、副司长胡乐鸣，农业部农业机械化技术开发推广总站站长刘宪、副站长涂志强出席培训班。

10 月 30 日—11 月 6 日

为进一步推进农机购置补贴政策改革完善，确保政策高效、安全实施，按照《农业部办公厅关于开展 2014 年农机购置补贴政策实施专项督导检查的通知》(农办机〔2014〕29 号)要求，农业部农业机械化技术开发推广总站副站长涂志强带领第六检查组一行 4 人赴西藏自治区开展 2014 年农机购置补贴政策实施专项督导检查，深入拉萨曲水县、林芝米林县和日喀则白朗县 3 个县，进村入户开展专项督导检查工作。

11 月 23 日

受农业部农业机械化管理司委托，农业部农业机械化技术开发推广总站在北京举办 2015 年农业技术试验示范(农机)项目评审会，对主要农作物生产全程机械化示范项目和保护性耕作技术创新与集成示范项目申报书进行评审，为 2015 年项目实施奠定坚实的基础。

12 月 5—7 日

农业部农业机械化技术开发推广总站在山东省威海市举办农业行业标准《农业机械安全反光标识》培训班，解读标准内容。

12 月 8 日

受农业部农业机械化管理司委托，农业部农业机械化技术开发推广总站在北京市召开全国通用类和部分非通用类农业机械分类分档专家论证会，组织有关专家对农业部农业机械化管理司通过

《农业机械化管理司关于征求全国通用类和部分非通用类农业机械分类分档和中央财政资金最高补贴额一览表完善意见的函》(农机产〔2014〕158 号),向各省征求的完善意见进行论证。农业部农业机械化管理司副司长胡乐鸣、各职能处室有关人员参加论证会,农业部农业机械化技术开发推广总站副站长涂志强出席论证会。

受农业部农业机械化管理司委托,农业部农业机械化技术开发推广总站在广东省广州市举办农机行业全国基层农技推广体系管理信息系统省级管理人员培训班,培训各省(区、市)、计划单列市农业机械化主管部门和农机推广站系统管理员、信息员 80 余人。农业部农业机械化技术开发推广总站副站长李安宁主持培训班开班式,广东省农业厅副厅长牛宝俊出席并致辞,农业部农业机械化管理司调研员王国占讲解信息系统重要性,提出填报要求。

12 月 8—12 日

农业部农业机械化技术开发推广总站在广东省广州市组织开展第二期农业机械化技术推广人员培训班,来自全国 31 个省(区、市)、计划单列市农机推广站的技术骨干 140 余人参加培训。广东省农业厅副巡视员潘雪芬出席培训班并致辞,农业部农业机械化技术开发推广总站副站长李安宁作《新时期农业机械化技术推广工作的形势与任务》的主题报告。

12 月

农业部农业机械化技术开发推广总站组织编写的《农机安全监理法规文件汇编》和《农机安全标准汇编》由中国农业出版社出版发行。

农业部南京农业机械化研究所

1 月 9 日

塔里木大学党委常委、纪委书记赵军、校长助理高雷和机械电气化工程学院负责人等一行 5 人来农业部南京农业机械化研究所考察交流。

1 月 24 日

江苏省农业机械管理局组织行业相关专家,在南京市主持召开由农业部南京农业机械化研究所研制的"4CZ—12 自走式茶叶智能采摘机"科研成果鉴定会。鉴定委员会一致同意 4CZ—12 自走式茶叶智能采摘机通过科技成果鉴定。

2 月 12 日

江苏省科技厅举办 2013 年度全省科技奖励大会,农业部南京农业机械化研究所创新研究——"自动导航无人机低空施药技术"项目获江苏省科学技术奖二等奖。

2 月 19 日

重庆理工大学许洪斌副校长等一行来农业部南京农业机械化研究所交流工作。

2 月 22 日

新疆维吾尔自治区农牧业机械管理局党组书记贾立新一行来农业部南京农业机械化研究所交流工作。

2 月 24 日

农业部南京农业机械化研究所召开党的群众路线教育实践活动总结大会。农业部南京农业机械化研究所党委书记、所教育实践活动领导小组组长曹曙明作党的群众路线教育实践活动总结,中国农业科学院第二督导组组长方向作讲话。大会由农业部南京农业机械化研究所纪委书记、副所长、所教育实践活动领导小组副组长梁建主持。

2 月 25 日

奇瑞重工股份有限公司常务副总经理王喜恩等一行 3 人来农业部南京农业机械化研究所考察交流。

3 月 20—23 日

中国锦州农业科技博览会暨第十八届中国(锦州)北方农业新品种新技术展销会在锦州举行,农业部南京农业机械化研究所展出"油菜机械化分段收获装备""大棚垄作机械化复式作业设备""全秸秆覆盖地免耕播种机""花生机械化收获装备""无人驾驶自动导航低空低量施药技术装备""茶园综合机械化作业装备"共 6 项科技成果,发放技术宣传材料 200 余份,接受观众现场咨询近百人次。

3 月 24 日

农业部南京农业机械化研究所召开干部大会,宣布干部任免事宜。农业部党组决定,陈巧敏同志任所长;中国农业科学院党组决定,陈巧敏、胡志超同志兼任所党委副书记,免去陈巧敏同志副所长职务。中国农业科学院党组书记陈萌山、江苏省委组织部副部长胡金波出席会议并作讲话。农业部南京农业机械化研究所党委书记曹曙明主持会议。

中国农业科学院党组书记陈萌山,院党组成员、人事局局长魏琦,人事局副局长李红康,财务局副局长孙东升到农业部南京农业机械化研究所调研,听取科技创新工程实施情况汇报。

3 月 27 日

"十二五"国家科技支撑计划"现代多功能农机装备制造关键技术研究"重大项目课题验收总结会在河南郑州举行,农业部南京农业机械化研究所承担的两项子课题任务"苎麻联合收割技术和装备研究与示范"与"茶园作业机器人关键技术与装备研发"通过验收。

3 月 27 日

中国农业机械化协会一届四次理事会暨一届五次常务理事会在郑州召开,中国农业机械化协会常务副会长马世青出席会议并主持。农业部南京农业机械化研究所陈巧敏所长参加会议,并当选为中国农业机械化协会农机科技分会主任委员。

3 月 29 日

中国农业科学院在北京市召开科技创新工程试点所所长和团队首席培训班,农业部副部长、中国农业科学院院长李家洋,中国农业科学院党组书记陈萌山等出席培训班。农业部南京农业机械化研究所所长陈巧敏,所党委书记曹曙明,副所长、党委副书记胡志超和团队首席科学家参加培训。

3 月 31 日

农业部南京农业机械化研究所工会组织职工观看电影《咱们的工会主席》。

4 月 1 日

全国农机实用人才培训研讨会在农业部南京农业机械化研究所召开。

4 月 7 日

农业部南京农业机械化研究所所长陈巧敏一行考察无锡威孚精密机械制造有限责任公司,并与公司共建"液压技术研究中心"。

4 月 8 日

江苏省委驻滨海县帮扶工作队队长倪国强一行来农业部南京农业机械化研究所交流工作。

4 月 10—11 日

农业部南京农业机械化研究所所长陈巧敏赴奇瑞重工股份有限公司考察调研,就科研项目合作、科技成果转化及青年科技人员实践等事宜与奇瑞重工股份有限公司党委书记、总经理王金富等展开交流和探讨。

4 月 12—15 日

农业部南京农业机械化研究所副所

长、国家花生产业技术体系机械研究室主任胡志超研究员、产后加工机械岗位专家谢焕雄研究员一行赴山东调研。

4月16日

农业部南京农业机械化研究所邀请美国农业部南方平原研究中心高级工程师、德州农工大学生物和农业工程系博士生导师兰玉彬教授作题为"现代农业智能装备现状及展望"的学术报告。

江苏省科技厅副巡视员周贡生、农村科技处副处长吴翔等一行到溧阳考察农业部南京农业机械化研究所创新研发的茶园综合作业机械和名优茶加工机械。

4月19—21日

农业部南京农业机械化研究所副所长、党委副书记胡志超赴黑龙江省调研玉米茬地免耕覆秸播种技术在东北地区的应用情况。

4月20—21日

由国家食用菌产业技术体系首席科学家张金霞与菌渣综合利用岗位科学家宫志远组成的食用菌产业技术体系中期检查组一行对农业部南京农业机械化研究所食用菌设备设施岗位专家宋卫东承担的体系"十二五"工作任务进行中期检查与指导。

4月21—22日

由农业部南京农业机械化研究所主办的"农用遥控飞行植保机安全技术标准讨论会"在农业部南京农业机械化研究所召开。

4月23日

农业部南京农业机械化研究所肖宏儒及其团队成员参加2014中国(国际)生物质能源与生物质利用高峰论坛。

4月24日

农业部南京农业机械化研究所副所长胡志超参加2014中国·宝鸡丘陵山区暨高新农业机械演示与学术交流会。

4月25日

中国工程院院士、中国茶叶学会名誉会长、国家食品安全委员会副主席陈宗懋来农业部南京农业机械化研究所作题为"茶产业发展对科技创新的企求"学术报告。

4月28日

茶叶生产与加工机械化作业现场观摩暨技术研讨培训班在安徽省宣城市召开,农业部南京农业机械化研究所现代农业茶叶产业技术体系茶园机械岗位专家肖宏儒作"茶园作业机械化发展战略与建议"专题报告。

4月29日

农业部农业机械化技术开发推广总站站长刘宪一行来农业部南京农业机械化研究所指导交流工作。

4月30日—5月9日

国家花生产业技术体系产后加工机械岗位专家谢焕雄率部分团队成员在山西省孝义市孝义嘉美地农民专业合作社(山西蓬源农业科技有限公司)开展花生种子机械化脱壳、清选试验示范。

5月5日

江苏省农业机械行业协会副会长孙斌频,秘书长王晓竹一行来农业部南京农业机械化研究所就"2014年农业装备与工程机械协作配套对接会"相关事宜交流洽谈。

5月13日

农业部南京农业机械化研究所召开2014年科技工作会议,总结2013年项目立项和科研业绩情况,研究部署2014年重点工作。

5月15日

油菜全程机械化高效生产模式示范现场会在湖北省荆州市举行,农业部南京农业机械化研究所党委书记曹曙明、副所长胡志超及主要农作物生产装备工程技术中心主任吴崇友参会。

5月21日

江苏省部属科研院所联合会副理事长兼秘书长凤穗、副秘书长张官元、方华、秘书张长爱一行农业部南京农业机械化研究所所座谈调研。

5月22日

中国工程院院士陈学庚、农八师科技局副局长戚亮、新疆农垦科学院赵岩来农业部南京农业机械化研究所考察交流。

5月27日

中国农业机械化协会设施农业分会成立大会在北京市召开。农业部南京农业机械化研究所当选中国农业机械化协会设施农业分会副主任委员单位。

6月3—16日

农业部南京农业机械化研究所副所长胡志超带领其创新团队分别在河南驻马店、许昌、开封、濮阳、天津武清开展麦茬全秸秆覆盖地花生、玉米机械化播种试验示范,并在河南开封、濮阳和天津武清召开三场麦茬全秸秆覆盖地机械化播种现场会,在试验示范同时现场指导培训数百人次。

6月4日

由农业部南京农业机械化研究所特色经济作物生产装备工程技术中心主任肖宏儒带领的"果蔬茶收获装备技术研发团队"和盐城市盐海拖拉机制造有限公司,联合研究开发的国内首台自走式芦蒿有序收获机,在无锡市益家康无公害蔬菜基地完成样机试验。

6月8日

农业部南京农业机械化研究所所长陈巧敏赴中国农机安全报社交流工作。

6月11日

美国德州农工大学教授速启德来农业部南京农业机械化研究所作题为"现代设计方法理论与先进制造技术"的学术报告。

来自马里、埃塞俄比亚、肯尼亚、乌干达、赞比亚等10个非洲国家农业科技人员15人组成的"中非农业技术转移经验分享培训班"代表团来农业部南京农业机械化研究所培训参观。

6月17—25日

根据农业部安排,农业部南京农业机械化研究所举办发展中国家水稻生产机械化技术培训班,来自泰国、越南、柬埔寨、老挝、缅甸、印度尼西亚和津巴布韦等7国的18名学员,参加为期9天的培训。

6月29日

农业部南京农业机械化研究所召开纪念我国植保机械奠基人钱浩声先生诞辰110周年座谈会。

7月1日

农业部南京农业机械化研究所与盐城市经济开发区合作签约仪式在盐城举行。农业部南京农业机械化研究所所长陈巧敏、盐城经济技术开发区管委会主任王连春分别代表双方签署《共同推进盐城农业装备产业园建设合作协议》。

7月6—13日

农业部南京农业机械化研究所党委书记曹曙明一行赴塔里木大学、新疆农业科学院农业机械化研究所、新疆农垦科学院机械装备研究所、新疆维吾尔自治区农牧业机械管理局、新疆生产建设兵团农业局和巴州农技推广中心,座谈交流新疆农业机械化技术需求,落实与新疆对口科教单位的合作领域和项目。

7月9日

农业部南京农业机械化研究所组织召开"设施蔬菜栽培用电动作业动力平台技术与蔬菜生产机械化研讨会"。

7 月 18 日

农业部南京农业机械化研究所组织第一批新入职高校应届毕业生赴奇瑞重工开展技能培训。

7 月 23 日

中国农业科学院科技局副局长李新海，科技局平台处处长熊明民，科技局规划处副处长林克剑，科技局综合处副处长官涛和项目处副处长刘开强来农业部南京农业机械化研究所调研。

7 月 27 日

由农业部南京农业机械化研究所主办，锦州市农业机械化管理局承办的低空低量航空施药技术示范培训活动在锦州凌海安屯镇举办。

8 月 11 日

安徽省农业科学院副院长潘泽义一行来农业部南京农业机械化研究所交流工作。

8 月 21—22 日

全国机械工业文化建设暨机械政研会 30 年成果展示会在吉林省长春市召开，农业部南京农业机械化研究所荣获全国机械行业文明单位称号。

9 月 2 日

江苏省农业机械管理局局长徐顺年、副局长范伯仁一行来农业部南京农业机械化研究所考察交流。

9 月 6—7 日

农业部南京农业机械化研究所副所长胡志超参加中国(2014)花生产业化发展论坛，并作主题为“我国花生机械化产业发展思考”的报告。

9 月 8—12 日

农业部南京农业机械化研究所与江苏省农业机械技术推广站联合主办的江苏省花生机械化生产现场演示暨技术培训会在徐州睢宁召开。

9 月 9—15 日

由全国农机化教育培训中心和农业部农业机械化技术开发推广总站联合举办的“2014 年第一期全国农机推广骨干培训班”在南京市开班，来自全国有关省、市、县农机管理、农机推广技术骨干人员 80 多名学员参加培训。

9 月 10 日

江苏省农垦集团农业发展股份有限公司副总裁许峰、农垦集团有限公司农业处处长朱亚东一行来农业部南京农业机械化研究所考察交流。

9 月 15 日

中国农业机械学会第十次全国会员代表大会在北京市召开，农业部南京农业机械化研究所所长陈巧敏参加会议并当选为中国农业机械学会第十届理事会常务理事。

9 月 20 日

农业部南京农业机械化研究所主持的国家科技支撑计划“园艺作物机械化高效栽培关键技术研究与示范”课题在无锡礼贤生态农业发展有限公司召开年度工作交流暨蔬菜生产机械化演示会。

9 月 20—22 日

农业部南京农业机械化研究所所长陈巧敏一行赴湖州星光农机股份有限公司、中机南方机械股份有限公司以及无锡威孚精密机械制造有限公司考察调研，就科研项目合作、科技成果转化等方面进行交流和探讨。

9 月 23 日

中国农业科学院棉花研究所所长李付广一行来农业部南京农业机械化研究所交流工作，并就两所在促进我国棉花产业持续稳定健康发展、优势互补、成果共享、合作双赢达成共识的基础上，与农业部南京农业机械化研究所签署同推进棉花机械化采收技术合作协议。

9 月 26 日

农业部南京农业机械化研究所与江苏农垦集团有限公司战略合作框架协议在省农垦集团总部举行，双方就加强合作交流，共同提升江苏农垦农业现代化水平达成共识并签署协议。

农业部南京农业机械化研究所与青海互助试验站联合召开油菜机械化现场交流会。农业部南京农业机械化研究所吴崇友研究员做题为“油菜机械化技术及发展现状”的专题报告。

国家现代农业甘薯产业技术体系机具与机械化岗位与南通富来威农业装备有限公司合作，研制出一款与 55～80 千瓦大型拖拉机配套的 2ZFG—2 型甘薯移栽复式作业机，该机可一次完成两垄的旋耕、起垄、破压茬、栽插、修垄等作业。

10 月 9—11 日

农业部南京农业机械化研究所农机化发展与信息研究中心在北京组织召开《农机安全生产管理概论》书稿修订工作会议。

10 月 10 日

江淮动力股份有限公司副总经理丁洪春一行来农业部南京农业机械化研究所洽谈合作。

10 月 14 日

由农业部南京农业机械化研究所、中国农业科学院棉花研究所、新疆巴音郭楞蒙古自治州农业技术推广中心三方共同举办的“全国轻型采棉机采棉现场会”在新疆巴音郭楞蒙古自治州尉犁县召开。

10 月 17 日

农业部南京农业机械化研究所承担的国家科技支撑计划“园艺作物机械化高效栽培关键技术研究与示范”课题蔬菜生产机械化示范基地授牌仪式在山东省惠民县举行。

10 月 20 日

由农业部南京农业机械化研究所、中国农业科学院棉花研究所共同举办的“棉花全程机械化现场观摩暨中棉所棉花新品种展示会”在河南安阳召开。

10 月 25 日

由农业部南京农业机械化研究所主办的油菜毯状苗机械移栽技术交流会在江苏省扬州市江都区小纪镇举行。

10 月 28 日

大豆产业技术体系首席科学家韩天富一行来农业部南京农业机械化研究所考察交流。

11 月 1 日

农业部南京农业机械化研究所陈巧敏所长参加《中华人民共和国农业机械化促进法》实施十周年专题研讨会。

11 月 2 日

长江流域沿海棉区机采棉观摩研讨会在盐城市大丰举行。农业部南京农业机械化研究所副所长梁建出席会议并作发言。

11 月 3 日

科技部、农业部及中国农业科学院组织有关专家对 2012 农业科技成果转化资金项目进行验收。农业部南京农业机械化研究所承担的两个项目“油菜分段收获技术与装备中试及产业化”和“茶园作业机械化关键技术与装备中试及产业化”通过验收。

11 月 4—5 日

内蒙古农牧机械制造产业技术创新战略联盟会议暨内蒙古自治区农机制造业发展论坛在赤峰市宁城县农业机械制造园区召开，农业部南京农业机械化研究所作为副理事长单位参加会议。

11 月 10 日

蒋耀、钱浩声先生雕像揭幕仪式，在农业部南京农业机械化研究所展示中心举行。农业部南京农业机械化研究所所长陈巧敏致揭幕词。蒋耀、钱浩声先生家属代表,农业部南京农业机械化研究所退休职工、各部门负责同志以及青年职工共200多人参加揭幕仪式。

11月12日

农业部南京农业机械化研究所召开党委中心组学习会,专题传达学习中央四中全会关于全面推进依法治国若干重大问题的决定的相关文件。会议由农业部南京农业机械化研究所党委书记曹曙明主持,各部门负责人、党支部书记、群团组织负责人等参加会议。

11月15日

农业部南京农业机械化研究所承办中国蔬菜协会机械化分会成立大会暨蔬菜产业发展与机械化论坛。

农业部南京农业机械化研究所在安徽和县召开中国蔬菜协会机械化分会成立大会,96名会员单位代表参加投票,选举产生机械化分会第一届理事会。我农业部南京农业机械化研究所党委书记曹曙明当选为第一任分会会长,农业资源开发与设施农业工程技术中心主任陈永生当选为副会长兼秘书长。

11月17日

农业部南京农业机械化研究所在江苏省海门市组织召开秸秆收储装备及秸秆沼气工程原料预处理技术研讨会。

11月18日

第六届精准农业与航空施药技术国际学术研讨会在农业部南京农业机械化研究所召开。

11月19日

钱浩声先生诞辰110周年植保机械学术研讨会暨农业部南京农业机械化研究所所庆80周年纪念活动在农业部南京农业机械化研究所举行。

11月29日

国家食用菌装备产业技术创新战略联盟成立大会在江苏省盐城市召开。农业部南京农业机械化研究所当选为联盟副理事长单位,所长陈巧敏当选为联盟副理事长,宋卫东研究员当选为专家委员会副主任委员。

11月

农业部南京农业机械化研究所创制出国内首台八行花生捡拾联合收获机。

农业部南京农业机械化研究所所发明专利"根茎类作物联合收获机"获中国专利优秀奖。

农业部南京农业机械化研究所成功研制4MZ—2.6指杆式、4MZ—2.6指刷式、4MZ—3软摘锭式、4MZ—3刷辊式等多种轻型采棉机。

12月2—5日

农业部南京农业机械化研究所参与承办"生物质能源产业科技创新发展高层论坛暨2014年度联盟理事会"。

12月12日

农业部南京农业机械化研究所组织召开"我国农机购置融资模式与扶持政策研究"研讨会。

12月16—17日

中国工程咨询协会农业专业委员会和中国勘察设计协会农业专业委员会2014年年会在山西省太原市召开,农业部南京设计院独立完成的"惠州市惠城区省级现代农业示范区建设规划(2013—2015年)"获全国农业优秀工程咨询成果三等奖。

12月19日

农业部南京农业机械化研究所所长陈巧敏赴中联重机股份有限公司考察调研,就科研项目合作、科技成果转化及青年科技人员培训等事宜与中联重科股份有限公司副总裁、中联重机股份有限公司常务副总经理李江涛等展开交流和探讨。

江苏省农业机械管理局组织相关专家,对农业部南京农业机械化研究所主持的江苏省农机三新工程项目"适于稻板田油菜机械移栽技术装备及其育苗技术研究"和"适于稻板茬田油菜移栽机的研究开发"两个项目进行验收和成果鉴定,鉴定认为农业部南京农业机械化研究所牵头研发的2ZTY—4型油菜毯状苗移栽机为世界首创,达到国际领先水平。

12月23日

塔里木大学党委书记王选东一行7人来农业部南京农业机械化研究所考察交流。

12月26日

农业部南京农业机械化研究所与南京工程学院共建研究生培养基地签约仪式在南京工程学院举行,农业部南京农业机械化研究所副所长胡志超与南京工程学院副院长曹雪虹分别代表双方单位在协议上签字。

美国德州农工大学速启德教授来农业部南京农业机械化研究所进行学术交流,并作"非线性时频控制理论及设计方法论"的专题报告。

12月30日

受江苏省科技厅委托,江苏省农业机械管理局组织相关专家,对农业部南京农业机械化研究所承担的江苏省科技支撑计划项目"工厂化、智能化育苗播种成套设备研究开发"进行验收。验收委员会一致认为该项目完成了合同书规定的各项指标,同意通过验收。

2014年

农业部南京农业机械化研究所任免干部:免去吕平同志基建办副主任职务,免去韩柏和同志江苏大浩科技有限公司副总经理职务(保留副处级待遇),免去吕晓兰同志植保与环境工程技术中心副主任职务,免去包连凯同志后勤服务中心副主任职务;王顺元同志任后勤服务中心主任,谢居力同志任基建办副主任(正科级)。

中国农机安全报社

2014年1月8日

中国农机化导报、中国农业机械化协会与奇瑞重工股份有限公司在北京联合举办"奇瑞重工杯"2013年全国农业机械化十大新闻评选活动。这项活动逐渐成为农业机械化工作中的一个品牌宣传活动和最受期待的年度盛事之一。2014年还第一次邀请京外农机行业新闻媒体人士参加,使评选活动更加专业化,也开创十大新闻评选活动开展以来一个新的评选模式。

2月7日

农业部党组决定,将中国农机安全报社划转农民日报社管理。

3月

中国农机安全报社导报编辑部集中力量开展"两会召开 聚焦三农"系列采访活动。

中国农机安全报社分别由两位副社长带队,深入陕西和广西,跟随百乡万户调研组采访,《中国农机化导报》和《中国农机监理》杂志对农业部组织开展的"百乡万户调查"活动进行全方位跟踪宣传报道。

4月9日

中国农机安全报社与斯图加特展览公司、山东农机协会、山东农机工业协会合作,完成"2014青岛国际农业机械化交流活动"工作。此活动斯图加特公司已经连续3届与报社合作举办这项活动。活动汇集中外12位专家学者进行对话，到会听众200多人，对话聚焦农机合作社与葡萄机械化，共同解析发展趋势、分享经验。

5月20日—7月15日

《中国农机化导报》对"三夏"跨区作业进行报道，推出"行在收获中"等专栏。

7月28日—8月1日

中国农机安全报社在四川省宜宾市举办全国农机监督管理领导干部能力建设培训班。

7月

农民日报社党委研究决定，从农民日报社中层干部中借调人才加强农机安全报社采编力量，何定明任中国农机安全报社社长助理，赵洁任总编辑助理。

8月

在《中国农机化导报》设置"理事长风采"栏目，加大对农机社会化服务主体的报道力度。

农业部党组研究决定中国农机安全报社社长、总编辑李耀辉同志调中国农业出版社任职。

8—12月

中国农机安全报社进行《中华人民共和国农业机械化促进法》十周年的征文刊登。

9月3日

经农民日报社党委研究，任命王磊同志为中国农机安全报社社长、总编辑，组成新的领导班子。

11月3日

《中国农机化导报》和中国农业机械化发展研究中心联合主办"法治促进发展提升"研讨会，河南豪丰机械制造有限公司协办。中国科学技术协会副主席陈章良、全国人大农业与农村委员会法案室巡视员何宝玉及农业部、财政部、行业协会有关领导作主题演讲，各省区市农机管理部门领导及高校、科研机构、农机企业代表等共70人参加研讨活动。

11月10—14日

中国农机安全报社在江西省赣州市举办全国农机监督管理领导干部能力建设培训班，邀请农业部农业机械化管理司、中国农业大学领导和专家授课，讲授国外农业机械化发展趋势与进展、领导艺术与心理调节、农业机械化发展形势与政策分析等内容。

11月21日

根据北京市新闻出版广电局有关要求，经中国农机安全报社社长办公会研究，并报农民日报社党委会同意，决定向北京市新闻出版广电局提出申请，办理《中国农机安全报》维文版暂时休刊手续。

12月16日

《中国农机化导报》、中国农业机械化协会主办，福田雷沃国际重工股份有限公司冠名的"雷沃杯2014'全国20佳农机合作社理事长'评选活动"举办评定会。

2014年

《中国农机化导报》以每期2个版的内容，开展"农业机械化实用技术下乡"系列宣传活动。

《中国农机监理》杂志开始在"以案说法""争鸣圆桌""微观监理""斑斓思绪""乡土文萃"等栏目文章中采用活泼、跳跃、生动、形象的文风，全面提升杂志的可读性。

地　方　篇

北　京　市

2013年11月18日

《北京市拖拉机、联合收割机牌证业务档案管理实施细则》正式实施。

2014年1月13日

在2014年世界葡萄大会主展区开设葡萄机械化生产农机农艺融合示范展示区，引进的葡萄专用振动深松化肥深施机、碎草机、风送式打药机，自主研制的葡萄埋藤机，集中展示、演示并示范葡萄生产机械化技术及机具，推进葡萄生产关键环节机械化进程。

1月

北京市农村工作委员会、市农业局、市工商局、市质监局、市安全监管局和市公安交管局等6家农机安全生产联席会议成员单位召开联席会议，总结2013年全市农机安全生产联合行动工作开展情况，对2014年重点工作进行研讨；决定在常规工作基础上将6部门联合行动工作目标长远化，方案3年制定1次，并以落实"工作目标考核、工作动态季报、事故应急响应和部门常态联动"为重点，强化对农机生产、销售、维修和使用各环节的全程监管。

2月11日

北京市农业机械试验鉴定推广站承担的"北京市深松机械化技术示范推广项目"，荣获2011—2013年度北京市农业技术推广奖一等奖，"农田秸秆资源清洁饲料化技术研究与示范推广项目"荣获2011—2013年度北京市农业技术推广奖三等奖。

3月4日

北京市农业局与北京首都农业集团有限公司签订《支持首农奶业发展提升畜牧机械化水平合作协议》，在农业机械化方面开展更加广泛、深入的合作。双方提出将开展农业机械化深入合作，着力做优、做大、做强三元乳业；着力提升北京市奶牛养殖业机械化水平；着力提高北京市农机社会化服务水平。

3月17日

北京市召开全市农业机械化工作会，布置2014年全市农业机械化发展重点工作。

5月13日

北京市召开日光温室骨架改造及机械化配套技术现场观摩会，温室骨架通过改造，前端统一扬起打开，便于25.73千瓦拖拉机进出作业，同时不影响卷膜、卷帘等其他环节作业，改善农民在温室里作业的条件，为标准化日光温室和规模设施园区提供了一个可借鉴的改造方案。

5月19日

北京市启用新版"北京市农机安全监督管理系统"，旧版系统停用。

5月24日

北京市为世界种子大会4栋温室配备省力化和物理增产设备，包括2套地面运输小车、4套空间电场以及4套声波助长仪。

5月

北京市完成"北京市农业机械驾驶

(操作)人员安全教育工程建设"项目,首次将农机安全培训对象扩展至农民机手的配偶和子女,以"小手拉大手",长吹安全"耳边风"的形式提醒机手安全作业,累计培训人员 2 000 人次。

6 月 4 日

首都北斗区域应用示范项目——基于北斗的农机高效作业和精确调度示范项目现场演示会在密云河南寨农机专业合作社召开,进一步提升首都农业现代化科技装备水平。

6 月 17 日

农业部部长韩长赋到北京市顺义区现场调研"三夏"生产情况,查看小麦机收、秸秆打捆和玉米播种机械作业,农业部农业机械化管理司司长李伟国、副司长胡乐鸣,北京市市委常委牛有成,市农村工作委员会主任王孝东,市农业局局长吴宝新、副局长王振邦等领导陪同调研。

6 月 19 日

农业部农业机械监理总站站长刘宪和北京市农业局副局长王振邦赴密云县农机监理所和北京河南寨农机专业服务合作社调研,对北京市农机监理行政审批、执法检查、送服务下乡和联合行动等工作进行检查指导。

6 月 20 日

北京市促成中国农业大学工学院与北京鑫利农机服务专业合作社共建人才培训实习基地建立,揭牌仪式在北京鑫利农机服务专业合作社举行。

7 月 3 日

农业部农业机械化技术开发推广总站站长刘宪、北京市农业局副局长王振邦考察动物尸体无害化处理示范点运行情况。

7 月

新版北京市农业机械化信息网(http://www.bjnongji.com)正式上线运行。该网站整合农机行业管理、安全监理、农机鉴定、农机推广等相关业务系统,构建一站式网上办事大厅,形成集新闻、办公、交流、数据、监测、展示、培训等全功能,24 小时全天候服务的新北京农业机械化信息网。

北京市农业机械监理总站承担的"北京市农机驾驶操作人员身份识别及移动执法技术的试验与示范"项目通过验收。该项目研制具有读卡、摄像、GPS 定位、条码扫描、信息查询、执法处罚现场录入和打印等功能的 PDA 移动执法终端,研发具有农机驾驶操作人员信息储存及读取功能的 IC 卡及相关配套软件,试验并完成农机驾驶员 IC 卡的制作,满足农机监理移动执法需要。该项目在全国农机监理行业具有科技引领作用,填补了农机监理行业移动执法空白。

8 月

北京市农业机械监理总站建立《北京市农机监理行政审批受理大厅规范化建设标准》,从受理大厅行业标识规范化改造、便民服务和民意征集设施配套建设、安全宣传媒介改造等硬件建设以及管理和服务制度建立、牌证人员业务技能和服务水平提升等着手,打造本市农机监理行政审批受理大厅便民服务、安全宣传、形象展示和民意征集四个窗口,促进农机监理各项行政审批工作更加便民、规范和高效。

9 月 9 日

北京市农业机械产品质量监督检验站通过北京市质量技术监督局的分类监管评审。

9 月 16 日

农业部农业机械试验鉴定总站副站长朱良一行参观北京市昌平区、顺义区两个示范点设施环境监控、设施生产两方面机械化技术的运行情况并指导工作。

9 月 17 日

北京市农业机械试验鉴定推广站与北京市武警十八支队蔬菜生产基地开展合作,就基地建设发展规划等问题进行实地考察和交流沟通,共同做好北京市武警十八支队"都市型蔬菜生产设施、装备综合配套技术试验示范基地"的发展建设规划。

9 月 25 日

北京市农业机械监理总站首次开展送行政审批下乡活动,赴昌平区崔村镇大新峰村为 6 名农民机手现场办理行政许可业务。

11 月 3 日

北京市农业机械试验鉴定推广站完成日光温室远程自动控制灌溉系统的研制工作。通过远程灌溉控制平台和现场控制箱设置灌溉的时间段,可解决设施农业中灌溉自动化程度低的问题,降低工作人员劳动强度,提高管理水平,节约设施农业水资源。

11 月 16—18 日

北京市组织农机操作人员参加农民日报社举办的全国农机手大赛,2 人进入 10 强。

11 月 17 日

农业部农业机械化管理司司长李伟国督导检查北京市 2013—2014 年农业机械购机补贴工作。

11 月 19—21 日

2014 年北京农机职业技能竞赛在密云县举行。

11 月 29 日

北京兴农天力农机服务专业合作社、北京互联农机服务专业合作社荣获第五届精耕杯"全国三十佳优秀创新示范农机合作社"。北京多力多机械制造有限公司荣获第五届精耕杯"用户最心仪的丘陵山区农业机械十佳品牌"。

天津市

2013 年 12 月 3 日

天津市农业机械试验鉴定站承担的温室病虫害安全防控技术引进项目通过现场验收。

12 月 20 日

在农业部印发的《农业部关于表彰全国农业先进集体和先进个人的决定》中,静海县农业机械发展服务中心被评为全国农业先进集体,西青区农业技术推广服务中心刘学旺、北辰区农业机械发展服务中心王作瑞被评为全国农业先进个人。

12 月 25 日

在农业部印发的《农业部关于表彰全国粮食生产先进单位和先进个人表扬决定》中,静海县农业机械发展服务中心刘西亭被评为全国粮食生产突出贡献农业科技人员。

12 月 26 日

天津市农业机械管理办公室召开农机安全监理工作会议。各区县农机中心主管安全监理工作的副主任、农机安全监理站站长、滨海新区农业局相关人员共 40 多人参加会议。天津市农业机械管理办公室副主任胡伟到会并讲话。

12 月

被列为天津市委、市人民政府 20 项民心工程之一的耕地深松及激光平地机械化作业补贴项目圆满完成。项目实施一年来,深松作业 51 千公顷、激光平地作业 12.47 千公顷,使近 10 万户农户受益。

2014 年 1 月 14 日

2013 年度天津市农业机械化科学

技术奖评审工作结束，共受理28项。经审查，共评出获奖项目21项，其中：一等奖3项，二等奖6项，三等奖12项。

1月20日

天津市农业机械管理办公室召开全市农业机械化工作会议，总结2013年全市农业机械化工作，部署2014年农业机械化工作目标任务。各区县农机中心领导、市农业机械管理办公室机关处级以上干部及直属单位领导班子成员共计60余人参加会议。会议对2013年度天津市农业机械化工作先进集体和先进个人进行表彰，宣布了2013年度天津市农业机械化科技奖获奖名单。

1月21日

全市农机推广工作座谈会在天津市农业机械化示范推广中心召开。天津市农业机械推广总站、各区县农机中心及农业机械推广站50余人参加会议。天津市农业机械管理办公室副主任刘志伟参加会议。

2月21日

天津市农村工作委员会书记张国庆到滨海新区调研春耕备耕工作。天津市农业机械管理办公室主任韦恩学陪同调研，滨海新区农业局局长刘庆纪、大港农机中心等有关部门负责人参加调研。

2月25日

天津市农业机械管理办公室召开2014年度农机检审工作会议，各区县农机中心主管安全监理工作的副主任、监理站站长和滨海新区农业局有关人员共50人参加。天津市农业机械管理办公室主任韦恩学、副主任胡伟出席会议。各区县农机中心、滨海新区农业局递交2014年农机安全生产责任书。

3月4日

天津市农业机械管理办公室召开2014年天津市农业机械化质量工作会议，天津市农业机械管理办公室副主任胡伟和各区县农机发展服务中心主管农业机械化质量工作的领导及管理科科长，天津市主要农机生产企业、农机经销商负责人等80余人参加会议。

3月6日

天津市农业机械管理办公室在宁河县召开棉花秸秆收集利用及残膜回收机械化技术现场演示会。会议由天津市农业机械研究所、宁河县农机中心联合承办。天津市农业机械管理办公室副主任胡伟和天津市农村工作委员会能源处领导及中国农业机械化科学研究院技术专家，滨海新区农业局及全市涉农区县农机中心主管领导、管理和推广科(站)长、科技人员、棉花种植大户、农机合作社成员等120多人参加现场会。

3月26日

农业部强农惠农富农政策落实延伸绩效管理考评组到蓟县检查农机购置补贴工作。天津市农业机械管理办公室副主任胡伟陪同检查。

4月4日

农业部、国家安全生产监督管理总局印发《关于调整“平安农机”创建工作的通知》，确定天津市蓟县为2013年全国“平安农机”示范县(区、市)。

4月10日

天津市农业机械管理办公室召开2014年天津市农机购置补贴工作会。天津市农业机械管理办公室领导，区县农机中心领导和管理科科长，区县财政局相关负责人，农机补贴产品经销单位负责人等100余人参加会议。

4月11日

天津市农业机械推广总站在滨海新区塘沽召开设施农业悬挂式高效喷施技术及设备演示会。

4月14日

天津市农业机械管理办公室在滨海新区大港召开农机检审现场推动会。

4月15日

天津市农业机械管理办公室召开2014年耕地深松及激光平地作业补贴项目启动视频会。

4月23日

天津市农业机械化科技下乡活动启动仪式暨保护性耕作机械化技术演示会在滨海新区大港小王庄镇举办。活动由天津市农业机械管理办公室和天津市农业机械学会主办，天津市农业机械推广总站、滨海新区农业局、滨海新区大港农机发展服务中心承办。天津市农业机械管理办公室主任韦恩学和领导班子成员，天津市农村工作委员会科教处、天津市农业机械管理办公室各直属单位、机关各处室及滨海新区农业局、各区县农机中心主要领导和技术推广人员，农业机械化学校教师，农机合作社、农机大户代表和部分家庭农场主300余人参加活动。会议由天津市农业机械管理办公室副主任刘志伟主持。

4月

天津市农业机械管理办公室召开农机购置补贴警示专题报告会。纪检书记张顺义作反腐倡廉警示教育专题报告。

5月6日

天津市农业机械管理办公室和天津市农业机械工业协会联合举办天津市农业机械化标准培训班。天津市农业机械试验鉴定站(天津市农业机械质量管理站)和市各农机生产企业的标准技术人员40余人参加培训。

5月8日

天津市农村工作委员会印发《关于李广来同志任免职的通知》，李广来任天津市农机发展服务中心(天津市农业机械管理办公室)党委委员、副主任。

5月12—22日

天津市农业机械管理办公室开展全市农机安全生产隐患排查专项治理工作。

5月13日

天津市农业机械管理办公室在静海农机中心召开2014年农作物秸秆综合利用对接会。宝坻、武清、静海等6个农机中心、部分农机合作社、秸秆利用企业、秸秆经纪人和秸秆综合利用装备生产厂家代表近80人参加会议。

5月19日

天津市农业机械管理办公室在宁河县农业机械化技术学校召开2014年农业机械化教育培训工作启动会。天津市农业机械管理办公室副主任胡伟、各区县农业机械化学校校长等20余人参加会议。

5月20日

天津市首期植保机械操作工培训班在宝坻区进行考评，共有24名学员通过特有工种职业技能鉴定站农业143站组织的考评鉴定，取得植保机械操作工中级职业资格证书。

5月27—28日

天津市农业机械管理办公室举办农机安全监理业务人员培训班。各区县农机安全监理行政许可业务受理员、档案管理员、检验员、信息宣传员共50多人参加培训。

5月29日

天津市农作物秸秆资源化利用技术青年论坛在天津农业机械化技术试验服务中心举办。论坛由天津市农机与农业工程学会主办，天津市农业机械研究所承办，是第28届天津市科技周活动之一，天津市科学技术协会学会部、天津市农业机械管理办公室、天津市农机与农业工程学会有关领导，相关区县农机中心领导，农业机械化青年科技人员及相关企业等50余人参加论坛。

5月30日

天津市农业机械管理办公室印发《天津市2014年秸秆禁烧与综合利用督察方案》，成立8个秸秆禁烧与综合利用工作督导组，开展秸秆禁烧与综合利用市级督查工作。

6月5日

天津市农业机械管理办公室举办2014年第一期农业机械化报告会。天津市农业机械管理办公室主任韦恩学、副主任胡伟、李广来，天津市农业机械管理办公室机关各处室和直属各单位科技人员，各区县农机中心领导班子成员及管理、推广人员和农业机械化学校教师共90余人参加会议。

天津市宝坻区农机中心承担的农业部农机推广与体系建设专项经费项目水稻育插秧机械化技术示范项目通过天津市农业机械管理办公室组织的结题验收。

6月6日

天津市农业机械管理办公室在静海县举办小麦收割开机仪式，天津市农业机械管理办公室主任韦恩学、副主任胡伟等参加仪式。

天津市农业机械研究所与静海县农机中心联合举办农作物秸秆收集综合利用技术现场会，天津市农业机械管理办公室主任韦恩学、副主任胡伟以及相关处室领导和区县领导参加。

6月11日

在农业部印发的《关于2013年各地拖拉机"三率"情况的通报》中，天津市拖拉机"三率"综合水平名列全国第五（拖拉机上牌率90.3%、检验率65%、持证率86.4%）。

6月13日

天津市农业机械管理办公室在武清区举行2014年小麦秸秆处理技术和机具现场演示会。农业部农业机械化管理司、天津市农村工作委员会、市财政局、市清新空气指挥部等领导，各有关单位负责人，各区县人民政府秸秆禁烧工作负责人，各区县农机中心负责人和承担秸秆综合利用任务的农机合作社代表，农业生产种植养殖大户等500余人到现场观摩作业机具演示。

6月22日

"三夏"期间，天津市累计投入小麦联合收割机3 800台，机收小麦112.33千公顷，机收率超过99%；投入播种机械1.15万台，完成夏玉米机播113.4千公顷。

6月30日

天津市农业机械管理办公室与天津市农机与农业工程学会在天津拖拉机有限公司召开为农机企业服务座谈会。天津市农业机械管理办公室副主任胡伟参会，天津市农机生产、营销企业负责人共40余人参加会议。

7月1日

天津市农业机械管理办公室召开全市"三夏"农业机械化生产工作总结会。天津市农业机械管理办公室领导班子成员，机关各处（部）、直属各单位领导以及各区县农机中心、滨海新区农业局主要领导共计40余人参加总结会。

7月2日

天津市农业机械管理办公室举办天津市玉米收获机安全使用体验日活动。天津市农业机械管理办公室副主任胡伟，勇猛机械、吉峰农机总经理，各区县农机中心相关业务负责人，农机示范合作社理事长、安全员和玉米收割机驾驶员共计150余人参加活动。

7月8日

天津市农业机械管理办公室与天津市农业科学院在武清现代农业科技创新基地召开农机农艺融合对接活动。天津市农业机械管理办公室副主任胡伟，天津市农业科学院副院长程奕，天津市农业机械管理办公室技术服务处、天津市农业机械推广总站、天津市农业机械研究所、天津市农业机械试验鉴定站的专家，天津市农业科学院推广服务处、林业果树研究所、畜牧兽医研究所、科润蔬菜研究所、农作物研究所、设施农业研究所、植物保护研究所的专家参加此次活动。

7月10—11日

天津市农业机械管理办公室举办为期两天的农机领域新申领天津市行政执法证人员专业法律知识培训班。来自天津市农机行业26名农机管理、执法人员参加培训。

7月17日

天津市农业机械管理办公室召开农机安全监理工作专题会。各区县农机中心主管安全监理工作的副主任、监理站站长和滨海新区农业局有关人员共40余人参加。天津市农业机械管理办公室副书记陶旭、副主任李广来出席会议。

天津市农业机械管理办公室召开2014年第二期农业机械化报告会。天津市农业机械管理办公室主任韦恩学、副主任胡伟、李广来，天津市农业机械管理办公室机关各处室和直属各单位科技人员，各区县农机中心领导班子成员及管理、推广人员和农业机械化学校教师共90余人参加会议。

7月18日

天津市农业机械工业协会在蓟县召开第五届一次理事会。天津市农业机械管理办公室副主任胡伟出席会议。会议由协会秘书长贾军主持，副理事长成员18人参加会议。

7月21日

天津市农业机械管理办公室召开全市农业机械化工作座谈会。各区县农机中心和滨海新区农业局领导，天津市农业机械管理办公室机关领导班子成员和各处主要负责同志，直属单位党政一把手和分管领导近50人参加会议。会议总结2014年上半年天津市农业机械化工作，部署下半年工作任务。

7月23日

在农业部印发的《农业部关于表扬2013年度专项工作延伸绩效管理试点工作优秀单位的通报》中，天津市农业机械管理办公室被评为2013年度强农惠农富农政策落实（农机购置补贴）优秀单位。

7月28—29日

天津市农业机械管理办公室、天津市农机与农业工程学会举办中高级农业机械化管理人员和科技人员培训班。天津市农业机械管理办公室主任韦恩学，党委副书记陶旭，副主任胡伟、刘志伟、李广来出席培训班。天津市农业机械管理办公室直属各有关单位领导、各区县农机中心主任、副主任、科长和全市中高级农业机械化科技人员共85人参加培训。

7月31日

天津市农业机械管理办公室召开半年农机购置补贴工作总结会。天津市农业机械管理办公室副主任胡伟、纪检书记张顺义，各区县农机中心分管主任、管理科科长，农机购置补贴经销商负责人共60余人参加会议。

8月5日

由天津市农业机械推广总站主办的天津市水产养殖机械化技术研讨及演示会在北辰区泉水湾水产养殖基地召开。

天津市农业机械管理办公室、各区县农机中心有关领导及技术人员，水产养殖大户，以及全国知名的15家水产养殖机械生产企业相关人员，共200余人参加会议。

8月13—14日

天津市农业机械管理办公室举办2014年天津市农机合作社管理工作培训班。各涉农区县农机管理人员及50个合作社的理事长和财务管理人员共120余人参加培训。

8月21日

由天津市农村工作委员会主办，天津市农机与农业工程学会承办的中日设施农业发展研讨会在津利华酒店召开。日本静冈大学、和歌山大学以及天津市政府农业科技专家顾问团设施组、天津市农业机械管理办公室、天津市种植业办、天津农学院、天津市农业科学院的相关专家共30余人参加研讨会。

9月2日

由天津市农业机械管理办公室主办、市天津市农业机械试验鉴定站、宝坻区农机中心承办的农用遥控飞机植保作业现场会在天津市农业机械化示范推广中心召开。

9月12日

天津市农业机械推广总站在武清区召开玉米收获机械化技术推广培训活动。部分生产企业的专业技术人员和各区县的农机专业合作社人员，农机大户共50余人参加活动。

9月18日

天津市农业机械管理办公室召开2014年"三秋"秸秆禁烧与综合利用市级督察工作会。天津市农业机械管理办公室副主任胡伟出席会议，相关业务处室及农机推广、鉴定、科研等直属单位代表参加会议。

9月18—20日

天津市农业机械管理办公室举办农机事故处理员培训班。各区县农机中心主管主任、监理站站长、农机事故处理员共60多人参加培训。农业部农机监理总站执法监管处副处长白艳和相关同志到现场指导。天津市农业机械管理办公室副主任李广来参加会议。

9月19日

天津市农业机械管理办公室召开"三秋"农业机械化生产工作会。机关各处室及直属各单位负责人参加会议。天津市农业机械管理办公室主任韦恩学出席会议。

9月22日

天津市农业机械管理办公室帮扶困难村工作取得阶段成果。帮扶工作开展一年来，直接投入资金40余万元，协调安排资金300余万元，先后在宝坻区郝各庄镇的关庄和十四户这两个困难村完成电力改造、道路抢粮修缮等工作，极大改善帮扶村的村容村貌。

9月22—26日

天津市农业机械管理办公室举办2014年全市农业机械化技术推广骨干理论培训班。全市30名农业机械化技术推广骨干参加培训。

9月25日

天津市农业机械管理办公室组织的2014年第三期农业机械化报告会圆满结束。天津市农业机械管理办公室副主任李广来，机关各处室和直属各单位科技人员，各区县农机中心领导班子成员及管理、推广人员和农业机械化学校教师共100余人参加会议。

9月28日

天津市农业机械管理办公室召开农机购置补贴绩效考核延伸管理工作会议。天津市农业机械管理办公室副主任胡伟出席会议。各区县农机中心主管业务副主任、管理科科长，天津市农业机械管理办公室相关负责处室和纪委工作人员参加会议。

9月28—29日

为确保APEC会议期间京津地区空气质量，由天津市农村工作委员领导带队，市农业机械管理办公室、市环保局、市公安局共同组成的秋季秸秆禁烧与综合利用督导工作小组，对5个大的农业区县进行专项督导检查。

10月21日

由天津市农机与农业工程学会主办，天津市农业机械推广总站承办的天津市中药材生产机械化技术研讨会在静海县召开。天津市科学技术协会副巡视员李刚，天津市科学技术协会学会部部长张新智，天津市农机与农业工程学会理事长，天津市农业机械管理办公室副主任胡伟以及来自11个区县农机发展服务中心的主管领导出席研讨会。中药材、农艺、农机等领域专家，各区县农机推广科技人员，中药材生产基地负责人等60多人参加研讨会。

10月22日

天津市农业机械试验鉴定站参加滨海新区智能制造助力产业升级推进会，签约加入天津滨海新区智能制造产业技术创新战略联盟和天津滨海新区机器人与智能装备产业应用服务联盟。

10月

天津市农业机械管理办公室开展农机安全生产"打非治违"专项行动，分别对蓟县、宝坻区、武清区、静海县、宁河县等区县农机专业合作社安全生产情况进行专项检查。

11月3日

天津市农业机械管理办公室召开紧急会议，对APEC会议期间农机系统进一步落实好秸秆禁烧与综合利用工作进行了部署。天津市农业机械管理办公室主任韦恩学、副主任胡伟出席会议。各区县农机中心、滨海新区农业局的主要领导，天津市农业机械推广总站、天津市农业机械试验鉴定站、天津市农业机械研究所的主要领导，以及天津市农业机械管理办公室装备管理处、技术服务处、安全监理处的处长参加会议。

11月5日

天津市农业机械管理办公室、天津市农机与农业工程学会举办2014年度天津市乡镇农机管理人员培训班。天津市农业机械管理办公室副主任胡伟出席会议。全市重点乡镇农机管理人员、重点农机合作社负责人共90余人参加培训。

11月12日

天津市农业机械工业协会、市农业装备创新产业联盟联合召开天津市农机科技成果对接交流会。天津市农机与农业工程学会、天津市农业机械工业协会领导，相关高校专家学者，创新联盟科技支撑单位领导及专家，创新联盟成员单位代表，部分农机企业负责人40余人参加会议。

11月14日

天津市农村工作委员会印发《市农委关于进一步加强农机安全监理工作的意见》，对农机安全监理工作提出具体要求，为提升天津市农机安全监管水平，依法开展农机安全监理工作创造有利条件。

11月15日

天津市农村工作委员会印发《关于张顺义同志任职的通知》，任命张顺义为天津市农业机械发展服务中心（天津市农村工作委员会农业机械管理办公室）副书记。

11月18日

天津市农业机械推广总站在宁河县农业机械化推广示范中心召开规模化蛋鸡养殖物理技术环境控制与防疫模式示范推广项目启动暨技术培训会。天津市宝坻区、静海县、宁河县、蓟县四个区县的农机中心主管领导、农机推广站站长、技术骨干人员等20余人参加会议。

11月21日

天津市农业机械管理办公室召开农机系统技术帮扶困难村启动会。天津市农业机械管理办公室主任韦恩学及班子成员，技术服务处、装备管理处、安全监理处、发展计划处负责人，天津市农业机械推广总站、天津市农业机械研究所、天津市农业机械试验鉴定站主要领导以及市农机系统技术帮扶组专家参加启动会。

11月28日

天津市农机帮扶组与宁河县丰台镇5个困难村完成对接。天津市农业机械管理办公室主任韦恩学、副主任刘志伟，宁河县副县长李春海，天津市农业机械试验鉴定站、宁河县农业经济委员会、县农机中心、丰台镇的有关领导，帮扶困难村党支部书记(村长)及驻村工作组成员共40余人参加对接座谈会。

河北省

2014年1月9日

农业部保护性耕作专家组到石家庄调研。农业部农业机械试验鉴定总站总工程师仪坤秀率验收组到鹿泉市验收2013年度保护性耕作监测工作。

3月16—17日

农业部农业机械化管理司司长李伟国率调研组到衡水市就农机购置补贴政策实施情况及农机深松工作开展情况进行工作调研。河北省农业厅副厅长李永山和衡水市委常委、副市长任民陪同。

3月25日

河北省农业机械化管理局印发《河北省2014年中央农业机械购置补贴实施方案》，方案就2014年农机购置补贴实施提出总体要求，实施范围继续覆盖全省所有农牧业县(市、区)，中央安排第一批农业机械购置补贴专项资金7.7亿元。方案还就补贴机具及补贴标准、补贴对象和经销商的确定等具体工作措施提出要求。

3月31日

河北省农业机械化工作会议在石家庄市召开。会议深入贯彻全国和全省农业工作会议、全国农业机械化工作会议精神，分析当前全省农业机械化面临的形势，明确农业机械化发展思路、目标和任务，要求全面做好2014年农业机械化工作。各市农业(农牧)局主管农机工作的局长、农机科长及河北省农机四站班子成员参加会议，各市农机监理所所长和农机推广站站长列席会议。河北省农业厅副厅长李永山作讲话。

4月8日

河北省农业机械化管理局印发《河北省2014年农机深松工作实施方案》，2014年全省继续实施深松作业，省级财政按每公顷375元标准，对任务内达到规定条件的深松作业给予补贴。方案就项目申报、项目实施、项目管理做具体规定。

4月17日

河北省2014年农机深松工作启动会在衡水市深州召开。衡水市市委常委、副市长任民出席会议并致辞，河北省农业厅副厅长李永山、农业部农业机械化管理司生产管理处副处长李庆东出席会议并分别讲话，衡水市农牧局党组书记、局长商家荣代表衡水市发言。河北省各市农机主管负责人和部分农机合作社代表约380余人参加会议。

河北省农业厅副厅长李永山、省农业机械化管理局局长张连才在衡水市农牧局局长商家荣、深州市市长刘继承、副市长张根谦陪同下到深州市农机局、位桥镇农机区域站、宏图农机专业合作社和国强农机专业合作社调研。

5月16日

河北省农业厅收看全国"三夏"小麦跨区机收工作视频会议，听取农业部副部长张桃林讲话。在小麦主产市和县设立分会场，有关厅领导，厅办公室、政策法规处、农经处、市场处、计财处、科教处、粮油处、农垦局，省农业技术推广站、省植保质检站、宣传中心、省农业机械化管理局、农机四站在省分会场参加会议。

6月5日

河北省超过2 333.33千公顷的小麦收获由南向北陆续开展，"三夏"机收和夏种会战正式打响。河北省引进外省联合收割机1万台左右，加上现有的7.8万台，参加河北省小麦机收会战的联合收割机8万台，全省投入"三夏"作业的拖拉机、割晒机、免耕播种机等机械100多万台，小麦联合收获率95%，玉米机播率80%。

6月9—11日

农业部农业机械化技术开发推广总站站长刘宪一行八人，对定州市、石家庄市、藁城市"三夏"农业机械化生产情况进行调研。调研组对当前麦收机具供需、作业价格、油料供应以及跨区作业的规模、组织、收益变化情况，农机信息服务等措施，基层干部对做"三夏"机收工作意见和建议，农机推广和安全监理工作情况，农机购机补贴政策落实情况等进行重点调研。

6月16日

河北省农业机械化管理局印发《河北省2014年农机购置补贴政策落实监督检查实施方案》，方案就2014年农机购置补贴督导检查工作进行安排。补贴实施方案及组织机构建设、补贴机具销售、补贴受益对象确定、补贴机具经销商管理办法、补贴机具质量和牌证管理、补贴信息公开和补贴管理软件使用、"全价购机、定额补贴、县级结算、直补到卡"实施、廉政风险防控机制建设和落实、举报投诉查处、宣传发动及有关材料上报等十项情况列为检查重点。继续实施处级干部包市的做法，并要求各包市干部要定期到督导市检查督导工作。

6月24日

河北省"三夏"农机作业基本结束。"三夏"期间，全省投入夏收、夏种的联合收割机9万多台，拖拉机、玉米免耕播种机等机械100万台。完成小麦收获面积2 295.33千公顷，小麦机收率98%；完成玉米播种面积2 306.67千公顷，机播面积2 126.67千公顷，机播率超过90%。

8月14日

中国农业机械化协会副秘书长杨林一行三人在河北省农机化技术推广服务总站站长孙东法陪同下，到邢台市进行调研。调研组一行来到该市宁晋县、南宫市，了解邢台市机械植保、棉花生产农机农艺结合、农机新技术推广应用等问题。在宁晋县圣和农机公司观摩植保无人机、旋耕播种机等农机具的生产和作业，在南宫市重点调研棉花机械化收获农机与农艺相结合问题，视察棉花生产示范基地与邢州拖拉机厂生产制造车间。

9月4日

农业部在衡水市召开农机深松整地作业现场会，组织观摩深松机具作业演示，研究部署进一步推进深松整地的工作措施。农业部副部长张桃林在现场会上强调，各级农业机械化主管部门要争抢农时，扎实做好各项组织管理和技术服务工作，保质保量完成2014年启动1亿亩试点的目标任务。

9月5日

农业部农业机械化管理司司长李伟国一行到冀州市西王镇五分村调研农业机械化发展和农机专业合作社建设情况，河北省农业厅副厅长李永山、省农业机械化管理局局长张连才、衡水市市委常委副市长任民、衡水市农牧局局长商家荣、冀州市市委书记刘占强陪同调研。

9月9—30日

河北省开展农机购置补贴督导检查。主要内容为农民自主购机权、补贴市场秩序、投诉处理机制、公开公示制度、补贴资金结算等五项主要内容。河北省农业机械化管理局及农机四站成立10个督导检查组，对全省农机购置补贴工作进行督导检查，督导检查采取面上督导检查和深入实地调查相结合，并以实地调查为主的方式进行。

9月10—11日

2014年中国农机手大赛京津冀联赛在天津市举办。来自京津冀的近200位农机选手们通过"倒车移库""农机垂钓""精准卸粮"三个项目的比拼。河北省由省农业机械化管理局副局长郭恒带队，68名农机手参赛，前15名机手直接入围11月中国农机手精英大赛北京总决赛前300强。河北机王李计呐，亚军辛文涛，季军刘全来。

10月17日

河北省财政下达1 300万元补助资金，用于农机合作社购置耕作、播种、搞销售或一级机械化植保所需机具和库棚建设补贴，提升农机合作社基础实力。

11月17—18日

首届中国农机手精英大赛总决赛在北京市举行。河北省农业机械化管理局获得最佳组织奖，深州市仁中农机合作社获得农机合作社最佳团体奖。河北省21人进入总决赛。

山 西 省

2014年1月23日

山西省农业机械化科学研究院承担的山西省科技攻关项目"饲料液体组分添加系统的研究"和山西中天石机械制造有限公司承担的山西省科技攻关项目"三行剥皮型自走式玉米收获机研制"先后通过山西省科技厅组织的科技成果鉴定，结论均为"国际先进水平"。

1月24—25日

山西省农业机械化工作会议在太原市召开。会议总结2013年全省农业机械化发展和农业机械化工作，安排部署2014年全省农业机械化工作。

1月25日

山西省农机局局直系统党的群众路线教育实践活动总结大会在太原市召开。会议总结党的群众路线教育实践活动，并对下一步巩固和拓展教育实践活动成果、加强党的作风建设、全面推进从严治党进行安排部署。

2月18日

农业部副部长张桃林在山西省长治市调研农业机械化工作。

2月28日

山西省省委省人民政府召开2013年度目标责任考核总结表彰大会。山西省农机局被评为2013年度目标责任考核优秀单位。

2月

山西省农业机械化学校教师安志远被山西省人民政府授予"三晋技术能手"荣誉称号。

3月12日—4月12日

山西省在大同、晋中、运城、晋城分片举办4期农机购置补贴政策与操作规范的培训班，对全省各级农机管理部门、所有补贴产品经销企业和部分农机产品生产企业的负责人和具体操作人员共1 000余人进行补贴政策解读和操作培训。

3月15日

开展以"服务与安全"为主题的"3·15"农机质量维权宣传活动，共出动宣传车辆170余部，制作宣传版面260余块、宣传条幅350余条，发放宣传资料27万余份，接受群众咨询1.3万人次。

3月22日

第九届北方现代农业装备推广展示交易会在山西现代农机推广展示服务中心举办，展示100余家农机生产企业的10大类400余种机型。

4月8日

山西省农业机械化学校举办山西省职业院校第八届车工、钳工、农机修理工技能大赛。山西省人民代表大会常务委员会副主任田喜荣、山西省政协副主席朱先奇出席开幕式。

4月10日

山西省组织17名无人机植保技术人员在山东卫士植保机械有限公司进行无人机操控技术培训。

4月15日

山东五征集团与昔阳县大寨联合共建的昔阳县大寨五征农机示范合作社正式成立，全国人民代表大会常务委员会委员郭凤莲出席揭牌仪式。

4月22日

襄汾县、潞城市、五台县、大同市南郊区等4县被农业部、国家安全生产监督管理总局评为国家级"平安农机"示范县。

5月14日

山西省人民政府召集农机、交通、交管、物价、气象、石化、石油等单位，召开2014年农机跨区作业指挥中心领导组工作会议，安排部署2014年小麦跨区机收工作。

5月20日

山西省农业机械化春耕生产工作基本结束。据统计，全省共投入各种农业机械57.4万台件，完成机械化耕整地1 833.33千公顷，机械浇灌地面积490千公顷，机械播种1 603.33千公顷，其中玉米机播1 234千公顷，马铃薯、豆类等杂粮机播309.33千公顷。

6月1—30日

开展以"强化红线意识、促进安全发展"为主题的"安全生产月"活动，共散发宣传资料10多万份，送达"一信三书"3万多份。

6月4日

山西省农机局申报的《日光温室生物质增温增产关键设备(热风炉)推广示范》项目获全省专利推广资助，资助资金8万元。

6月16—17日

农业部农业机械化管理司巡视员丁翔文在大同市调研农机维修服务工作，并出席"农机安全生产咨询日"活动。

6月21日

山西省科技攻关项目"马铃薯垄作

栽培全程机械化装备新技术”通过山西省科技厅组织的科技成果鉴定，结论为“国际先进水平”。

7月2日

山西省“三夏”农业机械化生产基本结束。全省共组织40余万台农机具投入“三夏”作业，其中小麦联合收割机1.2万余台，完成机收面积660千公顷，机收水平98.02%，较上年提高2个百分点；完成机械复播玉米、豆类面积373.33千公顷，机播率93%，再创新高。

7月15—22日、8月6—13日

分两期在哈尔滨工业大学和上海复旦大学举办2014年度山西省农机局局直系统干部自主选学培训班，共109人参加培训。

8月26日

“山西省农村技术承包项目红枣烘干保质减损增收”技术项目被山西省科技厅评为农村技术承包集体“二等奖”。

9月10日

“玉米丰产方机械化生产技术集成”技术项目被山西省科技厅评为农村技术承包奖“三等奖”。

10月14日

农机购置补贴绩效考评及农机生产企业贷款贴息项目绩效管理培训会议在山西省太原市召开。会议对农机购置补贴和贷款贴息项目绩效考评工作进行培训，并对下一步工作进行安排部署。

10月28日

山西农机新技术服务中心承担的“9RS—3型秸秆揉丝机技术研究”项目通过山西省科技厅组织的科技成果鉴定，鉴定结论为“国际先进水平”。

10月28—30日

农业部2014年农机购置补贴政策实施专项督导检查工作组对忻州市忻府区、晋中市榆社县农机购置补贴工作进行督导检查。

11月3日

山西省“三秋”农业机械化生产基本结束。全省共投入各类农业机械33.8万台件，安排玉米机收秸秆还田、马铃薯机收和机械化柠条平茬等作业补贴资金1.085亿元，完成玉米机收秸秆还田面积969.13千公顷、马铃薯全程机械化面积91.67千公顷、机械柠条平茬作业面积7.8千公顷。

11月7日

山西省农业机械化科学研究院院长张本源荣获山西省劳动竞赛委员会颁发的“山西省五一劳动奖章”，山西省农业机械化科学研究院韩葆颖同志荣获“个人三等功”。

11月23日

山西省农业机械化技术推广总站被中国农业技术推广协会评为先进单位。

11月27日

山西省农业机械化形势分析会在太原市召开。会议总结2014年山西省农业机械化工作，研究分析当前及今后一个时期农业机械化发展形势，并提出2015年及“十三五”农业机械化工作思路和工作重点。

11月28日

《中华人民共和国农业机械化促进法》实施十周年座谈会在山西省太原市召开。山西省人大常委会农村工作委员会副主任董常生出席会议并指出，《中华人民共和国农业机械化促进法》在规范、促进和保障农业机械化发展方面发挥了巨大作用，开启了山西省农业机械化发展的“黄金十年”。并就进一步贯彻落实工作提出四点意见：一是要进一步提高社会各方面思想认识；二是要依法全面履行行政职能；三是要组织开展《中华人民共和国农业机械化促进法》调查评价；四是要进一步强化监督检查。

2014年

山西省共落实中央农机购置补贴资金5.6亿元。截至2014年11月底，已使用5.3亿元，共补贴7.4万户农民购买各类农机具9.8万台(套)。其中，新增大中型拖拉机和玉米收获机1.1万台和3 886台，保有量分别达到11.8万台和1.83万台。同时，畜牧、设施农业、林果及农产品加工机械均快速发展，山西省农机装备结构得到有效调整。

山西省农机局与国家智能装备研究中心合作，在永济、万荣、榆次、山阴四县(区)开展农机作业GPS监控系统试验示范试点工作，安装GPS测试系统30套。截至2014年11月底各项工作进展顺利，为下一步在山西省全面推广奠定基础。

山西省人民政府将农机深松整地作业补贴纳入2014年强农惠农富农政策体系，投入2 500万元，加上农业部农机深松作业补贴资金2 000万元，累计投入4 500万元。截至2014年11月底，山西省已实施农机深松整地作业补贴面积120千公顷。

山西省农机专业合作社和农机大户分别新增167个和1 013个，分别达到2 051个和6 786个。

内蒙古自治区

2013年12月31日

在农业部《关于表彰全国农业先进集体和先进个人的决定》中，授予呼伦贝尔市农牧业机械监理所“2013年全国先进集体”荣誉，授予内蒙古自治区农牧业厅农机局赵克勤“2013年全国农业先进个人”荣誉。

2014年1月10日

内蒙古自治区农牧业厅在《关于表彰全区农牧业先进集体和先进个人的决定》中，授予乌兰察布市农牧业机械化管理局等3家农机管理部门“2013年全区农牧业先进集体”荣誉，授予呼和浩特市农机管理总站杨爱军等8名农机系统工作者“2013年全区农牧业先进个人”荣誉。

2月11日

内蒙古自治区农牧业厅副厅长王国林在听取农牧业厅农机局、农机推广站、农机鉴定站、农机监理站关于农业机械化情况的工作汇报及2014年工作安排后，要求推广裹包青贮先进技术和研究解决地膜回收难题。

3月17日

内蒙古自治区落实农机购置补贴政策暨农业机械化工作视频会议在呼和浩特市召开。会议的主要任务是，落实全国农机购置补贴暨农业机械化工作座谈会和全区农牧业工作会议精神，总结农业机械化工作取得的成效和经验，分析存在的问题，部署2014年工作。内蒙古自治区农牧业厅副厅长王国林、自治区纪检委驻农牧业厅纪检组长梁永宁、自治区农牧业厅农机局局长王建江、自治区检察院职务犯罪预防处处长祁建华出席会议并讲话。

4月24—25日

内蒙古自治区农牧业厅农机局局长王建江、副局长郭跃和副调研员赵克勤及自治区农机质量监督管理站有关人员考察走访陕西省部分农机维修企业(维修网点)，就农机维修管理工作、农机维修网点建设等内容进行考察学习。

5月4—9日

内蒙古自治区农牧业厅副厅长王国林、农牧业厅农机局副局长白巨财赴广西、安徽两地学习考察农机购置补贴先进做法。

7 月 22 日

内蒙古自治区 2014 年上半年农业机械化工作会议暨农机购置补贴政策座谈会在锡林郭勒盟锡林浩特市召开。内蒙古自治区农牧业厅副厅长王国林，农机局局长王建江及相关领导，农牧业厅直属农机推广、鉴定、监理站站长，盟市农机主管部门分管局长、农机业务科科长、农机推广（质量监督）站长参加座谈会。会议通报全区 2014 年上半年农业机械化工作，分析当前农业机械化发展形势，部署 2014 年下半年工作安排，重点讨论补贴重点、操作程序、补贴对象、跟踪监管、补贴额度、畜牧机械、全价购机、推广鉴定、售后服务、违规处罚等 10 个问题。

9 月 29 日

《2015 年内蒙古自治区农机购置补贴实施方案》讨论座谈会在呼和浩特市召开。内蒙古自治区农牧业厅副厅长王国林、农牧业厅农机局局长王建江、副局长白巨财、自治区农机推广站站长程国彦、副站长班义成等相关领导出席座谈会。部分盟市、旗县农机主管部门或承担农机购置补贴的事业单位主要负责人、供货企业、生产企业代表参加座谈会。座谈会主要针对 2015 年农机购置补贴实施方案中涉及的补贴资金、补贴对象、补贴重点、补贴标准、工作机制及监督管理等相关内容进行讨论。

11 月 20 日

内蒙古自治区补贴政策继续向玉米收获机倾斜，同时加大玉米收获技术推广力度，机收面积 1 970 千公顷，机收率 48.9%，机收率增幅连续第二年超过 10%。

11 月 25—29 日

内蒙古自治区农牧业厅农机局局长王建江、副局长郭跃和自治区农机质量监督管理站站长苏日那赴新疆、甘肃两地考察学习畜牧业机械化发展的先进经验，通过实地走访牧户、观看畜牧业机械作业、座谈会交流等方式，了解学习两地畜牧业机械化发展现状和先进技术措施。

11 月 30 日

内蒙古自治区新建畜牧业机械化试点旗县 25 个，机械装备和牧区牧机合作社建设得到有力推进。大力发展剪羊毛、清理棚圈等生产领域的牧机社会化服务，推进畜牧业机械化。

辽 宁 省

2013 年 12 月

辽宁省农业机械化研究所争取辽宁省省级科技专项 100 万元，建成全天候仿自然环境土壤耕作实验室，人工模拟自然环境下的北方旱作农田环境，实现全天候的无阻碍试验作业。实验室的建成，居于国内领先水平。

2014 年 1 月 26 日

辽宁省农村经济委员会决定设立辽宁省农业工程项目建设服务中心，机构规格相当于县处级。不再保留辽宁省农业工程设计研究院。辽宁省农业机械化技术推广站和辽宁省农业机械化扶持发展中心合并组建辽宁省农业机械化技术推广总站，人员编制 25 名，经费渠道为财政全部补助。滕平同志任书记，杨宏同志任站长。

2 月 14 日

辽宁省人民政府办公厅转发辽宁省农村经济委员会《关于进一步加强农机购置补贴工作意见》，明确农机购置补贴的工作原则、补贴范围、补贴标准以及各级农机管理部门工作职责。在 2013 年试点基础上，本着“简政放权、依法行政、高效便民”的原则，决定在全省范围内实施“全价购机、县级结算、定额补贴、直补到卡”的操作方式落实购机补贴政策。同时，在鞍山市、锦州市、铁岭市和昌图县的 149 个乡镇公共服务中心开展农机购置补贴审批试点工作。

3 月 14 日

辽宁省举办全省农机购置补贴政策培训班。辽宁省农村经济委员会主任刘长江在培训班上对农机系统进行了警示教育，副主任陈健对农机补贴工作提出纪律和工作要求。辽宁省农村经济委员会与全省 13 市 2 个省管县农机管理部门签订《2014 年辽宁省农机购置补贴工作责任书》。

5 月

辽宁省阜新农业学校被中国科协评为“全国青少年农业科普示范基地”，被阜新市政府评为“沈阜 200 万亩现代农业示范带农业科技培训基地”。

5 月 5 日

辽宁省副省长赵化明到盘锦就水稻工厂化育苗情况进行视察。辽宁省农村经济委员会主任刘长江、副主任陈健、盘锦市委书记孙国相、副市级干部孙占明、市政府秘书长孙波陪同视察。通过实地查看和听取相关人员对工厂化育苗实施情况的介绍后，赵化明指出：“要完善育苗企业管理运作机制，切实做好棚内各种设施的维护和管理工作，严格按技术规程进行操作，加大宣传力度，加强多领域合作，规避育苗风险，充分发挥工厂化育苗基地的辐射带动作用，促进盘锦工厂化育苗产业规模化、标准化、高效化发展”。

5 月 20 日

辽宁省省长李希、副省长赵化明到盘锦市调研农业机械化工作。辽宁省农村经济委员会主任刘长江、副主任陈健陪同调研。在盘山县太平镇，到工厂化育苗基地和田间地头，详细了解春耕生产和水稻全程机械化生产情况。在盘山太平凯地农机专业服务合作社育苗现场，李希指出：“要认真解决水稻工厂化育秧的技术难题，真正实现农机农艺的有效融合，巩固和加强农业的基础地位，毫不放松的抓好粮食生产，要不断地提高农业规模化、集约化、标准化、机械化水平，促进农业增效和农民增收”。

8 月 5—7 日

农业部农业规划设计研究院主任丁晓明、李中华博士在辽宁省农业机械化技术推广站领导的陪同下，到辽宁省朝阳市调研设施农业机械与装备发展情况。

10 月 11 日

辽宁省农村经济委员会副主任陈建为荣获全国“平安农机示范县”称号的朝阳县挂牌。全国共评选 100 个“平安农机示范县”，辽宁省有 3 个县获此殊荣。

10 月 22—23 日

辽宁省农村经济委员会在沈阳市举办全省农业机械化管理统计业务培训班。辽宁省农村经济委员会副主任陈健到会讲话，农机产发处处长杨奕主持。培训班邀请农业部专家对新增的畜牧业、渔业、设施农业、林果业、农产品初加工等机械化指标评价体系以及新修订的《农业机械化管理统计报表制度》进行解读。

11 月 3—4 日

农业部在广东中山市举办 2012—2013 年主要农作物生产机械化示范项目验收会，辽宁等 19 个省级农业机械化主管部门项目组织实施工作获评优秀。

辽宁省承担的农业部2012—2013年“水稻生产机械化示范项目”和“玉米生产机械化示范项目”建设已于2013年结束。水稻项目在鞍山市千山区、大洼县实施，玉米项目在宽甸县、台安县实施。经过两年实施，全面完成项目任务指标，取得很好的实施效果。

11月12日

辽宁省农村经济委员会印发《关于农机购置补贴经营违规行为处理情况的通报》，将11家在农机购置补贴经营行为中存在严重违规行为的农机购置补贴产品产销企业及其法人列入黑名单并向社会公布。

11月17—18日

辽宁省大连市旅顺口区辽南农机合作社农机手李永峰、王春卫分别荣获“2014中国农机手大赛”亚军、季军，大连瓦房店市仁胜农机合作社农机手张毅峰荣获“2014中国农机手大赛”第四名。大连市农机质量监督管理站荣获大赛“最佳组织奖”，旅顺口区辽南农机合作社、瓦房店仁胜农机合作社荣获“最佳团队奖”。

11月19—21日

在合肥市举办的2014年中国农业机械化信息网信息员培训班上，辽宁省农业机械化管理局被评为“2013—2014年度中国农业机械化信息网信息宣传工作先进单位”。

12月

辽宁省农业机械化研究所争取辽宁省省级科技专项100万元，建成现代高效播种与植保实验室。实验室的建成将为研究所开展农业机械化播种、植保技术的研究试验搭建研发平台。

2013年12月—2014年12月

辽宁省农业机械化研究所获得实用新型专利授权4项：包括大田秸秆颗粒反应堆建造复式作业机、圆盘式秸秆颗粒掩埋机、一种新型动力驱动式膜上播种打孔装置、马铃薯大垄三行铺膜播种机。申请发明专利3项：管道开弧机、用于管道开弧的抛土轮、秸秆培肥机。

2014年

辽宁省完成5个省级农业机械化技术标准的起草工作：玉米免耕播种机械化作业技术规程、马铃薯机械化打秧作业技术规程、水稻机械旱直播作业技术规程、水稻工厂化育苗旱地大棚设计技术规范、山药机械化种植整地作业技术规程。

吉 林 省

2014年3月14日

吉林省农业委员会以文件和专题会议形式向吉林省人民政府汇报2014年落实国家农机购置补贴政策有关实施意见，特别是在补贴资金兑付、补贴资金安排、补贴资金使用以及发挥省级财政资金拉动作用等方面进行的改革创新。吉林省副省长隋忠诚作出批示：“这是今年农业的一项重大务实的改革”，省委书记王儒林、省长巴音朝鲁以及秘书长房俐、常务副省长马俊清进行圈批。

3月21—23日

2014中国吉林现代农业机械装备暨农机购置补贴产品展示交易会在长春国际会展中心举办，并召开新闻发布会。吉林省农业委员会副主任于文波在发布会上介绍2014年吉林省落实农机购置补贴政策的实施意见。展会布展面积2万多平方米，参展企业163家，展出总量2 000多个型号产品，参观人数近10万人次，现场成交额近2亿元。期间召开农业机械新产品、新技术推介会；拖拉机、联合收获机强制保险及农业机械租赁保险业务宣传与推介。吉林省副省长隋忠诚对此次展会作批示，给予肯定。

4月2日

吉林省农机购置补贴暨农业机械化工作座谈会在长春市召开。吉林省农业委员会副主任于文波对2013年全省农业机械化工作进行全面总结，对2014年农业机械化工作，特别是农机购置补贴工作进行安排部署。会议还通报2013年吉林省农业系统先进集体、2013年农机购置补贴政策落实绩效管理工作情况，吉林省农业委员会与各市（州）签订农机购置补贴政策工作责任书。各市（州）农委主管主任、农机处处长，县农机局局长、科长及省农委相关处室、直属农机事业单位领导参加会议。会议由吉林省农业机械化管理局局长成洪主持。

4月11日

《2014年吉林省农业机械购置补贴工作的实施意见》以吉林省人民政府办公厅文件印发，2004年实施农机购置补贴政策以来都是省农委、省财政厅联合行文。2014年农机购置补贴政策改革一直延续的差价购机补贴资金兑付方式，全省统一试行“自主购机、县级结算、直补到卡”的补贴资金兑付方式。

4月24日

吉林省人民政府参事王源、于一成、张军到吉林省农业委员会及有关市、县和相关省份进行农业机械化发展问题的专题调研，并向吉林省人民政府提交《关于加快我省农业机械化发展的建议》。吉林省人民政府有关领导作批示。

5月14日

全国深松技术培训班在吉林省四平市举办，来自全国19个省（市）区及吉林省各市（州）的相关人员参加培训。培训班讲授免耕栽培与深松技术、深松机与免耕播种机的使用等内容，交流经验，观摩梨树县高家村免耕播种、深松作业演示及吉林省康达农业机械有限公司深松机生产组装车间。农业部农业机械化技术开发推广总站副站长涂志强、吉林省农业委员会副主任于文波、四平市政府副市长王宇参加开班仪式。吉林省农业机械化技术推广总站站长徐莉作典型发言。

6月21日

吉林省机械化保护性耕作培训班在双辽市召开。培训班组织参观双辽市秸秆覆盖保护性耕作示范基地、农机合作社，双辽市农机管理局、长春市农业委员会介绍经验，吉林省农业机械化管理局局长成洪全面总结全省保护性耕作技术推广情况，对下步加快推进秸秆还田保护性耕作技术进行安排部署。

7月23日

吉林省农业机械化管理局获评农业部2013年强农惠农政策（农机购置补贴）落实延伸绩效管理优秀单位。

9月4日

在农业部召开的全国深松整地作业现场会上，吉林省农业机械化管理局局长成洪作典型经验介绍。

9月23日

吉林省农业委员会将全省实施农机深松工作情况以书面形式向吉林省委书记巴音朝鲁作汇报，巴音朝鲁进行批示。

9月27日

吉林省秋季农业机械化生产暨农机深松整地工作座谈会在长春市召开。会议学习传达全国农机深松整地作业现场会议精神，总结交流经验，分析当前形势，部署2014年秋季农业机械化生产及农机深松整地工作。吉林省农业委员会巡视员于文波出席会议并讲话。吉林省落实深松作业任务400千公顷，补贴标准由每公顷补贴150元提高至300元，深度由25厘米提高到30厘米以上。各市(州)农委主管主任、农机科长,各县农机局长参加了会议。会议由吉林省农业机械化管理局局长成洪主持。

11月17—18日

吉林省通过"蒙东、黑、吉、辽四省区联赛"初选出的20名农机选手参加由农民日报社主办的"2014中国农机手大赛"总决赛,12名选手进入百强,1人进入十强(第7名)。吉林省获最佳组织奖。

黑龙江省

2014年3月6日

黑龙江省农业委员会印发《黑龙江省2014年农业机械化教育培训工作方案》,全省2014年共培训各类农机人员357 000人。其中培训农业机械化管理人员5 000人、农业机械化技术人员52 000人、农机操作人员300 000人,培训现代农机合作社经理、会计、维修技术人员1 100人。

3月10日

黑龙江省农业委员会印发《2014年农业机械化春耕生产指导意见》。春季全省共投入各类拖拉机102.4万台、农具109.1万台(套),完成春整地5 843.6千公顷,机播面积13 951.07千公顷,占计划的103.3%。

4月2日

黑龙江省配合国家审计署完成政府债务农机合作社部分审计工作。

4月9日

黑龙江省农机局局长培训班在哈尔滨市举办。黑龙江省农业委员会主任王忠林就全省农业机械化发展、农机合作社建设等发表讲话。黑龙江省农业委员会党组成员、纪检组长侯哲明作党风廉政建设专题讲座。黑龙江省农业委员会副巡视员李连瑞总结回顾2013年全省农业机械化工作情况,并对2014年农业机械化工作进行部署。黑龙江省人民政府研究室农村处处长孙家岩就两大平原现代农业综合配套改革试验政策进行解读。黑龙江省农业委员会农业机械化管理局局长郑联邦作农业机械购置补贴政策和现代农机合作社规范建设专题讲座。黑龙江省农业委员会农业机械化管理局与13个市(地)、2个省管县农机局签订农机购置补贴责任书。全省各市(地)、县(市、区)农机局局长,省农业委员会直属农机单位主要领导,局机关全体干部等120余人参加培训。

4月16日

黑龙江省农业委员会、省财政厅联合印发《黑龙江省2014年农业机械购置补贴工作实施方案》,下拨补贴资金额5.02亿元。截至2014年4月16日,共使用补贴资金4.84亿元,补贴购置农机装备19 750台套。其中拖拉机10 575台;收获机械4 641台;水稻插秧机2 686台;其他农机装备1 848台套。补贴受益农户19 337户。

5月6日

黑龙江日报公示20个全省第二批现代农机合作社规范社候选。

6月10日

黑龙江省农业委员会印发《关于印发黑龙江省现代农机合作社农机装备更新暂行办法的通知》,进一步优化农机装备结构,促进现代农机合作社健康发展。

6月15—17日

中央农村工作领导小组副组长、办公室主任陈锡文一行就农业合作社发展情况深入到克山县和五常市进行考察调研,陈锡文强调:"仁发合作社符合黑龙江省农业发展和农村改革实际,特别是以农民承包地入社,在全世界属独创。"

6月22日

黑龙江省收集整理全省关于现代农机合作社的研究文章和克山县仁发现代农机合作社2011—2013年财务决算,编印《黑龙江省现代农机合作社探索与实践》发放全省各市(地)、县参考学习,促进全省现代农机合作社规范建设。

6月24日

黑龙江日报公示30个全省第三批现代农机合作社规范社候选。

6月27—29日

农业部部长韩长赋在克山县仁发现代农机专业合作社调研时指出:"仁发合作社探索和创造的经验难能可贵,发展了现代农业、增加了农民收入、赢得了农民尊严。既解决了效率问题,又解决了公平问题;既解决了农业问题,又解决了农民问题;既解决了利益问题,又解决了民主问题。归根到底是既解决了生产力的问题,也解决了生产关系的问题。在稳定土地承包关系、坚持基本经营制度的前提下,实现了农村改革"第二次飞跃",其思想内核、体制机制是可以学习借鉴的。"

7月1日

国务院副总理汪洋到黑龙江省调研并出席全国现代农业示范区建设经验交流会,期间对本省现代农机合作社建设给予高度评价:"黑龙江的现代农机合作社预示了今后现代农业的发展方向,是新时期第二次农村改革的'小岗村'"。

黑龙江省农业委员会领导率队参加"2014年中国—俄罗斯大型企业项目合作对接会",农机装备制造产业推进组办公室进行现场展示推介。

7月3日

中国人民银行哈尔滨中心支行印发《关于优先支持黑龙江省现代农机合作社规范社融资需求的通知》,要求各银行优先支持黑龙江省农业委员会命名的现代农机合作社规范社融资。

7月24日

黑龙江省农业委员会、黑龙江省工业和信息化委员会在佳木斯市联合举办黑龙江省新型农机装备制造产业主机企业省内配套对接会。会议期间,签订11个意向性合作协议,协议金额达2亿元。40余家农机主机制造企业和省内37家配套企业代表近200人参会。

7月25日

黑龙江省发展和改革委员会、省财政厅和省粮食局下达在22个现代农机合作社规范社建设30万吨仓储设施计划,全省首次在现代农机合作社建设仓储设施。

7月29日

黑龙江省农业委员会印发《关于全省第二和第三批现代农机合作社规范社命名的通知》。

8月15日

黑龙江省农业委员会、省财政厅联合印发《黑龙江省2014年深松整地补助实施方案》。

8月18日

黑龙江省农业委员会、省财政厅、省人民政府扶贫开发领导小组办公室联合印发《关于印发2014年黑龙江省现代农机合作社建设方案的通知》,按照方案全省新建245个现代农机合作社。

黑龙江省农业委员会印发《关于开展市(地)现代农机合作社规范社评选活动的通知》,市(地)评选市级农机合作社规范社105个。

8月19日

中国人民银行鹤岗市中心支行、鹤岗市农机总站印发《关于促进农机具抵押贷款业务开展的实施意见》，龙江银行在鹤岗市开展农机装备抵押贷款业务。

8月20日

黑龙江省完成2008—2012年现代农机合作社农机装备整理建档工作，结清历年各供货企业质保金，并退还全部农机合作社自筹款余额。

9月10日

黑龙江省省长陆昊在省农业委员会《关于我省农机装备制造业发展及配套生产情况的报告》上批示："请亚枫同志阅研，农委要与工信委紧密配合，力求通过市场需求换取生产能力，在配套上有新突破。"

9月11日

经全国农民合作社发展部际联席会议办公室审定，黑龙江省38个农机合作社入选国家农民合作社示范社。

9月17日

黑龙江省省长陆昊在省农业委员会、省财政厅印发的《关于2014年现代农机合作社建设工作情况的报告》上作出重要批示："可吸取教训，坚持好经验，务必做到真实、公正，符合需求、防止腐败。"

9月18日

黑龙江省农业委员会农业机械管理局印发《关于做好农业机械化秋收秋整地工作的通知》。全省农村完成秋整地5 500千公顷，其中，深松整地2 708.6千公顷、机械化收获9 463.33千公顷，整地作业累计出动拖拉机34.7万台、机械收获累计出动收获机79 430台。

9月28日

黑龙江省农业委员会、中国人民银行哈尔滨中心支行、省农村信用社联社联合印发《关于印发金融重点支持现代农机合作社加快发展实施方案的通知》，支持现代农机合作社融资，解决农机合作社融资难、融资利息高的问题。

10月13日

农业部副部长张桃林到黑龙江省农机调度指挥中心调研指导工作，黑龙江省副省长吕维峰陪同调研。

11月10日

黑龙江省举办全省现代农机合作社统计工作培训班，培训省、市(地)农机局主管人员36人。

11月23—28日

黑龙江省举办两期全省现代农机合作社财务管理辅导员及财会人员培训班，共培训560人。

11月25日

黑龙江省副省长吕维峰约见中国一拖公司负责人，对推进一拖(黑龙江)东方红工业园有限公司现代农业装备基地建设二期项目进行对接，敦促中国一拖公司加快二期项目投资进度，争取2015年全面开工建设。

12月1日

黑龙江省31个农机合作社规范社建设35个粮食烘干设施竣工，全省首次对农机合作社烘干设施实施定额补贴。

上海市

2013年12月12—15日

上海市农业委员会举办乡镇农技推广人员(农业机械化专业)培训班，涉农乡镇农机专管员和区县农机部门青年科技人员63人参加培训。上海市委农村办公室、市农业委员会副主任殷欧就上海市农业机械化发展形势和任务作专题报告，上海市农业机械化管理办公室主任施忠做培训动员。

12月13日

上海市农业机械学会举行"第十五届中国国际工博会科技论坛"《上海农业机械化发展综合评价体系数字模型的研究和试点实施》研讨会暨2013年中国科协会员日农机专题交流活动。会议认为建立一个适合上海市的能客观全面反映上海市农业机械化的评价体系，科学、实时、综合地评价上海市农业机械化的发展水平并划分级别，准确地掌握上海农业机械化的总体发展情况和所达到水平，制定切合实际的农业机械化发展方针、政策，为宏观调控和指导农业机械化健康发展提供科学依据，成为亟需研究解决的重要课题。

12月20日

上海市宝山区农机服务中心承担的创建水稻全程机械化生产标准化示范区(国家级)项目，经过三年的实施，在标准制定实施、标准宣传培训、组织管理、项目保障、长效机制、生产监管等六大方面效果显著，通过项目验收。

12月23日

中国工程院院士、华南农业大学教授罗锡文到上海市调研水稻机械化直播情况，组织召开"2013年水稻机械化直播技术研讨会"，听取水稻机械化直播情况汇报。上海市委农村办公室、市农业委员会副主任殷欧参加座谈并讲话，上海市农业机械化管理办公室主任施忠主持座谈会。罗锡文院士肯定上海在推进水稻机械化种植方面所做的工作和取得的成绩，并为与会者介绍我国水稻生产机械化现状与发展趋势，对上海发展水稻机械化生产的目标、途径、方法以及穴直播机具的应用提出意见和建议。

2014年1月3日

上海市农业机械化管理办公室组织召开"水稻机械化种植发展研讨会"，上海市农业机械化管理办公室主任施忠主持会议。与会人员围绕2013年上海地区在水稻生产全程机械化技术发展过程中的经验做法，进行广泛的交流。上海市农业委员会副主任殷欧作总结讲话，他要求做好五个结合：机直播与机插秧结合、农机作业与高产创建相结合、技术推广与社会服务相结合、机械装备与政策扶持相结合、农机与农艺相结合。重点抓好"机型选型改进""提高整地技术""完善技术规程""加强机手培训"四个环节。

1月17日

上海市农业机械化管理办公室召开2013年农业机械化工作会议。会议肯定2013年购机补贴政策执行、农业机械化重大技术推广、农机服务能力提高、农机教育培训深化、农机安全监管力度强化、农机统计信息规范等方面工作所取得的成绩，指出发展中的不足，部署2014年重点工作。

2月10日

上海市农业机械化管理办公室公开公示《上海市2013年度购机补贴对象信息》。

3月13日

"上海市'3·15'农民维权暨放心农机农资下乡现场会"在上海市松江区举行。活动内容包括农机购置补贴政策宣传咨询、农机农资质量投诉受理、新型农机产品展示演示、农业"四新技术"展示等，实现监管"关口前移、重心下沉"，加强农机农资消费维权宣传教育，确保放心农机农资进村入户。

上海市农业机械化管理办公室举办2014年农机购置补贴政策和质量投诉监督培训班。上海市农业机械化管理办公室主任施忠作开班动员。本次培训是贯彻落实好农财两部2014年实施指导意见，规范实施好上海市购机补贴新办法，提高基层农机管理人员政策水平和执行能力。

3月18日

上海市农业机械化管理办公室网上公布“上海市2014年农机购置补贴政策问答”，向全市农机手发放农机购置补贴政策宣传手册。

3月20日

上海市农业机械化管理办公室召开农机购置补贴工作会议。会议传达全国农机购置补贴工作会议精神，总结2013年农机购置补贴工作并部署2014年各项工作任务，同时对《上海市农业机械购置补贴管理办法》进行解读。上海市委农村办公室、市农业委员会副主任殷欧，上海市纪律检查委员会驻市委农村办公室纪检组组长房忠桥出席会议并讲话。

4月10日

上海市召开全市农作物秸秆机械化还田技术推进工作会。会议就完成2014年秸秆还田工作进行交流和部署。上海市委农村办公室、市农业委员会副主任殷欧出席会议并提出四点要求：一是全面开展秸秆耕翻埋茬旋耕还田复式作业示范推广，合理配备机械化还田复式作业机具；二是加强技术培训，确保还田质量；三是及时跟踪、总结、完善推进情况；四是进一步落实配套扶持政策，充分调动机手、农民及合作社机械化秸秆还田积极性。

4月16日

上海市农业机械化管理办公室、蔬菜办公室联合在上海市农业科学院庄行试验基地举办蔬菜机械化生产现场演示、展示会。活动主要围绕绿叶菜生产的耕整地、种植、田间管理、机械收获和废弃物处理等6大环节展开，共10多家企业30余种机械参加演示、展示，为解决蔬菜生产过程关键环节的机械化问题、提升蔬菜生产机械化水平提供有力的技术支撑和装备保障。

上海市召开推进蔬菜机械化生产工作会。会议重点分析上海市蔬菜机械化生产的现状和存在的问题，提出发展的目标、途径、对策和措施。上海市委农村办公室、市农业委员会副主任殷欧参加会议并讲话，要求攻关方向聚焦在中、小蔬菜机械化生产模式上，通过消化吸收、自主创新，着力解决本市蔬菜机械化生产的关键环节。

4月22日

上海市举办部级推广鉴定审查员培训班。上海市农业机械试验鉴定站对部级推广鉴定审查员资格到期人员进行资格确认并培训，对新申请部级推广鉴定审查员资格的人员进行资格审查并培训。

5月13日

上海市召开全市农机安全监理行政执法工作会议。交流农机安全监理行政执法工作，部署“三夏”期间农机监理行政执法重点。

6月4日

上海市农业委员会主任孙雷一行至嘉定察看“三夏”农业工作情况。孙雷要求全力以赴备战2014年“三夏”，努力提高机械化作业率，以确保增产丰收。

6月9日

上海市农业机械化管理办公室公布《上海市2014年农业机械购置补贴产品信息表》。

6月25日

上海市召开水稻机械化精量穴播交流会。与会人员现场观摩松江区水稻机械化精量穴播技术示范点，并就本市开展水稻精量穴直播的技术、装备和政策等展开交流和讨论。会议要求坚持“两条腿走路”，机直播与机插秧要共同发展；要加强技术和政策支持，加大宣传力度，好的技术要让农民知道，要让农民认可和接受；发展水稻机械化水平的同时，需注重农机农艺的相互融合，认真做好总结工作，归纳形成技术要点，技术规范；加强技术探索，安排技术力量进行试验示范，进一步解决生产实践中存在的问题。

6月26日

上海市农业机械化管理办公室召开2014年农业机械化教育培训工作推进会。会议主要回顾交流2014年上半年农业机械化教育培训工作情况，部署2014年下半年工作任务。会议要求认真做好农业机械化教育培训特别是农机驾驶技能培训工作，强调要继续深化抓好“三个关口”，全面推开实地(现场)考试。一要进一步抓好培训对象的入口关；二要进一步抓好培训教学质量关；三要进一步抓好考试鉴定的出口关。加强对培训机构的监管及考核工作。

8月5日

上海市农业机械化管理办公室召开农机“一用就管”现场会。与会者参观农机维修保养现场，交流农机维修保养管理经验和做法。会议要求进一步提高认识，深入推进“一用就管”工作；进一步明确工作目标，抓好农机合作社维修保养示范点工作；进一步落实机务管理各项制度和措施，提高农机维修保养工作水平。

8月7日

上海市农业机械化管理办公室召开2014年上半年农业机械化工作座谈会。上海市农业机械化管理办公室主任施忠总结2014年上半年农业机械化工作，部署2014年下半年工作。上海市委农村办公室、市农业委员会副主任殷欧肯定2014年上半年全市农业机械化工作，对农业机械化工作提出明确要求。

9月23日

上海市农业委员会召开市蔬菜生产设施装备推进会，上海市委农村办公室、市农业委员会副主任殷欧出席会议并讲话。会议要求农机、水利、蔬菜等管理部门加强沟通协作，采取积极的措施，加快推进蔬菜机械化基地建设和新机械、新技术的推广应用，大力推进设施装备现代化，共同推进蔬菜机械化水平的提升。

9月29日

上海市松江区举行农机安全事故应急处置演练，旨在锻炼农机安全监理部门应对突发事件的快速反应、协调配合能力，提高安全事故应急处置效率。

10月10日

上海市农业委员会免去瞿宏伟上海市农业机械研究所所长职务。

10月24日

上海市农机安全监理所联合崇明县农业委员会举行农机事故应急处置演练，提高农机事故应急处置能力，建立健全应急处置机制，做好“三秋”农时季节的农机事故防范与处置工作。

10月27日

上海市农业委员会下发《关于印发〈2015—2017年上海市支持推广的农业机械产品目录〉申报指南》的通知，要求认真做好市推广目录的申报工作，并在规定时间内报送申报材料。

11月4日

上海市农业委员会任命顾士连为上海市农业机械研究所所长，任命彭友为上海市农业机械研究所副所长，免去其上海市农业机械化管理办公室副主任职务。

11月17日

上海市嘉定区开展青年农机管理人员田间“大练兵”活动。组织区农机推广站青年人员参加“三秋”农机作业，帮助农户进行水稻收割，践行党的群众路线，提高农机管理部门年轻职工的农机实战能力和凝聚力。

11月25日

上海市机构编制委员会办公室撤销上海市农业机械化服务中心、上海市农业机械试验鉴定站，将上海市农业机械试验鉴定站承担的公益服务职能划归上海市农机技术推广站承担，上海市农机技术推广站更名为上海市农业机械鉴定推广站。

江苏省

2014年1月6日

农业部副部长张桃林围绕高效农业、农业机械化、专业合作社建设和农村改革等赴金坛调研。

1月14日

江苏省农业机械化工作会议在南京市召开。会议贯彻党的十八届三中全会及中央和江苏省委农村工作会议精神，总结2013年农业机械化工作，研究分析农业机械化工作面临的新形势新任务，部署2014年重点工作。全省市、县(市、区)农机主管部门主要负责人，部分科研院所领导、专家及列名联系企业负责人，省农业机械管理局领导、机关全体干部职工、直属单位领导班子成员，部分中央、省有关新闻媒体记者近300人参加会议。

2月18日

江苏省农机安全生产工作会议在南京市召开，各市及昆山、泰兴、沭阳县(市)农机主管部门分管领导、处室负责人和监理所所长，江苏省农垦农业机械安全监理所负责人共90多人参加会议。

3月11日

以“春耕备耕科技下乡 质量护农放心消费”为活动主题的江苏省备春耕送农机送科技送服务下乡暨农机“3·15”现场活动在盱眙县官滩镇举行。江苏省农业机械管理局机关各处(室)和直属单位负责人，淮安、宿迁市及所辖县(市、区)农机局局长，以及企业代表、新闻媒体、当地农机合作社社长、农机手、农民等600余人参加启动仪式并观摩新机具展示和作业演示。

3月12日

江苏省人民政府办公厅印发《关于做好2014年全省农业保险工作的通知》(简称《通知》)。《通知》要求，继续推进农机具保险。加快推动拖拉机交强险、联合收割机第三者责任险和农机驾驶人员意外伤害险实施工作，努力实现全省农机具保险全覆盖。各保险公司不得以任何理由拒绝或拖延承保拖拉机交强险，农业保险承办公司不得拒保农机保险。探索农机财产保险，研究制定农机财产保险条款，积极开展相关试点工作。农机具保险经办机构可以与基层农机部门签订委托协助办理保险业务协议，约定费用支付，专项用于农机具保险支出。

3月14日

江苏省农业机械管理局在南京市召开全省农机购置补贴暨秸秆机械化还田工作会议。总结2013年农机购置补贴政策实施和秸秆机械化还田工作取得的积极成效，分析农业机械化工作面临的新形势新任务，部署2014年购置补贴和秸秆还田工作。江苏省农业机械管理局领导班子成员，省有关部门处室负责人，省秸秆机械化还田专家组成员，各省辖市农机局局长、处长(主任)，各县(市、区)农机部门主要负责人，有关新闻单位记者出席会议。

3月25—31日

由农业部农业机械化管理司主办、江苏常发农业装备股份有限公司和江苏省农业机械化服务站承办的全国首期农机维修高技能人才及师资培训班在常州市举办。来自全国24个省(区、市)的农机专业合作社示范社、农机大户示范点、农机维修示范点的维修人员以及农机职业技能培训和鉴定示范基地、农业机械化技术学校的教师、考评人员等近50人参加培训。

4月9—12日

江苏省首期农机职业技能获证奖补高级工培训班在盐城市滨海县举办，盐城市各县(市、区)近190名学员报名参加高级工培训。

4月21—26日

江苏省首期农机行业职业技能培训基地师资培训班在江苏常发集团举办。全省农机行业职业技能培训基地从事培训教学的人员60余人参加培训。

6月3日

江苏省副省长徐鸣在副秘书长杨根平的陪同下，到江苏省农业机械管理局视察指导工作。

6月17日

江苏省农业机械管理局在兴化市召开全省苏中片夏季秸秆机械化还田和水稻机插秧现场会。

6月20日

江苏省农业机械管理局在宿迁市宿城区召开苏北片秸秆机械化还田和水稻机插秧现场会。苏北各市、县(市、区)农机主管部门分管领导、科技推广负责人以及省农业机械管理局有关处室和直属单位负责人约120人参加会议。现场会展示玉米精播施肥复式作业机、犁旋一体还田机、水稻插秧机等15种(类)机具，进行麦秸秆机械化还田、玉米贴茬机播、水稻机插秧等作业演示，现场吸引周边农机合作社、农机大户和群众800余人观看。

6月

农业部印发《关于表扬2013年度专项工作延伸绩效管理试点工作优秀单位的通报》，江苏省农业机械管理局被评为农业部2013年度专项工作延伸绩效管理优秀单位。

7月15日

江苏省农业机械化工作座谈会在盐城市召开，总结交流2014年上半年农业机械化工作，研究部署2014年下半年目标任务。江苏省农业机械管理局领导班子成员，各市、县农机主管部门主要负责人和局机关处室、直属单位负责人，相关新闻单位近200人参加会议。

8月4日

受商务部委托，由中国农业机械化科学研究院举办，科技部上海培训中心承办的“2014年非洲法语国家农业机械化官员研究班”的来自非洲科特迪瓦、几内亚、塞内加尔等14个国家地区，共18名学员到江苏省农业机械技术推广站进行参观学习。

8月

由全国工商联评选的“2014中国民营企业500强”榜单在京揭晓。江苏省农机行业江苏沃得机电集团有限公司和江苏常发实业集团有限公司榜上有名，分别位列榜单第305位和第371位。

9月3日

工业和信息化部部长苗圩在副部长毛伟明，江苏省委常委、无锡市委书记黄莉新，副省长史和平，无锡市委副书记、市长汪泉等领导的陪同下，参观无锡感知中国博览园。

9月10—11日

江苏省花生生产机械化技术现场演示会暨培训会在睢宁县召开，各有关花生种植市、县农机主管部门和农机推广机构负责人及相关技术人员，农业部南京农业机械化研究所、全国花生产业技术体系岗位有关专家，部分花生机械生产企业代表，乡镇农(技)机员和农机合作社负责人及花生种植大户等近 300 人参加会议。

江苏省农业机械管理局在常州机电职业技术学院举办全省农机行业职业技能培训教学比赛及观摩活动。

9 月 23 日

江苏省新型职业农民培育工程农机培训工作会议在南京市召开。有关市农机主管部门主管处长及职业技能鉴定(工作)站站长，承担 2014 年新型职业农民培育工程农机培训任务的培训机构负责人，江苏省农业机械管理局有关处室及直属单位负责人共 60 余人参加会议。

9 月 25 日

江苏省玉米生产机械化现场会在江苏省东台市举行。徐州、连云港、淮安、盐城、宿迁、南通等市农机分管局长、科技处处长、推广站站长，部分玉米种植重点县农机局局长，省玉米生产机械化技术专家组有关专家，省农业机械管理局有关处室及直属单位负责人共 100 余人参加会议。

10 月 17 日

江苏省芋头生产机械现场演示培训会在江苏省靖江市召开。各有关芋头种植市、县(市、区)农机主管部门分管领导、推广站负责人、农机合作社负责人、芋头种植大户、乡镇农技人员等 100 多人参加会议。

10 月 19—20 日

江苏省农业机械管理局在泰州市举办全省粮食烘干机械技术培训班。全省农机推广部门技术人员及新近购买粮食烘干机械的农机用户 80 余人参加培训。

10 月 20 日

江苏省人民政府副秘书长杨根平一行到泰州市姜堰区调研秸秆“双禁”和综合利用工作。

10 月 23 日

江苏省“三秋”机械化生产技术暨设施农业机械化现场会在海门市召开。各市农机主管部门负责人、科技处处长、推广站站长及各县(市、区)农机主管部门负责人，省农业机械管理局相关处室和直属事业单位负责人，有关专家等 150 多人参加会议。

11 月 8 日

经农业部农业机械化管理司同意，中国农业机械化发展研究中心邀请中国工程院、农业部农业机械化管理司、农业部农业机械化技术开发推广总站、中国农业大学等国内相关行业知名专家首次在全国对省级农业机械化水平进行评价。专家组通过查阅资料、听取江苏省农业机械化工作情况汇报、专家质询等环节后一致认为，江苏省农业机械化多项工作位居全国领先地位，农机装备水平、农机作业水平和农机管理服务水平全面提升。2013 年，江苏省农业综合机械化水平 78%，其中主要农作物综合机械化水平 85%，为促进粮食增产、农业增效、农民增收发挥重要作用，江苏农业机械化全面开启迈向高级阶段的新征程。

11 月 11 日

江苏省农机新技术信息交流发布暨新技术现场演示会在盐城市射阳县召开。本次会议由江苏省农业机械技术推广站、省农业机械技术推广协会联合主办，省农业机械学会科普工作委员会、农业机械化技术推广专业委员会、耕作机械专业委员会协办。江苏省农业机械管理局、省科学技术协会、省农业机械学会、省农业机械技术推广站以及射阳县农业委员会的有关领导出席会议，全省各市县农机推广站、农机科研单位和企业的 100 余名代表参加会议。

11 月 18 日

江苏省农业机械管理局在南京市举办全省农机信息员业务培训班。全省各省辖市及昆山、泰兴、沭阳县(市)农机主管部门、部分列名联系企业和省农业机械管理局各处室、各直属单位的信息员参加培训。

11 月 20—21 日

2014 年中国农业机械化信息网信息员培训班在安徽省合肥市举办。江苏省 2013—2014 年度报送信息 4 332 条，采用信息 4 238 条，同比 2013 年提高 9 个百分点，考核得分 6 478 分，在全国排名第 3 位，荣获 2013—2014 年度中国农业机械化信息网信息宣传工作先进单位。江苏省农机信息中心汪冰清同志荣获中国农业机械化信息网先进信息员二等奖，江苏省农业机械安全监理所杨芳同志和南通市农业委员会陆锦林同志分别荣获中国农业机械化信息网优秀信息员。

11 月 25—26 日

江苏省农业机械管理局在连云港市召开全省农业机械化形势分析会。江苏省农业机械管理局领导，各省辖市农机主管部门主要负责人，局机关正副处长及直属单位主要负责人出席会议。

11 月 27 日

农业部农业机械化管理司副司长刘恒新在江苏省农业机械管理局局长徐顺年的陪同下，考察调研金坛市秸秆还田、农业机械化科技工作，听取金坛市的农业机械化工作情况汇报，走访观察唐丰和沙湖两个农机合作社。

12 月 11 日

江苏省农业机械管理局在南京市召开秸秆机械化还田技术研讨会，南京、东台等 6 市 7 县(市、区)及省级专家组成员等相关人员共 40 余人参会，省农业机械管理局副局长范伯仁到会听取专家意见并讲话。

浙 江 省

2013 年 12 月 4 日

浙江省危及人身财产安全的农业机械免费实地安全技术检验试点工作座谈会在杭州市召开，总结交流农机免费实地安全技术检验试点工作情况及经验，并对各类型机具免费实地安全技术检验工作手册提出修订意见。

12 月 5—6 日

农业部农业机械化管理司巡视员丁翔文率农业部、财政部调研组到浙江省调研农机购置补贴、报废更新补贴工作。

12 月 12 日

浙江省农业厅公布首批省级农机专业合作社示范社名单，杭州河庄农机专业合作社等 51 家合作社名列其中。

12 月 16 日

浙江省农业厅、省安全生产监督管理局、省公安厅公布第七批平安农机示范县(市、区)和示范镇(乡、街道)名单，镇海区等 4 个县(市、区)及临安市太阳镇等 39 个镇(乡、街道)名列其中。

12 月 26 日

浙江省安全生产委员会组织考核 2013 年度农机安全生产目标管理责任制落实情况。

12 月 31 日

浙江省副省长黄旭明在专报信息《路桥区大力发展农业机械化 促进现代农业提质提速发展》上批示：“农业机械化是农业现代化的题中之义。路桥区以农业机械化推进农业现代化的思路、做法和成效很好，值得很多市、县借鉴。”

2014年1月3日

浙江省副省长黄旭明在《关于加快永康现代农业装备产业创新发展的建议》上批示："如果没有现代农机装备，就不会有农业现代化。发展和装备现代农机很重要，怎么样更加有效地应用现代农机也很重要，请农业厅和省科技厅研究。"

1月8日

浙江省农业机械试验鉴定推广总站通过部级鉴定能力认定，准予承担水稻插秧机、谷物联合收割机的部级鉴定，有效期为5年。

2月

浙江省组织开展2013年补贴机具回访调查工作，随机抽取1 000台补贴机具，重点调查机具使用、质量及售后服务等情况。

3月10日

浙江省农业厅召开全省农机购置补贴工作视频会议，总结农机购置补贴政策实施以来的成效和经验，部署2014年农机购置补贴、报废补偿政策实施及农机系统党风廉政建设工作。各市、县(市、区)农业局分管领导及农机系统相关人员2 300余人参加会议，浙江省农业厅党组副书记、副厅长赵兴泉、省纪律检查委员会驻省农业厅纪检组组长陆刚出席会议并讲话。

浙江省农业机械管理局联合省种植业局、省农业技术推广中心共同编制并印发《浙江省水稻机械化生产技术指导意见》。

3月12日

浙江省农业厅、省财政厅出台2014年农机购置补贴实施意见。

3月15日

浙江省启动农机质量月活动，重点开展农机质量宣传、农机质量现场咨询、农机打假护农行动、农机质量培训、推广鉴定证章检查等。

3月20日

2014年农机购置补贴政策培训班在浙江省杭州市举办，各市、县(市、区)农机管理部门分管领导及农机购置补贴工作人员200余人参加培训。

4月1日

浙江省农业机械化示范区建设现场会在桐乡市召开，各市及15个省部级农业机械化示范区农机部门主要负责人参加会议，浙江省农业厅副厅长赵兴泉出席会议并讲话。会议期间，浙江省农业机械管理局与各市农机管理部门签订了2014年度农机购置补贴工作责任书。

浙江省农业机械管理局与安信农业保险公司签订农机保险战略合作协议，计划在全省推行农业机械、设施大棚及其驾驶操作人员保险业务。这是继与邮储银行战略合作后金融支持农业机械化发展的又一新举措。

4月14日

浙江省农业机械管理局与中国石化浙江分公司联合推出农机作业用油优惠供应、优先加油、优质服务、免费办卡等"三优一免"惠农便民服务措施，以保障农机作业用油供应，降低作业成本，支持农业生产顺利进行。

4月17—18日

农业机械化促进工程项目绩效管理现场会在浙江省东阳市召开，各项目实施县农机部门负责人参加会议，会议交流探讨项目实施情况和下一步完善措施。

4月21日

浙江省财政厅、省农业厅、省粮食局、农村信用社联合社联合下发《浙江省粮食生产贷款贴息管理暂行办法》，规定种植作物面积达到1.33公顷(含)以上的种粮大户、家庭农场、农民专业合作社等粮食生产主体，因购买农资和农机具、小型粮食生产设施建设、土地租金等，向农村信用社、农合行、农商行申请贷款的，可享受财政贴息政策，贴息率为3%。

4月21—22日

浙江省农机质量监督管理培训班在杭州市举办，170余名农机质量监管工作人员参加培训。培训班邀请农业部、农机生产企业相关专家授课，并安排理论考核。

4月22日

浙江省邀请农业部农业机械试验鉴定总站专家，对浙江省农业机械管理局、省农业机械鉴定推广站相关人员进行部级农机推广鉴定审查员培训。

4月29—30日

浙江省种植业局、省农业机械管理局在浙江省绍兴市联合召开全省茶产业提升发展现场会，浙江省农业厅党组书记、厅长史济锡出席会议并讲话，总农艺师王建跃主持会议。

5月8日

安信农业保险有限公司浙江分公司与浙江吉峰聚力农业机械有限公司签订农机综合保险合作计划，在浙江省率先推出"购机送保险"服务，为购机农户免费提供保险。

5月15—16日

浙江省农业机械化工作座谈会在浙江省金华市召开，交流各地农业机械化重点工作进展情况，并就下一步重点工作进行研讨和部署。各市农机管理站(局、处)主要负责人参加会议。

5月23日

农业部农业机械化管理司调研组到浙江调研金融支持农业机械化政策和农机合作社发展情况，并就农机金融信贷、农机保险、农机合作社发展等开展座谈交流。

6月4日

浙江省农业机械化工作会议在杭州市召开，总结《中华人民共和国农业机械化促进法》实施以来农业机械化发展的成效和经验，明确后一段时期农业机械化工作思路和重点任务。各市、县(市、区)农业局分管负责人，各市农机管理部门主要负责人参加会议。浙江省农业厅厅长史济锡、农业部农业机械化管理司副司长胡乐鸣出席会议并讲话。浙江省农业厅副厅长赵兴泉主持会议。

6月6日

浙江省调整部分农机购置补贴分档，对废弃物处理设备、清粪机(车)、捡拾压捆机、压捆机、秸秆粉碎还田机、灭茬机六个品目所有分档中的补贴机具追加与中央补贴等额的地方补贴，对全喂入联合收割机加装茎秆切碎带抛洒装置和二次割刀的，追加3 500元/台的地方补贴，助力农业生态环境治理。

6月9日

浙江省副省长黄旭明在浙江省农业厅报送的《我省加快农业领域"机器换人"步伐　有效破解农业劳动力短缺难题》上批示："农业领域同样要'机器换人'，理念和思路肯定是对头的。望研究具体举措，务求落实见效。"

6月14日

浙江省农业机械管理局联合中国石化浙江分公司在湖州市开展送油料、送政策、送技术等"三送"服务活动，助力"双夏"农业生产。

6月16日

浙江省农业机械管理局与金华职业技术学院机电工程学院签署培训合作协议，设立"浙江省农业机械化实用人才合作培训基地"，每年由基地承担并开展高层次农业机械化实用人才培养工作。

6月18—24日

浙江省农机维修研修班在浙江省金华市举办，通过理论考试和实际操作对110余名农机维修技术人员进行考核，并颁发农机修理工职业资格证书。浙江省农业厅副厅长赵兴泉出席开班仪式并讲话。

6月25日

经报请浙江省农业厅直属机关党委批复同意，浙江省农业机械管理局建立党总支部委员会，下设三个党支部。

6月

浙江省在全省范围内组织开展2014年"农机安全生产月"活动，重点开展农机安全知识下乡、农机安全生产事故警示教育、"双夏"农机安全生产大检查及农机监理"为农民服务"等。

7月4日

浙江省农机事故应急处置演练在慈溪市举办，各市及部分县(市、区)农机管理部门负责人参加。演练结合当前夏收夏种农业机械化作业实际，模拟联合收割机装车时因桥板滑落发生侧翻致人伤亡事故的应急处置工作。浙江省农业厅副厅长赵兴泉参观演练并讲话。

浙江省农机安全生产座谈会在浙江省宁波市召开，研究当前农机安全生产形势，部署下阶段农机安全生产工作重点和任务。各市农机管理部门负责人参加座谈。

7月15—19日

农业部农业机械化技术开发推广总站站长刘宪率农业部农机购置补贴政策调研组到浙江调研农机购置补贴政策。

7月20日

浙江省副省长黄旭明在省农业厅报送的《浙江省农业厅关于大力发展农业机械化加快农业领域"机器换人"的汇报》上批示："我很赞同农业厅在我省农业领域推进'机器换人'的设想。一个阶段一个清晰的目标，一年一年扎扎实实加以落实。"

7月

浙江省农业机械管理局成立5个督查组分赴各市开展2014年半年度农业机械化重点工作督查，重点督查各地贯彻落实全省农业机械化工作会议精神、农机购置补贴政策实施及廉政渎职风险防控、农机安全生产目标管理责任制落实、农机农(牧)艺融合工作推进、农机保险工作推进等情况。

8月14日

浙江省部署并启动外省籍拖拉机专项治理行动，重点加强对外省籍拖拉机及驾驶人的信息登记管理和动态现场监管，以有效遏制外省籍拖拉机事故多发高发势头。

8月22日

浙江省财政厅、省农业厅联合发文，规定2014年农机购置补贴政策有效期延长至2015年农机购置补贴政策出台之日，旨在消除政策空档期给春耕备耕农业生产造成的影响。

8月29日

浙江省省长李强调研农业科技创新工作时强调，要突出抓好种业、农业机械化、农业产业技术支撑。

9月2日

星光农机股份有限公司陈学庚院士专家工作站举行揭牌仪式，这是浙江省第2家农机生产企业院士工作站。

9月2—3日

浙江省农机管理站站长培训班在杭州市举办，100余名各地的农机管理部门主要负责人参加培训。培训班安排农业现代化进程中的农业机械化、智慧农业与智能农业装备、廉政风险警示教育等课程。浙江省农业厅副厅长叶新才出席培训班并讲话。

9月5日

浙江省副省长黄旭明主持召开座谈会，专题研究讨论农业机械化工作，重点听取农业机械化发展中存在的问题及意见建议。浙江省人民政府副秘书长陈龙和省级有关部门相关人员，以及市级农业部门、科研院校、农机产销企业、农业生产经营主体代表参加座谈。浙江省农业厅副厅长叶新才代表省农业厅汇报全省农业机械化发展情况。

9月11日

浙江省农业机械管理局、省种植业局、省农业技术推广中心在桐乡市联合召开水稻机械化穴直播观摩会。各市及部分县农机、农技部门负责人及科研院校专家、企业代表参加会议，并参观桐乡市洲泉镇精量穴直播示范方。

9月12日

浙江省水稻生产机械化栽植技术推广应用座谈会在桐乡市召开，分析水稻生产机械化栽植技术在推广应用过程中所遇到的一些瓶颈问题，并就下一阶段加快机械化栽植技术推广应用展开讨论。各市农机管理部门负责人参加会议。

9月30日

浙江省农用无人机作业现场会在诸暨市召开。各市及部分县(市、区)农机管理部门负责人，厅相关处室(单位)负责人，以及农业生产经营主体、科研院校专家、生产企业代表参加会议，并现场观摩农用无人机作业情况。浙江省农业厅副厅长叶新才出席会议并讲话。

10月14—16日

浙江省副省长黄旭明到金华武义、婺城、金东等地调研农业机械化工作，实地考察农业机械化种植、养殖与农产品加工基地，走访农机制造企业，并在浙江省金华市召开有当地新型农业经营主体、农机服务组织、农机制造企业、农机研发单位代表和相关部门参加的座谈会，听取情况、问题和意见建议。浙江省人民政府副秘书长陈龙、厅长史济锡陪同调研。

10月17日

浙江省省长李强主持召开浙江省人民政府第34次常务会议，强调要在工业、农业、商业等领域全面推进"机器换人"工作。

10月23日

浙江省农机购置补贴工作座谈会在杭州市召开，部署2014年农机购置补贴延伸绩效管理工作，解读绩效管理具体评估方法和考核指标。

10月25日

浙江省副省长黄旭明在永康市人民政府办公室报送的《依托园区 学企合作 共建基地——永康市积极推进农机产业园区建设抢占农业"机器换人"高地》上批示："农业'机器换人'已经到了必须破解瓶颈制约的阶段。永康市在这方面很重视，做了很好的工作。希望更多地研发生产供应适应浙江需要的农机。"

10月31日—11月1日

由浙江省农业厅、省人力资源和社会保障厅、省总工会联合主办的2014年浙江省农机职业技能竞赛总决赛在金华市举办。竞赛分理论知识考试和大中型拖拉机、联合收割机操作技能考核两个环节进行。浙江省农业厅厅长史济锡出席开幕式并作讲话，农业部农业机械试验鉴定总站党委副书记国彩同在开幕式上致辞，浙江省农业厅副厅长叶新才主持开幕式。

11月13日

浙江省副省长黄旭明在仙居县人民

政府办公室报送的《仙居县反映山地丘陵地区推广农业机械化面临的困境及对策建议》上批示："请省农业厅和科技厅阅研"。

11 月 16—17 日

全国《报废农业机械回收办法》研讨会在浙江省宁波市召开。宁波市、海盐县就农机报废工作作经验介绍。

11 月 21—25 日

2014 浙江农业博览会在杭州市举办。本届农博会专门设立现代农业装备展区，共有 61 家农机生产企业的 120 余台(套)产品参加展(演)示。周国富、王辉忠、胡和平、茅临生、程渭山、黄旭明等国家部委和浙江省领导先后视察现代农业装备展区，了解浙江省农业机械化发展、农业"机器换人"和农机装备制造业发展情况。

11 月 22 日

浙江省副省长黄旭明在杭州市人民政府办公室报送的《杭州市着力破解农业领域"机器换人"难题》上批示："加快推进农业机械化，任务紧迫，意义重大。杭州市措施工作有力，取得成效明显，其提出的建议，值得重视，请科技厅、教育厅、财政厅和农业厅阅研"。

安 徽 省

2013 年 12 月 11 日

安徽省农机管理科长座谈会在安徽省池州市召开，同时举办全省农机维修管理信息系统应用培训班。

12 月 17—18 日

商务部市场建设司、农业部农业机械化管理司联合调研组对安徽省农机报废回收工作开展调研。

12 月 26 日

安徽省农业机械管理局对 2013 年度农机购置补贴政策落实延伸绩效管理 5 个优秀单位和 66 位优秀个人进行通报。

12 月 31 日

2013 年中央财政安排安徽省农机购置补贴资金 11 亿元全部实施结算完毕。2013 年共补贴农机具 16.7 万台，受益农户 10.6 万户，拉动农民投入26.5 亿元。

2014 年 1 月 9 日

农机购置补贴部分非通用类机具补贴额一览表征求意见会在安徽省合肥市召开。

1 月 13 日

安徽省农业机械管理局印发《关于表扬 2013 年度全省农机系统劳动竞赛农业机械化推进工程综合考评及单项工作先进单位和先进个人的决定》。

1 月 14 日

安徽省农业机械管理局研究制定《安徽省农机购置补贴机具分类分档及补贴额测算工作暂行办法》。

1 月 20 日

安徽省农业机械管理局印发《关于进一步加强农机安全事故应急处置工作的通知》和《关于 2013 年全省农机安全生产目标责任落实情况的通报》。

1 月 26 日

安徽省农机系统 2014 年首期"农机大讲堂"正式开讲。

1 月 27 日

安徽省农业机械管理局发布《2013—2015 年安徽省支持推广的农业机械产品目录》。

2 月 11 日

安徽省 2014 年非通用类补贴机具分档定额工作专家会在安徽省合肥市召开。

2 月 12 日

安徽省农业机械管理局和联通安徽分公司联合对 2013 年"农机通"发展较快、应用较好的市县农机局和联通分公司予以表扬。截至 2014 年 2 月，安徽省有 4 万余农机从业人员加入"农机通"系统。

2 月 17 日

安徽省农业机械管理局制定下发《效能建设考核办法》，组织开展 2013 年度效能建设考核。

2 月 21 日

安徽省农业机械管理局印发《2014 年安徽省农业机械化教育培训大行动工作方案》。

2 月 24 日

安徽省农业机械化工作会议在安徽省合肥市召开。会议传达贯彻中央农村工作会议、全国农业工作会议和安徽省农村工作会议精神，总结交流 2013 年安徽省农业机械化工作，分析形势，明确 2014 年农业机械化工作任务。

安徽省农业机械管理局对 2013 年农机购置补贴延伸绩效管理综合评估优秀单位进行通报表扬，并致函当地人民政府。

2 月 26 日

安徽省农业机械管理局、省安全生产监督管理局联合发文，确定濉溪县、黟县、休宁县为 2013 年全省"平安农机"示范县。

3 月 5 日

安徽省农业机械管理局、省财政厅联合制定《安徽省 2014 年农业机械购置补贴政策实施指导意见》。

安徽省农业机械管理局成立"安徽省农业机械化发展讲师团"，整合全省师资力量，加强人才队伍建设，推动农业机械化科学发展。

3 月 7 日

安徽省农业机械管理局印发《关于开展农业机械化发展大调研活动的通知》，决定 3 月至 7 月结合第二批党的群众路线教育实践活动，在全省农机系统开展农业机械化发展大调研活动。

3 月 11 日

安徽省农业机械管理局对《安徽省 2014 年农机购置补贴机具补贴额一览表》进行公示。

3 月 17 日

安徽省农业机械管理局印发《关于做好 2014 年农业机械化技术推广工作的通知》，对全省的主要农作物机械化发展提出指导意见。

3 月 18 日

安徽省委书记张宝顺赴奇瑞重工亳州有限公司调研。他指出："安徽是一个农业大省，在推进城镇化、农业现代化进程中，农机产业发展空间很大。"

3 月 18—20 日

安徽省春耕生产农业机械化新技术培训班在安徽省农业机械化技术培训基地举办。

3 月 24 日

安徽省农业机械管理局对 2014 年农机购置补贴产品归档情况进行公示。

3 月 25 日

安徽省农机购置补贴工作会议在合肥市召开，2014 年全省农机购置补贴工作正式启动。

安徽省农业机械管理局印发《关于做好 2014 年联合收割机插秧机跨区作业证发放工作的通知》，继续免费发放跨区作业证。

3 月 28 日

正式启动安徽省 2014 年农机购置补贴信息管理系统，开展经销商注册工作。

3月31日

安徽省农业机械管理局印发《2014年安徽省水稻机械化育插秧技术推广工作指导意见》。要求力争2014年水稻种植机械化水平38%以上(其中机插秧水平34%以上),赶上全国平均水平。

4月上旬

安徽省农业机械管理局在《安徽日报》《安徽日报农村版》《农民日报》开辟农机购置补贴政策解读专版;公布各地咨询热线;印制购机补贴申请程序图5 000份、宣传手册3 000册、廉政风险防控读本1 000册,免费发放至乡镇。

4月2—4日

安徽省农业机械管理局组织媒体集中报道山区农业机械化发展情况。由中央人民广播电台、农民日报、安徽日报、安徽人民广播电台等多家媒体组成的记者团,赴黄山、宣城等地开展茶叶机械化专题采访。

4月9日

安徽省农业机械管理局公布《安徽省2014年农机购置补贴机具补贴额一览表》和《安徽省2014年农机购置补贴产品归档信息表》。

4月10—23日

安徽省开展全省农机购置补贴"宣传培训月"活动,陆续在合肥、宿州、滁州、亳州、宣城、池州六个地区巡回开讲。

4月12日

安徽省农机专业合作社理事长培训班在合肥市举办。

4月18日

安徽省农业机械管理局召开2012—2013年主要农作物生产机械化部级示范项目省级验收会。

4月22日

安徽省农业机械管理局举办党风廉政建设专题培训班,中国共产党中央纪律检查委员会驻农业部纪检组副组长、监察局局长董涵英作专题讲座。

4月25日

安徽省水稻机插秧现场技术交流暨工作推进会在安徽省南陵县举办。

4月28日

农业部农业机械化技术开发推广总站在安徽省宣城市宣州区举办茶叶生产与加工机械化作业现场观摩暨技术研讨培训班。

5月6日

安徽省农业机械管理局在安徽省宿州市埇桥区举办全省农机事故应急处置演练观摩会。

5月12日

安徽省农业机械管理局印发《2014年"三夏"农业机械化生产工作方案》。

安徽省农业机械管理局印发《2014年全省农机"安全生产月"活动方案》。

5月14日

安徽省农业机械管理局印发《关于开展农机维修服务能力调研的通知》,组织开展调研,研究解决农机"维修难"等问题的对策措施。

5月15日

安徽省《关于为农村老拖拉机手发放工龄补助的实施方案》出台,成立安徽省农村老拖拉机手工龄补助发放工作领导小组及办公室。

5月19日

安徽省农业机械管理局印发《关于秸秆机械化综合利用工作的实施意见》。

5月20日

安徽省农业机械管理局印发《安徽省2014年农机购置补贴政策落实监督检查工作方案》,对2014年农机购置补贴政策督查工作进行部署。

5月21日

根据相关规定,安徽省农业机械管理局发布《大米色选机》等9项安徽省农业机械推广鉴定大纲。

5月27日

安徽省人民政府在滁州市全椒县组织开展农机农艺融合发展调研活动。与会人员参观农业机械化示范大院,观摩水稻机插秧、小麦和油菜机收及秸秆还田现场,之后进行座谈。安徽省委书记张宝顺参与调研并同与会人员交流。安徽省副省长梁卫国出席会议并作讲话。

6月6日

安徽省农业机械管理局在安徽省蚌埠市召开全省夏收夏种紧急调度会议。会后下发《关于切实加快抢收抢种进度的紧急通知》。

6月11日

经过10多天全力奋战,安徽省小麦收获顺利结束,抢收工作取得全面胜利,实现丰产丰收、颗粒归仓的目标。全省共投入联合收割机13.5万台,机收小麦2 756.67千公顷,机收率98.4%;投入秸秆综合利用机具8.4万台,完成秸秆粉碎还田面积2 124.67千公顷,机械打捆面积88千公顷。

安徽省农业机械管理局、省财政厅联合下发《关于进一步加强农机购置补贴政策实施监管的通知》。

6月18—20日

农业部农业机械试验鉴定总站副站长朱良率农机维修服务能力调研组一行4人,在安徽开展农机维修服务能力调研。

7月3日

安徽省种粮大户、农机大户标兵表彰大会暨交机仪式举行。安徽省对20名种粮大户(新型农业经营主体)和农机大户标兵进行集体表彰,奖励种粮大户每户1台"耕王"牌大型拖拉机。

7月11日

安徽省农业机械管理局下发《关于开展农机购置补贴调研的通知》,组织开展全省范围内的政策调研。

7月14日

安徽省农业机械管理局下发《关于做好2014年第二批农机购置补贴资金安排工作的通知》。组织开展2014年第二批农机购置补贴资金需求测算。

7月23—25日

由农业部农业机械化技术开发推广总站副站长涂志强带队的农业部农机购置补贴政策调研组,在安徽调研农机购置补贴相关工作。

8月4—6日

安徽省农业机械管理局领导班子成员带队,在全省范围内集中开展农机购置补贴和农机安全生产工作督查。

8月12—18日

安徽省农业机械管理局对各市农机部门购机补贴咨询投诉联系电话进行全面检查。

9月1日

安徽省农业机械管理局印发《2014年"三秋"农业机械化生产工作方案》。

9月3日

安徽省农业机械管理局印发《农机安全生产"打非治违"专项行动实施方案》,治理农机领域非法违法行为。

9月16日

吉林省人民政府参事室调研组一行6人,在安徽省人民政府参事室相关人员陪同下,赴安徽省农业机械管理局调研农业机械化发展情况。

9月17日

安徽省农业机械管理局在合肥市举办农机购置补贴档案管理培训班。

9月18—19日

安徽省农业机械管理局在合肥市举办全省农机系统文秘人员综合能力提升

培训班。

安徽省农业机械管理局在安徽省阜阳市举办全省秋季农业机械化生产技术培训班。

9月24日

根据“局领导班子成员农机购置补贴督查月”期间有关部门和群众举报，安徽省农业机械管理局对湖州两家农机公司违反农机购置补贴政策等有关问题组织全面调查，并根据调查结果对其进行严肃处理。

为促进农作物秸秆综合利用，提高农业综合效益，安徽省农业机械管理局印发《关于推进秸秆机械化还田工作的通知》。

9月26日

安徽省农业机械管理局在蒙城县召开全省玉米机械化收获暨秸秆还田工作推进会。

10月13—14日

安徽省农业机械管理局组织12名专家分两组对企业申报材料进行审核，同意推荐其中102家企业1 008个产品申报《2015—2017年国家支持推广的农业机械产品目录》。

10月17日

安徽省农业机械管理局在合肥市召开部级农业机械化示范项目申报培训班。

10月20日

安徽省农业机械管理局印发《安徽省2014年度农机购置补贴政策落实延伸绩效管理考核指标及评分说明》，部署2014年全省农机购置补贴政策落实延伸绩效管理工作。

10月22日

安徽省人民代表大会常务委员会农业与农村工作委员会主任吴金山和省财政厅、省国土厅有关负责同志在省农业机械管理局副局长纵风云陪同下，赴滁州市调研农机大院及农机维修服务能力建设情况。

10月22—29日

安徽省农业机械管理局集中开展局属单位及省农机协会财务监督检查工作。

10月24日

安徽省农业机械管理局在合肥市举办全省农机购置补贴政策落实延伸绩效管理业务培训班。

10月27—28日

安徽省农业机械化信息宣传暨物联网技术应用观摩会在霍山县召开。

10月30日

安徽省农业机械管理局在合肥市举办安徽省“十三五”农业机械化发展规划编制专题培训会，局长刘绍太主持会议并作讲话。会议邀请农机专家白人朴进行专题授课。

11月5—6日

安徽省设施农业装备与技术培训班在亳州谯城区举办。

11月20—21日

2014年中国农业机械化信息网信息员培训班在安徽省合肥市举办。

11月21日

安徽省农业机械管理局会同省财政厅联合编制2015年中央财政农机购置补贴资金分配方案，将中央预拨付安徽省的12.4亿元补贴资金下达各地。

11月25—26日

农业部农业机械化管理司在安徽省合肥市召开全国部分省农机购置补贴座谈会。农业机械化管理司司长李伟国，产业发展处和科技教育处负责人，以及安徽、江苏、河南等10个省(市)农机局主要负责同志参加会议。

11月26日

安徽省农业机械管理局命名长丰县下塘镇军虎农机专业合作社等101家农机合作社为2014年“省级农机专业合作社示范社”。

11月中下旬

安徽省农业机械管理局组织6个督查组，对各市及省直管县2014年农机购置补贴政策落实延伸绩效管理工作进行考核。

2014年

安徽省“三秋”农业机械化工作完成，全省共投入各类农业机械近300万台。其中玉米联合收割机2.3万台(新增3 806台)，机收玉米面积超过736.67千公顷，机收水平67%以上，同比提高10个百分点；机播小麦2 535.33千公顷，机播率89.7%；机收水稻1 963.33千公顷，机收率94.6%。

福建省

2013年12月5日

福建省农机购置补贴调研座谈会暨农机购置补贴廉政风险防控警示教育会在福建省建阳市召开。会议围绕2014年工作思路积极献计献策，围绕风险防控、侵权渎职开展警示教育。福建省农业厅分管副厅长参加会议并作讲话。全省各设区市农机管理局局长(站)长和经办人员、9个重点县农机管理局局长(站)长等参加会议。

12月5日

福建省顺昌县聚发农机专业合作社理事长刘金祥获评“2013年全国20佳农机合作社理事长”。

12月20日

在农业部印发的《农业部关于表彰全国农业先进集体和先进个人的决定》中，福建省农业厅农业机械化管理处(福建省农业机械管理局)荣获“全国农业先进集体”荣誉称号，建阳市农业机械管理站书记方敏荣获“全国农业先进个人”荣誉称号。

2014年2月27日

福建省泉州市在福建省首创“一站式”农机超市入选2013年度泉州十大经济事件榜单。

3月21日

2014年福建省农机安全生产工作会议在福州市召开。福建省农业厅分管副厅长作讲话。会议部署2014年农机安全生产工作与农机综合整治“三年行动”工作，签订2014年度农机安全生产责任书，通报2013年农机安全生产目标责任考评情况和2014年以来农机安全生产情况，并提出下一步抓好农机安全生产工作的措施。各设区市农业(农机)局(总站)站长、农机监理所所长等60多人参加会议。

3月28日

福建省印发通知传达全省2014年农业机械化发展重大目标任务，对农机总动力、机耕面积、机插面积、机收面积等农业机械化发展重大目标任务进行细化分解。

4月11日

中国邮政储蓄银行福建省分行批复同意漳州、泉州、宁德市分行开办农机购置补贴小额贷款业务。

4月16日

福建省首家农机专业市场——武夷农机大市场在建阳开业，武夷农机大市场集农机销售、维护、仓储、物流、培训、购机补贴于一体。

4月18日

福建省农机购置补贴暨农业机械化工作视频会议召开。福建省农业厅分管副厅长出席会议并作讲话。会上开展廉政风险警示教育，回顾2013年农机购置补贴工作并对2014年农机购置补贴工作进行部署。会议总结2013年农业机械化工作成效，对2014年农业机械化重点工作进行部署。福建省财政厅农业处、驻厅监察室、厅计财处、农业机械化处等有关人员在主会场参加会议，各市、县(区)农机管理局(站)、财政局有关负责人及经办人员、部分企业、经销商代表参加分会场会议。

6月26日

福建省农业厅党组会议研究决定由副厅长黄华康分管省农业厅农业机械化管理处(福建省农业机械管理局)。

7月28—30日

农业部农业机械化管理司副司长胡乐鸣带领调研组先后深入莆田、泉州、厦门开展农机购置补贴实地考察调研。福建省农业厅副巡视员黄炳生，省农业机械管理局高咸周、调研员杨斌等陪同调研。

8月8日

福建省农业厅、省财政厅联合印发《关于进一步加强农机购置补贴政策实施和农机机库建设工作的通知》。通知决定进一步完善农机购置补贴政策，大力扶持农机专业合作社机库建设。

8月20日

福建省莆田市农机具补贴廉政风险网上公开平台暨莆田市购机补贴监控平台投入试运行，通过平台把购机补贴工作流程和进度在网上公开，设置机具核实、结算拨付两个电子监察节点，通过科技手段加强廉政风险防控。

8月26日

福建省农业厅、省财政厅、省发展和改革委员会联合印发《关于废止〈福建省支持推广的农业机械产品目录管理办法〉的通告》。

9月25日

福建省农机购置补贴工作座谈会在福州市召开。会上汇报交流2014年以来农机购置补贴工作实施情况，对全省农机购置补贴产品市场化改革方案提出意见和建议。福建省农业厅分管副厅长出席会议并作讲话。13个市、县(区)农机管理局(站)负责人、有关人员参加会议。

福建省农业厅印发《关于印发福建省农机合作社规范建设指南的通知》，促进和引导农机专业合作社规范化建设。

9月30日

福建省农业厅农业机械化管理处(省农业机械管理局)处(局)长高咸周退休。

9月

由福建省农业厅、省财政厅有关人员联合成立四个督导检查小组，在全省集中开展2014年上半年农机购置补贴政策实施情况督导检查。

10月8日

经福建省农业厅党组研究决定，由调研员杨斌主持福建省农业厅农业机械化管理处(福建省农业机械管理局)工作。

10月14日

福建省农业厅印发《关于农机鉴定机构鉴定能力的通告》，对外公布福建省农业机械鉴定推广总站具备承担微型耕耘机等13种农业机械省级农机推广鉴定的能力。

10月14—18日

由农业部农机监理总站副站长涂志强带队的农机安全生产"打非治违"专项整治督导检查组一行4人莅临本省督查农机安全生产"打非治违"专项治理、"平安农机"建设、"为农民服务"活动、农机安全生产大检查以及农机监理日常工作开展情况。

11月25日

福建省财政厅、省农业厅联合印发通知，下达专项资金2 060万元，采取先建后补方式，对全省94家农机合作社建设的三类机库分别给予25万元、20万元、15万元的补助。

11月27日

中国邮政储蓄银行福建省分行三农金融部、福建省农业厅农业机械化管理处联合印发《关于金融支持农业机械化的通知》，决定对符合贷款条件的购机农民和农业生产经营组织在购机补贴额内给予贷款支持，并享受邮储银行正常贷款执行利率优惠10～30个百分点的政策。

江西省

2013年12月4日

江西省农业厅印发《江西省农业厅办公室关于落实好水稻机插集中育秧补助政策的通知》。自2014年起，全省集中育秧补助进一步向机插秧倾斜。一是降低机插育秧的补助起点。普通育秧补助起点为0.33公顷，将机插育秧补助起点降至0.067公顷；二是提高机插育秧的补助标准。机插育秧与普通育秧的补助标准按5∶1执行。

12月9日

江西省新建县恒伟农机服务专业合作社理事长张恒伟荣获"2013年全国20佳农机合作社理事长"称号。张恒伟还曾于2010年被省人民政府授予"全省农业机械先进个人"称号。

2014年1月1日

江西省农业机械化管理局在南昌市开展农机安全监理免费管理试点工作。共免费核发拖拉机号牌7 050副、联合收割机号牌750副，免费年检拖拉机21 053台，免收农民牌证费、检验费130万元。

1月8日

江西省农业机械化工作会议暨农机购置补贴培训班在南昌市开班。

1月10日—3月31日

江西省农业机械化管理局开展全省农机安全监理专项整治活动，重点整治自2004年以来，享受国家农机购置补贴政策，但未办理注册登记、牌证不齐全或未按规定进行年检的手扶拖拉机、大中型拖拉机、联合收割机。

2月28日

江西省农业厅、省财政厅、省发展和改革委员会联合发布《江西省支持推广的农业机械产品目录》。

3月3日

江西省农业厅办公室印发《关于开展百万农机闹春耕活动的通知》，要求各市、县(区)做好春耕生产工作。全省有152.1万台(套)拖拉机、耕整机、微耕机活跃在春耕田间地头，比2013年增加20多万台(套)。全省早稻机耕面积突破1 333.33千公顷，机插面积203.53千公顷。

3月3—14日

江西省农业机械化管理局组织省农业机械化管理局机关和各设区市农业局主管领导、农机部门主要负责同志，分2批次赴周边省份开展农业机械化专题考察学习调研活动。第一批由江西省农业厅党委委员、纪委书记钟力民带队，于2014年3月3—7日赴湖南、广西开展调研；第二批由江西省农业机械化管理局局长官少飞带队，于3月10—14日赴江苏、浙江开展调研。调研组重点围绕农业机械化发展扶持政策、推进农机工业和农机招商引资等方面的工作进行考察学习。

3月4日

江西省农业机械化统计工作会在吉安市召开。

3月27日

江西省农机购置补贴政策培训班在南昌市开班。培训班讲解农机购置补贴政策相关内容、制度规定及纪律要求，农机购置补贴廉政风险防控机制建设和警示教育以及农机购置补贴信息管理系统和补贴操作程序。各设区市、县(区)农机局局长和农机购置补贴经办人参加培训。

3月28日

江西省农机购置补贴实施进度和牌证专项整治调度会先后在南昌市召开。江西省农业厅党委委员、纪委书记钟力民出席两次会议并作讲话。

3月31日—4月1日

江西省春季农机送科技下乡活动在江西省吉安市举行。江西省农业机械化管理局副局长、总队长陶其辉带队。

4月1日

《江西省农业机械购置补贴实施方案》正式实施。《方案》进一步简政放权，取消购机申请，让农民自主购机。为确保不误农时，1月1日至3月31日，江西省继续沿用2013年江西省农机购置补贴实施方案和补贴信息管理系统，并从2014年以后，《方案》将实行常态化。

4月10日

江西省农业机械化管理局印发《关于做好2014年农机维修服务中心“以奖代补”建设项目申报工作的通知》。在2013年建成138家“以奖代补”农机维修服务中心的基础上，新建143家农机维修服务中心。

4月16日

江西省农业厅纪委书记钟力民到恒湖垦殖场调研了解新建县水稻机插技术推广和恒伟农机合作社发展情况。江西省农业机械化管理局局长官少飞和副局长、总队长陶其辉等陪同调研。

5月15日

江西省农业厅党委委员、纪委书记钟力民到永修县调研水稻机插秧技术推广、农机维修服务中心建设等农业机械化工作。江西省农业机械化管理局局长官少飞、副局长万江华陪同调研。

5月16日

江西省农机购置补贴实施进度和牌证专项整治调度会先后在九江市召开。

江西省油菜生产全程机械化现场会暨2014年上半年农机购置补贴工作调度会在油菜主产县彭泽县召开。会议观摩彭泽县油菜生产全程机械化技术示范现场及油菜机械展示，交流、调度江西省2014年上半年农机购置补贴政策实施情况，督促2014年下半年购机补贴资金分配和结算进度。

5月25日

江西省新余市首届农业(工程)机械展销会在青园中部农业机械产业城(新余)开幕。江西省农业机械化管理局局长官少飞出席开幕式。本届农机展参展单位共计35家，参观人数5 000人左右，展出面积达2 000平方米。

6月1—30日

江西省农业机械化管理局开展农机“安全生产月”活动。

6月3—13日

江西省农业机械化管理局分2批开展全省基层农业机械化技术人员专题培训班。培训班以农机购置补贴和安全监理等为主要内容，主要包括农业机械化相关法律法规；农机购置补贴政策和项目管理规范；农机安全监理业务规范；主推农业机械化新技术及主要农作物生产模式；农业机械化技术推广、管理服务与统计体系；农业机械化工作常识与方法等方面的培训和实践。共培训210人。

6月9日

江西省农业机械鉴定站印发《关于做好温室大棚和微灌设备鉴定工作的通知》，面向所有在江西施工、建设温室大棚和微灌设备生产企业开展集中鉴定。

6月17日

江西省“以奖代补”农机维修服务中心规范化建设与业务拓展培训班在南昌市举办，探索开展“企社共建”“企点共建”发展农机维修服务业。

6月24—27日

由于连续一周的强降雨，江西省农业生产损失巨大。根据江西省农业厅应急管理工作领导小组的统一安排，江西省农业机械化管理局局长官少飞带队深入贵溪市、乐平市和浮梁县等农业受灾重点区域，开展农业救灾工作督导。

6月27日

江西省印发《江西省2014年农机购置补贴政策落实监督检查工作方案》和《关于开展2014年农机购置补贴政策落实延伸绩效管理工作通知》，将各设区市交叉检查工作结合全省7月和12月组织的绩效考核工作同时进行。

7月2日

江西省人民政府印发《江西省人民政府关于加快推进农业机械化和农机工业发展的实施意见》(简称《意见》)，是农机行业首个由省人民政府发布的文件。《意见》提出，力争到2015年，主要农作物耕、种、收综合机械化水平超过65%，水稻耕、种、收综合机械化水平达到70%，其他特色产业机械化水平明显提升；2020年，主要农作物耕、种、收综合机械化水平超过70%，水稻耕、种、收综合机械化水平达到75%以上。

7月7日

江西省农业机械化管理局发布《关于进一步规范农机收费的通知》，明令禁止各种农机乱收费现象。

8月5日

江西省粮食烘干与粮食安全研讨会在江西省新余市召开。会议围绕“保障粮安、颗粒归仓”主题进行研讨。全国人大代表、奇瑞重工股份有限公司总经理王金富，各设区市和全省43个粮食主产县的农机部门主要负责人，330余名种粮大户、农机合作社理事长和部分经销商参加研讨会。截至2014年11月30日，江西省共补贴粮食烘干机724台，超过2013年全年补贴量154%。

8月29日

江西省农业厅在江西省新余市召开会议，贯彻落实《江西省人民政府关于加快推进农业机械化和农机工业发展的实施意见》精神，总结交流推进农业机械化工作取得的成效及经验，安排部署推进全省农业机械化发展的工作任务。

9月18日

江西省晚稻农用遥控飞行植保机作业现场演示会在江西省新余市珠珊镇万亩高标准粮田示范区召开。各设区市农业(机)部门负责人和全省各地农机专业合作社理事长、种粮大户、农机大户等农200多人现场观看演示。

9月27日—10月15日

受江西省农业机械化管理局委托，江西省农机行业职业技能鉴定站在江西生物科技职业学院举办高、中、初级三期农机修理工培训班。来自全省2014年“以奖代补”农机维修服务中心和其他农机合作社、维修网点的509名修理工参加职业技能考核培训。

10月15日

财政部提前下达江西省2015年第一批农机购置补贴资金4亿元。

10月23—31日

为做好农业部督查组迎检准备，江西省开展2014年农机购置补贴政策实施专项督导检查。

11月14日

江西省农业机械化管理局召开2015年全省农业生产社会化服务项目部署会。2013—2014年，全省选定新建县等10县为社会化服务试点县，每县安排500万补贴资金，对水稻机耕、机插、机防、机收、机烘干及油菜免耕直播和机收进行补贴。2015年的社会化服务试点在前两年基础上新增10个试点县，全省共计20个试点县，覆盖全省设区市，水稻机插、机防和油菜机械开沟免耕直播补助标准也均由每公顷150元提高至300元。

11月18日

在首届中国农机手大赛全国总决赛中，江西省农业机械化管理局获评“最佳组织奖”，2名机手位列全国30强。

11月20日

江西省农业厅、新余市人民政府在南昌市举行江西省农机工业暨新余市农机产业园招商推介会。推介交流全省农机工业和新余农机产业园规划发展情况，诚邀全国农机企业家到江西投资兴业，共商全省农机产业发展大计。江西省农业厅厅长胡汉平、省工业和信息化委员会副主任江明成出席推介会。国机集团第一拖拉机股份有限公司、久保田农业机械(苏州)有限公司、井关农业机械有限公司、中联重机股份有限公司总(副)经理参加推介会。

2014年

江西省共使用补贴资金7.75亿元，资金完成量超历史，比2013年增长46.4%。资金实施进度和结算进度在全国均名列第一。补贴各类机具24.12万台，受益农户18.55万户。补贴的大中型、高效能农业机械迅猛增长，小型农业机械增速明显下降，全省农机装备结构明显优化，并逐步覆盖产前、产中、产后各环节。全省补贴大中型拖拉机5 389台、插秧机2 703台、烘干机724台，分别比2013年全年补贴数量增长96.9%、214.6%、265.6%。

山东省

2013年12月5日

山东省农业机械化统计工作会议在济南市召开，山东省农业机械管理局局长高明飞出席会议并讲话，副巡视员侯英忠主持会议。

12月17日

山东省农机深松整地作业补助试点工作会议在济南市召开，山东省农业机械管理局局长高明飞出席会议并讲话，副局长韩永平主持会议。

12月31日

山东省农业专家顾问团农机分团工作会议在山东理工大学召开，山东省农业机械管理局副局长战嘉波出席会议并讲话。

2014年1月6日

山东农业工程学会召开专业委员会工作会议，学会理事长战嘉波出席会议并讲话。

1月9日

山东省农业机械化工作会议在济南市召开。山东省农业机械管理局局长高明飞在会上作题为《扎实推进改革创新 奋力开创农业机械化发展新局面》的讲话，副局长韩永平传达全国农业工作会议精神，副巡视员侯英忠主持会议，纪检组组长刘娜、副局长战嘉波出席会议。

1月23日

山东省农业机械管理局召开机关年终总结表彰大会。

2月17日

山东省农业机械管理局召开党的群众路线教育实践活动总结大会。

2月18日

山东省春季经济作物机械化生产推进视频会召开，山东省农业机械管理局局长高明飞讲话，副局长战嘉波主持会议，山东省供销合作社副主任魏华出席会议。

2月21日

山东省农业机械管理局局长高明飞在全国农机购置补贴暨农业机械化工作座谈会上作题为《精心组织 规范操作 稳步推进农机报废更新补贴试点工作》的典型发言。

2月27日

山东省农机深松整地作业现场会在济宁市泗水县召开。山东省农业机械管理局局长高明飞出席会议并讲话，副局长韩永平主持会议。

3月3日

山东省农业机械管理局、省公安厅、省交通运输厅联合印发《关于组织农业机械跨区作业的通告》。

3月4日

山东省农业机械管理局召开2014年党风廉政建设工作会议，安排部署2014年党风廉政建设工作。山东省农业机械管理局分党组书记、局长高明飞出席会议并讲话，分党组成员、纪检组组长刘娜主持会议。

3月6日

山东省农业机械管理局与省财政厅联合印发《2014年山东省农业机械购置补贴工作实施方案》，确定采取“全价购机、定额补贴、县级结算、直补到卡”资金兑付方式；确定章丘等30个县(市、区)为农机报废更新试点；确定开展深松整地作业补助试点。

3月9—10日

山东省农业机械技术推广站站长座谈会在济南市召开。山东省农业机械管理局副局长战嘉波出席会议并讲话。

3月12日

山东省农机安全生产工作电视会议召开，山东省农业机械管理局局长高明飞出席会议并讲话，纪检组组长刘娜主持会议。

山东省农业机械管理局局长高明飞到莒南县督导检查春季农业机械化生产工作。

3月15日

2014年山东省暨滨州市“3·15”农机宣传咨询活动在邹平县举行。山东省农业机械管理局副局长战嘉波出席活动并讲话。

3月18日

山东省农机购置补贴工作视频会议召开。山东省农业机械管理局局长高明飞、省财政厅农业处副处长韩如月分别作讲话。山东省农业机械管理局与市局代表签订《山东省农业机械购置补贴实施工作责任书》。山东省农业机械管理局纪检组组长刘娜主持会议。

3月21日

山东省农机质量投诉监管工作会议在济南市召开，同时启动第六届“农民满意农机产品”调查评选活动。山东省农业机械管理局副局长战嘉波出席会议并讲话。

4月1—11日

山东省农业机械管理局派出三个考核组分赴泰安、东营、德州等市(区、县)实地考核全省农机安全监理“为民服务创先争优”示范窗口创建工作。

4月3日

山东省机采棉联合推进工作会议召开，标志着山东省机采棉联合推进办公室工作正式启动。由山东省农业机械管理局牵头，省供销合作社、省棉花技术指导站、省棉花研究中心、省农业机械科学研究院等5个单位成立机采棉联合推进办公室，省农业机械管理局局长高明飞任主任，省供销合作社副主任魏华、省农业机械管理局副局长战嘉波任副主任，设立示范推广、生产农艺、棉种选育、加工处理、机械装备5个工作小组。

4月9—11日

山东省农业机械管理局组织全省农机合作社理事长参观2014中国(青岛)国际农业机械展览会。

4月9日

全国农机维修高技能人才及师资培训班在山东省潍坊市开班，山东省农业机械管理局副局长韩永平参加开班式。

4月11日

山东省花生机械化生产技术协作组工作会议暨技术培训会在济南市召开。山东省农业机械管理局副局长战嘉波出席会议。

4月14日

山东省农业机械管理局局长高明飞带领省农业机械管理局有关处、站负责同志走进山东人民广播电台“阳光政务热线”直播间，现场接听听众热线，解答群众关心、关注的问题。

4月15日

新增农机报废更新补贴试点县座谈会在济南市召开。山东省农业机械管理局副局长韩永平出席会议并提出要求。

4月16日

山东省副省长赵润田到郯城县育新农机合作社视察指导工作。

山东省委省直机关工作委员会和省检察院联合举办的预防职务犯罪警示教育宣讲团到山东省农业机械管理局，以《珍惜幸福生活　远离职务犯罪》为主题做演讲。

4月18日

山东省农机质量投诉监管工作培训班在济南市举办，山东省农业机械管理局副局长战嘉波出席开班式并讲话。

4月24日

山东省农机作业能手培训班在福田雷沃国际重工股份有限公司举办。政企结合开展机手培训是山东农业机械化教育培训工作又一创新，山东省农业机械管理局副局长韩永平出席开班式并讲话。

4月28日

山东省保护性耕作项目培训会在山东省章丘市召开，山东省农业机械管理局副局长战嘉波出席会议并讲话。

5月8日

山东省经济和信息化委员会、省农业机械管理局、中国石化山东石油分公司、中国石油山东销售分公司联合下发《关于做好“三夏”农业生产用油供应工作的通知》。

5月9日

山东省农机维修服务能力建设观摩会在青岛即墨市召开，山东省农业机械管理局局长高明飞，副局长韩永平到会并讲话。

5月10日

山东省农业机械管理局局长高明飞到青岛市就农机购置补贴工作进行调研。

5月13—14日

山东省农业机械管理局局长高明飞到临沂市调研农业机械化工作。

5月15日

山东省大蒜机械化收获现场观摩会在济宁市金乡县召开。山东省农业机械管理局局长高明飞出席会议并讲话，副局长战嘉波主持会议。

5月16日

山东省农业机械管理局组织收看全国“三夏”小麦跨区机收工作视频会议，局长高明飞在会上做典型发言。同时召开全省视频会议安排部署“三夏”小麦跨区机收工作。

5月20日

山东省“三夏”农机跨区作业出征仪式在潍坊市举行，标志着2014年全省“三夏”农机跨区作业正式拉开序幕。山东省农业机械管理局副局长韩永平作讲话并宣布农机跨区作业队出征。

5月21—22日

山东省农业机械管理局局长高明飞到日照市调研指导秸秆综合利用、花生生产机械化、农机购置补贴、“三夏”农业机械化生产准备等工作。

5月27日

山东省农业机械管理局下发《关于开展2014年全省农机“安全生产月”活动的通知》，决定6月在全省范围内开展以“强化安全基础、推动安全发展”为主题的农机“安全生产月”活动。

5月28—29日

山东省农机教师上岗资格考试会议在章丘市召开。山东省农业机械管理局副局长战嘉波到会观摩并现场指导学员理论和操作考试。

5月30日

山东省农业机械管理局与福田雷沃国际重工在曹县仵楼乡联合举办“庆六一、手拉手”助学捐赠活动。山东省农业机械管理局局长高明飞祝愿同学们勤奋学习，快乐成长，早日成为栋梁之才，回报家乡，回报社会；并呼吁全社会都关心农村儿童，为他们的健康成长创造良好的社会环境。福田雷沃国际重工党委书记梁启荣出席捐赠仪式并讲话，山东省农业机械管理局副局长韩永平、菏泽市副市长王桂松和县、乡有关领导出席捐赠仪式。

6月2日

山东省小麦收获开机仪式在菏泽市举行，标志着山东省3 740千公顷小麦收获将从南到北、自西向东全面展开。山东省农业机械管理局局长高明飞、副局长韩永平，菏泽市副市长王桂松、副市长刘传谨等出席仪式。

6月4日

山东省副省长赵润田在山东省农业厅厅长王金宝、省农业机械管理局局长高明飞等省直有关部门负责同志的陪同下，到平阴县检查“三夏”农业机械化生产工作。

6月9—10日

山东省玉米缓控释肥“种肥同播”机械化技术推广项目技术培训暨现场演示会在兖州市召开。山东省农业机械管理局副局长战嘉波出席会议。

6月11日

山东省副省长赵润田带领省农业机械管理局局长高明飞等省直有关部门负责同志到德州检查“三夏”农业机械化生产工作。

6月14日

农业部农业机械化技术开发推广总站主办的“主要农作物机械化生产模式研究项目培训班”在山东省潍坊市举办。农业部农业机械化技术开发推广总站站长刘宪到会讲话，山东省农业机械管理局局长高明飞到会看望会议代表，副局长战嘉波出席会议并致辞。

6月16日

山东省农机安全生产宣传咨询日活动在肥城市王庄镇举办，省、市、县联合开展安全宣传活动在山东尚属首次。山东省农业机械管理局局长高明飞到活动现场并致辞。

山东省小麦机收基本结束，完成小麦机收面积3 631.87千公顷，机收率98.1%；机播玉米2 684.87千公顷，机播率95.3%。

6月20日

山东省农业机械管理局局长高明飞到济南市调研水稻生产机械化工作，强调要大力推进水稻生产全程机械化。

6月25日

山东省农业机械管理局局长高明飞到无棣县视察机采棉基地建设和夏玉米免耕播种出苗情况。

7月4日

山东省农机维修服务能力调研情况汇报交流会在威海市召开，山东省农业机械管理局副局长韩永平到会并讲话。

山东省农业机械管理局与省财政厅印发《关于下达2014年现代农业机械化水平提升项目计划的通知》。2014年度省农业机械化创新示范工程项目和省农机规模化作业推进工程奖励项目正式启动。

7月10日

山东省农业专家顾问团农机分团工作会议在泰安市召开。山东省农业机械管理局局长高明飞、副局长战嘉波出席会议并讲话。

7月14—16日

农业部到山东调研农机购置补贴政策落实情况，对山东省农机购置补贴政策实施情况给予高度评价，山东省农业机械管理局副局长战嘉波陪同调研。

7月17日

农业部下发《关于表扬2013年度专项工作延伸绩效管理试点工作优秀单位的通报》，山东省农业机械管理局被评为农机购置补贴政策落实优秀单位。

8月7日

山东省副省长赵润田主持召开粮食干燥机械设备研发推广工作座谈会，要求加快粮食干燥设备研发推广步伐。山东省农业机械管理局局长高明飞在会上作发言。

山东农业工程学会在临沭县组织召开2014年山东省科协农科学会群秘书长第十一次联席会议。山东省科学技术协会学会部部长夏庆刚、学会理事长战嘉波出席会议并讲话。

8月13日

山东省农机局局长座谈会在日照市召开，并观摩茶叶机械化采摘、加工现场。山东省农业机械管理局局长高明飞讲话，副局长韩永平主持会议。

8月25—29日

山东省农业机械管理局局长高明飞到威海市、烟台市督导农机购置补贴和保护性耕作项目实施。

8月28日

山东省花生联合收获技术培训班在招远市举办。山东省农业机械管理局副局长战嘉波出席会议。

9月4日

山东省农业机械管理局局长高明飞到聊城市督导、调研农机购置补贴工作，深入茌平县、冠县农机企业、农机合作社和经销企业，实地了解农机购置补贴落实情况。

9月10日

山东省基层农机推广体系改革与建设补助项目实施会议暨推广骨干培训班在济南市召开。山东省农业机械管理局局长高明飞出席会议并讲话，副局长战嘉波主持会议。

9月11日

山东省农业机械管理局局长高明飞在泰安市东平县调研农业机械化工作，强调要努力补上粮食干燥这块“短板”，为确保粮食安全作出新贡献。

9月19日

山东省中药材机械化收获演示观摩会在威海市文登区召开。山东省农业机械管理局副局长战嘉波出席会议。

9月21日

山东省花生机械化收获现场会在临沂市莒南县召开。农业部农业机械化技术开发推广总站副站长李安宁出席会议并讲话，山东省农业机械管理局局长高明飞出席会议并讲话，临沂市委常委副市长尹长友到会致词，山东省农业机械管理局副局长战嘉波主持会议。

山东省农业机械管理局局长高明飞到临沂市费县督导农机购置补贴工作。强调进一步加快结算进度，把党的强农惠农政策不折不扣落到农民手中

9月24日

农业部农机安全监理总站站长刘宪到山东省沂水、莒县调研农机监理工作，山东省农业机械管理局纪检组组长刘娜陪同调研。

9月25日

山东省农业机械管理局在泰安市召开全省“三秋”农业机械化暨安全生产现场会，安排部署“三秋”农业机械化和安全生产工作。山东省农业机械管理局局长高明飞讲话，副局长韩永平主持会议，泰安市政府特邀咨询张庆明到会致辞。

9月26日

玉米机械化籽粒收获和粮食机械化烘干现场观摩会在山东省邹平县召开。山东省农业机械管理局局长高明飞、副局长战嘉波，滨州市副市长童鹰及县人民政府领导等出席会议。

10月9日

山东省农业机械管理局局长高明飞到章丘市督导检查“三秋”农业机械化生产工作。

10月11—12日

山东省副省长赵润田在山东省农业机械管理局局长高明飞等有关部门负责同志的陪同下，到武城县调研玉米籽粒收获工作。赵润田要求各级要严格落实国家农机补贴政策，完善配套设施，大力推广玉米籽粒收获技术，不断提高农业机械化和现代化水平。

10月16日

黄河流域棉花机械化生产现场会在山东省滨州市召开。农业部农业机械化管理司副司长胡乐鸣出席会议并讲话，中国工程院院士罗锡文、陈学庚、喻树迅出席会议并发表指导意见，山东省农业机械管理局局长高明飞出席会议并致词，滨州市副市长李维东到会介绍市推进棉花生产全程机械化的具体做法。

10月17日

农业部农业机械化技术开发推广总站副站长李安宁一行到邹平县考察玉米机械化籽粒收获。山东省农业机械管理局副局长战嘉波陪同考察。

农业部农业机械化管理司科技处处长刘云泽在山东省农业机械管理局局长高明飞陪同下，到利津县调研采棉示范基地建设、棉花机采收获和粮食机械烘干推进情况。

山东省“三秋”农业机械化生产基本结束，共上阵各类农业机械201万台套。玉米机收面积2 563.33千公顷，机收率为宜收面积的83%；小麦机播面积3 636.66千公顷，机播率99.2%。

10月18—30日

山东省农业机械管理局完成“新疆喀什地区现代农业机械科技人员培训项目”的培训任务，共39人参加。

11月3日

山东省农业机械试验鉴定站被农业

部农业机械试验鉴定总站评为2013—2014年度中国农业机械化质量网信息工作先进单位,王兰安荣获优秀信息员二等奖。

11月5—8日

山东省农机合作社理事长培训班在临沂市举办,近200位农机合作社理事长参加培训。山东省农业机械管理局副局长韩永平出席开班仪式并讲话。

11月10日

山东省农业机械管理局开展农机安全生产"打非治违"工作专项督导检查,由山东省农业机械管理局副局长刘娜带队,抽调部分市监理站站长,组成六个督导检查组,对12个地市进行专项督导检查。

11月17日

山东省农业机械试验鉴定站与洛阳拖拉机研究所合作完成国内首台拖拉机用200 kN大功率负荷车的研制。

11月20日

山东省农机购置补贴工作会议在山东省邹平县召开。山东省农业机械管理局局长高明飞出席会议并讲话,副巡视员侯英忠总结发言,副局长韩永平主持会议,省财政厅调研员韩如月出席会议。

11月20—21日

2014年山东省基层农机技术推广体系改革与建设暨省现代农业机械化技术推广服务能力提升培训班在济南市举办。山东省农业机械管理局副局长战嘉波出席开班式并讲话。

11月25日

山东省农机合作社建设推进会在利津县召开。山东省农业机械管理局局长高明飞出席会议并讲话,山东省农业机械管理局副局长韩永平主持会议。

河南省

2013年12月5—7日

河南省农业机械化新技术推广应用培训班在郑州市举办。来自18个省直辖市、10个省直管县(市)农机管理局、农机推广站近120名代表参加培训。培训班解读新修订的《农业技术推广法》,讲解农业机械化新技术及推广方法和农机项目申报与管理,并对参加培训人员所提出的问题进行详细的解答。

2014年1月24日

河南省棉花生产全程机械化座谈会在郑州市召开。与会人员交流河南省棉花产业发展的前景、生产全程机械化实施情况及存在的问题,提出发展建议。与会人员还结合河南的实际情况讨论、修改《黄河流域棉区棉花机械化生产技术指导意见》。

2月19日

河南省农机管理工作会议在郑州市召开。各省辖市、扩权县农机局局长等参加会议。会议学习贯彻党的十八届三中全会、中央和河南省委农村工作会议、中央1号文件和河南省委2号文件及全国农业工作会议精神,总结2013年农业机械化工作,分析形势,明确任务,安排部署2014年重点工作。

3月24—30日

2014年河南省农村实用人才带头人农机合作社经营管理人员培训班在郑州市举办。培训班由河南省农业厅和省农业机械管理局主办,省农业机械技术推广站承办,各省辖市、直管县(市)农机合作社负责人、经营管理人员等200余人参加学习培训。培训内容主要有玉米生产机械化技术、夏玉米植保机械化技术、保护性耕作技术及应用、机械化深松技术、农产品干燥技术与装备、农业机械化发展与农机专业合作社经营管理、设施农业工程技术发展和合作社的规范化建设与立法完善等。培训期间,举办企业与示范农机专业合作社共建活动,组织学员参加2014春季中国农机发展论坛,参观全国春季农机展览会、遥控飞行植保机模拟作业演示及农机具演示会。

3月27日

2014年全国农业机械及零部件展览会在郑州国际会展中心举行,农机展为期3天,总展览面积近5万平方米,参展厂商350余家。展会新增农用航空飞行器展区,一大批新型、智能化农机机具,如农用无人直升机、无人多旋翼植保飞机等成为展会的一大亮点。

3月28日

遥控飞行植保机模拟作业及农机具演示会在郑州市召开。演示会由中国农业机械工业协会、中国农业机械化协会和中国农业机械流通协会主办,河南省农业机械化协会承办。参加现场演示会的有来自全国有关省市农机部门的负责同志以及河南省200家农机专业合作社的负责人。来自全国13家生产企业的四大类、29台机具参加演示。

4月25日

河南省农机购置补贴工作视频会议在郑州市召开,会议贯彻落实农业部、财政部《2014年农业机械购置补贴实施指导意见》精神,总结分析全省农机购置补贴政策实施情况,安排部署2014年农机购置补贴工作。

5月20日

河南省"三夏"生产电视电话会议召开。主会场设在河南省人民政府,各地市、有关厅局及省直管县市设立分会场。河南省副省长王铁参加会议。会议要求,切实抓好小麦后期管理,加强病虫害防控,严防干热风、连阴雨和后期倒伏;要抢时收获,组织好农机跨区作业,确保小麦颗粒归仓;尽早种足种好秋作物,确保秋粮种植面积稳定在4 333.33千公顷以上;抢时早播,扩大玉米、大豆免耕机播面积和水稻机械插秧面积。

6月4日

农业部农业机械化管理司司长李伟国一行来河南省调研"三夏"麦收工作。在河南省农业机械管理局局长张开伦陪同下,李伟国一行先后到济源市、郑州市、许昌市、漯河市、开封市走进农机合作社,深入农机生产企业,来到田间地头,了解"三夏"生产、问访机手作业情况、调查农机合作社建设、考察农业机械化工作。李伟国肯定河南省"三夏"农机工作,并对下一步农机工作提出具体要求。

6月18日

农用航空器考核人员培训班在郑州市举办。培训班介绍河南省机械化植保情况、存在的问题、开展农用航空器田间作业考核的目的以及考核工作中应该注意的事项,对农用航空器田间作业考核方案的有关内容进行系统的解读。

7月4—7日

2014年河南省保护性耕作技术高级研修班在郑州市成功举办。来自河南省各省辖市、直管县农机推广站站长、具有高中级职称的技术人员等80多人参加研修班。邀请国内省内知名专家就保护性耕作技术推广应用、国内外小麦产业发展趋势与高产高效栽培技术、玉米高产栽培与保护性耕作技术、河南省小麦玉米两茬连作保护性耕作技术规范、深松机械化技术等几个方面进行专题讲授。

7月11日

河南省涉农企业及合作社融资需求项目推介会在郑州市举行,会议由河南省农业厅、省人民政府金融办举办,河南省农业厅、省人民政府金融办相关部门负责人，全省18家银行业金融机构公司部分负责人，部分涉农企业及合作社代表参加会议。会议旨在搭建河南省涉农企业、农民合作社与银行业金融机构沟通对接平台，解决涉农经营主体融资难的问题。本次推介会首批向各金融机构推介涉农企业和合作社贷款项目共计313个，需贷款总额200.17亿元。

8月14—15日

河南省2014年玉米生产机械化技术培训班在许昌市举办，来自全省各省辖市、直管县农机推广站站长及技术负责人100余人参加培训。培训班对玉米全程机械化技术作专题培训，并组织学员观摩河南省"秋收"农机作业现场演示会。

8月15日

2014年河南省"秋收"农机作业现场演示会在许昌市举行。现场演示会由河南省农业机械技术推广站和河南省农业机械化协会联合主办，共有来自全国29家生产企业的四大类56台机具参加现场作业演示展示，包括玉米联合收获机、青饲料收获机、花生收获机、秸秆还田机、深松整地机、免耕播种机和农用航空器等。这些机具代表我国秋收作业机具的前沿技术和最新成果，会议期间还组织开展河南省农机新产品推介及银企对接活动。

9月16日

2014年河南省基层农机推广体系建设补助项目管理工作会议在郑州市召开。来自河南省各辖市的业务主管局长和科教科长、河南省直管试点县(市)农机局业务主管局长和项目负责人参加会议。通报2013年基层农机推广体系建设补助项目实施情况和绩效考核情况，安排部署2014年基层农机推广体系建设补助项目管理绩效考核工作，交流讨论基层农机推广体系改革与建设情况。

9月23—24日

联合国粮农组织—朝鲜保护性耕作考察团一行7人到河南省许昌市考察学习保护性耕作技术，了解保护性耕作机具性能特点，并接受保护性耕作技术培训。

9月24—25日

全国"三秋"农业机械化技术培训班在河南省开封市举办，贯彻落实全国秋冬种工作视频会议精神，指导各地做好"三秋"农业机械化技术培训和推广工作。来自全国30个省(自治区、直辖市)、计划单列市、新疆生产建设兵团、黑龙江省农垦总局农业机械化主管部门和农机推广站的有关人员参加培训。农业部农业机械化管理司副司长胡乐鸣、农业部农业机械化技术开发推广总站副站长李安宁、河南省农业机械管理局局长张开伦等出席开班式及现场演示活动。

11月14—16日

2014年基层农机推广体系改革与建设补助项目技术指导员培训班在河南省郑州市举办。有关市县的项目分管局长、项目负责人和技术指导员共210人参加培训。培训班针对项目县实施的主推技术，聘请省内外专家对玉米生产机械化技术、保护性耕作技术及应用、深松机械化技术、粮食烘干机械化技术进行讲授。

湖北省

2013年12月30日

湖北省农业机械管理局局长刘长华，副局长周立明、皮少成参加2014年湖北省农业工作会议。

12月31日

湖北省农业机械管理局局长刘长华，副局长周立明、皮少成参加湖北省农村工作电视电话会。

2014年1月2日

湖北省农业机械管理局举办党风廉政建设专题讲座，湖北省农业厅监察室主任尚祥杰作题为《勤政为农，廉洁为民——深入推进党风廉政建设和反腐败斗争》的专题报告。湖北省农业机械管理局局长刘长华主持讲座并作讲话，局机关和湖北省农业机械化技术推广总站全体干部职工参加。

1月9日

湖北省农业机械化技术推广总站召开2013年度总结工作会议。湖北省农业机械管理局局长刘长华出席会议并作讲话，省农业机械管理局副局长皮少成主持会议。

1月13日

2014年湖北省农机"三个百万"启动仪式暨湖北省农业机械化工作座谈会在湖北省随州市召开。

1月14日

2014年湖北省文化科技卫生"三下乡"集中示范活动在湖北省随县举行，湖北省农业机械管理局在此次活动中，举行百万机手大培训、百万机具大检修和百万农机闹春耕等农机"三个百万"活动启动仪式。湖北省副省长郭生练出席仪式。湖北省委宣传部常务副部长杨万贵、省人民政府副秘书长黄国雄、随州市市长郄英才、省农业厅副厅长余胜伟和省农业机械管理局局长刘长华等一同参加仪式。

湖北省农业机械化工作座谈会在湖北省随州市召开。湖北省农业厅副厅长王红玲、省农业机械管理局局长刘长华、副局长周立明出席。

1月15日

湖北省农业厅副厅长王红玲与荆州市农业机械化管理办公室主任曾德才先后深入洪湖市春露合作社联社、洪湖农机大市场、洪湖市先锋农机合作社集中育秧基地、洪湖市碧野农机合作社进行调研。

1月22日

湖北省农业机械管理局在汉口召开离退休老干部会议，湖北省农业机械管理局局长刘长华通报全省农业机械化工作情况，副局长周立明、皮少成参加。

2月4日

湖北省安全生产委员会印发《湖北省安全生产委员会关于表彰2013年度全省安全生产工作先进单位和先进工作者的决定》，湖北省农机安全监理总站荣获"2013年度全省安全生产先进单位"荣誉称号；省农机安全监理总站方胜和罗少新、孝感市农机安全监理所范正清、襄阳市农机安全监理所薛峥等4名同志荣获"2013年度全省安全生产先进工作者"荣誉称号。

2月12日

湖北省农业机械管理局召开2014年党风廉政建设暨"三抓一促"活动动员会。湖北省农业机械管理局局长刘长华、副局长皮少成出席会议。

2月24日

湖北省农业机械管理局召开专题会议，学习传达全国农机购置补贴暨农业机械化工作座谈会精神。湖北省农业机械管理局局长刘长华，副局长周立明、皮少成出席。

2月25日

湖北省农业机械管理局和华中农业大学工学院召开合作座谈会。湖北省农业机械管理局局长刘长华、副局长皮少成参加。

3月1日

据《中共湖北省委湖北省人民政府

关于表彰湖北省第二届“人民满意的公务员”“人民满意的公务员集体”和记一等功的决定》（鄂文〔2014〕16 号），湖北省委、省人民政府给予天门市农业机械化管理局局长段喜廷记一等功。

3 月 4 日

湖北省农业机械管理局局长刘长华、副局长周立明到湖北工业大学调研农机推广鉴定有关工作。

3 月 12 日

农业部农业机械化管理司巡视员丁翔文到湖北调研，湖北省农业机械管理局局长刘长华陪同。

3 月 15 日

湖北省农业机械学会农机工业分会一届二次会议在武汉市召开。湖北省农业机械管理局局长刘长华、副局长周立明出席。

3 月 19 日

湖北省 2014 年农机购置补贴实施启动视频会在武汉市召开。

3 月 20 日

湖北省鄂东片区水稻机械化育插秧技术培训班在黄梅县开班。湖北省农业机械管理局副局长周立明出席开班式。

3 月 21 日

湖北省（鄂北片）水稻育插秧技术培训班在孝感市孝南区陡岗镇举办。湖北省农业机械管理局副局长周立明参加开班仪式。

3 月 24 日

湖北省农业机械管理局副局长周立明到洪湖出席水稻机械化育插秧培训班。

3 月 25—26 日

湖北省农业机械管理局局长刘长华在湖北省委党校参加湖北省委组织部《党政干部任用条例》培训班。

3 月 26 日

湖北省农业机械管理局在武汉市举办全省农业机械化生产信息工作培训班。湖北省农业机械管理局副局长周立明出席。

3 月 27—28 日

湖北省农业机械管理局局长刘长华到枝江督导农机春耕生产，并出席全省鄂西片水稻机械化育插秧技术培训班开班仪式。湖北省农业机械管理局副局长皮少成到天门市出席湖北省百万农机安全保春耕现场活动启动仪式并参加湖北省农业机械安全协会年会。

4 月 2—4 日

湖北省农业机械管理局在华中农业大学举办青年干部业务知识培训班。湖北省农业机械管理局副局长皮少成参加。

4 月 4 日

湖北省襄阳市襄州区、秭归县、咸宁市咸安区、麻城市 4 个县（区、市）被评为 2013 年全国“平安农机”示范县（区、市）。

4 月 15 日

湖北省水稻机插秧作业大比武在湖北省监利县举办。湖北省农业机械管理局局长刘长华、副局长周立明出席。

4 月 16 日

湖北省委副书记张昌尔到咸安区调研春耕生产，强调机插机播是先进的农业生产力，是实现推广水稻“单改双”的关键，要求用好农机补贴政策和工厂化育秧专项资金，大力发展工厂化育秧、机械化插秧，确保“单改双”等增产措施落到实处。

4 月 28 日

湖北省农业机械管理局副局长周立明到襄阳市督导农机购置补贴工作，并出席襄阳市 2014 年农机购置补贴启动仪式暨农机购置补贴工作会议。

4 月 28—29 日

湖北省农业机械化信息员培训在荆州市举办。湖北省农业机械管理局副局长皮少成出席。

5 月 3—6 日

湖北省政协副秘书长、民盟湖北省委专职副主任王耀辉教授到十堰市、襄阳市、荆州市调研全省农业机械化发展情况。湖北省农业机械管理局副局长皮少成陪同。

5 月 6 日

湖北省财政厅副厅长黄明到湖北省农业机械管理局调研农业机械化工作。湖北省农业机械管理局局长刘长华、副局长周立明进行相关情况汇报并与之座谈。

5 月 8 日

湖北省农业厅党组任命王再虎同志任湖北省农业机械管理局纪委书记、党委委员。

湖北省农业机械管理局局长刘长华、副局长周立明参加湖北省广电总台的“政风行风热线节目”。

湖北省农业机械管理局召开 2014 年全省农机系统民主评议政风行风工作专题会议。湖北省农业机械管理局领导班子成员、局机关各处室代表和省农机安全监理总站站长参加。

5 月 22 日

农业部农机监理总站站长刘宪到湖北省农机安全监理总站、湖北省农业机械安全协会调研。湖北省农业机械管理局副局长皮少成陪同。

5 月 27 日

湖北省人民代表大会常务委员会副主任赵斌对省油菜机收工作作出批示：湖北省是油菜大省，推进机械收获很有意义。不仅是保持油菜大省、强省地位的需要，也是实现农业机械化，减轻劳动强度，解决农业劳动力不足的需要。望认真总结成功的做法和经验，将这项工作组织的更好。

5 月 28 日

湖北农机跨区作业保驾护航千里行暨“农机安全生产月”活动在荆门市启动。湖北省农业机械管理局副局长周立明出席启动仪式。

6 月 9 日

湖北省农业机械管理局局长刘长华、副局长皮少成到湖北省农机安全监理（推广）总站调研指导工作。

6 月 20 日

由商务部、农业部承办的“2014 非洲英语国家南南农业合作官员研修班”中来自加纳、利比里亚、卢旺达、马拉维、塞拉利昂等国家的 15 名学员，到湖北大地农业机械有限公司参观考察。大地农业机械有限公司董事长杨志刚为学员们培训，并就公司产品的出口达成协议。

6 月 25 日

湖北省农业厅副厅长焦泰文到湖北省农机安全监理总站检查全省农机安全生产工作。

7 月 4 日

湖北省农业机械管理局召开党委中心组理论学习会。湖北省农业机械管理局局长刘长华主持会议，省农业机械管理局党委委员，局机关各处、局直属单位主要负责人参加会议。此次学习会以习近平总书记关于“三严三实”的系列讲话精神为主题。会上，刘长华作题为《自觉践行“三严三实”，做一名合格的党员领导干部》的主题发言。

7 月 15 日

湖北省农业机械管理局在武汉市举办全省农业机械普查工作业务培训班。

湖北省农业机械管理局副局长皮少成出席。

7月16—18日

湖北省农业机械管理局局长刘长华对恩施市、利川市、宣恩县等地落实农机购置补贴政策、农机安全生产及监理和新机具推广等工作进行调研。

7月18日

湖北省早稻机收秸秆综合利用暨晚稻机插作业演示在京山县举行。湖北省农业厅副厅长王红玲参加。

7月22日

湖北省农机购置补贴督查组到远安县督查农机具购置补贴工作。湖北省农业机械管理局纪委书记王再虎带队。

7月24日

湖北省农业机械管理局局长刘长华、副局长皮少成调研武汉市农业机械化工作，并到武汉市农机推广鉴定基地、蔡甸区和江夏区农机局等地考察。

7月31日

湖北省农业机械管理局召开党委中心组(扩大)理论学习会。湖北省农业机械管理局局长刘长华主持会议，局机关全体干部职工、局直属单位班子成员参加。会议邀请湖北省农业厅发展计划与财务处副处长曹俊围绕新近出台的有关费用管理办法作专题讲座。

8月1日

湖北省农业厅党组任命郑先荣同志任湖北省农业机械管理局综合处处长。

8月4—6日

湖北省农业机械管理局副局长周立明到孝昌县、安陆市、潜江市等地督查指导农机购置补贴工作。

8月12日

湖北省农业机械管理局在武汉市举办全省农机质量监督员培训班。湖北省农业机械管理局局长刘长华、副局长皮少成参加。

8月13—14日

湖北省花生生产机械化演示观摩会在天门市召开。湖北省农业机械管理局局长刘长华、副局长皮少成出席。

8月19—21日

湖北省农业机械管理局副局长皮少成到团风县开展安全生产隐患检查工作，到长盛农机专业合作社调研。

8月26—27日

湖北省农业机械管理局在汉南区召开全省秋季农业机械化生产座谈会，局长刘长华、副局长皮少成出席。

8月28日

湖北省农机安全监理总站在新洲区举办青年干部驾驶操作技能培训班。湖北省农业机械管理局局长刘长华、副局长皮少成参加。

9月16—17日

湖北省农业机械管理局局长刘长华到咸宁市崇阳县、通城县、咸安区调研“三秋”农业机械化生产、农机购置补贴政策实施及农机合作社发展情况。

9月18日

湖北省农业机械管理局与湖北省农业科学院在武汉市签订“农机农艺融合试验示范合作协议”。湖北省农业科学院党委书记余胜伟、副院长邵华斌、总农艺师焦春海，粮作所、经作所、果茶所负责人，湖北省农业机械管理局局长刘长华，纪委书记王再虎、副局长周立明、皮少成及处站主要负责人参加签字仪式。

9月25—26日

农业部农业机械化管理司巡视员丁翔文到湖北督导农机安全生产“打非治违”专项行动。湖北省农业厅副厅长王红玲、省农业机械管理局副局长皮少成等参加。

9月29日

湖北省农业机械管理局局党委召开党委会，研究决定聘用大明律师事务所何大明为本局法律顾问。

9月29—30日

湖北省农业机械管理局举办全省农机统计人员培训班。副局长周立明出席并讲话。

10月13—17日

湖北省农业机械管理局纪委书记王再虎对省农机安全监理总站进行党风廉政建设巡查。

10月27日

湖北省农机安全监理高峰论坛在武汉市召开。

农业部农业机械化技术开发推广总站副站长李安宁到天门市调研，湖北省农业机械管理局纪委书记王再虎陪同。

农机安全互助保险试点工作经验交流会在武汉市召开。湖北省农业机械管理局副局长皮少成、中国农机安全报社副社长王建鹏等参加会议。

10月29日

农业部农业机械试验鉴定总站站长刘敏到湖北省农业机械鉴定站调研。湖北省农业机械管理局副局长周立明、湖北工业大学校长刘德富、副校长董仕节、省农业机械鉴定站领导班子及其相关人员参加。

10月30日

新疆维吾尔自治区农牧业机械管理局一行考察湖北省农业机械化工作，湖北省农业机械管理局局长刘长华、副局长周立明、副局长皮少成参加座谈，双方交流农业机械化发展情况。

10月31日

湖北省农业机械管理局召开局党委中心组(扩大)学习会，对党的十八届四中全会精神进行传达学习，对依法治国进行解读。局机关全体干部职工参加。

11月6日

湖北省农业机械管理局召开省级农机推广目录征求意见座谈会。

11月18日

“2014中国农机手大赛”总决赛成绩揭晓。湖北队有8名选手闯进全国总决赛100强，湖北选手张大山获得中国机王十强。

11月18—20日

湖北省农业机械管理局局长刘长华、综合处处长郑先荣到襄阳市谷城县、老河口市、南漳县调研，强调要提升农机服务能力，服务工作要下沉。

11月25日

湖北省马铃薯生产机械化技术培训班在恩施市举行。湖北省农业机械管理局纪委书记王再虎、副局长皮少成出席。

11月26日

湖北省农业机械管理局纪委书记王再虎、副局长皮少成到巴东调研。

11月27日

湖北省农业厅纪检组组长丁炳辉带队到湖北省农业机械管理局巡察党风廉政建设工作，具体对“两个责任”和执行“三个责任清单”进行检查。湖北省农业机械管理局刘长华汇报，纪检书记王再虎参加。

11月28日

湖北省农业机械学会七届五次常务理事会议在华中农业大学学术交流中心召开，原理事长吴庆峰主持会议，就召开学会第八届代表大会及学会换届工作进行商讨。湖北省农业机械管理局局领导王再虎、周立明、皮少成出席。

湖南省

2013年12月3日

湖南省农业机械管理局组织有关专

家进行评审后认定双峰农机产业园为首个省级农机产业园。这标志着湖南省农机产业园正式进入省级特色专业园区管理系列，享受园区扶持政策。

12 月 3 日

湖南省委副书记孙金龙到湖南省农业厅调研农业工作时指出：要加快推进农业机械化，一手抓农机千亿产业的发展，一手抓农机服务。同时要始终抓好粮食生产，扩大农业的规模效益，大力发展农产品加工，加大农业科技创新力度，抓紧构建新型农业经营体系。

12 月 5 日

湖南省农业机械管理局召开农业机械化发展形势分析会。深入分析农业机械化发展面临的新形势新任务，研判2014 年及后一段时期湖南省农业机械化发展趋势，听取和收集促进农业机械化发展的意见建议。

12 月 10 日

湖南省农业机械管理局召开 2013 年水稻机插秧盘补贴产品质量调查情况通报会，湖南省农业机械管理局局党组成员、总工程师汤绍武结合调查情况对各生产企业提出具体要求，湖南省农业机械鉴定站和省农业机械管理局科教处负责人通报 2013 年 6—7 月在全省范围内开展的水稻机插秧盘补贴产品质量调查的情况，9 家水稻机插秧盘生产企业主要负责人参加会议。

12 月 13 日

湖南省农业机械管理局召开农机购置补贴工作座谈会，分析湖南省农机购置补贴工作形势，找准工作思路。

12 月 18 日

湖南省农业机械管理局组织召开《2012—2014 年湖南省支持推广的农业机械产品目录(2013 年度调整)》评审会。湖南省财政厅、发展和改革委员会、纪律检查委员会有关负责人，有关评审专家到会。在湖南省纪律检查委员会、省农业机械管理局监察室的全程监督下，与会专家对 129 家企业生产的涉及耕整地机械等 14 个大类的 278 个产品进行严格评审。

2014 年 1 月 18 日

湖南省农机工作会议在长沙市召开。湖南省农业机械管理局局长王罗方作主题工作报告，总结 2013 年湖南省农机工作，分析当前农机工作面临的形势和任务，全面部署 2014 年要创新抓实的十项重点工作。

1 月 18 日

经企业自荐、市县农机局和行业专家推荐，湖南省农业机械管理局组织专家评选出 2013 年度十大农机科技创新产品。

2 月 11 日

湖南省人民政府印发《关于实施两个“百千万”工程加快现代农业建设的意见》，其中的“百企千社万户”现代农业发展工程包括建 1 000 家“小、精、坚”现代农机合作社。

4 月 11 日

湖南省副省长张硕辅到望城区新康乡调研春耕备耕工作。张硕辅强调，各级各部门要切实做好 2014 年春耕备耕工作，大力推进农业生产科技化、标准化、集约化，加快农村土地流转和适度规模经营，探索农产品网络营销新模式，走出一条生态种养相结合的现代农业发展新路子，促进粮食增产、农民增收。

4 月 13 日

湖南省农业机械管理局牵头组建的全省首个拖拉机产业集团—湖南湘拖集团成立。

4 月 15 日

湖南省省长杜家毫率领有关部门主要负责人，到华容视察农机工作，重点视察禾顺农机专业合作社建立的水稻生产全程机械化示范基地。杜家毫强调，要把握当前有利时节，认真抓好春耕生产，因地制宜推进农业生产机械化、规模化，促进粮食生产稳定发展；要加快推进“百企千社万户”现代农业发展工程，大力扶持种粮大户和家庭农场，积极发展多种形式的适度规模经营，使农业生产在已有良好基础上进一步得到提升。

4 月 17 日

湖南省农业机械管理局局长王罗方接见俄罗斯圣彼得堡 ExpoForum Lenexpo 国际展览中心驻中国和亚太地区首席代表伊戈尔·泼兹尼亚科夫博士。副局长黄育忠带领企业参加俄罗斯联邦驻华大使馆商贸及投资潜力推荐会，对接俄罗斯潇湘农机产业园项目并向俄方政府和企业负责人推荐湖南企业项目，顺利达成合作意向。

4 月 22 日

湖南省早稻育插秧机械化现场会在湖南省衡阳县召开。湖南省副省长张硕辅在会上要求：要把机插秧技术推广作为提高水稻生产能力和保障粮食安全的重要措施来推进，以推进水稻全程机械化生产为重点促进现代农业提质发展；要以实施两个“百千万”工程为契机，加快现代农业发展步伐。

4 月 23—24 日

湖南省人民代表大会农业与农村委员会主任委员李小平一行赴衡阳市开展农机推广与应用专项视察。李小平肯定湖南省农机工作发展很快、来势很好，同时表示会将此次视察中发现的问题进一步细化研究，争取予以解决。

5 月 8 日

湖南省人民代表大会农业与农村委员会举行第 10 次全体会议，专题听取湖南省农机推广应用情况汇报。湖南省农业机械管理局局长王罗方作专题汇报。湖南省人民代表大会农业与农村委员副主任委员殷海清、委员刘慧雄和张浩及株洲市、衡阳市、衡东县人大农委主任也先后发言，肯定湖南省近年农机工作成绩，为加快湖南农机发展提出指导意见。湖南省人民代表大会农业与农村委员会主任委员李小平表示，会把农机工作的现状、问题及此次会议的意见、要求形成专门报告，详细向湖南省委、省人民政府主要领导汇报，认真落实会议意见。

湖南省人民政府办公厅《调查与研究》第 9 期全文刊载湖南省人民政府研究室撰写的《华容禾顺农机专业合作社调查报告》一文，省长杜家毫在调查报告上批示：适度规模经营和农机合作社要作为一件大事来抓；适时召开农机现场会，推广一批好的经验。副省长张硕辅也在同一文件上批示：积极协调、加快推进农机合作社建设。

5 月 13 日

湖南省超级稻—油菜全程机械化增产模式攻关现场会在溆浦县召开。湖南省农业厅厅长刘宗林在会上强调要大力推进一季稻区粮油的科技增产，特别要做好水稻油菜耕种收全程机械化。

5 月 14 日

湖南省副省长张硕辅到浏阳市调研考察农机工作。张硕辅一行对浏阳百环农机合作社进行考察，并现场观摩油菜机收、无人驾驶飞机植保演示及水稻“六代”机械化作业服务示范情况(代耕整、育秧、插秧、植保、收获、烘干)。张硕辅对湖南省及浏阳市农机工作取得的成绩给予肯定，他表示，机械化作业是解放农村劳动力、提高农业生产效率的必由之路，要进一步推进农业科技创新和农机推广工作创新，使农机具能在不同耕地条件下实现作业，并满足农业生产各个环节的需求，同时，让更多的农民真正地了解到农业机械化带来的便利和好处，用科技知识武装农民，不断改变传统农业生产方式的思维惯性，提高他们参与农机推广的自觉性和主动性。

5月15日

湖南省农机系统纪检监察干部培训暨购机补贴警示教育在常德市开班。各市县农机局纪检组长参加培训。湖南省农业机械管理局局长王罗方简要回顾全农机系统行风建设情况，阐述纪检监察培训的重要意义，对纪检监察干部提出具体要求。

5月15—16日

农业部农业机械化管理司产业发展处处长王家忠到湖南基层调研购机补贴工作。王家忠对湖南省农机工作所取得的成绩给予肯定，同时要求农机部门、各乡镇加强配合，经销商诚信经营，把农机购置补贴这项惠民利民政策落到实处，让农户真正得到实惠。

5月22—23日

农业部农业机械化管理司巡视员丁翔文一行4人到湖南省开展微耕机、履带式拖拉机和自走式旋耕机安全生产调研。调研组听取湖南省农业机械管理局就微耕机、履带式拖拉机和自走式旋耕机发展状况、产品质量、安全事故及安全管理等情况的专题汇报，实地察看生产经销企业机具安全生产和售后服务情况。农业部农业机械化管理司安全监理处主任科员张汉夫、农业部农机监理总站执法监督处处长李吉、农业部农业机械试验鉴定总站检验二室副主任畅雄勃参与此次调研。

6月16日

全国农机安全生产宣传咨询日活动湖南现场在湘阴县举行。农业部农机监理总站副站长涂志强、农业部农业机械化管理司安全监理处刘俊和国家安全生产监督管理总局统计司安全统计处处长王法舰等亲临现场指导，巡视农民机手安全生产咨询和安全警示宣传情况，实地察看湘阴县农机监理“一站式”服务窗口，深入鹤龙湖镇、新村村和农机合作社了解基层农机安全监管工作情况。湖南省农业机械管理局副局长王元宝主持咨询日活动启动仪式。湖南省农业机械管理局局长王罗方就做好农机安全生产工作讲话。湖南省农业厅安委办主任谢卫国、省安全生产监督管理局信息宣教中心科长李坚出席宣传咨询日启动仪式。

6月20日

湖南省农业机械管理局专题召开丘陵山区农业机械化发展课题研讨会，共同研讨《加速丘陵山区农业机械化途径选择与推进措施》。

湖南省农业机械管理局召开农业机械化普查试点工作座谈会，对各试点县前段普查工作进行座谈交流，为下阶段科学高效完成普查试点工作奠定基础。

6月26日

湖南省农业机械管理局在长沙市组织召开2012—2013年农业部油菜生产机械化示范项目省级验收会。安乡县、临湘市的项目通过验收。

7月7—8日

农业部农业机械试验鉴定总站站长刘敏、农业部农业机械技术开发推广总站专项处处长张树阁、农业部农业机械试验鉴定总站办公室主任王天辰，农业部农业机械化管理司安全监理处刘俊一行4人就农机维修服务能力建设及农机购置补贴工作赴湖南开展调研。

7月10日

湖南省农业机械管理局召开全省农机形势分析座谈会。农业部农业机械试验鉴定总站站长刘敏和办公室主任王天辰、农业部农业机械化管理司安监处刘俊等到会指导。湖南省农业机械管理局局长王罗方就全省农机工作亮点作点评，就当前形势作客观分析，并部署2014年下半年十项重点工作。

8月12日

湖南省农业机械化技术推广站、湖南农业工程与机械学会、常德市农业机械化管理局、奇瑞重工共同举办的水稻烘干机械化与粮食安全研讨会在常德举行。湖南省农业机械管理局局长王罗方到会讲话。中国农业大学教授刘相东、湖南农业大学教授陈光辉分别就粮食烘干技术和粮食安全对策开展讲座。

8月16日

湖南省农业厅、财政厅联合印发《关于支持现代农机合作社发展的实施意见》，正式启动湖南省现代农机合作社扶持建设项目。

8月23日

湖南省农业机械管理局根据湖南省委省人民政府关于重金属污染耕地修复综合治理的部署和湖南省农业委员会《2014年长株潭地区重金属污染耕地施用石灰实施方案》，在宁乡县召开石灰撒施机样机田间作业实验现场会暨石灰撒施机方案论证会。中南林业科技大学李立君教授代表研发团队汇报机具的设计思路及关键技术问题研究。湖南省农业机械管理局局长王罗方对石灰撒施机研发工作提出具体要求。

9月17—18日

农业部农业机械化管理司生产指导处副处长李庆东、农业部农业机械化技术开发推广总站推广处副处长张园一行到湖南省汨罗市、大通湖区就湖南省承担的“2014年水稻生产机械化示范”项目实施情况进行专项检查督导和绩效评估。

9月22—24日

农业部农业机械化管理司司长李伟国率国家安全生产监督管理总局安全监督管理二司、农业部农业机械化管理司、农业部农机监理总站有关人员来湖南，对湖南省农机安全生产“打非治违”专项整治、“平安农机”建设、“为农民服务”活动和农机购置补贴等工作进行专项督导检查。

9月24—26日

由湖南省农业机械管理局、省商务厅、湘潭市人民政府联合举办的第四届中南农机机电产品展示交易会在湖南(湘潭)农机产业园举行。9月26日，湖南省人民代表大会常务委员会原副主任蔡力峰、原省政协副主席龙国建、省人民政府副秘书长陈吉芳，以及省有关单位人员到会指导，湖南农业大学、中南林业科技大学、隆平高科及在隆平高科进修的亚非拉美农业农机专家到会参观指导。展会期间，还举办农机流通与产业发展高峰论坛、农机合作社理事长培训、百佳合作社评选启动仪式、农机新产品推介、石灰播撒机作业表演活动，开展农机购置补贴一站式服务。

9月24日

湖南省农业机械流通协会主办农机流通与产业发展高峰论坛。中国农业机械化协会常务副会长马世青讲话，中国农业机械流通协会常务副会长王玉狮作专题发言，湖南省农业委员会党组成员、省农业机械管理局局长王罗方致词。湖南省商务厅副厅长肖彬，湖南农业大学、中南林业科技大学、福田雷沃等单位的专家和学者以及农机行业协会和知名农机生产、流通公司负责人参加会议，共同探讨农机流通和产业发展方向。

9月25日

湖南省农业机械管理局在湘潭市召

开湖南省农机合作社理事长培训会。会上，湖南省农业机械管理局副局长文海波对农机合作社建设工作提出要求。

10月14日

湖南省农业机械管理局召开湖南省农机科教工作座谈会，会议特别提出要"七抓七促"搞好2014年油菜秋冬种工作。

10月18日

湖南省农业机械管理局局长王罗方、省科技厅副巡视员刘铁兵、长沙市人民政府副秘书长曾慧明及上海交通大学相关学者出席无人机飞行控制系统联合研发中心挂牌仪式，这标志着湖南省继率先制定国内第一个农用无人机地方标准后，农机科技创新再结硕果。湖南博联航空技术有限公司与上海交通大学签订产学研合作协议。

11月3—4日

湖南省首次农机安全监理岗位技能大比武活动在长沙市举行。共评选出团体一、二、三等奖和综合知识、交通指挥手势等五个单项奖。

11月4日

湖南省质量技术监督局会同湖南省农业机械管理局组织有关专家在长沙市召开地方标准《盘式拖拉机》审查会议并通过审查。

11月17日

湖南省农业委员会、财政厅印发《关于2014年湖南省现代农机合作社项目建设工作有关要求的通知》，确定财政扶持建设500家现代农机合作社。

俄罗斯联邦鞑靼斯坦共和国Agroservice科技联合体有限责任公司董事长Khismetov Niyaz一行来湖南，对接中俄"两江"合作伏尔加—潇湘农机产业园项目。湖南省农业机械管理局局长王罗方主持省直相关单位及农机企业代表座谈。湖南省人民政府外事侨务办公室处长叶劲松、副调研员陈筱敏，湖南省发展和改革委员会调研员刘亚平，国家开发银行湖南省分行副组长吴畅均表示对"两江"合作农机项目给予大力支持。

11月27日

财政部农业司司长王建国赴浏阳北盛镇众益农机专业合作社就农民合作组织建设情况进行调研。王建国对湖南省农机合作社建设所取得的成绩给予肯定，强调要继续推进农民合作组织建设步伐，探索符合当地实际的发展模式。

11月28日

湖南省质量技术监督局会同湖南省农业机械管理局组织有关专家在长沙市召开地方标准《简易水稻联合收割机技术条件》审查会并通过审查。

广东省

2013年12月3—5日

广东省农业厅巡视员林果先一行3人，到海丰县、陆丰市、陆河县检查贯彻落实广东省农机购置补贴工作视频会议精神的情况。

12月3—6日

广东省农业厅副巡视员潘雪芬一行2人，到云城区、罗定市、新兴县检查贯彻落实全省农机购置补贴工作视频会议精神的情况。

12月中下旬

广东省农业厅农业机械化管理办公室分别在蕉岭县、茂南区、海丰县等县(区)开展水稻生产全程机械化技术集成培训活动。

12月23—28日

广东省农业厅农业机械化管理办公室分两期在广州市举办2013年广东省农业机械化评价指标体系和统计业务培训班。广东省农业厅农业机械化管理办公室副主任刘亚平作开班动员讲话。

12月27—29日

广东省农业厅在广州市举办广东省农业机械化管理培训班。广东省农业厅巡视员林果先，副巡视员潘雪芬，中国工程院院士、中国农业机械学会理事长、华南农业大学原副校长罗锡文教授，各地级以上市农业机械化办公室主任，各县(区)农业(农机)局分管农机购置补贴的负责同志以及广东省农业厅农业机械化管理办公室主任、副主任，省农业机械试验鉴定站、省现代农业装备研究所、省农业机械化技术推广总站等单位主要领导200人参加培训班。林果先在开班仪式上讲话，潘雪芬主持开班仪式。罗锡文教授针对农机新技术发展动态作专题授课。广东省农业厅农业机械化管理办公室主任郑宏宣对广东省农机购置补贴工作进行政策解读。广东省农业机械化技术推广总站副站长刘胜敏、省农业机械试验鉴定站副站长马志光分别就农机质量跟踪与投诉、农机维修管理作专题辅导。培训班还对农机事故应急处理作专题辅导。

2014年1月2日

广东省农业厅组织召开2014年广东省拟补贴农机产品品目范围讨论会。广东省农业厅分管领导及农业机械化管理办公室、厅属农业机械"两站一所"有关负责同志和专家等15人参加会议。

1月8—10日

广东省农业厅副巡视员潘雪芬带领厅农业机械化管理办公室、省农业机械化技术推广总站有关领导到惠州市惠东县、惠城区和博罗县调研，考察农机专业合作社和生产基地，详细听取惠东县、惠城区和博罗县农机局的汇报，并就农机专业合作社和农机维修中心建设等问题与惠东中惠、四季鲜、惠州海纳等农机专业合作社进行座谈。

1月23日

广东省农业厅、省财政厅、省发展和改革委员会联合发布《2014—2016年广东省支持推广的农业机械产品目录》公告。

2月11—13日

广东省农业厅农业机械化管理办公室主任郑宏宣率队到湛江雷州市调研农机促春耕工作事宜。

2月15日

广东省农业厅农业机械化管理办公室在广东省现代农业装备所培训中心组织召开《广东省2014年中央财政农机购置补贴实施方案(初稿)》讨论会。

2月18日

广东省农业厅在广州市组织召开厅属农机系统工作总结会。分管厅领导，厅农业机械化管理办公室办全体人员，以及省农业机械试验鉴定站、农业机械化技术推广总站、现代农业装备研究所等班子成员参加。

2月24日

广东省农业厅农业机械化管理办公室在省农业机械试验鉴定站组织召开《通过农机推广鉴定的产品及证书使用情况监督检查工作实施细则(初稿)》讨论会。

2月27日

广东省农业机械化技术推广总站在高要市举办广东省区域性(肇庆市)水稻机械化育插秧技术培训班。

3月4日

广东省农业厅、省财政厅印发《广东省2014年中央财政农业机械购置补贴实施方案》，进一步明确财政资金采取"全价购机、定额补贴、县级结算、直补到卡”的兑付方式。

3月5—7日

广东省农业厅农业机械化管理办公室(安全监理办)派员赴江门、清远市开展农机安全生产工作督查活动。

3月12日

广东省农业厅副巡视员潘雪芬率省农业机械化管理办公室主任郑宏宣、省现代农业装备研究所所长张汉月等一行五人到廉江市调研农机专业合作社工作。

3月12—13日

广东省农业厅在雷州市召开省水稻生产全程机械化技术集成培训班暨“农机促春耕”现场会。厅巡视员林果先要求全省各地要迅速行动，抓紧做好农机促春耕各项工作的落实。湛江市各县(区)农业(机)局局长，农机专业合作社、种粮大户、农机大户代表以及台山市周边农民群众1 000多人参加会议。

3月18—20日

广东省农业厅巡视员林果先率省厅第十督导组一行到阳江市、江门市，对当前春季农业生产、涉农补贴政策、农村经营承包土地确权登记、新型农业经营体系建设、扶持家禽企业发展等农业农村重点工作开展督导。

3月20日

广东省农业厅副巡视员潘雪芬率省农业厅农业机械化管理办公室和省农业机械化技术推广总站有关领导到省现代农业装备研究所南方创新中心调研。

3月25日

广东省农业厅巡视员林果先与21个地级市(顺德区)农业局签订农机安全生产责任书。

3月31日

广东省农业厅办公室印发《广东省2014年农业机械化工作要点》。

4月3日

广东省农业厅召开2014年全省农机购置补贴工作视频会议。广东省农业厅巡视员林果先就如何抓好2014年农机购置补贴工作讲话。副巡视员潘雪芬主持会议。广东省农业厅农业机械化管理办公室副主任刘亚平对省2014年中央财政农机购置补贴实施方案进行解读。

4月9日

广东省农业厅副巡视员潘雪芬一行4人到开平市开展春种春管和农业救灾复产工作督导。

4月14日

广东省农业厅印发《广东省2014年农机购置补贴机具补贴额一览表》。

4月20—22日

广东省农业厅在广州市召开两期农机购置补贴管理软件系统操作人员培训班，全省各市、县农机管理部门业务骨干约150人参加培训。

4月21—22日

广东省农业厅副巡视员潘雪芬、厅农业机械化管理办公室陈楚楷一行4人到英德市开展农机安全生产督查工作。

4月28日

广东省韶关市曲江区、封开县、惠东县被农业部、国家安全生产监督管理总局评为2013年全国“平安农机”示范县。

4月29—30日

广东省农业厅副巡视员潘雪芬、厅农业机械化管理办公室陈楚楷一行4人到江门市新会区开展农业机械化工作调研。

4月

广东省农业厅党组决定陈楚楷任厅农业机械化管理办公室主任，黎映驰任厅农业机械化管理办公室调研员。刘胜敏任省农业机械化技术推广总站站长。

5月9日

广东省农业厅在广州市举办2014年农机购置补贴政策解读班。农机购置补贴产品的生产企业及经销商代表等400多人参加解读班。厅副巡视员潘雪芬就农机购置补贴工作讲话。

5月20日

广东省农业厅党组召开厅党组会议，决定厅领导工作分工调整：厅党组成员、副厅长牛宝俊分管农业机械化管理办公室(农机安全监管办)、省农业机械试验鉴定站、省农业机械化技术推广总站、省现代农业装备研究所。副巡视员潘雪芬协助牛宝俊工作。

5月下旬

广东省农业厅对全省农业机械化示范县建设情况进行中期检查和开展2014年上半年农机购置补贴督查工作。

6月6日

广东省农业厅在英德市举办2014年广东省农机安全生产、农机购置补贴政策和丘陵山区农机技术推广宣传咨询活动。广东省安全生产监督管理局、省农业厅等单位领导出席活动。广东省农业厅副厅长牛宝俊作讲话。清远、韶关、惠州和肇庆市农业局及其县(区市)农机监理机构和当地农民群众近2 000人参加活动。

6月19日

广东省农业厅印发《2014年广东省补贴机具质量跟踪调查工作实施方案》，成立广东省农机质量调查组，决定对2012年度的增氧机、潜水泵等补贴机具进行质量跟踪调查。

6月21—22日

中国农业机械化科学研究院院长李树君、副院长方宪法一行参观广东省现代农业装备研究所南方农业装备产业技术创新中心基地，并进行交流活动。

6月27日

“2014年非洲英语国家农业南南合作官员研修班”一行20人到广东省现代农业装备研究所南方农业装备产业技术创新基地参观。

7月15日

广东省农业厅农业机械化管理办公室印发《关于全力做好农机抗灾减灾工作的紧急通知》，要求各地密切关注台风“威马逊”的实时动态和发展态势，最大限度地发挥农业机械在抗灾减灾中的作用。

7月17日

广东省农业厅在茂名市举办区域性水稻生产全程机械化技术现场会暨培训班。广东省农业厅党组成员、副厅长牛宝俊出席现场会活动并讲话，

8月1日

广东省农业厅在广州市召开省级农业机械化示范县项目实施情况交流会。全省15个农业机械化示范县所在的地级市农业局分管领导、各示范县农机部门主要领导、项目中期检查工作组专家代表等60多人参加会议。广东省农业厅副巡视员潘雪芬出席会议并作总结讲话。会议由广东省农业厅农业机械化管理办公室主任陈楚楷主持。

8月18—22日

广东省农业厅农业机械化管理办公室在广州市举办两期全省农机安全监理业务统计和档案规范管理培训班。参加人员为县级以上农机安全监理机构负责农机监理业务统计和档案管理人员。

8月19—23日

广东省农业厅党组成员、副厅长牛宝俊率考察组赴闽考察农业机械化工作。

8月28日

广东省农业厅制定《广东省农业厅

农机打非治违专项行动实施方案》，在全省集中开展农机打非治违专项行动，维护农机安全生产秩序。

9月9日

广东省农业厅副厅长牛宝俊在全省农业农村经济形势分析视频会议上发表关于农业机械化工作的讲话。

9月16—17日

广东省农业机械试验鉴定站站长姚运仕带领农机质量调查组赴新兴县开展补贴农机具质量跟踪调查工作。

9月24日

广东省副省长邓海光与省人民政府办公厅、省农业厅、省农垦集团公司(农垦总局)、省供销社等有关负责同志一同到省农业厅下属农机单位就省农业机械化改革发展情况开展专题调研。邓海光强调，要加快农机科研体制改革发展，通过改革创新农机科研推广经营新途径，着力提高农机市场化水平和社会化服务能力，充分调动科研人员积极性，形成改革发展合力，做大做强农业机械。要加快农机推广应用和成果转化，加强与农民合作社等新型农业经营主体的合作，扩大农机应用范围。要加大力度引进和推广适合广东农业生产的国际先进农业机械设备。相关涉农部门要加强与农机系统的深度合作，共同打造广东现代农业装备制造企业。

10月11日

广东省农业厅下发《关于开展2014年安全生产大检查的通知》，力促农机“打非治违”工作取得实效。

10月11—12日

广东省农业机械试验鉴定站通过国家实验室定期监督评审。

10月16日

原泰国农业部水稻顾问Sakda Sini-ves博士、反季节作物研究专家Prateep博士、泰国BIG ONE O ONE等公司总裁一行9人到访广东省现代农业装备研究所产业基地。

10月16—17日

广东省农业厅农业机械化管理办公室组织召开省《2015—2017年国家支持推广的农业机械产品目录》和《2014年广东省农业机械推广鉴定大纲及适应性(选型)试验大纲》评审会。

10月22日

广东省农业机械化技术推广总站、省农业有害预警中心在韶关市曲江区举行省航空植保机械化技术推广演示会。广东省农业厅副巡视员潘雪芬等出席演示会。

截至10月22日

据不完全统计，广东省现代农业装备研究所两项科研成果分别荣获2013年广东省科学技术奖二等奖和三等奖；13个项目通过省级相关单位鉴定验收；7项研究成果获授权专利。

10月27日

广东省农业厅公布《射流式、耕水式增氧机》等35个产品推广鉴定大纲和《射流式、耕水式增氧机》等13个产品适应性(选型)试验大纲。

10月下旬—11月上旬

广东省农业厅组织开展2014年农机购置补贴督查工作。督查分五个小组进行，重点督查部分市、县的农机购置补贴工作。

11月3—5日

由农业部农业机械化技术开发推广总站组织的2012—2013年主要农作物生产机械化示范项目验收会暨2015年项目培训班在中山市召开。农业部农业机械化技术开发推广总站副站长李安宁、广东省农业厅副厅长牛宝俊出席并讲话。

11月4—6日

广东省农业厅在湛江雷州市举办区域性农机维修人员培训班。湛江市各县(市、区)的农机专业户、农机(种植)大户、农机手等60多人参加。

11月12日

“非洲英语国家环境友好型肥料的生产施用及示范培训班”的学员到广东省现代农业装备研究所科研基地参观和交流。

11月18日

广东省农业机械化技术推广总站在梅州市平远县召开山地水果生产机械化技术示范推广现场会。

11月下旬—12月上旬

广东省农业厅在阳春市农机技术学校举办广东省农机事故处理员考证培训班。培训班连办4期，共培训县级以上农机监理机构监理人员320多人。

广西壮族自治区

2014年1月7日

广西壮族自治区农业机械化管理局党组书记、局长黄铭福率领监督管理处、科教质量处、农机安全监理总站负责人到广西人民广播电台《阳光在线·厅长在线》直播节目，就农机购置补贴、农机技术推广、农机质量、农机安全等群众关心的问题，与听众、网民朋友进行在线互动交流，认真听取群众的意见和建议。

1月11日

广西壮族自治区农业机械化工作会议在南宁市召开，会议总结交流了2013年农业机械化发展成效和经验，传达中央、自治区有关会议精神，分析面临的新形势、新任务，研究部署2014年农业机械化工作。各市农机局党政负责人，广西大学机械学院、广西农机研究院有关负责人，局直属事业单位班子成员及各科室主要负责人，局直属农机公司主要负责人等100多人参加会议。

1月19日

广西壮族自治区农业机械化管理局在南宁市召开农机安全生产紧急会议，通报融水“1.16”涉及农机较大伤亡事故情况，传达自治区领导批示精神，布置近期农机安全生产工作。各市农机局分管领导、农机监理所所长、重点县监理站站长及自治区农机安全监理总站中层以上干部等60多人参加会议。

1月23—24日

广西壮族自治区农业机械化技术推广总站在钦州市召开全区农业机械化技术推广工作研讨会，各市及部分县区农机局分管领导、推广站站长及《广西农业机械化实用技术》编写相关人员等60多人参加会议。

2月13日

广西壮族自治区农业机械化管理局召开党风廉政建设和反腐败工作会议。参加会议的有局机关全体党员干部，局直属单位班子成员等60多人。

广西壮族自治区农业机械化管理局召开党的群众路线教育实践活动总结大会。自治区第九督导组副组长黎志敏出席会议并讲话，自治区农业机械化管理局局长黄铭福作报告。局全体党员干部，局直属事业单位党政主要负责人等50多人参加会议。

2月17日

广西壮族自治区农业机械化管理局在江州区驮卢镇召开全区甘蔗生产全程机械化技术现场培训会，来自区内外12家甘蔗机械生产企业共5大类36台机械进行现场作业培训演示。各有关部门、各级农机、糖业系统及制糖企业、糖料甘蔗种植大户、服务组织、合作社等

350 多人参加现场会。

2 月 20 日

广西壮族自治区农业机械化管理局举办第二届农业机械化摄影作品征集活动，共评出摄影作品特等奖 1 名、一等奖 3 名、二等奖 5 名、三等奖 10 名和优秀奖 26 名。

2 月 21—27 日

广西壮族自治区农业机械化管理局局长黄铭福率领 2014 年桂台经贸文化合作论坛农业机械化小组一行 11 人赴台湾进行农业机械化合作交流。农业机械化小组参加桂台农业机械化合作交流会、两岸产业高峰会议，观摩 3 个农业机械化生产基地和 2 个农机生产企业，签署 3 个农业机械化合作项目协议书。

3 月 12—27 日

农业部农业机械化管理司巡视员丁翔文、副司长胡乐鸣一行 6 人先后深入崇左市江州区和贵港市港北区部分乡镇开展“百乡万户”调研活动，广西壮族自治区农业机械化管理局局长黄铭福、崇左市副市长康凯等先后陪同调研。重点调研近年来落实中央强农惠农政策情况以及甘蔗生产机械化、水稻生产工厂化育秧和深化农村改革等。

3 月 28 日

广西壮族自治区农业机械化管理局在南宁市西乡塘区召开农机安全生产工作会议，并与南宁市人民政府共同主办广西农机事故应急救援预案演练现场会。广西壮族自治区农业机械化管理局局长黄铭福、副局长李一洪，南宁市副市长黄宁等出席会议。自治区、市、县共 180 多人参加会议。

3 月 31 日

2014 年广西壮族自治区农机购置补贴反腐倡廉警示教育暨农机购置补贴工作培训会在南宁市召开。各市农机局分管副局长、管理科科长、负责纪检监察工作人员，各市、县农机局负责系统操作工作人员，局直属单位主要负责人等 200 多人参加培训会。

4 月 11 日

广西壮族自治区水稻育插秧机械化技术现场培训会在兴安县召开。各市农机局局长、科教科科长、推广站站长，各相关县农机局局长、推广站站长、技术骨干、农机合作社负责人共 160 多人参会。

4 月 15 日

广西壮族自治区党委副书记危朝安在自治区农业厅厅长谢泽宇和崇左市党委副书记冯学军及宁明县县委、县人民政府相关人员的陪同下检查宁明县农业生产等工作情况，并视察宁明县千亩水稻全程机械化示范基地机插现场。

5 月 9 日

广西壮族自治区副主席唐仁健到自治区农业机械化管理局调研，听取农业机械化发展情况汇报并就下一步工作做指示。广西壮族自治区政府副秘书长蒋家柏陪同调研。

5 月 9 日

蒋国鸿同志任广西壮族自治区农业机械化管理局党组成员、纪检组组长。

5 月 23 日

广西壮族自治区农机产品质量集中整治阶段性总结研讨会在南宁市召开。自治区农机产品质量集中整治和专项检查领导小组及其办公室成员，各市农机局分管质量监督管理工作的领导、农机质量投诉监督站站长等 40 多人参加会议。

5 月 28 日

广西机电工程学校卢建勤老师获第二届全国农业职业院校专业教师课程设计大赛一等奖，韦兰花老师获优秀奖。

5 月 29 日

农业部农机监理总站在广西壮族自治区南宁市举办全国拖拉机联合收割机牌证制发监督管理培训班。全国各省农机安全监理站分管牌证工作的站长和牌证管理科科长等 70 余人参加培训。广西壮族自治区农业机械化管理局局长黄铭福、副局长李一洪出席开班仪式，黄铭福致辞。

6 月 14—16 日

农业部农业机械化管理司司长李伟国、农业部农产品贸易中心主任倪洪兴、农业部农业机械化管理司安全监理处处长范学民、国家安全生产监督管理总局二司副处长颜彬到广西调研。李伟国一行在广西壮族自治区农业机械化管理局局长黄铭福、副局长李一洪等陪同下，先后到广西机电工程学校、来宾市兴宾区、桂林市兴安县、阳朔县等地检查指导职业教育、安全生产、甘蔗生产机械化、农机合作社等工作，并参加在阳朔县金宝乡开展的“2014 年广西农机安全生产宣传咨询日”活动。

6 月 19 日

广西壮族自治区农业机械化管理局举行农机安全监理检测车发放仪式。自治区农业机械化管理局局长黄铭福、副局长李一洪、局机关有关单位负责人及部分县农机局局长和监理站站长等 50 多人参加。9 台检测车分别发放到获得全国“平安农机”示范县区的八步区、荔浦县、灵山县、覃塘区、博白县、钟山县、东兰县、扶绥县、那坡县等 9 个农机监理部门。

6 月 20 日

广西壮族自治区农业机械化管理局副局长黄汉全，纪检组组长蒋国鸿率机关及直属单位党员干部 80 多人到广西党员干部警示教育基地——柳州监狱开展廉政教育活动。

7 月 7 日

广西壮族自治区农业厅免去赖永裕同志广西壮族自治区农业机械鉴定站站长职务，同意其提前退休。

7 月 15—25 日

广西壮族自治区农业机械化管理局从各处室、直属单位抽调 39 人组成 13 个督查小组，分赴全区 14 个市开展 2014 年上半年农机购置补贴工作专项督查。督查组共抽查 28 个县 56 个乡镇 112 个行政村 72 个经销商、435 个购机户。

7 月 17 日

广西壮族自治区水稻生产全程机械化示范推广项目建设工作推进会在南宁市召开。有关项目市、县农机局局长以及项目实施主体负责人等共 70 多人参加会议。

广西壮族自治区农机购置补贴工作年中会议在南宁市召开。各市农机局局长、分管副局长，部分县(市、区)农机局局长等 50 多人参加会议。

7 月 30—31 日

广西壮族自治区副主席黄日波率领自治区科技厅、自治区农业机械化管理局有关负责人深入柳州市了解甘蔗生产全程机械化、节水灌溉技术的应用情况以及甘蔗机械的研发和生产情况。柳州市副市长王柳平等陪同调研。

8 月 8 日

广西壮族自治区质量技术监督局在南宁市召开《自走式农业机械号牌》《自走式农业机械准用证证件》《自走式农业机械操作证证件》3 个广西地方标准审定会。广西壮族自治区农业机械化管理局副局长李一洪出席会议并讲话。

8 月 25—29 日

由广西壮族自治区人民代表大会常委会副主任覃瑞祥任组长的自治区人大

调研组一行10人到自治区农业机械化管理局及崇左、贵港、玉林三市开展农业机械化专题工作调研。

9月10日

为落实国务院有关领导指示精神，国家发展和改革委员会、农业部召开专题会议研究广西甘蔗生产机械化及甘蔗收获机械研发事项，国家发展和改革委员会、财政部、工业和信息化部、农业部、中航通用飞机有限责任公司、新疆生产建设兵团等代表，广西壮族自治区副主席唐仁健、自治区人民政府办公厅副秘书长蒋家柏，自治区发展和改革委员会、自治区工业和信息化委员会、自治区财政厅等有关部门领导及自治区农业机械化管理局局长黄铭福参加会议。

9月15日

广西农机学会秘书长冯光伟被评为2010—2014年度中国农业机械学会先进工作者，广西农机学会选送的10篇学术论文中有4篇被评为中国农业机械学会优秀论文。

9月16日

2014年中国—东盟博览会农业机械展暨中国—东盟国际农业机械发展论坛在南宁市举办。东盟各国政府官员；农业、农机主管部门官员及贸易代表；农业部、商务部、广西壮族自治区人民政府领导；行业主管领导；农机行业重点企业及经销企业代表；社会各界人士等前来参观。广西壮族自治区农业机械化管理局参与承办的中国—东盟博览会国际农用机械展在广西展览馆开展，重点展示适合东盟市场需求的中国耕作设备、养殖设备、农产品及食品加工设备等200多台套农机具。广西壮族自治区农业机械化管理局组织全区各市县农机干部、农机大户、农机服务组织等150多人参加农机发展论坛并参观农机展。

9月19日

第四届中国—东盟(柳州)汽车、工程机械及零部件博览会在柳州国际会展中心举办。展会专设农业机械展区，突出甘蔗生产全程机械化农机产品主题，重点展示柳州市甘蔗生产全程机械化的新技术和新模式。来自国内外知名农机企业共22家80多台(套)农机参展。中国农业大学教授白人朴、中国农业机械化协会副秘书长杨林、广西壮族自治区农业机械化管理局副局长黄汉全等到农机展区参观。

9月22—28日

为提高农机安全监理队伍的整体素质和行业管理水平，广西壮族自治区农机安全监理总站在桂林市举办全区农机事故处理员培训班、全区农业机械考验员培训班，参加培训人数分别为185人、170人。

9月27—28日

广西壮族自治区农业机械化管理局在南宁市召开2014年微耕机产品质量调查培训班，参加培训班的有各市和有关县农机局(农委)、推广站(农机质量投诉监督站)的分管领导及工作人员共170多人。广西壮族自治区农业机械化管理局副局长江垣德出席会议并讲话。

10月6日

广西机电工程学校的课题《职业教育师资队伍专业化建设管理模式的研究与实践》获2014年职业教育国家级教学成果二等奖。

10月10日

广西机电工程学校参加全国职业技能比赛获国家二等奖1个、三等奖3个。

10月14日

广西壮族自治区农业机械化管理局在南宁市召开全区农机安全监理工作会议，各市分管农机安全监理工作的领导、农机安全监理所所长及自治区农机安全监理总站科级以上干部40多人参加会议。广西壮族自治区农业机械化管理局黄铭福、副局长李一洪出席会议并讲话。

10月20日

广西壮族自治区农业机械化管理局举办2014年学习贯彻十八届三中全会精神加快农业机械化发展培训班。自治区农业厅厅长谢泽宇出席开班仪式并讲话。参加培训班的有局及直属事业单位干部职工，各市农机局局长和科教科、管理科负责人共150多人。

10月25—29日

广西壮族自治区农业机械化管理局局长黄铭福、副局长江垣德一行赴贵州省贵阳市、毕节市、湄潭县等地就农业产业园区机械化的发展情况进行专题考察学习交流。

11月7日

广西壮族自治区农业厅任命范军灿同志为广西壮族自治区农业机械化管理局办公室主任，免去冯光伟同志自治区农业机械化管理局办公室主任职务，同意其退休；任黄志华为自治区农业机械鉴定站站长(试用期一年)；任黄荣忠同志为自治区农业机械化管理局科教质量处处长，免去廖树锋同志自治区农业机械化管理局科教质量处处长职务。

11月18日

广西机电工程学校参加全国“文明风采”竞赛，荣获一等奖2件、二等奖1件、三等奖4件、优秀奖43件；学校荣获“卓越组织奖”。

第十一届全国中等职业学校“文明风采”竞赛总结座谈会暨颁奖典礼在广西机电工程学校举行。教育部、中央文明办、共青团中央、全国妇联、国家机关工委、中华职教社等部门领导和全国各省、自治区代表共计300多人参会。教育部副部长鲁昕、广西壮族自治区副主席李康出席会议。

11月19日

广西壮族自治区农业机械化管理局在玉林市举办2014年全区农机干部实用技术培训班。各市及部分县市区农机局(农委)分管科教推广领导、农机推广站站长共60多人参加培训班。

11月21日

农业部农机监理总站站长刘宪一行3人在广西壮族自治区农业机械化管理局副局长李一洪等陪同下，到宜州市、三江县农机局检查农机安全生产工作。

广西壮族自治区农业机械化管理局被评2013—2014年度中国农业机械化信息网信息宣传工作先进单位，周祥同志获评先进信息员。

2014年

广西壮族自治区书记彭清华、主席陈武等先后22次就农业机械化发展做出批示。累计使用补贴资金5.45亿元，补贴20万农户，购买各类机具24万台套；拉动农民投入约20亿元，拉动农机户经营作业服务收入增长40亿元。2014年无涉农机购机补贴案件发生。

海 南 省

2013年12月12—14日

中国(海南)国际热带农产品冬季交易会(简称“冬交会”)在海口市举行。该届“冬交会”现代农业装备馆安排4个展区和23个标准展位。展区一和展区二主要安排展示轮式拖拉机等大中型农业装备，展区三主要安排展示瓜菜移栽设备，展区四主要安排展示喷滴灌节水设备等设施农业装备；23个标准展位主要摆展水产养殖、畜牧、植保、田间管理等小型新式农机具及零配件。

2014年8月21日

海南省农业厅在海口市举办农机购置补贴系统暨省级支持推广目录申报系统和试验鉴定申报系统培训班。

9月24日

海南省农业厅在澄迈县召开海南省农机购置补贴一站式服务窗口建设现场会，在全省范围内全面启动农机购置补贴一站式服务窗口建设。

10月20日—11月20日

海南省农业厅开展2014年农机购置补贴政策实施专项督导检查工作。

重庆市

2014年1月

重庆市农业机械标准化技术委员会换届。

2月26—28日

重庆市2014年春耕春播生产现场会和全市农机新机具、新技术展示演示暨农业机械化工作座谈会在潼南县召开。

3月26日

重庆市承办全国农业机械标准化技术委员会在渝召开的微耕机标准宣贯会。

4月18日

重庆市承担的国家行业科技项目"丘陵山地小型农机具技术研究与示范"子项目"玉米收获机改进研发"通过验收。

5月9日

重庆市油菜生产机械化收获现场会在潼南县召开。

5月27日

重庆市组团参加全国设施农业产业论坛，并组织召开首次全市设施农业建设试点工作座谈会。

5月29—30日

农业部农业机械试验鉴定总站总工程师仪坤秀带队的农业部农机推广鉴定工作监督检查组对重庆市农机推广鉴定工作进行监督检查。

6月25日

重庆市启动《重庆市农业机械化条例》调研、起草、修改等系列工作。

6月27日

重庆市农业委员会与重庆三峡职业学院共建的"重庆农机高端应用人才培育星火计划"首批60名学员毕业。

7月2日

重庆市农用航空器低空植保作业现场会在梁平县召开。

7月15日

重庆市举办全市农机购置补贴监管工作培训。

7月28日

重庆市农业机械学会成立。

8月5日

重庆市开展规范拖拉机驾驶培训机构示范创建工作。

8月25日

重庆市农业委员会首次出台促进设施农业发展的意见，并将设施农业纳入支持范围。

9月11日

中国农业机械工业协会微耕机分会在重庆市成立。

9月25日

重庆市秋冬种机械化生产现场会在江津区江津粮油全程机械化基地召开，生产现场会进行了油菜和紫云英机械化生产。

9月30日

重庆市农业委员会组织编写的《重庆市农业机械化工作应知应会每日一问》出版发行。

10月9日

重庆市农业农机管理综合科长（站长）培训班开班，首次对综合科站管理人员进行理论和实践考察培训，提高管理和业务水平，重庆市农机管理办公室主任秦大春作讲座发言。

10月14日

重庆市甘薯机械化生产现场会在彭水自治县召开，旨在推进甘薯机械化生产，实现甘薯栽培轻简化，减工降本、增加薯农生产收益，因地制宜开展甘薯机械化生产示范。

10月23日

重庆市在开县开展农机推广站站长培训班，重庆市农机管理办公室主任秦大春作讲座发言。

10月

重庆市修订《重庆市支持推广农业机械产品目录管理办法》。

11月11日

全国农业质量与技术研修基地招租成功。

11月12—13日

2014年重庆市农业机械化统计培训会在渝北区召开。

12月10—18日

举办重庆市农机管理领导干部领导力提升高级研修班。研修班采取理论和考察、重庆市市和市外两段式培训，在全市农机管理行业尚属首次。全市涉农的38个区县农委主任和分管农机的副主任参加研修。

12月18—19日

农业部农业机械化管理司主办，农业部南京农业机械化研究所和重庆市农业委员会承办的南方省市区农业机械化科技研讨会在重庆市召开。

四川省

2013年11月28日

四川省第十二届人民代表大会常务委员会第6次会议修订通过《四川省农机安全监督管理条例》，自2014年1月1日起施行。

12月4—5日

四川省农业厅在成都市召开全省农机装备工作会议，各市（州）及有关县负责农机装备及推广工作的负责同志参加会议。

12月25日

四川省农业厅印发《关于进一步加强农机安全监管工作的通知》，就贯彻落实《四川省人民政府关于开展道路交通安全综合整治攻坚年行动的通知》和省安全生产监督管理局等七部门联合印发的《关于印发全省道路交通安全综合整治六项重点工作的通知》精神，作出安排部署，要求切实加强元旦、春节期间农机安全生产工作，依法严格把关加强农机安全源头管理，强化部门协作配合。在2014年6月前，集中开展拖拉机涉牌涉证专项整治，围绕整治超载超限严格落实安全生产责任。

12月31日

四川省农业厅印发《关于贯彻实施〈四川省农业机械安全监督管理条例〉（简称《条例》）的通知》，对全省贯彻落实该《条例》作出安排部署，并将2014年确定为《条例》实施启动年。

2014年1月

四川省农业厅在遂宁安居区组织开展省、市、区三级联动的《条例》实施现场宣传会，副厅长牟锦毅到会讲话并发放宣传资料。

1月

按照《四川省农业机械安全监督管

理条例》有关将拖拉机、联合收割机发牌发证权力下放至县的要求，印发文件将四川省拖拉机、联合收割机牌证各种专用章从市级农业机械化主管部门调整为县级农业机械化主管部门。

1—3 月

四川省组织全省农业系统开展“百日安全生产”活动。

2 月

四川省全面启动金农工程牌证订制子系统，全省拖拉机、联合收割机等农机牌证实现订制、使用、收存全程电子化，轨迹可追溯。

3 月 13 日

四川省农业厅印发《2014 年四川省水稻机械化育插秧技术推广方案》。

3 月 20 日

四川省组织农机驾驶操作人员签订“不超载不超限安全责任承诺书”工作全面完成，全省统计上报签订承诺书11.99万份，签订率 100%。

3 月—6 月

四川省组织开展为期 4 个月的拖拉机涉牌涉证违法行为源头整治工作。按照四川省道路交通安全综合整治攻坚年的总体安排部署，落实四川省工商行政管理局等七部门《关于印发全省开展集中整治机动车非法生产销售改装拼装专项行动实施方案的通知》精神。

4 月 22—25 日

四川省在成都市召开 2014 年度农机购置补贴政策实施培训会。全省 21 个市(州)、176 个县(市、区)及补贴产品企业经销商 800 余人参加培训。

4 月

四川省人民政府印发《四川省粮食生产能力提升工程建设规划纲要(2014—2020 年)的通知》，将农业机械化推进工程作为主要能力支撑建设工程之一，并提出 2020 年全省主要农作物耕种收综合机械化水平达到 65%以上。

5 月 16 日

四川省农业厅在广汉市举办全省油菜机收现场观摩活动。有关农学专家、农机专家、企业代表、市县农业局及推广人员和合作社代表参加观摩活动。

5 月

四川省按照统一要求，完成农机安全监理省级行政权力廉政风险防控点设计。

四川省调整合并“平安农机”和“农机监理示范岗位”创建活动。

四川省道路交通安全综合整治办公室同意，对持有省级农业(农机)部门颁发的《联合收割机跨区作业证》、合法装载联合收割机等跨区作业农业机械的专用货车允许在高速公路通行，不办理超限运输证。

6 月 16 日

四川省农业厅在合江县召开全省机电提灌建设现场会。各市(州)、部分县(区)农业(农机)局分管机电提灌工作的领导和主管科科长(股)长参加会议。

6 月 17 日

四川省农业厅在成都市举办农机维修管理信息系统应用培训班。各市(州)农业(畜牧、农机)局(委)及扩权县农业(畜牧、农机)局农机维修管理工作经办人员参加培训。

6 月 23 日

四川省人民政府办公厅印发《四川省农业厅主要职责内设机构和人员编制规定》，设置 24 个内设机构，其中包括农业机械化发展处、农机安全建管处、机电提灌处等 3 个农机方面的处室，原农机装备处被撤销，相关职能并入农业机械化发展处。

6 月

四川省举办全省农机监理人员岗位培训班，培训新进农机监理人员 150 人。

四川省组织开展“安全生产月”活动。

7 月 1 日

四川省农业厅在彭山县召开 2014 年农业机械化推进示范工程项目培训会。有关市(州)农业(农机)局分管局长、科长及项目实施县(市、区)农业(农机)局负责人参加培训。

7 月 4 日

四川省农业厅在成都市举办 2014 年全省农业机械化生产信息和管理统计业务培训班。各市(州)农业(农牧、农机)局(委)及全省农业机械化示范培育县农业(农牧、农机)局负责农业机械化生产信息和管理统计工作的人员参加培训。

7 月 8 日

四川省农业厅印发《四川省油菜机械化生产技术指导意见》。

7 月

四川省开展全省农机监理人员监理业务信息系统培训，培训各级农机监理人员 395 名。

四川省评选出省级“平安农机”示范县 6 个，省级“示范标兵”16 名，推荐国家“平安农机”示范县 4 个，国家“示范岗位标兵”4 名。

7—9 月

四川省组织开展全省农机和渔业船舶安全生产大检查。

8 月

四川省农机购置补贴组织实施职能由四川省农业厅计财处调整到省农业厅农业机械化发展处。

四川省公安厅交通管理局、省农业厅在成都市召开关于加强拖拉机道路交通安全管理工作的联席会，就推进拖拉机道路交通综合整治、拖拉机假牌假证整治，信息交换平台建设与运用，农机事故信息交换等问题进行研究。

四川省正式启用新修订改版的“四川省农机监理业务系统”。改版后的业务系统严格按照新《条例》要求设计业务流程，系统数据完整可靠、业务流程规范科学、可操作性强。新业务系统共设计业务流程 29 个，建立用户 744 个，现存拖拉机及驾驶人数据 60 余万条，收割机及驾驶人数据 2 万余条。

由四川省农业厅牵头，省农业厅副厅长牟锦毅带队的省安全生产第十一组综合督查组赴巴中开展安全生产综合督查。督查组由省应急救援中心、省公安消防总队、省交通厅、省水产局、四川创安太平科技有限公司、四川康泰安全评估咨询有限责任公司等有关单位人员和专家组成。

9 月 15 日

央视新闻频道以专题节目形式，现场解剖合江县将军湖太阳能提灌站和攀枝花市仁和区永胜太阳能提灌站的设计建设理念、运行的社会经济效益、管理管护模式等基本做法，大力度宣传报道四川省太阳能提灌站建设“清洁能源成本低，旱时提水优势强”的实践经验与成效。

9 月

四川省调整省农业厅安全生产委员会成员。任永昌任厅安全生产委员会主任，张强、牟锦毅、卿足平等任副主任，增加兽医兽药处、草原处、水产局等单位责任人为厅安全生产委员会成员。

四川省调整省农机购置补贴领导机构，成立省农机购置补贴政策专家库。

9 月 20 日—10 月 31 日

四川省农业厅开展 2014 年农机合作社建设项目督查及农机合作社发展调

研工作，对承担2014年规范化平安农机合作社建设项目任务的23个项目县和农机合作社进行督查、调研。

9—12月

四川省组织开展农机安全生产打非治违专项行动。

10月

四川省研究制定全省《拖拉机及驾驶人"黑名单"管理暂行规定》。

11月4—8日

四川省农业厅、省财政厅组成两个考察组分别赴重庆、福建、陕西、安徽、江西5省(市)考察农机购置补贴工作，研究农机购置补贴改革方案。

11月7日

四川省农业厅、水利厅、财政厅联合发布《四川省太阳能提灌发展规划纲要》(2014—2020年)(简称《纲要》)。《纲要》提出：到2020年，全省投资10.81亿元，建设925座太阳能提灌站，每年新增1.1亿立方米的提水能力，新增和恢复灌溉面积35.77千公顷，解决27万人次和16.35万头大牲畜饮水困难，基本保障项目区现代特色农业及农村生产生活用水需求。为推动《纲要》落实，四川省首次投入省级财政资金4 000万元以支持太阳能发展。

11月26日

四川省组织全省部分市、县购置补贴工作人员研究部分品目农机购置补贴额调整工作。

11月

四川省在宜宾市对2014年申请担任拖拉机驾驶培训教员的55人开展理论和技能考核。

12月

四川省召开全省农机安全监管依法行政培训班，对各市(州)农业局分管局长、安监科科长、农机监理所所长，扩权县农业局分管局长、农机监理站站长进行培训。

2014年

四川省积极配合做好"四川省机动车辆和驾驶人信息共享平台"建设工作，创建用户494个，及时将全省34万条拖拉机、26万条拖拉机驾驶人数据导入"共享平台"。

四川省争取中央农机购置补贴资金10亿元，2014年初全省农机购置补贴实现常态化操作，农户可在任何工作日购买补贴机具，申请办理补贴手续。

四川省全面完成年度水利建设目标任务。修复提灌机械8.85万台次91.86万千瓦，改造提灌站2 835座7.83万千瓦；新建提灌站739座2.85万千瓦。新增提水控灌设备2.31万台14.69万千瓦，新增提水控灌面积23.33千公顷。四川省投入提灌建设资金6.51亿元，其中中央1.58亿元，省1.18亿元，市县乡1.85亿元，其他投入1.90亿元。

贵州省

2013年12月16日

贵州省农机购置补贴警示教育会在贵阳市召开，全省9个市(州)农委(农机中心)、仁怀县农牧局，威宁县农机中心的分管领导、购机补贴管理科长；贵州省农业委员会农业机械化管理办公室相关处站的正副处长、站长参加了会议。贵州省农业委员会机关党委书记徐成高作警示教育讲话。

12月底

贵州省农机工作取得长足发展，到2013年底，新增各类农机具28.2万台套，全省农机总动力2 240.8万千瓦，机耕面积1 300.4千公顷，机收面积262.87千公顷，机械化插秧34.67千公顷，耕种收综合机械化水平19.93%。

2014年1月7—8日

贵州省农业委员会机关党委书记徐成高带队参加华南农业大学举办的"水稻生产机械化新技术与新机具现场演示会"，落实2013年贵州省农业委员会与中国工程院院士罗锡文教授团队签订的水稻全程机械化技术应用开发合作协议，并就水稻全程机械化技术应用开发合作的细节进一步协商。

3月5—6日

贵州省农机工作会议在安顺市召开，省农业委员会机关党委徐成高书记作讲话。会议安排部署2014年农业机械化工作，全省9个市(州)农委(农机中心)、仁怀县农牧局、威宁县农机中心的分管领导及购机补贴管理、项目管理科长参加会议，省农业委员会农业机械化管理办公室相关处站分别提出2014年工作要求。

3月24—25日

水稻全程机械化示范基地建设项目培训会在安顺市举办。贵州省农业委员会有关部门和安顺市、黔南州、铜仁市及西秀区、平坝县、惠水县、碧江区等农业、农机部门的项目负责人员以及部分承担项目具体实施的农机专业合作社理事长和机手近50人参加培训并参观现场演示。

4月4日

贵州省春季农业生产现场会在安顺市西秀区召开，农机部门组织水稻水穴直播机、水田激光平地机等先进农机具到现场演示和展示。

4月18日

农业部公益性行业(农业)科研专项"丘陵山地小型农机具技术研究与示范"项目通过农业部财务司和农业部科技教育司组织的验收。该项目由农业部南京农业机械化研究所主持，贵州省山地农机研究所承担7个子课题中的《适宜丘陵山地作业现有技术设备筛选改进与定型》课题，主要负责半机械化水稻育秧播种技术及设备筛选改进与定型工作。

5月9日

农业部水稻生产专家组副组长张文毅和专家组成员梁新月一行到惠水县考察指导水稻全程机械化生产工作。

7月3日

贵州省在安顺市普定县组织召开农业部2012—2013年水稻、油菜、马铃薯机械化生产示范项目的省级验收会。

7月20—23日

农业部农业机械化管理司司长李伟国带领产发处处长王家忠、综合处处长姚春生、科技教育处处长刘云泽到贵州省开展农机购置补贴调研，深入到遵义市的遵义县、绥阳县和毕节市的七星关区、大方县进行调查研究。

7月29日

农业部农业机械化技术开发推广总站副站长李安宁到惠水县、息烽县、湄潭县检查部级水稻、油菜机械化生产项目实施情况，并到乡镇农户家里座谈，调研农业机械化推广工作。

8月4日

根据《贵州省茶产业提升三年行动计划(2014—2016)》，贵州省农业委员会党组研究同意成立"贵州省茶叶机械研究所"，并报贵州省机构编制委员会办公室。

8月7日

贵州省机构编制委员会办公室"关于省农业委员会(省委农村工作委员会)有关职责和机构编制调整的批复"，"撤销农业机械化管理办公室，将下设的农机装备处、农机监管处调整为机关的内设机构；农机监管处更名为农机管理处"。

8月18日

贵州省机构编制委员会办公室"关于贵州省农业委员会所属事业单位类别划分意见的通知",贵州省山地农业机械研究所正式划分为公益一类事业单位。

9月

贵州省茶叶机械研究所成功试制出第一代3种型号茶园中耕除草机,型号分别为3TG—5.5DQ型茶园中耕除草机、1WG4.0型茶园中耕除草机、SRS1.8型茶园中耕除草机。

贵州省山地农业机械研究所《贵州省山地农业机械工程技术研究中心》建设项目2013年9月25日经科技厅组织专家组论证,同意立项。2014年该中心筹备组建工作正式开始。

10月9日

贵州省农业委员会组织有关专家,对安顺市西秀区实施的"2014年贵州水稻全程机械化示范基地建设项目"进行现场测产验收。

云南省

2013年12月30日

云南省财政厅、省农业厅联合下发《关于下达2014年中央财政农机购置补贴资金计划的通知》,将第一批购机补贴资金3.3亿元提前下达县级财政。

2014年2月15日

云南省农业厅、省财政厅、省发展和改革委员会联合公告《2014年云南省支持推广的农业机械产品目录》,确定纳入省支持推广的农业机械产品368个。

3月7日

云南省下发《关于做好2014年农机打假专项治理行动及农机质量投诉监督工作的通知》,组织开展"放心农资下乡进村宣传周"和"3·15"农机质量宣传咨询活动。

3月11日

云南省在澄江县举办两期拖拉机联合收割机驾驶培训教学人员培训班,141人均取得云南省农业厅核发的资格证书。

3月14日

国务院安全生产委员会下发《关于下达2014年全国安全生产控制指标的通知》,明确云南农机死亡人数控制指标比2013年下降2%,绝对数为49人。

3月18日

在曲靖市召开的云南省春耕生产暨水利建设工作现场会上,组织农机作业现场,展示农业机械化的重要作用,得到云南省委省人民政府领导的肯定。

3月20日

云南省组织对昆明康立信电子机械有限公司等4家企业生产的密集型烤房设备、简易保鲜储藏设备、拖拉机和微耕机进行推广鉴定。

3月26日

云南省2014年农业机械化暨农机购置补贴工作会议在元谋县召开,云南省农业厅副厅长魏民出席会议并讲话,对全省农业机械化暨农机购置补贴工作进行安排部署。

3月27日

云南省农业厅、省财政厅联合印发《云南省2014年农业机械购置补贴实施方案》,确定全省2014年农机购置补贴政策。

4月4日

农业部、国家安全生产监督管理总局下发《关于调整"平安农机"创建工作的通知》,明确新的工作要求,确定寻甸县、宣威县、景东县、文山市为2013年度全国"平安农机"示范县。

4月8日

农业部农业机械化技术开发推广总站站长刘宪一行到沾益县、马龙县调研马铃薯机械化生产情况。

4月23日

云南省农业厅办公室下发《关于印发云南省农业机械购置补贴相关工作制度的通知》,规定工作责任、信息公开、质量投诉处理三项制度。

5月5日

云南省农业厅农业机械化管理处下发《关于农业机械购置补贴经销商网络注册的通知》和《农机购置补贴产销关系确认的通知》,要求经销商按时完成网络注册并与生产企业确定产销关系。

5月6日

云南省水稻机插秧现场培训会在芒市召开,突破机插秧薄弱环节,加快推进水稻全程机械化发展。云南省农业厅副厅长王平华出席会议并讲话。

云南省购置补贴工作培训班在蒙自市举办,培训各州市县(市、区)农业局农机购置补贴工作负责人及工作人员、信息系统操作人员300人。

5月15日

农业部检查组对云南省农机推广鉴定工作进行监督检查。对16项管理工作检查内容、23项业务工作检查内容逐项进行检查评定。

5月16日

云南省农业厅下发《关于开展2014年"安全生产月"活动的通知》,决定2014年6月在全省农业系统开展以"强化红线意识、促进安全发展"为主题的"农机安全生产月"系列活动。

5月28日

云南省农业厅、省财政厅印发《2014年省级财政扶持农机专业合作组织项目指南》,认真组织农机专业合作社项目实施。

6月11日

云南省委办公厅、省人民政府办公厅下发《云南省安全生产党政同责暂行规定》,建立健全"党政同责、一岗双责、齐抓共管"的安全生产责任体系。

农业部印发《关于2013年各地拖拉机"三率"情况的通报》,云南省拖拉机管理"三率"分别为64.80%、64.84%、91.65%,平均值为73.76%,全国排名第11位。

6月12日

云南省农业厅办公室印发《关于认真做好农机购置补贴经销商培训工作的通知》,要求市县两级农机部门对农机购置补贴经销商进行全面培训。

6月13日

2014年云南省农机购置补贴生产企业培训会在昆明市举办,培训生产企业的法人和业务负责人共183人,以规范购机补贴生产企业经营行为。

6月17日

云南省农机操作手培训班先后在蒙自市、镇雄县、东川区举办,培训农机人员250人,完成省级农村劳动力培训任务。

6月23日

云南省农业厅公告《云南省2014年农机购置补贴机具补贴额一览表》和《云南省2014年农机购置补贴产品信息表》。

6月29日

云南省农业厅下发《关于印发厅领导工作分工的通知》,明确由厅党组成员、副厅长杜建辉分管厅农业机械化管理处、省农业机械推广站、省农业机械鉴定站、省农业机械安全监理站和省农业机械化干部学校。

6月30日

云南省组织起草《云南省农业机械

鉴定机构省级鉴定能力认定实施细则》《云南省农业机械推广鉴定实施细则》《云南省农业机械推广鉴定大纲管理办法》。

7月2日

云南省安全生产委员会下达《2014年全省安全生产控制指标的通知》，下达云南省农机安全生产死亡人数控制指标48人。

云南省农业厅组织专家对腾冲县、芒市的水稻机械化项目进行验收，省级验收意见为合格和优秀，规范编制验收材料，通过农业部验收。

7月16日

云南省农业厅办公室印发《关于认真开展农机购置补贴警示教育活动的通知》，要求各级农机部门认真做好农机购置补贴廉政风险防控和警示教育活动。

7月23日

云南省农业厅办公室印发《云南省农业机械购置补贴产品经营行为规范》，规范全省农机购置补贴产品经营行为。

云南省农业厅下发《关于分解2014年全省农机安全生产控制指标的通知》，对2014年度全省农机安全生产死亡人数控制指标进行分解。

7月25日

云南省完成农机职业技能培训鉴定8期659人次，通过鉴定取得职业资格证书489人。

7月25日

云南省农业厅办公室下发《关于开展农机购置补贴调研和检查督导工作的通知》，组织7个检查组，对补贴政策实施、延伸绩效考核和农机专业合作社项目进行检查督导。

云南省农业厅办公室下发《关于开展农机安全生产督查和调研的通知》，派出7个督查调研组，对全省农机安全生产进行检查督导。

7月30日

云南省农业厅副厅长杜建辉先后到省农业机械推广站、省农业机械鉴定站、省农业机械安全监理站和省农业机械化干部学校检查调研，共同研究各项农业机械化重点工作，为推进全省农业机械化发展指明方向。

8月4日

云南省农业厅下发《关于调整安全生产工作领导小组成员的通知》，成立由厅长张玉明任组长、副厅长杜建辉任副组长、有关处室和单位负责人为成员的领导小组，领导小组办公室设在厅农业机械化管理处，办公室主任由处长可斌兼任。

8月12日

云南省财政厅、省农业厅联合下发《关于下达2014年农机技术推广项目资金和计划的通知》，将1 000万元农机技术推广项目资金及时下达各项目单位。

8月13日

云南省财政厅、省农业厅联合下发《关于下达2014年省级财政购机补贴资金的通知》，下达农机购置补贴工作经费1 200万元，农机专业合作组织扶持项目资金1 800万元。

8月21日

云南省农业厅、省安全生产监督管理局联合推荐隆阳区、昌宁县、镇沅县、洱源县、祥云县、鹤庆县为全国"平安农机"示范县，聂云飞等8人为全国农机安全监理示范岗位标兵。

8月22日

云南省农业厅办公室下发《关于印发打非治违专项行动实施方案的通知》，决定分三个阶段开展"打非治违"专项行动。

8月25日

云南省财政厅、省农业厅联合下发《关于下达2014年中央财政第二批农机购置补贴资金和计划的通知》，将第二批购机补贴资金0.9亿元及时下达有关项目县。

9月10日

云南省委机构编制办公室下发《关于云南省农业厅所属事业单位分类改革的通知》，省农业机械推广站、省农业机械安全监理站、省农业机械鉴定站、省农业机械化干部学校均为公益一类事业单位。

9月13日

云南省玉米马铃薯生产机械化现场暨培训会在曲靖市召开，突出机收薄弱环节，推进玉米马铃薯生产机械化发展。云南省农业厅副厅长杜建辉出席会议并讲话。

9月16日

云南省农业管理干部和专业技术人员培训班在昆明市举办。培训州市农业局和厅属事业单位的管理干部及专业技术人员63人。

9月24日

云南省农业厅办公室印发《关于认真做好2014年农机购置补贴政策落实延伸绩效管理工作的通知》，全面深入推进全省农机购置补贴政策落实延伸绩效管理工作。

9月28日

云南省公安厅、省农业厅联合下发《关于停止公安交通管理部门委托农机监理部门实施对拖拉机道路交通安全监管工作的通知》，决定停止全省拖拉机道路交通安全委托执法工作。

10月11日

云南省农业厅农业机械化管理处组织5个督导组，对农机购置补贴实施进度和结算进度缓慢的21个县进行重点督导，加快推进全省农机购置补贴实施进度。

10月13日

根据农业部《2015年部门预算项目指南》，云南省组织完成沾益县马铃薯生产机械化示范县、鲁甸县保护性耕作示范县、隆阳区水稻生产全程机械化示范县的项目申报工作，顺利通过专家评审。

10月14日

云南省农机购置补贴管理软件系统升级培训会和农机生产信息统计暨信息员业务培训班在红塔区举办。

10月15日

云南省先后组织在通海县、西盟县、镇康县、洱源县、昆明市联合举办5期培训班，培训各级农机培训、推广、监理部门的管理和专业技术人员410人。

10月30日

根据《云南省支持推广的农业机械产品目录管理办法》和《目录申报指南》，云南省完成对申报《2015—2017年云南省支持推广的农业机械产品目录》申报材料进行汇总、初审并提出《目录》草案。

11月3日

根据农业部办公厅《关于印发2015—2017年国家支持推广的农业机械产品目录申报指南的通知》要求，云南省推荐9个企业31个产品申报国家支持推广目录。

11月7日

由云南省农业厅农业机械化管理处与云南农业大学工程技术学院联合开展的《提升云南高原特色农业机械装备水平研究》课题通过云南省人民政府政策研究室组织的专家评审。

11月18日

农业部财务司副司长何斌、副处长郭冬泉，农业机械化管理司产业发展处处长王家忠一行对云南省农机购置补贴政策实施进行专项督导检查，云南省农业厅副厅长杜建辉陪同检查。

11月19日

云南省新型职业农民培训班在昆明市举办，培训农机专业合作社社长及骨干成员80人，确保省级财政农机专业合作组织扶持项目规范实施。

11月21日

云南省农业厅下发《云南省农业厅关于杨兴寿等十名同志任免职的通知》，明确任仲勋同志任省农业机械安全监理总站站长。

11月22日

2014年农机购置补贴延伸绩效考核和农机专业合作组织项目培训会在昆明市举办，各州市农业局农机科科长以及部分县农业局农机站站长42人参加培训。

11月23日

云南省农业机械化干部学校陈越同志被评为2013—2014年度中国农业机械化信息网信息优秀信息员。

11月27日

云南省农业厅、财政厅联合下发《关于加快推进农机购置补贴工作的通知》，督促各地加快全省购机补贴实施进度、结算进度，做好绩效考核和年终总结工作。

12月3日

云南省农业厅农业机械化管理处处长可斌、省农业机械推广站站长段晓辉随团到美国参加现代农业示范培训。

12月12日

云南省农业厅下发《关于李波等三名同志任免职的通知》，明确况国华同志任省农业机械鉴定站站长。

西藏自治区

2014年5月20日

西藏自治区农牧厅、财政厅联合印发《西藏自治区2014年农业机械购置补贴实施方案》(藏农厅发〔2014〕101号)，全面展开全区农机购置补贴工作。2014年中央和西藏自治区财政共分两批向自治区投入农机购置补贴资金2.85亿元，比2013年增加1.05亿元，增长58.3%，其中，西藏自治区财政配套比2013年增长一倍。

8月14日

西藏自治区财政厅向拉萨、日喀则、山南、林芝、昌都等5地(市)拨付科学储粮仓专项补贴资金3 284万元，用于扶持种粮户，购置符合国家粮食局规定的农户小型粮仓技术标准的(JSBZ—015—I和JSBZ—015—II型)储粮设备。该项目2014年度内覆盖全区14个粮食主产县的855个村庄，补贴购置科学储粮设备67 362套。

9月1日

为继续深入贯彻落实《西藏自治区人民政府关于加快农业机械化发展的意见》精神，西藏自治区教育主管部门在西藏职业技术学院设立的农业机械化专业第二批学生入学。本次招生共45人，学制三年，大专学历。

陕西省

2013年12月2日

陕西省农业机械管理局参加全省农业系统年度优秀调研报告评选并取得优异成绩，其中1篇获一等奖，2篇获三等奖。

12月13日

陕西省农业机械化信息工作暨统计工作会议在西安市召开。会议总结2013年农业机械化信息宣传和统计工作，安排部署2014年工作。

12月20日

农业部授予陕西省农业机械技术推广站等两家单位“全国农业先进集体”称号，授予刘涛等3人“全国农业先进个人”称号。

2014年1月17日

陕西省农业机械管理局召开局系统2013年度目标责任制考核测评大会。会议对局机关各处室和局属各单位年度工作进行民主测评，并安排部署2014年目标责任考核工作。

1月

陕西省农业机械管理局荣获2013年度“全省农业系统精神文明建设先进单位”称号。

2月8日

陕西省农业机械管理局传达学习全国春管及春耕备耕工作视频会议精神。陕西省农业厅党组成员、省农业机械管理局党委书记、局长何存贵出席会议并讲话。会议安排部署陕西省春季农业机械化生产工作，吹响全力备战春季机械化农业生产的冲锋号。

2月13日

陕西省农业机械化工作会议在西安市召开。会议传达陕西省农村工作会议和全省农业工作会议精神，总结2013年工作，安排部署2014年农业机械化工作和党风廉政建设工作。

2月28日

陕西省农业机械管理局邀请相关专家对2014年农机购置补贴产品目录进行评审，为切实把好补贴目录审定关、落实农机购置补贴政策提供强力保障。

2月25日—3月5日

陕西省农业机械管理局开展以“巩固成果正风肃纪”为主题的机关纪律作风整顿活动。活动以自我教育为主，以处室站为单位进行，收到鼓舞士气、凝聚人心、推动工作的良好效果。

3月24日

陕西省非农机专业干部培训班开班。通过培训，提升干部职工的业务能力，加强沟通交流，促进团结和谐，为农业机械化事业发展和农业现代化奠定坚实基础。

3月

农业部百乡万户调查组一行到陕西省调研指导农业机械化工作。调研组对陕西省农业机械化工作给予肯定，并对下一步工作提出新的要求。

4月15日

陕西省农机系统公文写作与信息采编业务培训班开班。这次培训提高学员们的公文写作和农业机械化信息采编业务工作水平，为农业机械化信息宣传工作提供强力保障。

4月23日

全国丘陵山区农业机械化技术交流会在陕西省宝鸡市召开。各省、自治区、直辖市及计划单列市农机推广负责同志参加会议。与会代表现场参观丘陵山区农业机械演示展示，并对丘陵山区农业机械化发展进行交流研讨。

陕西省农业机械管理局、宝鸡市人民政府召开“2014中国·宝鸡丘陵山区暨高新农业机械演示会”。国内91家农机企业参展，48台适合丘陵山区作业的新机具进行现场演示。陕西省副省长祝列克，中国工程院院士、华南农业大学教授罗锡文，农业部农业机械化技术开发推广总站站长刘宪，农业部农业机械试验鉴定总站站长刘敏等出席开幕式并参观现场演示。

首届陕西农机大讲堂在宝鸡市开讲。中国工程院院士、华南农业大学教授罗锡文，农业部农业机械化技术开发推广总站站长刘宪，中国农业大学教授杨敏丽，中国农业机械科学研究院科技发展部部长杨炳南，吉峰农机连锁股份有限公司董事长王新明等专家学者发表专题演讲。

4 月 29 日

陕西省"三夏"机械化农业生产动员会暨合作社建设培训会在西安市召开，标志着"三夏"机械化农业生产攻坚战打响。

5 月 12 日

陕西省农业机械管理局召开党委扩大会议，研究部署机关党委的建设工作。会议组织学习习近平总书记系列讲话精神，对当前形势下加强机关党建工作提出明确要求。

5 月

陕西省农业机械管理局荣获 2013 年度全省农业系统目标责任绩效考核优秀等次。

6 月 17 日

陕西省农业机械管理局召开"抓建促"工作会，研究部署机关正规化管理工作。会议强调，要按照省直机关工委"抓整改、建机制、促工作"主题活动和开展"庸懒散浮"专项整治活动要求，做好业务工作，推进文明单位创建。

6 月

陕西省"三夏"农业机械化生产顺利完成。全省机收小麦 953.33 千公顷、机播夏玉米 576.67 千公顷。"机收、机运和机播"一条龙作业模式普遍推行，实现"三夏"变"两夏"。

7 月 3 日

陕西省 2014 年上半年工作总结大会召开。陕西省农业机械管理局局长何存贵出席会议并讲话。2014 年上半年，陕西省农机系统干部职工抢抓机遇、落实政策，突出重点、强化服务，多措并举、提升水平，加强监管、保障安全。会议对 2014 年下半年工作进行安排部署。

8 月 7 日

陕西省农业机械管理局开展党风廉政建设警示教育活动，采取专家授课和参观职务犯罪图片展相结合的方式。通过教育，使大家牢固树立廉洁从政意识，筑牢拒腐防变防线。

陕西省农业机械管理局和武警陕西总队西安市支队五中队开展"警民共建"活动，积极营造警民共建和谐社会的良好氛围，促进"双拥"活动的开展和机关精神文明建设。

8 月 20 日

陕西省农业机械管理局为安康市岚皋县花里镇金寨村免费捐赠适合当地产业发展的农业机械 30 台，为农民群众脱贫致富插上腾飞的翅膀。

9 月 12 日

陕西省农机安全联合执法机制创建推进会召开。为建立完善农机安全管理机制、切实提高农机"三率"提供了新思路、新办法。

10 月

陕西省"三秋"农业机械化生产全面完成。全省农机系统积极应对秋淋天气带来的严峻挑战，狠抓前期备战，强化措施落实，促进"三秋"农业机械化生产有序运行。全省投入作业的各类农业机械达 120 多万台(套)，机收玉米超过 560 千公顷、机播小麦超过 986.67 千公顷，全面完成工作任务。

陕西省保护性耕作技术推广跨进新征程。在陕北长城沿线风沙区、陕北丘陵沟壑区、渭北旱塬区和关中灌区等四个区域新增保护性耕作示范面积超过 53.33 千公顷，全省示范面积突破 400 千公顷。

陕西省农业机械管理局徐小康同志荣获"陕西省直机关第二届业务技能(知识)窗口服务技能竞赛十大状元"称号。

11 月 5 日

第 21 届中国杨凌农业高新科技成果博览会开幕。陕西省农业机械管理局、杨凌区农机管理部门布置农机展区，提供一场规模宏大的农机视觉盛宴。

11 月 6 日

全国农业机械化示范区高峰会议在陕西省杨凌农业高新技术产业示范区举办。中国农业大学教授白人朴等专家学者作专题报告，为示范区建设工作提思想依据。

11 月 14 日

陕西省农业厅出台《关于加快提升农业机械化水平的意见》，为全面提升陕西省农业机械化水平指明方向，提供强大政策依据。

11 月 18 日

陕西省农机系统管理干部廉政警示教育会议在西安市召开。会议邀请专家做专题报告，增强干部职工的依法行政意识，提高农机系统廉洁从政水平。

11 月

陕西省秸秆机械化综合利用项目圆满完成。秸秆机械化综合利用面积 1 786.67 千公顷，示范面积 21.57 千公顷。玉米秸秆饲草加工能力 1 000 万吨，秸秆机械化综合利用率 74%，其中重点区和禁烧区 96%以上。

农机购置补贴政策落实成效显著。陕西省省共完成中央农机购置补贴资金 6 亿元，带动地方财政投入补贴资金 3 087万元，带动农民群众投资12.2亿元，补贴各类农机具 23.2 万台，受益农户 11 万余户。

甘肃省

2013 年 12 月 6 日

甘肃省人民政府任命杜永清为甘肃省农业机械管理局局长(副厅长级)(甘政任字〔2013〕24 号)。

2014 年 1 月 9 日

甘肃省农业机械管理局发布公告暂停山东省时风(集团)聊城农业装备有限公司"时风牌"4YZP—2 型、河北省雷肯农业机械有限公司"雷肯牌"4YH—2A1 型两行自走式玉米收割机农机补贴资格。

1 月 13 日

甘肃省农牧厅印发《甘肃省农机事故应急预案》。

1 月 18 日

甘肃省农机安全监理工作会议在兰州市召开。甘肃省农牧厅副厅长阎奋民、省农业机械管理局局长杜永清出席会议并讲话。

2 月 12 日

甘肃省农业机械管理局召开 2014 年工作会议，传达贯彻落实甘肃省农牧厅 2014 年工作会议精神，安排近期重点工作。甘肃省农业机械管理局机关全体公务员、省农业机械鉴定站、省农业机械化技术推广总站和省农机监理总站领导班子成员参加会议。

2 月 14 日

甘肃省农牧厅发布《2012—2014 年甘肃省支持推广的农业机械产品目录》公告。

2 月 28 日

甘肃省农业机械化技术推广总站在兰州市举办全省农业机械化技术推广情况报送系统信息员培训班。

3 月 4 日

甘肃省农牧厅、省财政厅联合印发《甘肃省 2014 年农业机械购置补贴实施方案》。

3 月 12 日

甘肃省农牧厅副厅长刘志民检查麦积区保护性耕作示范基地建设情况。

3 月 13 日

甘肃省农机购置补贴暨农业机械化工作会议在兰州市召开。甘肃省农牧厅副厅长阎奋民出席并讲话，省农业机械管理局局长杜永清作工作报告。

甘肃省农业机械管理局在兰州市召开保护性耕作工程建设项目会议。

3 月 26 日

甘肃省委组织部组任字〔2014〕46 号文件，任命杜永清为中共甘肃省农牧厅党组成员。

4 月 4 日

甘肃省农牧厅党组成员、副厅长杨祁峰和厅党组成员、省农业机械管理局局长杜永清到兰州市榆中县调研全膜双垄沟播旋耕起垄覆膜播种联合作业机研发情况。

4 月上旬

甘肃省农牧厅派出 5 个检查组对农机具购置补贴政策等惠农政策落实情况开展抽查活动。

4 月 14 日

甘肃省农牧厅印发《关于加快推进粮食生产全程机械化的意见》。

4 月 15 日

甘肃省农牧厅印发《关于加强农机质量监督管理工作的意见》。

5 月 9 日

甘肃省农业机械管理局发布公告，取消兰州昶源机械设备有限公司农机购置补贴产品经销资格。

5 月 19 日

甘肃省农业机械管理局印发《甘肃省农业机械产品定型鉴定办法（试行）》。

5 月 20—22 日

农业部调研组调研指导甘肃省农机安全生产工作。农业部农机监理总站副站长涂志强带队，甘肃省农牧厅党组成员、省农业机械管理局局长杜永清陪同。

5 月 24 日

甘肃省人民政府第 47 次常务会议审议通过《甘肃省现代大型农机发展规划》及《甘肃省农机专业合作社建设方案》。

6 月 9 日

甘肃省农业机械管理局发出公告暂停山东临沭县鸿源机械有限公司产品补贴资格。

6 月 10—15 日

甘肃省农牧厅副厅长阎奋民和厅党组成员、省农业机械管理局局长杜永清分别带队赴陇南市调研督查农业机械化发展现状和农机安全生产等情况。

6 月 13 日

甘肃省人民政府办公厅印发《〈甘肃省现代大型农机发展规划（2014—2020 年）〉的通知》。

6 月 19 日

甘肃省人民政府办公厅印发《〈甘肃省农机专业合作社建设方案（2015—2020 年）〉的通知》。

7 月 15—19 日

农业部农业机械化管理司调研组前往兰州、定西等市调研农机购置补贴政策落实工作情况。农业部农业机械试验鉴定总站站长刘敏带队，甘肃省农牧厅副厅长阎奋民和厅党组成员、省农业机械管理局局长杜永清陪同。

7 月 19 日

甘肃省农业机械化技术推广总站在平凉市崆峒区举办全省旱作地区深松整地机械作业现场观摩会。

8 月 6 日

甘肃省农业机械化技术推广总站在天水市召开全省马铃薯生产全程机械化技术观摩研讨会。甘肃省农牧厅党组成员、副厅长杨祁峰和厅党组成员、省农业机械管理局局长杜永清出席会议。

8 月下旬

甘肃省农牧厅组成 6 个督查组深入 35 个县区开展农机购置补贴政策督导检查。

9 月 16 日

甘肃省主要农作物生产全程机械化推进会在武威市召开，会议由甘肃省农牧厅、省农垦集团联合举办。甘肃省农牧厅党组书记、厅长康国玺作讲话，武威市市长李志勋致辞，副厅长阎奋民作主题报告，甘肃省农垦事业办副主任张清堂和省农牧厅党组成员、省农业机械管理局局长杜永清出席，甘肃省农牧厅党组成员、副厅长杨祁峰主持会议。

9 月 25 日

甘肃省农业机械管理局在兰州市举办 2014 年部级微耕机质量调查工作培训班。

9 月 27 日

甘肃省农牧厅在张掖市高台县举办农机事故处置联合演练。甘肃省农牧厅副厅长阎奋民主持，厅党组成员、省农业机械管理局局长杜永清出席并讲话。甘肃省公安厅交通管理局、省卫生和计划生育委员会、紧急医疗救援中心应邀参加。

10 月 29—30 日

农业部农业机械化管理司生产管理处副处长李庆东率调查组到天水市调查微耕机质量情况。

11 月 5 日

甘肃省农业机械管理局在广河县举行农田废旧农膜机械化捡拾回收演示会。

11 月 12 日

甘肃省农业机械管理局在兰州市举行保护性耕作工程建设项目专用车接车仪式。甘肃省农牧厅党组成员、省农业机械管理局局长杜永清出席并讲话。

11 月 14 日

甘肃省农业机械管理局、省财政厅联合印发《甘肃省农机专业合作社建设（2015—2020 年）实施细则》。

青 海 省

2014 年 1 月 17—18 日

青海省组织各有关专家对《青海省 2014—2016 年支持推广农业机械产品目录》进行评审。

2 月 21 日

青海省农牧机械管理局局长李伟在南京市参加全国农机购置补贴工作会议，并与农业部农业机械化管理司签订农业机械购置补贴工作责任书。

4 月 9 日

青海省农牧厅在湟中县召开全省保护性耕作现场观摩会。会上，青海省农牧厅根据各地 2009—2013 年五年的绩效考评情况，对格尔木市、互助县、湟中县、民和县、乌兰县、共和县、西宁市、大通县、湟源县、化隆县等 10 个先进农牧局予以通报表扬，并与各市（州）签订 2014 年农机购置补贴政策工作责任书。青海省农牧厅副厅长都茂庭出席现场会并讲话。全省四州、两市县的 45 名代表参加现场会。

5 月 7 日

青海省农牧厅副厅长都茂庭、省农牧机械管理局局长李伟、省农牧机械推广站站长徐健到青海林丰农牧机械制造有限公司和乐都光明农机制造有限公司调研。

5月22—24日

农业部农机监理总站副站长涂志强、农业部农业机械化管理司安全管理处处长范学民等对青海省微耕机安全生产开展调研。

7月11日

财政部拨付青海省第二批农机购置补贴中央资金2 000万元。

7月17日

青海省农牧机械管理局局长李伟任青海省农牧厅副巡视员。

7月24日

青海省举办全省农机购置补贴信息管理员及廉政风险防控培训班。培训班结束后全省农机购置补贴工作全面展开。

9月5日

王建元同志任青海省农牧厅农牧机械管理局局长。

9—11月

青海省农牧厅会同省财政厅成立购置补贴工作督导组，对全省19个县(市)农机购置补贴工作进行督导检查。

10月15日

财政部提前下达青海省农机购置补贴中央资金7 500万元。

10月23日

青海省在互助县召开全省机械化深松技术现场会。青海省农牧厅副厅长都茂庭出席会议并讲话。

11月17—21日

农业部农业机械化技术开发推广总站副站长涂志强带队对青海省农机购置补贴工作进行督导检查。

宁夏回族自治区

2013年12月4日

宁夏回族自治区农机监理知识竞赛在银川市举行，来自全区各市县区的农机监理人员，身着整齐的监理服装，参加理论考试及业务知识现场比拼。银川市代表队获得一等奖，吴忠市、中卫市代表队获得二等奖，石嘴山市、固原市代表队获得三等奖。

12月5日

农业部农业机械试验鉴定总站在宁夏回族自治区举办农机产品鉴定培训班，来自全国八个省区的代表参加培训，农业部农机试验鉴定总站站长刘敏、副站长朱良参加培训活动。培训开始之前，在自治区上陵牧业养殖生产区，举行农业部农业机械试验鉴定总站宁夏回族自治区上陵牧业培训基地授牌仪式。

12月6日

农业部农业机械试验鉴定总站站长刘敏到宁夏回族自治区农机鉴定技术推广站调研农机鉴定工作。

12月10—11日

农业部农业机械化技术开发推广总站副站长李安宁一行3人，到宁夏回族自治区检查保护性耕作项目建设情况。

12月10—12日

宁夏回族自治区农机创新研修班在银川市举行，农业部农业机械化技术开发推广总站副站长李安宁、宁夏回族自治区农牧厅巡视员马明、原自治区政协副主席袁汉民等领导和专家授课。全区各市县区农机部门负责人、农机推广工作骨干参加培训。

12月13—19日

宁夏回族自治区农业机械化管理局、农机鉴定技术推广站、农机安全监理总站共同派出2个检查组，赴各市县区检查农机购置补贴、农机推广、农机监理工作资料。

12月16日

宁夏回族自治区农牧厅巡视员马明、农业机械化管理局局长王林赴永宁县调研合作组织建设。并对永宁县在城镇化建设中，全面推进农机作业公司建设，实现农机作业公司作业、维修服务全覆盖工作进行指导。

12月18日

宁夏回族自治区农机作业公司发展管理经验交流会在吴忠市利通区召开，与会代表观摩三个作业公司，会议安排部署后一个时期自治区农机作业公司建设工作。

2014年1月26日

宁夏回族自治区主席刘慧召开专题会议，研究农用残膜专项整治工作。会后，自治区农业机械化管理局研究制定农用残膜专项整治工作方案。

1月27日

宁夏回族自治区农业机械化管理局下发《关于印发宁夏农业机械及农机驾驶操作人员普查工作实施方案的通知》，全区农机及驾驶员普查工作全面展开。

2月12日

宁夏回族自治区人民政府办公厅转发《自治区农牧厅关于开展农用残膜污染专项整治工作方案的通知》。

2月26日

宁夏回族自治区春播现场会在永宁县召开，自治区农业机械化管理局协调组织农机具进行春播作业演示。

3月5日

宁夏回族自治区农牧厅召开全厅系统安全生产会议，自治区农牧厅人事处处长王宝庄安排部署2014年安全生产工作，自治区安全生产监督管理局副局长钮刚、农牧厅巡视员马明就安全生产工作提出要求。

宁夏回族自治区农机购置补贴暨勤政警示教育工作会议在自治区农牧厅召开，来自全区各地农机部门、财政部门的负责人及农机生产、经销企业的负责人参加会议。自治区农业机械化管理局局长王林安排部署购机补贴工作，自治区财政厅农业处处长李国强、自治区农牧厅巡视员马明对购机补贴工作提出要求。

宁夏回族自治区农业机械化工作会议在自治区农牧厅召开，自治区农业机械化管理局局长王林安排部署2014年全区农业机械化工作，自治区农牧厅巡视员马明提出工作要求。

3月10日

宁夏回族自治区农用残膜污染专项整治行动启动现场会在彭阳县召开，来自中南部11个市县(区)政府、财政、农牧部门的主要负责人及自治区人大、政府督查室、财政厅、环境保护厅、农牧厅的主要负责人参加会议。启动仪式上，自治区农牧厅巡视员马明安排残膜回收专项整治工作，现场发放残膜回收机械，观摩11款残膜回收机作业演示，参观一家残膜加工企业。在座谈会上听取各市县区发言后，自治区人大、政府督查室、财政厅、农牧厅、环境保护厅的领导就残膜回收工作提出要求。

3月14日

宁夏回族自治区政府信息处处长刘立宁、农牧厅办公室主任康波、信息中心主任赵勇一行，在自治区农业机械化管理局局长王林陪同下，前往永宁县调研农机作业公司发展工作。

3月17—18日

宁夏回族自治区农业机械化技术推广站在银川市举办农业机械化示范园区建设培训班，并与各市县区农机部门、农机专家团队、农机作业公司签订示范园区建设协议。对2014年农机推广鉴定工作进行安排部署。

3月19日

宁夏回族自治区农机安全监理总站在青铜峡市召开农机具及农机操作人员普查培训班，并与各市农机监理所签订农机安全生产责任书，对2014年农机监理工作进行安排部署。

3月27日

宁夏回族自治区农牧厅巡视员马明带领自治区农业机械化管理局、厅办公室、自治区农机鉴定技术推广站、自治区水产技术推广站的干部，赴永宁县胜利乡杨显村，开展下基层、帮助移民发展活动。

5月5日

宁夏回族自治区农业机械化管理局举办农机购置补贴信息管理系统操作人员培训班。来自全区农机购置补贴产品供货企业的操作人员和各县区农机管理部门的操作人员参加培训。

宁夏回族自治区农业机械化管理局利用农机购置补贴管理人员培训之际，召集各县区农机部门主要负责人，再次对2014年农业机械化重点工作、项目资金使用等工作进行安排部署。自治区农牧厅巡视员马明参加会议并讲话。

5月7日

宁夏回族自治区农业机械化管理局召集自治区农机鉴定技术推广站和部分开展麦后玉米移栽试验的县区农机、农艺部门负责人，在利通区召开玉米移栽试验工作安排部署会议，再次安排部署麦后玉米移栽工作。自治区农牧厅巡视员马明，自治区农林科学院玉米栽培专家许志斌教授等专家参加会议。

5月12日

宁夏回族自治区农业机械化管理局、自治区农机鉴定技术推广站在贺兰县召开水稻机械化生产示范园区建设现场观摩暨座谈会，现场观摩水稻钵育摆栽、常规插秧、精量穴直播、条播四个对比试验机械作业演示，展示新型水稻专用植保、整地等机械。座谈会上，再次对园区建设进行安排部署。农业部农业机械化技术开发推广总站办公室主任姚海参加会议。

5月13日

宁夏回族自治区水稻机械化插秧现场会在青铜峡市举行，来自水稻产区的农机、农艺、水产部门的负责人参加会议。会议代表观摩水稻种植大户为农民代育代插、订单种植及稻田养蟹等。自治区农业机械化管理局、自治区农机鉴定技术推广站组织新型水稻种植、植保机械进行作业演示。

5月14日

宁夏回族自治区政府主席刘慧调研贺兰县永新村生态移民区农业生产情况，自治区农业机械化管理局布置水稻机械化插秧和精量穴直播作业现场。

5月15—16日

宁夏回族自治区人民代表大会常委会副主任王儒贵调研盐池县滩羊产业和农用残膜污染整治工作情况并召开座谈会。自治区农牧厅巡视员马明、自治区农业机械化管理局局长王林陪同调研，并在座谈会上汇报全区残膜污染整治工作情况。

5月19—22日

农业部农业机械试验鉴定总站副站长刘旭、农业部农业机械化管理司处长刘云泽一行，到宁夏回族自治区督查农机鉴定检验业务开展情况。

6月3日

宁夏回族自治区小麦植保现场会在灵武市召开，自治区农牧厅巡视员马明，副厅长王凌、赖伟利及农机、农艺部门负责人参加会议。会议对农作物统防统治工作进行安排部署，现场演示多款新型植保机械。

6月10日

宁夏回族自治区农业机械化管理局局长王林赴平罗县开展“三农大讲堂”下基层活动，平罗县农牧部门130余人参加讲座。

6月10—13日

宁夏回族自治区农牧厅巡视员马明、自治区农机鉴定技术推广站站长田建民赴兰州市参加北方旱作区农业生产会议，马明在会上代表宁夏就覆膜及残膜回收工作交流发言。

6月12日

宁夏回族自治区彭阳县召开南部山区牧草机械化收获现场会，现场演示6款新型牧草收获机械。

6月12—13日

宁夏回族自治区信息员培训班在银川市召开，自治区农业机械化管理局副局长杨少军参加会议，会议对2013年度优秀信息员进行表彰，对做好新形势下农业机械化宣传工作进行培训安排。

6月13日

福田雷沃重工关爱宁夏回族自治区南部山区留守儿童活动在固原市举行，福田雷沃重工连续五年共计出资100万元，每年资助400名留守儿童每人学杂费500元。宁夏回族自治区团委、自治区农牧厅团委领导参加捐助活动。

6月20日

宁夏回族自治区农业项目管理培训班在自治区农牧厅举办，来自全区各市县区政府、农牧、财政部门负责人参加了培训。宁夏回族自治区农业机械化管理局局长王林在培训班上就2014年农业机械化项目进行讲解。

6月24—27日

农业部农机监理总站副站长涂志强一行3人，到宁夏回族自治区调研农机作业公司、农机维修站点、购机补贴工作。

6月27日

宁夏回族自治区农业机械化管理局、自治区农机鉴定技术推广站在中宁县、永宁县分别召开枸杞植保、玉米植保机械演示观摩会。来自全区各地农机、农艺部门的负责人参加了会议。演示会集中演示近年来自治区引进、推广的各类先进植保机械。

6月30日

宁夏回族自治区农业机械化管理局、自治区农机鉴定技术推广站在平罗县、灵武市、利通区分别组织召开麦后育苗机械移栽玉米现场观摩会。会后，与利通区党支部共同举行党支部共建活动。

7月2日

宁夏回族自治区农牧厅巡视员马明率领帮扶工作组，赴永宁县胜利乡杨显村，与移民点全体党员和杨显村困难党员共话建党93年伟大成就，了解民情，帮助解决问题。

7月11—13日

宁夏回族自治区农牧厅年中工作推进会开到田间地头，厅领导、机关处局主要负责人、厅直单位主要负责人利用三天时间，从南到北实地调查各行业重点工作在县区的落实情况，各产业主要负责人现场汇报，领导点评，参会人员现场打分。自治区农业机械化管理局安排残膜回收、马铃薯园区建设、农机作业公司、蔬菜玉米移栽试验等四个现场。

7月15日

宁夏回族自治区马铃薯病虫害统防统治现场会在固原市原州区召开，自治区农牧厅副厅长王凌、自治区农业机械化管理局副局长杨少军参加会议。

宁夏回族自治区党委副书记崔波、自治区人民政府副主席屈冬玉到灵武市、利通区实地考察调研麦后蔬菜、玉米育苗机械化移栽试验工作，自治区农牧厅巡视员马明、自治区农业机械化管理局局长王林、自治区农机鉴定技术推广站站长田建民陪同调研。

银川市农机事故应急救援演练，在灵武市举行，来自银川市三区两县一市农机监理部门的负责人观摩演练。宁夏回族自治区农牧厅巡视员马明、自治区农业机械化管理局局长王林参加活动。

7月20—23日

宁夏回族自治区农业机械化管理局局长王林、调研员郭广生等督查同心县、中卫市、中宁县、青铜峡市农机购置补贴工作。

8月11—14日

宁夏回族自治区农业机械化管理局、自治区农机鉴定技术推广站组织开展全区农业机械化种植园区中期观摩暨座谈会。宁夏回族自治区农牧厅巡视员马明、全区各级农机管理部门主要负责人参加观摩座谈。

8月14—16日

宁夏回族自治区农业机械化示范园区高级研修班在吴忠市利通区召开，全区农机部门技术骨干、农机专家服务团成员参加研修。

8月22—26日

宁夏回族自治区农牧厅在宁夏产业园举办设施农业新机具、新装备展示会，自治区农业机械化管理局组织区内23家企业展示10大类、83款设施农业机械，搭建两栋设施温棚，布置两条蔬菜育苗移栽演示现场。全区各市、县(区)农牧部门、种植大户、农机大户、蔬菜基地负责人、设施农业企业负责人等分批次参观展览。

9月1—15日

宁夏回族自治区农业机械化管理局局长王林、朱晓江等督导检查固原市、吴忠市、石嘴山市、银川市购机补贴、农业机械化示范园区、农机普查等工作。

9月12日

宁夏回族自治区玉米收获机械田间适应性选型试验工作在永宁县展开，在全区销售的28款玉米收获机械参加选型。

宁夏回族自治区利通区麦后育苗机械移栽玉米进行测产，来自自治区农调队、利通区农调队的技术人员和自治区农林科学院玉米专家等指导测产。

9月20日

宁夏回族自治区永宁县召开农机合作组织负责人培训会议，会议邀请一名律师讲解《中国人民共和国公司法》、公司章程等，自治区农业机械化管理局局长王林在会上讲解农机作业公司建设管理基本政策和要求，自治区农牧厅巡视员马明讲解公司运行、管理及覆膜作业的要求。

9月25日

宁夏回族自治区马铃薯机械化收获现场会及马铃薯种薯收储对接会议在西吉县举行。中南部马铃薯产区农机、农艺部门，农机作业公司主要负责人，中南部马铃薯产区种子部门、种子收储企业、收储合作社负责人参加了会议。自治区农牧厅巡视员马明，自治区农业机械化管理局、自治区农机鉴定技术推广站负责人参加会议。

10月4日

宁夏回族自治区农业机械化管理局局长王林、自治区农机安全监理总站站长石良玉赴利通区、青铜峡市督查“三秋”农机安全生产工作。

10月6日

宁夏回族自治区农业机械化管理局局长王林、自治区农机安全监理总站站长石良玉赴平罗县督查“三秋”农机安全生产工作。

10月9—10日

宁夏回族自治区农牧厅巡视员马明、自治区农业机械化管理局副局长杨少军赴同心县、盐池县、红寺堡区督查秋季农机安全生产工作。

10月16日

宁夏回族自治区平罗县麦后育苗机械移栽玉米进行测产，平罗县农调队的技术人员和自治区农林科学院玉米专家等指导测产。

10月21日

宁夏回族自治区农牧厅副厅长王凌、自治区农业机械化管理局局长王林赴平罗县调研水稻烘干、通风设备试验工作，并就水稻通风收储设备研发试验工作进行调研指导。

11月17—18日

全国农机手大赛总决赛在北京市举行，宁夏回族自治区派出6名选手参赛，2名选手进入百强，其中1名机手获得第23名的好成绩。

新疆维吾尔自治区

2013年12月28日

新疆维吾尔自治区阿勒泰地区农机推广总站组织实施的“籽用瓜收获机械化关键装备研究及应用”获得新疆维吾尔自治区科学技术进步二等奖。

2014年1月7—8日

新疆维吾尔自治区农机工作会议在乌鲁木齐市召开。自治区农牧业机械管理局党组书记贾立新主持会议并作讲话，全疆各地州市农机管理部门的领导和自治区农牧业机械管理局各部门负责同志参加会议。按照自治区统一安排，会议与自治区党委农村工作会议套开，与会代表列席参加。

为贯彻落实中央、新疆维吾尔自治区农村工作会议和自治区农机工作会议精神，自治区农牧业机械管理局印发《2014年自治区农业机械化工作重点》，提出落实农业机械化发展政策、推进农机社会化服务、强化农机技术推广等八个方面21项重点工作。

1月24—29日

根据新疆维吾尔自治区党委组织部的安排，自治区农机系统开展为期六天的基层农机干部远程教育集中轮训工作，举办培训班444期，其中汉语146期、维语269期、哈语29期，培训4 300名乡(镇)农机干部，取得明显成效。

1月27日

新疆维吾尔自治区人民政府通报2013年度自治区安全生产目标考核情况，表彰2013年度安全生产工作先进单位。在全区30个先进单位中，农机系统有5个单位获此殊荣，分别是喀什地区农机安全监理所、巴州农机安全监理所、吐鲁番市农机安全监理站、伊宁县农机安全监理站、精河县农机安全监理站。

2月2日

新疆维吾尔自治区农牧业机械管理局党组书记贾立新带领农机安全监理总站相关人员采取“四不两直”的方式，对吐鲁番市、托克逊县部分乡(镇)、村节日期间农机安全生产工作进行督查，保障春节期间农机安全生产工作。

2月10日

新疆维吾尔自治区农牧业机械管理局向和田、喀什、克州、巴州四地州印发《关于做好杏烘干设备补贴工作的通知》，全面配合落实自治区建设南疆三地州杏热风烘干房制干项目，3 150万元(每座烘干房2.1万元)的中央农机补贴用于杏热风烘干房专项补贴，补贴杏热风烘干房1 500座。

2月24日

新疆维吾尔自治区农牧业机械管理局召开党的群众路线教育实践活动总结大会。局党组书记贾立新主持会议并讲话，局党组成员、纪检组组长胡顺林同志就党风廉政建设和纠风工作作讲话。全局干部职工80人参加大会。

3月4日

新疆维吾尔自治区农牧业机械管理局、财政厅联合制定下发《新疆维吾尔自治区2014年农业机械购置补贴实施方案》，对农机购置补贴工作和具体操作程序进行全面安排部署。

3月5日

新疆维吾尔自治区农牧业机械管理局机关为参加“访民情、惠民生、聚民心”活动的10名同志举行欢送仪式，局党组书记贾立新为工作队授旗。

3月7日

新疆维吾尔自治区农牧业机械管理局举办2014年农机购置补贴政策和软件培训班。农业部农业机械化管理司产业发展处处长王家忠作专题讲座。自治区农牧业机械管理局党组书记贾立新、副局长欧兴江、纪检组组长胡顺林出席培训班，贾立新与全疆各地(州)市农机局负责人签订2014年农机购置补贴工作责任书。

3月20—21日

新疆维吾尔自治区农牧业机械管理局党组书记贾立新一行，在和田地区洛浦县、策勒县督导调研春耕备耕农业机械化生产等工作。

3月25日

新疆维吾尔自治区农牧业机械管理局联合自治区质量技术监督局开展2014年农机打假利剑行动，联合下发《关于印发〈2014年农机打假利剑行动实施方案〉的通知》。

4月15日

新疆维吾尔自治区农牧业机械管理局印发《关于对部分危及人身财产安全农业机械开展免费实地检验并纳入管理工作的通知》，制定《危及人身财产安全农业机械免费实地检验工作指南》，下达10万台免费检验任务。

4月19—23日

新疆人民广播电台维吾尔语综合广播栏目组，联合新自治区农牧业机械管理局、自治区林果业发展协调领导小组办公室、新疆农业大学等单位，在北疆四县举行“农业科技下乡”现场直播活动。

4月21日

新疆维吾尔自治区农牧业机械管理局启动“全国农业机械化生产信息管理服务平台”试点工作，制订工作方案，选择新源、沙湾、吉木萨尔、乌什、叶城5个县作为试点。

4月23—29日

新疆维吾尔自治区农牧业机械管理局党组成员、总工程师裴新民，新疆农业大学杨宛章教授一行，赴玛纳斯县、沙湾县、乌苏市、兵团130团、克拉玛依市、福海县、阿勒泰市、青河县等地调研，指导农业机械化工作。

5月27日

新疆维吾尔自治区党委常委、秘书长白志杰，自治区党委副秘书长、自治区委员会农村工作办公室主任代宁祥出席在叶城县召开的南疆三地州杏热风烘干房现场观摩会，自治区农牧业机械管理局党组书记贾立新等有关厅局领导，各地州、县市领导及相关企业负责人参加现场观摩会。

5月28日

新疆维吾尔自治区农牧业机械管理局举行农机“安全生产月”活动启动仪式，邀请安全生产专家、自治区安全生产执法监察总队队长张永朝，就安全生产形势、法律法规、监督管理等作专题讲座，自治区农牧业机械管理局机关及局属各单位近60人聆听讲座。

6月1—30日

新疆维吾尔自治区农牧业机械管理局在全区开展以“强化红线意识，促进安全发展”为主题的农机安全生产月活动。自治区农牧业机械管理局被自治区安全生产委员会办公室评为2014年自治区安全生产月活动先进单位。

6月4—15日

新疆维吾尔自治区农机行业专业技术人员继续教育高研班在昌吉农业职业技术学院分两期举办，全区近150名农机行业专业技术人员参加培训。

6月11日

新疆农业机械化人才培训(培养)新疆农业大学基地挂牌暨签约仪式在新疆农业大学继续教育学院隆重举行。新疆维吾尔自治区农牧业机械管理局党组书记贾立新、新疆农业大学副校长苏来曼·亚森等出席签约仪式。

6月26日

新疆维吾尔自治区农机作业质量经验交流会在阿勒泰地区福海县召开，自治区农牧业机械管理局党组书记贾立新、阿勒泰地委委员巴克提夫、行署副专员赵杰参加会议，现场展示演示千亩黑小麦保护性耕作示范田、农机标准化作业示范田，并进行饲料投喂机、青贮揉丝机、农业无人植保机等畜牧业养殖新技术、新机具的现场作业演示。全疆农机部门及相关单位领导、农机生产和经销企业代表、农机户代表共200多人参加现场会。

6月30日—7月2日

新疆维吾尔自治区农牧业机械管理局在博乐市举办农机专业合作社管理人员培训班。农业部农业机械化管理司生产管理处处长李斯华、博州党委常委巴德玛拉、自治区农牧业机械管理局副局长欧兴江、自治区农经局局长助理鲜文新等出席开班仪式。来自各地州农机局、部分县市农机局、部分农机专业合作社近60余名代表参加培训。

7月14日

根据农业部农业机械化管理司《关于开展农机维修服务能力调研的通知》要求，新疆维吾尔自治区农牧业机械管理局安排和部署全区的调研工作，并分别前往巴州和昌吉州进行实地调研，上报调研报告。

7月15—18日

新疆维吾尔自治区2014年第1期农机事故处理员培训班在昌吉市新疆农业职业技术学院举行，来自全疆14个地州的79名学员参加培训。

7月17日

农业部印发《关于表扬2013年度专项工作延伸绩效管理试点工作优秀单位的通报》，新疆维吾尔自治区农牧业机械管理局等10个单位被评为“强农惠农富农政策落实(农机购置补贴)延伸绩效管理优秀单位”。

7月25日

由新疆维吾尔自治区人民政府主办的“2014新疆农业机械博览会”在昌吉国家高新技术产业开发区中亚农机物流港开幕。自治区党委副秘书长、自治区委员会农村工作办公室主任代宁祥，自治区农业厅厅长艾克拜尔·吾甫尔，自治区农牧业机械管理局党组书记贾立新，农业部农业机械化管理司、农业部农业机械试验鉴定总站、农业部农业机械化技术开发推广总站有关领导，自治区和兵团有关部门、各地州市农业(农机)部门、农机专业合作社、合作组织、农机大户、种粮大户等相关人员参加开幕式。

8月11—12日

新疆维吾尔自治区农牧业机械管理局副局长欧兴江一行，在昌吉市调研畜牧业养殖机械发展、农机购置补贴实施、农机合作社建设、实用型机具研发等工作。

8月14—15日

新疆维吾尔自治区农牧业机械管理局总工程师裴新民、自治区农业厅农村环境保护与能源发展处处长努尔穆罕默德·祖农、自治区农业厅资环站站长秦晓辉、自治区农牧机械化技术推广总站书记张山鹰等组成联合调研组，在克拉玛依五五机械制造有限责任公司、新疆奎屯吾吾农机制造有限公司、新疆农业科学院农业机械化研究所开展残膜回收机具研发改进调研活动。

9月15日

农业部农机监理总站在北京召开全国农机监理站站长会议，新疆维吾尔自治区农机安全监理总站站长晁群勇作题为《突出重点，加大力度，扎实做好农机安全监理工作》的典型发言。

9月22日

新疆维吾尔自治区农牧机械化技术推广总站在昌吉州玛纳斯县兰州湾镇四阜庄村现场开展小麦"井字型"播种高产试验示范项目培训。

9月23日

新疆维吾尔自治区农牧业机械管理局出台《关于加快推进农机合作社发展的意见》，指导农机专业合作社的发展。同时，出台《新疆维吾尔自治区农机专业合作社规范化社基本要求》《新疆维吾尔自治区农机专业合作社示范社建设方案》《新疆维吾尔自治区农机专业合作社管理工作考核办法》。

9月26日

新疆维吾尔自治区农牧业机械管理局举办为期5天的新疆农机综合信息服务平台培训班，来自全疆各地州、县市农机局的主管领导及业务人员共182人参加培训，标志着新疆农机综合信息服务平台正式进入试运行阶段。

10月2日

新疆维吾尔自治区农牧业机械管理局党组书记贾立新一行，采用"四不两直"的方式，检查指导呼图壁县、玛纳斯县、沙湾县农机安全生产工作。

10月10—11日

新疆维吾尔自治区机采棉作业现场及经验交流会在博州召开，自治区农牧业机械管理局党组书记贾立新、博州党委常委巴德玛拉出席会议并致辞。来自全疆各棉花主产县市和所在地州农机局、农机推广站主管领导和技术人员及博乐市周边乡镇场的农户参加会议。

10月17日

新疆维吾尔自治区农牧业机械管理局举行第一个全国扶贫日扶贫捐款活动，全局干部职工为对口扶贫村捐款23 650元。

根据《自治区党委办公厅、自治区人民政府办公厅关于表彰第四轮自治区包村定点扶贫工作先进单位和个人的决定》，自治区农机安全监理总站书记艾黑买提·阿不都拉荣获先进个人称号。

11月4日

新疆维吾尔自治区农业厅党组印发《关于原晋南、胡顺林同志职务任免的通知》，原晋南同志任自治区农牧业机械管理局党组成员、纪检组组长；免去胡顺林同志自治区农牧业机械管理局党组成员、纪检组组长职务。

11月5日

根据《农业部农业机械化管理司关于2013—2014年度中国农业机械化信息网信息报送工作情况的通报》，王瑛同志以信息报送数6 790条、采用数6 722条、考核得分10 151分的成绩取得第二名，新疆维吾尔自治区农牧业机械管理局荣获年度中国农业机械化信息网信息宣传工作先进单位。

11月17日

由农民日报社主办的"2014中国农机手大赛"总决赛在北京全国农业展览馆举行，来自喀什地区麦盖提县惠民农机专业合作社的新疆选手安刚，夺得总决赛全国冠军，获得首届"中国机王"称号。新疆维吾尔自治区农牧业机械管理局荣获"2014中国农机手大赛"全国总决赛最佳组织奖。

11月19日

新疆维吾尔自治区农牧业机械管理局举办"与法同行万人宣讲"专题报告会。局党组书记贾立新作《学习贯彻十八届四中全会精神　加快法治新疆建设进程》的专题报告。

11月24日

新疆维吾尔自治区农机质量投诉工作培训班在新疆农业大学继续教育学院举办，来自全疆各地(州)市、县的85名代表参加培训。

大连市

2014年3月26日

大连市组织召开大连市2014年农业机械化工作暨农机购置补贴政策培训会议。会议总结2013年农业机械化工作并对2014年农业机械化工作进行部署，解读《大连市2014年国家农业机械购置补贴资金使用方案》，签订2014年农业机械化工作责任书和农机购置补贴政策落实责任书。

4月24日

大连市联合中华联合保险公司召开大连市农机政策性保险工作会议，并举办启动仪式。会议就积极开展农机保险、搞好政策扶持、加大农机保险宣传力度、加强对农机保险的监管力度等方面工作提出具体要求。

5月15日

大连市召开玉米免耕播种技术现场会。会议讲解保护性耕作技术和机具性能，观看免耕播种机械作业，会上发放宣传资料200余份，大连广播电视台对会议进行报道。各区市县农机主管部门、技术推广部门和承担国家保护性耕作项目的农机合作社人员参加会议。

8月29日

大连市召开全市保护性耕作技术现场培训会。会议现场观摩玉米收获机、免耕播种机、深松机演示作业，并进行保护性耕作技术主题培训。会议为加快全市保护性耕作技术的推广，推进免耕播种技术、玉米收获技术、深松技术的应用打下良好基础。各区、县(市)农机局主管局长、科长，农机推广站站长和农机合作社代表等参加了会议。

11月18日

大连市选手在"2014中国农机手大赛"总决赛中包揽大赛第2、3、4名。另有8名选手进入全国300强。并获得"最佳组织奖"和"最佳团队奖"。

宁波市

2013年12月12日

宁波市农业机械化管理局召开全市农机安全监管工作会议。会议通报2013年全市农机安全生产形势，慈溪、鄞州两地作了典型发言。宁波市农业机械化管理局局长李强出席会议并作主题报告，与各县(市)区农业机械化主管部

化管理局荣获该称号。

9月28日

宁波市副市长林静国率市级有关部门负责人到奉化检查安全生产工作，农机安全生产工作被列入检查内容。林静国林静国深入基层现场，慰问工作在农机安全生产第一线的农机人员。市农业机械化管理局局长李强、奉化市副市长方国波陪同检查。

9月29日

宁波市秋收冬种农业机械化技术培训班在余姚大岚镇举办，宁波各县(市)区农机培训机构负责人及骨干教师共20余人参加培训学习。宁波市农业机械化管理局副局长张凤谦出席培训班并作动员讲话。浙江大学郑文钟教授作题为《农机培训模式和农机推广策略的探讨》的讲座。

11月3—4日

在农业部农业机械化管理司举办的2012—2013年主要农作物生产机械化示范项目验收会上，宁海县承担的水稻生产全程机械化示范县项目通过验收。

11月14日

由宁波市农业局、市农业机械化管理局联合组织的秋收冬种生产现场会在奉化召开。市农业局、市农业机械化管理局主要负责人就抓好秋收冬种生产进行工作部署。奉化、慈溪分别就做好秋收冬种生产工作进行交流发言。与会人员参观奉化市江口街道秋收冬种生产现场。全市各县(市)区农业局长、农机局(站)长，市、县农技部门负责人，农机科技推广部门负责人参加会议。

11月16—17日

在全国《报废农业机械回收办法》研讨会上，宁波市农业机械化管理局就规范拆解回收补偿管理，推进农机报废更新补贴工作进行经验介绍。

2014年

宁波市机插面积继续稳中有增，粮食生产全程机械化水平稳步提升。2014年完成水稻机插面积48.29千公顷，比2013年略有增加，机插率56%，完成宁波市人民政府下达的48千公顷的机插任务。

青岛市

2014年1月28日

青岛市农业机械管理局印发《青岛市农业机械管理局2014年工作要点》。争取全市农机总动力达到820万千瓦，主要农作物生产综合机械化水平超过87%。

2月7—12日

青岛市农业机械管理局举办深入贯彻落实党的十八届三中全会精神学习班。市农业机械管理局局长陈志颖总结讲话。学习班邀请青岛市委党校教授敬志伟、副教授贺晓丽和原青岛市安全生产监察支队队长卢守华，分别就十八届三中全会精神、网络应用与个人信息安全、安全生产知识进行辅导讲解，市农业机械管理局副局长徐振峰作国防教育辅导报告。

2月26日

青岛市农业机械报废更新培训班在即墨市召开。市农业机械管理局监管处有关人员、各区市农机局管理科长、监理站负责农业机械报废更新监管人员和农业机械回收拆解定点单位负责档案管理人员参加会议。

3月13日

青岛市农机打假护农咨询服务现场会在胶州铺集镇驻地举行。活动现场分发5 000余份农机法律法规、农机质量常识以及农机投诉规则等宣传材料，现场演示真假农机配件和名优农机产品，宣讲党的富民政策，抽查3家经营农机配件的销售网点，工作人员回答农民的咨询100人次，进一步规范农机市场经营秩序。

3月20日

青岛市农业机械管理局召开全市农机购置补贴工作座谈会。与往年相比，2014年补贴政策呈现新特点：变“差价购机”为“全价购机”，由原来先申请补贴后购机，变为先购机后申请补贴。此外，2014年购机采取“先到先补，补完为止”模式。

3月

青岛市农业机械管理局修订并下发《青岛市农业机械管理局关于社区农机安全监理服务中心(窗口)建设的意见》。在农村基层建设社区农机安全监理服务中心(窗口)，是青岛市在全面暂停征收农机监理费的新形势下，实施工作重心下沉、服务窗口前移、方便基层群众的创新举措，是贯彻落实党的群众路线教育实践活动的重要体现，是打造新型基层农机安全监理服务体系、维护农机安全生产、服务新农村建设的重要措施。

4月9日

按照《青岛市农业机械管理局关于开展农机安全生产资质检查专项行动的通知》精神，根据青岛市农业机械管理局局长办公会议决定，青岛市组织由各区市农机监理站站长和修配站站长参加的三个督查组，采用交叉方式，对全市农机安全生产进行督查。

4月10日

青岛市农机安全生产会议举行，各区市分管农机安全生产工作的副局长，监理站站长和修配站站长参加会议，市农业机械管理局副局长程兴谟主持会议并讲话。会上，各区市汇报交流一季度安全生产情况，重点介绍本地区提高“三率”水平和推进社区农机安全监理服务窗口建设等方面的经验和正在尝试的创新做法；监理站负责人对开展农机安全生产资质检查专项行动督查情况进行通报。

4月29日

青岛市农机事故应急预案演练观摩会议在即墨市召开，现场观摩即墨市农机事故应急演练。青岛市农业机械管理局局长陈志颖、副局长程兴谟、山东省农业机械安全监理站站长石宝成，以及各区市农机局分管局长、监理站站长等有关人员参加会议。

5月9日

青岛省农机维修服务能力建设现场观摩会在青岛即墨市召开，推广全市星级农机维修服务建设经验。即墨市段泊岚镇农机维修服务站的技术人员，演示星级农机维修服务规范。市农机部门扶持建设18个区域农机维修中心，每个中心可担负周边6个乡镇的农机维修服务，同时建成7个农机4S店，50个农机合作社。

5月26日

青岛市农机驾驶员考试工作观摩会议在莱西市召开。参加会议的有各区市分管安全监理工作的副局长、监理站站长和部分考试员，市农业机械管理局副局长程兴谟参加会议并讲话。会议观摩莱西市农机驾驶员考试现场，莱西市农机安全监理站负责人就驾驶证审批流程和驾驶员考试各个环节的连接进行讲解。会上，各区、市就驾驶员考试工作情况进行交流。

5月

青岛市3 000多台小麦联合收割机陆续出发，到江苏、安徽、河南以及省内其他地市收割小麦，完成作业面积超过160千公顷，可为机手增加作业收入1亿多元。与往年不同，2014年，跨区作业的收割机是“坐”在拖车上直达目的地。以平度到南阳为例，往年，机手们要连续开两天一夜收割机才能到达目的地，费用不少、机械磨损大，机手们也很疲劳。2014年，收割机被捆绑在汽车拖车上，“坐”在车上到达麦收现场。每台收割机的运输费用在5 500～6 000元。

6月7日

青岛市农业机械管理局和青岛农业大学在黄岛区六汪镇联合进行夏花生机械化播种试验。本次夏花生机械化播种试验确定田地处理、花生品种、播种机3个因素，每个因素采用3个水平、3次重复，共进行27种模式的播种，对夏花生覆膜播种和不覆膜播种进行对比试验。

6月16日

青岛市农业机械管理局在即墨市普东社区孙唐庄村召开玉米缓控释肥“种肥同播”机械化技术现场会。市农业机械化技术推广站有关技术人员对玉米缓控释肥“种肥同播”机械化技术路线及技术要点作详细说明，会议期间还观看现场机具演示。

7月16日

青岛市农业机械管理局召开机关党支部书记会议，副局长徐振峰出席会议并讲话，机关党总支、各支部负责人参加会议。会议传达学习青岛市委组织部《关于学习贯彻〈中国共产党发展党员工作细则〉的通知》《关于在全市机关开展“读书荐书评书”征文活动的通知》《关于开展“情系国防好家庭”宣传活动的通知》等，要求把学习讲话精神作为机关党建工作的重要内容，结合工作实际，掀起学习贯彻讲话精神的热潮。

7月24—25日

青岛市农机维修工作会议暨农机维修业务培训班在莱西召开。会议主要是学习贯彻山东省农机维修服务能力建设工作会议精神，各区、市总结交流近几年农机维修工作情况及典型经验，现场观摩3处区域性农机维修服务中心建设情况，研究部署下一步全市农机维修服务能力建设工作，对农机维修管理人员进行农机维修法规知识、执法程序等业务培训。各区、市农机主管部门分管局长，主管农机维修管理工作的站长、维修业务人员，部分农机维修服务网络建设项目实施单位法人，共30多人参加会议。

7—9月

为充分发挥机关干部在弘扬“务实创新卓越奉献”农机精神、构建社会主义核心价值体系和在全社会形成“爱读书，读好书”文明风尚中的倡导、引领作用，青岛市农业机械管理局党委在全局开展“读书·荐书·评书”征文活动。全局共收到征文43篇，撰写的文章基本做到主题鲜明，文风朴实，语言流畅，富有真情实感。在各支部初评的基础上，全体机关干部又进行全面推荐评选，共推荐出一等奖1篇，二等奖3篇，三等奖6篇。

8月21日

青岛市农机安全生产工作会议在胶州市召开。会议总结前阶段全市农机安全生产工作，研究分析当前安全生产形势，并对下一步工作进行部署。各区市分管农机安全生产工作的副局长，监理站站长和修配站站长参加会议。市农业机械管理局副局长程兴谟参加会议并作讲话。

8月21—22日

为提高农机考试员业务能力，推进农机考试工作规范化，青岛市农业机械管理局在胶州市举办全市农机考试员培训班。此次培训主要内容为进一步学习《拖拉机驾驶证申领和使用规定》《拖拉机驾驶证业务工作规范》《联合收割机及驾驶人安全监理规定》《联合收割机驾驶证业务工作规范》等有关法律法规和拖拉机驾驶人考试内容与评定标准。

9月4日

全国农机深松整地作业现场会在河北省衡水市召开。农业部副部长张桃林、农业部农业机械化管理司司长李伟国、农业部财务司司长李健华出席会议，12个农机深松整地试点省、市农机部门负责人参加会议。青岛市与河北省、黑龙江省、吉林省分别做典型发言。青岛市农机深松整地工作经验在全国推介，农业部副部长张桃林给予高度评价。

9月19日

青岛市农业机械管理局在胶州市组织召开全市农机购置补贴工作调度会，总结交流2014年首次实行的“全价购机”操作方式的经验做法，相关区、市农机主管部门的分管领导和主管工作人员共20多人参加会议，青岛市农业机械管理局局长陈志颖出席会议并作总结讲话。会上，各区、市汇报了补贴工作进展情况，交流经验做法，找出存在的问题和薄弱环节，提出好的意见建议，为下一步继续开展好农机购置补贴的各项工作起到积极推动作用。

9月22日

青岛市农业机械管理局在黄岛区宝山镇召开“三秋”保护性耕作工作会议暨保护性耕作技术培训班。这次培训班采用理论学习与实践操作相结合的方式，先由农机生产企业现场讲解保护性耕作机具在使用过程中存在的问题及改进方法，再指导参训机手逐一现场操作保护性耕作机具播种小麦，70多人参加培训，收到良好的培训效果。

9月23日

青岛市农业机械管理局召开处级干部学习调研成果交流会。局领导班子成员和全体干部职工参加会议。市农业机械管理局局长陈志颖在会上讲话。这次会议是局党委进一步推动农业机械化改革发展的一项重要内容。主要目的是，充分发挥处级干部的榜样和带头作用，进一步深化农机系统学习调研工作，大力倡扬求真务实的作风，提高解决实际问题的能力，推动农业机械化科学发展。

9月27—28日

青岛市农业机械管理局举办全市农机深松整地工作培训班，为开展秋季深松整地试点培养骨干力量，这次培训班既是实施深松整地项目的业务培训，也是开展秋季深松工作的战前动员。市农业机械管理局副局长闫文圣出席培训班开班仪式，并作动员讲话。各项目区市农机管理科长、部分项目镇农机管理人员、农机合作社理事长、深松质量检验员等100多人参加培训。

10月10日

青岛市“三秋”农业机械化生产推进观摩会在平度市明村镇召开。会议观摩玉米机收和青贮、深松整地、免耕播种等新型机具作业，就进一步推进“三秋”农业机械化生产作了部署。青岛市副市长黄龙华出席会议，市农业机械管理局领导和副处级以上干部，各区市农机局局长、管理科科长、推广站站长及平度市有关农机管理人员、农机大户等100多人参加会议。

10月14—15日

青岛市农业机械管理局举办青岛市“鲁耕杯”农机观摩教学竞赛。局长陈志颖和市财政局农业处的相关领导观摩拖拉机教练员的技能竞赛。

10 月 24 日

青岛市农机安全生产调度暨农机事故应急预案演练工作研讨会议在邮电部青岛疗养院召开。会议总结前阶段全市农机安全生产和农机事故应急预案演练工作，研究分析当前安全生产形势，并对下一步工作进行部署。各区市分管农机安全生产工作的副局长，监理站站长和修配站站长参加会议。青岛市农业机械管理局副局长程兴谟参加会议并讲话。

11 月 10 日

青岛市农业机械管理局组织开展全市农机推广机构负责人能力提升培训班。这次培训采取听课与参观实物相结合的方式，通过参观 2014 中国国际农业机械展览会、听取相关专家讲座、考察农机生产企业，结合红色传统教育，开展工作交流、讨论。各区市农机推广站站长、农机推广机构负责人以及市农业机械化技术推广站相关人员参加了活动。

11 月

青岛市 2012—2013 年花生生产机械化示范项目通过农业部验收。青岛市花生生产机械化示范项目设在即墨市刘家庄中心社区，共建设 3 个示范点，示范面积 100 公顷，带动即墨市新增花生机械化作业面积 333.33 余公顷，青岛市新增花生机械化作业面积 3.2 千公顷。示范区内花生机械化播种率 100%，花生机械化收获率 92%。

厦门市

2013 年 12 月 25 日

福建省道路交通安全综合整治“三年行动”领导小组办公室副主任、省农业厅副厅长郭跃进带领考评组一行 5 人到厦门市农业局，开展 2013 年度农机安全生产目标责任和农机道路交通安全“三年行动”目标落实情况考评。

12 月 27 日

厦门市道路交通安全综合整治“三年行动”工作领导小组办公室副主任、市安全生产监督管理局副局长汪清波带领考评组一行 7 人到厦门市农业局，开展 2013 年度农机安全生产目标管理责任落实情况考评。

2014 年 3 月 18 日

厦门日报以“我市多年保持农机事故零发生”为题目，专题报道厦门市农机安全生产情况。厦门市多年来始终保持农机事故的零发生率，同时连续 7 年零死亡，农机安全生产形势有序、平稳。

4 月 3 日

厦门市农业局印发《2014 年厦门市农业机械化工作要点》，明确 2014 年全市农业机械化工作思路、工作目标和工作重点，并下达 2014 年厦门市农业机械化发展重大目标任务。

4 月 4 日

厦门市同安区被农业部、国家安全生产监督管理总局评为 2013 年全国“平安农机”示范区。

4 月 15 日

厦门市召开全市农业机械化工作会议，会议传达全国、全省农业机械化和农机安全生产工作会议及主要领导讲话精神，总结 2013 年农业机械化工作情况，对 2014 年农业机械化工作进行动员部署。会议签订 2014 年度农机安全生产责任书和农机购置补贴实施工作责任书。

厦门市召开全市农机购置补贴廉政风险警示教育会。市区农业（农机）部门分管副局长、驻市局监察室主任、各区农机管理站（机构）负责人、购机补贴具体经办人员近 30 人参加会议。会议达到统一思想、以案说法、警示教育的目的，增强农机部门的廉洁自律、反腐倡廉的紧迫感和责任感。

5 月 4 日

厦门市副市长倪超到市农业机械监理所考察调研。

5 月 9 日

厦门市农业局、财政局联合印发《2014 年厦门市农业机械购置补贴资金使用实施方案》，全市农业机械购置补贴工作正式启动，补贴实施范围覆盖全市所有农业区，即同安区、翔安区、集美区和海沧区。

6 月 26 日

厦门市农业局联合海沧区农林水利局在海沧区开展以“强化红线意识、促进安全发展”为主题的“农机安全生产宣传咨询日”活动。

厦门市农业局联合海沧区农林水利局举行 2014 年厦门市农机事故应急救援演练。邀请海沧区交警大队领导现场指导，从接到事故报案、启动应急预案、实施伤员救护、现场秩序维持、勘查拍摄、绘制现场图、做好询问笔录，到责任认定和按规定逐级上报事故信息等各个环节进行模拟演练。

7 月 30 日

农业部农业机械化管理司副司长胡乐鸣带领调研组一行 3 人在福建省农业厅副巡视员黄炳生、省农业机械管理局局长高咸周等的陪同下莅临厦门市开展农机购置补贴调研，厦门市农业局副局长张友福参与调研。

8 月 8 日

厦门市农业局召开 2014 年上半年全市农业机械化和农机安全生产工作会议，会议分析总结 2014 年上半年全市农业机械化、农机安全生产工作情况，并部署下一阶段的工作重点。

9 月 11 日

厦门市十四届人大常委会举行第二十一次会议。任命厦门市人民政府新一轮机构改革所涉及的 12 名行政正职，吕参军为市农业局局长。

9 月 22 日

厦门市农业局印发《厦门市拖拉机驾驶培训管理规定》，根据《福建省农业厅关于做好下放行政审批有关工作的通知》《福建省农业厅关于做好拖拉机驾驶培训行政审批事项有关工作的通知》等有关规定，拖拉机驾驶培训许可证核发完全下放到设区市农机管理部门。

9 月 25 日

厦门市农业局党组副书记、副局长张友福带领市农业机械监理所、翔安区农林水利局负责同志到托罗（中国）灌溉设备有限公司开展调研。托罗（中国）灌溉设备有限公司为美国（The Toro Company）在华设立的全资子公司，总部位于厦门市翔安区。该公司主要从事农业灌溉设备的研发、生产、销售及服务，同时从事其他托罗产品的销售及服务。

10 月 17 日

以农业部农机监理总站副站长涂志强为组长的农业部农机安全生产“打非治违”专项行动督导组一行 3 人，对厦门市开展农机安全生产“打非治违”专项行动、“平安农机”建设、“为农民服务”活动、农机安全生产大检查以及农机监理日常工作进行督导检查。

11 月 5 日

厦门市农业局党组书记、局长吕参军，党组副书记、副局长张友福到市农业机械监理所与副科级以上领导干部进行座谈，调研主要工作开展情况。所长杨强结合机构设置、人员配备及职责汇报市农业机械监理所近年来工作开展情况。

由台湾瑠公水利会会长林济民率领的台湾农业工程研究中心农业灌溉示范观摩团一行28人考察节水灌溉农业。观摩团先行参观翔安区新店镇东坑社区的千亩胡萝卜节水喷灌设施现场，详细了解胡萝卜节水喷灌应用和栽培种植情况。随后考察美国独资企业托罗（中国）灌溉设备有限公司。

新疆生产建设兵团

2013年12月19日

中国工程院发布院士增选结果，新疆农业机械工程专家、新疆农垦科学院机械装备研究所研究员陈学庚当选中国工程院院士。陈学庚和他领导的科研团队在地膜植棉栽培技术与机械化种植领域研究成果突出，为新疆棉花得以大面积种植做出杰出贡献。

2014年3月3日

新疆生产建设兵团农业局和兵团财务局联合下发《兵团2014年农业机械购置补贴资金使用方案》，在兵团全面实行"全价购机、定额补贴、团级审核、师级兑付、直补到卡"的兑付方式，并首次开展先购机后申请的操作程序试点工作。

4月29日

中共中央总书记、国家主席、中央军委主席习近平来到新疆生产建设兵团第六师共青团农场、新疆银丰现代农业装备股份有限公司，了解兵团农业机械化发展情况。总书记对兵团农机行业的科研、生产、应用能力给予充分肯定。

5月26—28日

新疆生产建设兵团农业机械化管理局在乌鲁木齐市召开"兵团农机购置补贴工作及警示教育座谈会"。来自各师农机局局长、农机购置补贴业务人员，兵团财务局、兵团检察院、兵团农机技术推广站等40余人参加会议。会议传达全国农机购置补贴工作会议精神，开展农机购置补贴工作警示教育，讲解农机购置补贴工作操作程序，部署2014年农机购置补贴工作和有关要求，交流农业机械化工作经验。会议由兵团农业机械化管理局局长丁卫东主持，兵团农业局副局长何建明到会讲话，并与各师农机局局长签订《2014年兵团农机购置补贴工作责任书》。

6月11—14日

为提高新疆生产建设兵团各级农机安全监理部门的农机事故应急处置能力，在第六师五家渠市举办农机安全应急管理培训班，兵团各师、团农机监理机构领导及农机事故处理人员共90余人参加培训。

6月26日

新疆生产建设兵团制定印发《兵团重特大农机事故应急救援预案》，将兵团处置重特大农机事故推进到一个新的水平。

7月10日

农业部南京农业机械化研究所"国家级植保机械专业技术团队"开展对兵团现有喷施机具改装参数及对新型喷施机具进行技术评估等工作，以优化机具技术参数，提出符合兵团脱叶剂喷施技术要求的新型机具。

7月25日

新疆生产建设兵团农业机械化管理局与新疆维吾尔自治区农牧业机械管理局在昌吉共同举办新疆农机博览会，兵团组织近700人参加博览会。

8月20日

新疆生产建设兵团农业机械化管理局在五家渠举办"机采棉脱叶剂高效喷施机械现场观摩培训班"。各植棉师农机局领导、重点植棉团场分管领导、相关科研院所专家及部分生产企业技术人员共70余人参加培训班。培训班通过现场观摩、技术交流等形式总结机采棉脱叶剂喷施技术和机具改制经验，展示新机具的功效，使企业进一步了解用户及农艺要求，引导机具生产企业和团场规范机具改制方案，明确机具完善的内容和方向。

10月9日

农业部农业机械化管理司组织陈学庚院士及中国水稻所、新疆农业科学院、黑龙江省农业科学院的专家在第一师一团和六团，对华南农业大学罗锡文院士主持的国家公益性行业（农业）科研专项"水稻机械化精准种植模式与关键技术集成示范"课题"水稻机械精量旱穴播技术与机具"示范田进行测产验收，在第一师一团七连的9.7公顷条田中，种植品种为新疆农业科学院核生物技术研究所选育的常规水稻品种高丰1号。采用收割机实割，按国家标准扣除水分和杂质，经实测每公顷产量超过15 000千克。

11月30日

据测算，新疆生产建设兵团农业综合机械化水平达到93%，比2013年增加一个百分点，增幅较大。主要是因为棉花机械化收获面积增幅较大，比上年增加63.33千公顷，机收水平突破70%，达到75.6%。

11月

经农业部农垦局专家组评审，新疆生产建设兵团10个创建"2014年全国农垦农业机械化标准示范农场"的团场通过达标验收。至此，兵团目前有20个全国农垦农机标准化示范农场。

2014年

新疆生产建设兵团农业机械化管理局加大对农机购置补贴监督检查力度。共处理职工投诉企业违规经营案2起，为团场职工挽回经济损失130余万元，追回补贴资金60余万元，违规生产企业的部分型号产品补贴资格被取消。

黑龙江农垦总局

2013年11月12—15日

新疆生产建设兵团第六师农机系统相关人员来黑龙江垦区建三江管理局的创业农场、胜利农场、七星农场和红兴隆管理局友谊农场考察农业信息化技术。

12月4—7日

由黑龙江农垦总局政策法规局牵头，总局农业局、农业机械化管理局、畜牧兽医局等8个部门相关人员组成调研组，赴宝泉岭管理局开展垦区城乡一体化发展体制机制的调研。

12月14—29日

农业部专家组对黑龙江垦区2013年创建全国农垦农机标准化示范农场的14个单位进行检查验收。

2014年1月24日

黑龙江垦区七星农场等14个农场被农业部授予全国农垦农机标准化示范农场。其中七星农场、胜利农场、嫩北农场、八五三农场、红星农场被授予AAAA级称号。

2月10日

黑龙江农垦总局局长王有国、副局长徐学阳等领导会见来垦区进行交流合作的德国斯诺金公司总经理乔治·迈尔以及德国萨诺公司和以色列阿菲金公司客人，双方就合作发展现代畜牧业等事宜进行友好的洽谈。乔治表示，非常荣幸能够加入垦区畜牧业建设的队伍中，公司将针对垦区畜牧业发展的需求和特点，为垦区提供最好的机械和技术支持，提供最优质的服务。

2 月 18 日

经黑龙江农垦总局党委研究决定，总局能源办公室主任周建龙主持农业机械化管理局工作。

4 月 15 日

北大荒通用航空公司购置的美国32架农用飞机项目交接仪式在佳木斯市举行。农业部农垦局魏建军、黑龙江农垦总局副局长徐学阳以及民航管理部门、通航用户、金融机构、地方政府、飞机制造企业等单位相关人员共同出席仪式并分别致辞。

4 月 23—27 日

农业部农业机械试验鉴定总站科技外事处处长宋英带领推广鉴定督导检查组来黑龙江垦区检查农机推广鉴定管理和鉴定业务工作。

5 月 9 日

黑龙江农垦总局农业机械化管理局参加农垦广播电台的“民生在线”节目，现场回答黑龙江垦区职工关注的农业机械化问题。

6 月 9—10 日

黑龙江农垦总局农机安全监理站召开农机监理内业办公“垦网”座谈会，各管理局监理站和农场监理内业代表参加，对“垦网”软件进行测试并定型。

6 月 10 日

黑龙江农垦总局与德国斯诺金公司、德国萨诺公司、以色列阿菲金公司在哈尔滨签署“中德以示范牧场战略合作框架协议”，计划在8511农场开展合作，建设“中德以示范牧场”。

6 月 19 日—7 月 6 日

农业部专家组先后赴黑龙江垦区17个农场对农机标准化示范农场创建工作进行检查指导，并对农机购置补贴落实情况开展检查。

7 月 6—9 日

农业部农业机械试验鉴定总站党委副书记国彩同来黑龙江垦区红兴隆管理局、建三江管理局、牡丹江管理局调研农机维修和职业技能开发工作。

8 月 6 日

黑龙江省农业委员会与黑龙江农垦总局召开“农机鉴定工作协调会”，总局副局长徐学阳出席会议，会议明确黑龙江农垦农业机械试验鉴定站能力认定、鉴定管理办法、鉴定大纲等重要事项。

10 月 14 日

农业部副部长张桃林到黑龙江农垦北安管理局赵光农场进行秋收和秋整地情况调研。

10 月 16 日

黑龙江农垦总局农业局与农业机械化管理局联合召开垦区“2014 年农业生产准备工作推进会议”，垦区九个管理局的农业局与农业机械化管理局负责同志参加会议，会议就“三秋”农机工作和下一步农业机械化工作作出部署。

10 月 22 日

北大荒通用航空公司肇东机场举行验证飞行仪式。黑龙江农垦总局局长王有国，绥化市委副书记、市长王金会，绥化市副市长王国俊，肇东市委书记赵胜利等出席仪式，省及绥化市相关单位领导应邀出席仪式，北大荒通用航空公司总经理郭庆才在仪式上致辞。

11 月 8—13 日

农业部农机标准化示范农场创建验收专家组对黑龙江垦区参与2014年全国农垦农机标准化示范农场创建工作的17个农场进行全面验收。

11 月 18—19 日

黑龙江农垦总局副局长徐学阳出席在芬兰赫尔辛基举办的“中芬农业”论坛，并作题为《大力发展垦区农业机械化促进垦区农业现代化》的专题演讲。

11 月 23—26 日

新疆生产建设兵团第六师一五团组织有关专家赴黑龙江垦区建三江管理局考察农机信息化、社区管理信息化及合作社建设运行管理。

11 月 28 日

黑龙江省农机安全监理总站副站长康志刚、副站长王尚勤、综合办公室主任赵洪涛一行来到黑龙江农垦总局分站检查指导，检查组对农垦分站2014年度安全工作目标完成情况进行考核。

附　录

农业部部门规章及文件

关于调整“平安农机”创建工作的通知

农机发〔2014〕1号

各省、自治区、直辖市及计划单列市农机（农业、农牧）局（厅、委、办）、安全生产监督管理局，新疆生产建设兵团农业局、安全生产监督管理局：

为深入贯彻中央八项规定精神，巩固党的群众路线教育实践活动成果，切实完成国务院《安全生产“十二五”规划》下达的安全生产任务，促进平安中国建设，今后的“平安农机”创建工作，将在农业部、国家安全监管总局《“十二五”创建“平安农机”活动方案》（农机发〔2011〕3号）和总结前几年工作经验的基础上，转变创建方式，调整创建内容，简化创建程序，提高创建活动的效果，逐步建立完善农机安全监管长效机制，减少农机事故发生，促进农机安全生产形势稳定好转。现就有关事项通知如下。

一、转变创建方式

各地农业机械化和安全监管部门在“平安农机”创建工作中，要坚持深入基层、服务群众，以提高农机安全监管能力、保障农民生命财产安全、促进农村社会和谐发展为工作的出发点和落脚点，将“平安农机”创建工作作为加强地方农机安全监管工作和提高安全生产水平的有效措施，严格执行中央有关规定，加强组织领导，制订工作方案，转变工作方式，不下达硬性指标，减轻基层负担，注重实效，扎实推进，切实促进农机安全生产。

二、合并创建内容

将“平安农机”创建活动和农机安全监理“为民服务创先争优”示范窗口创建活动有机融合起来，将示范窗口融入到“平安农机”示范县建设之中。开展以下工作：

（一）创建示范县乡村户和示范岗位。结合本地实际，深入开展“平安农机”示范县、乡（镇）、村、户（合作社、协会、作业公司）和农机安全监理示范岗位创建活动。把乡镇、村屯作为“平安农机”创建活动的工作重心，不断完善镇、村、组三级基层农机安全监管网络建设，推进基层农机安全监管体系的建立。

（二）大力开展“平安农机”宣传教育。制定“平安农机”活动宣传计划，充分利用各种媒体，采取各种形式，普及农机安全生产知识，进行农机安全生产教育，广泛宣传创建“平安农机”活动的重要意义，切实将“六个一”（即每年在每个乡镇组织一次“平安农机”宣传教育活动，给每个农机手送一封创建“平安农机”倡议信，为广大农机手和群众放映一部“平安农机”教育警示片，向每个村送一套“平安农机”安全宣传挂图，给每个农机户送一本“平安农机”知识手册，在每个村及中小学校上一堂“平安农机”知识课）落到实处，进一步增强农民群众和农村中小学生的安全意识，营造全社会关注农机安全生产的良好氛围。

（三）规范拖拉机牌证发放工作。强化源头管理，坚持依法监管，加大农机安全监理规范化建设，清理整治跨行政区域、超标准、超范围发放拖拉机牌证等。健全各项规章制度，严把拖拉机登记检验和驾驶人员考试发证关。进一步改进工作作风，大力推行政务公开和服务承诺制，简化办事程序，提高办事效率，提高服务质量。

（四）强化农机安全执法检查。将创建活动与隐患排查、安全检查、农机检审等结合起来。深化农业、安全监管、公安等部门联合执法机制，健全联席会议制度、路面动态管理联动机制、信息互通交流机制、事故应急救援机制等，开展农机事故隐患排查治理，不断提升农机安全监管水平。

三、调整工作程序

按照县级自愿申报、省级择优推荐、两部门公示公布的程序确定全国“平安农机”示范县和示范岗位。

(一)两部局不再下达指令性创建指标，县(区、市)农机和安全监管部门，通过开展创建工作自愿申报。

(二)省级农机和安全监管部门负责核查，择优推荐到农业部和国家安全监管总局。两部局根据《“十二五”创建“平安农机”活动方案》和省级推荐情况予以公示公布。

(三)两部局不再抽查评审，将公示前抽查评审调整为公示公布后监督，实行动态管理。对日常检查存在严重问题或公示公布有反映投诉的，两部局进行调查处理。对于不符合创建条件的，取消示范县、示范岗位资格。

同时，根据《“十二五”创建“平安农机”活动方案》，在县级申报、省级推荐和两部局公示的基础上，确定天津市蓟县等100个县(区、市)为2013年全国“平安农机”示范县(区、市)，现将名单予以公布(见附件)。

附件：2013年全国“平安农机”示范县(区、市)名单(略)

二〇一四年四月四日

关于2013年下半年各地农机购置补贴产品经营违规行为查处情况的通报

农办机〔2014〕3号

各省、自治区、直辖市及计划单列市农机(农业、农牧)局(厅、委、办)，新疆生产建设兵团农业局，黑龙江省农垦总局，广东省农垦总局：

为维护农机购置补贴政策的严肃性，维护公平竞争、诚信经营的补贴机具市场环境，切实保障广大农民群众和诚信经营企业的合法权益，我部已于2013年7月30日通报了上半年各地农机购置补贴产品经营违规行为查处情况，现将2013年下半年各地情节较重的农机购置补贴产品经营违规行为查处情况通报如下。

一、山西省

1.取消运城市运泽农业机械有限公司农机购置补贴产品经销资格，将该公司及其法定代表人曲运泽列入黑名单。

2.取消吕梁文飞工贸有限责任公司农机购置补贴产品经销资格。

二、内蒙古自治区

3.暂停巴彦淖尔市富田机械有限责任公司2BDQP—2HB型气吸式精量铺膜播种机农机购置补贴资格。

三、浙江省

4.取消台州市农隆机械有限公司1WG—5.8Q型微型耕耘机农机购置补贴资格。

5.取消安溪永兴机械有限公司YX—6CHZ—8D型茶叶烘焙机农机购置补贴资格。

6.取消义乌市为农钢棚材料有限公司GLP—832型连栋塑料钢架大棚农机购置补贴资格。

7.取消遂昌田野农机服务有限公司的农机购置补贴产品经销资格，将该公司及其法定代表人叶亚男列入黑名单。

四、安徽省

8.暂停安徽辰宇机械科技有限公司5H—12、5HCY—15H型粮食烘干机农机购置补贴资格。

9.暂停黄山市祁门县祁塔茶叶机械有限公司6CST—50型茶叶杀青机农机购置补贴资格。

五、福建省

10.取消周宁县丰收农业机械有限公司农机购置补贴产品经销资格，将该公司及其法定代表人龚许顺列入黑名单。

11.取消松溪县浙中农机销售有限公司农机购置补贴产品经销资格，将该公司及其法定代表人应烈青列入黑名单。

12.取消清流县鑫田农机有限公司农机购置补贴产品经销资格，将该公司及其法定代表人魏建森列入黑名单。

六、江西省

13.取消浙江半球泵业有限公司WQ25—18—3型潜水泵农机购置补贴资格。

七、山东省

14.取消河北邱县骏马机械有限公司3TG—6.5Q型田园管理机农机购置补贴资格。

八、湖北省

15.取消台州市孟辉机械有限公司所有产品农机购置补贴资格。

九、湖南省

16.取消湖南省盈峰光能机械有限公司5HG—30型果蔬烘干机农机购置补贴资格。

17.取消耒阳普京科技发展有限公司5HD—30型果蔬烘干机农机购置补贴资格。

18.取消郴州市北湖区誉华能源科技有限公司5LS—25型果蔬烘干机农机购置补贴资格。

19.取消湖南农友机械集团农牧机械有限公司9ZLZ—1型猪场栏养组合设备农机购置补贴资格。

20.取消陕西平利县电机制造有限公司5H—1.0P型粮食烘干机农机购置补贴资格。

21.取消江苏华鸿机械制造有限公司所有产品农机购置补贴资格。

22.取消湖南新滨湖发动机有限公司1Z—23型耕整机的农机购置补贴资格。

23.取消新田县新鸿农业机械有限公司农机购置补贴产品经销资格，将该公司及其法定代表人蒋志勇列入黑名单。

24.取消耒阳市晟源农机销售有限公司农机购置补贴产品经销资格，将该公司及其法定代表人罗志勇列入黑名单。

25.取消娄底市科农机械设备有限公司农机购置补贴产品经销资格，将该公司及其法定代表人曾新辉列入黑名单。

26.取消祁东县和荣农业机械有限公司农机购置补贴产品经销资格，将该公司及其法定代表人肖四云列入黑名单。

十、广西壮族自治区

27.取消贵州安顺熠辉经贸有限公司5TG—70型脱粒机农机购置补贴资格。

28.取消西林县福西农机销售有限公司农机购置补贴产品

经销资格，将该公司及其法定代表人廖福丽列入黑名单。

29. 取消玉林市光强农机有限公司农机购置补贴产品经销资格，将该公司及其法定代表人宁光强列入黑名单。

30. 取消凌云县西环农机有限公司农机购置补贴产品经销资格，将该公司及其法定代表人吴熙正列入黑名单。

31. 取消凌云县凌信农机有限公司农机购置补贴产品经销资格，将该公司及其法定代表人冯文信列入黑名单。

32. 取消凌云县名利农机有限公司农机购置补贴产品经销资格，将该公司及其法定代表人杨胜参列入黑名单。

33. 取消凌云县惠农农机有限公司农机购置补贴产品经销资格，将该公司列入黑名单。

十一、重庆市

34. 取消山东莱芜润华节水灌溉科技有限公司8LRH—LW100型农业灌溉用组合过滤器农机购置补贴资格，将该公司及其法定代表人李宁列入黑名单。

35. 取消重庆市万州区巨惠农机公司农机购置补贴产品经销资格，将该公司及其法定代表人魏大贵列入黑名单。

36. 取消荣昌县爱百姓农机销售公司农机购置补贴产品经销资格，将该公司及其法定代表人刘伟列入黑名单。

十二、贵州省

37. 取消武汉中路公司HNP80型沼液沼渣抽排机农机购置补贴资格。

38. 取消湖南韶峰公司93QS—0.4型青贮切碎机农机购置补贴资格。

39. 取消六盘水百信商贸有限公司农机购置补贴产品经销资格，将该公司及其法定代表人龚建军列入黑名单。

40. 取消六枝特区嘉良汽车贸易有限公司农机购置补贴产品经销资格，将该公司及其法定代表人徐开芬列入黑名单。

41. 取消贵州省盘县农业机械供应公司农机购置补贴产品经销资格，将该公司及其法定代表人贺桂忠列入黑名单。

42. 取消贵阳嘉博农业机械有限公司农机购置补贴产品经销资格，将该公司及其法定代表人张清源列入黑名单。

43. 暂停山东昊特机械有限公司所有产品农机购置补贴资格。

十三、陕西省

44. 暂停商洛市辰枫机械有限公司农机购置补贴产品经销资格。

45. 暂停陕西核鑫农业设备制造有限公司农机购置补贴产品经销资格。

十四、甘肃省

46. 取消武山县铁亮农机有限公司农机购置补贴产品经销资格。

47. 取消武山县武宁农机商贸有限公司农机购置补贴产品经销资格。

十五、新疆维吾尔自治区

48. 取消阿瓦提县宏达农机有限公司农机购置补贴产品经销资格，将该公司及其法定代表人解竣凯列入黑名单。

49. 取消新疆金诺机械设备有限公司农机购置补贴产品经销资格，将该公司及其法定代表人吕金诺列入黑名单。

50. 取消博乐市农嘉农机有限公司农机购置补贴产品经销资格，将该公司及其法定代表人黄立志列入黑名单。

十六、青岛市

51. 取消青岛豪特农业机械有限公司农机购置补贴产品经销资格，将该公司及其法定代表人于跃成列入黑名单。

严厉查处农机购置补贴政策执行中的违法违规行为，是各级农业机械化主管部门义不容辞的责任。上述省（区、市）农业机械化主管部门能够履职尽责，严格监管，克服各种困难，认真调查来自各渠道的举报投诉，主动回应了社会关切，有效打击了不法行为，为确保补贴政策顺利实施作出了积极贡献。要将被通报的企业列为重点监管对象，一旦发现仍存有违法违规行为，应从重从快查处并逐级上报，以便在更大程度、更大范围内采取更加严厉的措施。对我部单独发文处理的企业，应组织在各级农机购置补贴信息网站上充分公开，广泛告知。

各级农业机械化主管部门要认真贯彻落实《农业部关于进一步加强农机购置补贴政策实施监督管理工作的意见》（农机发〔2013〕2号）精神，将农机购置补贴政策实施各项工作与防范、查处违法违规行为同步研究、同步部署、同步实施，以高度负责的精神做好举报投诉调查工作，以零容忍态度查处违法违规行为，全方位提高失信成本，让守信者处处受益，失信者寸步难行，使失信受惩的教训成为一生的“警钟”，坚持不懈地维护农机购置补贴政策科学高效规范廉洁实施的良好环境。

二〇一四年一月二十四日

关于做好2014年农业机械化培训工作的通知

农办机〔2014〕5号

各省、自治区、直辖市及计划单列市农机（农业、农牧）局（厅、委、办），新疆生产建设兵团农业局，黑龙江省农垦总局：

为深入贯彻2014年中央1号文件精神，落实农业机械化教育培训“十二五”规划，切实做好2014年农业机械化培训工作，进一步加强农业机械化人才队伍建设，推动农业机械化科学发展。现将有关事项通知如下：

一、及早部署，深入推进培训大行动

按照《农业部办公厅关于深入开展农业机械化教育培训大行动的通知》（农办机〔2012〕15号）精神，今年要继续推进全国农业机械化教育培训大行动（以下简称大行动）。通过大行动，可以加快打造有文化、懂技术、会操作、善经营的新型农机手和新型职业农民，优化农业机械化人才队伍结构，夯实农业机械化发展基础，提升人才队伍整体素质。各级农业机械化主管部门要将大行动作为推动农业机械化发展的重要任务来抓，及早部署，精心组织，加强领导，实行一把手负责制，确保大行动工作抓紧抓好抓到位。要进一步完善体制机制，增加投入，挖掘资源，改进方法，丰富内容，创新方式，强化教育培训质量，努力完成各省（区、市）的农业机械化培训目标任务，全年全国培训农业机械化管理人员20万人次、推广科技人员80万人次、实用人才450万人次以上，进一步提升农业机械化人才队伍的能力素质。

二、加强管理人员培训

按照依法行政、强化履职尽责等要求，进一步加强各级农机管理人员的培训，努力培养造就一支管理能力强、乐于奉献的农业机械化管理人才队伍。要加强县级以上农机管理人员的思想政治、“三农”政策理论、农业机械化法律法规和业务知识等方面的培训，提高服务意识，转变工作作风，全面提高农机管理人员的履职能力。2014年，我部委托部管理干部学院、中国农业大学中国农业机械化发展研究中心开展基层农机购置补贴工作人员培训，重点培训县级农业机械化主管部门主要负责同志和农机购置补贴具体工作人员。

三、加强科技推广人员培训

积极发挥农业机械化科研院所、高等院校的作用，加强产学研推用结合，依托行业科技、支撑计划等重大科研项目，集聚和培养农业机械化高级科技人才。要加强基层农业机械化技术推广人员培训，重点培养县以下推广人员的示范推广、技术服务能力和县以上推广人员的技术创新、成果转化能力，加强农业机械化技术推广队伍建设。要加强农业机械试验鉴定、安全监理等专业技术人员培训，加快知识更新，不断提高专业技术水平和业务素质。我部委托部农业机械化技术开发推广总站、部规划设计研究院组织开展重要农时季节农业机械化技术示范培训。

四、加强实用人才培训

加大农机实用人才队伍培训力度，采取措施，培养新型职业农民。积极实施阳光工程农机培训，重点加强农机合作社带头人、农机驾驶操作和维护修理人员等实用人才的培训，提高作业服务能力，增强致富本领。要充分发挥农机职业技能培训和鉴定示范基地的作用，加强农机技能人才培训，优化农机技能人才队伍结构。进一步推进农机职业技能培训与维修管理、安全监理、技术推广等工作的结合，创新农机职业技能培训、鉴定模式。鼓励开展农机职业技能竞赛活动，激发农机人员学技能、比技能、用技能的热情。要结合农机购置补贴政策实施，组织好新购机农民技术培训，提高农机手掌握使用现代农业装备的水平。我部委托部农机鉴定总站会同相关农机企业开展“政企联动”农机维修高技能人才培训和农机合作社理事长培训。

五、加强拖拉机驾驶培训管理

各省级农业机械化主管理部门要加强对拖拉机驾驶培训的监管，按照农业部令第41号《拖拉机驾驶培训管理办法》的要求，开展检查指导工作，了解情况总结经验，查找问题，研究对策，并形成拖拉机驾驶培训管理情况报告，于7月5日前报送农业部农业机械化管理司。

各级农业机械化主管部门要加强与有关部门的密切配合，充分吸引社会力量参与培训，采取事企联合、校企联动等方式，鼓励相关企业、农机社会化服务组织等共同参与培训活动。要紧紧围绕农业机械化发展的需求，采取现场演示、送教进村、科技入户、技能竞赛等多种形式，大胆探索培训新形式，创新培训方式方法，吸引更多的农民机手参加培训学习。各省（区、市）农业机械化主管部门要将今年的农业机械化教育培训方案于3月底前报送我部农业机械化管理司；将具体培训进展情况和全年的工作总结分别于每年7月5日、12月5日前报送我部农业机械化管理司。

二〇一四年二月十日

关于加快推进农产品初加工机械化工作的通知

农办机〔2014〕6号

各省、自治区、直辖市、计划单列市及新疆生产建设兵团农业机械化主管部门、农产品加工业管理部门，黑龙江省农垦总局、广东省农垦总局：

为深入贯彻落实中央农村工作会议和全国农业工作会议的部署要求，加快推进农产品初加工机械化，促进农产品加工业持续健康发展，现就有关事项通知如下。

一、深刻认识推进农产品初加工机械化的重要意义

农产品加工业是建设现代农业的重要内容和农村经济的重要支柱，是促进农民就业增收的重要渠道，是“四化同步”和城乡一体化发展的重要途径。进入新世纪以来，我国农产品加工业一直保持快速发展的势头，已经成为产业关联度高、行业覆盖面广、带动作用强的基础性、支柱性产业。但总体上看，我国农产品加工业依然大而不强，特别是初加工机械化程度低，大部分都是手工操作为主，设施简陋、方法原始、工艺落后，造成生产效率低、产品质量不稳定以及浪费严重、污染环境等问题，已经成为制约行业健康发展的重要因素。加快提升农产品初加工机械化，对于降低生产成本、提高经济效益、保证产品质量，全面提升农产品加工业发展水平，促进农业增效农民增收等都具有十分重要的意义。各级农业机械化主管部门和农产品加工业管理部门要进一步深化对加快推进农产品初加工机械化重要性和紧迫性的认识，不断增强责任感和使命感，把农产品初加工机械化作为促进农业机械化发展和农产品加工业发展的重要任务来抓，切实抓出成效。

二、大力推动农产品初加工机械装备科技创新

要着眼于技术创新和推广应用，在农产品初加工机械装备重大关键技术创新能力和推广应用能力上实现重大提升。各级农产品加工业管理部门要深入实际了解当地农产品初加工机械化水平，针对基层需求最迫切、影响力最大的关键机械设备，积极组织科研单位、大专院校及设备生产企业开展联合攻关、集成攻关，破解一批技术瓶颈问题，研发一批机械设备。要努力培育一批农产品加工机械设备技术创新领军人才和创新团队。要加快筛选推广一批符合生产实际需求的成熟农产品加工机械设备，组织有条件的地区开展农产品初加工机械化工作试点，建立专业服务队伍，加强技术培训服务，不断提升农产品初加工机械化水平。

三、继续加大农产品初加工机械设备的补贴力度

农产品初加工机械设备是农机装备的重要组成部分，是推进农产品加工业发展的重要物质装备支撑。农业部已将农产品初加工和设施农业的主要机械设备纳入了全国农业机械购置补贴范围，为提高农产品初加工机械化水平发挥了积极作用。各

级农业机械化主管部门要继续加大补贴力度，加快研究制定符合本地实际的具体措施，将本地急需的农产品初加工机械设备纳入本省农机购置补贴范围，科学合理地确定补贴额度，最大限度地满足补贴需要，不断提高农产品初加工的机械装备能力。

四、加快完善农产品初加工机械化水平评价指标体系

为全面准确和客观反映我国农产品初加工机械化发展情况，科学制定促进农产品初加工机械化发展的政策措施，2012年我部研究制定了农产品初加工机械化水平评价指标体系，并于2013年在全国范围内组织试行。各级农业机械化主管部门和农产品加工业管理部门要密切配合、加强合作，共同做好评价指标体系完善、数据统计、结果评估、水平发布等工作。同时，要充分利用评价结果，查找薄弱环节，研究制定有针对性的意见措施，推进农产品初加工机械化加快发展。

五、切实加强推进农产品初加工机械化工作的组织领导

农产品初加工机械化发展事关我国农业现代化建设全局。各地要切实加强农产品初加工机械化工作的组织领导，摆上重要议程，建立农业机械化主管部门和农产品加工业管理部门工作协调机制，完善工作制度，明确责任义务，加强合作协作。农业机械化主管部门在开展年度农机购置补贴实施方案制定、国家支持推广的农业机械产品目录评审、农产品初加工和设施农业机械设备补贴种类对象确定等重要工作时，要积极征求农产品加工业管理部门意见。农产品加工业管理部门要充分发挥行业优势，认真研究补贴政策、补贴范围及有关政策建议，主动承担相关工作任务。在农产品初加工和设施农业机械设备购机申请、审核、登记、公示等重要环节上，市县农业机械化和农产品加工业管理部门要加强沟通协商，紧密配合，切实做到公开公平公正，确保农机购置补贴政策科学高效规范廉洁实施和工作有效推进，共同促进农产品初加工机械化又好又快发展。

二〇一四年二月十四日

农业部办公厅关于2013年农机事故情况的通报

农办机〔2014〕7号

各省、自治区、直辖市及计划单列市农机（农业、农牧）局（厅、委、办），新疆生产建设兵团农业局，黑龙江省农垦总局：

按照《农业机械安全监督管理条例》和《农业机械事故处理办法》规定，现对2013年全国农机道路外事故情况、农机道路交通事故情况进行通报。

一、全国农机道路外事故情况及原因分析

2013年，全国累计报告在国家等级公路以外的农机事故1 733起，死亡432人，受伤631人，直接经济损失1 711.65万元。与上年相比，事故起数、死亡人数、受伤人数和直接经济损失分别下降了17.1%、37.57%、33.09%和23.67%。其中：拖拉机事故801起、死亡335人、受伤359人，分别占事故起数、死亡人数和受伤人数的46.2%、77.5%和56.9%。联合收割机事故711起、死亡53人、受伤175人，分别占事故起数、死亡人数和受伤人数的41%、12.3%和27.7%。其他农业机械事故221起、死亡44人、受伤97人，分别占事故起数、死亡人数和受伤人数的12.8%、10.2%和15.4%。全国农机事故死亡人数占全年控制考核指标（1 015人）的42.56%，在全年总体控制考核指标以内，农机安全生产形势持续好转。

造成农机道路外事故的主要原因：

（一）无证驾驶。因无证驾驶引发的事故466起、死亡222人、受伤256人，分别占事故起数、死亡人数和受伤人数的26.9%、51.4%和40.6%。

（二）操作失误。因操作失误引发的事故993起、死亡144人、受伤320人，分别占事故起数、死亡人数和受伤人数的57.3%、33.3%和50.7%。

（三）无牌行驶。因无牌行驶引发的事故306起、死亡149人、受伤168人，分别占事故起数、死亡人数和受伤人数的17.7%、34.5%和26.6%。

（四）未年检。因未年检引发的事故453起、死亡221人、受伤240人，分别占事故起数、死亡人数和受伤人数的26.1%、51.2%和38%。

二、农机道路交通事故情况及特点分析

据公安部门提供的资料，2013年全国接报拖拉机肇事导致人员伤亡的道路交通事故3 093起，造成1 259人死亡、2 833人受伤，直接财产损失864.9万元。与上年相比，事故起数、死亡人数、受伤人数、直接财产损失分别下降了8.2%、2.9%、15.2%、52.8%。拖拉机道路交通事故呈现三大特点：一是部分省份无牌拖拉机肇事突出。全国拖拉机导致的交通事故中，38.7%的肇事拖拉机没有号牌，其中，安徽、江苏、浙江、广东、山东、福建、四川、海南、黑龙江等10个省无号牌拖拉机肇事最为突出，占全国总数的71.5%。二是部分省份无证驾驶拖拉机事故突出。全国拖拉机导致的事故中，26.8%的肇事者没有驾驶证，其中，安徽、江苏、广东、福建、浙江、海南、山东、黑龙江、湖南、新疆等10个省份无证驾驶拖拉机事故最为突出，占全国总数的68.7%。三是部分省份的拖拉机在外省肇事突出。安徽、湖南、江西、辽宁、四川、广西、山东籍拖拉机在外省肇事事故起数较多，辽宁、江西籍拖拉机在外省肇事的事故起数超过本省，湖南、安徽、山东、四川籍拖拉机在外省肇事的事故起数占该省拖拉机肇事事故总数的比例均在20%以上。

三、2013年较大以上农业机械事故情况

2013年，据农业部和公安部两部门统计，较大以上农业机械事故9起，其中农机道路交通事故8起，联合收割机事故1起，造成38人死亡，12人受伤。几起较大农业机械事故情况如下：

（一）2013年2月7日3时，江西省上饶市一辆安徽号牌拖拉机在省道广丰县排山镇排山桥路段发生坠车事故，造成4人死亡，7人受伤。

（二）2013年4月14日19时40分许，云南省普洱市景东县林街乡清河村某村民无证驾驶拖拉机（2009年4月登记注册，2012年未检验），载3人，由本村出发驶往芹漫线方向，行驶至芹漫线k+500米处时，翻下54米陡坡，造成2人当场死亡、1人经抢救无效死亡，1人受伤。

（三）2013年5月19日22时许，黑龙江省哈尔滨市宾县宾安镇宾西路口，一辆驾驶人无证驾驶的农用四轮拖拉机与一辆武警牌照汽车相撞，造成拖拉机驾驶人及车上1男1女共3人当场死亡。

（四）2013年8月25日12时许，新疆阿合奇县哈拉布拉克乡麦尔开其村某村民驾驶一辆中型四轮拖拉机从哈拉布拉克乡麦尔开其村去哈拉奇乡赶巴扎，由西向东行驶至省道S306线226千米+400米处时，因急转弯操作不当，车辆从左侧路基落入托什干河，3人（3男，其中1名儿童，分别为司机本人及其弟弟与侄子）被救起抢救，车上其余8人（其中4男4女，包括4名儿童）被洪水冲走死亡。

（五）2013年8月26日17时20分许，广东省清远市胡某驾驶湖南号牌大中型拖拉机经过省道S347线98千米+460米处（望埠镇百段石路段）与湖北号牌中型自卸货车发生追尾碰撞事故，造成胡某一家三口3人当场死亡。

（六）2013年9月22日17时许，黑龙江省齐齐哈尔市泰来县农民付某驾驶无号牌四轮拖拉机沿昂昂溪区昂榆路由东向西行驶，行至昂榆公路5千米+500米处时，侧翻入北侧路基下，造成3人死亡。

（七）2013年9月24日16时许，河北省邯郸市永年县曲陌乡尧子营村一辆玉米联合收割机在升高储存仓翻倒玉米时，因操作不当触碰到收割机上方10千伏高压线，造成司机和2名操作员共3人当场触电死亡。

（八）2013年11月22日21时20分许，江西省赣州市寻乌县文峰乡河岭村路段一辆拖拉机与机动车发生碰撞，造成4人死亡。

（九）2013年11月26日8时20分许，广东省肇庆市广宁县省道S260线北市镇同文村委会霜头坳路段一辆悬挂广西号牌多功能拖拉机（低速载货汽车）发生侧翻，造成7人死亡，1人受伤。

四、存在问题及工作要求

2013年各级农业机械化主管部门及其安全监理机构认真贯彻《农业机械安全监督管理条例》《农业机械事故处理办法》和国务院安委会文件要求，在积极推进农机安全生产政策措施的落实、不断完善农机安全监管规章制度、深入开展农机安全生产大检查、加强农机安全应急处置与事故预防等方面取得显著成绩。全国大部分地区能够科学分解农机事故控制指标，加强事故预防工作力度，提高事故处理工作能力，切实做好统计报告工作。农机事故统计报送工作做得较好的省份有宁夏、新疆、江苏、四川、重庆、安徽、福建、天津等。但是，从农机事故处理和统计报送情况看，一些地方工作还存在不足，有的省份未能将国务院安委会确定的农机事故死亡人数控制指标全面下达到农机部门，有的未能按规定调整统计口径，有的省份没有按《条例》规定与公安交通部门建立沟通机制，对道路上农机事故发生情况掌握不清，个别省份报告事故不及时、不全面。

农机事故处理、统计报告和分析评估工作是农机安全监理的一项基础性业务，各级农业机械化主管部门及其安全监理机构要高度重视。要与安监部门及时沟通协调，科学分解国务院安委会确定的2014年农机安全生产控制指标，全面落实安全生产责任制。要严格按照《农业机械安全监督管理条例》《农业机械事故处理办法》《农业部办公厅关于做好农机事故统计报告和分析评估工作的通知》（农办机〔2012〕8号）等有关规定和要求，建立农机事故统计分析评估制度，全面把握事故特征，深入分析事故原因，科学判断事故发生发展趋势，针对问题提出有效工作措施。要转变作风，深入基层，全面、主动掌握农机事故发生情况，严禁迟报、漏报、谎报或者瞒报农机事故，确保统计数据全面、及时、准确。要严格按照《农业机械安全监督管理条例》第四十四条等有关规定，积极建立与公安交通部门的信息通报制度，及时、全面、准确了解农机道路交通事故情况。要根据本地农机安全事故发生特点和规律，进一步加强事故预防工作力度，提高事故处理工作能力。要继续深入开展“平安农机”创建活动，组织好农机安全生产大检查，切实提高农机上牌率、检验率、持证率“三率”水平，确保农机安全生产形势持续稳定好转。

二〇一四年二月二十四日

关于印发《农业机械化生产信息报送制度》的通知

农办机〔2014〕9号

各省、自治区、直辖市农机（农业、农牧）局（厅、委、办），新疆生产建设兵团农业局：

为进一步及时、准确、全面地反映各地农业机械化生产进度和工作进展，提高农业机械化生产的组织管理工作水平，我部对2009年实施的《农业机械化生产信息报送制度》进行了修订，现予以印发实施。原《农业机械化生产信息报送制度》（农办机〔2009〕46号）同时废止。

做好农业机械化生产信息报送工作，是各级农业机械化主管部门掌握农业机械化生产动态情况、研判农业机械化发展形势、科学有效指导农业机械化生产的基础。各地要按照新修订的《农业机械化生产信息报送制度》有关要求，结合本地实际，认真贯彻执行。执行过程发现的问题和建议，请及时与我部农业机械化管理司联系。联系电话：010－59191605，传真：010－59193308。

二〇一四年三月三日

农业机械化生产信息报送制度

第一条 为及时、准确、全面地掌握全国农业机械化生产信息，规范报送程序，提高信息报送质量，不断提高农业机械化生产管理工作水平，制定本制度。

第二条 农业部农业机械化管理司负责指导全国农业机

械化生产信息报送工作，各省、自治区、直辖市和新疆生产建设兵团农业机械化主管部门负责组织开展本辖区内农业机械化生产信息报送工作。计划单列市、农垦的农业机械化生产信息，由所属省级农业机械化主管部门统一汇总上报。

第三条 信息报送内容主要包括：春季、“三夏”“双抢”和“三秋”等重要农时季节农业机械作业进度信息；小麦、水稻、玉米等重点农作物的农机跨区作业市场信息；全年农业机械作业情况；农业机械化生产工作动态、工作总结等文字材料。

第四条 农业机械作业进度信息、农机跨区作业市场信息和全年农业机械作业情况主要通过中国农业机械化信息网的“农业机械化生产信息网上直报系统”填报，特殊情况可通过传真或电子邮件进行报送。农业机械化生产工作动态、工作总结等文字材料通过邮寄或电子邮件等方式报送。

第五条 《春季农业机械作业进度表》《“三夏”农业机械作业进度表》《“双抢”农业机械作业进度表》《“三秋”农业机械作业进度表》实行一周一报，依据《各地农机作业进度报送工作起止时间表》规定的时段，每周二17:00前报送一次，其中冬小麦主产区《“三夏”农业机械作业进度表》在麦收期间实行一日一报，每日17:00前各报送一次。《小麦跨区机收作业市场信息表》《水稻跨区机收作业市场信息表》《玉米跨区机收作业市场信息表》和《全年农业机械作业情况汇总表》的填报日期分别为3月20日、5月20日、7月20日和12月10日。其他农业机械化生产工作动态、工作总结等文字材料的上报时限以有关通知或要求为准。

第六条 农业部农业机械化管理司负责全国农业机械化生产信息网上直报系统的建设与管理，确保系统稳定、安全、高效运行。

第七条 各级农业机械化主管部门应建立健全农业机械化生产信息报送工作制度，定岗定人，保障必要的工作条件，认真做好农业机械化生产信息收集、审核和分析工作，及时、准确地汇总上报，不得迟报、漏报和虚报。

第八条 各级农业机械化主管部门应加强基层农业机械化生产信息员培训工作，举办业务培训和开展工作交流，不断提高信息员的业务水平。

第九条 农业部农业机械化管理司每年对省级农业机械化信息生产报送工作进行考核评价，并对优秀单位和优秀信息员予以通报表扬。

第十条 本制度由农业部农业机械化管理司负责解释。

第十一条 本制度自发布之日起施行。

附件：1.春季农业机械作业进度表(略)
2.“三夏”农业机械作业进度表(略)
3.“双抢”农业机械作业进度表(略)
4.“三秋”农业机械作业进度表(略)
5.各地农机作业进度报送工作起止时间表(略)
6.小麦跨区机收作业市场信息表(略)
7.水稻跨区机收作业市场信息表(略)
8.玉米跨区机收作业市场信息表(略)
9.全年农业机械作业情况汇总表(略)
10.有关信息填报指标解释(略)

农业部办公厅关于印发《主要农作物生产全程机械化示范项目实施规范(试行)》的通知

农办机〔2014〕11号

各有关省、自治区、直辖市和计划单列市农机(农业、农牧)局(厅、委、办)：

为加强主要农作物生产全程机械化示范项目管理，提高项目实施的规范化水平，我部制定了《主要农作物生产全程机械化示范项目实施规范(试行)》，现予印发，请各地结合实际，认真贯彻执行。

二〇一四年四月三十日

主要农作物生产全程机械化示范项目实施规范(试行)

第一章 总 则

第一条 为加强主要农作物生产全程机械化示范项目管理，提高项目实施规范化水平，示范带动各区域农业机械化科学发展，根据财政项目支出管理等有关要求，制定本规范。

第二条 本规范适用于农业部下达的主要农作物生产全程机械化示范项目(以下简称“项目”)的立项申请、组织实施、验收考核和监督管理等工作。

第三条 项目实施的基本原则是：

(一)部省共建。农业部农业机械化管理司负责编制项目年度可研报告和发展规划，并积极争取中央财政投入；省级农业机械化主管部门负责组织本辖区内符合条件的单位或县(市、区)农业机械化管理部门实施项目，并积极争取地方财政支持，广泛吸纳社会资金投入。

(二)因地制宜。依据全国主要农作物优势区域布局和发展规划，优先推进水稻、玉米等主要粮食作物生产全程机械化，积极推进油菜、棉花、甘蔗等大宗经济作物主要环节生产机械化，大力推进同一田块连茬作物的主要环节生产机械化。

(三)机艺融合。农机、农艺等相关部门密切配合，联合开展技术攻关、项目指导和人员培训。

(四)多元参与。鼓励农机大户、农机合作社、农机生产企业和科研、教育等部门参与项目实施，开展多渠道、多形式的合作，形成共同推进的良好格局。

第四条 项目实施的总体目标是：以提高主要产区、重点作物、关键环节机械化生产水平为重点，促进作物品种、栽培技术和机械装备的集成配套,探索完善农业生产全程机械化模式,推动项目区成为农业机械化科技综合集成的应用基地、管理服务机制的创新基地和现代化农业的示范基地,引领各区域全面推进农业现代化建设。

第五条 农业部农业机械化管理司总体负责项目组织实施和管理工作,组织农业部农业机械化技术开发推广总站、有关专家开展项目立项审查、技术指导、宣传培训和项目实施情况检查、总结验收等工作。

第六条 省级农业机械化主管部门负责组织本省项目规划、申报、实施、监督检查等工作,并组织农机推广站等相关单位开展项目技术指导、培训宣传、机具选型与技术创新等工作。

第二章 立项申报

第七条 农业部根据全国农业机械化发展进程和各区域优势农产品特色,制定年度项目指南,公布项目名额数量。

省级农业机械化主管部门依据农业部印发的年度项目指南要求,结合当地实际,组织开展项目实施单位和项目县的申报和推荐工作。

第八条 申报条件

(一)项目县应选择列入《全国优势农产品区域布局规划》的优势品种生产大县。

(二)项目县农作物耕种收综合机械化水平在省内居领先地位,具有集中连片、适合机械化作业的耕地条件,农田基础设施较好。

(三)项目县应具有一定数量的能承担示范任务、集土地规模经营和农机作业服务于一体的农机合作社或家庭农场等经营主体。

(四)项目县人民政府和有关部门对农业机械化工作重视,农业机械化管理、技术推广等机构健全,有良好的培训教学设施和较强的技术推广队伍。

第九条 申报程序

(一)选择项目申报单位。省级农业机械化主管部门根据申报条件,结合本省区优势农产品区域布局,选择具有一定工作基础和实施条件的县(市、区)作为项目申报单位,并组织开展项目申报工作。近三年发生农业机械化财政项目违法违规案件的,不得作为申报单位。

(二)确定示范片。按项目指南要求,选择土地集中连片,农作制度具有区域代表性、机械化作业水平较高的区域为示范片。示范片地点及规模应明确落实到农业经营主体。项目县和示范片位置分布要在农业区划图上进行标注。

(三)编制申报书。主要包括项目任务计划(项目任务来由、年度目标与预期效益、项目内容及金额、时间进度、涉及的相关单位及事项)、项目单位情况、人员分工、其他相关材料、申请资金经济分类明细表等。

(四)审核推荐。符合条件的项目申报单位向省级农业机械化主管部门提交申报材料,项目申报工作通过纸质文件和农业财政项目管理系统同时申报,逾期未报送的取消申报资格。省级农业机械化主管部门组织专家初审通过后,由省级主管部门以财字或计财字文件且通过农业财政项目管理系统打印形成,向农业部报送推荐材料并负责督促项目申报单位按要求申报,逾期未报送的,农业部将从各地申报的备选项目中选定。

第十条 农业部农业机械化管理司对各省推荐的申报材料进行评审,确定后予以公布项目实施单位。

第三章 项目实施

第十一条 项目实施单位应严格按照项目指南规定的内容、规模、经济指标、时间进度、经费使用等各项要求,编制具体的项目实施方案,将项目任务的承担主体落实到位。

第十二条 项目县农业机械化主管部门承担项目具体实施工作,并组织县、乡农机推广机构参加示范片的试验示范和相关技术工作。

第十三条 项目包括粮食作物生产全程机械化创建和经济作物生产机械化技术示范等内容。

(一)建设一定规模的农作物生产机械化示范片。适合本地实际,采用比较成熟的机械化生产模式,集中连片、示范推广,引导带动全县农作物生产机械化水平提高。

粮食作物生产全程机械化创建项目县的连片示范面积不少于2万亩,示范片耕种收综合机械化水平超过98%,机械植保、烘干等能力满足生产需要;经济作物生产机械化技术示范项目县的连片示范面积不少于1万亩,示范片农作物主要环节的机械化水平超过80%。

(二)形成一整套可推广的机械化生产模式。在总结示范经验的基础上,从工艺流程、技术要点、作业规范、机具选配、服务方式等方面进行研究,形成适合全县推广的机械化生产模式,示范带动周边同类地区同类作物生产机械化水平的提高。

(三)发展壮大若干农机社会化服务组织。通过作业补贴、培训指导等方式,引导农机合作社或家庭农场等农机社会化服务组织承担示范片的农机作业任务。具体承担示范片作业任务的农业经营主体不宜分散,每个项目县支持的数量不超过5个。

第十四条 各有关地区农业机械化主管部门要加大项目的组织和指导,成立领导小组、技术小组。领导小组主要负责项目的组织协调(包括项目组内部及其他有关部门)、预算执行和管理工作,技术小组主要负责项目的方案制订,技术指导、模式总结等工作。项目人员配备不仅要考虑专业、年龄、职称等方面因素,还应统筹考虑农业、经济等行业结构。

第十五条 项目示范片要在显著位置设立标示牌,标明项目名称、示范目标、主要技术模式、项目起止时间和项目承担单位等内容。

第十六条 项目实施要注意区别一年一熟作物和一年两熟作物机械化生产在工艺路线、技术模式等方面的不同。实施过程中鼓励开展技术模式的创新研究和对比试验,总结形成可推广的技术模式。有关成果要在相关省部级期刊上发表,并作为项目考核验收的依据。

第十七条 对比试验要做好原始记录,采集的数据应真实、可靠,要反映不同技术模式实施后的真实效果。

第十八条 项目实施应总结适合本地区机械化作业的机具配备方案,包括机具品牌、型号、数量等,并要综合考虑任务量,充分发挥机具的性能,以取得最大综合效益。

第十九条 项目实施单位应针对基层农机推广人员、农机手和种植大户举办机械化技术培训班,组织编写培训教材,采用集中授课、模拟操作、理论测试和实践考核等多种形式开展培训,确保培训效果。

第二十条 省级农业机械化主管部门应充分发挥专家作用,组织有关农业机械化专家对项目实施过程进行跟踪指导,解决项目实施中遇到的新情况新问题。项目实施单位应编印技术明白纸等技术资料,组织技术人员进村入户、深入田间地头，辅导农民和大户应用先进适用机械化技术。

第二十一条 项目实施单位应充分利用广播、电视、报纸、网络等媒体以及制作展版、召开现场会等形式，积极宣传展示项目实施取得的成效，营造良好的社会氛围。

第二十二条 实施情况报送

(一)各省级农业机械化主管部门和项目实施单位应及时向农业部农业机械化管理司报送项目实施进展情况。

(二)每年年底，各省级农业机械化主管部门应汇总各项目年度执行情况统计表、年度支出决算明细表及年度工作总结等材料，报送农业部农业机械化管理司。

(三)农业部农业机械化管理司委托农业部农业机械化技术开发推广总站建立项目管理信息系统，通过网络等方式集中展示各地的实施方案和工作动态(工作图片、技术文件、工作成果、总结报告等)，以便各级农业机械化主管部门实时掌握项目工作进展情况，并接受社会各界的监督。

第二十三条 各项目承担单位要严格按照财政项目支出管理的有关规定执行项目预算，加强资金管理，坚决杜绝设立"小金库"，提高资金使用效益和安全性。项目实施年度经费预算须年底前执行完成，不得结转。

第二十四条 各项目县试验示范形成的有关文件、技术资料、图表、图片、声像资料等，要建立专门的档案。并制定相应的管理办法。档案管理应有专人负责。

第四章 总结验收

第二十五条 项目总结验收工作应坚持严肃认真、科学求实、简便易行的原则，对项目实施情况做出公正准确的评价。项目验收在项目实施期结束后半年内完成，一般采取会议形式。

第二十六条 农业部农业机械化管理司委托农业部农业机械化技术开发总站组织开展项目总结验收工作，包括项目县自查、省级审核、督导组抽查、部级验收等环节。

第二十七条 项目实施单位在项目结束后三个月内，对项目进行全面总结，会同有关部门对项目考核指标等相关数据进行统计核实，并在项目管理信息系统上报送项目完成情况，同时将总结验收材料报省级农业机械化主管部门审核。

第二十八条 项目的总结验收材料包括以下内容：

(一)项目验收申请表(附表1)。

(二)项目工作总结。包括项目任务完成情况、机具配备及应用情况、资金使用情况、主要工作措施落实情况、项目在本地的辐射推广情况、今后发展预测、存在问题及建议等。

(三)项目技术总结。包括主要技术工作内容及要求、技术路线、技术应用对比试验和技术创新、技术规范和农作物全程机械化生产模式、项目效益分析、存在问题及建议等。

(四)项目经费支出经济分类明细表(附表2)。

(五)项目资金支出决算报告。详细说明各项支出标准、具体用途、经济性质等。

(六)项目实施效果用户证明。包括实施规模、技术应用所取得的经济、社会、生态效益等情况。

(七)专家评价意见。由项目实施指导专家根据项目实施一年来的情况提出评价意见，字数要求在500字以内。

(八)经农业部农业机械化管理司批复的项目任务书或实施方案(复印件)。

以上项目验收材料应装订成册，一式三份。有关项目的工作总结和技术总结等材料，应当在项目管理信息系统上公开发布。

第二十九条 省级农业机械化主管部门对各项目承担单位报送的项目验收材料逐一审核认定，提出审核意见，并按要求报送农业部农业机械化技术开发推广总站。

第三十条 农业部农业机械化管理司组织有关专家，采取实地查看、听取汇报、座谈交流等形式对项目实施和经费使用(含经费支出原始台账)情况进行抽查，同时对项目实施过程中发现的技术问题及解决方案进行指导。抽查结果将作为项目验收重要参考依据。

第三十一条 农业部农业机械化技术开发推广总站根据各实施单位的验收申请，依据农业部农业机械化管理司批复的项目申报书或实施方案，组织专家成立验收委员会进行验收。验收委员会专家对各项目实施单位的验收材料进行审查，听取各项目实施单位工作的总结汇报，结合项目抽查情况，对项目实施情况进行全面考核、评审，填写项目考核验收评价表。验收委员会依据专家意见，形成验收结论。

第三十二条 验收结果分为优秀、合格和不合格。农业部农业机械化管理司公布验收结果，对验收优秀、合格的颁发相应证书；对不合格的，予以通报批评并要求限期整改。

第五章 附 则

第三十三条 本规范由农业部农业机械化管理司负责解释。

第三十四条 本规范自印发之日起施行。

附表：1. 项目验收申请表(略)

2. 项目经费支出经济分类明细表(略)

关于加强微耕机安全生产工作的通知

农办机〔2014〕14号

各省、自治区、直辖市及计划单列市农机(农业、农牧)局(厅、委、办)、新疆生产建设兵团农业局：

近年来，农机安全生产形势总体稳定向好，事故总量稳步下降。但近一个时期，微耕机致人伤亡事故时有发生，安全问题日益凸显。为做好微耕机安全生产工作，预防和减少事故发生，保障广大农民群众的生命财产安全，现将有关要求通知如下：

一、进一步提高认识

党中央、国务院高度重视安全生产工作，习近平总书记指出："人命关天，发展决不能以牺牲人的生命为代价，这是一条不可逾越的红线。要始终把人民生命安全放在首位，以对党和人民高度负责的精神，完善制度、强化责任、加强管理、严格监管，把安全生产责任制落到实处"。近年来，随着微耕机保有量快速增长，安全事故时有发生，在一些地区呈多发高发态势，给当地微耕机使用者造成严重人身伤害，引起社会各界和新闻媒体的广泛关注，加强安全监督管理刻不容缓。据调查，一些地方在售在用微耕机质量参差不齐，存在安全防护装置缺失、警示标志易脱落、配套动力过大、行驶速度过快、整机质量过重、缺乏急停装置、挡位（变速杆）无卡槽等问题。同时，售后服务不到位，宣传培训薄弱，操作人员安全意识淡薄，操作技术不熟练，使得本应动力小、速度慢、质量轻、功能单一、易操作的微耕机安全隐患突出。各地要充分认识做好微耕机安全监管工作的重要性和迫切性，深刻吸取事故教训，认真贯彻落实党中央、国务院关于安全生产的部署要求，紧密结合党的群众路线教育实践活动，落实安全生产监管责任，针对微耕机安全使用和监督管理中存在的薄弱环节和突出问题，采取切实有效的措施，坚决遏制微耕机事故多发高发态势，促进农业机械化安全发展。

二、开展质量调查

微耕机安全事故较为多发的省份，要依据《中华人民共和国农业机械化促进法》和《农业机械质量调查办法》的规定，组织对在用微耕机产品的适用性、安全性、可靠性和售后服务状况进行调查，并公布调查结果。要向有关企业通报调查中发现的问题，提出改进建议。对质量调查中发现的产品质量或售后服务问题严重的生产销售企业，责令限期整改。企业拒不整改、逾期达不到推广鉴定要求的，注销其产品的农业机械推广鉴定证书，取消列入国家和省级支持推广的农业机械产品目录的资格。要督促生产企业提高服务质量和“三包”水平，维护农民合法权益。要组织微耕机安全标准落实情况督导检查，从源头上堵住漏洞。鼓励生产企业进行技术改造和生产线建设，促进企业生产上规模，产品质量上档次。

三、规范推广鉴定

农机试验鉴定机构要根据事故特点和微耕机安全技术标准，组织对鉴定大纲进行复评审，必要时进行修订，对安全防护装置、操纵机构、安全警示标志、配套动力、最高行驶速度、整机质量等进一步提高安全技术要求，严格技术规范，确保向农民推荐的微耕机符合或高于国家安全标准。要进一步研究规范推广鉴定的内容、程序和要求，特别加强和严格企业生产条件审查、安全性检查、可靠性试验、使用说明书审查和用户调查工作。加强推广鉴定证书和标志的使用情况监督，对安全检查不合格产品，出现重大质量问题，安全事故的产品，贴牌生产或不具备质量保证能力的企业，依据有关规定撤销推广鉴定证书。对未按标准和鉴定大纲规定鉴定为微耕机的产品，相关试验鉴定机构立即进行整改。

四、做好操作培训

各地要根据《农业机械产品修理、更换、退货责任规定》，督促微耕机生产者、销售者建立健全售后服务体系。督促微耕机销售者对购置使用者进行必要的操作、维护和安全注意事项的培训，建立培训记录制度，保证培训质量和效果。要根据实际，组织编写微耕机安全操作挂图等安全使用知识读物，免费发放给农户。要结合全国农业机械化教育培训大行动和阳光工程培训工作的开展，将微耕机操作人员作为重点培训对象，组织监管人员和科技人员深入乡村进行培训，使农民掌握安全操作要点，进一步增强安全意识，提高安全操作技能水平。

五、强化安全监理

各地要加强微耕机安全使用的宣传工作力度，将其作为安全生产月、安全生产宣传咨询日的重点内容，采取灵活多样的形式，广泛宣传微耕机安全生产知识，利用安全事故典型案例提升宣传效果，促进安全知识进村入户。要深入农村开展安全检查，强化安全监管，积极推进免费实地安全检验，排查安全隐患，落实安全防范措施。要落实操作人员的安全主体责任，签订安全生产责任书，明确安全生产注意事项。引导农民选购先进适用、安全可靠的产品，在使用前开展技术维护，禁止借给不掌握操作技术的人员操作微耕机。要积极做好事故应急处理和赔偿调解，鼓励发展微耕机安全保险，创新保险体制机制，争取财政补贴，补偿事故损失。

六、优化市场环境

各地要主动协调相关部门，采取切实可行的措施，规范微耕机生产销售行为，进行综合治理，不断优化市场环境。积极配合质量监督部门，督促生产企业严格按照国家安全技术标准组织生产，经检验合格并附具详尽的安全操作说明书和标注安全警示标志后，方可出厂销售。积极配合工商行政管理部门严厉打击假冒伪劣微耕机产品，打击非法组装、拼装微耕机的行为。切实落实农机产品出厂记录制度、出厂检验制度、进货检查验收制度和销售记录制度等，依法承担产品质量责任。

二〇一四年六月九日

关于2014年农机推广鉴定监督检查情况的通报

农办机〔2014〕15号

各省、自治区、直辖市农机（农业、农牧）局（厅、委、办），黑龙江省农垦总局，新疆生产建设兵团农业局，有关单位：

为进一步规范农机推广鉴定工作，提升鉴定管理和业务水平，促进农业机械化发展，我部农业机械化管理司会同部农机试验鉴定总站对农机推广鉴定工作进行了监督检查。现将有关情况通报如下。

一、检查的总体情况

2014年4—5月，我部组织4个督查组采取审核相关材料、抽查鉴定报告、召开座谈会等方式，先后对辽宁、福建、湖南、重庆、贵州、云南、宁夏等7个省（区、市）及黑龙江农垦总局的农机鉴定管理规范化、业务规范化等情况进行了检查。农机推广鉴定管理规范化检查内容包括“省级农机试验鉴定管理组织机构是否健全、鉴定依据是否严格规范、省级鉴定能力认定工作是否严格规范、鉴定过程管理和审批管理是否严格规范、开展证后监督是否有效、廉政风险防控是否有效”等6个方面16个条款，其中3个关键项。农机推广鉴定业务工作检查内容包括“鉴定机构资质条件是否满足要求、推广鉴定项目受理审查是否规范和及时、推广鉴定项目费用核算和收取是否规范、现场试验工作是否规范、推广鉴定报告是否及时准确规范完成、推广鉴定项目结果文件归档是否规范、廉政风险防控是否有效”等7个方面23个条款，其中8个关键项。综合各督查组的检查情况看，大部分被查的省份农业机械化主管部门能够贯彻落实《中华人民共和国农业机械化促进法》要求，建立健全农机试验鉴定法规和制度保障体系，农机鉴定机构不断完善各项工作制度和程序，鉴定工作基本做到了有章可循、有据可依，鉴定管理和业务规范化水平明显提升。但仍有部分省份农机鉴定能力认定等管理工作不够规范，包括能力认定办法在内的省级推广鉴定规章制度有待完善；部分省份省级推广鉴定业务不够规范，鉴定申请的受理、检测、档案管理等等相关具体业务仍存在不足之处，未能真正做到统一规范。

二、检查结果及处理意见

根据对所抽查省份农机推广鉴定管理工作和业务工作的检查情况，特别是“关键项”的评价结果，本年度监督检查综合结论如下：湖南省、重庆市的农机推广鉴定工作检查综合结论为“规范”，辽宁省、福建省、宁夏回族自治区的农机推广鉴定工作检查综合结论为“基本规范”，贵州省、云南省、黑龙江省农垦总局的农机推广鉴定工作检查综合结论为“不规范”。

经研究，我部决定对综合结论为“规范”的农业机械化主管部门予以通报表扬。对综合结论为“不规范”和“基本规范”的农业机械化主管部门做出如下处理决定：综合结论为“不规范”的单位，自本通报发布之日起，暂停省级鉴定机构承担新的部级农机推广鉴定业务；建议暂停省级农机推广鉴定业务，自本通报发布之日起进行全面整改，整改期间农业机械化主管部门颁发的省级农机推广鉴定证书不能作为下一轮《国家支持推广的农业机械产品目录》的有效申报材料，整改期为3个月。综合结论为“基本规范”的单位，建议暂停省级有关推广鉴定业务，针对存在的问题进行全面整改。

三、相关要求

各省（区、市）农业机械化主管部门及农机鉴定机构要加强农机鉴定管理、业务规范化建设，全面梳理完善有关规章制度和业务流程，加大监督检查力度，推进依法鉴定有效实施。

（一）进一步梳理规章制度。各省（区、市）农业机械化主管部门要按照我部办公厅印发的《关于开展2013年农机鉴定工作监督检查的通知》（农办机〔2013〕18号）、农业机械化管理司印发的《关于开展2014年全国农机推广鉴定工作监督检查的通知》（农机科〔2014〕6号）的检查内容要求，进行一次自查自纠，全面梳理省级农机鉴定管理制度和业务规范，对发现的问题要采取措施、限期整改；对严重违规的，要追究相关人员的责任，及时按规定进行处理。

（二）进一步规范农机鉴定业务。要加强农机鉴定人员培训，强化理论基础、专业技术训练，增强依法鉴定意识，进一步提升鉴定人员的综合素质。要积极做好农机标准、农机试验鉴定大纲的制修订工作，确保鉴定人员有章可循、有据可依。要严格规范地开展鉴定业务工作，坚决杜绝简化工作程序、减少鉴定内容、以偏概全和弄虚作假等现象，确保农机鉴定公正、公平。

（三）进一步完善监管长效机制。各省级农业机械化主管部门要立足当前、着眼长远，加强农机试验鉴定工作规范化管理，指导鉴定机构完善业务工作制度和程序，进一步规范鉴定受理审查、检测鉴定、证书变更和证后监督等关键环节的管理。要积极加强调查研究，认真总结经验，完善相关管理办法，建立健全农机推广鉴定监督管理工作的长效机制。

农机试验鉴定是国家法律法规赋予农业机械化主管部门的重要职责。各地要将此项工作列入重要议事日程，采取措施，强化监管，提升农机鉴定规范化水平。我部已将农机鉴定监督检查列为重要常规工作，今后将不定期对部分省农机推广鉴定工作进行抽查，对整改情况进行“回头看”。对于整改不力或鉴定工作中仍存在失职渎职、弄虚作假等严重违法违规行为的，将暂停甚至取消其部级和省级鉴定能力资格，依法严肃处理。

二〇一四年七月七日

关于做好2014年农机深松整地试点工作的通知

农办机〔2014〕16号

河北、山西、内蒙古、辽宁、吉林、黑龙江、江苏、安徽、山东、河南省（自治区）及青岛市农机（农业、农牧）局（厅、委、办），黑龙江省农垦总局：

为贯彻落实2014年中央1号文件关于“大力推进机械化深松整地”和《政府工作报告》中“发挥深松整地对增产的促进作用，今年启动1亿亩试点”的要求，现就做好2014年农机深松整地试点工作通知如下。

一、加强组织领导，确保完成任务。开展农机深松整地，是改善耕地质量，提高粮食综合生产能力，促进农业可持续发展的重要举措。各地要提高认识，进一步加强农机深松整地工作的组织领导，确保完成1亿亩试点面积任务。“三秋”生产到来之前，各地要优先扶持农民购置大功率拖拉机、深松机、联合整地机等作业机具，为农民深松整地作业提供装备保障。要加大技术服务和推广力度，通过召开现场会、培训班等方式，广泛宣传农机深松整地的重要作用，努力提高农民开展农机深松整地的积极性。要发挥农机合作社等农机服务组织的作用，推进连片作业，整村整乡推进，力争2014年各试点地区完成的农机深松整地作业面积超过上年。

二、争取财政支持，制定实施方案。《农业部办公厅财政部办公厅关于印发〈2014农业机械购置补贴实施指导意见〉的通知》（农办财〔2014〕6号）已明确，2014年继续在东北、华北等适宜地区开展农机深松整地作业补助试点，具体操作方法按《农业部办公厅关于开展农机深松整地作业补助试点工作的通知》（农办财〔2013〕98号）执行。各有关省要主动协调财政部门，争取财政资金投入，明确农机深松整地作业试点补助项目区和补助面积，因地制宜制定具体补助标准。鼓励地方财政增加投入，扩大补助范围。请各有关省（区、市）抓紧制定2014年农机深松整地试点实施方案，并在8月30日前报送农业部备案。

三、严格规范操作，提高作业质量。各有关省（区、市）要在总结去年农机深松整地工作经验的基础上，完善农机作业补助制度和作业质量抽查验收制度，认真核查作业面积和作业质量。要遵循“先作业后补助、先公示后兑现”的原则，将补助资金及时兑现给相关农户或农机服务组织。要强化信息公开和监督检查,坚决防止发生虚报作业面积、套取补助资金等违规行为。11月20日前,请各有关省将2014年农机深松整地试点工作总结及《农机深松整地作业补助情况汇总表》,以电子文档的形式报送农业部农业机械化管理司(E-mail:njhsglc@agri.gov.cn)。

二〇一四年七月二十八日

关于做好2014年农机购置补贴产品补贴额调整处理有关问题的通知

农办机〔2014〕18号

各省、自治区、直辖市及计划单列市农机(农业、农牧)局(厅、委、办),新疆生产建设兵团农业局,黑龙江省农垦总局,广东省农垦总局:

今年,我部委托农业部农机推广总站组织开展了2014年全国通用类及部分非通用类农机购置补贴产品统一归档工作,并于4月初、5月底分两批向各省提供了2014年农机购置补贴统一归档产品参数信息,共涉及1 400多家企业的11 025个补贴产品。各地补贴工作启动后,有部分企业反映,因自身原因导致产品信息填报有误,请求对已下发的产品信息进行调整。鉴于今年企业首次自主填报产品归档参数,部分企业不熟悉填报要求,同时考虑到农业机械化发展实际、农民群众的购机意愿和农机生产企业的要求,我部委托农业部农机推广总站组织专家对企业提出的请求事项再次进行审核。经专家集体研究,同意对57家企业的77个产品归档参数进行调整,相应调低19家企业的31个产品的中央财政资金最高补贴额(具体产品名单见附件)。

为确保农机购置补贴政策公平公正实施,经研究决定,上述19家企业负责将调整前补贴额和调整后补贴额的差额部分退回。现就有关事项通知如下:

一、认真梳理本地区2014年涉及上述补贴额调低产品的补贴情况,核实企业应退回补贴资金的数额。

二、及时约谈相关企业,要求其限期按原渠道将差额部分的补贴资金退回财政部门,并提供退款证明材料。拒不参加约谈或逾期未全额退回的,暂停其相关产品补贴资格;情节严重的,可暂停该企业同类产品或全部补贴产品的补贴资格,直至差额部分的补贴资金全部退回为止。

三、各省自行归档的产品,如出现类似情况的,按以上原则执行。

附件:2014年农机购置补贴中央财政资金最高补贴额调低产品名单(略)

二〇一四年八月十二日

关于2014年上半年各地农机购置补贴产品经营违规行为查处情况的通报

农办机〔2014〕19号

各省、自治区、直辖市及计划单列市农机(农业、农牧)局(厅、委、办),新疆生产建设兵团农业局,黑龙江省农垦总局,广东省农垦总局:

今年上半年,各级农业机械化主管部门按照农业部办公厅、财政部办公厅《2014年农业机械购置补贴实施指导意见》(农办财〔2014〕6号)及其他相关文件要求,对农机购置补贴产品经营中的违法违规行为保持高压态势,调查和处理了一批违法违规企业,彰显了补贴政策的严肃性,维护了补贴机具公平竞争市场环境,保障了补贴政策顺利实施。为警示不法企业,充分发挥对农机购置补贴产品经营行为的社会监督作用,现将2014年上半年各地情节较重的农机购置补贴产品经营违规行为查处情况通报如下。

一、山西省

1.暂停山西信联集团实业有限公司所有农机产品农机购置补贴资格。

2.取消太原市信联智翰现代装备有限公司农机购置补贴产品经销资格,将该公司及其法定代表人刘良才列入黑名单。

二、内蒙古自治区

3.暂停内蒙古浩发农机市场阿拉善盟分公司2014年度农机购置补贴产品经销资格。

三、安徽省

4.取消淮南远程农机有限公司农机购置补贴产品经销资格,将该公司及其法定代表人胡义兰列入黑名单。

5.取消台州天泉泵业有限公司8WGDL—5.1型微灌设备农机购置补贴资格,暂停办理该公司其余所有型号补贴机具农机购置补贴。

6.取消六安市全丰农机销售有限公司农机购置补贴产品经销资格,将该公司及其法定代表人刘明全列入黑名单。

7.取消金寨县金黄农机有限责任公司农机购置补贴产品经销资格,将该公司及其法定代表人游家银列入黑名单。

8.取消滁州盛景农机有限公司农机购置补贴产品经销资格,将该公司及其法定代表人杨少景列入黑名单。

9.暂停明光市同发农机有限公司农机购置补贴产品经销资格。

四、福建省

10.取消浙江科球工贸有限公司所有产品农机购置补贴资格。

11.取消河南省新乡市新东轻工机械有限公司所有产品农

机购置补贴资格。

12. 暂停福建省北诚农业机械有限公司、福建省泉州奥牛农机开发有限责任公司、武平县茂华农机有限公司、福建惠农农业机械有限公司、连江县农业机械公司、龙海市创新农机综合服务有限公司、漳浦西城农业机械有限公司、南靖惠众农农机有限公司、漳州市龙鑫农机有限公司、龙岩市富丰农机有限公司等10家经销企业农机购置补贴产品经销资格。

13. 暂停漳州市昌庆化工机械有限公司、平和县良恒机械有限公司、漳州惠邦科技有限公司等3家经销企业农机购置补贴产品经销资格和企业所有产品补贴资格。

14. 暂停福建省锦田汽车销售服务有限公司、松溪县鸿顺农机销售有限责任公司、尤溪县新辉农机机械有限责任公司、浦城县联农农机销售有限公司、政和县川田农机有限公司等5家经销企业农机购置补贴补贴产品经销资格。这5家企业在经营活动中，存在违规销售浙江科球工贸有限公司问题补贴产品的情形。

五、江西省

15. 暂停宁波江北喜达机械制造有限公司RF—1000水稻种子催芽机农机购置补贴资格。

六、山东省

16. 取消河北方月农业机械技术服务有限公司所有产品农机购置补贴资格，将该公司及其法定代表人王丽峰列入黑名单。

17. 取消临清市新华农机销售有限公司农机购置补贴产品经销资格。

18. 取消临清市拖拉机站农机销售处农机购置补贴产品经销资格。

七、湖北省

19. 取消湖北监利华新农机制造有限公司2BD—8型水稻直播机农机购置补贴资格。

20. 取消湖北金驰机器有限公司JC2BFS—8型水稻播种施肥机农机购置补贴资格。

八、广西壮族自治区

21. 取消重庆宏美科技有限公司1WG6.3—135FC—ZC、1WG4.5—105SC—DL型微耕机农购置补贴资格。

22. 取消重庆田中科技开发有限公司1WG4.0—110FC—Z(配套动力178F风冷柴油机，功率4千瓦)型微耕机农机购置补贴资格。

23. 取消广西天兆农机有限公司1WGH6型微耕机农机购置补贴资格，取消该公司(法定代表人陈良健)农机购置补贴产品经销资格。

24. 取消南宁市昆琳农机制造有限公司3ZP—0.6型甘蔗中耕培土机农机购置补贴资格，取消该公司(法定代表人杨健)农机购置补贴产品经销资格。

25. 取消凌云县四通农机有限公司农机购置补贴产品经销资格，将该公司及其法定代表人朱美蓉列入黑名单。

26. 取消兴宾区阿诚农机有限公司(法定代表人韦秋艳)、来宾市国亿农机有限公司(法定代表人陈国荣)、合山市鸿达农机经销有限公司(法定代表人刘治有)经销南宁市昆琳农机制造有限公司、广西天兆农机有限公司所有补贴产品的资格。

九、重庆市

27. 取消重庆驰马动力设备制造有限公司1WG3.6—90FQ—DL型微耕机农机购置补贴资格。

十、甘肃省

28. 取消兰州昶源机械设备有限公司农机购置补贴产品经销资格，将该公司及其法定代表人马刚列入黑名单。

29. 暂停山东临沭县鸿源机械有限公司所有产品农机购置补贴资格。

十一、新疆维吾尔自治区

30. 暂停浙江大宇电器有限公司NIC—WD—125型、NIC—WD2—125型电动采棉机农机购置补贴资格。

31. 在2014年度，对山东临沂泰科重型装备有限公司TK1304、1404、1454、1504、1604、1804、1904、2004、2204全系列9个型号拖拉机不予享受农机购置补贴。

32. 暂停天津拖拉机制造有限责任公司TN1854拖拉机2014年度农机购置补贴资格。

33. 暂停塔城市丰源农机公司2014年度农机购置补贴产品经销资格。

对上述各地已查处的违法违规企业，特别是生产企业，各地各级农业机械化主管部门要建立重点跟踪监管机制，一旦发现在所辖区域有违规经营的线索，要一查到底，绝不姑息，涉嫌犯罪的，要及时移交有关部门严肃查处。要将农机购置补贴政策实施各项工作与防范、查处违法违规行为同步研究、同步部署、同步实施，以高度负责的精神做好举报投诉调查工作，以零容忍态度查处违法违规行为，全方位提高失信成本，让守信者切实受益，失信者寸步难行，坚持不懈地维护农机购置补贴政策科学高效规范廉洁实施的良好环境。

二〇一四年八月十二日

关于拖拉机、联合收割机牌证业务有关工作的函

农办机函〔2014〕1号

江苏省农业机械管理局：

你局《关于请求开展拖拉机、联合收割机牌证业务电子档案试点工作的请示》(苏农机安〔2013〕16号)收悉。经研究，现就有关工作答复如下。

建设拖拉机、联合收割机牌证业务电子档案，有利于提高管理效率，降低行政成本，便于信息共享，符合信息化建设的发展方向。请你省在试点过程中，严格执行《拖拉机、联合收割机牌证业务档案管理规范》，确保档案业务的统一完整规范。

此外，有基层农机监管人员反映，你局针对无挂车手扶拖拉机采取的备案管理和安全检查，与《农业机械安全监督管理条例》规定的制度不相符，造成基层安全监管无所适从。针对那些长期脱离监管的手扶拖拉机，你局在管理方式上进行了探索，开展安全宣传教育，进行安全检查，落实安全生产责任制，对促进安全生产有积极作用。但是，备案管理和安全检查等安全监管

措施不能代替牌证管理和安全检验制度。请你局在严格执行《农业机械安全监督管理条例》和我部规章的基础上，积极探索有效途径和方法，提高监管效果，促进农机安全生产工作。

二〇一四年一月二十二日

关于新拖拉机注册登记有关问题的函

农机办函〔2014〕3号

辽宁省农村经济委员会：

你委《关于对新拖拉机注册登记检验收费工作的请示》（辽农函〔2014〕59号）收悉。经研究，答复如下。

一、《农业机械安全监督管理条例》第二十一条第一款规定“拖拉机、联合收割机经安全检验合格的，农业机械化主管部门应当在2个工作日内予以登记并核发相应的证书和牌照。”《拖拉机登记规定》第五条第一款规定“初次申领拖拉机号牌、行驶证的，应当在申请注册登记前，对拖拉机进行安全技术检验，取得安全技术检验合格证明。”现行法规和规章已明确规定，拖拉机在投入使用前应当进行安全技术检验。

二、《农业机械安全监督管理条例》第五十九条规定“拖拉机操作证件考试收费、安全技术检验收费和牌证的工本费，应当严格执行国务院价格主管部门核定的收费标准。”《国家发展改革委员会、财政部关于加强和规范机动车牌证工本费等收费标准管理有关问题的通知》（发改价格〔2004〕2831号）明确规定了有关收费标准。

三、《拖拉机登记规定》第五条第二款规定“属于经国务院拖拉机产品主管部门依据拖拉机国家安全技术标准认定的企业生产的拖拉机机型，其新机在出厂时经检验获得合格证的，免予安全技术检验。”此规定明确提出“免予安全技术检验”的机型仅限于“经国务院拖拉机产品主管部门依据拖拉机国家安全技术标准认定的拖拉机机型”。

因此，对未经认定的拖拉机机型，在新拖拉机注册登记时实施安全技术检验并按规定收取检验费是符合现行规定的。同时，建议你省参照有关省份的做法，将操作证件考试收费、安全技术检验收费和牌证的工本费等农机监理收费纳入财政预算，实行免费安全监理。

二〇一四年八月十八日

地方性法规、规章及文件

辽宁省人民政府办公厅关于转发省农委进一步加强农机购置补贴工作意见的通知

辽政办发〔2014〕6号

各市人民政府，省人民政府各厅委、各直属机构：

经省人民政府同意，现将省农委《关于进一步加强农机购置补贴工作的意见》转发给你们，请结合本地区、本部门实际，认真贯彻执行。

二〇一四年二月十四日

关于进一步加强农机购置补贴工作的意见

为进一步落实好农机购置补贴政策，改革管理体制，简化办理程序，切实维护农民利益，推进我省农业机械化又好又快发展，现就进一步加强农机购置补贴工作提出如下意见：

一、明确工作原则

（一）突出重点，动态管理。根据我省农业机械化生产需求，将列入中央和省目录的补贴产品划分为两类，实行动态管理。一类为全省普惠性目录，二类为全省非普惠性目录（含区域性重点机具补贴目录）。对重点农作物关键生产环节农民实际需求的农机产品实行普惠制。根据资金情况依次解决非普惠制农机产品的需求。

（二）科学分档，定额补贴。中央财政农机购置补贴资金实行定额补贴，即同一种类、同一档次农业机械在省域内实行统一的补贴标准。及时调整同一档次内大多数产品价格总体下降较大的机具补贴额，按调整后的补贴额结算，并将补贴额调整情况报农业部、财政部备案。

（三）自主购机，县级结算。补贴对象根据省公布的补贴范围，在省内自主选机购机，购机后申请经县级农机主管部门核实，由县级财政部门及时将补贴资金全额兑付到农民一卡（折）通账户或从事农机作业的农业生产经营组织账号。

（四）按需分配，合理调度。根据当年省人民政府重点工作安排和各地上报资金需求情况，一次性将农机购置补贴资金指标分配到各市，各市按当地实际情况一次性分配到县（市、区）。市级间补贴指标调整须报省农机、财政主管部门批准，县级指标调整由各市确定。

二、合理划定补贴范围和补贴标准

根据农业部发布的补贴机具种类范围，结合我省实际，提出省补贴机具种类范围和补贴标准，经省农业机械化工作领导小组审定后，下发各地执行，年度内不再调整。

年度内，符合补贴条件的农牧渔民、农场（林场）职工每户享受中央财政补贴资金总额不超过20万元，农机合作社、家庭农场等农业社会化服务组织享受中央财政补贴资金总额不超过200万元。

三、建立健全风险防控机制

（一）规范工作程序。各县（市、区）农机购置补贴审批要全部纳入公共行政服务中心办理，设置审批窗口，规范便捷开展审批工作。鞍山市、锦州市、铁岭市和昌图县要在有条件的乡镇公共行政服务中心开展审批试点工作。公共行政服务中心要严格执行国家和省关于农机购置补贴各项规定，加强补贴资金分配、结算，补贴对象、补贴产品和经销商确定等制度建设，公开农机购置补贴办理流程、办理时限，提供网站下载相关申请表格服务，完善机制和管理措施，规范操作程序，提高工作效率，确保补贴资金及时兑付。

（二）加强廉政风险防控机制建设。

1. 全面开展县级农机购置补贴政策落实延伸绩效管理。在补贴申请、审核与审批、公示与核实、监管与督查、档案管理等方面，按延伸绩效考核的要求，建立和完善各项管理制度，真正做到“谁办理、谁负责，谁核实、谁负责”。

2. 把农机购置补贴政策实施情况列入政务公开和政务服务目录，积极推进信息公开工作，严格执行补贴对象公示制度，加强对补贴机具的牌证管理。各地补贴资金使用方案要及时向社会公布，让农民了解补贴政策内容和要求，确保公开信息及时、准确，方便公众查询和监督。

3. 加强对补贴产品产销企业的监管，严厉打击违法违规行为。对哄抬物价、虚购套购、服务不到位的产销企业实行黑名单制，被列入黑名单的经销商及其法定代表人永久不得参与补贴产品经销活动；对违法违规的生产企业取消其补贴资格，并将非法侵占资金足额退回财政部门。

四、强化监督管理

各级农机主管部门要强化对农机购置补贴申请、购买、使用、核实等各环节的有效监督管理，省农委负责制定农机购置补贴的具体政策，提出补贴机具产品范围，开展补贴额分类分档测算和日常监督检查；市级农机主管部门要对所辖县（市、区）补贴工作进行指导与监督，组织开展资金测算和调整，开展市、县（市、区）两级专项检查和重点抽查；县级农机主管部门负责补贴政策宣传、补贴资料审核、组织机具核实、补贴信息公开及补贴档案管理。各级农机主管部门要抽调力量组建一支业务精通、作风优良、保障有力的稽查队伍，对补贴工作进行核查。县级稽查人员负责对辖区内补贴机具进行全面的现场核实，市级稽查人员负责进行抽查监督，省级稽查人员负责对各市进行抽查监督，具体抽查办法根据每年国家的指导意见另行制定。

各级财政部门要按照《财政部关于切实加强农机购置补贴政策实施监管工作的通知》（财农〔2011〕17号）要求，对农机购置补贴政策进行监管，要将农机购置补贴工作经费纳入本级财政预算，省财政厅负责下拨资金，监督检查补贴资金的分配使用，市级财政部门负责辖区内补贴资金的调配和监督管理，县级财政部门负责购机资料复核、补贴资金兑付和监管工作。

省农业机械化工作领导小组要组织研究制定农机购置补贴重大政策，指导、协调和监督检查全省农机购置补贴工作。市、县要建立健全农机购置补贴工作机制，成立由政府牵头，农机、财政、工商、纪检监察及其他相关部门参加的农机购置补贴工作领导小组，研究确定本地区农机购置补贴工作重大事项，对补贴政策实施进行监管。

江苏省人大常委会公告

第2号

《江苏省农业机械安全监督管理条例》已由江苏省第十二届人民代表大会常务委员会第五次会议于2013年9月27日通过，现予公布，自2014年3月1日起施行。

江苏省人民代表大会常务委员会

二〇一三年九月二十七日

江苏省农业机械安全监督管理条例

第一章　总　则

第一条　为了加强农业机械安全监督管理，预防和减少农业机械事故，保障人民生命和财产安全，根据《中华人民共和国农业机械化促进法》、国务院《农业机械安全监督管理条例》等法律、行政法规的规定，结合本省实际，制定本条例。

第二条　在本省行政区域内从事农业机械的生产、销售、使用、维修以及安全监督管理等活动，应当遵守本条例。

本条例所称农业机械，是指用于农业生产及其产品初加工等相关农事活动的机械、设备。

第三条　农业机械安全监督管理应当遵循以人为本、预防为主、综合治理、保障安全、促进发展的原则。

第四条　县级以上地方人民政府应当将农业机械安全监督管理纳入政府安全生产目标考核，加大财政投入，将宣传教育、隐患治理、检验检查、事故处理等农业机械安全监督管理工作所需经费纳入财政预算，提升农业机械安全监督管理水平。

第五条 县级以上地方人民政府农业机械化主管部门负责本行政区域的农业机械安全监督管理工作，其所属的农业机械安全监理机构具体负责农业机械的登记、技术检验、操作证件核发、安全检查、事故处理、报废认定等工作。

县级以上地方人民政府其他有关部门按照各自职责，共同做好农业机械安全监督管理的相关工作。

乡镇人民政府(街道办事处)应当加强农业机械安全监督管理，明确承担农业机械安全监督管理工作的单位和人员，按照规定职责做好农业机械安全监督管理工作。

第二章 生产、销售和维修

第六条 鼓励和支持开发、生产、推广、应用先进适用、安全可靠、节能环保的农业机械。

第七条 省标准化主管部门应当会同省有关部门建立健全农业机械安全技术地方标准体系。

第八条 在组织农业机械推广鉴定时，省农业机械化主管部门应当对需要推广的农业机械做好安全鉴定，安全鉴定由具有相应资质的农业机械试验鉴定机构实施。

第九条 农业机械生产者应当建立健全质量保障控制体系，按照农业机械安全技术标准组织生产，在农业机械危险部位设置安全防护装置。

农业机械生产者应当对产品进行检验。经检验合格的，应当附产品合格证、使用说明书和标注安全警示标志。产品经检验合格方可出厂销售。

农业机械生产者应当建立产品出厂记录制度，出厂记录保存期限不得少于三年。

第十条 农业机械销售者应当查验产品合格证等证明文件或者认证标志。

农业机械销售者应当向购买者当面交验、试机，介绍产品使用方法和维护保养知识，说明安全注意事项，开具销售发票，提供产品合格证和使用说明书。

农业机械销售者应当建立销售记录制度，销售记录保存期限不得少于三年。

第十一条 农业机械生产者、销售者应当建立健全农业机械销售服务体系，保证零配件供应，依法履行修理、更换、退货义务。

农业机械生产者、销售者因农业机械或者零配件质量问题给使用者、他人人身财产造成损害的，应当依法赔偿。

第十二条 农业机械生产者、销售者发现其生产、销售的农业机械存在设计、制造等缺陷，可能对人身财产安全造成损害的，生产者应当及时召回，销售者应当立即停止销售并协助生产者召回。

农业机械化主管部门发现农业机械可能存在设计、制造等缺陷的，应当及时通知农业机械生产者、销售者调查处理，并通报当地质量监督部门和工商行政管理部门。

对实施召回的缺陷农业机械，农业机械生产者应当及时采取修正或者补充标识、修理、更换、退货等措施消除缺陷。农业机械生产者应当承担消除缺陷的费用和必要的运送缺陷农业机械的费用。

对不召回缺陷农业机械的，省质量监督部门应当责令生产者召回，省工商行政管理部门应当责令销售者停止销售；拒不召回的，由省质量监督部门发布农业机械安全警示公告。

第十三条 县级以上地方人民政府应当根据农业机械化发展需要，扶持综合性、区域性农业机械维修中心建设，鼓励、支持和引导农业机械合作经济组织开展农业机械维修服务。

第十四条 从事农业机械维修经营应当符合国家规定的条件，取得相应的农业机械维修技术合格证书，并依法办理工商登记手续。

农业机械维修经营者应当遵守相关的安全技术标准和维修质量保证期的规定，在核准的维修等级范围内开展业务，保证维修质量；发现维修的农业机械存在其他安全隐患的，应当告知送修人。

农业机械维修经营者应当填写维修记录，维修记录保存期限不得少于三年。

第三章 使用

第十五条 拖拉机、联合收割机投入使用前，其所有人应当按照国家有关规定向所在地县(市、区)、设区的市农业机械化主管部门申请登记。对无挂车手扶式拖拉机，农业机械化主管部门可以主动进行实地登记，乡镇人民政府(街道办事处)予以配合。

教练、考试用的拖拉机、联合收割机的登记、安全技术检验由设区的市农业机械化主管部门负责。

第十六条 联合收割机、上道路行驶的拖拉机应当在指定位置悬挂牌照，保持清晰、完整，不得故意遮挡、污损。

上道路行驶的拖拉机应当依法办理拖拉机交通事故责任强制保险，安装反光标识，其挂车车厢后部应当喷涂放大的牌号。

联合收割机、上道路行驶的拖拉机的证书、牌照不得转借、涂改、伪造和变造。

第十七条 农业机械化主管部门应当对危及人身财产安全的农业机械实行免费实地安全检验，对农业机械加强安全检查，对操作人员进行安全教育，落实安全生产责任。免费实地安全检验办法由省农业机械化主管部门会同省财政部门制定。上道路行驶的拖拉机的安全检验按照国家有关规定执行。

拖拉机、联合收割机的安全检验为每年一次，逾期未参加安全检验的，由登记地农业机械化主管部门通知其所有人参加安全检验。连续三年未参加安全检验的，由登记地农业机械化主管部门公告注销其证书、牌照。

第十八条 禁止改装、拆卸农业机械安全防护装置，禁止使用失效的农业机械安全防护装置。

第十九条 地方各级人民政府应当采取由财政给予农业机械保险费补贴等措施，支持发展农业机械保险。

鼓励和支持农业机械所有人、经营者或者操作人员依法成立农业机械安全互助组织，完善救助机制，降低生产经营风险。

第二十条 危及人身财产安全的农业机械达到国家规定的报废条件的，应当停止使用，予以报废。

第二十一条 县级以上地方人民政府应当建立农业机械报废经济补偿制度，对农民和农业生产经营组织报废农业机械给予财政补贴。具体办法由省农业机械化主管部门会同省财政部门制定。

第四章 操作人员

第二十二条 申请操作拖拉机、联合收割机的人员，经过培训后，应当经住所地县(市、区)、设区的市农业机械化主管部门考试合格，领取操作证件。

拖拉机、联合收割机教练员、考试员的农业机械操作证件核发，由设区的市农业机械化主管部门负责。

第二十三条 拖拉机、联合收割机操作证件有效期为六年；有效期满，操作人员可以向原发证机关申请续展。未满十八周岁的，不得操作拖拉机、联合收割机。操作人员年满七十周岁的，原发证机关应当注销其操作证件。

第二十四条 农业机械操作人员作业前，应当对农业机械进行安全查验；作业时，应当遵守农业机械安全操作规程。

第二十五条 农业机械操作、维修人员和其他农业机械技术人员，可以参加农业机械化技术培训机构专业岗位培训，申请职业技能鉴定，获取相应等级的国家职业资格证书。省农业机械化主管部门应当按照国家规定公布专业岗位的具体范围。

农业机械化主管部门应当加强对农业机械操作、维修人员和其他农业机械技术人员的职业技能培训和职业技能鉴定工作的管理。

第二十六条 拖拉机驾驶培训实行社会化。拖拉机驾驶培训机构应当具备国家规定的与其培训活动相适应的场地、设备、人员、规章制度等条件，取得省农业机械化主管部门颁发的驾驶培训资格证书，方可从事相关培训活动。

第二十七条 地方各级人民政府以及农业机械化主管部门等有关部门应当加强农业机械安全法律、法规和安全知识的宣传教育，支持、指导基层和农业机械服务组织对农业机械操作人员进行安全教育，提高农业机械安全操作水平。

农业机械化主管部门应当建立健全农业机械安全信息平台，完善信息搜集、整理、发布制度，为农业机械从业人员提供信息服务。

第五章 监督检查

第二十八条 农业机械化主管部门应当加强农业机械作业、转移等过程中的安全监督检查。

公安机关交通管理部门应当加强对上道路行驶的拖拉机的安全监督检查，农业机械化主管部门应当予以配合。

第二十九条 公安机关交通管理部门、农业机械化主管部门应当建立上道路行驶的拖拉机交通安全违法行为查处的协作机制。

农业机械化主管部门应当及时向公安机关交通管理部门提供上道路行驶的拖拉机登记、检验以及有关操作证件发放的信息，公安机关交通管理部门应当及时向农业机械化主管部门提供上道路行驶的拖拉机在道路上发生的交通事故以及交通违法信息，实行信息共享。交通违法行为未处理的，农业机械化主管部门对上道路行驶的拖拉机不予通过安全检验。

第三十条 农业机械安全监督管理执法人员在安全监督检查和安全检验中发现事故隐患的，应当告知其所有人停止使用并及时排除隐患。

农业机械安全监督管理执法人员在实施安全监督检查时，被监督检查的单位和个人应当配合。

第三十一条 农业机械安全监督管理执法人员进行安全监督检查时，应当佩戴统一标志，出示行政执法证件。

农业机械化主管部门应当提高安全监督管理能力，配备相应执法装备。从事农业机械安全监督检查、事故勘查处理、应急救援的车辆应当在车身喷涂统一标识。

第三十二条 上级农业机械化主管部门应当加强对下级农业机械化主管部门执法行为的监督和指导。

农业机械化主管部门应当公布举报、投诉电话，自觉接受社会监督。

第六章 事故处理

第三十三条 农业机械化主管部门负责本辖区农业机械事故责任的认定和调解处理。但是，农业机械在道路上发生的交通事故，由公安机关交通管理部门依照道路交通安全法律、法规处理；拖拉机在道路以外通行时发生的事故，公安机关交通管理部门接到报案的，参照道路交通安全法律、法规处理。

第三十四条 农业机械事故应当由两名以上农业机械事故处理人员处理；无人员伤亡或者直接经济损失一千元以下的农业机械事故，可以由一名农业机械事故处理人员处理。

第三十五条 发生农业机械事故后企图逃逸、对存在重大事故隐患的农业机械拒不停止作业或者转移的，农业机械化主管部门可以扣押有关农业机械以及证书、牌照、操作证件，并当场出具凭证，告知当事人在规定期限内到农业机械化主管部门接受处理。

农业机械事故处理完毕或者农业机械事故肇事方提供担保的，农业机械化主管部门应当及时退还扣押的农业机械以及证书、牌照、操作证件。

当事人逾期不接受处理的，农业机械化主管部门应当对扣押的农业机械依法处理。

第三十六条 发生农业机械事故，造成人员伤亡的，应当及时组织救治。

农业机械在道路上发生交通事故造成人员伤亡，符合道路交通事故社会救助基金使用规定的，公安机关交通管理部门负责通知省道路交通事故社会救助基金管理人垫付所受理的事故受害人的抢救费用，协助救助基金管理人向事故责任人追偿。

农业机械在道路以外通行时发生事故造成人员伤亡，符合道路交通事故社会救助基金使用规定的，农业机械化主管部门负责通知省道路交通事故社会救助基金管理人垫付所受理的事故受害人的抢救费用，协助救助基金管理人向事故责任人追偿。

第七章 法律责任

第三十七条 违反本条例第十四条第三款规定，未按照规定保存维修记录的，由县级以上农业机械化主管部门责令改正，给予警告；拒不改正的，处五百元以上二千元以下罚款。

第三十八条 违反本条例第十六条第三款规定，转借、涂改、伪造、变造联合收割机、上道路行驶的拖拉机的证书、牌照的，由县级以上农业机械化主管部门收缴转借、涂改、伪造、变造的证书、牌照，对违法行为人予以批评教育，并处二百元以上二千元以下罚款。

第三十九条 违反本条例第十八条规定，改装、拆卸农业机械安全防护装置，或者使用失效的农业机械安全防护装置的，由县级以上农业机械化主管部门责令改正，并处二百元以上二千元以下罚款。

第四十条 农业机械化主管部门、其他有关部门及其工作人员玩忽职守、滥用职权、徇私舞弊的，对直接负责的主管人员和其他直接责任人员依法给予行政处分；构成犯罪的，依法追究刑事责任。

第八章 附 则

第四十一条 本条例所称危及人身财产安全的农业机械，

是指对人身财产安全可能造成损害的农业机械，包括拖拉机、联合收割机、机动植保机械、机动脱粒机、饲料粉碎机、插秧机、铡草机、微耕机等。

第四十二条 本条例自2014年3月1日起施行。

江西省人民政府关于加快推进农业机械化和农机工业发展的实施意见

赣府发〔2014〕22号

各市、县(区)政府，省人民政府各部门：

为加快我省农业机械化发展，推动农机工业振兴，推进农业现代化，根据《国务院关于促进农业机械化和农机工业又好又快发展的意见》(国发〔2010〕22号)精神，现就进一步加快推进农业机械化和农机工业发展提出如下实施意见。

一、全面提升农业生产装备水平

(一)优化农机装备结构。继续实施农机购置补贴政策，进一步完善农机购置补贴制度，在确保农机装备总量增长的同时，优化区域布局，改善农机结构，加大高新技术、新型农机装备的补贴力度。在水稻主产区，重点支持和发展适合我省农业生产特点的多功能、高效能作业机具，提高配套比和利用率。在丘陵山区，加快示范推广轻便耐用、经济实惠、低耗能中小型耕种收机械，推进丘陵山区主要农作物和特色农产品生产机械化。推动全省农业机械化由数量增长型向质量、技术水平提高型转变。力争到2015年，主要农作物耕种收综合机械化水平超过65%，水稻耕种收综合机械化水平达到70%，其他特色产业机械化水平明显提升；2020年，主要农作物耕种收综合机械化水平超过70%，水稻耕种收综合机械化水平达到75%以上。

(二)提高粮油生产关建环节机械化水平。大力推进水稻生产全程机械化，加快提升油菜生产关键环节的机械化水平。水稻主攻标准化育秧和机插秧，重点推广应用流水线播种、规模化育秧，推进标准化育秧工厂建设，实现手工育秧向机械化育秧、一家一户育秧向商品化集中供秧转变；大力推广水稻机械化插秧技术，扩大应用范围；加快构建水稻生产机械化服务产业链，积极推进机插、机收订单作业和跨区作业，走规模化专业化标准化和市场化发展路子。油菜重点推广应用免(少)耕直播开沟技术、普及机开沟作业，促进油菜种植扩面提效。

(三)拓展农业机械化覆盖范围。加快推进农业机械化由农业生产产中向产前、产后延伸，由种植业向林果业、畜牧养殖业、渔业、农产品初加工、饲料加工等各领域拓展，积极引进、开发、推广新型机具，逐步实现农村经济各领域机械化生产全覆盖，推动农村各业持续发展，提高农产品附加值，增加农民收入。

二、大力推进农机社会化服务

(四)培育新型农机社会化服务主体。扶持农机户发展成为农机专业户，引导农机户和农户采取带机具、土地、资金、技术入社等多种方式创建农机合作社等服务实体。支持有实力的农机专业合作社加强"二库二间一室"(机库、配件库、维修车间、烘干车间和培训教室)建设；鼓励农机专业合作社流转承包土地，开展包括粮食烘干、农产品加工等在内的"一条龙"农机作业服务项目；鼓励各地将农机专业合作社作为政府购买服务的对象，成为既提供农机作业服务又从事农业生产经营的市场主体。积极推动农机服务主体开展横向联合与纵向协作，成立农机合作社联社、股份制作业公司、区域性农机服务中心、农机租赁公司等。"十二五"期间，在全省建立100家设施完备、功能齐全、特色鲜明的省级农机专业合作示范社。

(五)构建新型农机社会化服务体系。以农机户为基础，农机服务组织为主体，农机中介服务为纽带，农机作业、维修、供应、中介、租赁服务为主要内容，政府支持服务为保障，建立起"覆盖全程、服务全面，机制灵活、运转高效，综合配套、保障有力"的新型农机社会化服务体系。培育农机作业市场，将机耕、机插、机植保、机收、机烘干"五统一农机作业服务"纳入政府购买服务项目的范围，鼓励各类农机服务市场主体为其他农业生产者提供低成本、便利化、全方位、高质量的作业服务。

三、加强农机公共服务能力建设

(六)建立农业机械化示范区。结合"百县百园"建设工程，建立和完善不同层次、不同区域、不同耕作制度和不同作物的农业机械化新技术示范区。鼓励农机生产企业、销售企业、农机大户和农机服务组织建立农业机械化新技术示范点。到2015年，在全省建设20个省级农业机械化示范区，并逐步扩大范围，整合现代农业、农机购置补贴、农业综合开发等资金，依托新型经营主体通过农机作业社会化服务方式，力争在示范区实现农业生产耕、种、收全程机械化，为全省农业机械化发展提供样板。

(七)培育农机维修市场。以等级农机维修点为基础，以农机合作社维修间和农机企业"三包"服务网点为重点，以区域性农机维修中心为方向，以"以奖代补"的方式，加大农机维修服务中心建设扶持力度，在全省构建"布局合理、服务规范、便捷高效"的农机维修服务网络，为广大农机用户提供及时、周到、优质的服务，解决农机"看病难"。

(八)加强基础设施建设。将农机专业合作社建设维修车间、烘干车间、农机具停放场库棚等纳入农业和农村基础建设的重要内容，涉及用地按照农业生产用地手续办理，解决农机"住房难"。将机耕道路纳入农业综合开发、农田水利建设、高标准农田、农村土地整治工程，统一规划实施，提高农机作业效率，解决农机"出行难"。

(九)完善农业机械安全监管体系。全面贯彻国务院《农业机械安全监督管理条例》，完善农业机械安全监督管理体系，加强对农机安全监理机构的支持保障，推进农机安全监理队伍规范化建设，全面履行行政执法职能。加大农机安全监理设施装备建设投入，全面提高农机安全监理水平。认真开展拖拉机、联合收割机登记、安全技术检验、驾驶证申领及审验、事故处理、安全检查、宣传教育等监督管理工作，探索建立危及人身财产安全的农业机械管理制度，逐步建立农业机械免费管理制度，提高农业机械登记率、检验率及驾驶人持证率，让广大农机手作业安心、赚钱放心、回家舒心。认真抓好农机保险工作，探索建设农机安全互助保险机制，调动农机手参保积极性，解决其后顾之忧。扎实推进“平安农机”创建活动，构建农机安全监督管理长效机制，保障广大农民生命财产安全。

（十）健全农业机械质量监督体系。加强农机试验鉴定和质量认证工作，严格执行相应的国家标准和行业标准，加强相应地方性标准的制定和实施工作，强化对农机产品质量、作业质量、维修质量和服务质量的监督管理。扶持建立1～2家省级农业机械重点实验室和试验基地建设，全面提升农业机械鉴定、检测和监督能力。按照先进性、适用性、可靠性、安全性要求，进一步完善支持推广的农业机械产品目录管理制度，对重点推广的农机产品依法进行质量跟踪调查并公布调查结果。开展农民满意农机产品调查评选活动。做好农机质量投诉处理工作，督促农机生产企业提升产品质量和售后服务水平。依法加强对生产、流通领域农机产品的质量监管，加大对私自改装农业机械行为的查处力度，严厉打击制售假冒伪劣农机产品等坑农害农行为。逐步建立农机报废更新制度，加快淘汰老旧及高耗能农业机械。

（十一）加强农机实用人才队伍建设。按照“政策扶持、多元投入、按需施教、注重实效”的原则，切实加强农机实用人才队伍建设。结合阳光工程等各类农民培训项目，组织实施农机手培训工程，重点对农机手开展操作、机具保养、维修技能等培训，全面提高农机手使用农业机械以及应用农业生产技术的基本素质。培养造就一大批既精通农机驾驶、维修技术，又懂农业、农艺栽培技术的新型农机手。充分利用高等院校、农机企业等各类培训资源，重点加强农机合作社等农机服务组织领头人的培训，使之成为既懂生产又善管理的新型农机职业经理人。鼓励大中专毕业生、专业技术人员等扎根农村、投身农业机械化，为农机社会化服务提供人才支撑。

四、振兴农机工业

（十二）推进农机产业集聚发展。全省重点建设2～3个农机产业园，制定优惠政策，建设公共服务平台，完善配套基础设施，积极吸引国内外著名农机企业到我省投资建厂、合资合作，提升现代农业机械制造水平。选择一批重大农机项目，重点推介，以项目招商重点引进水稻插秧机、自走履带式联合收割机、大中型拖拉机、粮食烘干机、保鲜及冷冻储藏设备、茶叶加工设备等国内外骨干龙头农机企业、农机零部件配套企业整体搬迁入园，推动我省农机产业集聚发展。入园重大农机工业项目建设纳入省重大产业项目绿色通道，其建设用地尽量使用存量土地，确需新增建设用地的，经省重大项目调度会调度后，在省预留新增建设用地计划中优先安排。鼓励省内企业采取联合、引进、改造、股权转让等方式，与国内外农机大企业大集团合资合作，做大做强本省农机企业。

（十三）推进农机工业结构调整转型升级。加快资源整合，强化资金、用工、用电等各类生产要素保障，引导推动各类要素重点集聚，协调解决农机企业生产经营中遇到困难，培育壮大一批骨干企业，提高我省农机产业的市场竞争力。加快转变发展方式，支持中小型农机企业向“专、精、特、新”的方向发展，培育一批具有比较优势的零部件企业，实现规模生产，产业结构优化升级。鼓励、支持我省农机企业、高等院校、科研设计单位等按照自愿原则成农机行业协会，充分发挥桥梁纽带作用，搭建政企、企校等互动平台，推动我省农机工业协作配套、技术创新，促进产业做大做强。

（十四）构建现代农机流通体系。鼓励农机生产企业与专业农机流通企业相结合，建立新型农机营销网络。实施农机流通服务品牌工程，发展连锁经营，培育一批辐射面广、服务质量好的大型农机流通企业、品牌农机店和区域性农机市场或超市，确保每县有一个能满足农户需要的农机销售网点。强化农机零配件供应，利用农机维修网点、农机专业合作社、农资超市等渠道，推行送货上门、服务到田间等销售服务模式。建立农机产品售后服务体系和信息服务平台，依托重点生产企业、专业流通企业建立售后服务中心，提高服务能力。

五、加大政策扶持力度

（十五）加大财政支持力度。各级政府要进一步加大对农机技术试验示范推广、示范区建设、农机维修、农机服务组织培育、农机安全生产等支持力度，促进农业机械化全面发展。继续加大农机购置补贴资金规模，合理确定补贴资金规模，并向产粮大县，以及农民专业合作社等倾斜。集中育秧补助资金要向水稻机插育秧倾斜，补助标准要高于常规育秧；要加大对农机社会化服务体系建设扶持力度，省级农民专业合作社扶持资金要加大对农机专业合作社发展的支持力度；确保农机安全监理机构落实小微型企业、农民专业合作社购买农机免收牌证等农机安全监理费的政策，支持其开展农机免费管理试点工作；鼓励通过市场化运作方式开展农机保险。省、市各项支持科技创新工业发展专项资金要向农机工业倾斜，重点支持关键技术开发、重点产品研制和重大技术改造项目。充分利用小微型企业扶持政策，对小微农机企业免收企业管理、登记、证照行政事业收费。各级政府中小企业发展专项资金要向农机中小企业倾斜，加大支持力度。

（十六）落实税费优惠政策。按国家有关规定，认真落实免征农机机耕和排灌服务营业税、农机作业和维修服务项目的企业所得税的优惠政策。农机专业合作社办理登记不收取证照工本费；从事农田排涝、灌溉执行农业排灌用电类电价；农业、林木培育和种植、畜牧业、渔业生产用电，以及农业服务业中的农产品初加工用电执行农业生产用电类电价。进行跨区作业的联合收割机（包括插秧机）以及运输上述农业机械的车辆，免交车辆通行费。继续落实好农机批发、零售免征增值税政策。进一步落实关于企业研发投入税前扣除政策，用于科学研究和试验设计的费用，以及对开发产品所需的科研设施建设和实验研究等投资，凡符合国家有关税收规定的，可在所得税前列支。经认定为国家重点扶持高新技术企业的农机制造企业，可按规定减按15%的税率征收企业所得税。对生产国家支持发展的新型、大功率农机装备和产品，确有必要进口的关键零部件及原材料，免征关税和进口环节增值税。落实国家支持小微企业税收政策，对符合条件的农机小微企业，按20%的税率缴纳企业所得税。在规定期限内，其所得减按50%计入应纳税所得额。

（十七）加强和改进金融服务。鼓励支持金融机构创新农村金融产品和金融服务，大力发展农机小额信贷，为农民购置财政补贴农机提供消费信贷。开展农业机械抵押、质押贷款，推广农户联保、农户互保、农机专业合作社为成员担保等多种信用保证方式。保险经办机构不得拒保或者变相拒保农机交强险。对符合产业政策、信贷原则的农机制造企业技术改造、新产品开发和农机流通设施建设，积极给予信贷支持。鼓励支持江西省内中小微型企业通过发行企业债券、短期融资券、集合票据等形式直接融资。

六、加强组织领导

（十八）明确部门分工。有关部门要明确职责，加强指导，为推进农业机械化和农机工业发展做好服务。农业机械化主管部门要认真履行规划指导、监督管理、协调服务职能，做好技术推广、生产组织、安全监理等工作。农机工业主管部门要贯彻落实国家产业政策和行业准入办法，抓好农机自主研发和技术改造项目、农机产品质量管理。对符合产业政策、发展方向的农机工业项目，在备案、核准、审批以及申报等方面简化程序、优先办理。发展改革部门要落实扶持农业机械化和农机工业发展的基本建设投资。财政部门要支持农业机械化和农机工业发展。农业综合开发部门要将农机示范区建设纳入农业综合开发技术示范推广计划中，支持农机部门开展示范区和省级农机专业示范合作社建设。商务部门要将农机市场纳入农村市场体系建设规划。公安、科技、交通、质监、安监、工商、税务等其他各有关部门要按照职责分工，密切协作配合，共同推进农业机械化和农机工业发展。

（十九）落实工作责任。各级人民政府要将农业机械化发展规划纳入当地国民经济和社会发展计划，制定和完善农业机械化扶持措施，加快农业机械化发展。要把农业机械化工作摆在农业和农村经济发展的重要位置来抓，列入当地政府的重要工作议程。要加强农机机构和农机队伍建设，充实力量，改善工作条件，保障工作经费。

二〇一四年七月二日

湖南省农业厅　湖南省财政厅
关于支持现代农机合作社发展的实施意见

湘农业联〔2014〕79号

各市州、县市区农机局、财政局：

为了加快我省农业现代化进程，根据《湖南省人民政府关于实施两个"百千万"工程加快现代农业建设的意见》（湘政发〔2014〕5号）精神，2014在全省扶持建设500家小型精干的水稻生产全程机械化现代农机合作社，现提出如下实施意见。

一、扶持原则

（一）依法组建原则。扶持建设的农机合作社必须是严格按照《农民专业合作社法》组建，依法注册并按相关法规严格管理的农机合作社；

（二）自主自愿原则。扶持建设的现代农机合作社由农户自愿组建，自愿由县向省申请扶持资金；

（三）"小（型）、精（良）、坚（固）"原则。扶持建设的现代农机合作社，应高标准配备符合现代农业发展要求、质量优良、性能可靠的现代农机装备。

二、建设内容及补助标准

按照水稻生产全程机械化要求，主要装备水稻生产机耕、机插、机收、机械植保、机械转运、机械烘干、机械化加工等环节的农业机械及设施，新购农机装备总额不低于100万元，其中中央财政农机购置补贴按现行政策予以补贴，省财政补助15万元，市州、县市区财政补助15万元，其余部分由合作社自筹。

三、申报条件

申请财政扶持建设的现代农机合作社应当符合以下条件：

（一）已经工商注册登记；

（二）按水稻生产全程机械化要求当年新购置100万元以上的农机具；

（三）入社户数不少于5户，其中80%以上为当地农户；

（四）经营土地规模在500亩以上，其中集中连片经营300亩以上；

（五）有40万元以上用于农机装备建设的自筹资金；

（六）有固定的经营场所，有800平方米以上农机停放场地。已有机库棚和配套设施者优先。

四、申报及资金拨付程序

（一）农机合作社填写《湖南省现代农机合作社建设项目申报书》，由当地村委会和乡镇政府签署意见后，向县市区农机局申报。申报时须提交合作社营业执照，组织机构代码证，法人身份证明，入社成员名单，土地入社、托管或租赁协议及明细表，银行存款证明，经营场所土地使用证和佐证图片等。

（二）县市区农机局会同财政局实地调查核实申报者的情况，公示15天，合格的经县市区政府主管领导同意后，由县市区农机局和财政局联合行文上报市州农机局、财政局。

（三）市州农机局会同财政局审核县市区申报材料，合格的以市州农机局和财政局联合行文上报省农业厅、省农机局、省财政厅。

（四）省财政厅、省农业厅与省农机局共同审定财政扶持建设的现代农机合作社名单，通知合作社自主采购农机。

（五）县级农机部门会同财政部门按农机购置补贴程序核实合作社购机情况后，市县财政部门在七个工作日内拨付中央财政购机补贴资金和市县财政扶持资金，市州农机、财政部门将资金到位凭据复印件汇总后报省农机局、省财政厅。

（六）省农机局审核汇总后报省财政厅，省财政厅审核后将省级财政补贴资金拨付到有关市州及省直管县市区。

（七）市州财政部门在收到省级补助资金后，七个工作日内将资金拨付到有关县市区，县市区在收到资金后七个工作日内将资金拨付到农机合作社；省直管县财政部门在收到省级补助资金后，七个工作日内将资金拨付到农机合作社。

（八）省里对各市县补贴名额作适当平衡，原则上每县扶持对象不超过10个。

五、保证措施

（一）加强指导服务。本方案在网上公开发布，各地可在网上直接下载申报表格。省农机局通过公开竞价确定农机具竞价采购品目供合作社选用。各市县农机局、财政局要积极向农民群众作好宣传，鼓励符合条件的农机合作社申报，并配套安排好相关补助资金。

（二）落实相关责任。省负责制定全省合作社建设实施方案，审定扶持对象，组织农机具竞价品目，落实省级扶持资金，组织检查指导和验收；市州负责辖区内申报合作社复审和合作社建设的组织、管理和监督工作，落实市州扶持资金；县市区负责合作社申报、农机装备验收、体制机制建设及对合作社的经常性管理服务工作，落实县级扶持资金。

各地要严格按照规定程序操作，严禁弄虚作假，严禁转卖机具。如发现违规操作，将全额追回财政补贴资金，并追究相关人员的行政和法律责任。

附件：湖南省现代农机合作社建设项目申报书（略）

二〇一四年七月二十三日

四川省人民代表大会常务委员会关于印送《四川省农业机械安全监督管理条例》的通知

川人发〔2013〕54 号

四川省人民政府：

四川省人民政府关于提请审议《四川省农业机械安全监督管理条例（修订草案）》的议案（川府函〔2013〕186 号），经四川省人民代表大会常务委员会会议审议，2013 年 11 月 28 日四川省第十二届人民代表大会常务委员会第六次会议通过了《四川省农业机械安全监督管理条例》，并以四川省第十二届人民代表大会常委员会公告（第 9 号）公布，自 2014 年 1 月 1 日起施行。现一并印送，请组织实施。

二〇一三年十二月三日

四川省第十二届人民代表大会常务委员会公告

第 9 号

《四川省农业机械安全监督管理条例》（NO：SC081244）已由四川省第十二届人民代表大会常务委员会第 6 次会议于 2013 年 11 月 28 日修订通过，现予公布，自 2014 年 1 月 1 日起施行。

四川省人民代表大会常务委员会

二〇一三年十一月二十八日

四川省农业机械安全监督管理条例

第一章 总 则

第一条 为了加强农业机械安全监督管理，预防和减少农业机械事故，保障人民生命财产安全，根据《中华人民共和国农业机械化促进法》、国务院《农业机械安全监督管理条例》等法律法规，结合四川省实际，制定本条例。

第二条 在四川省行政区域内从事农业机械的生产、销售、维修、使用操作以及安全监督管理等活动，适用本条例。

本条例所称农业机械，是指用于农业生产及其产品初加工等相关农事活动的机械、设备。

第三条 农业机械安全监督管理应当遵循以人为本、预防事故、保障安全、促进发展的原则。

第四条 县级以上地方人民政府应当加强对农业机械安全监督管理工作的领导，完善农业机械安全监督管理体系，保障农业机械安全监督管理的技术装备、安全检验、宣传教育和基础设施建设的财政投入，建立健全农业机械安全生产责任制。

第五条 县级以上地方人民政府农业机械化主管部门负责农业机械安全监督管理工作，其所属的农业机械安全监督管理机构具体负责农业机械安全监督管理的日常工作。

公安、经济和信息化、交通运输、商务、环境保护、安监、质监、工商等部门按照各自职责，做好农业机械安全监督管理相关工作。

乡（镇）人民政府应当做好本行政区域内农业机械安全宣传教育和服务工作，协助做好农业机械安全监督管理和事故处理、事故统计及相关信息报送等工作。

第六条 鼓励和支持农业机械所有人和农业机械从业人员参加职业技能培训和安全互助组织活动。

第七条 鼓励和支持农业机械科技创新、成果转化和推广应用，开发安全、先进、适用的农业机械，运用电子信息等先技术，加强农业机械安全监督管理。

第二章 生产、销售和维修

第八条 农业机械生产者应当依据农业机械工业产业政策和有关规划，按照农业机械安全技术标准组织生产，并建立健全质量保障控制体系。

农业机械生产者应当按照农业机械安全技术标准对生产的农业机械进行检验；农业机械经检验合格并附具详尽的安全操作说明书和标注安全警示标志后，方可出厂销售；依法必须进行认证的农业机械，在出厂前应当标注认证标志。

第九条 农业机械销售者对购进的农业机械应当查验产品合格证明。对依法实行工业产品生产许可证管理、依法必须进行认证的农业机械，还应当验明相应的证明文件或者标志。

第十条 从事农业机械维修经营，应当有必要的维修场地，有必要的维修设施、设备和检测仪器，有相应的维修技术人员，有安全防护和环境保护措施，取得所在地县级人民政府农业机械化主管部门核发的维修技术合格证书。

农业机械维修单位应当建立承修登记、查验制度，确保承修质量达到国家安全技术标准。

农业机械维修单位不得承修达到报废条件或者国家明令淘汰的农业机械，不得拼装、改装农业机械，不得使用不符合安全技术标准的零配件。

农业机械化主管部门不得为农业机械指定维修经营者。

第三章 使用与管理

第十一条 省人民政府农业机械化主管部门应当建立全省统一的农业机械登记、驾驶（操作）证管理、安全技术检验和违法处理信息数据库，推进农业机械安全监督管理全程网络信息化建设。

第十二条 县级人民政府农业机械化主管部门应当对拖拉机、联合收割机实行登记管理。乡（镇）人民政府应当对其他可能危及人身财产安全的耕整地机械、插秧机、机动植保机械、机动脱粒机、饲料粉碎机、铡草机等农业机械建立台账。

第十三条 拖拉机、联合收割机所有人应当按照国家有关规定，到所在地县级人民政府农业机械化主管部门申请注册登记，申领牌照和有关证件。

第十四条 拖拉机、联合收割机有下列情形之一的，农业机械化主管部门不予登记：

（一）依法应当认证的而未经认证的；

（二）不符合国家、省强制性安全技术和环保标准的；

（三）属于国家明令淘汰或者报废的；

（四）法律、法规规定的其他不予登记的情形。

第十五条 拖拉机、联合收割机登记内容变更、所有权转移、报废等，所有权人应当向原登记机关申请办理相应的变更、转移、注销等登记手续。

第十六条 县级以上地方人民政府农业机械化主管部门应当定期对可能危及人身财产安全的农业机械进行免费实地安全检验。但是道路交通安全法律法规对拖拉机的安全检验另有规定的，从其规定。实施安全技术检验的机构应当对检验结果承担法律责任。

实施安全检验的农业机械化主管部门应当对安全检验情况进行汇总，建立农业机械安全监督管理档案。

拖拉机、联合收割机的安全检验为每年一次；检验合格的，依法核发检验合格标志。

第十七条 上道路行驶的拖拉机，应当由农业机械安全监理机构或者具有机动车安全技术检测资质的机构检测并出具安全技术检测报告。检测合格的，其所有人应当在十日内到注册地县级人民政府农业机械化主管部门申领检验合格标志。

第十八条 联合收割机跨行政区域作业前，所在地县级人民政府农业机械化主管部门应当会同有关部门，对跨行政区域作业的联合收割机进行必要的安全检查，并对操作人员进行安全教育。

第十九条 禁止使用未经安全检验或安全检验不合格的拖拉机、联合收割机。

连续三年未参加安全检验的拖拉机、联合收割机，县级人民政府农业机械化主管部门应当公告牌证作废、注销登记，并抄送同级公安机关交通管理部门。

第二十条 拖拉机、联合收割机应当悬挂牌照，在未领取正式牌照前，应当申领临时牌照。拖拉机上道路行驶，联合收割机因转场作业、维修、安全检验等需要转移的，其操作人员应当携带操作证件。

高速公路、大中城市中心城区内的道路，禁止拖拉机通行。其他禁止拖拉机通行的道路，由省人民政府根据当地实际情况规定。

在允许拖拉机通行的道路上，拖拉机可以从事货运，但是不得用于载人。

第二十一条 拖拉机上道路行驶前，其所有人应当依法购买交通事故责任强制保险。保险机构应当按照规定办理拖拉机所有人申请购买的交通事故责任强制保险，不得拒售、不得违背购买者意愿搭售其他商业保险。

第二十二条 可能危及人身财产安全的农业机械应当停止使用；达到报废条件的，予以报废。

拖拉机、联合收割机的报废、回收按照国家有关规定执行。报废、回收的农业机械由县级人民政府农业机械化主管部门监督回收单位进行拆解或者销毁。

第二十三条 达到报废条件的拖拉机、联合收割机，所有人应当及时申请注销登记。逾期三个月未办理注销手续的，农业机械化主管部门应当公告其登记证书、牌照、行驶证作废，同时抄送同级公安机关交通管理部门。

公安机关交通管理部门应当依法查处上道路行驶的已报废拖拉机、联合收割机，查处情况抄送同级农业机械化主管部门。

第二十四条 拖拉机驾驶培训机构应当取得农业机械化主管部门颁发的《中华人民共和国拖拉机驾驶培训许可证》。

拖拉机驾驶培训机构理论教员和教练员应当具备国家和省规定的条件，并经省人民政府农业机械化主管部门考核合格。

县级以上地方人民政府农业机械化主管部门应当对拖拉机驾驶培训机构的办学条件、培训质量等进行监督检查。

第二十五条 拖拉机、联合收割机操作人员经有资质的培训机构培训后，应当按照国家有关规定参加县级人民政府农业机械化主管部门组织的考试。考试合格的取得相应操作证件。

拖拉机、联合收割机操作人员增加或变更操作机型，应当经原发证机关考核合格后取得相应操作证件。

第二十六条 拖拉机、联合收割机操作证件有效期为六年。操作证件有效期届满前九十日内，拖拉机、联合收割机操作人员可以向原发证机关申请续展。

操作人员在操作证件有效期满后一年内申请续展的，经原发证机关考核合格后予以续展；逾期一年未申请续展的，由原发证机关公告注销操作证件。

未满十八周岁不得操作拖拉机、联合收割机。六十周岁以上七十周岁以下的操作人员应当每年向发证机关提交医疗机构出具的身体健康证明。操作人员年满七十周岁的，县级人民政府农业机械化主管部门应当注销其操作证件。

第二十七条 农业机械牌照、行驶证、登记证书、操作证件等遗失或损坏的，应当向原发证机关申请补发或者换发。

第二十八条 农业机械操作人员作业时，应当遵守下列规定：

（一）拖拉机、联合收割机应当按照规定粘贴安全反光标识；

（二）农业机械在易燃易爆区作业时，应当有防火防爆等安全防护措施；

（三）农业机械及作业场所的危险处应当设置明显警示标志和安全防护设施；

（四）农业机械作业应当符合有关安全技术规范，载物、载人不得超过行驶证核定的准载质量、准载人数；

（五）农业机械挂车、自卸车厢内和非乘坐部位上不得载人；

（六）农业机械拖带挂车或者牵引（悬挂）配套机具时应当符合国家规定的技术标准，拖拉机以外的其他农业机械不得拖带或者牵引挂车上道路行驶；

（七）从事有可能被运转机械绞碾伤害的作业时，应当采取安全防护措施；

（八）从事植保作业时，应当采取安全防护和防污染措施。

第二十九条 操作拖拉机、联合收割机应当严格执行有关安全操作规程，不得有下列行为：

（一）未取得拖拉机、联合收割机操作证件而操作拖拉机、联合收割机；

（二）操作与操作证件载明机型不符的拖拉机、联合收割机；

（三）将拖拉机、联合收割机交给无操作证件的人员操作；

（四）变造或者伪造农业机械牌照、操作证件等法定牌证；

（五）使用国家管制的精神药品、麻醉品后操作拖拉机、联合收割机；

（六）患有妨碍安全操作的疾病操作拖拉机、联合收割机；

（七）操作拼装或者报废的拖拉机、联合收割机；

（八）操作未按规定登记、检验或者检验不合格、安全设施不全、机件失效的拖拉机、联合收割机；

（九）法律、法规规定的其他禁止行为。

第四章 事故处理

第三十条 本条例所称农业机械事故，是指农业机械在作业或者转移等过程中造成人身伤亡、财产损失的事件。农机事故分为特别重大农机事故、重大农机事故、较大农机事故和一般农机事故，具体标准按照国家有关规定确定。

第三十一条 县级以上地方人民政府农业机械化主管部门负责农业机械事故责任的认定和调解处理。

农业机械在道路上发生的交通事故，由公安机关交通管理部门依照道路交通安全法律法规处理；拖拉机在道路以外通行时发生的事故，公安机关交通管理部门接到报案的，参照道路交通安全法律法规处理。

第三十二条 对较大以上农业机械事故，省人民政府农业机械化主管部门和市（州）人民政府农业机械化主管部门应当分别派员参与调查处理。

第三十三条 开展农业机械事故处理，应当配备事故勘查车辆、现场勘查设备、警示标志等装备。

第三十四条 在道路以外发生农业机械事故，操作人员和现场其他人员应当立即停止作业或者停止农业机械的转移，保护现场；造成人员伤害的，应当向事故发生地县级人民政府农业机械化主管部门报告，立即采取措施，抢救受伤人员。因抢救受伤人员变动现场的，应当标明位置。造成人员死亡的，还应当向事故发生地公安机关报告。

接到报告的农业机械化主管部门和公安机关应当立即赴现场进行勘验、调查，收集证据，组织抢救受伤人员。

当事人应当如实向事故处理人员陈述事故发生的经过，不得隐瞒事故真实情况。其他知情者有义务提供真实情况。

第三十五条 发生农业机械事故后企图逃逸的、拒不停止存在重大事故隐患农业机械的作业或者转移的，县级以上地方人民政府农业机械化主管部门可以依法扣押有关农业机械及证书、牌照、操作证件，并开具扣押凭证。

第三十六条 农业机械安全监督管理机构应当依据以下情况确定当事人的责任：

（一）因一方当事人的过错导致农机事故的，该方当事人承担全部责任；

（二）因两方或者两方以上当事人的过错发生农机事故的，根据其行为对事故发生的作用以及过错的严重程度，分别承担主要责任、同等责任和次要责任；

（三）各方均无导致农机事故的过错，属于意外事故的，各方均无责任；

（四）一方当事人故意造成事故的，他方无责任。

第三十七条 当事人对农业机械事故认定有异议的，可以自农业机械事故认定书送达之日起三日内，向上一级农业机械化主管部门提出书面复核申请。

第三十八条 对农业机械事故损害赔偿有争议的，当事人可以申请农业机械化主管部门调解，也可以直接向人民法院提起民事诉讼。

第五章 监督检查

第三十九条 农业机械安全监督管理执法人员进行农业机械安全监督检查时，可以采取下列措施：

（一）向有关单位和个人了解情况，查阅、复制有关资料；

（二）查验拖拉机、联合收割机证书、牌照以及操作证件；

（三）检查危及人身财产安全的农业机械的安全状况，对存在事故隐患的农业机械，责令当事人立即停止作业或者停止农业机械的转移，并进行维修；

（四）责令农业机械操作人员改正违规操作行为。

第四十条 从事农业机械安全技术检验、考试、事故处理的农业机械安全监督管理人员，应当按照国家规定参加培训并取得农机监理员证。

农业机械安全监督管理人员行政执法时，应当规范着装、统一标识，并出示执法证件。

第四十一条 县级以上地方人民政府农业机械化主管部门应当定期向同级公安机关交通管理部门通报拖拉机登记、年度检验、注销情况。县级以上地方人民政府公安机关交通管理部门应当定期向同级农业机械化主管部门通报农业机械在道路上发生的交通事故及违法行为处理情况。

第六章 法律责任

第四十二条 违反本条例规定的行为，法律、法规已有处罚规定的，从其规定。

第四十三条 县级以上地方人民政府农业机械化主管部门、工业主管部门、质量监督部门和工商行政管理部门及其工作人员有下列行为之一的，对直接负责的主管人员和其他直接责任人员，依法给予处分：

（一）不依法对拖拉机、联合收割机实施安全检验、登记，或者不依法核发拖拉机、联合收割机证书、牌照的；

（二）对未经考试合格者核发拖拉机、联合收割机操作证件，或者对经考试合格者拒不核发拖拉机、联合收割机操作证件的；

（三）对不符合条件者核发农业机械维修技术合格证书，或者对符合条件者拒不核发农业机械维修技术合格证书的；

（四）不依法处理农业机械事故，或者不依法出具农业机械事故认定书和其他证明材料的；

（五）在农业机械生产、销售等过程中不依法履行监督管理职责的；

（六）其他未依照本条例的规定履行职责的行为。

第四十四条 违反本条例第二十六条第三款规定，六十周岁以上七十周岁以下的操作人员未按照规定向发证机关提交医疗机构出具的身体健康证明的，由县级人民政府农业机械化主管部门责令改正，情节严重的可以吊销操作证件。

第四十五条 违反本条例第二十八条第一、二、三、六、七、八项和第二十九条第七项规定的，由县级人民政府农业机械化主管部门责令改正，并处以一百元以上五百元以下罚款。

第七章 附 则

第四十六条 本条例自2014年1月1日起施行。1997年4月7日四川省第八届人民代表大会常务委员会第二十六次会议通过的《四川省农业机械安全监理和事故处理条例》同时废止。

陕西省农业厅关于加快提升农业机械化水平的意见

陕农业发〔2014〕137号

各设区市农业（畜牧、农机、果业）局（委、中心），杨凌示范区农业局，韩城市农业局：

农业机械化（以下简称：农业机械化）是农业现代化的物化载体、关键支撑和重要标志。为了全面推进农业现代化，保障粮食安全和重要农产品有效供给，增加农民收入，现对加快提升全省农业机械化水平提出如下意见。

一、总体要求

（一）指导思想

以党的“十八大”和十八届三中全会精神为指导，以助推现代农业发展为中心，以保障粮食安全，促进农民增收为目标，围绕优势特色主导产业，优化农机装备结构，培育新型农机经营主体，主攻薄弱环节和丘陵山区农业机械化，强化公共服务能力建设，全面提升农业机械化水平。

（二）基本原则

一是因地制宜，突出重点。根据不同作物不同区域，突出关键环节、重点机具，制定相应措施，加快农业机械化示范区建设，鼓励和支持有条件的地区率先实现农业机械化。

二是加快创新，深化融合。加快农业机械化科技创新，深化农机农艺融合，推动农业机械化与信息化融合，加强全程机械化模式探索与创建，提高农业机械化发展质量，转变农业机械化增长方式，促进我省农业机械化快速科学发展。

三是完善政策，创新机制。满足现代农业发展需求，推动农业生产全面机械化、粮食生产全程机械化，进一步完善政策，加大投入，创新机制，按照“扩量、提质、增效”的要求，加快培育新型农机服务组织，提升农机市场化、社会化服务能力。

（三）主要目标

到2017年，全省农机总动力达到2 700万千瓦，主要农作物耕种收综合机械化水平达到65%，主要粮食作物基本实现机械化，优势特色主导产业关键生产环节及丘陵山区机械化快速推进。到2020年，全省农机总动力达到3 000万千瓦，主要农作物耕种收综合机械化水平达到70%以上，主要粮食作物实现全程机械化，林果业、畜牧业、渔业和设施农业农业机械化水平全面提升，优势特色农产品贮藏、初加工基本实现机械化。

二、主要任务

（一）全力突破关键环节。开展全程农业机械化十大模式创建，提升水平。围绕粮、果、畜、菜、茶等主导产业及特色农产品生产，以突破关键环节和薄弱环节为重点，在全省创建小麦玉米、水稻、油菜、薯类、果业、蔬菜、畜牧养殖、旱作农业以及茶叶、食用菌生产初加工等十大农业全程机械化生产模式，形成在同类地区可复制推广的规范和标准。狠抓丘陵山区农业机械化，实现突破发展。按照产业特点和地区条件，因地制宜推广小型多样、先进适用、经济安全、适宜山地作业的农机装备，加大我省集中连片开发扶贫重点县群众购机累加补贴力度，加快提升丘陵山区机械化水平。

（二）狠抓农业机械化项目实施。抓好农机购置补贴政策落实。围绕全省主导产业和区域优势特色产业，创新机制、完善办法，重点补贴农业生产关键环节、薄弱环节和对粮食安全、农民增收支撑作用明显的新型农机具。补贴资金向农机大户、家庭农场、农机专业合作社等新型农机经营主体倾斜。积极争取中央支持，加快推进农机报废更新补贴试点。大力实施保护性耕作项目。坚持以旱作农业技术创新为先导，以示范基地建设为依托，整乡整村推进，实现规模发展，到2020年使我省保护性耕作技术应用规模达到1 000万亩以上。大力推广机械化深松技术，继续扩大机械深松作业实施范围，全面启动农机深松整地、秸秆粉碎还田等为主的农机作业补贴试点。全力提升秸秆机械化综合利用水平。按照“综合统筹、板块推进，持续发展、整体提升”的思路，加大力度推广秸秆综合利用新技术、新机具，扶持秸秆综合利用专业合作社建设，构建秸秆综合利用长效机制，形成多途径、多层次的秸秆综合利用格局，有效解决秸秆焚烧带来的严重污染环境问题，到2020年农作物秸秆机械化综合利用水平达到85%以上。扎实推进千库工程建设。围绕全省果蔬产业规划，依托农民专业合作社，扶持冷藏库建设，突破贮藏环节瓶颈制约，夯实果蔬产业发展基础，促进产业升级，到2020年扶持新建1 000个千吨级气调库，新增果蔬贮藏能力100万吨。

（三）大力培育农业机械化经营主体。积极培育和扶持农机专业合作社、农机大户、家庭农场、农机作业公司等新型农业经营主体。创新服务模式，引导新型农业经营主体按照依法、自愿、有偿的原则通过土地承包、转租转让、农田托管、代耕代种、股份合作等形式，开展社会化服务，构建多层次、多形式、多元化、立体式的农机社会化服务体系。力争到2020年，全省拥有农机原值50万元以上的农机服务组织、农机大户数量和农业机械化经营总收入均比2010年翻一番。重点扶持培育100个农机资产总值500万元以上的农机专业合作社示范社、1 000个示范性机械化生产家庭农场。扶持建设一批区域性农机销售中心、维修中心和新机具试验基地。

（四）加强行业能力建设。加强农机技术推广、试验鉴定、质量监督、教育培训、安全监理和信息化服务等公共服务体系建设，提升农业机械化公共服务能力。加强农机安全监理、技术推广和试验鉴定能力建设，积极创建省级农业机械化示范县。扶持建设宝鸡、杨凌、渭南、安康、榆林等区域性农机新机具试验基地。加强农机人才队伍建设，建立科学的农机管理人才引进、培养、使用、推广、交流机制，提升农机管理队伍综合素质。结合"阳光工程"项目，培养既懂农机驾驶、操作、维修又精通农艺技术的新型职业农民。积极扩大农机互助保险，增强农机安全生产保障能力。支持农机销售市场、区域性农机维修服务中心等现代农机流通体系建设，支持我省农机工业发展，改善农机基础设施条件，推动农业机械化事业又好又快发展。

（五）全面落实相关政策。按照《中华人民共和国农业机械化促进法》《农业机械安全监督管理条例》规定，对拖拉机和联合收割机实行免费注册登记和检验，积极争取各级财政补贴资金按相应比例足额及时配套到位。落实税费优惠政策，加强和改进金融服务。要继续协调落实好免征农机机耕和排灌服务营业税、农机作业和维修服务项目的企业所得税、农机商品增值税等相关政策；协调金融、保险等行业，开展农业机械金融租赁业务，创新农村抵（质）压担保方式，推广以农业机械设备、运输工具等为标的的新型抵押担保，扩大农民和农机服务组织购机信贷规模。落实好国家支持农业机械化基础设施建设相关政策，争取当地政府继续加大农村机耕道路、排灌及抗旱、应急抢险能力建设资金投入，进一步落实农机合作社建设农机停放场（库、棚）所需土地视作农业用地政策。

三、高度重视，争取各方支持

各级农业农业机械化管理部门要充分认识农业机械化在"四化"建设中的保障作用，将提升农业机械化水平作为保障粮食安全、增加农民收入、推动农业现代化的重要抓手，制定规划，明确目标，强化措施，夯实责任，抓好落实。要抓好农业机械化规划指导、政策宣传、监督管理、技术服务、行业管理等工作。要积极争取各级政府将农业机械化发展主要目标纳入经济社会发展和农村城镇化建设的考核内容。积极争取当地发改、财政部门落实扶持农业机械化发展的基本建设资金和扶持农业机械化发展的专项资金，努力提升全省农业机械化水平。

二〇一四年十一月十四日

甘肃省农牧厅关于加强农机质量监督管理工作的意见

甘农牧发〔2014〕98 号

各市（州）农机（农牧）局、厅属有关单位：

为了深入贯彻落实科学发展观和党的"十八大"精神，切实履行《中华人民共和国农业机械化促进法》《农业机械安全监督管理条例》和《甘肃省农业机械管理条例》等法律法规赋予的职责，维护农机所有者、使用者和生产者的合法权益，推动我省农业机械化"全程、全面、高质、高效"发展，现就进一步加强农机试验鉴定质量监督管理工作，增强公共服务能力和水平，提高农业机械质量，提出如下意见：

一、充分认识农机质量监督管理工作的重要意义

农机质量监督管理是农业机械化管理工作的重要组成部分，关系到农业现代化建设以及农业机械的使用效果、经营效益和人民群众生命财产安全。加强农机质量监督管理是贯彻落实科学发展观和党的"十八大"精神的重要体现，是农业机械化部门开展党的群众路线教育实践活动的具体要求，是促进农业机械化健康发展的关键举措。目前，我省农业机械化正处在加快发展、结构改善、质量提升的关键时期，农机品种、数量大幅增长，运用领域不断拓展，使用者对农机产品的适用性、安全性、可靠性和售后服务等要求越来越高，对提高质量监督管理工作的时效性、有效性越来越迫切。加强农机质量监督管理工作，有利于掌握农机产品质量信息、维护农民群众的合法权益、促进农机企业提高产品质量和售后服务水平。各级农业机械化主管部门要紧紧围绕农业机械化"全程、全面、高质、高效"的发展目标，强化责任意识，树立服务观念，改进工作方法，加大投入力度，努力提高农机质量监督管理工作水平。

二、认真履行农机质量监督管理工作职能

各级农业机械化主管部门要提高认识，加强组织领导，整合系统资源，着力构建和完善农机质量监督管理工作体系，完善工作制度，明确工作职责，创新工作方法，落实责任措施，进一步加大农机质量监督管理工作力度，有效保障农机产品质量提高、安全可靠、服务到位。要切实加强农机试验鉴定、质量调查、质量投诉监督、补贴机具质量督导、农机维修质量监督等工作，使农机产品的可靠性、适用性、安全性不断提升，农机生产、销售企业的售后服务水平不断提高，农机使用者对农机具质量满意度不断增加。

三、进一步加大农机质量监督管理工作力度

（一）认真规范地开展农机试验鉴定工作。农机试验鉴定工作是农业机械化质量保障的有力手段。省农机鉴定站要适应形势，创新方法，提升水平，积极开展农机试验鉴定工作。要不断加大对农机推广鉴定基础设施和仪器设备的投入力度，提升农机试验鉴定公共服务能力。要切实搞好农业机械支持推广目录的制定工作，严把机具的入选关，从源头上保证国家支持推广补贴的农机产品质量。

（二）切实加强农机质量投诉处理工作。各级农业机械化主管部门要认真贯彻执行农业部《农业机械质量投诉监督管理办法》，进一步加强农机质量投诉监督体系和队伍建设，完善工作制度，明确工作责任，规范农机质量投诉监督工作，促进农机产品质量、作业质量、维修质量和售后服务水平的稳步提高，维护农机所有者、使用者和生产者的合法权益。各级农机质量投诉监督机构要遵循"属地管理、就近处理、首问负责、无偿服务"

的原则，及时、高效、公正地处理各类农机质量投诉案件。通过当地媒体公开农机质量投诉监督机构信息，要认真落实农机质量投诉信息报送制度，全面启用“农机质量投诉工作信息管理系统”，按时报送辖区内农机质量投诉的受理和处理情况。

（三）开展补贴机具质量保障督导工作。各级农业机械化主管部门要紧密结合农资打假专项治理行动，与当地工商、质监、公安等部门密切配合，开展打击假冒伪劣农机产品行动，切实维护农民利益。同时，在重要农时季节和产品销售旺季，深入农机生产企业、销售市场、田间地头和农民家中，对补贴机具质量进行重点检查和专项检查。通过对企业生产条件、质量保证能力、产品一致性、质量承诺、售后服务、推广鉴定证章使用和标志标牌等情况进行监督检查，并对相关产品质量状况、企业是否具有持续生产出符合要求产品的能力做出评价，督促指导企业提高产品质量和服务质量。

（四）依法开展农机产品质量调查工作。要严格按照《中华人民共和国农业机械化促进法》《农业机械安全监督管理条例》的要求，根据农机使用者的投诉情况和农业生产的实际需要，制定我省质量调查计划，依法组织开展在用特定种类农业机械的质量调查工作。2014 年省上将确定以微耕机、玉米收获机为质量调查重点，在重点市、州开展调查工作，具体工作由省农机鉴定站承担，有关市、州农机管理、推广、监理部门要密切配合省站的工作，及时上报调查信息，搞好质量调查工作。

（五）认真开展农机维修质量监督管理工作。各级农业机械化主管部门要认真贯彻执行《农业机械维修管理规定》，依法加强农机维修市场监督管理，进一步规范农机维修市场，提高维修企业服务能力和维修质量。认真开展《农业机械维修技术合格证》资质认定检验和核发工作，提高农机维修经营服务网点的持证率。推广使用农机维修信息管理统计系统，提高农机维修管理信息化水平。积极开展农机维修职业技能培训和鉴定工作，逐步解决维修市场人员人才短缺、素质不高的问题。积极探索农机维修管理新思路、新方式、新途径，促进我省农机维修管理上台阶。

（六）加强农业机械化标准体系建设。要将标准化工作作为质量工作的重点，按照农业部《农业机械化标准体系建设规划（2010—2015）》要求，结合我省农牧业生产实际，以旱作农业、高效节水、草食畜牧业、中药材、制种、林果业、设施农业为重点，加快作业质量、维修质量标准和试验鉴定大纲制修订工作，逐步建立和完善全省农业机械化标准体系。积极开展农机安全标准执行专项治理和农业机械化标准实施情况调研，进一步加大宣贯培训力度，提升全省农机标准化工作水平。

（七）大力开展农机推广培训。农机推广和培训是提高农机质量的重要措施，要加大农业机械化技术示范基地建设，积极推广先进实用的农业机械化技术和机具。要紧密结合农机培训大行动、阳光工程农机培训工作和 12316“三农”服务热线专家讲座，加大对农业机械从业人员的技术培训，提高驾驶员操作水平，普及安全生产知识，保障农机安全生产。

四、组织领导和保障措施

（一）加强组织领导。各地农业机械化主管部门要高度重视农机质量监督管理工作，牢固树立和强化法制意识、大局意识、责任意识、服务意识，要把农业机械化质量监督管理工作摆在更加突出的位置，要“一把手”负总责、分管领导具体抓，加强领导，健全机构，完善制度，落实责任，实现质量监督管理工作的常态化、规范化。

（二）加大投入力度。要建立健全农机质量监督经费投入保障机制，积极向财政部门争取，落实农机质量监督管理经费。

（三）强化人员培训。省农机局定期组织对全省农机质量监督工作人员就有关法律、法规、农机专业知识、投诉受理和调节处理方法等内容进行系统培训，提高全省农机队伍自身素质和工作人员的业务能力，确保农机质量监督工作规范、有序开展。

二〇一四年四月十五日

甘肃省农牧厅关于加快推进粮食生产全程机械化的意见

甘农牧发〔2014〕102 号

各市（州）农机（农牧、农业）局（委），厅属有关单位：

为了贯彻落实中央和省委、省人民政府关于稳定粮食生产的决策部署，充分发挥农业机械在粮食生产中的作用，提高粮食综合生产能力，保障粮食安全，促进农业增效、农民增收，现就加快推进粮食生产全程机械化提出如下意见。

一、总体要求

（一）指导思想

按照“保障全省粮食安全、实现省内粮食动态平衡，供需安全可控”的目标要求，以粮食生产大县为重点，以小麦、玉米、马铃薯三大主要粮食作物为对象，以主攻薄弱环节机械化、全面提升粮食生产机械化质量效益为着力点，提高土地产出率、资源利用率和劳动生产率，在更大规模、更广范围、更高层次上推进粮食生产机械化，进一步优化农机装备结构，推动技术转化升级，促进农机农艺融合，切实增强粮食生产综合保障能力。

（二）基本原则

坚持行政推动，不断加大政策扶持和资金投入，推动粮食生产机械化工作从部门行为上升为政府行为；坚持市场拉动，积极培育和规范农机作业市场，推进农机社会化服务，建立粮食生产机械化的长效机制；坚持示范带动，因地制宜建立粮食生产机械化示范区，推广先进适用新技术、新机具；坚持农机农艺联动，建立适合粮食生产机械化的技术路线和规程，促进规模化应用；坚持宣传促动，争取部门支持和配合，为粮食生产机械化创造良好的发展环境。

（三）主要目标

到 2020 年，全省农业机械总动力达到 4 470 万千瓦以上，小麦耕种收机械化水平达到 90%以上，玉米耕种收综合机械化水平达到 55%以上，马铃薯耕种收综合机械化水平达到 45%以上。

（四）发展重点

1. 小麦

以提升生产机械化质量目标，主攻中南部丘陵山区机械播种和收获制约因素。加快推广机械深松整地技术、免少耕播种和秸秆粉碎还田等技术模式，促进耕地质量提升。

2. 玉米

围绕全膜双垄沟播、垄膜沟灌、垄作沟灌和农田高效节水等重大农业技术推广，突出解决播种和收获机械化技术难题，加大深松整地施肥、起垄覆膜、秸秆及废膜回收利用等技术的集成配套，促进玉米生产机械化"全程、全面、高质、高效"发展。河西走廊及沿黄灌区重点推广大功率、高性能、复式作业机械，注重推广成套性和配套性好的全程设备。陇东旱塬区重点推广技术含量高、适应性强的多功能复式中等功率机械。中南部丘陵山区因地制宜推广轻便、灵活、安全的中小型机械及配套农机具。

3. 马铃薯

以突出马铃薯生产大县，突出中部及河西灌区，围绕全膜垄作侧播和半膜垄作侧播等技术，突出解决种收机械化和农机农艺融合关键技术配套研究为重点，因地制宜推广先进、实用、高效、低耗和环保的多功能复式作业机械。积极培育和引导农机专业合作组织，促进马铃薯规范化、标准化和规模化发展。

二、重点任务

（五）推进粮食作物生产机械化技术水平

促进农机企业、高等院校、科研院所、推广机构相结合，组织研发先进、实用、高效、低耗和环保的粮食生产关键装备。重点研发玉米起垄覆膜点播机及联合收获机、马铃薯起垄覆膜播种机及收获机和适应丘陵山区特点的中小型机具等装备。大力振兴全省农机制造产业，着力提高农机装备、农机科技、农机作业、农机社会化服务和农机安全生产水平。重点培养一批农机大户，引导扶持一批实力强、机制新、流转土地规模大、服务能力强的农机专业合作社，使之成为粮食生产的主力军。

（六）加强粮食生产技术装备建设

按照技术先进、科学适用、安全可靠、节能环保的原则，稳定增加现代农机装备总量。不断优化粮食生产装备结构，加快报废和淘汰老旧机具，促进"先进、实用、高效、低廉、环保"型机具应用。积极探索粮食生产关键环节机具补贴投放机制，在农业科技项目实施中明确配套机具投入数量，形成作物、机械和种植模式相互适应的装备结构、产业结构和服务结构。

（七）集成推广粮食生产机械化技术

加大保护性耕作、深松整地、起垄覆膜、播种、节水灌溉、植保、收获、秸秆及废膜回收利用等环节配套机械化技术及机具示范推广力度，加强单项技术适应性实践研究，完善技术操作规程和工艺路线，促进机械作业的规范化和标准化。注重粮食生产全程化生产机械的成套性和配套性研究，分区域、分作物探索创新粮食生产全程机械化技术模式，最大限度地发挥机械化集成效益，促进粮食生产规模化和专业化。

（八）改善基础设施条件

进一步改善耕地质量，提高机械化生产基础条件。争取将农村机耕道路、农机场库棚、中小型农村机电提排灌设施纳入相关农业和农村基础设施建设规划，在建设用地、资金投入等方面取得支持。利用高标准农田建设、土地整理等项目，积极推进粮食生产区的农田整治，为粮食生产机械化创造条件。充分发挥基层农业机械化技术推广部门、农机服务组织和骨干农机企业的作用，引导建立高性能粮食生产机械维修服务网络，保障机具正常作业。

（九）建立全程机械化示范区

结合全省现代农业发展行动计划实施，在国家级旱作农业和高效节水农业示范区中，建立全程机械化示范区，推出一批全省粮食生产全程机械化先进县。因地制宜建立省级、市级和县级粮食生产机械化示范区，通过对口帮扶、结对发展、扶持"两户"（种粮大户、农机大户）等多种形式，示范带动广大农民发展粮食生产机械化。有条件的地区要巩固推广成效，实行整村、整乡、整县推进。

（十）加大农机手技术培训

要结合"阳光工程"等培训项目，整合农机教育培训资源，面向广大农机手开展多层级、多形式的粮食生产机械化技术培训，指导到户，培训到人，服务到田，造就一批既懂农艺技术、又懂机械操作的农机作业能手。积极开展专业化的技术培训，开展技能竞赛和劳动竞赛，重点提高粮食生产机械化技术的到位率。

（十一）强化粮食生产机械社会化服务

大力培育发展农机专业合作社、农机作业公司等各类新型农业经营主体，鼓励开展跨区作业、订单作业、承包作业服务和机械统一作业服务，促进粮食生产标准化、规范化和规模化发展。开展农民"耕、种、收、管"全程托管作业服务模式试点。积极开展粮食作物减灾抗灾预警机制，大力推广应用大型、高效植保机械，开展病虫害机械化统防统治，不断提高粮食生产机械的使用效率和经营效益。加强信息服务和组织协调，引导粮食生产机械有序流动作业，实现专业化分工和区域间优势互补，推进农机服务社会化、专业化，以农机服务产业化推进粮食生产全程机械化。

三、保障措施

（十二）切实加强组织领导

各市、县（市、区）农机（农牧）部门要积极向当地政府汇报，把加快推进粮食生产全程机械化摆上重要议事日程，纳入当地政府考核目标，加强组织领导，加大资金投入，做到有部署、有措施、有落实。要通过督促指导、跟踪检查、信息交流、媒体宣传、目标考核等一系列措施，加快推进粮食生产全程机械化。

（十三）进一步落实扶持政策

逐年加大对粮食生产机械的补贴资金投入，并向粮食生产的关键环节和薄弱环节倾斜，对购买玉米、马铃薯多功能起垄覆膜播种机和联合收获机械实行叠加补贴，对购买免耕播种机、起垄覆膜机、深松机、秸秆粉碎还田机和高效植保机械等重点推广机具优先保证补贴。积极推进农机购置补贴在粮食生产机械上实行普惠制。按照"先试点后推广"的原则，在全省实施深松补贴和报废农机补贴政策。进一步协调落实联合收割机、大型作业机具及运输车辆免交道路通行费的政策，推动粮食生产机械开展社会化服务。

（十四）进一步推动农机农艺融合

整合旱作农业、农田高效节水、农机购置补贴等项目资金，在全省建立粮食生产机械化示范县，并逐步扩大范围，为全省树立样板。各级农业、农机部门要发挥各自优势，密切合作，成立粮食生产全程机械化专家组，加强技术咨询、培训和指导。分作物建立农机农艺协作攻关小组，从粮食品种、耕作、栽培、植保等方面探索建立适合粮食生产机械化发展的工作机制。将提高全程机械化水平作为高产创建、农业防灾减灾和农业产业化扶持的重要内容，努力形成推进粮食生产全程机械化的工作合力。培育一批适合机械的新品种。

（十五）进一步加强协调配合

各地要统筹农业和工业、流通业等行业的力量，协调推进粮食生产全程机械化。引导农机生产企业加强对新机手的培训和新机具的维修服务，农机流通企业搞好机具和零配件供应。农机鉴定、推广、培训、监理部门要履行职能，认真开展粮食生产机具选型推荐、质量监督、技术推广、人员培训和安全监理等工作，构建保障有力的技术支持体系，不断加快提高我省粮食生产全程机械化进程。

二〇一四年四月十四日

甘肃省人民政府办公厅关于印发《甘肃省现代大型农机发展规划（2014—2020年）》的通知

甘政办发〔2014〕113号

各市、自治州人民政府，省人民政府有关部门，中央在甘有关单位，有关企业：

《甘肃省现代大型农机发展规划（2014—2020年）》已经省人民政府第47次常委会议审议通过，现予印发，请认真组织实施。

二〇一四年六月十三日

甘肃省现代大型农机发展规划（2014—2020年）

为深入贯彻《中共中央关于全面深化改革若干重大问题的决定》和《中共甘肃省委关于贯彻落实〈中共中央关于全面深化改革若干重大问题的决定〉的意见》（甘发〔2013〕19号），全面落实《甘肃省人民政府关于促进农业机械化和农机工业又好又快发展的实施意见》（甘政发〔2011〕31号），加快推进我省现代大型农机装备制造业发展和现代农业建设，特制定本规划。

一、指导思想、发展原则和目标

（一）指导思想

坚持以改革的精神、思路和举措，紧抓国家政策叠加的机遇期和向西开放开发的有利时机，以企业为主体、市场为导向、体制机制创新为动力，以先进适用、市场急需的现代大型农机项目为重点，紧盯国际化、产业化、集团化目标，引进域外技术、资本和有实力的跨国农机装备企业，带动配套企业协调快速发展。逐步形成适合省情、产业集中度高、具有较强竞争力的现代大型农机装备新格局，努力将发展优势转化成产业优势，积极推动我省现代大型农机装备制造业快速发展。

（二）发展原则

1.坚持对外开放与自主创新相结合。积极引进一批现代大型农机项目和先进技术，以市场换取生产技术和技术本地化。依托省内特色研发基础，建立产学研用相结合的技术创新体系，鼓励开展引进消化吸收和自主创新，促进产业由价值链低端向高端发展。

2.坚持农机制造业与农机服务业相结合。立足国内外市场，重点发展具有自主知识产权、满足我省及周边区域农业以及农艺要求的现代大型农机装备。积极发展技术支持、管理咨询、信息服务、维修保养等生产性服务业，促进农机装备制造产业与农业、现代服务业的有机融合、互动发展。

3.坚持重点突破与全面提升相结合。注重传统精耕细作与现代农机技术装备相辅相成，重点突破产业发展的薄弱环节，引导传统农机装备企业向优势明显的现代大型农机装备产业区集中，优先支持龙头企业积极发展现代高效、节能、环保、大型农机装备。

4.坚持政府引导和社会参与相结合。要积极培养和扶持发展一批以专业种粮大户、家庭农场、农民合作社为重点的新型农业生产经营主体，通过宣传和引导，充分调动社会资金和广大农民发展现代大型农机装备的积极性。

（三）发展目标

1.制造能力跨越发展。鼓励和引导农机装备企业外引内联和兼并重组，扶持发展区域性龙头企业，进一步增强我省农机工业整体实力。积极引导现有农机装备企业发挥各自优势，联合创新，凸显特色，逐步形成一批分布合理、各具特色的现代大型农机装备产业集群，实现农机制造业的转型升级。

2.结构优化技术升级。以满足我省及周边地区农业机械化实际需求为首要目标，研发推广一批高效农业机械，重点培育技术高端、特色优势明显、市场竞争力强、占有率高的品牌产品。鼓励各级政府结合当地产业发展和农民急需，采取政企联合的办法研制推广当地实用机具。推进先进技术和机械装备的集成配套，形成一批达到国内先进水平、具有地方特色的农机工业产品和技术。

3.作业水平和经营效益显著提高。通过对专业种粮大户、家庭农场、农民合作社等新型农业经营主体的培养和扶持，促进规模经营的大型动力及自走式作业装备需求数量大幅度增长，加快实现大宗农作物耕、种、收全程机械化。

4.质量安全得到有效保障。健全农机质量标准体系和企业质量保证体系，通过新技术、新工艺、新设备和新材料的广泛应用，加快淘汰消耗高、污染重、技术落后的工艺和产品，全面提升农机产品质量。规范农机职业技能鉴定，加强维修网点监督管理，建立农机作业质量标准，为广大农民提供安全可靠的农机装备。积极推行农机监理免费管理，切实减轻农机户负担。

通过招商引资、合资合作、兼并重组等方式，整合技术研发、生产制等和营销服务资源，引导优化产业布局、延长产业链条、培育产业基地、加速产业集聚，加快发展农机大市场和农机服务业。力争到2020年，培育具有较强竞争力、主营业务5亿元以上的现代大型农机装备企业集团3户，建成一批专业化的配套农机具及零部件企业，农机工业总产值达到30亿元。现代大型农机装备研发制造水平和能力显著提高，自主知识产权技术成果显著增加。全省形成兰州新区、酒泉、天水三个新型农机装备产业集群，建立起比较完善、布局合理的农机装备研发、制造、管理、销售、服务、培训体系。

二、发展布局和重点任务

（一）现代大型农机项目发展布局。依托我省现有农机装备制造业的基础和条件，进一步加快国际知名大型农机企业的引进与合作，加强区域分工协作，着力建设三大农机产业集群。

——以动力机械和设施农业装备为重点，打造兰州新区集成大型拖拉机、玉米、马铃薯等种植收获农机产业集群；

——以种子和节水灌溉机械为重点，着眼向西开放战略推进，打造酒泉市集成棉花、制种、草产品加工农机产业集群；

——以旱作农业机具为重点，着眼传统装备制造业转型升级，打造天水市保护性耕作、果蔬加工农机产业集群。

（二）农机装备推广应用发展布局。以发展粮食生产为重点，促进传统农业生产方式与现代农机装备手段相互融合，加快大宗作物生产机械化步伐，形成具有地方特色和区域优势的农业机械和技术发展新格局，推动农业机械全程、全面、高质、高效发展。

——河西和沿黄灌区，重点发展大功率、高性能农业装备，率先实现农业生产全程机械化。在基本实现粮食作物关键环节机械化的基础上，以玉米、棉花、马铃薯及农作物种子机械化技术为切入点，大力研发节水灌溉、设施农业和畜牧养殖装备，推进农业机械化向农业农村经济多个领域延伸；

——旱作农业区，重点发展节水灌溉、林果业、玉米、马铃薯机收及农产品初加工机械；

——陇南山区，重点发展中小型、多功能农机装备，提高利用率，全面实现"以机代牛"，促进各地马铃薯、林果、蔬菜、花卉、中药材等生产机械化发展；

——草原牧区，重点发展草畜产品加工机械化和运输机械化，推进草原畜牧业机械化；

——城市郊区，重点发展设施农业装备，实现观光休闲农业、无公害蔬菜等生产机械化；

——水产养殖区，重点发展饲喂、增氧、饵料加工、水体净化等方面的精准装备。

（三）重点任务。

1.承接产业转移，加强国际合作与开发。进一步加大招商引资和资源整合力度，借助外力增强内生发展动力。以增加总量、调整结构、提高质量为目标，着力改造传统农机制造业规模小、水平低、工艺差的现状，促进相关要素的联合升级，努力打造我省集生产制造、创新研发及经营销售为一体的大型农机装备企业集群，实现产业跨越升级。实施"走出去"战略，帮助重点企业积极搭建产销合作平台，拓展中西亚和中东欧经贸合作，推介我省现代大型农机装备参与国际竞争，扩大产品的内外市场份额。

2.大力培育发展新型农业生产经营主体，提高机具经营效益。以农机专业合作社、产业化龙头企业等为重点，扶持提高现代大型农机装备的配套水平，构建集约化、专业化、组织化、社会化新型农业经营体系，使之真正成为现代农业发展的主力。创新农机社会化服务模式，切实提高农机装备利用效率，稳步提升农机作业服务效益。

3.优化农机装备结构，增强科技创新能力。坚持以大型机械为主，主机与配套机具相结合的发展方式，鼓励和扶持大型农机装备企业创建不同农作物、不同区域的综合示范区和示范基地，进一步优化重点农作物和重点领域的农机装备结构与技术水平。构建农机装备产品开发平台，逐步建立以企业为主体、市场为导向、产学研相结合的技术创新体系，加快对核心技术和关键技术的攻关，形成联合开发、优势互补、利益共享、风险共担的技术创新和成果转化新机制。

4.培养造就新型农机人才队伍。切实加强农机实用人才培训，不断提高农机从业人员的基本素质、操作技能和经营管理水平，培养和造就一批懂生产、能操作、会经营的产业工人和新型职业农户。

5.构建现代农机装备流通体系。完善农机销售、质量监管、培训维修和信息服务网络，引导农机销售企业有序竞争。通过连锁经营、物流配送、电子商务等现代流通业态，建立起带动性强、辐射面广、服务优异、由城市向农业生产一线辐射的社会化农机综合服务体系。

三、政策保障措施

（一）财政政策。

1.从省级支持工业企业发展专项中安排资金，采取贷款贴息、投资补助等方式，用于扶持现代大型农机项目建设。

2.对从省外、国外引进并建成投产的固定资产总额1亿元以上的现代大型农机装备企业，按照规定程序上报省人民政府审定后，以"一事一定"的方式安排奖励资金。

3.在分配支持企业技术改造、兼并重组、新产品开发、节能降耗等专项资金时，对现代大型农机项目给予倾斜。

（二）土地政策。

1.将现代大型农机装备制造产业基地建设用地纳入全省各级土地利用总体规划，并在年度用地计划中对产业基地内项目用地优先安排。

2.在保证出让底价不低于土地取得、土地前期开发和应收取相关费用之和的前提下，对符合优先发展产业目录、用地集约要求的大型农机项目，土地出让底价可按不低于所在地土地等别相对应《全国工业用地最低限价标准》的70%执行；使用土地利用总体规划确定的城镇建设用地范围外的国有未利用地（包括盐碱地、沼泽地、沙地、裸地），土地前期开发由使用者自行完成的项目用地，可按不低于所在土地等别相对应《全国工业用地最低限价标准》的15%执行。

（三）金融政策。

1.引导和鼓励县域金融机构加大涉农贷款投放力度，在符合规定条件的县域内，设立多种法人金融机构和其他金融机构的分支机构，提供优惠的融资等金融服务和相适应的信贷政策及信贷产品。

2.完善企业与金融机构的沟通协调机制，通过多种形式的银企对接活动，促进现代大型农机装备企业与金融机构的合作，加大对现代大型农机项目的信贷支持力度。

3.金融机构对购买我省现代大型农机装备的农民或农业生产经营组织给予贷款支持，适当放宽贷款条件，研究组建主要开展农机融资服务的金融租赁公司。

（四）人才政策。

1.在省级涉农职业技术院校设立农机专业，培训各类紧缺农机技术人才，满足现代大型农机装备企业对人力资源的需求。

2.对重点农机装备企业从省外引进的高管、科研、技术人才，按照相应规定，给予一定的特殊补贴。

3. 对聘请国外专家来甘肃解决现代大型农机装备企业技术管理问题的，可由企业提出引进国外技术、管理人才项目申请，经有关部门审核并报国家外专局批准后，按照国务院《颁发〈国务院关于引进国外人才工作暂行规定〉的通知》（国发〔1983〕152号）及《国家外专局关于印发〈引进人才专家经费管理实施细则〉（暂行）的通知》（外专发〔2001〕7号）有关规定，给予专项经费资助。

（五）技术创新政策。

1. 对能够有效提升现代大型农机装备企业核心竞争力的产学研合作项目，以及能够推动产业发展的重大共性、关键性技术、研发攻关课题等，可列入省级相关技术创新资金给予重点支持范畴，优先予以支持。

2. 对现代大型农机装备企业自主确立的研究开发项目及企业承担的政府科技计划项目，对开发的新技术、新产品、新工艺所发生的企业研究开发费用，未形成无形资产计入当期损益的，在按照规定据实扣除的基础上，按照研究开发费用的50%加计扣除当年应纳税所得额；形成无形资产的，按照无形资产成本的150%摊销。

（六）其他政策。

1. 鼓励具备一定市场竞争力和发展前景的现代大型农机装备进入国家或外省支持推广的农业机械产品目录，积极拓展国内、国际市场。

2. 支持现代大型农机装备企业实施商标发展战略，优先将其列入全省争创中国驰名商标的品牌梯队，鼓励其申请驰名商标，协助办理相关申请手续。

3. 在符合法律法规的前提下，放宽准入条件，允许现代大型农机装备企业跨行业经营。对筹建期间急需办理营业执照的企业，工商机关可先行为其核发营业执照（除国家法律法规规定需办理前置审批的经营范围），以满足企业开立银行账户、注入资金和办理前期手续的需要。

4. 放宽现代大型农机装备企业集团登记条件，支持企业规模化、集群化经营。对新建现代大型农机装备项目在立项审批、规划调整、土地调剂使用、环评等方面开辟绿色通道，提供快捷服务，简化办事手续，实行限时办结。

甘肃省人民政府办公厅关于印发《甘肃省农机专业合作社建设方案（2015—2020年）》的通知

甘政办发〔2014〕114号

各市、自治州人民政府，省人民政府有关部门，中央在甘有关单位，有关企业：

《甘肃省农机专业合作社建设方案（2015—2020年）》已经省人民政府第47次常委会议审议通过，现予印发，请认真贯彻执行。

二〇一四年六月十九日

甘肃省农机专业合作社建设方案（2015—2020年）

为深入贯彻《中共中央关于全面深化改革若干重大问题的决定》和《中共甘肃省委贯彻关于落实〈中共中央关于全面深化改革若干重大问题的决定〉的意见》（甘发〔2013〕19号），扶持发展新型农业经营主体，健全农业社会化服务体系，全面提升我省农机专业合作社（以下简称"农机合作社"）建设水平和经营能力，制定本方案。

一、建设目标

着力壮大农机社会化服务的市场主体及经营规模，拓展服务领域，提升服务质量，提高服务效益，推动农业机械化全面、全程、高质、高效发展。从2015年起，每年扶持发展150个农机装备投入规模达到100万元以上的农机合作社。到2020年，力争全省建设1 450个农机合作社；河西走廊、沿黄灌区和陇东塬区等农业机械化程度较高的地区，每个农业乡镇至少建设2个农机合作社，其他地区的农业乡镇至少建设1个农机合作社。

二、建设内容

（一）农机装备建设。

1. 农机装备配备。按照耕、播、收全程机械化作业标准，根据入社土地面积和未来发展规模配备农机装备，省农机主管部门负责制定具体配备标准，要突出先进性、配套性，兼顾区域农作物特点。

2. 农机装备采购。由市州政府按照农机装备配备标准组织集中招标采购，制定采购目录。采购目录要明确产品名称、品牌型号、中标价格、生产厂家、经销企业和售后服务等内容。农机合作社根据农机装备配备标准，按照采购目录自主选型，市州审核，并报省农机主管部门备案。同等条件下，鼓励优先选择本省农机生产企业的产品。

3. 采购结算。由农机合作社与供货企业签订供货合同。供货企业供货后，以农机装备采购合同、交货验收单和发票复印件为凭证，到所在县农机主管部门审核确认后，送财政局办理补贴结算。

（二）机具场库建设。机具场库要充分利用现有合作社设施，宜改建则改建，宜扩建则扩建，宜置换则置换，不搞一刀切。农机装备投入100万元以上规模的农机合作社，场库占地面积应不低于1 000平方米，建筑面积不低于500平方米，达到机入库、具进棚，有配件库、维修间和办公培训场所。同时，要有足够的预留场地，能够满足未来场库棚扩大规模的需求。

（三）体制机制建设。农机合作社要根据议事内容需要，召开理事会议、监事会议、成员大会或成员代表大会，制定和修改农机合作社章程，制定分配、财务、生产、机务管理等管理制度，促进农机合作社向体制健全、制度规范、功能完善方向发展。

（四）专业队伍建设。新组建的农机合作社应配备农机、农艺、财会和驾驶操作等人员，鼓励村干部带头申办农机合作社，鼓励聘请乡镇干部和县区、乡镇农机、农艺等专业技术干部到农机合作社兼职。

三、保障措施

（一）加大扶持力度。从2015年起，省财政增加农机购置补贴资金投入，支持农机专业合作社购置73.5千瓦以上大型农业机械。具体补贴标准是：在中央财政补贴的基础上，对农机合作社每年购置的1台73.5千瓦以上农业机械，给予等额累加补贴；市州、县市区财政自行确定累加补贴比例。

（二）建立工作机制。建立省、市、县三级共抓、以县级为主体的工作机制。省农机主管部门负责制定扶持政策、建设方案及实施细则，组织定点复核和审批，落实资金和督促指导；市州农机主管部门负责定点审核、验收和采购农机装备；县级农机主管部门负责核实申报和组织实施工作；乡镇政府负责监督管理农机装备、土地入社、国投资产平均量化给入社成员等工作。

（三）落实工作责任。各级农机、财政部门对农机合作社建设、经营进行全程监管。财政部门主要负责政策研究、综合协调、资金管理使用、项目审核、财务管理和核算等工作；农机主管部门主要负责培训和技术指导、机具监管、质量监督等。财政补贴的农机装备每年必须提取10%折旧费，记入当年生产成本，保证可持续发展。

（四）制订发展规划。各县市区要按照当地现代农业发展要求，结合结构调整布局，制订农机合作社发展规划，提出切实可行的发展目标和任务。要按照5 000～20 000亩一个作业覆盖区建设1个农机合作社的设计要求，统筹规划、合理布局。既有水地又有旱地的乡村组建农机合作社时，农机装备可以混合配置。

（五）搭建融资平台。各县市区要探索建立承载金融租赁业务的地方融资平台，积极为农机合作社提供贷款融资信用担保、配套中介和合作社担保贷款等服务。县级农机、财政部门要根据当地农机合作社建设任务、信贷需求和风险承受能力，制定相应扶持政策，充分发挥融资平台作用。

农机合作社申报购置大型农业机械补贴的具体条件和规程，由省农机主管部门和财政部门制定相应实施细则，另行印发执行。

关于印发《甘肃省农机专业合作社建设（2015—2020年）实施细则》的通知

甘农机发〔2014〕127号

各市（州）、县（市、区）农机、财政局，省农垦事业办及农场：

为贯彻落实《甘肃省人民政府办公厅关于印发〈甘肃省农机专业合作社建设方案（2015—2020年）〉的通知》（甘政办发〔2014〕114号），扶持发展、全面提升我省农机专业合作社建设水平和经营能力，现将《甘肃省农机专业合作社建设（2015—2020年）实施细则》印发给你们，请遵照执行。

二〇一四年十一月十四日

甘肃省农机专业合作社建设（2015—2020年）实施细则

根据甘肃省人民政府办公厅印发的《〈甘肃省农机专业合作社建设方案〉（2015—2020年）》（甘政办发〔2014〕114号）要求，特制定本实施细则。

一、建设目标

从2015起，省财政农机购置补贴专项扶持农机专业合作社发展，每年扶持发展150个农机装备规模达到100万元以上的农机专业合作社。到2020年，力争全省建设1 450个农机专业合作社。河西走廊、沿黄灌区和陇东塬区等农业机械化程度较高的地区，每个农业乡镇至少建设2个农机专业合作社，其他地区的农业乡镇建设1个农机专业合作社。

二、扶持标准

从2015年开始，省财政增加农机购置补贴资金，支持发展农机专业合作社购置73.5千瓦以上大型农业机械，即对农机专业合作社当年购置的1台73.5千瓦以上农业机械，在中央财政补贴的基础上，给予等额的省级财政资金累加补贴。市州、县市区自行确定本地财政累加补贴比例。

三、申报条件

申请扶持的农机专业合作社，应当符合以下条件。

（一）已经工商部门登记注册，运行1年以上；

（二）农机装备投入规模原则上应当在100万元以上；

（三）入社户数不少于5户，其中80%以上为当地农户（农场职工）；

（四）有固定经营场所，及不低于200平方米机具库棚；

（五）服务能力，农机作业面积（以单位作业最大面积计算）达到3 000亩或服务农户户数达到100户以上。

四、申报程序

（一）填写《甘肃省农机专业合作社大型农机累加补贴申报书》（见附件），经乡镇政府审核后，向县级农机主管部门申报。申报时需提交合作社营业执照，组织机构代码，法人身份证明，入社成员名单，土地入社、托管或租赁协议及明细表，经营场所土地使用证明和相关佐证图片等。

（二）县级农机主管部门会同财政部门实地调查核实农机专业合作社情况，进行初审，符合条件者应当按照农机购置补贴程序进行公示。对公示无异议的联合上报市级农机主管部门和财政部门。

（三）市级农机主管部门会同财政部门审核县级申报材料。同等情况下，入社土地面积大、入社人员多、分配合法的优先；所在乡镇没有农机专业合作社的优先。最终审核确定扶持的农机专业合作社购机需求须于每年11月底前上报省农机局备案，以便安排下年度补贴资金。

五、建设内容及资金结算

(一)农机装备配备。各市州农机主管部门在农机专业合作社机具需求调查的基础上,按照耕、播、收全程机械化作业标准,根据入社土地面积和未来发展规模配备农机装备。要突出先进性、配套性,兼顾区域农作物特点、特色综合服务、特色经营项目,在当年甘肃省农机购置补贴产品范围内,选择制定《农机专业合作社配备机具一览表》,重点是73.5千瓦以上拖拉机、自带动力的收获、植保、加工等机械。

(二)农机装备采购。充分尊重农机专业合作社选购农机装备的知情权和自主权,由农机专业合作社自主选购机具。同等条件下,鼓励优先选择适宜当地农业生产作业和售后服务网络健全的产品,以满足农业机械的地区适用性和售后服务的开展。

(三)资金兑付。经市级农机、财政部门联合确定的拟扶持农机专业合作社按程序购机后,应及时通知县级农机部门汇总上报市级农机部门审核确认。经市级确认后,由县级农机部门向县财政部门提交补贴对象名单和相关资料,办理补贴资金结算兑付。

市州、县市区自行确定的本地财政累加补贴资金一并通过农机购置补贴信息管理系统分级予以补贴。

六、保障措施

(一)建立工作机制。各级农机部门、财政部门对合作社建设高度重视,认真组织申报和初审工作,市州要认真做好审核、采购农机装备和验收工作,省农机局要做好资金落实和督促指导,形成以县级为主,省、市、县三级共抓的工作机制。

(二)加强监督管理。县级农机、财政部门是农机专业合作社监管主体,联合对农机专业合作社进行全面监管。重点监管农机装备使用管理、财务账目(半年决算、年终决算)、农机装备折旧费提取等。市州负责对农机专业合作社累加补贴机具进行检查验收,并对本辖区农机专业合作社享受累加补贴情况进行年度总结。

各地要严格按照规定程序操作,严禁弄虚作假。市级农机主管部门和财政部门要进行监督检查,坚决打击以农机专业合作社名义购置累加补贴机具进行倒买的违法违规行为。

(三)制定发展规划。各县(市区)、市(州)要按照0.5万～2万亩一个作业覆盖区建设1个合作社的设计要求,统筹规划、合理布局,制定适合当地现代农业发展的农机专业合作社发展规划,构建农机社会化服务体系。既有水地又有旱地的乡村组建农机专业合作社时,农机装备可以混合配置。市州的农机专业合作社发展规划须报省农机局备案,以便协调全省农机合作社发展布局。

(四)搭建融资平台。各市(州)、县(区)要将农机专业合作社纳入各级政府财政贴息贷款项目,给予重点扶持。积极协调金融、保险机构,为农机专业合作社提供金融服务,探索搭建地方融资平台,制定相应扶持政策,充分发挥融资平台的作用。

附件:甘肃省农机专业合作社大型农机累加补贴申报书(略)

青岛市农业机械管理局关于印发《青岛市“十镇百社千户”农业机械化示范创建活动实施方案》的通知

青农机管字〔2014〕13号

各区、市农机主管部门:

现将《青岛市“十镇百社千户”农业机械化示范创建活动实施方案》印发给你们,望结合各自实际,扎实推进,确保完成示范创建任务。

二〇一四年五月八日

青岛市“十镇百社千户”农业机械化示范创建活动实施方案

为加快培育新型农机经营服务主体,提升农机社会化服务水平,推进农业全程和全面机械化,经研究决定,2014年深入开展“十镇百社千户”农业机械化示范创建活动,现制定如下实施方案:

一、指导思想

认真贯彻党的“十八大”和十八届三中全会精神,围绕建设现代农业和促进农民增收,以改革的精神、科学的发展方式,着力完善新型农机社会化服务体系,以农业大镇、农机合作社、农机大户为重点,加大培育力度,树立起可学可比的标杆和样板,以示范促提升,以创建促发展,充分发挥农业机械化集成技术、节本增效、保障生产、促进规模经营的重要作用。

二、总体目标

确定2014年创建10个农机装备、作业组织、安全管理、推广服务水平较高的农业机械化示范镇,培育100个规模较大、管理规范、经营效益好、带动作用强、作业面积过5万亩的示范农机合作社,1 000个技术熟练、服务优质、作业面积过2 000亩的农机大户,通过开展示范创建活动,推动农业机械化发展由点上突破向面上提升转变。

三、创建标准

(一)农业机械化示范镇

1.重视和支持农业机械化工作。成立农业机械化工作领导小组,制定扶持农业机械化发展的相关政策,将农业机械化工作列入对村庄目标绩效考核;设有农机专职工作人员2人以上,各村均聘有专职农机协管员,有工作规划,各项规章制度健全;农机合作社示范社、农机大户创建活动成效显著,有方案、有部署、有落实。

2.农机装备水平。认真实施农机购置补贴等有关惠农政策,积极引导农民购置先进适用的新机具,大中型拖拉机保有量达到1 000台以上,联合收获机械保有量400台以上,深松机、免耕播种机、花生收获机增加较多;农机装备结构合理,能够满足当地农业生产需要,主要农时农业机械利用率达到95%以上。

3.农业机械化作业水平。"三夏""三秋"农业机械化生产组织扎实有序，辖区内拥有以农机合作社为依托的"一条龙"作业农机服务队4个以上；积极组织辖区内联合收获机械跨区作业，跨区作业机械占保有量的60%以上。主要农作物综合机械化水平达到95%以上，其中，玉米机收率达到90%以上，花生机收率达到70%以上。

4.农机安全管理水平。积极推进新型社区农机安全监理窗口建设，加强农机安全生产网格化管理，村庄、农机户等入网率达到100%，拖拉机、联合收割机等各类农业机械及其驾驶、操作人员台帐齐全。拖拉机、联合收割机挂牌率、年检率分别达到95%以上；农机事故率控制在0.8‰以下，年内无较大事故发生；积极开展农业机械驾驶、操作人员和职业农民培训，辖区内建设1处农业机械化培训点，驾驶及操作人员持证率达到95%以上；加强农机维修行业管理，农机维修服务体系完善，农机维修网点技术合格率达到95%以上，辖区内建设农机维修中心不少于5处。

5.农机服务组织建设。积极开展农机合作社示范创建活动，培育农机合作社示范社4个以上；有重点的扶持发展农机合作社，鼓励规模较大的农机合作社参与土地流转和适度规模经营；培育和发展以农机示范户为主体的家庭农场5个以上。

6.农机推广服务水平。大力推广应用先进适用的农业机械化新技术、新机具，年内建设1处农业机械化示范基地，1处机械化保护性耕作技术示范区，率先推进农机深松整地。

(二)农机合作社示范社

1.依法注册登记。在青岛市辖区内工商行政管理部门登记注册，正式运行1年以上，有固定的办公场所，有实质性的合作内容，有较好的发展前景。

2.发展规模较大。成员人数50个以上，拥有大中型农业机械30台套以上，农机原值300万元以上，存放大型机械的库房不少于200平方米。

3.组织机构健全。设有社员(代表)大会、理事长(或理事会)和执行监事(或监事会)等机构，并有明确的职责；有符合本合作社发展特点和要求的章程；有社员(代表)大会、理事会、监事会制度；有完善的成员分工和岗位职责、议事规则、财务管理、机务管理、作业管理、安全管理等相关制度。

4.运行机制规范。明晰产权关系，设立成员帐户，记录作业台帐；农民社员占社员总数80%以上；可分配盈余60%以上按照与成员的作业(交易)量(额)返还。

5.服务能力较强。农机作业服务面积50 000亩以上，与成员在市场信息、业务培训、技术指导和市场服务等方面具有稳定的服务关系，实现了统一机械组织，统一生产标准，统一维修服务，统一作业市场管理。

6.示范带动作用突出。农机利用率和经营效益较高，积极落实农机购置补贴政策，推广应用新机具、新技术，开展新型职业农民培训，落实农机安全生产责任，有效开展土地流转和托管服务，入社经营土地面积逐年增加。

(三)农机大户

1.技术熟练、威信较高。具有熟练的驾驶、操作和农业机械的维修保养技能，带头推广应用先进适用的农业机械化新机具、新技术，在机手中享有较高的威信。

2.遵章守纪、安全生产。模范遵守农机法规及农机安全操作规程，按时参加农机部门组织的拖拉机、联合收割机及其驾驶操作人员的年度检审，驾驶操作的农业机械及配套机具牌证齐全，技术状态良好；积极参加各级组织的农机技术培训，持证上岗。

3.装备较好、服务优质。拥有2台以上大中型农业机械，固定资产20万元以上，年作业量达到2 000亩以上。优质服务，保证作业质量，示范带动作用发挥较好，群众满意率高。

四、保障措施

(一)加强组织领导。各区、市农机主管部门要明确创建目标，切实落实责任，将示范创建工作纳入农业机械化工作考核内容。加强联系指导，市局处级以上干部和各区、市农机部门领导每人联系1处农机合作社，及时帮助解决有关困难。加强调查研究，邀请合作社理事长和农机大户参与农业机械化政策措施的咨询和调研等活动，认真采纳他们的意见建议。

(二)加大扶持力度。要将现有农业机械化扶持政策和项目、资金、技术等生产要素优先向创建单位倾斜，农机购置补贴、报废更新补贴、农机安居工程、阳光工程农机培训、农机深松作业补助等优先安排。加强农机合作社基础设施建设，引导合作社购买先进适用、安全可靠的农机产品，引导生产企业帮助培养维修人才、储备常用配件和维修工具，加大对合作社理事长、维修、财会、操作等人才的培养力度，切实提高专业素质，优化人员结构，年内培训合作社理事长和农机大户500人以上。鼓励合作社承担一定公益性服务任务。

(三)严格审核认定。各区、市农机部门要根据创建任务，认真拟定创建计划，选准培育对象，严格创建标准，全力抓好示范创建工作，并把培育创建的过程作为宣传农业机械化、发挥示范带动作用、提升农业机械化水平的过程，于2014年11月30日前将申报材料报市局监管处验收认定。

附件：1."十镇百社千户"农业机械化示范创建任务分配表(略)

2.青岛市农业机械化示范镇申报表(略)

3.青岛市农机合作社示范社申报表(略)

4.青岛市农机大户汇总表(略)

索 引

说 明

一、本索引采用主题分析索引方法，依据汉语拼音字母顺序排列，同音字按声调排列。

二、类目用黑体字。数字表示内容所在页码或参见页码，数字后字母表示从左到右内容所在栏别。

三、除标题外，机构与负责人、大事记栏目内容不作索引。

K

L

M

N

T

W

X

耕王 RM804拖拉机
高效率典范
创富好伙伴
谷王 PL40水稻收割机
每一款产品均历经市场验证，不仅带来高效率作业体验，更成为用户值得信赖的创富好伙伴。
谷王 TB60小麦收割机
谷王 CC40玉米收获机
ZOOMLION
谷王 DF300谷物烘干机
官网：www.zoomlion-hm.com 电话：400-601-6688

中科股份
ZHONGKE COMPANY
股票代码：430499
中国高端智能农业装备制造商
第六届“精耕杯”
用户最心仪的田间管理农业机械十佳品牌
用户最心仪的综合农业机械入围品牌
中科股份
●自走式喷杆喷雾机1代
●履带自走式旋耕机
●厢式果蔬烘干机
●粮食烘干机
●自走式喷杆喷雾机2代
安徽中科自动化股份有限公司
客服电话
烘干、冷藏设备：0556-6981111 6982222
耕整、植保设备：0556-6981234 6982345
烟农专用设备：0556-6982666 6982777
地 址：安徽省桐城市新渡镇
网 址：www.zke.so

旭创机械
SUNCRE MACHINERY
旭创机械
旭日东升 创造未来
9YFQ-1.9型
方草捆压捆机
1S系列深松机
1GKN系列旋耕机
1JH系列秸秆粉碎还田机
旋耕施肥播种机
山东旭创机械制造有限公司
全国免费服务热线：400-0534-067
地址：山东省德州市经济开发区晶华大道3268号
电话：0534-2720678 传真：0534-2720567
网址：www.sdxuchuang.com